dtv
premium

W0463343

Christoph Meyer

Herbert Wehner

Biographie

Deutscher Taschenbuch Verlag

FSC

Mix

Produktgruppe aus vorbildlich bewirtschafteten Wäldern und anderen kontrollierten Herkünften

Zert.-Nr. GFA-COC-1298
www.fsc.org
© 1996 Forest Stewardship Council

Der Inhalt dieses Buches wurde auf einem nach den Richtlinien des Forest Stewardship Council zertifizierten Papier der Papierfabrik Munkedal gedruckt.

Originalausgabe
Juni 2006
3. Auflage September 2006
© Deutscher Taschenbuch Verlag GmbH & Co. KG,
München 2006
www.dtv.de
Das Werk ist urheberrechtlich geschützt.
Sämtliche, auch auszugsweise Verwertungen bleiben vorbehalten.
Umschlagkonzept: Balk & Brumshagen
Umschlagfoto: Archiv der sozialen Demokratie
der Friedrich-Ebert-Stiftung
Satz: Greiner & Reichel, Köln
Gesetzt aus der Minion 10/12'
Druck und Bindung: Kösel, Krugzell
Gedruckt auf säurefreiem, chlorfrei gebleichtem Papier
Printed in Germany
ISBN-13: 978-3-423-24551-7
ISBN-10: 3-423-24551-4

Inhalt

Vorwort

Herbert Wehner gehört zu den bedeutendsten Persönlichkeiten der deutschen Nachkriegsgeschichte. Ebenso ist der aus Dresden stammende Sozialdemokrat einer der umstrittensten Politiker der alten Bundesrepublik. Das war schon zu seinen Lebzeiten so, und so ist es bis heute. An Wehner scheiden sich die Geister – quer zu den politischen Lagern.

Die Schwierigkeit, Wehner zu verstehen, ergibt sich unter anderem aus einer Besonderheit in seinem politischen Werdegang. Er ist der einzige führende Politiker der Kommunistischen Partei Deutschlands, der mit dem Kommunismus bricht und nach dem Zweiten Weltkrieg zum führenden Politiker der Sozialdemokratischen Partei Deutschlands wird. Das gibt immer wieder Anlaß zu Verdächtigungen und Spekulationen.

Eine der Ursachen hierfür ist, daß es bisher keine aus den vorhandenen Quellen erzählte Gesamtbiographie Herbert Wehners gibt. Diesem Mißstand abzuhelfen habe ich mich Ende 2003 entschlossen. Das geschah in Abstimmung mit Greta Wehner, der 1996 nach Dresden gezogenen Witwe des Politikers. Ihr verdanke ich den unbeschränkten Zugang zu allen in Bonn und Dresden vorhandenen Akten und Unterlagen. Darüber hinaus stand sie mir für zahlreiche Gespräche zur Verfügung und hat mir mit vielen Hinweisen geholfen, korrekte Informationen zum Privat- und Familienleben der Wehners zu liefern. Auf die Darstellung und Wertung der politischen Biographie Herbert Wehners hat sie keinen Einfluß ausgeübt.

Die Komplexe »Moskau 1937« und »Willy Brandt 1973/74« werden von vielen Zeitgeschichte schreibenden Journalisten oder auch journalistisch geprägten Zeithistorikern zu einem einzigen »Herbert-Wehner-Komplex« vermengt. Wie schon die bisherige Diskussion gezeigt hat, leuchtet die »Jahrhundertgestalt« Willy Brandt (Peter Merseburger) jedoch nicht heller, wenn ihr in Herbert Wehner als Kontrast ein Dunkelmann, eine Schattengestalt gegenübergestellt wird. Dazu ist beider politisches Lebenswerk viel zu eng miteinander verknüpft. Umgekehrt gilt daher dasselbe.

Beide Episoden, die Moskauer Zeit Herbert Wehners von 1937 bis 1941 und die Zeit der Krise der Kanzlerschaft Brandts, kommen in diesem Buch ihrer Bedeutung für die Biographie Wehners gemäß zur Sprache. Mir als Autor wäre es aber lieb, wenn die Entwicklungen und Ereignisse davor, dazwischen und danach ebenso aufmerksame Leserinnen und Leser fänden.

Über Herbert Wehner ist viel spekuliert worden, und der Fehlspekulationen und Irrtümer sind viele. Dagegen hilft keine Fußnotenpolemik, dagegen hilft nur genaues Arbeiten aus den Quellen heraus. Dazu gehört auch eine gewisse Nähe zu den Quellen, weshalb ich viele Zitate eingebaut habe, nach Möglichkeit ohne den Erzählfluß zu stören. Belege und genaue Nachweise finden sich in den wissenschaftlichen Anmerkungen.

Die Darstellung von Herbert Wehners Leben soll es den Leserinnen und Lesern ermöglichen, sich selbst ein Urteil über die Person und ihre Geschichte zu bilden. Objektive Geschichtsschreibung gibt es nicht, es sei denn als (wohl nie ganz zu erreichende) Zielvorstellung oder Leitlinie. Ein gewisses Maß an Objektivität ist allerdings durch die Nähe zu den Quellen zu erreichen.

Bei diesem Buch handelt es sich um politische Geschichtsschreibung. Eine solche kann ihrer Natur nach nicht wertneutral sein. Sie kann seriös sein, wenn sie ihre Motive offenlegt. Ich arbeite für Einrichtungen, denen in besonderer Weise an der Wertung und Würdigung des Lebenswerks von Herbert Wehner gelegen ist. Dazu gehört aber nicht eine unkritische Heldenverehrung. Die demokratische politische Bildung will zum kritischen Mitdenken befähigen, zur unabhängigen Entscheidungsfindung beitragen. Gerade im Sinne Wehners habe ich mich daher nie verpflichtet gesehen, einseitig und parteiisch zu sein.

Persönlich kennengelernt habe ich Herbert Wehner nicht. Als ich zur Welt kam, ging er schon auf die Sechzig zu. Als ich anfing, politisch zu denken, war Wehner ein alter Mann, kurz vor seinem Abschied vom Parlament. Ich schreibe nicht als Zeitgenosse Wehners, der etwa noch eine persönliche Beziehung zu ihm im Gepäck hätte.

Mein Blick ist hoffentlich unverstellt, aber er kommt aus einem bestimmten Winkel. Ich meine, daß aus den politischen Erfahrungen, den Schlußfolgerungen, Leistungen und Vorstellungen von Herbert Wehner im 20. Jahrhundert für politisches Handeln im 21. Jahrhundert viel zu lernen ist. Das sollte hier gesagt werden, um den Leserinnen und Lesern ihrerseits den unverstellten Blick zu erleichtern.

Vieles an Herbert Wehners Leben erscheint dramatisch, aber die Geschichte ist kein Theaterstück, sondern ein offener Prozeß.

Hoffnung, Enttäuschung, Engagement

Richard Herbert Wehner, Erstgeborener des Robert Richard Wehner und seiner Ehefrau Alma Antonie, beide evangelisch-lutherischer Konfession, kam am Mittwoch, dem 11. Juli 1906, zeitig um ein Uhr nachts im zweiten Obergeschoß des Hauses Spenerstraße 13 im Dresdner Stadtteil Striesen zur Welt[1].

Die Hochzeit der Eltern lag noch keine sieben Monate zurück; sie fand Weihnachten 1905 im linkselbischen Kleinzschachwitz statt, dem Heimatort von Mutter Toni, wenige Kilometer südöstlich von Dresden.

Beide Elternteile wurden 1881 geboren. Vater Richard stammte aus Hosterwitz am gegenüberliegenden Elbufer, das von Kleinzschachwitz durch eine Fährverbindung erreichbar war. Die Wehners besaßen im nahen Loschwitz einen Weinberg. Aufgrund rückläufiger Absätze wurde der Weinbau in diesem Gebiet allerdings um 1880 aufgegeben. So verlegte sich die Familie vollends auf die Schusterei, die aber auch nicht genügend Erträge brachte. Herbert Wehners Großvater wurde später als Totenbettmeister tätig[2].

Richard Wehner hatte, wie schon sein Vater und Großvater, das Schuhmacherhandwerk erlernt, doch für ihn hatte das Handwerk keinen goldenen Boden. Schuhmacher wurden nicht gebraucht. Die Industrie boomte, das Handwerk steckte in der Krise. In Dresden kamen 1895 auf 1500 Meister nur noch drei Dutzend Lehrlinge. Der Vater des ebenfalls in Dresden geborenen Schriftstellers Erich Kästner teilte das Schicksal von Richard Wehner. Kästner schrieb in seinen Jugenderinnerungen: »Das Maschinenzeitalter rollte wie ein Panzer über das Handwerk und die Selbständigkeit hinweg. Die Schuhfabriken besiegten die Schuhmacher, die Möbelfabriken die Tischler, die Textilfabriken die Weber, die Porzellanfabriken die Töpfer und die Kofferfabriken die Sattler.« Die Folge war, auch für Herbert Wehners Vater:

Lohnarbeit in der Schuhfabrik, als Lederarbeiter, »Schaftzuschneider, Vorrichter und Modelleur«[3].

Dresden erlebte in der Neuzeit zwei Blüteperioden. Die Barockzeit mit der Pracht- und Machtentfaltung Augusts des Starken und seines Sohnes prägte Stadtbild, Kultur- und Geschichtsbewußtsein besonders nachdrücklich. Der »Canalettoblick« auf die berühmten barokken Bauten am Elbufer, auf Frauenkirche, Hofkirche und Zwinger, ließ Reisende vom Elbflorenz schwärmen. Die Stadt hatte 1755 mehr als 63 000 Einwohner. Diese Pracht, »hervorgelockt durch die Sonnenstrahlen landesfürstlicher Gunst«, verblaßte infolge der Niederlage gegen Preußen im Siebenjährigen Krieg (1756–1763). Die Einwohnerzahl sollte erst um 1830 wieder den Stand von 1755 erreichen[4].

Stadtgeschichtsschreiber Otto Richter hielt im Jahre 1903 die zweite Blüteperiode, die Mitte des 19. Jahrhunderts begonnen hatte, für weniger vergänglich; denn jetzt sei »Bürgerfleiß der natürliche Nährboden, aus dem der Stadt dauernd neue Kraft erwächst«. Die neue Kraft wurde am Wachstum der Bevölkerung sichtbar. Zur Reichsgründung 1871 zählte die Stadt 177 000, 1890, als in Berlin Reichskanzler Bismarck abtrat, 277 000, zur Jahrhundertwende 395 000 Einwohner, und als Herbert Wehner geboren wurde, war die halbe Million gerade überschritten. Anfang der dreißiger Jahre hatte Dresden mehr als 633 000 Einwohner und lag damit in Deutschland auf Platz fünf[5].

Das Wachstum der Stadt führte zur Eingemeindung umliegender Ortschaften. Dazu gehörte 1892 Herbert Wehners Geburtsort Striesen. Neben der Geburtenrate trug eine enorme Zuwanderung zum Bevölkerungszuwachs Dresdens bei. Der zeitgenössische Chronist zählte in der Stadt für das Jahr 1900 301 000 geborene Sachsen, von denen etwas über die Hälfte geborene Dresdner waren, 20 000 aus dem Ausland Zugezogene und 75 000 »Deutsche aus andern Staaten, die zum Teil den gebildeten Klassen angehörten«. Dies freute ihn besonders, denn es sei auch sprachlich kein Nachteil, »wenn vielleicht dem weichen Charakter der Obersachsen etwas norddeutsche Schärfe zugesetzt worden ist«[6].

Es war die rasant wachsende Industrie, die für die enorme Wanderungsbewegung nach Dresden sorgte. Über 50 Zigarettenfabriken wurden hier gezählt. Um die Jahrhundertwende kamen aus Dresden 16 Prozent der deutschen Schokolade, 14 Prozent der Fahrräder,

13 Prozent des Steinguts und 12,5 Prozent der in Deutschland hergestellten Nähmaschinen. Dresdner Betriebe produzierten in großer Menge Schreibmaschinen, künstliche Blumen, Mineralwässer, fotografische Apparate und Papiere, Feinmechanik, Automobilmotoren und Maschinen, Lichtdrucke, Gummiwaren, Medikamente, Gläser und Bier. Die Firma Stengel & Co. versorgte ganz Europa mit Ansichtspostkarten, die chemische Fabrik von Karl Lingner trat mit ihrem Mundwasser »Odol« einen »Siegeszug über die ganze bewohnte Erde« an. Sachsen nahm in der industriellen Entwicklung Deutschlands einen Spitzenplatz ein. 1907 arbeiteten hier 56,3 Prozent der Bevölkerung in Industrie und Handwerk, während es im Reichsdurchschnitt nur 37,2 Prozent waren[7].

Wo so viel Reichtum hervorgebracht wurde, gediehen auch Architektur, Kunst und Kultur. Die Stadt erhielt im Kaiserreich überhaupt erst ihren heutigen Zuschnitt. Zahlreiche Bauten, die von Unbedarften stillschweigend unter »Barock« einsortiert werden, entstanden im 19. und frühen 20. Jahrhundert. Dazu gehören das Albertinum, der alte Landtag und der Fürstenzug, die dominierende Nordseite des Zwingers in ihrer heutigen Form und natürlich die Semperoper, das Neue Rathaus und die Albertbrücke sowie im Osten der Stadt die Loschwitzer Brücke, das berühmte »Blaue Wunder«. Geschlossene Gründerzeitviertel entstanden, zum Beispiel die Äußere Neustadt, Löbtau und Cotta. Von 1900 bis 1904 wurde das Gesamtministerium (die heutige Staatskanzlei) am Neustädter Elbufer errichtet. Zu Herbert Wehners Geburtszeit wirkte in Dresden Hans Erlwein als Stadtbaurat; auf ihn gehen das Italienische Dörfchen am Theaterplatz zurück, der Sparkassenbau am Güntzplatz, der Vieh- und Schlachthof am Ostragehege, das Wasserwerk Hosterwitz, der Speicher am Packhof hinter dem heutigen Landtag sowie eine Reihe von Schulgebäuden. Darunter ist auch die ehemalige 24. Bezirksschule in der Haydnstraße in Striesen, Herbert Wehners Volksschule von 1916 bis 1921. Es war ein für seine Zeit sehr modernes Schulgebäude, mit Aula, Turnsälen, Umkleideräumen, Bade- und Duschräumen, einer Schulbibliothek sowie gut ausgestatteten Handarbeits- und Werkräumen und einer Lehrküche. Daß es in den Toiletten Waschbecken gab, galt als kleine Sensation[8].

Hofkapelle und Hofoper feierten große Erfolge. Ab den 1890er Jahren etablierten sich in Dresden moderne Malerei, Bildhauerei und

Architektur. Überregionale Kunst- und Kunstgewerbeausstellungen fanden statt. Künstlervereinigungen bildeten sich, so 1905 die »Brücke« als Wiege des deutschen Expressionismus. 1907 wurden der Deutsche Werkbund und später die Deutschen Werkstätten Hellerau gegründet. Touristen kamen alljährlich zu Hunderttausenden nach Dresden, der Zirkus Sarrasani errichtete 1912 am Carolaplatz eine moderne feste Spielstätte. Bürgerliche Mäzene trugen zur kulturellen Blüte bei; der Mundwasserfabrikant Lingner ermöglichte die I. Internationale Hygieneausstellung von 1911 mit über fünf Millionen Besuchern[9]. Auf den jungen Herbert Wehner wirkte der kulturelle Reichtum seiner Heimatstadt zweifellos anregend.

Eine musische Ader war im mütterlichen Zweig seiner Familie angelegt. Der Großvater, Schneidermeister Friedrich Oskar Diener, stammte ursprünglich aus Waldkirchen im Erzgebirge und zog dann in die Nähe von Dresden, zunächst nach Possendorf und schließlich nach Kleinzschachwitz. Er hatte eine Musikkapelle, mit der er an den Wochenenden in die Dörfer rund um Dresden fuhr und auf Familienfeiern und Vereinsfesten aufspielte. Die Musikalität gab er in der Familie weiter. So lernte der junge Wehner eine Reihe von Streich- und Blasinstrumenten. Herbert, nach Auskunft seiner Großmutter der Lieblingsenkel, erbte vom Großvater das Klavier. Auf diesem Instrument brachte er es zu einiger Kunstfertigkeit; 1926/27 reichte es immerhin zum Mitspielen beim Agitationstheater in und um Berlin. Ein Zeitzeuge erinnerte sich an Herbert Wehner als »einen schlaksigen Burschen mit weichen blonden Haaren, der mit musikalischer Begabung und mitreißendem Temperament musizierte«, unter anderem auf der Mundharmonika, der Gitarre und dem Konzertklavier. Wehners Klavier wurde in den dreißiger Jahren von Nationalsozialisten zerschlagen, erzählt Greta Wehner. Freunde haben Herbert Wehner später zum 60. Geburtstag eine Freude machen wollen und ihm ein neues Klavier geschenkt. Aber darauf hat er dann kaum gespielt – sein Können genügte seinen eigenen Ansprüchen nicht mehr. Bis ins Alter jedoch blies er die Mundharmonika, privat, insbesondere auf Reisen[10].

Unter glücklicheren sozialen Umständen hätte es harmonischer, gar idyllisch werden können, das Leben der jungen Familie Wehner in Dresden-Striesen. Im letzten Drittel des 19. Jahrhunderts verstädterte das Dorf zusehends, aber eben nicht mit der typischen Blockrandbebauung mit engen Arbeiterwohnungen und geschlossenen Höfen, sondern offen, licht, großzügig. Frei stehende dreistöckige Häuser reihten sich wie auf Schachfeldern aneinander, die Striesener »Würfel«. Es waren geradezu herrschaftliche Mietvillen auf gartenähnlichem Grund mit großen Wohnungen, hohen Fenstern, Bädern, Innentoiletten, Stuckdecken und Parkett. Hier wohnte die gehobene Mittelschicht, aber es gab auch bescheidene Unterkünfte fürs Personal im Dachgeschoß oder für Arbeiterfamilien in Gesindehäusern und Hintergebäuden. Die Hinterhöfe boten Platz für kleine Werkstätten und Fabriken[11].

Dem Kohlenhändler Heinrich Schlegel zum Beispiel gehörten Haus und Grundstück Spenerstraße 1. Neben dessen Familie wohnten einige Mietparteien in dem Haus, jeweils zwei oder drei auf einer Etage, darunter waren beispielsweise ein Gärtnergehilfe und ein Buchbinder. Auf dem Hof gab es Hühner-, Enten- und Kaninchenställe, einen Kutschplatz, Pferdestall, Büro und Kohlenschuppen. Im Seitengebäude Spenerstraße 1b wohnte die Familie Wehner zweimal, nämlich 1910/11 und vom Ende des Ersten Weltkriegs bis 1929. Hier verbrachte der junge Herbert also den längsten Teil seiner Kindheit und Jugend. Vom Haus Spenerstraße 1b steht heute noch ein kleiner Rest. Damit ist es das einzige Wohnhaus der Wehners in Striesen, das bei den Bombenangriffen von 1945 nicht vollständig zerstört wurde. Weitere Striesener Wohnorte der Familie sind neben der Spenerstraße 13 (nachgewiesen für 1906 und 1907) die Wittenberger Straße 17 (1908/09) und das Hintergebäude Spenerstraße 5 (1917). In der Wittenberger Straße wurde am 4. März 1908 Herbert Wehners Bruder Rudolf (Rudi) geboren. Damit war die kleine Familie vollzählig[12].

Rudi sollte später beruflich in die Fußstapfen seines Vaters treten. Er wurde ebenfalls Lederarbeiter und natürlich Gewerkschaftsmitglied. Rudolf Wehner engagierte sich im Arbeitersport. Er war ein talentierter Fußballer und spielte als linker Außenstürmer beim in Striesen ansässigen Dresdner Sportverein von 1910, der 1925 von sich reden machte, als er als erste deutsche Mannschaft ein Freundschaftsspiel gegen den sowjetischen Meister Charkow austrug. Herbert Wehner imponierte »diese Art des Fußballspiels damals«. Zwischen 1929 und 1932 war er selbst Vereinsmitglied, und zwar aktiv als Kassierer[13].

Der Grund für die häufigen Umzüge der Familie lag wohl darin, daß ihr Einkommen keineswegs gesichert war. Die Löhne des Industrieproletariats waren um die Jahrhundertwende nicht sehr hoch. Sie überschritten die Lebenshaltungskosten meist nur knapp. Richard Wehners Verhältnis zu seiner Hosterwitzer Herkunftsfamilie war eher distanziert. Als er mit 24 Jahren heiratete, hatte er seine für junge Lohnarbeiter typische »Niedrigverdienstphase« noch nicht abgeschlossen, und je nach wirtschaftlicher Lage und Einkommensentwicklung mußte die junge Familie umziehen[14].

Da bot sich im Sommer 1911 eine neue berufliche Chance. Richard Wehner bekam Arbeit im westlichen Erzgebirge, nahe Aue. Als Steppmeister wurde er Werkführer in einem lederverarbeitenden Betrieb. Wehners zogen nach Schneeberg um, einer malerisch an der »Silberstraße« gelegenen Bergbaustadt. Das Wohnhaus der Familie am Wolfsberg steht heute noch. Die kleine Stadt und ihre Umgebung boten viele Anziehungspunkte für die Kinder. Zeitlebens erinnerte Herbert Wehner sich an den Filzteich. Diese Ende des 15. Jahrhunderts geschaffene älteste Talsperre Sachsens ist ein Zeugnis aus der Geschichte des Bergbaus. Im Filzteich lernte er schwimmen, und dort verlebte er die glücklichsten Stunden der wohl einzigen unbeschwerten Zeit seiner Kindheit. In Schneeberg wurde der kleine Herbert Ostern 1913 eingeschult, und zwar in eine »tolle Schule«, wie er sich später erinnerte, eine Seminarvorschule. 1872 war hier ein Königliches Lehrerseminar eingerichtet worden, seit 1874 war dieses in einem stattlichen Gebäude am Schloßberg untergebracht. Zu dem Seminar gehörte eine vierklassige Übungs-Schule, die von Kindern aller Berufsgruppen besucht wurde. Hier bekamen die Seminaristen die Gelegenheit, ihre ersten praktischen Unterrichtserfahrungen zu sammeln. Junge, motivierte, womöglich gar experimentierfreudige Lehrer mögen dem kleinen Herbert das Lernen zum Spaß gemacht haben. Auch wenn er diese Schule nur ein knappes Jahr lang besuchen konnte, erwuchs daraus der Wunsch, selbst Lehrer zu werden[15].

Ende Mai 1913 zog Familie Wehner ins benachbarte Lößnitz um, wahrscheinlich weil der Weg zur Arbeitsstätte des Vaters von da aus günstiger war. Der Ausbruch des Ersten Weltkriegs 1914 beschädigte das Familienglück der Wehners. Die Familie saß am 1. August in gedrückter Stimmung, die Nachrichten erwartend, auf einem Bauernhof unter einem Baum bei einem Glas Milch, als der Bauer hinzukam und mitteilte, daß die deutsche Regierung die Mobilmachung verkündet hatte. Den patriotischen Begeisterungstaumel, den der Kriegsausbruch auslöste, teilten sie nicht. Es war klar, daß der Vater eingezogen würde und binnen vier Tagen einrücken mußte. Die Familie wurde also auseinandergerissen, und das zu einem Zeitpunkt, als Mutter Toni schwanger war. Einige Tage später kam es zu einem tränenreichen Abschied, der Vater versuchte, Frau und Kinder zu trösten. Herbert Wehner erinnerte sich: »Ich durfte an seiner Seite mitmarschieren, bis der Menschenstrom uns kurz vor dem Bahnhof auseinanderriß. Dann weiß ich nur noch, wie wir suchten und suchten, um den Vater vielleicht noch einmal zu erblicken. Aber wir sahen nur Feldgrau, neues Lederzeug, viele, viele Blumen und winkende, jubelnde und weinende Menschen, bis der Zug davonrollte.« Nur wenige Wochen später erfuhr die Familie, daß das Regiment des Vaters aufgerieben war und die Reste zusammen mit Reservetruppen neu formiert werden würden. Der Vater selbst war »glimpflich davongekommen«, aber nichts wurde wieder, wie es vorher gewesen war: »Der Krieg kam über uns wie ein schreckliches Ungewitter, unbekannt in seinen Ausmaßen, unbekannt in seinen Folgen.«[16]

Die Folgen für die in Lößnitz zurückgebliebene Familie waren einschneidend. Der Ernährer fehlte. Vom Staat erhielten sie nur eine geringe Unterstützung, die zur Bestreitung des Lebensunterhalts nicht reichte. Im Herbst 1914 erlitt Toni Wehner eine Fehlgeburt. Herbert und auch sein Bruder Rudi – mit knapp neun bzw. sieben Jahren – mußten arbeiten gehen, bei einem Bauern, um die Kartoffeln für den Winter zu verdienen, oder bei einem Tischler[17].

Das Ansehen der Familie in der kleinstädtischen Umgebung litt unter einem Zwischenfall, der sich im Juli 1915 ereignete. Vater Richard kam vom Urlaub zu spät zu einem Truppentransport, weil er sich betrunken hatte. Das hatte eine Haftzeit in Zwickau und eine Anklage wegen Fahnenflucht zur Folge[18]. Es gab Streit in der Familie, denn die Mutter kämpfte gegen die Alkoholprobleme des Vaters an. Sie appellierte an sein Verantwortungsgefühl, indem sie ihre beiden Söhne dazu ermunterte, ihrem Vater zu schreiben. Bis zu seinem Tod 1960 hat Rudolf diesen Brief aus dem Jahr 1915 in seiner Brieftasche aufbewahrt. Er ist die älteste schriftliche Äußerung, die von Herbert Wehner überliefert ist, und lautet:

»Lieber Vatel.

Sei nur vernünftig und trink nicht egal so viel wenn Du Wüstest wie schwer jetzt die Tage waren wir haben es doch auch anders gewolt. Die Muttel hat jetzt wieder Geld gegriegt und ist wieder Mutig wenn Du uns noch einmal sehen willst eh du wieder ins Feld machst kommen wir gern nach Zwickau und du bringst uns wieder zur Bahn. Die Muttel schickt Dir hier Wäsche und etwas zu Essen. Wenn Du Dich etern würtest so möge Dich der liebe Gott beschützen. Aber komm nur jetzt nicht gleich wieder denn alle Leute reden schlecht von Dir. Aber wenn der Krieg alle ist und Du hast Dich geendert, so kanst Du in Gottes Namen heim kommen und uns wieder ernähren und die Muttel ist dann auch wieder gut mit Dir sie versprach es mir denn ich sollte mich einmal aussprechen. Bitte nur den Lieben Gott das er das Böse von Dir nimmt dan wird schon alles wieder gut werden.

Sei vielmals gegrüßt und geküßt von Deinem Herbert.«

Das »und geküßt« hat Herbert nachträglich zwischen die Zeilen eingefügt, es folgt dann ein kurzer Brief des kleinen Rudi sowie der Zusatz von Toni Wehner, sie habe den »Kindern ganz freien Lauf gelassen« und sie »nur gebeten zu schreiben was sie denken«[19].

Der Vater zeigte sich reumütig und schrieb seiner Frau: »Es ist sehr schwer für uns, was ich da gemacht habe, und hast es Du nur immer gut gemeint, wenn Du mich von der verdammten Trinkerei abhieltst, doch ich hatte für Deine Worte niemals Gehör, und muß es nun fühlen, was ja mir auch nichts schadet.« Er meinte, er könne »wieder ein Mensch werden«[20], aber vom Alkohol kam er nicht los. Nach Herbert Wehners späterer Einschätzung versuchte der Vater mit dem Trinken, sich angesichts der »Gleichmäßigkeit der Alltagsmaschinerie« Luft zu machen, um »aus dem ermüdenden und vernichtenden Trott herauszukommen«. Der Alkoholismus trug schließlich dazu bei, die Gesundheit des spätestens mit der Weltwirtschaftskrise ab 1929 dauerhaft arbeitslosen Richard Wehner zu ruinieren. Er starb 1937, mit knapp 56 Jahren. An der Bewunderung, Zuneigung, Liebe für seinen Vater, die Herbert Wehner zeitlebens äußerte, änderte die Krankheit nichts. Er erinnerte sich an ihn als einen stolzen Arbeitsmann, einen »Künstler in seinem Beruf«, der seinen Kindern Lust am Leben vermittelt habe. Die Tragödie im Leben des Vaters war für den Sohn, der dies einmal in einem nie zur Post gebrachten Brief zum Ausdruck brachte, »daß ein Mann wie Du, der ein Meister, ein Könner in seinem Fach war, so einfach beiseite geschoben werden kann«. Er bedauerte, daß er zu wenig versucht habe, es dem Vater leichter zu machen: »Papa – ich hatte es mir fest vorgenommen, Dir und Muttel allzeit zu helfen, soviel ich nur vermöchte. Ich wollte auch das gutmachen, was ich in einigen Jugendjahren, in denen ich wohl zu ausschließlich meiner Entwicklung folgte, versäumt hatte. Warum mußte alles so kommen? Ach, dies Warum habe ich in den schweren Jahren, in denen ich nichts für Dich tun konnte, so tief in mein Herz gebrannt. Hast Du wohl gemerkt, hast Dir gedacht, daß ich zu Dir wollte, daß es nicht meine Schuld war, wenn es nicht ging? Mein Papa. Dir verdanke ich so viel. Ich wollte es Dir oft sagen. Und ich wollte, Du solltest es eine Weile gut mit mir haben – mit mir und mit Muttel und mit Rudi. Das Leben ist furchtbar hart mit uns. Warum mußte ich so von Dir weg? Mein lieber, guter Papa.« Als Herbert Wehner diese Zeilen schrieb, in schwedischer Haft, im Frühjahr 1943, war sein Vater schon über sechs Jahre tot[21].

1916 kehrte Toni Wehner mit ihren Söhnen nach Dresden zurück. In der größeren Stadt waren die Versorgungsleistungen des Staates höher, außerdem wohnten hier und in der Nähe Verwandte. Möglicherweise boten sich für die Mutter auch Verdienstmöglichkeiten in ihrem Beruf als Schneiderin. Herbert Wehner berichtete von Tätigkeiten als Aufwärterin und Wäscherin. Er besuchte jetzt die genannte Volksschule in der Haydnstraße und sang im Chor der Striesener Erlöserkirche, wo er am Palmsonntag 1921 von Pastor von Brück konfirmiert wurde. Seine Zensur in »Religionskenntnissen« war 1b, in »Sittlichem Verhalten« bekam er eine 1. Der Konfirmationsspruch kam aus dem Matthäus-Evangelium, Kapitel 10, Vers 32: »Wer sich nun vor den Menschen zu mir bekennt, zu dem werde auch ich mich vor meinem Vater im Himmel bekennen.« Striesen war ein Stadtteil, dessen Straßen und Plätze nach Theologen und Orten der Reformation benannt waren. Und die Wehners waren gläubige protestantische Christen[22].

Gleichzeitig waren sie sozialdemokratisch gesinnt. Das war kein Widerspruch. Die Mutter war es, die Herbert Wehner im Ersten Weltkrieg das erste Mal zu einer Maikundgebung mitnahm und ihm vom Sozialismus erzählte. Und als in Rußland die Februarrevolution von 1917 das Zarenregime stürzte, sagte sie zum kleinen Herbert, jetzt sei der Krieg bald aus. Als der Krieg tatsächlich zu Ende war, im November 1918, der Kaiser hatte gerade abgedankt, kam es zur ersten politischen Tat des Zwölfjährigen: »An einem Samstag hatten wir im Gemeindehaus das übliche Probesingen, und am Samstag hatte einer das dort hängende Kaiser-Wilhelm-Bild von der Wand genommen und umgedreht; das war ich. Und am nächsten Tag sprach der Pastor, das war ein besonders – wie man sagte – nationaler Mann – zum Unterschied zu den beiden anderen Pastoren – nun davon, was das für eine schlimme Sache sei.«[23]

In Deutschland war Revolution, und diese Revolution spülte in Deutschland, in Sachsen, in Dresden eine Partei und Bewegung an die Macht, die nicht gut auf die Regierungsverantwortung vorbereitet war: die Sozialdemokratie.

Das Deutsche Kaiserreich von 1871 war eine konstitutionelle Monarchie gewesen. Das Parlament, der Reichstag, wurde zwar von allen erwachsenen Männern gewählt, es beschloß auch den Haushalt und die Gesetze, aber es wählte nicht die Regierung. Diese wurde vom Kaiser ernannt. Die Parteien – und dies sollte sich für die erste deutsche Demokratie später als schwere Belastung erweisen – waren nicht an den verantwortungsbewußten Umgang mit Macht gewöhnt, die Bevölkerung nicht an die mühevollen Prozesse der parlamentarischen Demokratie. Die stärkste der Parteien, die sozialdemokratische, war gleichzeitig am schärfsten ausgegrenzt und am weitesten von der Macht entfernt. Sozialdemokraten galten als »Reichsfeinde«, und wenn ihre Gewinne bei Wahlen überhandzunehmen drohten, wurde in den Bundesstaaten oft kurzerhand das Wahlrecht geändert. In Preußen galt ohnehin das Dreiklassenwahlrecht, in Sachsen war das Wahlrecht an Steuerzahlung und Grundbesitz gebunden, was natürlich zu Lasten der Vertretung der Arbeiterschaft ging. Selbst unter diesen Umständen waren im Jahr 1896 15 Sozialdemokraten im Landtag vertreten, so daß die vorherrschenden Konservativen und Nationalliberalen jetzt auch in Sachsen das Dreiklassenwahlrecht einführten. Bei den Landtagswahlen von 1903 bis 1907 brachte es die Sozialdemokratie auf durchschnittlich 45,4 Prozent der abgegebenen Stimmen, gewann damit aber lediglich einen Sitz. Das Pluralwahlrecht von 1909 grenzte weiterhin etwa ein Viertel der erwachsenen Männer vom Landtagswahlrecht aus. Unter den dann noch Wahlberechtigten erreichte die SPD immerhin knapp 39 Prozent. Aufgrund des ungleichen Wahlrechts führte dies im Landtag zu einem Mandatsanteil von 27,5 Prozent. In der Hauptstadt Dresden war das kommunale Wahlrecht an den Bürgerstatus gebunden und außerdem in mehrere Berufsgruppen eingeteilt. 1910 besaßen aber lediglich 9 Prozent der Einwohner das Bürgerrecht. Damit wurde eine konservativ-nationalliberale Vorherrschaft in der Kommunalpolitik gesichert[24].

Die im Königreich Herrschenden fürchteten die sozialdemokratische Daueropposition. Sachsen und auch seine Hauptstadt Dresden waren die Wiege der Industrialisierung und der Sozialdemokratie. 1863 war der Allgemeine Deutsche Arbeiterverein mit Ferdinand Lassalle an der Spitze in Leipzig gegründet worden. Der charismatische Parteiführer August Bebel kam zwar in Köln zur Welt, wirkte aber politisch in Sachsen. Von 1867 an vertrat er fast zehn Jahre lang den Reichstagswahlkreis Glauchau-Meerane. Im Januar 1877 gewann er den Wahlkreis Dresden-Altstadt. Von 1881 bis 1890 war Bebel Mitglied des Sächsischen Landtags. Sein Mitvorsitzender und Weggefährte Wilhelm Liebknecht lebte von 1865 an in Sachsen und wirkte zwischen 1879 und 1892 im Sächsischen Landtag. 1914 war die sächsische SPD mit mehr als 177 500 Mitgliedern stärker als die Sozialisten in Frankreich und Italien zusammen. In Dresden waren 1907 knapp 60 000 Menschen gewerkschaftlich organisiert, die SPD zählte dort 1905 12 925 Mitglieder, also etwa 20mal so viele wie ein Jahrhundert später[25].

Ihre größten Wahlsiege feierte die SPD in den letzten Jahrzehnten des 19. Jahrhunderts in Sachsen. Von 1874 an waren die Sozialdemokraten bei fast allen Wahlen stimmenstärkste Partei. In Dresden erreichte die SPD bei den Reichstagswahlen von 1903, 1907 und 1912 jeweils mehr als 50 Prozent. In ganz Sachsen erzielte sie 1903 den Rekord-Stimmanteil von 58,8 Prozent und gewann aufgrund des Mehrheitswahlrechts 22 von 23 zu vergebenden Mandaten. Zum Vergleich: Reichsweit erreichte die SPD 31,7 Prozent und errang damit 81 Mandate. Mehr als ein Viertel aller sozialdemokratischen Reichstagsmitglieder vertrat sächsische Wahlkreise.

Als der Reichsparteitag der SPD vom 13. bis 20. September 1903 in den Trianon-Sälen am Schützenplatz tagte, begrüßte der Dresdner Parteitagspräsident August Kaden die Delegierten mit den Worten: »Sie sind jetzt in einem roten Lande, Sie sind in einer roten Stadt.« Es war die Heerschau einer Massenbewegung, ein Siegesfest, das sich in der sächsischen Residenz abspielte, mit Festkommers und Dampfschiffahrt auf der Elbe, musikalischer Abendunterhaltung und großer Ballmusik. Die vereinigten Parteiwirte von Dresden und Umgebung luden zum Stadtrundgang durch ihre Lokale ein; zum Parteitag erschienen eine Fest- und eine Ulkzeitung. Ein »lustiger Chronist« reimte in der ›Sächsischen Arbeiter-Zeitung‹ launige Willkommensgrüße an die Delegierten. Dabei unterließ er es aber nicht, zu warnen: »Auf der Straße trag' keine roten Nelken, / Sondern lass' sie lieber im Zimmer verwelken. / Auch hänge kein rotes Schnupftuch heraus, / So was hält hier die Behörde nicht aus.« Das Sozialistengesetz war zwar schon seit 13 Jahren aufgehoben, aber die politische Betätigung der Arbeiterbewegung war im glanzvollen »roten Königreich« keineswegs frei. Der Parteitag selbst diskutierte leidenschaftlich über den Revisionismus und über die Frage, ob es für einen Sozialdemokraten zulässig sei, sich zum Vizepräsidenten des Reichstags wählen zu lassen. Dies würde nämlich die Verpflichtung zu einem Besuch am kaiserlichen Hofe beinhalten. Die große Mehrheit der Delegierten verneinte diese Frage[26].

Die Ausgrenzung der sozialdemokratischen Arbeiterschaft aus der Gesellschaft des obrigkeitlich organisierten Kaiserreichs beförderte den Aufbau einer eigenen Alternativkultur. An der Stelle von Kaiserbildern hingen in Arbeiterhaushalten die Porträts der Parteiführer Bebel, Lassalle und Liebknecht. Vereine im Bereich Kultur, Sport und Geselligkeit bildeten sich, scharf getrennt von den bürgerlichen. Sie organisierten eigene Feste und Feiern wie das Maifest oder das Gedenken an die Revolution von 1848. Die Mehrheit der Partei lehnte die Forderung des sozialdemokratischen Theoretikers Eduard Bernstein ab, über die Mitarbeit im bestehenden Staat die Lage der Arbeiterschaft schrittweise zu verbessern, obwohl sie in praktischer und parlamentarischer Arbeit genau dieses tat. Mit dem führenden Parteitheoretiker Karl Kautsky, der sich seinerseits auf Marx und Engels berief, erwartete die SPD die Revolution als naturnotwendiges Produkt des Geschichtsprozesses. Sie verstand sich als eine »revolutionäre, nicht aber Revolution machende Partei«[27].

Der Kriegsausbruch 1914 traf die Sozialdemokratie auf dem falschen Fuß. Ihr theoretischer Internationalismus trat schnell zurück, als die Reichsregierung vorgab, es handle sich um einen Verteidigungskrieg gegen eine russisch-französische Aggression. Die SPD-Fraktion stimmte geschlossen für die Kriegskredite. Erst als der Krieg immer länger dauerte und die imperialistischen Kriegsziele des »Griffs nach der Weltmacht« (Fritz Fischer) immer klarer zutage traten, spaltete sich eine Minderheit als Unabhängige Sozialdemokratische Partei Deutschlands (USPD) ab. Die Mehrheitssozialdemokratie forderte zwar einen Frieden ohne Eroberungen, hielt aber weiter den »Burgfrieden« mit der vom Kaiser eingesetzten Obersten Heeresleitung[28].

In vielen Städten kam es angesichts der durch den Krieg hervorgerufenen Not zu Protesten. Seit 1915 organisierten sich in Dresden oppositionelle Kräfte innerhalb der Sozialdemokratie. 800 Arbeiterfrauen versammelten sich im Oktober vor dem Rathaus zu einer Protestkundgebung gegen die ungerechte Lebensmittelverteilung. Ab Herbst 1916 kam es zu Massenaktionen gegen den Krieg, die im »Kohlrübenwinter« 1916/17 zu einer regelrechten Protestwelle wurden, angeheizt noch durch die Nachricht von der Revolution in Rußland. 1917 bildete sich auch in Dresden die USPD[29].

Die Mehrheitssozialdemokraten hatten die Parlamentarisierung des Kaiserreiches erhofft. Dafür war es im Herbst 1918 jedoch zu spät. Ausgehend von einem Matrosenaufstand in Kiel verbreitete sich die Revolution wie ein Lauffeuer im ganzen Reich. Am 9. November überschlugen sich die Ereignisse. Der letzte kaiserliche Reichskanzler Prinz Max von Baden übergab sein Amt an den Sozialdemokraten Friedrich Ebert, der Kaiser dankte ab und verließ das Land. Der Mehrheitssozialdemokrat Philipp Scheidemann proklamierte die Republik, der USPD-Politiker und Führer des Spartakusbundes Karl Liebknecht rief nur zwei Stunden später die »freie sozialistische Republik Deutschland« aus. Spontan gebildete Arbeiter- und Soldatenräte übernahmen allerorten die Macht. Als Regierung konstituierte sich in Berlin der »Rat der Volksbeauftragten«, zusammengesetzt aus drei Mehrheitssozialdemokraten und drei Unabhängigen. Es kam sehr bald zum Streit: Sollte die Macht an ein Parlament, an eine verfassunggebende Nationalversammlung übergeben werden, oder sollten die Arbeiter- und Soldatenräte das Heft in der Hand behalten, um wie in der Sowjetunion auch in Deutschland ein sozialistisches Rätesystem zu errichten? Der Allgemeine Reichskongreß der Arbeiter- und Soldatenräte im Dezember 1918 in Berlin entschied sich mit großer

Mehrheit für den parlamentarischen Weg. Darauf spaltete sich der Rat der Volksbeauftragten, und die Unabhängigen gingen in die Opposition. Es kam zu Aufstandsversuchen von links, unter anderem durch die am 31. Dezember 1918 aus dem Spartakusbund hervorgegangene Kommunistische Partei Deutschlands (KPD). Die sozialdemokratische Regierung wollte die Parlamentswahlen absichern und schlug die Aktionen mit Hilfe der früheren kaiserlichen Armee nieder. Diese wurde nach wie vor von adligen Offizieren geführt, die politisch weit rechts standen. Im Januar 1919 ermordeten Reichswehrangehörige die Führer der Kommunisten, Karl Liebknecht und Rosa Luxemburg[30].

Die Wahl zur Nationalversammlung am 19. Januar 1919 brachte der MSPD 37,9 Prozent, die USPD erzielte 7,6 Prozent, die KPD trat nicht zur Wahl an. Damit wurden die Sozialdemokraten zwar mit Abstand stärkste Partei, aber im Parlament gab es keine sozialistische Mehrheit. Friedrich Ebert wurde zum Reichspräsidenten gewählt; die SPD bildete eine Koalition mit der linksliberalen Deutschen Demokratischen Partei (DDP) und der katholischen Zentrumspartei. Damit war die Tür zu einer sozialen Umwälzung auf Reichsebene geschlossen.

In Sachsen verlief die Revolution nach dem gleichen Muster wie im Reich, aber aufgrund der nach links verschobenen politischen Gewichte mit einem anderen Ergebnis. Am Ende sollte sich jedoch zeigen, daß dieses Ergebnis wegen der dem Reich nachgeordneten Stellung Sachsens als Bundesstaat und der Kräfteverteilung im gesamten Reich nicht zu halten war.

Auch in Sachsen waren zunächst die Arbeiter- und Soldatenräte aus dem Boden geschossen. Ende November 1918 wurden 124 gezählt. Am 8. November übernahm in Leipzig der USPD-geführte Arbeiter- und Soldatenrat die Macht, einen Tag später, am Abend des 9. November, rief der »Vereinigte Revolutionäre Arbeiter- und Soldatenrat Groß-Dresdens«, paritätisch aus Vertretern von MSPD und USPD zusammengesetzt, die »soziale Republik Sachsen« aus. Am 10. November wurde der Sieg der Revolution mit Massenversammlungen und Volksfesten gefeiert. Die rote Fahne wehte auf dem Schloß der Wettiner in Dresden. Am 11. November konstituierte sich der »Zentrale Arbeiter- und Soldatenrat für Sachsen«, und am selben Tag verzichtete der nach Preußen geflohene König August III. nach 829

Jahren Herrschaft des Hauses Wettin auf den Thron. Auch in Dresden wurde am 15. November ein paritätisch besetzter »Rat der Volksbeauftragten« gebildet, in welchem die Linken das größere Gewicht hatten. In den Arbeiter- und Soldatenräten dominierte aber die MSPD, und so konnte auch in Sachsen der parlamentarische Weg durchgesetzt werden[31].

Am 2. Februar 1919 fanden die Wahlen zur Volkskammer statt. Die MSPD erreichte 41,6 Prozent, die USPD 16,3. Stärkste bürgerliche Partei wurde die DDP, gefolgt von der konservativ-antisemitischen Deutschnationalen Volkspartei (DNVP). Anders als im Reich gab es damit in Sachsen eine sozialistische Landtagsmehrheit. Diese hatte bis zum Herbst 1926 Bestand, und wenn man die Alte Sozialdemokratische Partei Sachsens, eine Rechtsabspaltung der SPD, dazuzählt, sogar bis Mai 1929. Die MSPD unter Ministerpräsident Georg Gradnauer bildete zunächst eine Minderheitsregierung, die sich von der DDP tolerieren ließ. Schließlich ging sie eine Koalition mit den bürgerlichen Demokraten ein. Ebenso wie auf Reichsebene gelang es ihr in den Anfangsjahren der Republik, sich mit Unterstützung der Reichswehrtruppen gegen Aufständische von links zu behaupten. Im Vogtland beispielsweise hatten Revolutionäre unter Führung des charismatischen Kommunarden Max Hoelz die Gegend um Falkenstein unter ihre Kontrolle gebracht. Die sächsische Regierung verhängte im April 1920 den Ausnahmezustand, und die Armee ging äußerst brutal gegen tatsächliche wie vermeintliche Aufständische vor. Als die Reichsregierung am 13. März 1920 nach dem Beginn des von Rechtsextremen angezettelten Kapp-Putsches nach Dresden floh, sah sie sich bald genötigt, nach Stuttgart weiterzureisen: Die in Sachsen stationierten Truppen unter General Maercker standen keineswegs treu zur Republik[32].

Während des Kapp-Putsches hatte die Arbeiterbewegung mit Generalstreiks und Aktionsausschüssen die Demokratie gegen den Umsturzversuch von rechts verteidigt. Dies führte in Sachsen zu einem Zusammenrücken der konkurrierenden Strömungen der Linken. Im Dezember 1920 bildete der MSPD-Politiker Wilhelm Buck eine Koalition mit den Unabhängigen, die allerdings über keine Mehrheit im Landtag verfügte, vielmehr von einer Tolerierung durch die KPD-Fraktion abhängig war. Deren Sprecher Rudolf Renner kündigte im

Landtag an, die Massen zum Sturz der Verfassung aufzurufen, gleichzeitig aber die Sozialdemokraten in der Regierung zu unterstützen. Damit wolle er ihnen jedoch nur die Gelegenheit geben, ihre Unfähigkeit unter Beweis zu stellen[33].

Entgegen den Erwartungen der Kommunisten und entgegen dem Trend auf Reichsebene nahm in den Jahren 1921 bis 1923 in Sachsen eine Politik ihren Lauf, die als »das linksrepublikanische Projekt« bezeichnet wird. Die politisch immer enger zusammenrückenden, sich schließlich 1922 wieder vereinigenden sozialdemokratischen Parteien proklamierten ein »neues Sachsen«. Sie wollten die soziale Demokratie verwirklichen und die Republik festigen. Die Regierung betrieb aktive Arbeitsmarktpolitik, den Ausbau sozialer Sicherungsleistungen, die Ansiedlung neuer Betriebe in wirtschaftlichen Notstandsregionen und unterstützte die Gewerkschaften im Kampf um den Acht-Stunden-Tag. Justizminister Erich Zeigner nahm Einfluß auf die Personalpolitik mit dem Ziel, konservative, monarchisch gesinnte Beamte durch Demokraten zu ersetzen. Dies betraf die Ministerialbürokratie ebenso wie die Justiz. Innenminister Richard Lipinski bemühte sich um die Republikanisierung der Polizei und nahm eine demokratische Gemeindereform in Angriff. Diese sollte die Stellung der Gemeindevertreter und Bürgermeister gegenüber den Amtshauptmannschaften stärken. Es gab einige Erfolge, aber angesichts der angespannten Haushaltslage, der hohen Arbeitslosigkeit und des fehlenden Engagements und sogar Widerstands der Reichsregierung blieb dieser Politik ein durchschlagender Erfolg versagt. Am meisten bewirkte die Regierung auf dem Feld der Schulpolitik. Unter anderem wurde die Schulverwaltung der kommunalen Selbstverwaltung übertragen, gleichzeitig verpflichtete sich der Staat zur Übernahme der Kosten für die Bezüge der Lehrer an öffentlichen Schulen. Die körperliche Züchtigung von Schülern wurde für unzulässig erklärt, die Schülerzahlen in den Klassen wurden begrenzt und die Lehrerseminare in öffentliche höhere Lehranstalten umgewandelt[34].

Eines der Reformexperimente betraf Herbert Wehner unmittelbar. Nach dem Abschluß der Volksschule 1921 hatte der Fünfzehnjährige eigentlich die Aussicht auf eine Lehre als Schriftsetzer. Doch dann bekam er einen Platz in einer »Experimentier- und Musterklasse – nicht Musterknabenklasse!«. Der Anstoß hierzu war im Herbst 1920 vom

»Verein der städtischen Bureaubeamten zu Dresden« ausgegangen. Dieser hatte in einer Eingabe an den Stadtrat auf die Notwendigkeit einer besseren Ausbildung der Beamtenschaft hingewiesen und vorgeschlagen, »abgehenden Volksschülern nach achtjährigem Schulbesuche noch die Möglichkeit [zu] bieten, eine bessere Schulbildung, die etwa den Lehrzielen der Realschule entsprechen würde, sich anzueignen, sie nebenher aber gleichzeitig auf den künftigen Beruf als Bureaubeamte vorzubereiten«. Gemeinsam mit einem von dem Verein und der Lehrerschaft der Realschule Dresden-Neustadt erarbeiteten Lehrplan wurde diese Eingabe ans Ministerium für Kultus und öffentlichen Unterricht geschickt, das den Versuch genehmigte. Ab Anfang 1921 lernten in den Räumen der Neustädter Realschule zwölf Schüler, je sechs Volks- und Realschüler. Alle waren durch gute Noten und eine Aufnahmeprüfung ausgewiesen. Unter ihnen war Herbert Wehner. Als Lehrer wurden besonders tüchtige Kräfte eingestellt, »die in ihrer Haupttätigkeit nicht der Schule angehören, sondern der Beamtenschaft, in die die Schüler späterhin einzutreten hoffen«. Zu den Unterrichtsfächern gehörten, abweichend vom üblichen Lehrplan an Realschulen und auch Gymnasien, Staatsbürgerkunde (Verfassungs- und Rechtskunde), Volkswirtschaftslehre, Buchführung (mit Kassen- und Rechnungswesen) und Bürokunde. Die Schulleitung berichtete ans Ministerium: »In allen 4 Fächern ergab sich, daß der im Plan enthaltene Lehrstoff dem Verständnis der Schüler entsprach, ja daß die Klasse diesem Unterricht mit besonderer Lust und Liebe oblag.« Ebenfalls obligatorisch und am Ende auch Prüfungsfach war Stenographieunterricht. Ab 1922 hörte Herbert Wehner außerdem Vorlesungen an der Dresdner Volkshochschule, und zwar über Volkswirtschaftslehre, Arbeitsrecht, Sozialpolitik, Geschichte und Literatur. Wehner empfand diese besondere Ausbildungszeit als großes Glück[35].

Seine Familie hatte es am Ende des Ersten Weltkriegs auch in Dresden nicht leicht gehabt. Herbert mußte nebenbei als Markthelfer, als Hilfs- und Transportarbeiter in einer Tischlerei, in einer Getränkefabrik und bei einem Tapezierer sowie als Laufbursche bei einigen Fabrikbesitzern arbeiten, bei denen seine Mutter als Aufwärterin tätig war. Sein Vater war bis zum Ende des Kriegs im Felde, zunächst an der Westfront, dann auch an der Ostfront. Erst 1921 fand er wieder Arbeit. Schon vor dem Krieg war Richard Wehner Gewerkschaftsmitglied;

nach dem Krieg wurde er auch Mitglied der SPD, was Voraussetzung für seine Aktivität bei den »Proletarischen Hundertschaften« war. Diese paramilitärische Organisation wurde im Frühjahr 1923 gemeinsam von Sozialdemokraten und Kommunisten gebildet, um reaktionären Übergriffen vorzubeugen. Wie Wehner später berichtete, waren es zum größten Teil ehemalige Frontsoldaten, »Arbeiter und Angestellte, die sich nach Feierabend zum Schutz der Republik und zur Abwehr der Reaktion sammelten«[36].

Herbert Wehner war seit seiner Kindheit von der Politik gepackt. Aber er wollte nicht einfach in die Fußstapfen seiner Eltern treten, dazu war er zu stolz: »Man wollte aus eigenem Entschluß geworden sein, was man glaubte zu sein.« Spätestens ab 1922 kam er in Berührung mit der Sozialistischen Arbeiterjugend, der Jugendorganisation der SPD. Er besuchte ihre Veranstaltungen und trat der SAJ im Januar 1923 bei[37].

Als Sechzehnjähriger hatte Herbert Wehner schon viel erlebt. Die soziale Not der Familie, beengte Wohnungen, ständige Umzüge, die Trennung durch den Krieg, den Zusammenbruch seines Vaters, die Schwierigkeit der Mutter, für den Lebensunterhalt zu sorgen, Kinderarbeit, politische Ausgrenzung und enttäuschte Hoffnungen. Daneben stehen die Geborgenheit, das liebevolle Zusammenleben in der Kleinfamilie, das zunächst idyllische Leben im Erzgebirge, die Musik, Dresden als Kulturmetropole, Bildungserlebnisse im Lehrerseminar und in der Verwaltungs-Realschulklasse. Den kulturellen und materiellen Reichtum Dresdens vor Augen, konnte die Arbeiterfamilie Wehner doch nur begrenzt an seinen Früchten teilhaben. Herbert Wehner entging dieser Widerspruch nicht. Er war hochbegabt und hatte einen ausgeprägten Gerechtigkeitssinn. Er neigte nicht zur Resignation, sondern eher zur Ungeduld. Er hatte das Gefühl, benachteiligt zu sein, und »zog daraus die Konsequenz, daß man sich kümmern müsse, damit jedem seine Chance gegeben werden würde«[38]. So fing er an, politisch zu denken und zu handeln.

Revolutionäre Taten

Das Jahr 1923 war ein einschneidendes Krisenjahr für die Weimarer Republik – und für Herbert Wehner. Die Ereignisse warfen ihn aus dem Gleis. Es war das Jahr seiner Radikalisierung.

Am 11. Januar besetzten französische Truppen das Rheinland. Es ging um Großmachtinteressen. Die deutsche Regierung rief den passiven Widerstand aus und übernahm die Lohnzahlungen der daraufhin von den Franzosen ausgewiesenen Arbeiter und Angestellten. Hohe Steuerausfälle kamen hinzu. Um die Kosten auszugleichen, ließ die Regierung massenweise Geld drucken und heizte so die schon seit Kriegsende andauernde Inflation an. Ein US-Dollar hatte im November 1922 noch 6000 Reichsmark gekostet, im Februar 1923 waren es 40 000 Mark, im Juni 150 000. Mitte November erhielt man für einen Dollar 1260 Milliarden und auf dem Höhe- und Schlußpunkt der Inflation am 20. November 4200 Milliarden Reichsmark. Das Geld konnte nicht so schnell gedruckt werden, wie es an Wert verlor. Ein weiterer Preis für den Widerstand gegen die Besatzung war das Erstarken der nationalistischen Rechten. Im Rheinland kam es zu terroristischen Aktionen und blutigen Zwischenfällen[1].

Politisch wie wirtschaftlich war die Aktion gegen die Franzosen nicht durchzuhalten. Die neue, von Gustav Stresemann geführte Regierung gab den passiven Widerstand im September 1923 auf. Das wurde ihr von der Rechten als »Vaterlandsverrat« ausgelegt. In Bayern nahm die rechtskonservative Regierung dies als Anlaß zum Staatsstreich von oben. Die Reichswehrführung weigerte sich, einzugreifen. Der ehemalige kaiserliche General von Ludendorff und der »Führer« der rechtsextremen »Nationalsozialisten«, Adolf Hitler, nutzten die Situation zum Putschversuch. Ihre Aktion vom 9. November 1923 scheiterte jedoch an schlechter Vorbereitung und mangelnder Einigkeit der Rechten[2].

In Sachsen entzog die Inflation der sozialdemokratischen Reformpolitik die wirtschaftliche Grundlage. Trug die schwache Reichsmark 1921/22 noch zur Kostensenkung und Belebung der Exportwirtschaft, ja zur Vollbeschäftigung bei, so kam es im Chaosjahr 1923 zu Produktionsstockungen und steigenden Arbeitslosenzahlen. Gleichzeitig wurde die politische Grundlage für das linksrepublikanische Projekt brüchig. Am 30. Januar 1923 stürzte ein bürgerlich-kommunistisches Zusammenspiel im Landtag die Regierung Buck-Lipinski. Am 21. März wurde jedoch mit Erich Zeigner erneut ein Sozialdemokrat mit den Stimmen der KPD zum Chef einer Minderheitsregierung gewählt[3].

Zeigner zog aus mehreren Gründen den Unmut der Regierenden in Berlin auf sich. Er kritisierte öffentlich den passiven Widerstand im Ruhrgebiet und befürwortete statt dessen Verhandlungen mit den Franzosen. Der Ministerpräsident genehmigte den Auf- und Ausbau der »Proletarischen Hundertschaften« in Sachsen, während sie im Mai 1923 im sozialdemokratisch regierten Preußen verboten worden waren.

Aufgrund der wirtschaftlichen Krise kam es zu Versorgungsengpässen. Proteste der Bevölkerung waren die Folge. Die Proletarischen Hundertschaften konnten teilweise beruhigend wirken; bürgerliche Kreise berichteten jedoch einseitig von gewalttätigen Übergriffen. Im Laufe des Sommers mehrten sich die Eingaben von konservativen Parlamentariern, Unternehmern und sächsischen Beamten, die ein Eingreifen von Reichsregierung und Reichswehr in Sachsen forderten[4].

Die Wirtschaftskrise, die soziale Not und die Verschärfung der innenpolitischen Gegensätze heizten den Aktionismus der Linken an. Die KPD-Führung erhielt von der Kommunistischen Internationale in Moskau Anweisung, in Sachsen und Thüringen Koalitionsregierungen mit der SPD zu bilden, um einen revolutionären Aufstand anzuzetteln. Angesichts der Bedrohung durch den seit dem 26. September herrschenden Ausnahmezustand im Reich willigte die sächsische SPD ein, und am 10. Oktober wurde die SPD-KPD-Koalition gebildet. Zeigner blieb Ministerpräsident. Der KPD-Vorsitzende Heinrich Brandler wurde Chef der Staatskanzlei. Daraufhin marschierte die Reichswehr in Sachsen ein. Am 29. Oktober 1923 wurde im Zuge der »Reichsexekution« die legal gebildete Regierung ihres Amtes enthoben.

Es stellte sich sehr schnell heraus, daß die Kommunisten für eine erfolgreiche Erhebung weder genügend Waffen noch Revolutionäre noch Anhänger hatten. Der »rote Oktober« in Sachsen und Mitteldeutschland war auf seiten der Kommunisten utopistisches, ideologisch verblendetes Wunschdenken. Für die Rechten war er ein Popanz, teils angstbesetztes Horrorszenario, teils kühl kalkuliert als Vorwand zum Losschlagen. Die Gefahren, die der Republik von links drohten, wurden jedenfalls deutlich überschätzt. Die Gefahren von rechts, so den tatsächlichen Umsturz der republikanischen Ordnung in Bayern unter Deckung durch das Militär, nahm die Berliner Regierung ohnmächtig hin. Die Regierung Zeigner hatte treu zur Verfassung gestanden[5]. Das Vorgehen von Reichswehr, Reichsregierung und Reichspräsident gegen Sachsen war überzogen und unberechtigt.

Der junge, gerade politisch aktiv gewordene Herbert Wehner bekam die verwirrenden Auseinandersetzungen des Jahres 1923 hautnah mit. Im Sommer nahm er am 3. Deutschen Arbeiter-Jugendtag in Nürnberg teil. Schon wegen der Anreise war dies etwas Besonderes, denn er wanderte zu Fuß dorthin, durch Sachsen, Thüringen und Nordbayern. Gemeinsam mit 50 000 Jugendlichen erlebte er in Nürnberg die Tagungen von Sozialistischer Arbeiterjugend und Jungsozialisten. Ein Zwischenfall am Rande der Tagung brannte sich in sein Gedächtnis ein. Zusammen mit einigen anderen Jugendlichen nahm er an einer Vesper in der Lorenzkirche teil. Als die jungen Menschen das Gotteshaus verließen, wurden sie von einer Gruppe Nazis überfallen und verprügelt. Dies war Herbert Wehners erste Begegnung mit den künftigen Herren Deutschlands[6].

Als er nach Hause zurückkam, überschlugen sich die Ereignisse. Die Arbeitslosenquote in Dresden stieg auf 60 Prozent. Es kam zu Hungerprotesten und Demonstrationen von Erwerbslosen. Die sächsische Regierung setzte zur Beruhigung die Proletarischen Hundertschaften ein, bei denen auch Wehners Vater mitwirkte. Arbeiter wurden auf Befehl einer Arbeiterregierung gegen protestierende Arbeiter eingesetzt, und SPD und KPD machten dabei mit. In Wehners SAJ-Gruppe wurde über eine »neue Revolution« diskutiert[7].

Zur Spaltung führte der Einmarsch der Reichswehr. Am 27. Oktober 1923 kam es zu Übergriffen des Militärs, die als »Freiberger Blutsonnabend« in die Geschichte eingingen. 29 unbewaffnete Arbeiter wurden von Soldaten erschossen. Der sozialdemokratische Zeitzeuge Walter Fabian erinnerte sich an empörende Ereignisse in ganz Sachsen: »Kavallerie-Attacken auf Neugierige, mitten durch Scharen spielender Kinder. Verhaftungen über Verhaftungen, auf jede Denunziation hin. Faustschläge ins Gesicht wehrloser Gefangener, Prügel mit Reitpeitschen und Koppeln. Beförderung der Verhafteten zwischen den Pferden der Kavallerie, Verhöre mit dem Gesicht gegen die Wand.« Für Herbert Wehner und seine Freunde in der sozialdemokratischen Jugendgruppe bedeutete das brutale Vorgehen des Militärs, »daß wir nicht mehr verstehen konnten, wie wir die Dinge zueinander zu ordnen hatten«. Nach heftigen Diskussionen spaltete sich die Gruppe. Eine starke Minderheit um Herbert Wehner bildete eine »freie sozialistische Jugendgruppe«. Sie waren »aus dem Gleis geworfen«[8].

Antonie Wehner machte sich Sorgen um ihren Ältesten. Sie erhielt Besuch vom erwachsenen Leiter seiner SAJ-Gruppe. Dieser warnte sie, ihr Sohn werde am Galgen enden, »denn er wird, wenn es so weitergeht, ein Anarchist. Er ist ein Idealist, aber dies ist gefährlich.« Die Mutter fragte Herbert Wehner nach der Ursache dieser Warnung und bat ihn, nicht auf politische Abwege zu geraten[9].

Eine herbe persönliche Enttäuschung gab weiteren Anlaß zur Radikalisierung. Im Frühjahr 1924 schloß Wehner die dreijährige Verwaltungsausbildung an der Neustädter Realschule ab. Gustav Hahn, Rektor der Schule, war mit den Leistungen seiner Absolventen in hohem Maße zufrieden. Sie hatten bei der Reifeprüfung im Schnitt bessere Noten erzielt als die übrigen Realschüler. Herbert Wehner erhielt in Betragen und Fleiß jeweils eine 1, in den Fachnoten kam er insgesamt auf die Note 2a. Er hatte nur Einsen und Zweien. Die besten Noten erzielte er in Religion, Deutsch, Volkswirtschaftslehre und Buchführung. Insgesamt schnitt er als Zweitbester ab. Dennoch ging die Ausbildung ins Leere. Der Staat wollte sparen, und 1924 begann in Sachsen der »Beamtenabbau«. Ein Sperrgesetz machte Neueinstellungen unmöglich. Nach dreijähriger erfolgreicher Ausbildung wurde der gesamten Verwaltungsklasse der Neustädter Realschule eine Anstellung im Staatsdienst verweigert. Dabei war das erstrebte Ziel so dicht vor den Augen der Schüler sichtbar gewesen. Die Schule lag mitten im damaligen und heutigen »Regierungsviertel«, in unmittelbarer

Nähe der verschiedenen Ministerialgebäude. Scharen von Beamten kreuzten den Schulweg. Wehners Hinwendung zum Anarchismus, einer Lehre, die den Staat und die Beamtenschaft abschaffen will, wurzelte auch in der Empörung des 17jährigen über den gleichgültigen Umgang des Staates mit ihm und seinesgleichen[10].

Nun mußte er eine neue Ausbildung anfangen, diesmal als Lehrling im Kontor der Dresdner Hille GmbH. Die Fabrik stellte Dieselmotoren, Bohrmaschinen und Lastautomobile her. Dort war er »in der Werkstattschreiberei, im Lohnbüro, in der Kasse und kurze Zeit in der Buchhaltung« beschäftigt. Die Arbeitsstätte empfand er als Käfig, sich selbst darin als Sklave. Für diese »Schufte« mußte er 9 ½ Stunden täglich arbeiten. »Ich möchte rebellieren, davonlaufen!« Seinen Monatslohn von 33 Mark betrachtete er als Hundelohn. Urlaub bekam er nicht[11].

Ende 1923 waren die Putschversuche von rechts gescheitert, die Inflation mit der Einführung der »Rentenmark« gestoppt und die sozialistischen Regierungen in Sachsen und Thüringen beseitigt. Bis zur Weltwirtschaftskrise im Herbst 1929 erlebte Deutschland eine Phase der konservativen Beruhigung. Nach außen zeitigte Stresemanns Verständigungspolitik Erfolge. Im Innern wurden sozialpolitische Errungenschaften und sozialdemokratischer Einfluß allmählich zurückgedrängt. Wie ein Symbol für diese Wandlung steht das Ende des sozialdemokratischen Reichspräsidenten Friedrich Ebert. Seine Gesundheit war nach zermürbenden Auseinandersetzungen mit rechtsextremen Verleumdern ruiniert, und 1925 starb er[12]. Zu seinem Nachfolger wählte das Volk den kaiserlichen General Paul von Hindenburg. Dies ging einige Jahre gut, bis der alte Monarchist in der Krise seinem Amt nicht mehr gewachsen war und 1933 die Macht an Adolf Hitler und die NSDAP übergab.

Sachsen wurde nach der Reichsexekution weiter von sozialdemokratischen Ministerpräsidenten regiert, allerdings in Koalitionen mit den bürgerlichen Parteien. In der sächsischen SPD dominierte aber der linke Flügel, und die Partei stellte sich mehrheitlich gegen die Mitarbeit in der Regierung. Die Landtagsfraktion ging diesen Weg nicht mit, und ihre Mehrheit spaltete sich als »Alte Sozialdemokratische Partei Sachsens« ab. Sie blieb im Kabinett und stellte trotz ausbleibender Wahlerfolge bis 1929 den Ministerpräsidenten. Das Reformwerk der frühen zwanziger Jahre konnte so noch eine Zeitlang überdauern[13].

Die alte Arbeiterbewegung, die Sozialdemokratie des Kaiserreichs, war machtlos gewesen, aber sie erschien einig in ihrem Sendungsbewußtsein, für eine neue, soziale und demokratische Gesellschaftsordnung zu kämpfen. Die Arbeiterbewegung in der Weimarer Republik hatte die Berührung mit der Macht schlecht verkraftet. Sie war gespalten. Die KPD auf der äußersten Linken blieb nach ihrem Zwischenspiel in der sächsischen Regierung machtlos und ordnete sich den Weisungen aus Moskau unter. Die SPD schwankte zwischen Regierungsverantwortung und Fundamentalopposition. Wo sie regierte, bezahlte sie ihre Teilhabe an der Macht mit Zugeständnissen an das bürgerliche Lager. Ein sozialdemokratischer Reichspräsident ordnete die Absetzung eines demokratisch gewählten sozialdemokratischen Ministerpräsidenten durch das nicht demokratisch gesinnte Militär an. »Das hat viele von uns, die wir aus der Arbeiterschaft kamen – in ihr wurzelten –, politisch zunächst einmal gebrochen, und das dauerte, bis damit fertig zu werden war«, erinnerte sich Herbert Wehner. Nicht nur in seinen Augen waren Sozialdemokratie, Parlamentarismus und Republik diskreditiert[14].

Die Suche nach einer neuen politischen Heimat begann. Wehner und seine Freunde studierten die Werke linker Theoretiker. Sie lasen die Schriften der Begründer des Anarchismus, Pierre Joseph Proudhon und Max Stirner, von Michail Bakunin, dem russischen Anarchisten und Gegenspieler von Karl Marx, sowie von Pjotr Kropotkin, ebenfalls russischer Anarcho-Kommunist. Hinzu kamen sozialistisch-anarchistische Werke des Zionisten Martin Buber und seines Freundes, des Münchner Räterevolutionärs Gustav Landauer. Auch der Anarchist und Sozialrevolutionär Johann Most und die Linkssozialistin Rosa Luxemburg standen auf dem Programm. Erst später kamen die Werke von Karl Marx hinzu. Die Literatur fanden sie in der Volksbuchhandlung Bellmann in der Großen Meißner Straße in Dresden Neustadt. Der Buchhändler selbst war Anarchist, »ein kleines, leidenschaftliches Männlein«, das »überall jeden davon überzeugen« wollte, »daß der Marxismus eine Irrlehre sei«. Der kleine Buchladen entwickelte sich zum Treffpunkt, »in dem zwar viel diskutiert, aber wenig gekauft wurde«[15].

Von hier gingen auch die Kontakte zur Dresdner Kunstszene aus, zu den Malern der Dresdner Schule, den »Veristen« wie Otto Griebel und Hans Grundig, sozialkritische und engagierte Maler zwischen Dadaismus und Neuer Sachlichkeit, in deren Kreisen Herbert Wehner in der Mitte der zwanziger Jahre verkehrte. Politisch bewegte sich diese Dresdner Bohème zwischen Kommunismus und Anarchosyndikalismus. Wehner berichtete später, er habe neben anderen Dix und Griebel gekannt, und zwar nicht nur »als einer, der ihnen nachlief, sondern wir diskutierten miteinander, wir erlebten verschiedenes miteinander, tranken auch ab und zu miteinander, obwohl der Altersunterschied groß war«[16].

Herbert Wehner und seine Mitstreiter beschränkten sich nicht auf das Studium von Schriften und die Diskussion revolutionärer Theorien. Sie wurden politisch aktiv, handgreiflich. Die Aktionen richteten sich, unter dem Eindruck des Herbstes 1923, vor allem gegen Obrigkeit und Militär. Im Frühjahr 1924, aus Anlaß des Geburtstags von Bismarck am 1. April, marschierten am Großen Garten in Dresden die »vaterländischen Verbände« auf, die Brigade Erhard, SA, NSDAP und Stahlhelm, die auch nach Ansicht des älteren Wehner alles andere als vaterländisch waren. Gegen die mit Eichenknüppeln bewaffneten uniformierten Kolonnen protestierte Wehners Jugendgruppe. Er erinnerte sich später: »Wir wurden zusammengeschlagen, haben uns wieder aufgerafft und wurden wieder zusammengeschlagen und haben uns wieder aufgerafft.« Wegen Beleidigung der Polizei wurde Herbert Wehner 1925 zum ersten Mal zu einer Woche Gefängnis verurteilt. Am Abend der Reichspräsidentenwahl im Frühjahr hatte er sich in einer Menschenmenge vor einer Dresdner Zeitungsredaktion aufgehalten. Dort sah er einen besonders »martialisch« aussehenden Polizeioffizier, und es rutschte ihm die Bemerkung heraus, dieser sehe aus »wie ein uniformierter Mörder«. Im Gedränge kam es zum Handgemenge, und so wurde Wehner festgenommen[17].

Aus dieser Zeit ist eine weitere Aktion in der Dresdner Neustadt überliefert. Berittene Polizei war vom nahe gelegenen Exerzierplatz aus durch die Alaunstraße geritten, und Wehner und seine Freunde hatten sich ihnen mit Zaunlatten, die sie von der Jägerkaserne abgerissen hatten, entgegengestellt. Besonders wirksam waren diese »revolutionären Taten« nicht. Seine anarchistische Gruppe war zwar, wie er sich erinnerte, von anfangs »12 Männeken« auf über 500 Mitstreiter angewachsen, aber die Presse berichtete nur spärlich[18].

Die mangelnde Berichterstattung mag dazu beigetragen haben, daß Herbert Wehner nun selbst journalistisch tätig wurde. Auf erste Artikel in anarchistischen Organen wie ›Junge Anarchisten‹ und ›Der Freie Arbeiter‹ ab 1925 folgte im Jahr 1926 die Herausgabe einer eigenen Zeitschrift der »Anarchistischen Jugend Dresden«. Sie trug den Titel ›Revolutionäre Tat‹. Unter dem Motto »Anarchie ist nicht Chaos, sondern Ordnung ohne Herrschaft!« erschienen im Frühjahr und Sommer insgesamt drei vierseitige Ausgaben. Die meisten Artikel stammten von Herbert Wehner[19].

Bei diesen Texten handelt es sich um leidenschaftliche Appelle, zur Tat zu schreiten. Am Ende des Leitartikels der ersten Ausgabe heißt es: »Der erste Schritt, den jeder tun kann, ist, sich frei zu machen von dem Untertanengemüt.« Wehner forderte dazu auf, die politische Trägheit zu überwinden und mit Inbrunst zu fechten: »Unser Wille wird Berge versetzen.« Vor diesem Hintergrund verurteilte er die Trägheit des deutschen Proletariats. Verantwortlich dafür machte er die Sozialdemokratie, die mit Hilfe der »zurechtgemachten ›Wissenschaft‹ des Marxismus« das Proletariat zur Tatenlosigkeit verdamme. Aber auch die Arbeiter selbst seien »bestimmt spießbürgerlicher als die von ihnen oft geschmähten Bürger.«[20]

Das Ziel der revolutionären Taten formulierte Herbert Wehner so: »Wer kämpft für die Freiheit und Selbstbestimmung des einzelnen, der findet in uns Bundesgenossen.« Es sei der falsche Weg, die Macht im bestehenden Staat zu erobern, vielmehr sei es notwendig, den Staat zu zerstören und über den bewaffneten Aufstand »ein Ende zu machen mit dem Bestehenden«. Dieser Logik folgend lehnte er auch Parlamentswahlen ab: »Durch die Abgabe meiner Stimme verzichte ich darauf, während der Legislaturperiode mit zu bestimmen. Der Wähler legalisiert die Handlungen, die später gegen ihn unternommen werden.« Der Wert der demokratischen Verfassung sei »gleich Null, gemessen an der Gewaltherrschaft, die von den Industrieherren und ihrer Sippe ausgeübt wird«. Solche Äußerungen trugen ihm einen Prozeß vor dem Leipziger Reichsgericht ein. Das Verfahren wurde jedoch auf Grund einer Amnestie eingestellt[21].

Wehner kritisierte die bestehenden Organisationen von links: »Jeder entzieht dieser Gesellschaft einen Verteidiger, wenn er mit ihren Einrichtungen: Kirche, Parteien und Gewerkschaften, (...) bricht.« Die SPD hatte er abgeschrieben: »In ihren Reihen marschieren Kleinbürger, Schrebergärtner und Beamte.« Auch die KPD kam nicht besser weg. Sie sei »das Bollwerk der Konterrevolution«, eine »Partei, die schlimmer ist als die katholische Kirche, in der Denunziantentum und Faulheit in üppiger Blüte stehen«[22].

Die politische Position des knapp zwanzigjährigen Herbert Wehner war ultralinks und sektiererisch, avantgardistisch und elitär. Unbeantwortet blieb die Frage, wer denn die entscheidende Revolutionäre Tat vollbringen sollte, wenn die Arbeitermassen gleichzeitig so träge waren, wie Wehner ihnen mit ätzender Kritik vorwarf. Es fehlte ein Konzept, wie die angestrebte Ordnung ohne Herrschaft, die Anarchie ohne Chaos zu verwirklichen sei.

Im Impressum der ›Revolutionären Tat‹ wurde als Versammlungsort die in der Tieckstraße 3, also nahe der Neustädter Realschule gelegene kleine Gaststätte »Zur Nachtigall« genannt. Außerdem empfahl Herbert Wehner, eine Reihe von Werken anarchistischer Theoretiker zu studieren, die beim Volksbuchhändler Bellmann erhältlich waren. Doch auch wenn Wehner später nicht ohne Stolz angab, die Anarchistische Jugend sei in Dresden zeitweise genauso stark gewesen wie der Kommunistische Jugendverband, blieben die Massen der Organisation fern. Als theoretischer wie praktischer Kopf und Chefpublizist der Bewegung in Dresden war Herbert Wehner, wie der Zuschnitt seiner ›Revolutionären Tat‹ und noch deutlicher deren sofortiges Ende mit seinem Weggang zeigt, weitgehend allein[23].

Über seine frühe journalistische Tätigkeit kam Wehner immerhin zu seinem späteren Markenzeichen. Rauchen, so war ihm zu Ohren gekommen, erhöhe die Konzentrationsfähigkeit beim Schreiben. Und so hatte er schon 1924 das Pfeiferauchen begonnen[24].

Der Heranwachsende fühlte sich, so geht aus dem unlängst entdeckten Briefwechsel mit einem Hamburger Jugendfreund, Max Baumann, hervor, als einsamer politischer Kämpfer gegen eine ungerechte, feindselige wirtschaftliche und gesellschaftliche Ordnung. Er sei »skeptisch geworden, oft spöttisch, voll beißender Ironie«, schrieb er seinem Freund. Mit Mädchen komme er gar nicht zusammen. Aber: »Es gab eine Zeit, da kannte ich ein Mädchen, das mir manchmal sanft über die Haare strich, und wir verlebten schöne Stunden zusammen, doch das ist vorbei.« Vielleicht handelte es sich dabei um Gretel Berthold-Hofmann, die in Striesen um die Ecke, in der Alemannenstraße wohnte. Noch Ende der sechziger Jahre erinnerte sie sich an Wehners Geburtstag und schrieb zum 11. Juli: »Dabei gedenke ich an meinen ›siebzehnten‹. Da standen alle Jungens vor unsrer Tür. Jeder hatte ein Geschenk, ein Buch, einen schönen Strauß und eine Guitarre. Das war für mich ein Erlebnis, was ich eben nie vergaß. Leider ist die Guitarre beim Angriff in Dresden mit verbrannt.« In einem ihrer späteren Briefe hieß es: »Herb und Weh, das hat sich bestimmt bei Dir erfüllt.«[25]

Nach Beendigung seiner kaufmännischen Lehre in der Maschinenfabrik im Frühjahr 1926 wurde Wehner arbeitslos. Daß er nicht weiterbeschäftigt wurde, begründeten seine Arbeitgeber mit »Arbeitsmangel«. Er selbst war sich jedoch sicher, daß es darum ging, »daß der Anarchist Wehner davongejagt wurde«. Da erreichte ihn das Angebot des Schriftstellers Erich Mühsam, zu ihm nach Berlin zu kommen. Mühsam hatte sich 1919 führend an der bayerischen Räterepublik beteiligt, war zu einer Gefängnisstrafe verurteilt und erst Ende 1924 aus der Haft entlassen worden. Wehners Jugendgruppe führte im August 1925 in Dresden eine größere öffentliche Versammlung mit Mühsam als Redner durch. Der Schriftsteller wohnte bei dieser Gelegenheit eine Woche bei Wehner, der mittlerweile bei den Eltern ausgezogen war und sich bei seiner Großmutter in der Striesener Haydnstraße 55 einquartiert hatte. Gemeinsam mit Mühsam trat Herbert Wehner für die Mitgliedschaft und Mitarbeit der Anarchisten in den KPD-Vorfeldorganisationen »Rote Hilfe« und »Roter Frontkämpferbund« ein. Mit dieser Position fanden sie im Oktober 1925 in Erfurt auf dem »Reichskongreß der syndikalistischen und anarchistischen Jugend« keine Mehrheit[26].

Herbert Wehner zog im Herbst 1926 beim Ehepaar Mühsam in Berlin ein und wurde Privatsekretär von Erich Mühsam, das heißt, er half ihm bei der Herausgabe der Zeitschrift ›Fanal‹. Nach wenigen Monaten allerdings kam es zum Zerwürfnis. Der Anlaß war banal: Als Wehner einmal allein in der Wohnung war, liefen ihm Hund und Katze davon. Dies nahm Mühsam ihm übel. Wichtiger aber ist, daß Mühsam Wehner nicht genügend Raum zur Entfaltung ließ. So behielt der Schriftsteller sich vor, alle Artikel für ›Fanal‹ selbst zu schreiben; für den tatendurstigen Herbert Wehner blieb nur das Redigieren[27].

Bei Mühsam lernte er auch Traute Hoelz kennen, eine junge Frau, die zum Schein eine Ehe mit dem wegen seiner Aktionen inhaftierten vogtländischen Revolutionär Max Hoelz eingegangen war. Deren Schwester, Lotte Loebinger, wohnte ebenfalls bei Erich Mühsam. In sie verliebte sich Herbert Wehner. Loebinger, wenige Monate älter als er, war KPD-Mitglied und Schauspielerin bei Erwin Piscator. Dieser hatte schon 1924 mit seinem Agitproptheater unter dem Titel ›Revue Roter Rummel‹ Wahlkampf für die KPD gemacht. Wehner begleitete die Piscator-Truppe bei einer »Befreiungskampagne für die politischen Gefangenen«, an der auch die Schauspieler Heinrich George und Alexander Granach teilnahmen. In Berlin lernte Herbert Wehner außerdem Schriftsteller wie Kurt Tucholsky und Carl von Ossietzky kennen. Er begegnete Anarchisten wie Silvio Gesell und Gustav Lübeck, der zeitweise zum Schein mit Rosa Luxemburg verheiratet war[28].

Nach dem Bruch mit Mühsam blieb Wehner zunächst in Berlin. Er teilte das Schicksal der arbeitslosen Massen. Von den 8,40 Mark Erwerbslosenunterstützung pro Woche konnte er kaum leben. Allein 20 Mark monatlich kostete seine Schlafstelle. Aber er wollte nicht unter den Brücken schlafen. Später erinnerte er sich, daß Geschäfte in der Schönhauser Allee und Danziger Straße damals Gemüsekonserven zu günstigen Preisen anboten. Die Haltbarkeitszeit war abgelaufen, die Deckel der Dosen wölbten sich nach außen. Der Spinat oder die Bohnen waren gerade noch genießbar, also ernährte er sich von Brot und dem Inhalt dieser Dosen[29].

Spätestens im April 1927 entschlossen sich Herbert Wehner und Lotte Loebinger zu heiraten. Dies kam für die Wehners in Dresden sehr plötzlich. Besorgt schrieb Antonie Wehner an Lotte in Berlin. Die Mutter wünschte, daß die beiden nicht »nur aus Rücksicht auf irgend etwas Äußerliches oder Not« heiraten sollten. Ihre Söhne hätten ihr als Kinder nur Freude gemacht, um so schwerer sei ihr »die bittere Enttäuschung«, daß Herbert »arbeitslos, brotlos in der Fremde« sein müsse. Er habe einen harten Schädel, »sein Leben wird nicht so leicht werden«. Sie bat ihre künftige Schwiegertochter, sich »noch mal genau und in Ruhe« zu überlegen, »ob das Herz auch dabei ist«, denn nichts sei »schöner als ein gemeinsames Leben und sich Verstehen, das Gegenteil aber ist das Schrecklichste«. Es blieb jedoch bei dem Entschluß. Die Eltern müssen dem auch zugestimmt haben, denn Herbert Wehner war mit 20 Jahren noch nicht ehemündig. Herbert und Lotte heirateten am 18. Juni 1927 auf dem Standesamt Dresden-Striesen, ganz in der Nähe von Wehners Elternhaus. Die Befürchtungen der Mutter bewahrheiteten sich schnell. Aus der »Kinderehe« (Wehner) wurde sehr bald eine »Ehe auf dem Papier« (Loebinger), für Herbert Wehner eine herbe Enttäuschung. Lotte hatte den jungen Wehner »dekorativ« gefunden, aber sie ging fremd. Sie war, so erinnerte sie sich später selbst, »den Männern gut, nicht, ich war neugierig auf sie«. Wehner ging zurück nach Dresden, seine Frau blieb in Berlin, machte Theater- und Filmkarriere. Das Ehepaar fand nie wieder zusammen[30].

Um eine enttäuschende Erfahrung reicher, machte Wehner in Dresden weiter Politik. Er wechselte allerdings die Organisation. Noch im Frühjahr 1927 war er aus den anarchistischen Organisationen ausgetreten, war dem freigewerkschaftlichen Zentralverband der Angestellten beigetreten und hatte im Juni seine Mitgliedschaft in der KPD beantragt[31].

Wie kam es zu diesem Schritt? Schon Anfang 1926 hatte Wehner mit seinen Freunden in der anarchistischen Gruppe begonnen, Stalins ›Probleme des Leninismus‹ zu studieren, jedoch zunächst, ohne sich die Theorie des »Marxismus-Leninismus« zu eigen zu machen. Durch das Zusammenleben und den schließlichen Streit mit Mühsam hatten dieser und der Anarchismus viel von ihrer Faszination verloren. In der »Roten Hilfe« und in Berlin mit Lotte Loebinger und dem Agitationstheater hatte er die praktische Zusammenarbeit mit Kommunisten proben können. Entscheidend war jedoch die Erfolglosigkeit des Wirkens in der anarchistischen Organisation. Sein späterer Sekretär Erich Seidemann, der den Weg in die KPD gemeinsam mit Herbert Wehner ging, meinte, sie hätten eingesehen, daß mit einer durchorganisierten Partei wie der KPD »doch die Befreiung schneller zu erreichen wäre«. Wehner selbst erinnerte sich später: »Mich hat es damals gedrängt, etwas zu tun und nicht nur zu reden und nicht nur zu deklarieren. Und ich fand, das war die Möglichkeit, organisiert etwas zu tun.«[32]

Die Möglichkeit, mehr zu tun, mit mehr Mitstreitenden in einer Massenpartei zusammen für die Revolution zu wirken, wog offensichtlich schwerer als die zuvor deutlich geübte Kritik am Apparatwesen der Partei oder an der Abhängigkeit von Moskauer Weisungen. Die politische Zielsetzung war die gleiche geblieben: »Unser Streben war, eine Ordnung zustandebringen zu helfen, in der die Freiheit der Person, des Menschen, der Persönlichkeit das Entscheidende war. Damit fingen wir an. Und das Zweite war das Recht frei miteinander lebender Persönlichkeiten. Das Dritte war dann: Man muß gewisse ökonomische Schritte möglich machen.«[33]

Im September 1927 bekam Herbert Wehner zum ersten und letzten Mal eine Anstellung in seinem erlernten Beruf als Kaufmann: in der Nachkalkulation der Zeiss-Ikon-Werke in Dresden. Seine Mutter hatte ihm die Stelle vermittelt. Der Arbeitsplatz bei dem bedeutenden Optik- und Kamerahersteller lag in der Nähe der elterlichen Wohnung. Es war der Ernemannturm an der Schandauer Straße in Dresden-Striesen, heute Sitz der Technischen Sammlungen der Stadt. Aber schon nach wenigen Wochen wurde Wehner entlassen, und zwar aus politischen Gründen. Er hatte dagegen protestiert, daß Zeiss-Ikon Kameras für militärische Luftfotografien herstellte und damit an der heimlichen Aufrüstung der Reichswehr mitwirkte[34].

Erneut stürzte sich der junge Arbeitslose in die politische Aktivität, nahm jedoch nicht den direkten Weg in den Parteiapparat, sondern betätigte sich im Vorfeld der KPD, bei der »Roten Hilfe«. Er setzte damit ein Engagement fort, dem er sich schon als Anarchist gewidmet hatte, und leistete Hilfe »für politische Gefangene, für Amnestierte, die wieder ins Leben kommen mußten, für politische Flüchtlinge aus faschistischen Ländern, die es damals schon gab«. Zunächst, ab 1927, übte er diese Tätigkeit ehrenamtlich als Ortsgruppenleiter von Dresden aus, dann wurde er hauptamtlicher Funktionär. Von 1928 bis 1929 leitete er die Rote Hilfe Ostsachsens als Bezirkssekretär. Vom Büro in der Wilsdruffer Straße 27 aus betreute er Gefangene, organisierte Sach- und Geldspendensammlungen, »Winterhilfskampagnen«, »proletarische Weihnachtsausstellungen« mit Verkaufsständen, Literatur und Filmen. Er veranstaltete Amnestiekundgebungen und trat dort als Redner auf[35].

Herbert Wehner suchte als Sekretär der Roten Hilfe nach Ansätzen zur Zusammenarbeit mit anderen »revolutionären« Organisationen bis hin zur Sozialdemokratie und bürgerlichen Intellektuellen. Dabei verteidigte er die »proletarische Justiz« der Sowjetunion gegen Regimegegner und innerparteiliche Kritiker. Im Herbst 1928 nahm er an einer Veranstaltung im Festsaal des Dresdner Rathauses teil. Dort rief Hedwig Wangel, eine Dame aus dem Bürgertum, zur humanitären Hilfe für Gefangene auf. Wehner äußerte in der KPD-Zeitung ›Arbeiterstimme‹ Sympathie für das Engagement Wangels, kritisierte aber, daß sie mit ihrer unpolitischen Haltung beim bürgerlichen »Edelmut« hängenbleibe. Er glaube nicht an einen menschlichen Strafvollzug, »solange die politische Macht in den Händen der Bourgeoisie ist«. Erst wenn das Proletariat die Macht ergreife, könne es, »wie in der Sowjetunion, die Strafe ersetzen durch Pflege dort, wo in der Tat meist Krankheit vorhanden ist«. Mit einem Schuß Naivität und ohne genaue Kenntnis der Vorgänge in der Sowjetunion folgte der 22jährige der parteipolitischen Opportunität – und den Irrtümern einer ganzen Reihe westlicher Intellektueller[36].

Aber seine praktische Tätigkeit bestand in tatsächlicher, konkreter Hilfe für wirklich Unterdrückte, politisch Gefangene. Gerade seine Tüchtigkeit auf diesem Gebiet bewirkte, daß der Nachwuchskommunist schnell in den engeren Kreis der Parteifunktionäre aufrückte. Im Frühjahr 1929 wählte der Parteitag des KPD-Bezirks Ostsachsen Wehner in die Bezirksleitung. Er wurde deren Gewerkschaftssekretär und war nun »verantwortlich für die Arbeit der Partei in den Massenorganisationen«. Er leitete die KPD-Betriebszellen an. Er organisierte mit Erfolg die Kandidatur von KPD-Gewerkschaftern zu den Betriebsratswahlen. Die »Revolutionäre Gewerkschaftsopposition« (RGO) der KPD hatte sich damals noch nicht reichsweit organisiert. Ihre erste Reichskonferenz fand erst Ende 1929 statt. Sie schuf zwar eine »Reichsleitung«, rief aber gleichzeitig dazu auf, weiter innerhalb der Gewerkschaften im Allgemeinen Deutschen Gewerkschaftsbund zu arbeiten. Aufgrund der Kandidaturen von Kommunisten gegen die offiziellen Gewerkschaftslisten bei Betriebsratswahlen wurden sie jedoch ausgeschlossen. Damit hatte sich die RGO de facto abgespalten. Auch Wehner wurde 1930 aus dem Deutschen Metallarbeiterverband ausgeschlossen, weil er in einer Gewerkschaftsversammlung »als Vertreter der Opposition« der SPD-Reichstagsabgeordneten Toni Sender entgegengetreten war[37].

Seit 1929 lebte Herbert Wehner mit Charlotte (Lotte) Treuber zusammen. Sie war seit August dieses Jahres Sekretärin bei der kommunistischen Landtagsfraktion in Dresden. Da Lotte Loebinger-Wehner kein Interesse an einer Scheidung hatte, konnte das Paar nicht heiraten. Dennoch nannte Wehner seine Lebensgefährtin fortan »meine Frau«[38]. Greta Wehner erinnert sich, daß Herbert berichtet habe, Lotte Treuber schon vor seiner Hochzeit mit Lotte Loebinger gekannt und aus der Ferne bewundert zu haben. Sie ist der Überzeugung, daß Lotte Treuber die wohl größte Liebe in Herbert Wehners Leben gewesen ist. Sie begleitete ihn nach Berlin, durch die verschiedenen Stationen des Exils, bis nach Moskau.

Mittlerweile hatte sich die politische Lage in Deutschland grundlegend gewandelt. Nach dem New Yorker Börsenkrach im September 1929 brach die Weltwirtschaftskrise mit voller Gewalt aus. In Deutschland war ein starkes Ansteigen der Massenarbeitslosigkeit die Folge. Die letzte von einer parlamentarischen Mehrheit gewählte und vom SPD-Kanzler Hermann Müller geführte Reichsregierung stürzte. Hindenburg berief den Zentrumspolitiker Heinrich Brüning zum Reichskanzler. Dieser regierte ohne den Reichstag, gestützt auf die Notverordnungen des Reichspräsidenten. Die antiparlamentarischen Parteien, die KPD von links, die DNVP und insbesondere die NSDAP von rechts erstarkten. Die Republik rutschte in Richtung eines autoritären Regimes, ihre Endkrise hatte begonnen.

Die sächsische KPD konnte in den drei Jahren von 1929 bis 1932 ihre Mitgliederzahl mehr als verdoppeln, jedoch veränderte sich die Zusammensetzung der Mitgliedschaft. Waren im Mai 1930 noch 41 Prozent der Mitglieder in den Betrieben beschäftigte Arbeiter gewesen, so waren es im März 1932 nur noch 25,3 Prozent. 56,2 Prozent der Kommunisten waren Arbeitslose, Ende 1932 waren es 70 bis 75 Prozent. Dies hing nicht nur mit der steigenden Massenarbeitslosigkeit zusammen, sondern auch mit der politischen Ausrichtung der Partei. Nicht das mühselige Ringen um Kompromisse in Tarifverhandlungen oder Parlamentsdebatten, sondern die Ablehnung des Kompromisses, die Propagierung des revolutionären Umsturzes war Grundlinie der KPD. Dies zog die Ausgegrenzten und Perspektivlosen eher an als die in Arbeit und Beruf Stehenden. Diese hatten in der demokratisch verfaßten Republik erheblich mehr zu verlieren als ihre proletarischen Ketten. Die meist platte Propaganda kommunistischer Betriebszeitungen setzte die sozialdemokratischen Funktionäre und Gewerkschafter in Text und Karikatur mit den »kapitalistischen Ausbeutern« gleich. Die KPD erklärte auf Anweisung der Komintern die Sozialdemokraten zu »Sozialfaschisten« und machte sie zu ihrem »Hauptfeind«. Von der NSDAP wurden, wie Wehner beobachtete und intern kritisierte, »gewisse Äußerlichkeiten« übernommen. So kündigte die KPD als »Partei der sozialen und nationalen Befreiung Deutschlands« im September 1930 einen Auftritt ihres Vorsitzenden Ernst Thälmann mit der Schlagzeile »Heute spricht unser Führer« an. All dies verhinderte nicht, daß die Nazis weit größere Mitglieder- und Stimmenzuwächse erzielten als die Kommunisten[39].

Wehner arbeitete eng mit Betriebsräten zusammen, machte Angestellten- und Arbeiterberatung; er war, so erinnerte er sich, »jemand gewesen, den vor allen Dingen die Arbeiter sehr gern hörten«. Ab Sommer 1929 veranstaltete er Erwerbslosen-Kundgebungen und -Konferenzen sowie Schulungsabende. Wiederum verband er die revolutionäre Agitation mit konkreten Forderungen, Hilfs- und Beratungsangeboten[40].

Im Dezember 1929 wurde auf einer »Parteiarbeiterkonferenz«, bei der auch Parteichef Ernst Thälmann anwesend war, die KPD in Sachsen umorganisiert. Die drei Bezirke Dresden, Leipzig und Chemnitz wurden unter der Leitung von Rudolf Renner zu einem KPD-Bezirk Sachsen mit gut 20 000 Mitgliedern vereinigt. Herbert Wehner wurde zum Gewerkschaftssekretär des neuen Bezirks berufen, später wurde er sogar stellvertretender Politischer Sekretär und damit der zweite Mann der sächsischen KPD. Am 21. Dezember sprach Thälmann im Dresdner Ausstellungspalast (an dessen Stelle heute die gläserne VW-Fabrik steht) auf einer »wuchtigen Massenkundgebung der KPD«. Wehner leitete diese Versammlung, eröffnete sie mit Worten des Protests gegen die Unterdrückung der Erwerbslosen und beendete sie nach der Hauptrede Thälmanns mit seinem Schlußwort[41].

Am 3. und 4. Mai 1930 tagte im Gasthof Dobritz zu Dresden der erste Parteitag des neu gebildeten KPD-Bezirks Sachsen. Der 23jährige Herbert Wehner amtierte als Präsident des Parteitags, der über weite Strecken einer demonstrativen Festveranstaltung glich. Ein Leninbild schmückte die Bühne des Versammlungsraumes, darüber die Worte »Wo immer ich auch war – immer war der leitende Stern die Partei.«

An den Seitengängen waren eine Reihe Fahnen sowie Transparente mit Losungen angebracht. Auf rotem Stoff leuchtete die Aufforderung »Erobert die Mehrheit der Arbeiterklasse« in den Saal hinein. Präsidium und Rednerpult waren mit rotem Tuch, auf dem Hammer und Sichel prangten, bedeckt. Nach dem Gesang der »Internationale«, dem Auftritt einer Delegation des »Jung-Spartakusbundes« und der Agitpropgruppe »Blaue Blusen« eröffnete Wehner den Parteitag im Namen der Bezirksleitung. Er verlas ein Begrüßungstelegramm des in Auerbach einsitzenden Jugendfunktionärs Bruno Goldhammer, und die 242 Delegierten begannen mit den Beratungen, in deren Mittelpunkt das politische Referat des Bezirkschefs Rudolf Renner stand. Wehner leitete die Debatten und stellte die in den Kommissionen gefaßten Beschlüsse zur (fast immer einstimmigen) Abstimmung. Am Ende wurde auch die Bezirksleitung in geschlossener Sitzung einstimmig gewählt. Das wichtige Amt Herbert Wehners auf diesem Parteitag spricht für das Ansehen, das der junge Dresdner in der Partei erworben hatte. Seine organisatorische Begabung, Redegewandtheit und die Stenographiekenntnisse sprachen ebenfalls dafür, den gebildeten Arbeitersohn mit der Parteitagsleitung zu betrauen[42].

Kurz darauf, am 22. Juni 1930, wurde in Sachsen ein neuer Landtag gewählt. Dabei erhielt die SPD als einzige stabile demokratische Kraft 33,4 Prozent der Stimmen, die KPD mit ihrer Wahlkampflosung »Das rote Sachsen wählt Kommunisten!« kam auf 13,6 Prozent. Die eigentliche Wahlsiegerin war jedoch die NSDAP. Sie konnte ihren Stimmenanteil fast verdreifachen und mit 14,4 Prozent die KPD überflügeln. Unter den 13 kommunistischen Abgeordneten im Landtag am Dresdner Schloßplatz war als Zweitjüngster der gerade 24jährige Herbert Wehner. Er wurde zum stellvertretenden Vorsitzenden seiner Fraktion gewählt. Sein »erstes Erlebnis« im Landtag war, daß ihm der NSDAP-Abgeordnete, Terrorist und Mörder Manfred Freiherr von Killinger Prügel anbot. In der Zeit zwischen dem 15. Juli 1930 und dem 27. Januar 1931 hielt Wehner acht Reden und drei Schlußworte im Landtag – und kassierte 27 Ordnungsrufe. Einmal wurde ihm das Wort entzogen[43].

Herbert Wehner und die KPD nutzten das Parlament in erster Linie als Bühne zu ihrer Selbstdarstellung. An die Möglichkeit, mit parlamentarischer Arbeit unmittelbar Politik gestalten zu können, glaubten sie nicht. Für Wehner war – das entsprach der Auffassung, die er als Anarchist vertreten hatte – »dieses bürgerliche Parlament nichts anderes als das ausführende Organ der herrschenden Trustkapitalisten, des Finanzkapitals«. Die Polemik gegen Sozialdemokraten und Nationalsozialisten nahm in den Wehner-Reden einen breiten Raum ein. Im Dezember 1930 verstieg er sich zu der Behauptung, die Sozialdemokraten seien, »die festeste Stütze des Brüning-Kabinetts und die festeste Stütze der Regierung und damit die festeste Stütze der Diktatur«. Der »Terror des Mordbanditentums der Nationalsozialisten auf der rechten Seite« galt ihm lediglich als »Verschärfung dieser faschistischen Diktatur«. An anderer Stelle sagte er, »daß die Nationalsozialisten auf dem Wege sind, eine brave Koalitionspartei zu werden«[44].

Immerhin vermied Wehner es, die Sozialdemokraten, wie es der KPD-Linie entsprochen hätte, direkt als »Sozialfaschisten« zu titulieren. Aus seinen Reden spricht eine ernsthafte Auseinandersetzung mit der Lage der Arbeiter und Erwerbslosen, Mitgefühl und der Wille, zur Verbesserung von deren Lage beizutragen. Schwerer wog jedoch, daß die politische Lageeinschätzung Wehners und der KPD falsch war. Die SPD, und mit ihr das gesamte politische System der Weimarer Demokratie, erschien in ihrer Verworfenheit den Nationalsozialisten mindestens gleichgestellt. Das halbautoritäre Notverordnungsregime Brüning bezeichnete Wehner als faschistische Diktatur. Kennzeichnend ist vor allem die einseitige Beurteilung der politischen Lage nach klassenökonomischen Gesichtspunkten. Damit in Zusammenhang stehen die grundlegenden Irrtümer der KPD jener Zeit: Sie behauptete, eine kommunistische Revolution stehe unmittelbar bevor – in Wirklichkeit stand Deutschland vor dem Rückfall in die Barbarei. Sie schätzte den Eigenwert von parlamentarischer Demokratie und Gewaltenteilung gering, und damit verharmloste sie die Gefahr, die durch die NSDAP tatsächlich drohte. Den Antisemitismus überging sie in ihrer Kritik. Der Faschismus wurde lediglich als ein Stadium des Kapitalismus angesehen und daher unterschätzt.

Die KPD-Führung ließ sich ihre politische Linie vom Exekutivkomitee der Kommunistischen Internationale (EKKI) diktieren. Dieses saß weit weg in Moskau und beurteilte die Lage in Mitteleuropa mit den Maßstäben der Ideologie, nach den oft arroganten und oberflächlichen Einschätzungen des Sowjetführers Stalin sowie nach kurzfristigen Machtinteressen des Sowjetstaates. Herbert Wehner war zu dieser Zeit überzeugter Anhänger der »Leninschen Lehre von der Partei«. Intensiv studierte er die Schriften der Sowjetideologen Lenin, Trotzki, Bucharin und Stalin. Er erinnerte sich, geglaubt zu haben, daß »die darin wiederklingenden Auseinandersetzungen und freimütige Kritik innerhalb der Arbeiterorganisationen« zum Wesen des Marxismus-Leninismus gehörten. Infolge dieses Irrtums habe er die »Konsequenzen der totalitären Lehre von der Partei und von der Diktatur des Proletariats« verkannt[45]. Die KPD war im Irrtum – und Wehner irrte mit.

Die Stärke des jungen Politikers und Funktionärs bestand in der praktischen Arbeit vor Ort. Er behandelte in »Parteiarbeiterkonferenzen« lieber die Praxis der Betriebsräte als weltpolitische Fragen. Innerhalb des Rotfrontkämpferbundes nahm er gegen gewaltsame Auseinandersetzungen mit dem sozialdemokratisch geführten »Reichsbanner« Stellung. Doch diese realistischen Ansätze wurden von »offiziellen Tributen an die revolutionäre Phraseologie« durchkreuzt. Mit ihrer »grundfalschen Auffassung von der militärischen Disziplin in der Partei« bekämpften diejenigen Kommunisten, die wie Wehner eine tatsächliche politische und soziale Befreiung erstrebten, letztlich ihr eigenes Ziel[46].

Herbert Wehner war und blieb ungeduldig. Die militärische Unterdrückung der sächsischen Reformpolitik und die am eigenen Leib erfahrene soziale Ausgrenzung hatten ihn früh radikalisiert. Er wollte mit voller Konsequenz gegen die Ungerechtigkeit kämpfen. Die anarchistische Theorie reichte ihm nicht, er drängte zu revolutionären Taten. So schloß er sich derjenigen Partei und Bewegung an, die am radikalsten die herrschenden Verhältnisse zu bekämpfen schien, der kommunistischen. Seine organisatorische und politische Begabung wurde ihm dabei zum Verhängnis: Er machte Karriere. Diese führte ihn ins Zentrum des Parteiapparats, ins Karl-Liebknecht-Haus in der Reichshauptstadt. NS-Machtergreifung, Krieg und millionenfacher Völkermord standen noch bevor. Die Sowjetunion war weit weg, und auch die Exzesse der stalinistischen Schauprozesse lagen in der Zukunft. Herbert Wehner ging in den Apparat der Kommunistischen Partei, und von dort aus sollte er den Totalitarismus erleben. 1931 verließ er Dresden. Er wurde nach Berlin abkommandiert.

Kommunist im Widerstand

Wie kam es zu diesem Einschnitt in seinem Leben?

Die KPD war keine demokratische Partei. Neben ihrer politischen Strategie entsprach auch ihr Aufbau nicht demokratischen Grundsätzen. Die Partei funktionierte nach dem leninistischen Prinzip des »Demokratischen Zentralismus«, das heißt, die übergeordneten Ebenen, das Zentralkomitee und innerhalb dessen das Politbüro entschieden, und die Bezirke und Unterbezirke bis zu den Stadtteil- und Betriebszellen hatten zu folgen. Das galt auch für die Besetzung von Posten mit »Kadern« – und für deren Abberufung. Der Aufbau der KPD entsprach mehr dem einer Armee oder Behörde als einer zivilen Partei. Auf Parteitagen und Versammlungen gab es zwar Wahlen, aber die Delegierten vollzogen in offener Abstimmung meist einstimmig lediglich Entscheidungen nach, die innerhalb der Führung längst getroffen waren. Bereits vor Parteitagen war klar, wer zu wählen war, und nicht nur das: Die Kader amtierten schon vor der Wahl.

Das Zentralkomitee in Berlin entschied auch über die Besetzung von Landtagsmandaten in Sachsen. Schon gleich nach der Wahl im Juni 1930 hatte es mitgeteilt, Wehner habe sein Mandat niederzulegen. Dagegen erhob KPD-Bezirksleiter Rudolf Renner Einwände. Er halte es, so teilte er der Parteiführung mit, nicht für richtig, »daß ein Genosse, der für die politische Arbeit und auch für die sachliche Arbeit in einem großen Bezirk sich als außerordentlich wertvoll erweist, der seine Arbeit mit Energie und Umsicht durchführt, jetzt aufgefordert wird, sein Mandat niederzulegen«. Man müsse »ein wenig auf die persönliche Auswirkung auf den Genossen Rücksicht nehmen«, selbst wenn Wehner sicherlich keine Schwierigkeiten machen und das Mandat sofort niederlegen werde, denn für ihn sei es »wie für jeden Kommunisten ja keine Kardinalfrage«. Am Ende war Berlin einverstanden und beließ ihn im Parlament. Es gab in der damaligen KPD also auch

Diskussions- und Einflußmöglichkeiten von unten nach oben. Renner, der selbst ein schlagfertiger Debattenredner war, schätzte den jungen Wehner, der seine Kritik an Entscheidungen aus Berlin durchaus zum Ausdruck brachte. Es war nicht das erste Mal, daß er ihn gegenüber dem Zentralkomitee in Schutz nahm[1].

Letztlich saß die Zentrale jedoch am längeren Hebel. Eine eigenständige politische Entwicklung wurde Renner, Wehner und der sächsischen KPD nicht zugestanden. Im Zuge der Bildung des KPD-Bezirks Sachsen hatte Berlin »zur Verstärkung der Leitung« eine Reihe von Funktionären geschickt, die vor Ort überlegen taten und sich als Berufsrevolutionäre aufführten. Im Herbst 1930 wurde der Ton gegenüber der sächsischen KPD rauher. Das Sekretariat des Zentralkomitees wies im Oktober mehrfach auf Beschwerdeschreiben aus der sächsischen Partei hin, in denen über organisatorische Mißstände geklagt wurde. Im Dezember wurde Renner nach Berlin einbestellt, um das »katastrophale Versagen« der sächsischen Bezirksleitung »in der Frage der Organisierung der Metallarbeiterbewegung« zu besprechen. Mitte Januar 1931 warf das Zentralkomitee in einer Entschließung der sächsischen KPD Erfolglosigkeit, »Tempoverlust« und mangelhafte Parteiarbeit vor[2]. Daß die Mißerfolge in Sachsen in erster Linie mit der verfehlten Gesamtstrategie der KPD zusammenhingen, kam der Führung nicht in den Sinn.

Im Frühjahr 1931 vollzog die Berliner Parteiführung den Wechsel. Sie setzte Rudolf Renner als Bezirksleiter ab und machte den preußischen Landtagsabgeordneten Fritz Selbmann zum Nachfolger. Auch Herbert Wehner verlor seine Posten. Sein Nachfolger als Sekretär für Gewerkschaftsfragen wurde im Februar Paul Jäkel. Ausgerechnet dieser RGO-Funktionär hatte im September 1930 in Limbach einen Metallarbeiterstreik angeordnet. Diesen hatte die KPD auf der Titelseite der ›Arbeiterstimme‹ groß propagiert, aber die Aktion wurde, wie Wehner sich später erinnerte, »zu einem völligen Fiasko«. Nicht ein einziger Betrieb ging in Streik[3].

Es dauerte bis zum 8. Juni 1931, ehe Wehner sein Landtagsmandat niederlegte. Zwischendurch war er erkrankt. Gegen die Abberufung wehrte er sich. Er war später überzeugt, daß dieser Gang nach Berlin ein entscheidender Fehler war. Denn: »Als ich nach Berlin kam, war ich nicht mehr ein gewählter Mann. In meinem Heimatland wurde ich immer gewählt, auch in den Parteifunktionen. Die Leute haben mir ihre Stimme gegeben oder eben nicht gegeben. Ich war das, wozu ich gewählt wurde. Aber dort war ich dann ein Angestellter und habe den Weg gehen müssen bis zum bitteren Ende.«[4]

Als angestellter Funktionär hatte Herbert Wehner in Berlin zunächst untergeordnete Arbeiten auszuführen. Er organisierte den Vertrieb der Parteizeitschriften und begleitete eine sowjetische Abgesandte des Exekutivkomitees der Kommunistischen Internationale (EKKI) auf einer Inspektion von KPD-Zellen in Berliner Betrieben. Sie stellten dabei »meist Stagnation und bestenfalls geringen Einfluß auf die Betriebsarbeiterschaft« fest. Wehner fiel auf, daß die Russin die KPD-Genossen in den Betriebszellen behandelte wie eine Lehrerin und Vorgesetzte, »die examiniert und tadelt«[5].

In Berlin war die Zentrale der KPD, und damit war Berlin auch das Zentrum der Fraktionskämpfe innerhalb der Partei. Aus den Auseinandersetzungen mit »Rechten« und »Versöhnlern« war Ende der zwanziger Jahre mit Moskauer Hilfe der Hamburger Transportarbeiter Ernst Thälmann als Sieger hervorgegangen. Der Parteiführer, eine »mittelmäßige Persönlichkeit«, bildete ein Triumvirat mit Hermann Remmele und Heinz Neumann, die gemeinsam mit ihm den von der Komintern bestimmten »ultralinken« Kurs der KPD vertraten. Neumann prägte die Parole »Schlagt die Faschisten, wo ihr sie trefft!«. Wehner war der Auffassung, daß dieses Schlagwort in Wirklichkeit nur der NSDAP nutze. Er verurteilte »die Neumannsche Phrasendrescherei, das Kraftmeiertum, die Hetze zu unmittelbaren und schlagartigen Handlungen auch gegen Klassengenossen, wenn diese Reichsbannerkleidung trugen«[6].

Um die Jahreswende 1931/32 versuchten Neumann und Remmele, einen noch schärferen Kurs sowohl gegen die Sozialdemokraten als auch gegen die Nationalsozialisten zu steuern und Thälmann als Vorsitzenden abzusetzen. Diese Versuche mißlangen, und so wurden sie degradiert. Eine Folge dessen war, daß im Juli oder August 1932 Herbert Wehner zum Technischen Sekretär des Politbüros ernannt wurde[7].

Er hatte sich um dieses Amt nicht beworben, im Gegenteil. Er lehnte die Beförderung ab, weswegen ihn Thälmann zu einer Besprechung lud. Wehner war sich bewußt, daß der »ausgesprochene Arbeiter« Thälmann von den gegnerischen intellektuellen Zirkeln in der KPD ausgenutzt wurde, daß sie versuchten, ihn vor sich herzuschieben. Die »starken Männer« hielten, so erinnerte er sich, »ihre anwachsenden Apparate im Gang und vertrauten im übrigen darauf, daß sie das Ohr Thälmanns besaßen«. Wehner meinte, er könne die Funktion nicht übernehmen, weil er keiner Gruppe und keinem Freundeskreis angehöre, aber der Parteichef ließ das nicht gelten. Er sagte zu Wehner: »Und gerade deswegen mußt du das machen, so einen Mann will ich an dieser Stelle haben, niemanden anderen.«[8]

Als Herbert Wehner Technischer Sekretär des Politbüros wurde, sollte es bis zur nationalsozialistischen Machtergreifung nur noch ein knappes halbes Jahr dauern. Daß mit der parlamentarischen Republik auch die KPD zerschlagen würde, begriff die Partei nicht. Daran hinderte sie die eigene ideologische Verblendung ebenso wie die Vorgabe der Parteilinie durch Moskau. Am 20. Juli 1932 war die sozialdemokratisch geführte preußische Landesregierung durch einen Staatsstreich beseitigt worden. Im Sommer des Vorjahrs hatte sich die KPD auf Weisung der Komintern noch an einem von den Nazis in Gang gesetzten Volksbegehren zur Auflösung des preußischen Landtags beteiligt. Jetzt rief die Partei zum Generalstreik auf, aber niemand folgte ihr. Die Reichstagswahlen vom 6. November brachten einen Stimmenzuwachs für die KPD und in deutlich höherem Maße sogar Verluste für die NSDAP. Gleichzeitig verwirrte die KPD ihre eigene Anhängerschaft und wertete die Nationalsozialisten auf, indem sie mit ihnen gemeinsam gegen Unternehmer und Gewerkschaften einen Streik der Berliner Verkehrsarbeiter durchführte. Eine Einheitsfrontpolitik mit den Sozialdemokraten wurde dagegen bevorzugt »von unten« versucht. Damit meinte die KPD-Führung Bündnisse mit sozialdemokratischen Arbeitern im Kampf gegen deren Partei- und Gewerkschaftsgremien. Ihr Ziel war die Spaltung der SPD. Als Hindenburg am 30. Januar 1933 Adolf Hitler zum Reichskanzler ernannte und am 27. Februar der Reichstag brannte, herrschte in den Köpfen der KPD-Führer »völlige Konfusion über das Wesen der neuen Regierung und die zu erwartenden Maßnahmen«. Fehleinschätzungen, Illusionen, Verharmlosungen, mangelnde Sorgfalt beim Übergang in die Illegalität waren die Folge[9].

Ein kaum funktionstüchtiges System der Verbindungen, Treffs und verdeckten Telefonanrufe wurde aufgebaut. Der Technische Sekretär Wehner wurde zur zentralen Schaltstelle eines umfangreichen »Kurier-, Vervielfältigungs- und Versandapparates«. Er sah wohl dessen Mängel und warnte vor den Gefahren unvorsichtigen Verhaltens, aber die Parteiführung brachte weder den Mut auf, die Niederlage einzugestehen, noch war sie fähig, die systematische Zerstörung der Parteiorganisation zu verhindern. Führende Funktionäre der Kommunistischen Internationale sahen in der Machtergreifung gar eine »beschleunigte Kampfschulung« für das Proletariat[10].

Herbert Wehner teilte diese Illusionen nicht. Er traf 1933 in Berlin den polnischen Genossen Hubermann. Im Grunewald, außer Reichweite unerwünschter Zuhörer, versicherten beide einander ihrer Vertrauenswürdigkeit, indem der Pole Wehner fragte, wie lange die NS-Herrschaft seiner Meinung nach wohl dauern werde. Mindestens zehn Jahre, so war Wehners Antwort, und mit dieser ehrlichen, aller offiziellen Parteipropaganda widersprechenden Auskunft war das Vertrauen hergestellt[11].

Dort, wo sie verzweifelt Aktionen gegen die Nazidiktatur organisierten, wurden die Kommunisten brutal verfolgt, verhaftet, gefoltert, viele auch getötet. Ein Großteil der Mitglieder war aufgrund der sektiererischen politischen Linie der Parteiführung desillusioniert; viele flüchteten in die Untätigkeit oder in die Arme der Nationalsozialisten. Eine interne Berechnung ergab, daß 1936 von 340 000 Mitgliedern im Dezember 1932 etwa 160 000 in Gefängnissen, Zuchthäusern und Konzentrationslagern saßen und rund 10 000 emigriert waren. Von den 422 Angestellten der Reichs- und Bezirksorganisationen waren bis Mai 1935 219 verhaftet, 24 ermordet, 125 emigriert, 16 »desertiert«, und 4 »mußten abgehängt werden«. Diese Zahlen gingen auf Herbert Wehner zurück, der die Namen und Schicksale von etwa 500 KPD-Funktionären in Moskau aus seinem Gedächtnis aufgeschrieben hatte, damit sie nicht in Vergessenheit gerieten[12].

Am 3. März 1933 wurde Parteiführer Ernst Thälmann in Berlin-Charlottenburg verhaftet. Wehner entging diesem Schicksal nur knapp und unter dramatischen Umständen. Er traf am gleichen Tag mit dem Komintern-Funktionär Sepp Schwab in einem Lokal am Wittenbergplatz den Thälmann-Mitarbeiter Erich Birkenhauer. Wehner fühlte sich beobachtet und drängte zum Aufbruch. Gemeinsam verließen sie das Lokal, da kam ein Polizeiwagen heran. Schwab und Wehner gelang es, die Verfolger in der dicht belebten Straße abzuschütteln; Birkenhauer wurde verhaftet[13].

Die Festnahme ihres Vorsitzenden und einer Reihe anderer Funktionäre war ein großer Schock für die KPD. Die Rolle des Parteiführers fiel nach weiteren Verhaftungen und internen Machtkämpfen ab 1935 Wilhelm Pieck zu. Dahinter aber stand als starker Mann der aus Leipzig stammende Walter Ulbricht, ein Funktionär, der es verstand, sich jeweils an der vorherrschenden Richtung zu orientieren[14].

Wehner wurde mit Ulbricht nicht recht warm. In bestimmten innerparteilichen Auseinandersetzungen standen sie auf einer Seite, etwa wenn es um die Ablehnung der Parolen von Heinz Neumann ging oder um die Abkehr vom ultralinken Kurs hin zur Einheitsfrontpolitik ab 1934. Aber Ulbrichts Geschäftigkeit wirkte auf Wehner unheimlich und abstoßend. Ulbricht war stets besser informiert als andere und verbrauchte »in großem Umfange Kader«, erzog aber »nur Nachbeter und Stümper«. Wehner hielt Ulbricht für menschenverachtend und »auf erschreckende Weise arbeitsbesoffen«. 1957 schrieb er über »WUlbricht« in der ›Zeit‹: »Es wäre unrichtig, ihn als einen bloßen Durchführer von Beschlüssen oder Befehlen anzusehen. Er ist ein erfinderischer und höchst energischer Durchführer. Er sucht herauszufinden, welches die eigentlichen Intentionen derjenigen sind, deren politische Linie er durchzuführen entschlossen ist.« Ihm fehle die Fähigkeit, menschliche Zuneigung zu erwerben, aber Ulbricht sei »bienenfleißig und äußerst systematisch, seine körperlichen Kräfte nie schonend, die Funktionäre ständig in Angst haltend vor der Allgegenwart seiner Berichterstatter und vor der Härte seiner sägenden Kritik«[15].

Diejenigen Mitglieder der Parteiführung, die nicht verhaftet wurden, gingen nach und nach ins Exil, nach Paris, Prag, Moskau. Nach einigen Monaten war »nur noch ein kleiner, ständig schrumpfender Kern loyaler Kader« in Deutschland geblieben. Diesen Kern organisierte Herbert Wehner. Er hielt die Verbindung zu den Bezirken und stellte die illegale Partei nach und nach auf funktionierende konspirative Strukturen um. Er kapselte sich vom unsicher gewordenen KPD-Nachrichtenapparat, der »Abteilung Militärpolitik« Hans Kippenbergers, ab. Wehner bestand darauf, nur in selbst beschafften Zimmern zu wohnen, deren Adressen anderen in der Partei nicht bekannt waren. Mit Lotte Treuber, die ihm von Dresden gefolgt war, widmete er diesem Problem stets besondere Aufmerksamkeit. Wenn ein Quartier »unsicher« wurde, konnte es vorkommen, daß sie bis in die späte Nacht spazierengingen und Lotte ihn dann mit zu ihren Eltern nach Hause nahm, wo er auf einer Pritsche schlief[16].

Anlaß zur Vorsicht bestand in höchstem Maße. Kurz nachdem er im Juni 1933 verhaftet worden war, tauchten im Vernehmungsprotokoll des Leipziger KPD-Reichstagsabgeordneten Georg Schumann Angaben über Wehners illegale Tätigkeit auf. Spätestens Anfang 1934 wußte die Gestapo, welch wichtige Rolle er spielte. Alle Versuche, ihn zu fassen, schlugen fehl. Die Verfolger stellten fest: »Er verstand, sich selbst so gut zu tarnen, daß es seinen nächsten Mitarbeitern nicht möglich war, über seinen eigentlichen Aufenthaltsort Angaben zu machen.« So mußten sie sich damit begnügen, Herbert Wehner 1938 die deutsche Staatsbürgerschaft abzuerkennen[17].

Um die NS-Behörden zu verwirren, legten sich die KPD-Funktionäre Decknamen zu. Herbert Wehner nannte sich zunächst »Kurt«. 1935 nahm er zusätzlich den Nachnamen »Funk« an, in Erinnerung an den im April 1933 von den Nazis in den Tod getriebenen Vorsitzenden des kommunistischen Bergarbeiterverbandes, Albert Funk. In den Jahren 1933 und 1934 bildete Wehner einen Kreis mit vertrauenswürdigen Funktionären, die in der Lage waren, sich den Bedingungen der Illegalität anzupassen. Dazu gehörten vor allem Wilhelm Kox, Siegfried Rädel, Paul Bertz, Herbert Firl und Christoph Wurm[18].

Die vielen Fälle von Unfähigkeit und Verrat, die Verhaftungen und die Cliquenwirtschaft selbst in der Illegalität machten Wehner zu schaffen. Im Frühjahr 1933 wurde er krank, war zwei Wochen bettlägerig, während in unmittelbarer Nachbarschaft seiner Wohnung in Köpenick SA und SS Razzien veranstalteten und Widerstandskämpfer ermordeten. Nach seiner Gesundung, im Sommer, versuchte er unterzutauchen, um aus der Reichweite des KPD-Apparats zu verschwinden. Sein Plan war, unter verdecktem Namen als Landarbeiter in der sächsischen Oberlausitz ein Auskommen zu finden. Lotte und sein Bruder Rudolf bemühten sich um Kontakte, aber die KPD-Genossen, die er zur Unterstützung seines Vorhabens in Dresden gebraucht hätte, waren alle verhaftet worden. Es gelang ihm nicht, sich dem Parteiapparat zu entziehen, und Skrupel hatte er dabei auch. Die Seite zu wechseln, kam für ihn nicht in Frage. Gegen die Nazis ging es um Leben und Tod. Wehner erinnerte sich: »Da hast Du zu stehen, so sagte ich mir, und zwar nicht wegen eines Beschlusses, sondern weil ich nicht feige sein wollte und weil ich nicht braun sein wollte.«[19]

Herbert Wehner hatte schon 1933 in Berlin die Zusammenarbeit mit sozialdemokratischen Funktionären gesucht und gefördert. Im April 1934 fuhr er nach Paris, um über die illegale Arbeit in Deutschland Bericht zu erstatten. Die Reise war eine Enttäuschung. Die Parteiführung interessierte sich nicht für die wirkliche Lage. Politbüromitglied Wilhelm Florin warf ihm gar eine oppositionelle Position vor, die den »Frontgeist« verkörpere, verbunden mit dem Bestreben, die im Ausland ansässige Leitung der Partei »abzuhängen«. Mit Fritz Schulte, der nach wie vor die alte »ultralinke« Taktik vertrat, kam es in einer Sitzung des Politbüros am 19. und 20. April zu einer heftigen Auseinandersetzung. Wehner empfand die Emigrationsleitung der KPD als demoralisiert; er hielt sie für eine »Gespensterherrschaft der vom EKKI gehaltenen Führergarnitur«[20].

Da kam ihm eine Wendung der Komintern-Strategie entgegen. Noch im Frühjahr 1933 hatte das Exekutivkomitee in Moskau die »Einheitsfront von unten und nicht Spitzenverhandlungen« mit der SPD-Exilführung gefordert. 1934 verschlechterten sich die Beziehungen der Sowjetunion zu Hitlerdeutschland. Gute Beziehungen zum Westen und also auch zur dort starken Sozialdemokratie paßten jetzt eher in Stalins Konzept. Entscheidend war aber der Druck der Massen. Im Frühjahr 1934 entwickelte sich zur Abwehr des Faschismus in Frankreich eine Bewegung für die Einheitsfront zwischen den »Parteien und Organisationen der Arbeiterklasse«, die im Juni durch einen Pakt zwischen französischen Sozialisten und Kommunisten besiegelt wurde. Die Sowjetunion trat im September 1934 dem Völkerbund bei, und die Komintern vollzog die neue Linie der »vereinten Front von oben« auf ihrem VII. Weltkongreß im Juli und August 1935 nach[21].

Von Paris war Wehner über Prag und Dresden nach Berlin zurückgekehrt. In Dresden hatte er noch einmal seine Eltern und seinen Bruder besucht. Die Wehners lebten seit 1929 in einer Neubauwohnung am Frauensteiner Platz, und Wehner mußte bei seinem Besuch sehr vorsichtig vorgehen. Im gleichen Hause wohnte ein Polizist, und die Familie des polizeilich Gesuchten war Repressalien ausgesetzt. Wiederholt kam es zu Hausdurchsuchungen und Vernehmungen. In Berlin blieb er dann nicht lange. Im Juni 1934 erreichte ihn die »dringende Aufforderung«, ins Saargebiet zu fahren. Er nahm einen Umweg über Paris, wo ihm das Politbüro mitteilte, er solle als Beauftragter des Zentralkomitees nach Saarbrücken gehen und dort den »Abstimmungskampf« organisieren[22].

Das Saargebiet war 1920 vom Deutschen Reich abgetrennt worden. Frankreich hätte sich das Industrierevier an seiner Grenze gerne einverleibt, konnte sich aber mit dieser Forderung gegenüber den anderen Alliierten nicht durchsetzen. So wurde es vom Völkerbund verwaltet, verbunden mit der Maßgabe, daß nach 15 Jahren eine Volksabstimmung über den endgültigen Verbleib des Saarlandes zu entscheiden habe. Das katholische Zentrum war hier die mit Abstand stärkste Partei, und auch die christlichen Gewerkschaften waren stark. SPD und KPD erreichten bei Wahlen zusammen etwa ein Drittel der Stimmen, wobei die KPD deutlich stärker war. Umgekehrt war es allerdings in Gewerkschaften und Betrieben. Hier war die Saar-SPD einflußreicher. Die NSDAP kam bei den Wahlen 1932 lediglich auf knapp 7 Prozent; zusammen mit den Deutschnationalen blieb sie immer noch unter 20 Prozent der Stimmen. Bezüglich der für den 13. Januar 1935 anberaumten Volksabstimmung war die Haltung der katholischen Kirche entscheidend. Der Anschluß an Frankreich kam für die durchweg deutschsprachige Saar-Bevölkerung nicht in Frage. Zwischen den Alternativen Beibehaltung des Status quo oder Anschluß an das Deutsche Reich (und damit Unterwerfung unter das Hitlerregime) entschied sich die Kirche für die letztere. Im Winter 1934 bildeten die bürgerlichen Parteien, das katholische Zentrum, die NSDAP, die Unternehmerverbände und der größte Teil der christlichen Gewerkschaften die »Deutsche Front«. Damit waren die Erfolgsaussichten der Befürworter des Status quo von vornherein gering[23].

Zu den Gegnern der Wiedervereinigung mit Nazi-Deutschland gehörte die saarländische Sozialdemokratie mit Max Braun an der Spitze. Braun hatte 1933 die Politik der Zugeständnisse und Kompromisse, mit denen die reichsdeutsche SPD-Führung vergeblich versucht hatte, ihre Unterdrückung durch das Hitlerregime zu verhindern, scharf kritisiert. Für ihn war klar: »Hitler ist der Krieg!« Weniger eindeutig war zunächst die Haltung der saarländischen KPD. Bis zur Jahreswende 1933/34 verhielt sie sich abwartend. Auf der Linie der Komintern setzte sie das Völkerbundsregime als »Handlanger des französischen Imperialismus« mit dem »blutbesudelten Hitler-Faschismus« gleich. Ab Januar 1934 begann eine Phase der Umorientierung. Die Parole vom »roten Saargebiet in einem Räte-Deutschland« war jedoch nicht geeignet, die Frage des konkreten Abstimmungsverhaltens zu beantworten. Ohne Zutun der Parteispitze kam es zu gemeinsamen Aktionen der unzufriedenen Basis mit den Sozialdemokraten. Im Juni 1934 wurden zahlreiche lokale Einheitsfrontbündnisse geschlossen. Am 25. Juni zog, nunmehr auf der neuen Linie der Komintern liegend, die KPD-Spitze nach und unterbreitete der saarländischen SPD-Führung ein ernsthaftes Gesprächsangebot[24].

Die Zusammenarbeit und den Abstimmungskampf organisierte Herbert Wehner. Unter dem Eindruck, den Hitlers Morde vom 30. Juni 1934 machten, handelten SPD und KPD sehr schnell, am 4. Juli, ein Abkommen über die Einheitsfront, über den gemeinsamen Abstimmungskampf für den Status quo an der Saar aus. Bereits einige Tage zuvor hatte in Burbach die erste gemeinsame Demonstration beider Parteien stattgefunden. Für die SPD sprach Braun, für die KPD der neue saarländische Bezirkschef Fritz Pfordt. Dieser war ein schwacher Redner. Wehner aber mußte sich im Hintergrund halten. Als Nicht-Saarländer durfte er offiziell keine Funktionen ausüben. Also arbeitete er gemeinsam mit Pfordt dessen Redetexte aus, gab ihm nach den Kundgebungen Rückmeldung über die Wirkung der einzelnen Stellen seiner Reden und befähigte ihn, überhaupt als Redner auftreten zu können. Dieses »Rhetorik-Training« dehnte Wehner offenkundig aus. Im Schnellverfahren bildete er zunächst ein halbes Dutzend Referenten heran, die dann auf Kundgebungen für die KPD sprechen konnten[25].

Wehner machte zahlreiche Besuche in Orts- und Betriebsgruppen der Partei, hielt dort Vorträge und bemühte sich, die Partei und ihren Jugendverband zu aktivieren. Er ließ Erklärungen drucken, bereitete Gewerkschaftskonferenzen und Betriebskundgebungen vor und wirkte so den bisher verbreiteten »verschiedenen Formen des Zurückweichens« entgegen. Ein Agitpropkommando der KPD mit Fahnen, Schildern und Transparenten wurde gebildet; für den 19. bis 26. August organisierte die Einheitsfront eine »Kampfwoche«, die mit einer

Großkundgebung mit zehntausenden Teilnehmern in Sulzbach ihren krönenden Abschluß fand[26].

Vom Saarland aus unterstützte Wehner die illegale Arbeit in den südwestlichen Bezirken Deutschlands. Im Herbst berichtete er nach Paris, das Kräfteverhältnis an der Saar habe sich weiter zu Gunsten der Kommunisten entwickelt. Aber gleichzeitig machte er darauf aufmerksam, daß die »Deutsche Front« deutlich mehr Versammlungen organisierte als die »Einheitsfront« der Anschlußgegner. Die Nationalsozialisten hetzten zum Terror auf, und die »reformistische« Gewerkschaftsbürokratie unternehme wenig dagegen. In der Presse propagierte die KPD nun auch die Erweiterung der »Einheitsfront« zur »Volksfront«, also zum Zusammenschluß der organisierten Arbeiterbewegung mit bürgerlichen und christlichen Politikern. Es gab Ansätze zur Zusammenarbeit mit den christlichen Gewerkschaften, aber an deren Eintreten für den Anschluß an das Reich änderte das nichts[27].

Das Abstimmungsergebnis im Januar 1935 schockierte die Befürworter des Status quo. Sie hatten lediglich 8,8 Prozent der abgegebenen Stimmen erhalten; 90 Prozent der Saarländer hatten für den Anschluß an Hitlerdeutschland gestimmt.

Wehner meinte, die Partei hätte dem Abstimmungskampf ein ganz anderes Gewicht geben können, wenn sie die Losung der Einheitsfront schon früher, 1933, ausgegeben hätte. Aber später, 1946, schätzte er etwas anderes als wesentliche Ursache für die Niederlage ein, nämlich »daß die nationalen Gefühle, Vorurteile und Traditionen sich als stärker erwiesen haben als der von den Arbeiterorganisationen mit vereinten Kräften (...) veranstaltete Versuch, eine auf Vernunftgründen basierende politische Entscheidung herbeizuführen«[28].

Dennoch sah Wehner einige positive Ergebnisse seiner Arbeit an der Saar: Die Einheitsfront habe die kommunistischen wie die sozialdemokratischen Parteimitglieder vor der Resignation gerettet, ihnen die praktische Erfahrung der Zusammenarbeit vermittelt und schließlich auch ihre gemeinsame illegale Tätigkeit wirkungsvoll vorbereitet. Anders als im übrigen Reich dauerte es tatsächlich mehrere Jahre, bis die Nazis 1937 den Widerstand an der Saar weitgehend brechen konnten[29].

Herbert Wehner organisierte den Aufbau der illegalen KPD-Arbeit noch bis Ende Februar 1935. Er sollte eigentlich in Paris berichten, wurde dann aber nach Prag beordert, zur Entgegennahme seines nächsten Auftrags[30].

Die Reise nach Prag war gefährlich. Aufgrund eines Fehlers seines Nachfolgers als Technischer Sekretär des Politbüros, Leo Flieg, mußte Wehner durch Südwestdeutschland fahren. Im Zug waren »Nazidignitäten«, unter ihnen einige Gesichter, die er aus dem sächsischen Landtag kannte. Aber die Reise ging gut.[31]

Wehner traf in Prag Walter Ulbricht und Franz Dahlem, die von den Ergebnissen der Januartagung des Politbüros berichteten. Es sollte eine neue vierköpfige Landesleitung der KPD in Berlin gebildet werden. Vorgesehen waren Robert Stamm, Adolf Rembte, Max Maddalena und Herbert Wehner. Klar war: Eine Reise in die Reichshauptstadt und der illegale Aufenthalt dort würden für die vier polizeilich gesuchten KPD-Funktionäre lebensgefährlich. Es kam also auf eine sorgfältige Tarnung an. Wehner hielt die Vorbereitungen für unzulänglich und konnte in den Prager Besprechungen durchsetzen, daß er seine Reise eigenständig organisieren durfte, ohne die Verbindungen der Partei zu nutzen. Dies rettete ihm das Leben. Stamm, Rembte und Maddalena trafen im März 1935 in Berlin ein. Sie wurden bald darauf verhaftet. Stamm und Rembte wurden vom Volksgerichtshof zum Tode verurteilt und am 4. November 1937 in Berlin-Plötzensee hingerichtet. Maddalena starb 1943 im Zuchthaus Brandenburg[32].

Herbert Wehner kam gar nicht in Berlin an. Gemeinsam mit Lotte hatte er in Prag die Reise nach Deutschland vorbereitet. Auf der Suche nach einem Nachtquartier trafen sie abends den KPD-Funktionär Bruno Goldhammer, den sie noch aus ihrer Dresdner Zeit kannten. In einem Speiserestaurant verabredeten die drei, daß sie gemeinsam in Goldhammers Zimmer in einem Hotel außerhalb des Stadtzentrums übernachten wollten. Dort kam es zu einer der damals üblichen Razzien, und alle drei wurden von der Polizei festgenommen. Es folgten fünf Wochen im Prager Polizeigefängnis, bei »hundsmiserabler« Behandlung und Verpflegung. Wehner war zwei Wochen in einem Kellerraum eingesperrt, »ohne Bett, ohne Decke, ohne Wasch- und Rasiermöglichkeit«. Damit sollte er zu Aussagen genötigt werden, denn er weigerte sich, den Beamten seine Identität preiszugeben, bis er schließlich bei einer Gegenüberstellung identifiziert wurde. Die Behörden entschieden, Herbert Wehner und Lotte Treuber in die Sowjetunion abzuschieben. Zusammen mit einigen anderen Ausgewiesenen wurden sie über Warschau an die russische Grenze transportiert. Die unfreiwillige Reise endete Mitte April 1935 in Moskau, wo das Paar zunächst ein kleines Zimmer im Emigrantenhotel »Lux« bekam[33].

Ursprünglich sollte Wehner gleich nach Berlin weiterreisen, aber da traf die Nachricht über »Schläge in Berlin«, also von der Verhaftung seiner drei Kollegen ein. So wurde beschlossen, daß Herbert und Lotte zunächst für einige Wochen in den Kurort Gagri in Erholungsurlaub fahren sollten. Hier am Schwarzen Meer gab es Sand- und Kieselstrände, subtropische Pflanzen, Wein, Tabak und Obstbäume, die an die Mittelmeerküste erinnerten. Anschließend ging es nach Moskau zurück[34].

Herbert Wehner war nun das erste Mal »zu Hause«, wie die Sowjetunion im Jargon der KPD-Führung hieß. Wehner erinnerte sich aber an eine »unerquickliche Atmosphäre«. Lotte und er waren im Gegensatz zu den ZK-Mitgliedern im »Lux« auf die niedrigste Lebensmittelration gesetzt, und Wehners Beiträge und Darstellungen zur Widerstandsarbeit stießen im Apparat der Komintern auf geringes Interesse. Für Abwechslung sorgten einige Wochen Lehrtätigkeit an der Internationalen Leninschule. Dort vermittelte er Nachwuchskommunisten seine Erfahrungen aus der Praxis der illegalen Arbeit[35].

Vom 25. Juli bis 20. August 1935 tagte im Säulensaal des Moskauer Gewerkschaftshauses der VII. Kongreß der Kommunistischen Internationale. Hier trafen sich über 500 Delegierte aus 65 kommunistischen Parteien, die insgesamt etwa 4 Millionen Mitglieder vertraten.

Walter Ulbricht hatte frühzeitig darauf gesetzt, daß der Bulgare Georgi Dimitroff die führende Rolle in der Internationalen einnehmen und die Politik der Einheits- und Volksfront sich auf breiter Front durchsetzen werde. Damit sah er sich gemeinsam mit Wilhelm Pieck im Gegensatz zur Politbüromehrheit, die Florin, Schubert, Schulte und Dahlem bildeten. Herbert Wehner stimmte inhaltlich mit Ulbricht und Pieck überein, wenngleich ihm Ulbrichts karrieristische Motivation mißfiel. In dieser geschäftigen Atmosphäre der Gruppenkämpfe unter den Emigranten freute sich Wehner über die Ankunft von Delegierten »aus dem Lande«, aus Deutschland also, von »deutschen Illegalen«, zu denen er sich zählte und mit denen er sich aufgrund gemeinsamer Erfahrungen verbunden fühlte[36].

In seinem Redebeitrag auf dem Weltkongreß berichtete Wehner von seinen Erfahrungen mit der illegalen Arbeit in Deutschland. Er kritisierte die Versäumnisse und Fehler bei der Organisation des Widerstands in den Anfangsjahren und forderte Konsequenzen für eine erfolgreiche »Massenarbeit« der KPD. Er sprach sich dafür aus, das »Sektierertum in unserer Partei« restlos zu liquidieren und »auf die Linie der Komintern« zu marschieren. Damit meinte er die weitere Entwicklung der Einheitsfront mit der SPD. Die kurze Rede war keine politische Sensation, und daß sie nicht aus dem Rahmen fiel, dafür sorgte schon die vorherige Besprechung jedes einzelnen Satzes in der zerstrittenen KPD-Delegation. Für Aufsehen sorgte Wehner immerhin dadurch, daß er, anders als nahezu alle übrigen Redner, den Text nicht vom Blatt las, sondern frei sprach[37].

Bei aller Hölzernheit und bürokratischen Förmlichkeit ging vom VII. Weltkongreß doch ein deutliches Signal für die Einheitsfrontpolitik aus. Dimitroffs Schlußworte schienen für Wehner »zur Kritik und zu kühnen Schritten in der Richtung einer die gesamte Arbeiterbewegung befruchtenden und erneuernden Politik zu mahnen«[38].

Vom 3. bis 15. Oktober fand die erste Parteikonferenz der KPD nach der Machtergreifung Hitlers statt. Tagungsort war Kunzewo in der Nähe von Moskau. Den Namen »Brüsseler Konferenz« trug die Veranstaltung aus Gründen der Tarnung. Herbert Wehner war hier in seinem Element; denn es ging um das, was er in vorderster Linie seit über einem Jahr praktiziert hatte: um die Einheitsfront mit den Sozialdemokraten und um die Volksfrontpolitik gegen den Faschismus. In seiner Konferenzrede am 7. Oktober 1935 nahm er Dimitroffs Anregung zur offenen Kritik beim Wort. Im Zentrum stand die »Herstellung der Aktionseinheit mit den sozialdemokratischen Organisationen«. Mit deutlichen Worten wandte Wehner sich dagegen, die sozialdemokratischen Arbeiter nach alter KPD-Manier gegen ihre Parteiführer auszuspielen oder sozialdemokratische Funktionäre in verschiedene Gruppen einzuteilen und zu spalten: »Die Einheitsfront wollen wir mit allen.« Die Parteiführung der KPD müsse jetzt »voll Überzeugung, begeistert von den Beschlüssen des VII. Weltkongresses« an die Arbeit gehen und frei sein »von der Belastung des zersetzenden Gruppenkampfes«. Die »Genossen, die abrutschten zum Gruppenkampf«, und damit meinte er die alte Politbüromehrheit um

Schulte und Schubert, sollten nicht wieder in die Parteiführung gewählt werden: »Mancher ist ein guter Grobschmied, aber nicht gut an dem komplizierten Schaltwerk einer Elektrostation, wo er einer ganzen Großstadt schaden kann.«[39]

Wehners Eingreifen war entscheidend dafür, daß Schubert und Schulte nicht wieder ins Zentralkomitee gewählt wurden und damit auch ihren Platz im Politbüro der KPD verloren. Er selbst dagegen wurde von der »Brüsseler Konferenz« erstmals ins Zentralkomitee und zum Kandidaten für das Politbüro gewählt. Die Führung der Partei übernahm Pieck, die Fäden hielt jetzt Ulbricht in der Hand. Der 29jährige Wehner war aufgestiegen, aber eben nicht Vollmitglied des Politbüros geworden. Ulbricht begegnete er nicht ganz auf Augenhöhe.

Auf den ersten Treffen der neuen Parteiführung wurde beschlossen, die illegale Arbeit in Deutschland neu zu organisieren. Die Parteiorganisationen sollten ihre Wirksamkeit innerhalb der nationalsozialistischen Massenorganisationen entfalten. Der Kippenberger-Apparat wurde aufgelöst, und die Unterwanderung sozialdemokratischer Organisationen wurde bei Strafe des Parteiausschlusses untersagt. Wehner erhielt den Auftrag, die verschiedenen Vertretungen der KPD in Europa über die »Brüsseler« Beschlüsse zu informieren. Noch im Herbst 1935 brach er von Moskau zu einer Reise rund um Deutschland auf. Stationen waren Kopenhagen, Amsterdam, Paris, Straßburg, Zürich und Prag, wo Lotte ihn schon seit drei Wochen erwartete. Unterwegs hatte er zahlreiche Besprechungen mit im Untergrund tätigen Genossen, die meist ein ernüchterndes Bild vom Zustand der Parteiarbeit ergaben[40].

In Paris hatte sich, organisiert und zusammengehalten vom KP-Propagandamann, Leiter des dortigen Thälmann-Komitees und ZK-Mitglied Willi Münzenberg, eine Reihe von emigrierten Schriftstellern, Künstlern und Politikern verschiedener Parteien zusammengefunden. Im »Lutetia-Kreis« diskutierten sie über Möglichkeiten der Zusammenarbeit, wobei nicht klar war, welche Zielsetzung diese haben konnte. Münzenberg schwebte eine Art deutscher »Gegenregierung« vor, während Ulbricht den Kreis gerne im Sinne der KPD nutzen wollte, um den Prager Exilvorstand der SPD zu einem Einheitsfrontabkommen mit der KPD-Leitung zu bewegen. Immerhin waren mit dem ehemaligen Reichstagsabgeordneten Rudolf Breitscheid, dem ehemaligen Reichsfinanzminister Rudolf Hilferding und Max Braun, den Wehner aus dem Saarland gut kannte, führende Sozialdemokraten an dem Kreis beteiligt[41].

An den Vorbereitungen und wahrscheinlich auch einer Besprechung des Lutetia-Kreises am 22. November 1935 nahm Herbert Wehner teil. Er zeigte sich in seinen Berichten an das Politbüro vorsichtig optimistisch, was die Unterstützung von Hilferding und Breitscheid gegenüber dem Prager Parteivorstand anging. Er riet der KPD-Führung zu einem behutsamen diplomatischen Vorgehen gegenüber den Sozialdemokraten. Als Wehner dann erfuhr, daß Ulbricht und Dahlem die Diskussionen mit den Sozialdemokraten in Prag zu Propagandazwecken in der Presse breitgetreten hatten, protestierte er in einem Schreiben dagegen, daß sie ihn nicht vorher informiert hatten[42].

Ulbricht ging es um propagandistische Erfolge, Wehner, der ab Januar 1936 in Prag war, um tatsächliche Zusammenarbeit. Dafür war auch Münzenberg, aber nach Wehners Auffassung verhielt er sich dabei opportunistisch und grundsatzlos. Diese Gegensätze vertieften sich in den folgenden Monaten, und sie blieben auch den sozialdemokratischen Gesprächspartnern in Paris nicht verborgen. Sie unterschieden zunehmend zwischen Münzenberg und Wehner auf der einen, Ulbricht und Dahlem auf der anderen Seite. Erstere wurden positiv, letztere negativ beurteilt[43].

Im Juni 1936 tagte das Zentralkomitee in Paris. Ulbricht und Pieck erklärten auf der Sitzung, die »Selbstkritik« der KPD sei nun abgeschlossen. Anschließend fand eine Zusammenkunft mit SPD- und SAP-Funktionären statt, deren Zustandekommen Wehner als Fortschritt wertete. Die folgenden Monate verbrachte er vorwiegend in Paris. Dem Politbüro berichtete er, daß Gesprächspartner sich über »den belehrenden und väterlichen Ton, der mitunter in Artikeln und Polemiken von uns angeschlagen wird«, lustig machten. Er riet, Kontakte zu katholischen Kreisen nicht zu sehr öffentlich zu feiern. Im Sommer 1936 klagte Wehner wiederholt, vom Politbüro schlecht informiert zu werden; der Ton im Briefwechsel mit Ulbricht in Prag wurde zunehmend unfreundlicher. Schließlich, Anfang Oktober, warf Wehner Ulbricht vor, daß er vertrauliche Unterlagen ohne vorherige Absprache und Beschlüsse in der KPD-Presse veröffentlichen lasse[44].

Ulbricht trachtete nun danach, die Fäden der Verhandlungen um eine deutsche Volksfront selbst in die Hand zu bekommen. Das war von Prag aus schlecht möglich, und daher zog das Politbüro im Herbst 1936 nach Paris um. Für Herbert Wehner war nun nur noch abzuwarten, »in welcher Zeit er die Ansätze zertreten haben würde«. Insbesondere mißfiel Ulbricht das persönlich gute Verhältnis Wehners zu Sozialdemokraten wie Breitscheid, Braun und dem ehemaligen preußischen Innenminister Albert Grzesinski. Im Dezember kam es immerhin noch zur Unterzeichnung eines »Aufrufs für die deutsche Volksfront« durch eine Reihe von Kommunisten, SAP-Mitgliedern, »Unabhängigen« und Sozialdemokraten. Darunter waren von KPD-Seite auch Pieck, Ulbricht, Wehner und Münzenberg. Doch die Ansätze des Jahres 1936 zerstörte die KPD bereits im folgenden Jahr. Ursachen dafür waren die ständigen Versuche Ulbrichts, die Volksfront unter seine Kontrolle zu bringen, sowie die zunehmenden Auseinandersetzungen zwischen Kommunisten und Nichtkommunisten im Zeichen der stalinistischen Säuberungen. Spätestens Anfang 1938 war die deutsche Volksfront tot[45].

Zu diesem Zeitpunkt war Herbert Wehner längst aus den Verhandlungen ausgeschaltet. Er hatte neben seiner Tätigkeit für die Volksfront und neben seiner Betreuungstätigkeit für die westdeutschen illegalen KPD-Bezirke maßgeblichen Anteil an der Aufstellung einer kleinen Truppe aus deutschen Kommunisten und Sozialisten, die im Spanischen Bürgerkrieg an der Seite der Republikaner gegen die Faschisten des Generals Franco fochten: der »Centuria Thälmann«. Diese »proletarische Hundertschaft« aus Freiwilligen wurde mit Herbert Wehners publizistischer und organisatorischer Hilfe aufgebaut. Wehner wäre gerne nach Spanien gegangen; es wurde sogar beschlossen, daß er zumindest für kurze Zeit dorthin reisen sollte. Doch Ulbricht ließ diesen Beschluß umstoßen, um selbst nach Spanien zu fahren. Wehner hat nach Ohrenzeugenberichten später einmal wütend geäußert, daß er Ulbricht wahrscheinlich sein Leben verdanke – er hatte wohl nicht damit gerechnet, einen Einsatz im spanischen Bürgerkrieg zu überleben[46].

Mit Wehner hatte der künftige SED-Chef andere Pläne. Er drohte ihm, er werde für seine Auffassung »in Moskau Rede und Antwort zu stehen haben«. Zunächst für Oktober, dann für November 1936 sollte eine Beratung des Politbüros mit Wilhelm Pieck in Moskau zur Klärung des Konflikts einberufen werden. Die Abfahrt verzögerte sich jedoch. Zunächst reiste Wehner kurz vor Weihnachten nach London, um als Mitglied einer dreiköpfigen Abordnung der deutschen Emigration an einer Beratung der Flüchtlingskommission des Völkerbundes teilzunehmen. Es war die einzige Reise, die Wehner während der gesamten NS-Zeit unter seinem echten Namen machte. Gleichwohl mußte der Reisepaß gefälscht werden, denn über einen Paß des Deutschen Reiches konnte er »nicht verfügen«. Anschließend kehrte er noch einmal nach Frankreich zurück. Am Silvesterabend 1936 saß er mit dem kommunistischen Sekretär der Zentralvereinigung der deutschen Emigranten in Frankreich, Leo Bauer, und dem Funktionär Hans Schrecker im Café d'Angleterre in Paris. Wehner teilte den beiden Genossen mit, er müsse für zwei Monate nach Moskau fahren. Er bat sie, sich um Lotte zu kümmern und darauf zu achten, daß die Volksfrontarbeit gut fortgeführt würde. Eine halbe Stunde vor Mitternacht verabschiedete er sich[47].

Im Oktober 1935 hatte Herbert Wehner auf der »Brüsseler Konferenz« gesagt: »Es ist eine Tatsache, daß wir schon im Jahre 1933 an den verantwortlichen Stellen standen und wir uns vorgekommen sind wie die beschissenen Kinder, weil wir nirgendwo eine Stütze und Hilfe gehabt haben in der Führung der Partei oder weil wir uns nur auf den oder jenen Genossen stützen oder entsinnen konnten.«[48] Diesen Satz sprach er in der Hoffnung aus, daß die Parteiführung aus ihren Fehlern lernen, sich erneuern und die Widerstandsarbeit auf eine neue Grundlage stellen würde. Diese Hoffnung trog. Wehner paßte nicht in die Apparatstrukturen, aufgrund seiner anarchistischen Vergangenheit, seiner Überlegenheit an Verstand und Fähigkeiten, seiner ständigen offenen Kritik an Versäumnissen und Fehlentwicklungen. Aber er war überzeugter Leninist, beugte sich der Linie und den Beschlüssen, funktionierte im Sinne der KPD. Sein Problem, seine Stärke und gleichzeitig innerparteilich seine Schwäche war: Ihm ging es nicht um Gruppenkämpfe, er führte die Gespräche über die Volksfront nicht, um innerparteilich in den Sattel zu kommen wie Ulbricht, sondern ehrlich im Sinne konkreter Hilfe. Der innerparteiliche Machtkampf hatte – wenn er ihm überhaupt eine Berechtigung zumaß – höheren Zwecken zu dienen: dem Widerstand gegen das Hitlerregime.

Herbert Wehner ist nie emigriert, um ein Auskommen zu finden und sich eine neue Lebensgrundlage zu schaffen. Für ihn war das Ausland nicht einmal Exil, sondern eine Operationsbasis, um Widerstand zu organisieren und zu leisten. In den Jahren 1933 bis 1936 war er ständig in und um Deutschland unterwegs und unermüdlich im Kampf gegen die Nazis tätig. Dabei entwickelte der kommunistische Spitzenfunktionär und ab 1935 auch Spitzenpolitiker Herbert Wehner zunehmend Realitätssinn für die Notwendigkeit einer ehrlichen Zusammenarbeit mit anderen Regimegegnern. Er blieb aber überzeugt, als Kommunist im richtigen Lager zu stehen. Daß das, was ihm Zweck war, nicht nur Ulbricht, sondern der gesamten kommunistischen Weltbewegung lediglich ein machtpolitisches Mittel war – und umgekehrt –, das ging ihm erst auf, als es zu spät war.

Im Januar 1937 traf Wehner in Moskau ein. Pieck hatte ursprünglich mit einer Beratungsdauer von 10 Tagen gerechnet. Für Herbert Wehner sollten daraus über vier Jahre werden[49].

51 Prozent des Totalitarismus

Im Herbst 1935 hatte Herbert Wehner Moskau verlassen. Anfang 1937 kehrte er zurück. Die Stadt hatte sich verändert.

»Säuberungen« hatte es in der Kommunistischen Partei der Sowjetunion (KPdSU) und in den von ihr über die Internationale beherrschten »Bruderparteien« seit Lenins Zeiten immer wieder gegeben. Unbotmäßige Funktionäre wurden wegen Nachlässigkeit oder abweichender Standpunkte zur »Selbstkritik« angehalten, gemaßregelt, degradiert und gegebenenfalls ausgeschlossen. So waren von den 16 Mitgliedern, die 1923/24 das Politbüro der KPD gebildet hatten, bis 1929 elf aus der Partei entfernt worden. Mit den Säuberungsritualen wurde die kritiklose Befolgung der Anweisungen aus Moskau und die Abhängigkeit der unteren Parteiebenen von den oberen durchgesetzt[1].

Auch staatlich organisierter Terror gegen Andersdenkende, Andersgläubige, Gegner des Regimes oder gegen ganze »Klassen« wie die bäuerlichen »Kulaken« war in der Sowjetunion an der Tagesordnung. Von neuer Qualität jedoch war die Verbindung von innerparteilichen Säuberungen mit willkürlichem Terror gegen kommunistische Funktionäre. In den stalinistischen Parteisäuberungen ab 1936 wurden innerparteiliche »Feinde« nicht mehr nur ausgeschlossen oder verbannt, sondern sie wurden verhaftet und zum größten Teil umgebracht. Davon waren nicht nur KPdSU-Mitglieder betroffen, sondern auch die Mitarbeiter der Komintern sowie Emigranten. Die Vorwürfe waren großteils absurd. Die stalinistische Geschichtsschreibung sprach von der »Liquidierung der Überreste der trotzkistischen und der bucharinschen Spione, Schädlinge und Vaterlandsverräter«. Die Angeklagten hätten eine »vereinigte Bande von Volksfeinden« gebildet, welche angeblich die Landesverteidigung untergraben, die Sowjetunion zerstückeln und die »kapitalistische Sklaverei« wieder einführen wollte[2].

Von September 1936 bis November 1938 währte die Amtszeit des Volkskommissars für Innere Angelegenheiten und damit Chefs der »Staatssicherheit« NKWD Nikolaj Jeschow. In diese Zeit fiel der »Große Terror«. Stalin ließ in Moskau drei große Schauprozesse veranstalten, denen die gesamte Parteiführung der Lenin-Ära zum Opfer fiel. Die Beweisführung in den Prozessen stützte sich ausschließlich auf (meist erfolterte) Geständnisse. Im Prozeß gegen das »sowjetfeindliche trotzkistische Zentrum« vom 23. bis 30. Januar 1937 zum Beispiel verzichteten alle Angeklagten auf Verteidiger, gestanden sämtliche absurden Vorwürfe und baten in ihren Schlußplädoyers unterwürfigst um Gnade. Die meisten von ihnen wurden zum Tode durch Erschießen verurteilt[3].

Zu den Schauprozessen kamen zahllose Tribunale im ganzen Land, Schnellverfahren und »Liquidationen«, also Erschießungen ohne Prozeß. Dieser Massenterror setzte im Sommer 1937 ein. Allein von da an bis Ende 1938 wurden in der Sowjetunion 1575000 Menschen vom NKWD verhaftet, 1345000 davon verurteilt und knapp 700000 hingerichtet[4].

Die Verfolgungen betrafen auch die in die Sowjetunion emigrierten Angehörigen der KPD. Denunziation war Parteipflicht. Häufig reichten schon bloße Bekanntschaften, Kontakte mit einem Verhafteten aus, um selbst zu den »Schädlingen« gerechnet zu werden. Selbst überzeugte Anhänger Stalins konnten verhaftet werden, etwa unter dem beliebig anwendbaren Vorwurf, »Doppelzüngler« zu sein, also die Linientreue lediglich vorzutäuschen. Bereits 1935/36 kam es zur Verhaftung von 126 KPD-Mitgliedern in der Sowjetunion. Ein Befehl Jeschows vom 13. oder 14. Februar 1937 heizte die Verhaftungswelle weiter an. Ausländerfeindliche Stimmung wurde geschürt. Im Sommer 1937 erteilte Stalin die Weisung, alle »in Rüstungsbetrieben arbeitenden Deutschen« festzunehmen, und zwar ohne weiteren Grund. Nach einer zeitgenössischen Schätzung waren bis März 1938 über 70 Prozent aller KPD-Mitglieder verhaftet[5].

Der vermeintlich sichere Hafen Sowjetunion, »zu Hause«, das »Vaterland der Werktätigen« stellte sich für die Gestrandeten als unwirtliche Wüste heraus, die für viele zur Hölle wurde.

Als Herbert Wehner am 10. Januar 1937 in Moskau eintraf, waren die Weichen für die Verfolgungspsychose schon gestellt. Dies war ihm nicht entgangen. Wehner begriff jedoch weder den Charakter noch das Ausmaß und die Folgen des nun einsetzenden Wahnsinns. In Paris hatte er im Laufe des Jahres 1936 Nachricht vom ersten Schauprozeß bekommen; er hielt ihn für eine summarische »Abrechnung der herrschenden Kreise mit den im Kampfe um die Macht unterlegenen Mitbewerbern«. Verschiedene kommunistische Gesprächspartner, die von Moskau nach Paris gekommen waren, machten düstere Andeutungen. Sie erschienen ihm erschüttert, verunsichert und verstört. Wehner nahm dies zur Kenntnis, aber er hielt die Sowjetunion weiter für den »entscheidenden Aktivposten der sozialistischen Arbeiterbewegung«, der verteidigt werden müsse, um den »Antibolschewismus der nazistischen und imperialistischen Reaktion« zu bekämpfen. 1936 wurde die »Stalinsche Verfassung« verabschiedet. Wehner meinte, darin »Tendenzen zur Demokratisierung« sehen zu dürfen. Die allgegenwärtigen Tendenzen zur totalen Herrschaft unterschätzte er als »Auswüchse der Bürokratisierung«, die Bedeutung der formal demokratischen Verfassung überschätzte er. Mit anderen Worten: Bezogen auf den stalinistischen Kommunismus verwechselte Wehner Inhalt und Form, die äußere Hülle mit dem Wesen; den Wolf im Schafspelz erkannte er nicht[6].

Wilhelm Pieck hatte Wehner am 7. September 1936 aus Moskau von den Auswirkungen des Prozesses auf die dortige KPD-Emigration berichtet. Im Tone der Selbstkritik meinte der Parteiführer, die KPD-Führung sei nicht wachsam genug gewesen, nun werde sie das Versäumte nachholen müssen. Dazu gehöre auch eine »gründliche Überprüfung der Emigration« der KPD, in der, so gab sich Pieck überzeugt, Trotzki wie auch die Gestapo ihre Verbindungen hätten. Die Führung müsse Leute, »deren Vergangenheit und Leben nicht völlig durchsichtig sind«, rücksichtslos aus der Partei und deren Umgebung entfernen. Am 14. September 1936 sandte Wehner dem Politbüro von Paris aus eine ausführliche »Übersicht über die Auswirkungen des Prozesses gegen die trotzkistischen Verschwörer« in der Emigration. Darin beschrieb er den großen Einfluß, den SAP und »Brandlergruppe« auf Teile der KPD gewonnen hätten, die er für »trotzkistisch«, also antisowjetisch eingestellt hielt. In dem Zusammenhang kritisierte er auch die Emigrationsleitung der KPD. Diese habe selbst oppositionelle Bestrebungen geduldet und damit gefördert. Er gab dann ein Bild von den Auswirkungen des Moskauer Prozesses auf seine verschiedenen Verhandlungspartner im Rahmen der Bemühungen um eine Einheits- bzw. Volksfront. Das Spektrum reichte von Zurückhaltung bei einigen Sozialdemokraten über Distanzierung seitens Breitscheids und vor allem »linker« Sozialdemokraten bis hin zu »wüsten Beschimpfungen« gegen die Sowjetunion von bürgerlichen Gesprächspartnern. Aus all dem ergebe sich jedenfalls, »daß wir sehr viel nachholen müssen in der Propaganda und in der Aufklärung über die Sowjetunion«. Für die eigene Partei zog Wehner die Schlußfolgerung, nun sei »eine gewisse Weitherzigkeit zu beseitigen, die gegenüber Leuten angewendet wird, die immer und immer wieder mit Gegnern konspirieren und immer wieder Beweise liefern, daß sie letzten Endes eine fraktionelle Zersetzungsarbeit leisten«[7].

Wehner betrachtete die Moskauer Vorgänge mit Unbehagen, aber er meinte auch, sie als politische Chance nutzen zu sollen, um diejenigen in der KPD entscheidend zurückzudrängen, die 1933 durch ihre Gruppenkämpfe die Widerstandsarbeit behindert hatten, die 1935 auf der »Brüsseler« Konferenz zurechtgestutzt worden waren, dann aber dennoch weiter Einfluß auf die Politik der Partei gehabt hatten. Vielleicht hoffte er sogar, Ulbrichts Stellung erschüttern zu können, denn den Streit mit ihm führte er im Herbst 1936 munter weiter[8]. All diese Hoffnungen zerschlugen sich jedoch in Moskau.

Am 11. Januar 1937 erstattete Wehner dort Bericht bei Pieck. Zwei Tage später traf auch Ulbricht ein; er berichtete am 14. Januar. Am 18. Januar kam es zu einer gemeinsamen Sitzung in Kunzewo. Darüber hinaus nahm Wehner an mehreren Sitzungen des EKKI-Sekretariats teil. Während Ulbricht vom 24. Januar an dem großen Schauprozeß gegen das »sowjetfeindliche trotzkistische Zentrum« beiwohnte, beriet das Politbüro am 28. Januar 1937 erneut. Hier wurde eine Ausweitung der Propagandatätigkeit beschlossen; unter anderem sollte Herbert Wehner gemeinsam mit Hermann Nuding eine Broschüre ›Trotzkismus und Faschismus‹ schreiben[9].

Die Beratungen verliefen in einer steifen und zeremoniellen Atmosphäre, offene Debatten über die Pariser Differenzen fanden nicht statt. Ulbricht weigerte sich, Wehner etwas über die Grundlinien seines Berichts zu sagen, bevor er wisse, welche Fragen die anwesenden führenden Komintern-Funktionäre stellen wollten. Wehner versuchte, seine Position in den Diskussionen herauszuarbeiten, aber niemand ging darauf ein. Schließlich, am 28. Februar, wurde eine »Änderung der Führung« der KPD beschlossen. Diese werde künftig »enger« gestaltet, das Politbüro werde aufgelöst und durch ein kleines Sekretariat ersetzt, dem der 1935 zum Kandidaten gewählte Herbert Wehner nicht mehr angehören sollte. Die Kaderabteilung der Komintern leitete ein Untersuchungsverfahren gegen ihn ein. Wehner protestierte gegen diese Beschlüsse, konnte sich aber nicht durchsetzen[10].

Wie kam es zu dieser Untersuchung? Ursprünglich hatte Wehner nach den »Beratungen« wieder zurück nach Paris fahren sollen; die Ausreisepapiere und der falsche tschechische Paß auf den Namen »Karl Halub« waren Anfang Februar schon ausgestellt. Aber bereits am Tag seiner Ankunft in Moskau hatte Wehners ZK- und Politbürokollege Wilhelm Florin ihn beim Leiter der Kaderabteilung des EKKI angeschwärzt. Er machte darauf aufmerksam, daß Wehner »bis zuletzt« ein enger Freund des im November 1936 in Moskau verhafteten Leo Roth (»Viktor«) gewesen sei. Florin riet, Wehner zu der Sache zu hören. Zwei Tage später verarbeitete die Kaderabteilung diese Eingabe zusammen mit Mitteilungen des Ulbricht-Vertrauten Nuding zu einem ersten Dossier über Herbert Wehner. Darin wurde dieser unter anderem mit den Verhaftungen der KPD-Führer Ernst Thälmann und John Schehr in Verbindung gebracht. Im Februar kamen noch Anschuldigungen des kommunistischen Gewerkschaftsfunktionärs Hans Hausladen hinzu, der Wehner vorwarf, 1934/35 im Saarland an terroristischen Anschlägen beteiligt gewesen zu sein. Zusammen mit weiteren Angaben und Beschuldigungen, unter anderem von Erich Birkenhauer, wurden alle diese Denunziationen am 28. August 1937 zu einem 44 Fragen umfassenden schriftlichen Katalog zusammengestellt[11].

Gewissenhaft, präzise und detailliert beantwortete Wehner die Fragen in einer Niederschrift vom 30. August 1937. Besonders ausführlich ging er auf die Fragen zur Vorbereitung und Durchführung der illegalen Arbeit zwischen 1932 und 1935 ein. Die gegen ihn erhobenen Vorwürfe wies er sachlich zurück. Dabei machte er diejenigen für die Unzulänglichkeiten und indirekt für die vielen Verhaftungen unter den KPD-Funktionären jener Zeit verantwortlich, die er schon damals für Karrieristen und Gruppenkämpfer gehalten hatte: Schubert, Remmele, Kippenberger und andere. Leo Roth, der schon verhaftet war, versuchte er in seiner Kritik gerecht zu werden; Wilhelm Kox' Fehler in der konspirativen Arbeit benannte Wehner zwar, aber er verteidigte ihn: »Ich habe damals einen durchaus positiven Eindruck von ihm erhalten. Er war mutig und standhaft.«[12]

Wehner zeigte sich in seinen Ausführungen einmal mehr als kommunistischer Politiker, dem es in erster Linie um die Funktionsfähigkeit des Parteiapparats im Widerstand gegen die Nazis ging. In zweiter Linie waren seine Angaben von dem Bestreben bestimmt, seinen Kopf aus der Schlinge der Untersuchung zu ziehen. Und drittens bemühte er sich in den Fällen von Roth und Kox darum, Menschen, die er durchaus kritisch beurteilte, aber persönlich schätzte, Gerechtigkeit widerfahren zu lassen. Dies tat er, obwohl ihm klar war, daß er ihnen damit wenig nützen konnte, und obwohl er sich damit selbst in Gefahr bringen konnte. Denn wer einen »Volksfeind« nicht als solchen bezeichnete, machte sich verdächtig. Leo Roth wurde am 10. November 1937 unter anderem wegen »Spionage« zum Tode verurteilt und hingerichtet. Wehners Freund Wilhelm Kox, der auf Betreiben Ulbrichts schon 1936 wegen angeblicher Sabotage der Parteiarbeit aus der KPD ausgeschlossen worden war, blieb auf eigene Faust im deutschen Widerstand tätig, wurde im September 1939 verhaftet und 1940 in Berlin-Plötzensee hingerichtet[13].

Während des Untersuchungsverfahrens interessierte sich nicht nur die Kaderabteilung der Internationalen für Wehner. Bereits im Februar 1937 hatte er drei »Besprechungen« mit dem NKWD. Mindestens einmal im Februar sowie um den 10. Dezember herum wurde er in den Räumen des berüchtigten NKWD-Zentralgebäudes, der Lubjanka, vernommen. Im Dezember wurde er während einer fiebrigen Erkrankung mitten in der Nacht abgeholt. Von Lotte verabschiedete er sich in dem Bewußtsein, daß er vielleicht nicht zurückkäme. Dabei war diese zweite Vernehmung möglicherweise ein makaberer Irrtum. Die NKWD-Offiziere waren nämlich andere als im Frühjahr. Damals hatte Wehner die maschinenschriftliche Fassung eines ›Beitrags zur Untersuchung der trotzkistischen Wühlarbeit in der deutschen antifaschistischen Bewegung‹ abgegeben. Im Laufe des Dezembergesprächs stellte sich heraus, daß dieses Papier ebensowenig mehr aufzufinden war wie die Funktionäre, die Wehner damals vernommen hatten. Sie waren selbst dem Terror zum Opfer gefallen. Nach dieser gespenstischen Nacht konnte Herbert Wehner am nächsten Morgen ins Hotel »Lux« zurückkehren[14].

Wehners ›Beitrag‹ vom Februar war eine Auftragsarbeit. Der EKKI-Sekretär Togliatti hatte alle Referenten und »Parteivertreter« aufgefordert, jeweils »Berichte über den Trotzkismus in jedem Lande« zu liefern. Im Grunde genommen handelte es sich bei Wehners Arbeit um eine aktualisierte Neufassung der Einschätzungen, die er bereits im September 1936 von Paris aus an das Politbüro geschickt hatte. Zu Beginn machte er klar, daß die »Trotzkisten« in Deutschland und in der Emigration organisatorisch nicht zusammengefaßt, sondern in mehreren Organisationen tätig seien. Als ihr gemeinsames Ziel bezeichnete er den »Kampf gegen die kommunistische Partei und ihre Bemühungen zur Verwirklichung der Volksfront in Deutschland«. Ausgehend von dieser Definition des »Trotzkismus« gab Wehner eine differenzierte Analyse unabhängiger linker Exilgruppen wie SAP, Internationaler Sozialistischer Kampfbund (ISK), »Brandlergruppe«, Gruppe »4. Internationale« und anderen. Auch den Einfluß des »Trotzkismus« auf Sozialdemokraten im Exil sowie auf die KPD-Emigration untersuchte er, letzteres ohne Namen zu nennen. Dieser Einfluß mache sich insbesondere bemerkbar, wenn die Moskauer Prozesse, die KPD und die Volksfrontpolitik »von links« kritisiert würden[15].

Wehner reflektierte hier auch heftige Auseinandersetzungen, die er in den Pariser Einheitsfrontverhandlungen mit Angehörigen der linkssozialistischen SAP gehabt hatte. So hatte zum Beispiel deren Vertreterin Rosi Wolfstein am 6. August 1936 gemeint: »Wir wollen nicht demokratischen Liberalismus, den haben die Nazis schon genug madig gemacht.« Solche Positionen gefährdeten das Ziel Wehners und der KPD, ein möglichst breites Volksfrontbündnis unter Einschluß auch des Exilvorstands der SPD und bürgerlicher Kreise zustande zu bringen. Insofern war Wehners Ablehnung der SAP-Positionen kommunistische Realpolitik. Jetzt, Anfang 1937, scherte er aber die KPD- und moskaukritischen Auffassungen verschiedener Kreise über einen Kamm, indem er sie auf »trotzkistische Wühlarbeit« zurückführte. Daran zeigt sich, wie eng sein eigener politischer Interpretationsspielraum geworden war und wie sehr er die stalinistischen Deutungsmuster verinnerlichte, um überhaupt politisch handlungsfähig zu bleiben. Am Ende seiner Ausarbeitung empfahl er, die trotzkistische Wühlarbeit systematisch zu enthüllen, um »die gesunden Elemente in der SAP zu stärken«. Offenbar verband Wehner mit der Niederschrift dieses Dokumentes im Februar 1937 die Hoffnung, bald selbst mit diesem Auftrag in den Westen zurückgeschickt zu werden[16].

Statt dessen wurde sein »Beitrag« von der Komintern an das NKWD weitergeleitet, das ihn wahrscheinlich neben anderen Quellen als Material für die umfangreiche Anlage zum Befehl Jeschows von Februar 1937 verwendete. Gegen Wehner wurde das Untersuchungsverfahren der Kaderabteilung eingeleitet. Sein Aufenthalt in Moskau wurde für ihn wie für sämtliche KPD-Funktionäre zum Überlebenskampf. Dabei hatte Wehner Glück. Weil er Mitglied des Zentralkomitees war, gehörte der Untersuchungskommission des EKKI neben zwei russischen Funktionären auch Wilhelm Pieck an[17]. Der KPD-Chef hatte kein Interesse daran, daß allzu viele seiner Führungskollegen zu Opfern des Terrors wurden.

Der Überlebenskampf hatte mehrere Seiten. Es ging darum, dem Zugriff des NKWD-Terrors zu entgehen. Dazu reichte es nicht hin, das Untersuchungsverfahren über sich ergehen zu lassen; es war außerdem nötig, immer wieder von sich aus die eigene Linientreue unter Beweis zu stellen, in Gesprächen, durch Auskünfte, in der täglichen Arbeit, in journalistischen Beiträgen. Schließlich bedeutete das Überleben in der Sowjetunion der stalinistischen Säuberungen auch, ständig die nötigen Lebensgrundlagen, Kleidung, Nahrung, Unterkunft, für sich und für seine Lebensgefährtin zu sichern. Daß Wehner hier nicht nur für sich selbst verantwortlich war, steigerte die Ausweglosigkeit seiner Situation. Denn die Frauen Verhafteter und Ausgestoßener gerieten in die politische, soziale wie menschliche Isolation und kamen häufig selbst unter die Räder des Terrors[18].

Lotte Treuber kam am 2. Mai 1937 in Moskau an. Die beiden richteten sich in dem winzigen Zimmer Nr. 252 im Hotel »Lux« ein und beschlossen, sich »ehrlich und anständig durchzuschlagen, was auch kommen möge«. Im »Lux«, einem alten herrschaftlichen Hotel, wohnten die kommunistischen Emigranten aus allen Ländern der Erde. Sie wurden überwacht. In der Portierloge saß eine Mitarbeiterin des NKWD, und Besucher mußten sich dort einen Passierschein ausstellen lassen. Die Telefone wurden abgehört. In den Korridoren breiteten sich Angst und Schrecken aus. Nächtliche Verhaftungen waren an der

Tagesordnung. Im Hinterhof gab es, stets sichtbar, aber von den meisten »Lux«-Bewohnern gemieden, ein verfallendes Wohnhaus, den sogenannten »Nepflügel«. Hier mußten die Angehörigen der Verhafteten einziehen[19].

Ruth von Mayenburg, ebenfalls Hotelbewohnerin, erinnerte sich an den damaligen Wehner: »Groß, blond und sehr blaß, als hätte er lang im Gefängnis gesessen, ging er abends nach der Arbeit in der Komintern mit herausfordernd-festem Schritt, die Pfeife im Mund, eine schäbige graue Mütze auf dem Kopf, durch den langen Korridor in der obersten Lux-Etage zu seinem Zimmer hin, wo seine Frau mit der großen Kaffeekanne schon auf ihn wartete wie ein braves Hausmütterchen. Der einfenstrige (winzige) Raum, durchzogen von Pfeifenrauch, Kaffeedunst und Katzengeruch, mit Büchern bis zur halben Decke hinauf vollgestopft, bot zwar wenig Platz für Besucher, doch hier war eine Oase, wo das offene menschliche Wort unter Genossen vorherrschte, die sich nicht ununterbrochen als ›Funktionäre‹ gebärdeten. Hier gab es sarkastischen Witz, unkonventionelles Denken, Mut zu Zweifeln – auch zur Verzweiflung. Die Lauscher an der Wand fürchtete Kurt Funk ebensowenig wie die Ungnade seiner Parteiführung.«[20]

Die widersprüchliche Verfassung Wehners in Moskau beschrieb ein österreichischer Komintern-Funktionär, Ernst Fischer: »Er hatte Fieber. Seine ungemein sympathische Frau und ich gingen in die Küche, um Kaffee zu kochen. Als wir zurückkamen, saß er aufgerichtet auf der Couch mit seiner Gitarre und schrie wilde zusammenhanglose Strophen. Er war wie ein Kessel ohne Ventil, mußte, um sich zu befreien, von Zeit zu Zeit in Sprengstücken auseinanderfliegen. Er schluckte zuviel in sich hinein. Was in Moskau geschah, mißfiel ihm.«[21]

Wehner selbst hat die beklemmende Atmosphäre und einige menschliche Tragödien, die er erlebte, 1946 in seinen »Notizen« geschildert. So hatte er gleich Anfang 1937 in Moskau einen Erzählungsband des ungarischen Schriftstellers Andor Gábor über den deutschen Widerstand kritisch rezensiert. Wehner hielt diese Besprechung für eine harmlose literarische Angelegenheit, aber bei Gábor führte sie zu Panik. Tatsächlich ging Walter Ulbricht gegen den Autor disziplinarisch vor. Mit viel Mühe gelang es Wehner, diese Jagd abblasen zu lassen. Im Laufe des Jahres 1937 wurde ihm der Mechanismus des Terrors deutlich, in dem die Menschen, um ihrer eigenen Verhaftung zu entgehen, »Material« zur Verhaftung ihrer Feinde lieferten. Wehner erlebte das Verschwinden zahlreicher Funktionäre aus dem »Lux«. Darunter war die gesamte polnische KP-Führung. Er nannte auch viele Fälle aus der deutschen Emigration[22].

Im Schlußplädoyer zu seinem Prozeß hatte Karl Radek am 29. Januar 1937 das Tribunal mit »Genossen Richter« angesprochen, woraufhin der Vorsitzende ihn zurechtwies: »Angeklagter Radek, nicht ›Genossen Richter‹, sondern Bürger Richter.« Der Komintern-Sekretär Dimitrij Manuilski hatte sich das genau gemerkt. Als in einer Mitarbeiterversammlung Heinrich Wiatrek (Deckname: Weber) den 1936 als »Volksfeind« erschossenen Fritz David versehentlich als »Genosse« bezeichnete, entrüstete sich Manuilski. Wehner erinnerte sich: »Weber stammelte in seiner Verwirrung, daß er natürlich gemeint habe: Der ehemalige Genosse David. Manuilski hetzte jedoch sein Wild noch weiter, indem er deklarierte, daß von David auch nicht als von einem ehemaligen Genossen die Rede sein könne. Nach der Versammlung wurde Webers Verhalten zum Gegenstand von Artikeln der ›Wandzeitung‹ des Kominternapparats«.[23] So übertrug sich die Atmosphäre der Schauprozesse in alle Arbeits- und Lebensbereiche.

Was Wehner selbst zu menschlichen Tragödien beigetragen hatte, war ihm im nachhinein nicht ganz klar. Im Falle von Erich Birkenhauer und Leo Flieg, die im November 1937 und März 1938 verhaftet wurden, hielt er es nicht für ausgeschlossen, daß seine »Verteidigung gegen die zu meiner Vernichtung konstruierten Anklagen« etwas damit zu tun hatte. Die Untersuchung gegen Wehner basierte zum Teil auf Anschuldigungen dieser beiden Funktionäre. Als Birkenhauer im November 1937 auf Beschluß des Zentralkomitees in der deutschen Redaktion des Moskauer Radios eingesetzt werden sollte, protestierte Wehner dagegen. Wenige Tage später erfolgte Birkenhauers Verhaftung. Im Dezember sandte die Kaderabteilung zusammen mit einigen anderen Materialien auch Wehners Beschwerdeschreiben an das NKWD. Der Fall Birkenhauer ist der einzige, in dem nachweislich Belastungsmaterial Wehners in ein Verfahren eingegangen ist. Allerdings hatte Birkenhauer zuerst Wehner schwer belastet. Außerdem war ihm bekannt, daß Ernst Thälmann Birkenhauer und Flieg im September 1934 Mitschuld an seiner Verhaftung gegeben hatte. Jedenfalls hatte Wehner es mit Verwunderung zur Kenntnis genommen, daß der im

März 1933 von den Nazis verhaftete Birkenhauer schon im September des gleichen Jahres wieder auf freien Fuß gesetzt worden war[24].

Die nächtliche Vernehmung in der Lubjanka im Dezember 1937 versetzte dem fieberkranken Herbert Wehner einen Schock. In einem Gang des Gebäudes kam ihm ein Gefangener entgegen, der zum Verhör geführt wurde. Sein »Gesicht mit dem sich in irgendeiner Ferne verlierenden Blick« prägte sich ihm unauslöschlich ein. Der Aufenthalt im NKWD-Gebäude löste bei Wehner die Furcht vor einer drohenden Verhaftung aus. Er beeilte sich, als besonders wachsamer Funktionär zu erscheinen, holte das handschriftliche Original des ›Beitrags‹ von Februar aus seinem Büro in der Komintern und sandte es ans NKWD. Unter dem Datum des 13. Dezember 1937 fügte er eine Reihe von Aufzeichnungen mit Angaben über Personen hinzu, die seiner Ansicht nach in Gruppenkämpfe verwickelt bzw. als »Trotzkisten« tätig waren[25].

Darunter war eine ganze Reihe von KPD-Funktionären, die er zur Gruppe des ehemaligen »Versöhnlers« Hugo Eberlein zählte, der im Juli verhaftet worden war. Dann nannte er, neben anderen, Angehörige der »Gruppe Schubert« sowie »Personen aus dem Kreise Heinz Neumanns«, Funktionäre, die er schon seit Jahren bekämpft hatte, weil er sie für Karrieristen hielt, die für das Versagen des KPD-Apparats 1933 verantwortlich waren[26].

Es wird nicht mehr zu klären sein, wie die mündliche Vernehmung Wehners im einzelnen mit dem zusammenhängt, was er im nachhinein schriftlich zu Protokoll gab. Im Falle des angeblichen Leiters einer »trotzkistischen Druckerei« in Schweden, Fritz Neufeld, hatten laut Wehners »Notizen« die NKWD-Offiziere ihr spezielles Interesse bekundet, und wahrscheinlich geriet er aus diesem Grund in die Aufzeichnungen[27].

In dem Verhör wurde er auch nach Zenzl Mühsam gefragt, der Witwe seines 1934 im Konzentrationslager ermordeten ehemaligen anarchistischen Mentors. Sie war 1934 nach Moskau geflüchtet und hier im April 1936 wegen ihrer Verbindungen zu dem »Trotzkisten« Erich Wollenberg verhaftet worden. Nach internationalen Protesten wurde sie jedoch Ende 1936 wieder auf freien Fuß gesetzt. Wehner schrieb 1946, er habe sich dem Ansinnen der NKWD-Offiziere verweigert, Verbindung zu Mühsam aufzunehmen, um dann Berichte über sie liefern zu können. Seine Aufzeichnung vom 13. Dezember 1937 widerspricht dieser Darstellung nicht, aber er machte dem NKWD ein Angebot: »Obwohl ich selbst wohl nicht in einem Gespräch mit der Frau Mühsam Anhaltspunkte finden könnte, da sie mir nicht ›vertrauen‹ wird, könnte ich in kurzer Zeit Näheres über ihren Umgang und persönliche Beziehungen manches in Erfahrung bringen.« Ebenfalls schlug er vor, ihn zu beauftragen, im »Klub Ausländischer Arbeiter« und in der Moskauer deutschen Emigration Fühlung zu nehmen, um »auf diesem Weg Beziehungen zum Feind aufzudecken«. Wehner belastete in seiner Aufzeichnung eine Reihe von Personen. Die meisten der Genannten befanden sich im westlichen Ausland. Aber auch bei denjenigen unter ihnen, die sich in der Sowjetunion aufhielten, gibt es (außer in den Fällen Birkenhauer und Flieg, auf die Wehner selbst in den ›Notizen‹ von 1946 hinweist) keine Hinweise darauf, daß seine Aussagen in Prozessen und Untersuchungsverfahren verwendet worden wären[28].

Abgesehen davon, wie ernst das Angebot Wehners zur Berichterstattung gemeint war: Darum ging es dem »Staatsschutz« gar nicht. Wehner sollte, so geht aus seiner Lubjanka-Akte hervor, bei der Vernehmung lediglich den Eindruck gewinnen, er solle als Agent geworben werden. In Wahrheit hatte eine Reihe von NKWD-Häftlingen in ihren »Geständnissen« ihn belastet. So wurde behauptet, er stehe »mit der Gestapo in Kontakt«, oder ein andermal, er sei Mitglied eines »geheimen deutschen trotzkistischen Zentrums«. Er war also tatsächlich von Verhaftung bedroht und entging diesem Schicksal nur knapp. NKWD-Chef Jeschow vermerkte am 22. Juli 1938 in einer Aktennotiz: »Wo ist die Meldung über die Verhaftung von Funk?« Wahrscheinlich rettete Jeschows Sturz im Herbst 1938 Herbert Wehners Leben[29].

Von den »Ermittlungen« des NKWD getrennt zu betrachten ist die Untersuchung der Komintern gegen Herbert Wehner. Diese zog sich bis Juni 1938 hin. Dann entschied die Kommission, daß er »im Apparat des EKKI belassen werden soll«. Georgi Dimitroff teilte ihm das Ergebnis mit. Die Anschuldigungen seien grundlos gewesen, und er hoffe, daß bei Wehner »nichts nachbleibe«. Wehner kannte Dimitroff schon aus Berliner Zeiten, als dieser im Reichstagsbrandprozeß als Angeklagter höchst öffentlichkeitswirksam aufgetreten war. Er hatte damals die Verbindungen Dimitroffs aus der Haft organisiert. Der

Bulgare hielt viel von Wehner. Dieser sei einer »unserer besten Leute, aber der bleibt nicht bei uns, der denkt zuviel«. Zumindest zeitweise empfand Wehner Bewunderung für Dimitroff, aber er hatte wohl auch Grund, den Generalsekretär der Kommunistischen Internationale zu fürchten. Bei einer Besprechung im Jahr 1939 fragte Dimitroff den gebürtigen Sachsen mehrfach inquisitorisch: »Sind Sie ein Preuße?« Wehner, der hier eine gefährliche Fangfrage vermutete, zog sich aus der Affäre, indem er Dimitroff mit einer Anekdote über seinen Großvater mütterlicherseits zum Schmunzeln brachte. Dieser war 1866 mit einem sächsischen Armeekorps zur Schlacht bei Königgrätz gegen die Preußen zu spät gekommen[30].

Während der Zeit der Untersuchung wurde Herbert Wehner in der Komintern in untergeordneter Stellung als »Gehilfe des Genossen Ercoli« beschäftigt. Im Referat des EKKI-Präsidiumsmitglieds Ercoli/Togliatti sollte er Informationen über die politische und ökonomische Entwicklung in Deutschland sammeln. Außerdem durfte Wehner seine Lehrtätigkeit an der Leninschule wieder aufnehmen. Er hielt vor deren deutschem Sektor Vorlesungen über die Entwicklung in Deutschland und über die Widerstandsarbeit. Die Informationssammlung weitete Wehner ab 1938 aus. Im Auftrag der Presseabteilung sammelte er Auszüge und Übersichten für einen Pressespiegel über Vorgänge im Ausland. Schließlich gelang es ihm, einen Radioapparat zu erstehen, und er fügte nun auch Radioübersichten hinzu. Auf sein Bestreben kaufte die Presseabteilung selbst nach und nach einige Radioapparate, und am 28. November 1938 beschloß das Sekretariat des EKKI förmlich die Ernennung von Herbert Wehner zum »Leiter des Radio- und Kino-Sektors in der Abteilung Presse und Propaganda«[31].

In seiner Moskauer Zeit schrieb Wehner eine Reihe von Rundfunkbeiträgen und Artikeln, die insbesondere in den Zeitschriften ›Rundschau für Politik‹, ›Wirtschaft und Arbeiterbewegung‹ sowie ›Kommunistische Internationale‹ erschienen, deren Redaktion er zeitweise angehörte. Darunter waren pathetische Lobeshymnen auf die angeblichen Errungenschaften der Sowjetunion wie der Artikel ›Moskau, die glückliche Stadt‹ zum 20. Jahrestag der Oktoberrevolution. Hier pries er die Hauptstadt als Spiegel für die »frohe, stolze und kühne Zuversicht, die das ganze Sowjetvolk erfüllt«. In der Mehrzahl seiner Arbeiten befaßte Wehner sich jedoch mit Deutschland. Hier folgte er seinem eigenen Interesse, und wenn er schon an politischen Taten gehindert war, konnte er wenigstens auf diese Weise aus seiner Tätigkeit in der Komintern schöpfen[32].

Im Laufe des Jahres 1940 ging Wehners Publikationstätigkeit zurück. In dieser Zeit stellte er eine umfassendere Schrift fertig, die ›Materialien zu der durch den Krieg in Deutschland geschaffenen Lage‹. Das Typoskript umfaßte mit allen Anhängen und Anlagen 260 Schreibmaschinenblätter; der Hauptteil der Arbeit nahm 93 Seiten ein. Sie fußte vor allem auf der Auswertung der nationalsozialistischen Presse und war eine umfassende Untersuchung der Lage in Deutschland, von der Lebensmittelversorgung über das Kriegsstrafrecht und die Auswirkungen der Kriegswirtschaft auf die Bevölkerung über die Kriegsgewinne, Verluste und Schäden durch Luftangriffe bis hin zur Lage in den besetzten Gebieten[33].

Er saß »Im Moskauer Käfig – die Gitter preisend«[34]. Und dennoch: Auch im stalinistischen Moskau verlor Herbert Wehner sein grundlegendes politisches Ziel, die Befreiung Deutschlands vom Hitlerregime, nicht aus den Augen.

Neben dem Politbüro war Anfang 1937 auch die auf der »Brüsseler« Konferenz gewählte Kontrollkommission der KPD aufgelöst worden. Die Parteiorganisation und damit der letzte Anschein organisatorischer Selbständigkeit war praktisch beseitigt. Die »führenden« Moskauer KPD-Mitglieder tagten vom Sommer 1937 an in sogenannten »Sitzungen deutscher Genossen«. Dabei war in einigen Fällen auch Herbert Wehner. In diesen Sitzungen wurden Listen mit Namen von aus der KPD auszuschließenden Mitgliedern herumgereicht. Es handelte sich um Personen, die in der Sowjetunion verhaftet worden waren bzw. um deren Angehörige. Hierüber entschied das NKWD. Einen politischen Handlungsspielraum gab es für die »deutschen Genossen« nicht. Alle unterschrieben die Ausschlußlisten. Im Mai und Dezember 1937, Januar und Juli 1938, manchmal verspätet, auch Wehner[35].

Ansonsten mied er es, an Parteiversammlungen teilzunehmen. Er zog sich immer mehr zurück. Während rund um ihn weitere Funktionäre verschwanden, bemühte er sich ab Sommer 1938, einigen Menschen zu helfen. Briefe von Angehörigen Verhafteter leitete er direkt, unter Umgehung des üblichen Dienstwegs, an Dimitroffs persönlichen Sekretär weiter. Dies brachte ihm den Vorwurf einiger Untergebener des Generalsekretärs ein, sie würden umgangen, aber so stellte Wehner zumindest sicher, daß die Schreiben ihren Adressaten erreichten. Er meinte später, daß daraufhin tatsächlich einige Verfahren überprüft worden seien[36].

Auch mit Walter Ulbricht und Philipp Dengel von der »deutschen Parteileitung« führte er Auseinandersetzungen über den Umgang mit vom Terror Betroffenen. Gemeinsam mit diesen beiden ZK-Mitgliedern bildete Wehner spätestens ab April 1939 die regelmäßig tagende »Kleine Kommission«, die von nun an für Kaderfragen in der KPD zuständig war. Ging es 1937/38 in den »Sitzungen deutscher Genossen« vor allem um Ausschlüsse, so betätigte sich diese Kommission nach dem Abebben des Terrors in erster Linie mit der Wiederaufnahme von früheren Parteimitgliedern, die »infolge Untersuchungshaft aus der KPD ausgeschlossen worden waren und bei denen das Untersuchungsverfahren eingestellt und ihre Freilassung verfügt wurde«. Die »Kleine Kommission« ging zu Anfang recht zaghaft vor und ließ sich die Anträge auf Wiederaufnahme in die KPD bzw. Weiterführung der Mitgliedschaft zunächst eingehend begründen. Ab dem Sommer 1939 wurden die weitaus meisten Fälle ohne viel Aufhebens positiv entschieden, insbesondere, wenn es sich lediglich um Angehörige von Verhafteten und Ausgeschlossenen handelte, deren Parteimitgliedschaft im Zuge einer Art »Sippenhaft« gleich mit ausgesetzt worden war[37].

Die letzte Kommissionssitzung, an der Wehner teilnahm, datiert vom 14. November 1940. In dieser Sitzung wurde Margarete König aus der KPD ausgeschlossen. Wehner erinnerte sich: Sie war die Ehefrau eines alten KPD-Funktionärs, deren älterer Sohn in Spanien verschwunden war und deren jüngerer Sohn in Moskau verhaftet worden war, ohne daß die Eltern wußten warum. König hatte geäußert, Ulbricht und Dengel hätten »überhaupt kein Herz«, Wehner sei der einzige in der Parteileitung, mit dem man reden könne. Vor der Kommission hatte die verzweifelte Frau einen heftigen Ausbruch und schrie Dengel ihre Verachtung entgegen. Er sei beamtenhaft feige und herzlos, und sie fügte hinzu: »Will man mich erschießen, so soll man es tun, aber man soll aufhören, mich zu quälen. Hier stehe ich, sagt mir doch, was mit meinen Kindern geschehen ist!« Herbert Wehner wußte nicht, welches Schicksal Frau König erfuhr, befürchtete aber später »das Schlimmste« für sie[38].

Die »Entscheidungen« der Moskauer KPD über ihre eigenen Kaderangelegenheiten waren den Entscheidungen des sowjetischen »Staatsschutzes« untergeordnet. Ebensowenig hatte die KPD über die Grundlinien ihrer eigenen Politik zu befinden. Sie waren abhängig von den Vorgaben des Diktators Stalin, und dieser vollzog 1939 eine außenpolitische Kehrtwende. Am 23. August schloß die Sowjetunion einen Nichtangriffsvertrag mit dem nationalsozialistischen Deutschland. Der Hitler-Stalin-Pakt sah nicht nur die sowjetische Neutralität für den Fall eines deutschen Angriffs auf Polen vor, sondern er besiegelte auch die vierte Teilung Polens. In einem geheimen Zusatzprotokoll wurde die Grenzlinie zwischen Deutschland und der Sowjetunion festgelegt. Letzterer wurden das östliche Polen, Litauen, Estland und Lettland zugesprochen. Neun Tage später marschierten die Deutschen von Westen her in Polen ein, einige Wochen später die Russen von Osten. Stalin hatte mit dem Pakt auf die fehlgeschlagenen Versuche reagiert, mit dem Westen zu einer gemeinsamen Politik gegen Hitler zu kommen. Nun erleichterte dieser Vertrag den Nazis die Entfesselung des Zweiten Weltkriegs. Im übrigen spielten sowjetische Großmachtbestrebungen eine wichtige Rolle. Dafür stehen Verbrechen wie die Ermordung der gesamten polnischen KP-Führung im Zuge des »Großen Terrors«. Zehntausende von Polen wurden in der Zeit der Besetzung Ostpolens 1940 und 1941 umgebracht. Die Zahl der Deportierten geht in die Hunderttausende[39].

Die Moskauer KPD beeilte sich, die neue Linie nachzuvollziehen. Ende August 1939 erklärte das Zentralkomitee: »Das deutsche Volk begrüßt den Nichtangriffspakt zwischen der Sowjetunion und Deutschland, weil es den Frieden will und in diesem Pakt eine erfolgreiche Friedenstat von seiten der Sowjetunion sieht.« Recht naiv waren die Forderungen »Hände weg von Danzig!« und »Friedliche Verständigung mit Polen!«. Im September teilte Pieck dem ZK mit, die Sowjets hätten den Pakt gegenüber den »Bruderparteien« mit der bedrohlichen internationalen Lage begründet. Den deutschen Kommunisten wurde bedeutet, sie »dürften nie aus dem Auge verlieren, daß sie *keinen* Pakt mit Hitler hätten«. Daß indes die Sowjetunion einen Pakt mit Hitler hatte, empfanden die KPD-Angehörigen in Moskau sehr wohl als Belastung. Sie waren die innenpolitischen Feinde des außenpolitischen Bündnispartners, und ihre Ausgrenzung nahm weiter zu[40].

Wehner reagierte mit dem Versuch, die neue Linie politisch gegen die nationalsozialistische Herrschaft zu wenden. In einer »Sitzung deutscher Genossen« am 2. September 1939 forderte er, den »Nichtangriffspakt zur Waffe gegen Hitler« zu machen. Am 8. September legte er schon die zweite Fassung einer ›Grundlage zur Diskussion für die Vorbereitung einer Plattform des Kampfes *gegen den* imperialistischen Krieg und über die Perspektiven‹ vor. Darin geißelte er unterschiedslos die Regierungen Deutschlands, Englands und Frankreichs, die ihre Völker in einen imperialistischen Krieg gestürzt hätten. Durch die Niederlage des Imperialismus im Krieg werde es aber möglich, die »Verwirklichung des Sturzes des Kapitalismus« in Deutschland auf die Tagesordnung zu setzen. Der Nichtangriffspakt biete Ansatzmöglichkeiten für eine Diskussion über den Sozialismus in Deutschland. Notwendig sei neben einer scharfen Bekämpfung des Trotzkismus der Kampf gegen die westlich orientierte sozialdemokratische Parteiführung. Wehner forderte die »engste Verbindung und Zusammenarbeit mit revolutionären Führern der Sozialdemokratie im Land und in der Emigration«. Er plädierte also für eine Fortsetzung der Volksfrontpolitik, aber angesichts des Bündnisses zwischen Stalin und Hitler war das eine Illusion[41].

Wehner fühlte sich mit seinen politischen Vorschlägen nicht genügend beachtet. Er klagte Anfang Oktober in einem Schreiben an Pieck, daß er als ZK-Mitglied weniger an der praktischen Politik und Meinungsbildung der Partei beteiligt werde als irgendwelche einfachen Mitglieder. Er drängte darauf, gründlich die Argumente und Auffassungen der Nationalsozialisten, der deutschen Bevölkerung und der Sozialdemokraten zu analysieren, um darauf aufbauend die eigenen Losungen und Argumente entwickeln zu können[42].

Am 2. November 1939 übte Wehner in der »Sitzung deutscher Genossen« offen Kritik an dem Umgang der KPD-Führung mit »Kaderfragen«. Angehörige der Führung sollten »nicht wie ein Geschäftsführer oder Unteroffizier mit Genossen umgehen, sondern persönlich, politisch«. Im Zentralkomitee bestimme viel zu sehr ein »kleiner Kreis von älteren Genossen«, was daran liege, daß die Kominternführung den Versuch der »Brüsseler Konferenz«, eine verjüngte Parteileitung zu schaffen, gestört habe. Nun wurde auch über das Verhalten der engeren Führung zu der gegen Wehner geführten Untersuchung diskutiert, und Ulbricht gab zu, »er sehe ein, damals falsch gehandelt zu haben, und würde sich nicht wieder zu solchen Schritten treiben lassen«[43].

Bei Dimitroff drang Wehner, was die Gegensätze in der KPD betraf, nicht durch. Aber immerhin stimmte der Komintern-Chef zu, Wehners Moskau-Aufenthalt zu beenden. Er sollte, so beschloß das Sekretariat des EKKI im Winter 1939/40, »zur illegalen Arbeit ins Land abreisen«. Doch daraus wurde nichts, wobei unklar ist, ob dies, wie die Gestapo mehr als zwei Jahre später vermutete, am Krieg zwischen der Sowjetunion und Finnland lag, der Ende November 1939 ausbrach, oder an einer neuerlichen Überprüfung Wehners durch die Kaderabteilung. Diesmal ging es um den Vorwurf, er habe vor seiner Abreise aus Paris Ende 1936 geheime Parteidokumente in seiner Wohnung hinterlassen. Wahrscheinlich spielte beides eine Rolle[44].

So folgte ein weiteres Jahr politischer Tatenlosigkeit in Moskau. Hitlers Armeen eilten von Sieg zu Sieg. Nach dem Überfall auf Polen im Herbst 1939 folgte im Frühling 1940 die Besetzung von Dänemark, Norwegen, den Niederlanden, Belgien und Frankreich. Öffentliche Kritik an NS-Deutschland war in der Sowjetunion des Hitler-Stalin-Pakts unerwünscht. Die Zeitungen berichteten umfassend über die Erfolge der deutschen Kriegsführung. Als im September 1939 Christoph Wurm starb, verfügte keine Zeitung über den Platz, den Termin zu dessen Beisetzung »auch nur durch drei Zeilen anzuzeigen«[45].

Mit Wurm verlor Herbert Wehner seinen besten Freund in Moskauer Tagen. Er war 15 Jahre älter als Wehner, hatte schon am Gründungsparteitag der KPD im Dezember 1918 teilgenommen und war damals einer der engsten Mitarbeiter von Rosa Luxemburg gewesen. Wehner und Wurm hatten gemeinsam 1933/34 in der Illegalität gewirkt und ab 1937 an der Leninschule unterrichtet. Zusammen hatten sie Material zur Lage in Deutschland zusammengetragen und bearbeitet. In der bösartigen Atmosphäre der »Säuberungen« erlitt Wurm in einer Sitzung, als er gerade besonders heftig kritisiert wurde, einen Schlaganfall, von dem er sich nicht wieder vollständig erholte. Im Spätsommer 1939 ereilte ihn ein zweiter Schlaganfall, an dem er wenig später starb. Wehner saß 24 Stunden an seinem Sterbebett[46].

Ein Jahr später, zu seinem Todestag im September 1940, besuchte Herbert Wehner gemeinsam mit Lotte Treuber und Wurms Lebensgefährtin das Grab des Verstorbenen. Als sie an den Grabstellen vorbeigingen, fiel Wehner ein Name auf. Es handelte sich um das Grab des polnischen Kommunisten Hubermann, den er 1933 in Berlin kennengelernt hatte. Nun stand auf der schlichten, in eine Mauer eingelassenen Grabplatte zwar der Name des Mannes, aber es war etwas weggemeißelt worden: seine »Parteidaten«. Der Pole war noch nach seinem Tode zum Opfer der »Säuberungen« geworden.

Anfang 1941 erschien der Komintern die Möglichkeit gegeben, Wehner »auf illegalem Wege zu befördern«. Er sollte nach Schweden gehen, um von dort aus die Partei in Deutschland wieder aufzubauen. Die Erlaubnis zur Ausreise galt jedoch nur für ihn allein, nicht für seine Lebensgefährtin. Wieder einmal kam es zum Abschied. Lotte sagte, mit Bezug auf ihren Friedhofsbesuch: »Laß mich nicht in diesem Lande sterben; ich muß immer an die Mauer denken.«[47]

Herbert Wehner mit Blick auf seine Moskauer Jahre in die Kategorie »Täter« oder »Opfer« einordnen zu wollen, führt nicht weiter. In Moskau herrschte eine Ausnahmesituation der totalen Überwachung und Unterdrückung jeder selbständigen politischen Regung. Dennoch versuchte Wehner politisch zu handeln. Er, der immer gründlich an die Dinge heranging, wollte einen Parteiapparat, der in Widerstand und Illegalität funktionierte, in dem Gruppenkämpfe und Karrierismus einzelner dem grundlegenden politischen Ziel, der Befreiung Deutschlands und Europas, nicht im Wege stehen sollten. Daß es bei den »Säuberungen« vor allem um die Vernichtung von Menschen ging, wurde Wehner im Laufe des Jahres 1937 klar. Deshalb und weil er überleben wollte und – um nicht andere zu gefährden – mußte, verwickelte er sich schuldhaft in die Machenschaften der stalinistischen Diktatur. Gleichzeitig gehörte Wehner zu denen, die selbst von der Vernichtung durch den Verfolgungsapparat bedroht waren. Gegen ihn wurden Untersuchungen angestrengt. Sie hätten zu seinem Untergang führen können. Er überlebte.

Der Nationalsozialismus konstruierte sich äußere Bedrohungen und Feindbilder, gegen die er dann bis zur Vernichtung vorging. Für Stalin stand der Feind in den eigenen Reihen. In der jüngeren Geschichte war der Kommunismus die einzige Bewegung, die mehr ihrer eigenen Mitglieder umgebracht hat, als ihre Gegner das taten. Im Jahr 1946 meinte Herbert Wehner in einer Diskussion in Hamburg: »Derjenige, der nur die deutschen Erfahrungen hat, hat vom Totalitarismus nur 49 Prozent erfahren. Wenn er 100 Prozent erfahren will, muß er die 51 Prozent des russischen Totalitarismus auch noch kennenlernen.« Mit der prozentualen Gewichtung verwies Wehner auf zwei Dinge: die auch und gerade nach dem Krieg ungebrochene Wirkung des sowjetischen Totalitarismus und seine persönliche Moskauer Erfahrung[48].

Als Herbert Wehner 1941 die Sowjetunion verließ, war sein Glaube, daß er im Weltkrieg gegen den Nationalsozialismus als Soldat der kommunistischen Armee zu marschieren habe, noch nicht gebrochen, aber stark erschüttert. In Schweden sollte er erstmals eine funktionierende Demokratie kennenlernen.

Am Ende der Irrfahrt

Auf sich allein gestellt

Schweden war Wehners letzter Versuch, innerhalb der kommunistischen Bewegung politisch tätig zu sein. Später war er davon überzeugt, daß er »eigentlich die Finger hätte davon lassen müssen«, weil »alles so verdorben« war. Letzteres bezog sich sowohl auf seine Moskauer Erlebnisse als auch auf den konkreten Zustand der kommunistischen Organisation[1].

In den Moskauer Beratungen hatte Dimitroff festgestellt, daß es keine zusammenhängende und funktionsfähige Kommunistische Partei Deutschlands mehr gebe. Die führenden Funktionäre hätten nach der »Brüsseler Konferenz« versagt. Daraus folge die Aufgabe, in Berlin ein neues Parteizentrum zu bilden. So lautete der Auftrag, mit dem Wehner 1941 nach Schweden geschickt wurde.

Es wurde eine Direktive an die Auslandsleitungen der KPD entworfen. Ihre Kader sollten die »nationalsozialistischen Werktätigen« darüber aufklären, was wirklicher Sozialismus sei, zu diesem Zweck in den NS-Organisationen mitarbeiten und eine »wirkliche Parteiorganisation« schaffen. Pieck setzte zwar durch, daß die neue Leitung sich nicht als »Zentralkomitee« bezeichnen durfte, aber für Wehner überwog die Hoffnung, »neue Grundlagen für eine aus dem Krieg erneut hervorgehende revolutionäre Partei schaffen zu können«. Und es war seine Chance, das unfreiwillige Exil in der Sowjetunion verlassen und wieder unmittelbar dem nationalsozialistischen Feind gegenübertreten zu können[2].

Karl Mewis, Leiter der in Stockholm ansässigen KPD-Abschnittsleitung Nord, hatte 1939 in Moskau so vollmundig über seine angeblichen Verbindungen in die Reichshauptstadt Berlin berichtet, daß Dimitroff meinte: »Ich glaube dem Mann kein Wort.« Es kam der Verdacht auf, Mewis habe die Verbindungen so oberflächlich organisiert, daß die Gestapo leichtes Spiel hatte, sie aufzudecken. Mit dem »Partisanen-Richard« schickte Dimitroff zunächst einen »Techniker« nach Schweden, der sich in Mewis' Arbeit einschalten sollte. Dimitroff ermahnte ihn, aufs engste mit Wehner zusammenzuarbeiten, doch später erwies er sich als unzuverlässiger Partner. Dieser »Richard Stahlmann« hieß eigentlich Artur Illner. »Aber Stahlmann klingt härter, klingt nach Stahl und klingt nach Mann«, spottete Wehner später[3].

Ulbricht hatte Ende 1940 beantragt, Mewis als Abschnittsleiter abzuberufen, doch statt dessen wurde lediglich beschlossen, daß Wehner dessen Tätigkeit »unfamiliär« untersuchen sollte. Auf dieser Basis würde in Moskau über Mewis entschieden werden und Wehner dann nach Berlin gehen[4].

Ende Januar 1941 bestieg Herbert Wehner den Zug nach Leningrad. Von dort fuhr er über die estnische Hauptstadt Tallinn illegal weiter nach Schweden. Die Reise verlief problemlos, doch unmittelbar nach der Ankunft in Stockholm begannen die Schwierigkeiten. Für die Unterbringung der deutschen Illegalen waren Verbindungsleute der schwedischen Kommunisten zuständig. Wehner beklagte sich nicht nur über »die Langsamkeit und Eigenart unserer hiesigen Gastgeber«, ja er berichtete sogar von Sabotage und Aufrufen »hiesiger Freunde«, »uns aus den Wohnungen zu werfen und jede Hilfe in der Lebensmittelfrage zu verweigern«. Den schwedischen Kommunisten fiel es schwer, den bitteren Ernst nachzuvollziehen, mit dem Wehner zur Unterstützung seiner Widerstandstätigkeit gegen Nazideutschland drängte[5].

In Schweden amtierte seit 1932 der sozialdemokratische Ministerpräsident Per Albin Hansson. Auf die Weltwirtschaftskrise reagierte seine Regierung mit staatlichen Ausgabenprogrammen und einem Ausbau des Sozialstaats. Damit erholte sich die Wirtschaft schneller als in anderen Ländern, und Schweden überwand die Massenarbeitslosigkeit. Außenpolitisch bekannte sich das Land zur Neutralität, aber der Antikommunismus war stärker als der Antinazismus. Als Hansson 1939 eine Allparteienregierung mit Ausnahme der Kommunisten bildete, war nicht Hitlers Krieg mit Polen der Anlaß hierzu, sondern der sowjetische Angriff auf Finnland. Nach der Eroberung von Dänemark und Norwegen war Schweden im Norden, Süden und Westen von deutschen Truppen umstellt. Die schwedische Regierung beugte sich den Forderungen der Nazis. Deutsche Truppentransporte rollten durch das Land, Schweden lieferte in großen Mengen Stahl und Kugellager für die Rüstungsproduktion, eine Zensurkommission beschnitt die Presse- und Rundfunkfreiheit im deutschen Interesse, Kommunisten wurden in »Internierungslager« gesteckt. Schwedische Polizei und Gestapo tauschten Informationen aus. Erst nachdem 1942/43 die deutsche Niederlage sich abzeichnete, konnte von einer tatsächlichen Neutralität Schwedens gesprochen werden[6].

Wehners erste Unterkunft in Stockholm war so beengt, daß er schon bald umziehen mußte. Im März und April 1941 lebte er beim Ehepaar Mineur. Knut Mineur war Seemann und ein bekannter Kommunist. Er hatte wegen illegaler Tätigkeit fast vier Jahre in deutschen Konzentrationslagern gesessen. Zwischen der Familie und ihrem Gast entwickelte sich ein freundschaftliches Verhältnis. Wehner bestand darauf, seine Schuhe selbst zu putzen, und kaufte für die schwangere Frau Obst und Gemüse ein. Mineur erinnerte sich später an einen freundlichen und hilfsbereiten Gast, der kommunistische Radiosender abhörte, unablässig Pfeife rauchte, viel las und schrieb. Die Mineurs schlugen Wehner einmal ein gemeinsames Abendessen mit anderen Gästen aus der schwedischen KP vor. Wehner lehnte das ab. Er sei »Soldat der Roten Armee«, der deren Restriktionen unterliege. Um nicht entdeckt zu werden, wollte er sich vor niemandem zeigen. Aufgrund von Mineurs Haftzeit in Deutschland rechnete Wehner damit, daß die Wohnung unter schwedischer Polizei- oder gar deutscher Gestapo-Beobachtung stand. Daher suchte er sich bald eine neue Unterkunft[7].

Die Überprüfung von Mewis zeitigte bald niederschmetternde Ergebnisse. In Deutschland waren vier von Skandinavien aus eingeschleuste KPD-Instrukteure verschwunden. Wehner meinte im April 1941, Mewis habe die Vermißten nicht rechtzeitig darüber informiert, daß die Gestapo wahrscheinlich ihre Anlaufadressen in Deutschland kannte. Die Art, wie Mewis die Instrukteure weggeschickt habe, nämlich ohne gründliche Vorbereitung und persönliche Betreuung, lediglich durch kurze briefliche Befehle, bezeichnete Wehner gegenüber der Zentrale in Moskau als »gleichbedeutend mit Mord«. Der Grund dafür sei jedoch nicht Absicht, sondern grobe Nach- und Fahrlässigkeit. Trotz dieser schwerwiegenden Versäumnisse und Fehler sei ein abschließendes Urteil über Mewis noch nicht möglich. Walter Ulbricht verlangte im Mai die Abgabe einer schriftlichen Erklärung der für die Verluste Verantwortlichen. Wehner verfaßte nun einen detaillierten Bericht. Wehner ließ das Papier eigenhändig von Mewis gegenzeichnen und fügte eine Schlußfolgerung bei, die er gemeinsam mit Stahlmann unterschrieb. Darin verlangten die beiden vom ZK in Moskau, Mewis sofort aus der Arbeit zurückzuziehen. Doch dieses Dokument hat Schweden nie verlassen. Am 22. Juni 1941 überfiel Hitlers Wehrmacht die Sowjetunion. Die Verbindungswege wurden unterbrochen. Somit war Wehner weiter auf die Zusammenarbeit mit Mewis angewiesen. Sie wurde zunehmend spannungsreicher[8].

Erfolgreicher als die von Mewis organisierten Reisen verliefen zwei Versuche von Herbert Wehner, mit Hilfe schwedischer Seeleute Genossen nach Deutschland einzuschleusen. Josef Wagner, ein aus Hamburg stammender Lehrer, machte auf Wehner den »Eindruck eines Genossen, der viel Mut hat und versteht, daß im Lande die Grundlage zu einer gesunden Partei gelegt werden müßte«. Auch Wagner war kritisch »gegenüber Mewis und den Lokalgrößen der Stockholmer Emigration«. Im Frühjahr 1941 sandte Wehner ihn auf die Reise nach Norddeutschland. Kurz nach dem Überfall auf die Sowjetunion gelang es Wehner noch, die Funktionärin Charlotte Bischoff über Bremen nach Berlin zu schicken. Sie hatte die Aufgabe, in der Hauptstadt verläßliche Quartiere und Verstecke für Wehner zu finden. Inzwischen traf Nachricht von Wagner ein, der einen Genossen zur Hilfe erwartete, um den Weg über Hamburg nach Berlin bereiten zu können. Wehner fragte Mewis und Stahlmann, ob einer von ihnen bereit sei, diese Aufgabe zu übernehmen. Beide lehnten ab, Mewis unter fadenscheinigen Vorwänden, Stahlmann mit der Begründung, er sei ja »nicht einmal imstande, den Text eines Flugblatts zu schreiben«[9].

Zwei weitere Kuriere, die Wehner nach Holland und zur Unterstützung Wagners nach Hamburg schicken wollte, mußten zuvor aus einem schwedischen Internierungslager befreit werden. Es gelang, die Flucht zu organisieren. Jakob Welter und Werner Sager kamen einiger Fehler von Mewis und Stahlmann zum Trotz an ihren Bestimmungsorten an. Als Sager jedoch gemeinsam mit Wagner aus Hamburg zurückkehren wollte, wurden beide im schwedischen Hafen Södertalje verhaftet. Gemeinsam mit Wagners Frau Frieda organisierte Wehner nun dessen Verteidigung, und er übernahm seine Belieferung mit Lebensmitteln. Die Aussicht, Hamburg als Ausgangspunkt für den Parteiaufbau in Deutschland zu nutzen, war zerstört[10].

Im Frühjahr 1941 schrieb Herbert Wehner eine Reihe von Artikeln für die in Schweden erscheinende kommunistische Exilzeitschrift ›Die Welt‹ sowie im Herbst die Broschüre ›Die Wahrheit dem deutschen Volke‹. Damit unterfütterte er sein Vorhaben, von Deutschland aus einen Versuch zur Neuorganisierung der Arbeiterbewegung zu starten. Er setzte bei den Zweifeln der Bevölkerung gegenüber der nationalsozialistischen Kriegspolitik an und schilderte die Schrecken, die der Krieg über die europäischen Völker gebracht hatte, aber auch die Entbehrungen und Verluste der Deutschen. Er sagte die Kriegsniederlage voraus und rief alle Schichten des Volkes zum Widerstand gegen das Regime auf. Namens seiner Partei erklärte er, daß die Kommunisten »kein ›Parteiregime‹ anstreben, sondern gemeinsam mit allen ehrlichen und anständigen Deutschen ein freies Deutschland erkämpfen wollen, das eines Tages mit den anderen Völkern gemeinsam das verwüstete Europa wieder aufbauen und zur Blüte bringen kann«. Eine hohe Auflage war der Broschüre nicht beschieden, auch daher konnte ihre Wirkung nur sehr begrenzt sein[11].

Wehners Vorhaben scheiterte schon im Ansatz. Die Sowjetunion war ab dem Sommer 1941 kaum zu erreichen, und sein Moskauer Auftrag galt in der schwedischen KP und Emigration nicht viel. Es gelang ihm daher nicht, Mewis zu verdrängen. Dessen mangelhafter Einsatz, seine organisatorischen Fehler und politischen Schwächen gerieten ihm in der Auseinandersetzung mit dem um Auftragserfüllung bemühten Wehner zum Vorteil. Mewis war bereits länger in Schweden, das heißt, er hatte die besseren Verbindungen vor Ort. Er unterhielt Kontakte zur schwedischen Partei, zu Vertretern der norwegischen KP, zu russischen Diplomaten. Wehner mied solche Kontakte, denn er fürchtete die Durchsetzung der Partei- und Botschaftsapparate mit feindlichen Agenten. Widerwillig führte er dennoch ein Gespräch mit einer sowjetischen Funktionärin. Sie gab sich als Abgesandte Dimitroffs zu erkennen und erklärte, von den deutschen Kommunisten werde angesichts des Krieges keine Neuformierung der Arbeiterbewegung, sondern »vor allem die Organisierung von Sabotage- und Kampftrupps erwartet«. Wehner hielt dagegen, es gehe weiter darum, eine Widerstandsbewegung in Deutschland zustande zu bringen. Es kam zu keiner Einigung. Bei einem weiteren, unfreiwilligen Treffen mit der Russin weigerte sich Wehner, ihr die Adresse von Charlotte Bischoff in Berlin auszuhändigen. Zwei Tage später, am 18. Februar 1942, wurde er verhaftet[12].

Die Verhaftung erfolgte am späten Vormittag. Er wurde unter dem Bett der Genossin Wagner entdeckt. Als Begründung für seinen Aufenthalt in ihrer Wohnung gab er ein Liebesverhältnis an. Später behauptete er, sich zu gemeinsamen Übersetzungsarbeiten bei ihr aufgehalten zu haben. Ob zwischen Wehner und Frieda Wagner tatsächlich ein Liebesverhältnis bestanden hat, ist zweifelhaft. Es kann sich um eine einfache Schutzbehauptung gehandelt haben, um sie, die den schwedischen Behörden gegenüber beteuert hatte, sich in Schweden jeglicher politischer Betätigung zu enthalten, vor Verfolgung zu schützen. Andererseits gab es Verbindendes. Beide waren von ihren Lebensgefährten getrennt; Josef Wagner saß in Schweden in Haft, Lotte Treuber war in der fernen Sowjetunion. Beide waren einsam und konnten die Gesellschaft des jeweils anderen gut gebrauchen. Aus späteren Briefen geht hervor, daß Frieda Wagner starke Gefühle für Herbert Wehner gehabt haben muß. Umgekehrt waren es vor allem freundschaftliche Gefühle, die Wehner mit den Wagners verbanden[13].

Er wußte, daß die Gefahr bestand, nach einer Verhaftung durch die schwedische Polizei als angeblicher Gestapo-Agent nach Deutschland ausgeliefert zu werden. Dieses Schicksal hatte Josef Wagner gedroht, und Wehner hatte miterlebt, wie es nur mit knapper Mühe abgewendet werden konnte[14]. Mit Sicherheit begab er sich nicht absichtlich in die Hände der Polizei. Aus seiner damaligen Sicht war es auch nicht in besonderem Maße leichtsinnig, sich mit Frieda Wagner zu treffen. Auf die sechs Jahre ältere Genossin war politisch wie menschlich Verlaß. Ihr konnte er eher vertrauen als den Funktionären, mit denen er sich treffen mußte. Und Wehner, der sich auf seine Abreise nach Deutschland vorbereitete, brauchte ihre Hilfe.

In Stockholm hatte er sich in einer Buchhandlung auch nach deutscher Literatur umgesehen. Dabei war ihm der 1939 erschienene Roman ›Das einfache Leben‹ von Ernst Wiechert in die Hände gefallen. Das Buch beeindruckte ihn. Er wurde »tief berührt von der Ehrlichkeit, von der dieses Buch eines auf einer ganz andern Seite stehenden

Menschen durchdrungen ist«. Der Roman handelt von der Lebenskrise eines kaiserlichen Marineoffiziers, Thomas von Orla, der im Ersten Weltkrieg 1916 an der ergebnislosen Seeschlacht am Skagerrak teilgenommen hatte. Er erinnert sich daran, daß er gezögert hatte, seine Pistole auf einen gegnerischen Soldaten abzufeuern: »Ich bin überzeugt, daß ich geschossen haben würde, trotzdem, aber ich hatte die Sekunde versäumt, die gleichsam blinde Sekunde, vielleicht auch nur den Bruchteil einer Sekunde. Denn als der Abzug zurückwich, schlugen sie von hinten zu. Ich weiß nicht einmal, ob der Schuß noch gefallen ist. Ich griff im Fallen in das Fahnentuch, und dann warfen sie mich über Bord.«[15] Möglicherweise hatte Herbert Wehner, als er in Stockholm verhaftet wurde, eine solche »blinde Sekunde«.

In Schweden verhaftet zu werden, war für einen deutschen Illegalen gefährlich. Wehner wurde zunächst wochenlang täglich verhört. Auf jeden Fall wollte er vermeiden, nach Deutschland ausgeliefert zu werden, was den sicheren Tod bedeutet hätte. Diese Drohung des ihn vernehmenden Polizeibeamten Söderström nahm er ernst. Also mußte er jeden Verdacht zerstreuen, er könne ein deutscher Agent sein. Er versuchte nachzuweisen, daß er gegen die Nazis kämpfte und durch deren Verfolgung bedroht war. Daher gab er nach anfänglichem Leugnen seinen richtigen Namen an, machte Angaben zu seinem Lebenslauf und zu seiner Aufgabe, von Schweden aus den Widerstand in Deutschland wieder aufzubauen. Seine Reise über Estland nach Schweden verschwieg er. Vielmehr erzählte Wehner, er sei bei Kriegsanbruch 1939 in Holland gewesen, habe sich dort verborgen gehalten und sei im März 1941 auf einem Frachter mit nach Norwegen gefahren. Von Oslo aus sei er im Mai über die Grenze nach Schweden aufgebrochen[16].

Damit nicht andere Genossen, die bereits verdächtigt wurden, in seine Sache hineingezogen würden, gab er nach vier Wochen die Adresse seiner illegalen Wohnung preis. Er meinte, damit rechnen zu können, daß der Experte für konspiratives Arbeiten, Stahlmann, nach seiner Verhaftung alle gefährlichen Unterlagen aus der Wohnung entfernt hatte. Dem war aber nicht so, und wichtiges Material fiel der Polizei in die Hände, darunter chiffrierte Briefe. In der Folge hatte er »um die Auslegung jedes Stücks Papier mit der Polizei zu kämpfen, das gefunden worden war«. Er gab nur Namen und Verbindungen zu, über welche die Polizei aufgrund der gefundenen Unterlagen und eigener Ermittlungen schon Bescheid wußte. Mitte April beklagte sich der die Ermittlung leitende Kriminalbeamte Thorsten Söderström, daß Wehners Widerstand die Untersuchung sehr zeitaufwendig gemacht habe[17].

Seine mangelnde Bereitschaft zur Zusammenarbeit mit der Polizei trug zur Härte der Behandlung und zu der Schärfe bei, mit der die Staatsanwaltschaft ihn verfolgte. Der Prozeß vor dem Stockholmer Amtsgericht war geheim. Die Anklage warf Wehner Spionage für die Sowjetunion vor. Er mühte sich, diesen falschen Verdacht zu zerstreuen, indem er immer wieder auf seine Eigenständigkeit als deutscher Kommunist hinwies. Dennoch verurteilte ihn das Gericht am 29. April 1942 wegen »Nachrichtentätigkeit für eine fremde Macht« zu einem Jahr Gefängnis und einer Geldstrafe von 1000 Kronen. Seine schwedische Mitangeklagte Solveig Hansson, die der Mittäterschaft beschuldigt wurde, erhielt sechs Monate Freiheitsentzug[18].

Staatsanwalt Werner Ryhninger strebte ein höheres Strafmaß an. Er legte Berufung ein, und im Sommer und Herbst 1942 wurde der Prozeß vor dem Appellationsgericht wieder aufgerollt. Jetzt kam noch der Vorwurf hinzu, Wehner habe Sabotage betrieben. Entscheidend, so argumentierte der Ankläger, sei nicht der nachrichtendienstliche Wert seiner Tätigkeit, sondern ihr Ziel, die deutsche Regierung zu stürzen, welche Schweden freundschaftlich verbunden sei. In einer längeren Niederschrift vom 21. September 1942 versuchte Herbert Wehner, sich gegen diesen Vorwurf zu verteidigen. Er argumentierte politisch: Es stehe ihm zwar nicht zu, darüber zu urteilen, was Schwedens Freiheit und Neutralität wirklich gefährde, aber eine Verschärfung seiner Strafe wäre zu deren Aufrechterhaltung sicher nicht dienlich. Im übrigen appellierte er an das Mitgefühl des Gerichts: »Hart und scharf« werde er im Gefängnis behandelt, er nannte »die täglich 11–12stündige Strafarbeit, die ganz unzureichende Verpflegung, die zu schweren gesundheitlichen Schädigungen führen muß«, die persönliche und geistige Isolierung durch das Verbot, Briefe zu schreiben, und die Beschränkung der Lektüre auf wöchentlich zwei Missionsbücher[19].

Die Verhaftung von Karl Mewis am 19. August 1942 machte Wehners Verteidigungsstrategie zunichte. Mewis sagte bereitwillig aus, gab sich als harmloser Parteigänger der Kommunisten, der sich gegen die Einschleusung von Illegalen in Deutschland gewendet habe, während es Stahlmann und vor allem Wehner gewesen seien, die hierauf immer wieder gedrängt hätten. Die Polizei schenkte seinen Aussagen Glauben, Stahlmann konnte sich der Verhaftung durch Flucht entziehen, und Mewis wurde, ohne daß gegen ihn Anklage erhoben worden wäre, schon nach wenigen Monaten aus dem Internierungslager entlassen. Wehner dagegen wurde aufgrund von Mewis' Aussagen im November 1942 zu einer verschärften Strafe von einem Jahr Zwangsarbeit verurteilt[20].

Unterdessen änderte sich die politische Lage in der Sowjetunion. Die Kommunistische Internationale fristete, wie die verschiedenen Exilparteiführungen auch, nach dem Hitler-Stalin-Pakt nur noch ein Schattendasein. Folgerichtig wurde sie am 15. Mai 1943 aufgelöst. Wehner notierte im Gefängnis, einsam zweifelnd: »Es ist, als sei ein fester, stets sicherer, Rückenhalt fortgenommen worden, und man fühlt sich noch mehr allein.« Den Zweiten Weltkrieg führte die Sowjetunion nicht unter dem Banner des Internationalismus, sondern als »Großen Vaterländischen Krieg«. Im Winter 1941 standen die deutschen Truppen kurz vor Moskau. Die Bewohner des Hotels »Lux«, darunter auch die KPD-Führung und Lotte Treuber, wurden nach Ufa in Baschkirien an den Westhängen des Urals gebracht[21].

Dort erfuhren die Genossen im Frühjahr 1942 von der Verhaftung Wehners, und über die schwedische KP erreichte sie die Nachricht, Wehner habe nach seiner Verhaftung umfassende Aussagen gemacht und die Partei verraten. Dies war auf ein Mißverständnis des sozialdemokratischen Anwalts Georg Branting zurückzuführen. Er kannte sich in den Verhältnissen der deutschen KPD nicht gut aus und hatte die Preisgabe der Namen von allseits bekannten Spitzenfunktionären der Partei durch Wehner für Angaben gehalten, die tatsächlich Illegale gefährden konnten. Branting, der deswegen auch Wehners Verteidigung im ersten Prozeß abgelehnt hatte, korrigierte seine Haltung im zweiten Verfahren, aber da war es schon zu spät. Am 6. Juni 1942 beschloß das Zentralkomitee der KPD in Ufa, Wehner habe aus Feigheit Aussagen gemacht, die »dem antifaschistischen Kampf schweren Schaden zufügen«. Wegen dieses verbrecherischen »Verrats an der Partei« werde er »aus der KP Deutschlands ausgeschlossen«[22].

Den Bericht, der zum Ausschluß führte, hatte Walter Ulbricht vorgetragen, und der hatte gleich eine Erklärung für das Verhalten seines

Gegners parat. Ulbricht meinte, so notierte Pieck, Wehner sei ein »vom Pessimismus zerfressener Mensch, ehrgeizig, sehr empfindsam«, er habe »große persönliche Schwächen«. Zerknirscht übte Wilhelm Pieck Selbstkritik und beklagte, es habe der KPD-Führung an Wachsamkeit gefehlt. Der »Fall« wurde zum Thema eines »Informationsabends der deutschen Genossen« in der Komintern gemacht. Hier war es wiederum Ulbricht, der Wehners »Verrat« mit dessen »Überheblichkeit« erklärte. Allein Lotte Treuber bemühte sich zu helfen. Sie schrieb einen verzweifelten Brief an Dimitroff und bat den Komintern-Generalsekretär, ihr Arbeit zu geben und sie nicht, wie die Frauen so vieler Verfemter, »untergehn« zu lassen. Bei Wehners Fleiß und seiner »Liebe für die Partei« könne sie sich einen Verrat nicht vorstellen, sie stehe vor einem Rätsel, es müsse sich um ein Mißverständnis handeln. Sie war überzeugt: »Kurt konnte unmöglich aus persönlichen Interessen etwas von der Partei aufs Spiel setzen. – Ich glaube sicher, alles wird sich zum Guten aufklären.«[23]

Es blieb jedoch bei dem Fehlurteil der KPD-Führung. Die Gestapo dagegen schätzte den Wert von Wehners Aussagen richtig ein. Im Abschlußbericht zu ihren Ermittlungen über die Tätigkeit der KPD-Abschnittsleitung Nord hieß es, Wehner sei ein so wichtiger Spitzenfunktionär, daß er »wohl kaum Angaben machen würde, die der Polizei Fingerzeige geben könnten«[24]. Die Nachricht vom Parteiausschluß im fernen Ufa kam jedoch nicht bis Stockholm. Sowohl die Emigranten in Schweden als auch Herbert Wehner selbst erfuhren davon erst nach Kriegsende.

Seine Haftzeit verbrachte Wehner in den Strafanstalten Långholmen (Stockholm), Falun und Vänersborg. In diesem dritten Gefängnis endete seine elfmonatige Briefsperre. Er bekam die Gelegenheit, Bücher und Zeitungen zu lesen und sich schreibend mit seiner Lage auseinanderzusetzen[25].

Auch hier gibt es eine Parallele zu Wiecherts Roman vom »einfachen Leben«. Dessen Romanfigur Thomas hatte sich nach seinen Erlebnissen im Krieg in eine einsame Fischerhütte zurückgezogen, um über ein einfaches, tätiges Leben wieder zu sich zu kommen. Er faßte den Plan, etwas »über die sittliche Erziehung des Seemannes« zu schreiben. »Aber er war nun so weit von seinem ganzen bisherigen Leben entfernt, daß er es klar zu sehen meinte, worin er aufgewachsen war, Schwächen, Irrtümer, Fehler und Schuld. Und ebenso das Große, das sie alle getragen hatte. Und den feinen Sprung, an dem alles schließlich zerbrochen war. Er war so weit fort von allem Streit, daß er ohne Leidenschaft darangehen konnte, und das Sittliche war ja, wie er meinte, jedes Menschen Sache in solcher Zeit.«[26]

Mit ähnlichen Gedanken befaßte sich Wehner in Vänersborg. Vom Sommer 1942 an arbeitete er an einem Buch, das zunächst ›Zwanzig Jahre durch Niederlagen‹, dann ›Selbstbesinnung und Selbstkritik‹ heißen sollte. Es wurde nie vollendet. Vier Hauptteile waren geplant. Lediglich die Einleitung und vier von fünf Kapiteln des ersten Teils liegen in 220 Blätter umfassender handschriftlicher Fassung vor. 1994 wurden sie aus dem Nachlaß in Buchform veröffentlicht[27].

Für 1943 erwartete Wehner die Wende im Krieg; »durch die Kerkerwände« fühlte er die Stunde näher kommen, »von der an die sogenannte braune Flut so unwiderruflich zurückgehen wird, daß keinerlei Propaganda dies noch vernebeln könnte«. Er machte sich Gedanken über Deutschlands Zukunft. Der Nazismus habe alle Gebiete des menschlichen Lebens vergiftet. Das deutsche Volk müsse »wieder gut machen«, »was in seinem Namen gesündigt worden ist«. Wehner forderte von jedem einzelnen Deutschen Selbstbesinnung und Selbstkritik[28].

Zunächst untersuchte Wehner die Ursachen für den Erfolg der nationalsozialistischen Bewegung. Er führte die gängigsten Erklärungsmuster an, welche ihm aber alle nicht als hinreichend erschienen. Dann arbeitete er »das spezifisch Neue« an der NSDAP heraus, nämlich daß sie ein System entwickelt habe, mit dem sie allen anderen Parteien und Organisationen überlegen war. Der dynamischen und durch diese Dynamik wiederum anziehenden Wirkung des »Systems einer hierarchisch geordneten Massenbewegung« habe die NSDAP ihren Erfolg verdankt[29]. In diesem System war für Wehner die Programmatik der NSDAP lediglich Mittel zum Zweck. Die »Partei mit den vielen Gesichtern« habe den Angehörigen unterschiedlichster gegensätzlicher Klassen und Schichten die Durchsetzung ihrer je spezifischen Interessen versprechen können, eben weil es ihr gar nicht um diese Zielstellungen ging, sondern um Täuschung zum Zweck der eigenen Machtergreifung. Die im Volk verbreitete Enttäuschung und Verbitterung über den verlorenen Krieg habe die NSDAP zur Waffe gegen ihre innenpolitischen Gegner umgeschmiedet, indem sie sich selbst als einzige konsequente Gegnerin der Nachkriegsordnung darstellte. Die Sehnsucht nach Einigkeit und »echte volkstümlich nationale Gefühle« habe die NSDAP systematisch bearbeitet und in ihrem Sinne umgefälscht. Nachdem die Arbeiterbewegung und insbesondere die Sozialdemokraten eine umfassende Lösung der sozialen Frage versäumt hätten, seien die sozialen Probleme in Form von Massenerwerbslosigkeit und Wirtschaftskrisen um so heftiger geworden. Die Nationalsozialisten ersetzten nun die »nicht mehr vorhandene echte Gemeinschaft« durch ihr Konzept der »Volksgemeinschaft«, das gleichzeitig den Oberschichten als »Versicherung gegen proletarischen Klassenkampf« angeboten werden konnte und der »Aufnahme des Kampfes um Hegemonie und imperialistische Weltherrschaft« diente[30].

An dieser Stelle bricht das überlieferte Manuskript ab. Auch der zweite Teil mit dem Arbeitstitel ›Die deutsche Arbeiterbewegung und ihr Zusammenbruch‹ ist nie fertiggestellt worden. Hierzu liegt eine Gliederung vor. Als »Ursachen des Versagens« benannte Wehner darin zuerst die passive Erwartung, das Starren auf »den Tag« der Revolution. Hinzu kamen »Klassensektierertum und Mechanismusgläubigkeit« sowie die Vernachlässigung der nationalen Fragen. Als dritte Ursache bezeichnete Wehner den »Bruch mit den eigenen historischen Vorgängern und Verwandten (Humanismus/Christentum/Liberalismus)«. Sowohl die Reformisten als auch die Radikalen hätten dem Todfeind in die Hände gearbeitet. Am Ende stand die »preisgegebene Demokratie«: »Die sie hätten errichten, schützen und ausbauen müssen, ›verzichteten‹ auf sie, erklärten ihre ›Unmöglichkeit‹, machten sie lebensunfähig, schälten sich ›als Klasse‹ aus ihr heraus und überließen sie den geschworenen Feinden der Demokratie.« Hier wird deutlich, wie weit Wehner sich gedanklich vom orthodoxen Kommunismus entfernt hatte. Hätte diese Arbeit gelingen sollen, dann hätte er aber auch das zerstörerische Werk der sowjetischen Herrschaft über die internationale und deutsche kommunistische Bewegung rückhaltlos analysieren müssen. In anderen Notizen aus dieser Zeit bezeichnete er den Kommunismus weiterhin als »die Kristallisierung alles Fortschrittlichen und Positiven«. Er stellte sich zwar die Aufgabe, »die Erkenntnis für die ganze Tragweite des am Lande des

Sozialismus verübten Verbrechens« zu verbreiten, aber die Tragweite der *im* Lande des Sozialismus und in seinem Namen verübten Verbrechen zu beleuchten, so weit war er Ende 1942 noch nicht. Vermutlich weil er zu diesem Zeitpunkt außenpolitisch noch auf die Sowjetunion setzte. In einer um die gleiche Zeit entstandenen Niederschrift stellte er jedoch klar, wovon der Sozialismus »nach den totalitären Erfahrungen« freigehalten werden müsse. Er zählte auf: »Beamtenwillkür und Allmacht, Verordnungswesen, Partei-Alleinherrschaft, Partei-›Rechtswesen‹, Mißachtung des Individuums, Propagandaherrschaft (...), KZ als ›vorbeugende‹ oder summarische ›Sicherheits‹-Maßnahmen«[31].

Mit seinem Anspruch an jeden einzelnen Deutschen und das Volk in seiner Gesamtheit, über Selbstbesinnung und Selbstkritik wieder zu sich zu kommen, zu einer wirklichen Gemeinschaft zu werden, forderte Wehner im Grunde genommen eine neue Nationsbildung. Dabei mag es bedenklich erscheinen, daß er das Volk wie einen Körper betrachtete, der durch »Fäulniserreger und Giftstoffe« befallen war[32]. Aber seine Kritik an der kommunistischen Preisgabe der Demokratie und die tiefgehende Analyse des Nationalsozialismus stehen für die Weite, die sein Denken in der Enge der Gefängnismauern gewonnen hatte. Da die kommunistische Ideologie aber für sich Ausschließlichkeit beanspruchte, war sie damit im Grunde genommen schon gesprengt.

Die Einsamkeit und die Eintönigkeit des Alltags im Gefängnis konnte Wehner mit Lektüre und politischer Schriftstellerei nicht vollends verdrängen. Er schrieb Gedichte, die von den Gefühlen des Eingemauerten handelten, von täglich sich wiederholender vergeblicher Hoffnung. Eines trug die Überschrift ›An einem Abend im Zellenfenster‹ und beschrieb die Wolken, die erst bestrahlt von der Sonne frühlingshaft hell erschienen und dann grau und verdüstert am Himmel hingen und für Schwermut sorgten[33].

Gegen Wehner wurde am 21. Juli 1943 ein Ausweisungsbeschluß verfügt. Dieser konnte jedoch nicht vollstreckt werden. Es lagen »besondere Umstände« vor, weil im deutschen Machtbereich Verhaftung und Hinrichtung drohten. Für solche Fälle sahen die schwedischen Behörden die Internierung vor, und so wurde Wehner nach Verbüßung seiner Strafe am 18. September 1943 von Vänersborg nach Smedsbo in der Nähe von Falun gebracht. Das dortige Lager bot Platz für etwa 60 Internierte, deutsche Kommunisten, Deserteure und Widerständler aus verschiedenen Ländern[34].

Nach einem Jahr und sieben Monaten Isolierungshaft verbesserte sich seine Lage in Smedsbo. Die Internierungsbedingungen ließen den Gefangenen einen gewissen Spielraum; Geselligkeit und gemeinsame Freizeitaktivitäten waren immerhin möglich. Im Herbst 1943 entfaltete Wehner in Smedsbo auf diesem Gebiet eine rege Tätigkeit. Mit einer Gruppe vor allem deutscher und österreichischer Internierter organisierte er eine begrenzte Selbstverwaltung, und schon bald nach seiner Ankunft wählten ihn die Kameraden zum Vertrauensmann, als welchen ihn auch der Lagerdirektor zähneknirschend anerkannte. Er gründete eine Lagerkapelle. Vor allem aber machte er Schulungsarbeit. Dieser »Selbstunterricht« umfaßte unter anderem Schwedisch, Englisch, Schachtheorie und deutsche Stenographie sowie einen Kurs über die Frage »Was bedeutet ›Preußentum‹?«. In einer Arbeitsgruppe studierten und übersetzten die Gefangenen das Buch ›Arv och ras‹ des schwedischen Professors und Leiters des Rassebiologischen Instituts in Uppsala, Gunnar Dahlberg. Josef Wagner hatte dieses Buch an Wehner geschickt; er arbeitete nach seiner Haftentlassung seit Herbst 1943 in dem Institut. Vor allem Wagner und Gustav Endres waren es, die im Frühjahr 1944 über verschiedene Verbindungen zu schwedischen Behörden die Haftentlassung Wehners betrieben[35].

Zu Weihnachten 1943 verfaßte Wehner eine zwanzig Seiten umfassende Festschrift in Knüttelversen. Sie enthielt unter anderem eine Lagerhymne zur Melodie von ›O du schöner Westerwald‹, deren Refrain so lautete: »O, du finstrer schwedischer Wald! / Über deine Hügel pfeift der Wind so kalt. / Käm' doch ein warmer Sonnenschein/in unser Herz hinein!« Es folgten gereimte humorvoll-satirische Kurzporträts der Angehörigen der Lagergemeinschaft, jeweils mit einer Karikatur versehen. Herbert Wehner ist hier, mit einem Mantel bekleidet und rauchend, im »Lokuskämmerlein« sitzend abgebildet, wie er gerade Stenographieübungen korrigiert. Über sich selbst reimte er: »Um die Gehirntätigkeit anzureizen, / muß er fortwährend die Pfeife heizen. / Die Folge dieser Verschwendung ist dann, / daß er, der sowieso nicht sparsam sein kann, / mit Tabak und Geld sitzt in der Pleite.«[36]

Die Zusammensetzung der Lagerhäftlinge änderte sich jedoch rasch. Nahezu alle anderen Deutschen und Österreicher verließen Anfang 1944 Smedsbo, und neue Insassen kamen hinzu. Nur Wehner blieb. Insbesondere eine Gruppe von »dänischen Patrioten« machte ihm zu schaffen. Sie zerstörten die Lagerselbstverwaltung. Statt Weiterbildungskurse organisierten sie Pokerspiele, und ihr Anführer bezeichnete alle Deutschen als »Schweine«. Wehner war fortan im Lager menschlich isoliert. Einem ehemaligen Mitgefangenen gegenüber bezeichnete er Smedsbo als »Konzentrationslager«. Schon in einem Schreiben an Knut Mineur im Herbst 1943 hatte er über Einsamkeit geklagt[37].

Neue Hoffnung

Seine bereits in Freiheit befindlichen Freunde empfahlen Wehner, Ingrid Segerstedt Wiberg um Hilfe zu bitten, wozu er sich erst nach einigem Zögern entschloß. Sie war die Tochter des von den Nazis meistgehaßten Journalisten Schwedens, des liberalen Göteborger Politikers und Chefredakteurs Torgny Segerstedt. Sie amtierte in Göteborg als Stadtkuratorin für staatenlose Flüchtlinge, die sich darum kümmerte, Emigranten in Behördenangelegenheiten und bei der Suche nach Arbeitsplätzen zu helfen. Aus ihrer Tätigkeit kannte Segerstedt Wiberg auch die deutsche Emigrantenfamilie Burmester, die seit 1937 in Göteborg lebte[38].

Carl Burmester, ein kommunistischer Widerstandskämpfer, hatte sich 1934 in Hamburg bei einem Verhör der Gestapo nach schwersten Mißhandlungen aus dem Fenster gestürzt. Seine Witwe Charlotte war ebenfalls KPD-Mitglied und wurde im gleichen Jahr zu einer Haftstrafe verurteilt. Nach ihrer Entlassung 1935 drohte eine erneute Verhaftung, und so ging sie 1937 mit ihren beiden Kindern Greta und Jens-Peter über Schleswig-Holstein zunächst nach Dänemark und weiter nach Schweden. Lotte Burmester organisierte Paketsendungen an Familien politischer Gefangener sowie an Spanienkämpfer in französischen Konzentrationslagern[39].

Lotte, drei Jahre älter als Wehner, war ebenfalls recht einsam. Ein ehemaliger Mitinsasse von Smedsbo, Paul Werther, machte sie auf den Gefangenen aufmerksam. Die gelernte Gärtnerin schrieb an den ihr bis dahin unbekannten Wehner. Dabei mußte sie der Zensur ein Schnippchen schlagen, und so täuschte sie vor, ihn von früher zu kennen. Sie schrieb: »Wie ich mich freue Dich wieder treffen zu können, und erzählen werden wir! Glaubs mir, wie oft wenn meine Kinder mich etwas fragen denk ich, ja das könnt ihnen der Herbert ja wirklich besser erzählen, wo der nur steckt?!« Wehner ging auf das Spiel ein, antwortete mit Eindrücken aus dem Gefängnisalltag und politischen Bemerkungen: »Wiedergutmachung beginnt nach meinen Erkenntnissen mit Selbstbesinnung und Selbstkritik.« Pakete mit Büchern, Lebensmitteln und Blumen sowie viele Briefe folgten, die schon bald sehnsüchtig erwartet wurden. Lotte Burmester intensivierte die Bemühungen um Wehners Freilassung, sie schaltete weiter Ingrid Segerstedt Wiberg ein und schrieb selbst an die Sozialbehörde. Wehner fühlte sich so reich wie schon lange nicht mehr. Er schrieb der ihm von Angesicht Unbekannten, daß er ihre Hilfe und Wärme nicht mehr missen wolle: »Ich brauch' Dich, und wie es umgekehrt ist, das wirst Du sehen.« Dann bekam er für ein paar Tage Urlaub[40].

Diese erste Begegnung am 8. Juli 1944 hat Lotte Burmester auf vierzehn Blättern mit eigenen Worten und Buntstiftillustrationen festgehalten. Das kleine Erinnerungsalbum beginnt mit der Schilderung ihrer Gefühle und Erwartungen, als sie zum Bahnhof von Köping radelte und unter den ankommenden Reisenden klopfenden Herzens nach demjenigen Ausschau hielt, den sie bisher nur aus Briefen kannte. Schließlich fanden sie sich und fuhren gemeinsam zu einem Gehöft, wo eine Freundin von ihr den Tisch gedeckt hatte: »Paprikahasen gab's mit grünen Klößen und Salat.« Über Herbert Wehners Gesicht rannen Tränen, und Lotte Burmester fragte sich: »Brachen Mauern ein? War Dein Herz erfüllt mit Bitterkeit? Kamen Gedanken an ferne, liebe Menschen?« Die beiden unternahmen Spaziergänge über Felder und an hohen Bäumen vorbei. »Und im stillen Atmen und Reifen des Julitagesrings, beim Schmaus der köstlichen Beeren wuchs Unbekümmertheit und Frohsinn.« Sie schliefen gemeinsam in einem Zelt, das Lotte mitgebracht hatte[41].

Von da an waren die beiden ein Paar. Wehner schrieb ihr von seiner Rückreise nach Smedsbo: »Laß uns nicht über unsre Liebe theoretisieren. Niemand kann sie mehr zerreden. Wir wollen und werden sie leben.« Lotte Burmester, Herbert Wehner und alle Freunde und Bekannten betrachteten ihr Verhältnis fortan als Ehe. Obwohl beide noch nicht offiziell heiraten konnten, nannte sich Lotte Burmester »Frau Wehner«[42].

Zu diesem Zeitpunkt hatten die Gnadengesuche schon Erfolg gehabt; am 15. Juni 1944 war Wehners Freilassung beschlossen worden. Am 21. Juli wurde er unter Auflagen, die insbesondere seine Freizügigkeit beschränkten, entlassen. In Borås, einer Industriestadt in der Nähe von Göteborg, fand er Arbeit in einer Viskosefabrik. »Hier studiere ich das Dreischichtsystem nun praktisch, harte körperliche Arbeit mit minimaler Entlohnung«, schrieb er auf schwedisch an die Mineurs. Neben der Erfahrung hatte diese Tätigkeit eine weitere bleibende Folge: Wehner trat der schwedischen Textilarbeitergewerkschaft bei, von der er in Deutschland in die IG Textil und Bekleidung übernommen wurde, deren Mitglied er bis zu seinem Tode blieb[43].

Mit Lotte Burmester zog er in ein Zimmer in einem alten Gutshof, Ramnaslätts gård, in der Nähe von Borås; dort verbrachte das Paar das erste gemeinsame Jahr in sehr einfachen Wohnverhältnissen. Trotz der schweren Arbeit und der täglichen fünf Kilometer Fußweg empfand er es als Glück, im Wald wohnen zu können, zumal im Frühjahr 1945 die Tannen blühten und aussahen »wie mit Kerzen ausgestattet«. Das kam, so erinnerte sich Wehner, nur alle sieben Jahre vor[44].

Anfang 1945 bemühte er sich um eine Anstellung am Nationalökonomischen Institut in Uppsala, aber für die Stelle waren bereits zwei Esten vorangemeldet. Ab Juni 1945 hatte Wehner eine Anstellung im Rassebiologischen Institut in Uppsala. Dessen Leiter, Gunnar Dahlberg, stand politisch links und war bemüht, Emigranten zu helfen. So auch Wehner, der dort »auf statistischem Gebiet« tätig wurde. Dahlbergs Hilfe ging noch weiter. Auf seine Vermittlung hin bekam die Familie Wehner in Uppsala eine Wohnung, die vergleichsweise geräumig war. Wehner hatte seit den dreißiger Jahren nie mehr als ein Zimmer gehabt, und die Burmesters hatten in Göteborg meist in beengten Mietbehausungen ohne Flur und Bad, mit Wohnküche und einer Kammer gelebt. Dahlberg gab sogar einen Mietzuschuß, denn er meinte, da in Deutschland ja eine Trümmerlandschaft auf sie warte, sollten die Wehner-Burmesters »wenigstens noch einmal ordentlich wohnen«[45].

In Uppsala hatte Herbert Wehner endlich ungehinderten Zugang zu Büchern und Zeitschriften. Die 21jährige Greta Burmester bekam im Dezember 1945 eine Anstellung als Kinderkrankenschwester in der Universitätsklinik und zog nach Uppsala zu Wehner, ihrer Mutter und ihrem Bruder Jens-Peter. Damit war die Familie vollzählig[46].

Während die meisten Deutschen das Kriegsende als Niederlage empfanden, erlebten Wehner und seine Familie es als die lang ersehnte Befreiung. Schon die Landung in der Normandie Anfang Juni 1944 hatte Lotte Burmester bejubelt: »Viktoria – Invasion – mein Gott, endlich! Mich dünkt durch alle Menschen ist es wie ein Aufatmen gegangen.« Am 8. Mai 1945 nahm Greta Burmester extra einen Tag frei, um nach Borås zu fahren und mit ihrer Mutter und Herbert Wehner zu feiern. Endlich konnte Wehner nach dem Verbleib seiner Dresdner Familie forschen. Er fragte beim Schwedischen Roten Kreuz an, ob dort etwas über seine Verwandten und auch über die Eltern von Lotte Treuber zu erfahren sei, aber dort konnte man nicht helfen[47].

Erst ein Jahr später, im Mai 1946, kam über Frieda Wagner in Hamburg ein Brief von Wehners Schwägerin Helene aus Dresden. Die ihm bis dahin unbekannte Frau schilderte, was inzwischen passiert war. Um Geld zu sparen, war die Familie 1936 vom Frauensteiner Platz in eine kleinere Wohnung in der Hepkestraße gezogen. Wehners Vater, mittlerweile erwerbsunfähig, stürzte im Januar 1937 bei Glatteis und starb an den Folgen der dabei erlittenen Kopfverletzungen. Mutter Toni hatte 1942 einen Schlaganfall und konnte nicht mehr arbeiten. Bruder Rudi hatte es in der NS-Zeit beruflich schwer. Er wurde 1942 eingezogen; 1946 war er in britischer Kriegsgefangenschaft. Bei den Luftangriffen auf Dresden am 13. Februar 1945 war die Wohnung der Familie ausgebombt worden. Helene Wehner war mit ihrer nunmehr auch geistig verwirrten Schwiegermutter Richtung Osterzgebirge geflohen, über Kleinzschachwitz, Dohna und Weesenstein nach Bärenhecke bei Glashütte. Dort erlebten beide einen weiteren schweren Tieffliegerangriff. Schließlich brachte sie Toni Wehner nach Geising in ein Notkrankenhaus, wo sie im Juni 1945 starb. Die Schwägerin schrieb: »Die Arme hat wenig Sonnenschein in ihrem Leben kennen gelernt, vor allem das sie von Dir nichts mehr hörte, hat ihr seelig viel zu schaffen gemacht. Wie schön wäre es gewesen, wenn sie doch noch 1 Jahr gelebt hätte und mit der Beruhigung, das ihr Junge wieder aufgetaucht ist, dann zur ewigen Ruhe eingegangen wäre.«[48]

Die Nachricht vom Tod seiner Eltern war für Wehner ein Schock. Er schrieb seiner Schwägerin, er hätte niemals aus Deutschland weggehen sollen, und es wäre besser gewesen, »von den Nazis erschlagen worden zu sein als nun so alleine dazustehen«[49]. Aber er fing sich wieder.

Im Juli schrieb auch Bruder Rudi, der nach einer wahren Odyssee von der zusammenbrechenden Front auf dem Balkan über die Gefangenschaft in Österreich in das zerstörte Dresden zurückgekommen war: »So hart wie es einen trifft aber nach so einem furchtbaren Angriff, Du kannst Dir davon nur ein Bild machen wenn Du diese Stätten erst siehst.«[50] Dazu kam es aber nicht, denn Herbert Wehner konnte nicht in seine Heimat zurückkehren. Dies lag nicht an den Kriegszerstörungen, sondern an dem Verrat, den die Kommunisten an ihm verübten.

Karl Mewis lebte seit seiner Entlassung aus dem Internierungslager im Frühjahr 1943 mit Frau und Kind legal als Emigrant in Schweden. Als Schwiegersohn des Politbüromitglieds (und Wehner-Gegners) Franz Dahlem konnte er sich für die Nachkriegszeit Hoffnungen auf eine glänzende Karriere machen. Dem stand jedoch sein für einige Genossen tödliches Versagen bei der Organisation der Verbindungen nach Berlin entgegen. Hinzu kamen die Aussagen, die er bei der schwedischen Polizei gemacht hatte. Von Mewis' Verfehlungen wußten Wehner und Stahlmann. Letzterer hatte selbst genügend Fehler gemacht, von denen wiederum Mewis wußte. Wehner meinte später: »Beide stellten sich jetzt mit dem Rücken gegenüber, um sich gegenüber Wissenden und um sich gegenüber ihren Vorgesetzten bedingungslos zu decken. Eine Hand wäscht die andere, und beide haben frühere Freunde und Genossen der geheimen Polizei eines anderen Landes ausgeliefert, sie durch Aussagen belastet, haben Leuten, die schon verurteilt waren, zu höheren Strafen verholfen.« So taten die beiden, Mewis und Stahlmann, sich zusammen, um nach »dem Prinzip gegenseitiger Rückversicherung« Wehner auszuschalten[51].

In Stockholm nahm Mewis die führende Stellung in der deutschen Gewerkschaftsorganisation ein, und es gelang ihm gemeinsam mit Stahlmann, seine Version von Wehners Verrat in der kommunistischen Emigration weitgehend durchzusetzen. Ein Bericht Wehners an die schon gar nicht mehr existierende Komintern wurde im Herbst

1944 von der schwedischen Polizei abgefangen. Einige Aussprachen kommunistischer Funktionäre mit Wehner im Herbst 1944 beeinflußte Mewis so, daß sie zu seinen Gunsten ausgingen. Selbst frühere Mitgefangene wie Willi Bick wandten sich nun von ihrem ehemaligen Kameraden ab. Herbert Wehner wurde »abgehängt«[52].

Daß er nach seiner Freilassung in Schweden nicht mit politischen Stellungnahmen an die Öffentlichkeit trat, lag für ihn an drei Gründen: Erstens war ihm das von den Behörden verboten worden, zweitens hatte er »keinerlei Neigung gefühlt«, sich »an dem Getriebe der hiesigen Emigration zu beteiligen«, und drittens wollte er Lotte Treuber, die in der Sowjetunion geblieben war, nicht gefährden[53]. Vom offenen Bruch mit der KPD hielt ihn zunächst sicher auch der Wunsch ab, sich nicht kampflos gegenüber den Anwürfen von Mewis geschlagen zu geben. Außerdem waren die meisten seiner Freunde und Bekannten Kommunisten.

Fernab vom Weltgeschehen, von Smedsbo und von Borås aus, war für Wehner die Bewertung der sowjetischen Politik nicht einfach. Damals war noch nicht klar, wie sich die Beziehungen zwischen der Sowjetunion und der internationalen Arbeiterbewegung nach dem Kriege gestalten würden. Im Herbst 1943 war Wehner noch in Gedanken bei »dem großen Bruderland«, welches den deutschen Vormarsch gestoppt habe und kurz davor stehe, »sie zurückzutreiben«. Anfang 1944 hoffte er in einem Brief, die deutsche Arbeiterklasse werde »die Lehren dieser blutigen Jahre« ziehen. Sie werde dann »weder mit engstirniger Rechthaberei noch mit verschwommenem Opportunismus nationaler Art etwas schaffen können«. Im Mai erwartete er die Invasion in Frankreich und meinte, die militärische Niederlage Deutschlands sei unumgänglich. Danach würden in Deutschland Kräfte zum Tragen kommen, »die sich nicht so ohne weiteres in alte Parteischemen einordnen lassen«. Lotte Burmester schrieb er im November 1944, er sei zwar, als er »noch sehr jung war«, von den Gedanken Lenins gepackt worden, und die Sowjetunion sei »ein ausschlaggebender Aktivposten im Kampf um den Fortschritt im Großen«, aber nur eine wirklich internationale sozialistische Arbeiterbewegung könne diesen Fortschritt herbeiführen. Wenn die Zeit gekommen sei, wollte Wehner im Sinne seiner »Fähigkeiten (und Berufung, wenn ich so sagen darf)« wirken. Kurz nach Kriegsende riet Wehner einem jungen Freund, sich nicht in »allerhand Organisationen« hineinzuhängen, sondern »sich selbst zu finden, ernst und beharrlich an sich zu arbeiten und stets das zu tun, das man nach allseitiger Prüfung vor seinem Gewissen als richtig und notwendig befindet«. Er fügte, aus seinen Erfahrungen schöpfend, hinzu: »Dafür zu leben, daß die individuelle und gesellschaftliche Freiheit errungen werden kann, das erscheint mir als wesentliche Aufgabe.«[54]

Dies hatte nichts mehr mit Parteikommunismus leninistischer Prägung zu tun. Herbert Wehners Bruch fand nicht an einem bestimmten Tag zu einer bestimmten Uhrzeit statt; denn es handelte sich um einen tiefgehenden Prozeß, der geistig spätestens 1942 hinter schwedischen Gefängnismauern begann. Daß auch organisatorisch kein Weg zum »alten Verein« zurückführte, war spätestens im Frühjahr 1945 klar.

Zu Lotte Treuber führte ebenfalls kein Weg mehr zurück. »Auch daß ich gar keine Aussicht habe, Gewißheit über Lottes Schicksal zu bekommen, ist drückend und aufreibend. Denn sie litt doch so unter den Verhältnissen, in denen sie war«, schrieb er im August 1945 an Lotte Burmester-Wehner. Diese fühlte sich sehr gekränkt, als Wehner einmal des Geburtstags von Lotte Treuber in besonderer Weise gedachte. Dennoch versuchte er im Sommer 1946, über ihre Eltern Kontakt aufzunehmen. Der Notizzettel, den eine zurückgekehrte Emigrantin an deren Wohnung hinterließ, wurde jedoch abgefangen. Er landete bei Franz Dahlem und später in den Akten des DDR-Ministeriums für Staatssicherheit. Laut Auskunft von Greta Wehner hat Herbert Wehner Lotte Treuber noch einmal in West-Berlin getroffen, aber da lebte sie schon in einer festen Bindung mit dem späteren DDR-Kulturfunktionär Erich Wendt, dessen Ehefrau sie wurde[55].

Einen weiteren Schritt hin zu neuen Bindungen unternahm Herbert Wehner in Schweden. Das erste Buch, das er sich auf eigenen Wunsch im Gefängnis besorgen konnte, war eine deutsche Luther-Bibel. Er trat erneut der evangelisch-lutherischen Kirche bei. Als Anarchist, der ja mit allen Einrichtungen der bestehenden Gesellschaft hatte brechen wollen, war er dort 1924 ausgetreten. Nun brach Wehner mit dem »Gott, der keiner war«. Später bekannte er, daß die Bergpredigt für ihn die ganze Zeit über ein wichtiger Bezugspunkt gewesen sei. Am 18. Oktober 1964 erklärte er in der Hamburger Michaeliskirche:

»Ich kenne die Situation des Menschen, der versucht, ohne die Kirche zu leben, und meint, er vermöge ja dennoch (oder gar gerade so) mit dem Evangelium zu leben. In Wirklichkeit hält er die Spannung nicht aus. Sie geht über seine Kraft. Entweder zerbricht er an ihr oder sein Glaube und seine Hoffnung zerbrechen.«[56]

Wehners wichtigste Gesprächspartnerin in jener Zeit war zweifellos Lotte Burmester. Sie war ebenso wie er ursprünglich in der SPD-Jugend aktiv gewesen und erst 1928 der KPD beigetreten. Auch sie hatte sich eine gewisse geistige Unabhängigkeit gegenüber der Partei bewahrt. Weiterhin hatte Wehner Kontakt zu einer Reihe kritischer Kommunisten, darunter die Wagners, Viktor Kunze und Kurt Adam. Die beiden Letztgenannten schafften den endgültigen Bruch mit dem Kommunismus nicht, sie gingen in die SED. Josef Wagner jedoch schloß sich schon vor Herbert Wehner der SPD an; er ging im Juni 1945 nach Deutschland zurück und war gemeinsam mit seiner Frau in Hamburg wichtigste Anlaufstelle und Wegbereiter für die Wehners. Auch zu Sozialdemokraten in Schweden nahmen Herbert und Lotte Wehner Beziehungen auf, so zu Kurt und Lilly Burmeister aus Kiel sowie zu dem ebenfalls aus Dresden stammenden Peter Blachstein, einem ehemaligen SAP-Mitglied[57].

Im Februar 1946 eröffnete Wehner einen ausgedehnten Briefwechsel mit Günter Reimann. Dieser, zwei Jahre älter als Wehner, hatte 1932 in Berlin einen Kreis kritischer Intellektueller in der KPD organisiert, was schließlich 1935 zum Bruch mit der Partei führte. An dem Kreis hatte sich Wehner ursprünglich beteiligen wollen; mittlerweile beklagte er, daß er sich damals »durch die Fülle von ›Aufgaben‹ von der von uns begonnenen und durchdachten gemeinsamen Arbeit hatte abbringen lassen«. Seit 1938 lebte Reimann in den USA, wo er sich publizistisch vor allem mit Fragen der Weltfinanz beschäftigte. Nach Kriegsende entspann sich zwischen Uppsala und New York, später zwischen Hamburg und auch noch Bonn und New York ein umfangreicher Briefwechsel, in dem beide ihre Standpunkte austauschten und diskutierten. Dabei war Reimann eher der Politökonom, der die Sowjetunion als »Staatskapitalismus« mit nationalen Monopolen im Unterschied zum westlichen Imperialismus mit seinen internationalen Monopolen betrachtete. Wehner dagegen beurteilte die Probleme der sozialistischen Bewegung mehr aus der Sicht des praktischen Politikers, der immer wieder nach Handlungsmöglichkeiten gegen die »östliche Gleichschaltung« suchte und sie immer mehr bei der westlichen Sozialdemokratie ausmachte. Reimann war hier anderer Ansicht. Ungeachtet dieser fundamentalen Meinungsverschiedenheit führten beide ihre Diskussion bis in die fünfziger Jahre fort. Wehner ließ einige der Analysen Reimanns auch im ›Hamburger Echo‹ abdrucken, und er gewann Reimann für den Versand von Hilfspaketen zu Bekannten und Anverwandten in Deutschland[58].

Weit mehr als ein Nebenprodukt dieses Briefwechsels war die Niederschrift der ›Notizen‹ durch Herbert Wehner zwischen dem 23. Mai und dem 23. Juli 1946. Auf 200 Seiten brachte er auf der Schreibmaschine in seinem Schlafzimmer in Uppsala die Erfahrungen zu Papier, die er als Parteikommunist in den Jahren 1929 bis 1942 gemacht hatte. Die Arbeit diente seiner Auseinandersetzung mit der Politik der KPD. Sie sollte auf keinen Fall verlorengehen, auch wenn Wehner, wie er fürchtete, wegen seines Bruches mit der Partei ermordet würde. Daher schickte er sie an Reimann in den USA, dem er vertraute und bei dem er die Aufzeichnung in sicheren Händen wußte. Die Schrift trug autobiographische Züge, da Wehner in ihr detail- und kenntnisreich seine Erfahrungen mit dem Kommunismus schilderte, aber sie war keine Autobiographie. Die ›Notizen‹ waren weder Selbstkritik noch Selbstrechtfertigung, denn sie kreisten nicht um die Person Wehner, sondern um das Versagen der Partei und ihrer Funktionäre. Dabei widerte Wehner das aus kurzsichtigem Karrierismus, Opportunismus und organisatorischer Unfähigkeit gespeiste Mißlingen der Widerstandsarbeit in und in bezug auf Deutschland ebenso an wie die politische Verblendung, der Kadergehorsam bezüglich der Anweisungen aus Moskau und der Wahnsinn der stalinistischen »Säuberungen«. Am Ende stand für ihn die aus der Lektüre von Wiecherts Buch vom »einfachen Leben« gespeiste Maxime, ein Leben zu führen, »in dem das Streben bestimmend ist, nicht Kluft noch Widerspruch zwischen dem als Wahrheit Erkannten und dem eigenen Tun entstehen zu lassen«[59]. Mit den ›Notizen‹ schuf Wehner eine zum Verständnis der KPD-Politik vom Niedergang der Weimarer Republik bis in die Zeit des Terrors in der Sowjetunion wichtige Quelle, die bei allen Mängeln, die Zeitzeugenberichten zu eigen sind, gegenüber den »Originalen« aus den Archiven von KPD, SED, MfS und Komintern den Vorzug hat, nicht unter Druck und mit angstgesteuerter Selbstzensur zustande gekommen zu sein.

Zur umfangreichen Lektüre von Herbert Wehner in Schweden gehörten Werke, die sich mit der Entartung des Stalinismus auseinandersetzten wie Arthur Koestlers ›Sonnenfinsternis‹ oder die Romane von Ignazio Silone. Ferner beeindruckten ihn Werke freiheitlich-sozialistischer Autoren wie Willy Strzelewicz und Gunnar Dahlberg. Wehners Weg zur Sozialdemokratie wies nach seiner eigenen Auskunft noch in Schweden Kurt Schumacher, dessen Stimme er nach Kriegsende im Radio hörte, wodurch er »die Hilfe bekam, die ich brauchte, um richtig weiter zu gehen«[60].

Schumacher, der mehr als zehn Jahre im Konzentrationslager verbracht hatte, war schon vor 1933 als Reichstagsabgeordneter offensiv der NSDAP entgegengetreten. Von Hannover aus gründete er 1945 die Sozialdemokratische Partei. Dem Wunsch nach einer Einheitspartei mit den Kommunisten erteilte er von Anfang an eine entschiedene Absage, da die Kommunisten fest an eine einzige der großen Siegermächte und damit an Rußland als Staat und an seine außenpolitischen Ziele gebunden seien. Diese Auffassung entsprach ebenso derjenigen Wehners wie Schumachers kämpferische Haltung und sein politischer Führungsanspruch für den Neuaufbau Deutschlands. Schumacher befürwortete die westliche Demokratie und trat gleichzeitig vehement für die Unabhängigkeit von den Besatzungsmächten ein[61].

Schon im Sommer 1942 hatte Wehner notiert: »Das Schlimmste wäre der Versuch, gestützt auf eine im Kriege siegreiche Macht, dem deutschen Volk eine ›fertige‹ Partei aufzwingen zu wollen, die an frühere Parteitätigkeit ›anknüpft‹, aus ›taktischen‹ Gründen ihre ›Selbstkritik‹ auf ein Minimum beschränkt und den Gegner von früher (innerhalb der Arbeiterbewegung) gewaltsam verdrängen wollte.«[62] Genau diesen Weg beschritten die deutschen Kommunisten in der sowjetisch besetzten Zone. Sie betrieben ab Herbst 1945 mit Hilfe von Druck und Zwang der Besatzungsmacht die »Verschmelzung« von SPD und KPD zur »Sozialistischen Einheitspartei Deutschlands« (SED).

Als Herbert Wehner seine Reise nach Schweden angetreten hatte, war es ihm nicht um den Bruch mit dem Kommunismus gegangen. Dieser war allerdings zu diesem Zeitpunkt schon angelegt. Er wurzelte in seinen Enttäuschungen beim Versuch, den Widerstand zu organisieren, und er wurzelte in seinen Moskauer Erfahrungen. In den Jahren seit 1933 hatte Wehner eine politische Konzeption entwickelt, zu deren Umsetzung er sich 1941 beauftragt fühlen konnte: Er wollte als Kommunist, gleichberechtigt mit anderen, ungeachtet früherer Parteizugehörigkeiten, in Deutschland eine unabhängige demokratische und sozialistische Arbeiterbewegung bzw. -partei neu organisieren. Wehner machte es sich nicht leicht, und er hatte es nicht leicht. Er brauchte die Jahre in Schweden, um zu erkennen, daß die Parteikommunisten im Gegensatz zu seinen Vorstellungen die Unterwerfung aller anderen Strömungen unter ihre von Moskau diktierte Politik anstrebten. Schweden – das war eine weitere Zeit weitgehender politischer Handlungsunfähigkeit. Sie führte ihn von der Illegalität in die Haft, in Gefängnisse und Lager, und schließlich in eine begrenzte Freiheit. In seinen fünf schwedischen Jahren legte Wehner sich über seine politische Vergangenheit Rechenschaft ab, brach mit ihr und strebte zu neuen Ufern, geistig, politisch und indem er eine neue Familie fand.

Das Vorhaben Wehners von 1941, in Deutschland eine unabhängige demokratische und sozialistische Arbeiterbewegung bzw. -partei neu zu organisieren, ließ sich nur in und mit der SPD im Westen verwirklichen. Dieser Weg war vorgezeichnet, als Herbert Wehner und Lotte Burmester am 19. September 1946 in Trelleborg das Schiff nach Deutschland bestiegen[63].

Neubeginn, elbabwärts

Ankunft in Trümmern

Ziel der Reise war die britische Besatzungszone, Hamburg, die Hafen- und Hansestadt an der Elbe. Hier hatte Lotte Burmester vor dem Krieg gelebt, und daher besaß sie Aussicht auf eine Aufenthaltsgenehmigung. Unter anderen Umständen wäre Herbert Wehner gern nach Dresden zurückgekehrt, aber das war aus politischen Gründen unmöglich, denn dort herrschte die sowjetische Besatzungsmacht[1].

Für rückkehrwillige Emigranten gab es nach Kriegsende große Probleme mit den schwedischen Behörden und vor allem mit den westlichen Alliierten; die Briten verhängten gar eine Einreisesperre für ihre Zone. Auch deutsche Kommunen, Arbeitgeber und Parteistellen der SPD taten wenig für eine Rückkehr von Emigranten. Nur den Kommunisten gelang es Ende 1945, den Rücktransport ihrer Mitglieder in die Sowjetische Besatzungszone durchzusetzen. Daß andere Rückkehrwillige bis 1948 und länger warten mußten und schließlich resignierten, war keine Ausnahme. Insofern hatte Wehner Glück, daß er schon im Herbst 1946 nach Hamburg reisen durfte[2].

Freunde und Verwandte in Deutschland hatten wegen der katastrophalen Lebensverhältnisse in dem kriegszerstörten Land von einer schnellen Heimkehr abgeraten, aber für die Wehners überwog der Wunsch, »das Flüchtlingsleben abzuschließen und wieder an einer sinnvollen Arbeit im Rahmen der sozialistischen Arbeiterbewegung teilzunehmen«. Im Winter 1945/46 versuchte Wehner, sozialdemokratische Kreise, darunter auch Willy Brandt, für seine Rückkehr zu interessieren. Der gebürtige Lübecker und ehemalige SAP-Funktionär Brandt war zu der Zeit Mitglied der Leitung der SPD-Landesgruppe in Stockholm. Ein persönlicher Kontakt kam aber nicht zustande. Wichtigster Anlaufpunkt der SPD war die in der britischen Besatzungszone gelegene Großstadt Hannover. Hier war der Sitz des »Büros Dr. Schumacher«, der ersten Parteizentrale für die drei Westzonen. Hier wohnten auch Herbert und Frieda Schütt, Schwager und Schwester von Lotte Burmester-Wehner, Sozialdemokraten, die über gute Beziehungen zu ihrer Zentrale verfügten. Sie sprachen im Sommer 1946 mit Siegmund (Siggi) Neumann und Fritz Heine, Mitarbeitern von Schumacher. Beide versprachen zu helfen; Heine riet aber, es weiter vor allem über Josef Wagner in Hamburg zu versuchen[3].

Wagner hatte nach seiner Rückkehr 1945 schnell in der Hamburger SPD Fuß gefaßt. Er war ein gefragter Fachmann für das Schulwesen, betätigte sich in der politischen Bildungsarbeit und wurde im Herbst 1946 Abgeordneter der ersten frei gewählten Hamburger Bürgerschaft. Seit Frühjahr 1946 war er wirtschafts- und außenpolitischer Redakteur der SPD-Zeitung ›Hamburger Echo‹. Der vielbeschäftigte Wagner versprach sich von Wehners Zuzug nach Hamburg politische Unterstützung und arbeitsmäßige Entlastung. Er stellte ihm eine leitende Tätigkeit in einem Verlag oder einer Redaktion in Aussicht. Solche Nachweise über mögliche Beschäftigungsfelder waren gegenüber den schwedischen und alliierten Behörden ebenso wichtig wie schriftliche Zusicherungen von Freunden und Verwandten, daß es für die Rückkehrer eine Wohngelegenheit gebe[4].

Im April 1946 meldete Herbert Wehner sich und seine Frau mit den Hamburger Anlaufadressen zur Reise nach Deutschland an, und zwar für Ende Mai. Ende April meinte Wehner, bald reisen zu können. Von da an saßen sie auf gepackten Koffern. Dann verlangten die Behörden, daß zunächst nur Herbert Wehner alleine fahren sollte, und zwar auf der Grundlage des vorliegenden Ausweisungsbeschlusses in die Sowjetische Besatzungszone. Erneut bat Lotte Burmester Flüchtlingskuratorin Segerstedt Wiberg um Hilfe, und die Abschiebung wurde abgewendet. Aufgrund der von den Besatzungsbehörden verhängten Einreisesperre dauerte es bis Mitte September, ehe die Schiffsreise nach Schleswig-Holstein zustande kam. In Hamburg gab es nicht genügend Wohnraum. Daher blieben Lottes Kinder noch ein knappes Jahr länger in Schweden. Greta arbeitete als Kinderschwester in Uppsala, und Jens-Peter hatte eine Ausbildung zum Ingenieur begonnen[5].

Die Lebensbedingungen in Hamburg waren hart. Die Millionenstadt war von Mai 1940 bis zum Kriegsende 1945 immer wieder alliierten Luftangriffen ausgesetzt gewesen. Am verheerendsten war das

»Unternehmen Gomorrha« vom 25. Juli bis 3. August 1943. In den Feuerstürmen und in der »Nebenhölle ihrer Keller« starben etwa 40 000 Einwohner, 25 000 wurden verletzt, mehr als 250 000 Wohnungen wurden völlig zerstört, weitere 22 000 waren unbewohnbar. Etwa 900 000 Hamburger verloren während des Krieges ihre gesamte Habe. Nur ein Fünftel der Wohnungen war unzerstört geblieben. Im Oktober 1946 lebten rund 285 000 Einwohner außerhalb ihrer Heimatstadt. Zur Wohnungsnot gesellte sich ab 1945 ein eklatanter Lebensmittel- und Brennstoffmangel. Im Frühjahr 1946 berichtete ein Freund Wehners aus der Stadt: »Man kann gar nicht fassen, daß Menschen unter diesen Umständen überhaupt noch leben können. Seit Weihnachten haben die Leute keine Kartoffel gesehen, 2 kg Kohlrüben im Monat, Fett, Brot, Fleisch usw. in undenkbar kleinen Ransonen (sic), keine Heizmittel um das Essen zu kochen.«[6]

Seit Kriegsende im Mai 1945 ging alle Gewalt vom britischen Militärgouverneur aus. Erst schrittweise entwickelte sich eine eigenständige deutsche politische Kultur, zwar in Abhängigkeit von der Besatzungsmacht, aber mit allmählich größer werdenden Spielräumen. In Hamburg gründeten Sozialdemokraten und Kommunisten im Mai 1945 gemeinsam die »Sozialistische Freie Gewerkschaft«, die schnell großen Zulauf erhielt. Gerade deshalb wurde sie schon im Juni von der Militärregierung im Rahmen eines Verbots politischer Betätigung für Deutsche wieder aufgelöst. Im Sommer 1945 gründeten sich die traditionellen Parteien wieder, die SPD im Juli. Die Mehrheit der Hamburger Sozialdemokraten und ihrer Funktionäre strebte die Bildung einer Einheitspartei mit den Kommunisten an, was letztere zu diesem Zeitpunkt aus taktischen Gründen ablehnten. In einem gemeinsamen Aktionsausschuß wurde die Zusammenarbeit geprobt, aber durch KPD-Forderungen beispielsweise nach einer »Anerkennung des Primats der KPdSU« verflog die Begeisterung der Sozialdemokraten schnell. Die Hamburger SPD wandte sich allmählich vom Einheitskurs ab. Zwei Ereignisse besiegelten diesen Prozeß: die Zwangsvereinigung zur SED in der Sowjetischen Besatzungszone sowie das entschiedene Eintreten Kurt Schumachers gegen das Zusammengehen mit den Kommunisten im Oktober 1945 auf der ersten überregionalen SPD-Konferenz in Wennigsen bei Hannover[7].

Bei den ersten Wahlen zur Bürgerschaft der Freien und Hansestadt

Hamburg am 13. Oktober 1946 erhielt die SPD 43,1 Prozent der Stimmen. Nach dem Vorbild Großbritanniens hatte die Besatzungsmacht das Mehrheitswahlrecht eingeführt, und die 110 Bürgerschaftsabgeordneten wurden ausschließlich in Wahlkreisen gewählt. Dadurch erhielt die Sozialdemokratie mit 83 Mandaten das klare Übergewicht. Die CDU kam auf 16 Sitze, die FDP auf 7 und die KPD auf 4. Zum Ersten Bürgermeister wählte das Parlament den aus dem US-amerikanischen Exil zurückgekehrten ehemaligen SPD-Oberbürgermeister von Altona, Max Brauer[8].

Wenige Wochen nach seiner Ankunft in Hamburg, am 8. Oktober 1946, trat Herbert Wehner der SPD bei. Wagner vermittelte ihm schnell wichtige Kontakte, unter anderem zu Hellmut Kalbitzer, einem ehemaligen Mitglied des ethisch-sozialistischen Internationalen Sozialistischen Kampfbundes (ISK), der jetzt in der Hamburger SPD aktiv war. Kalbitzer erinnerte sich an eine trostlose Stimmung, in der er den Wehners begegnet war. Bei Besuchen habe Wehner in den ersten Stunden dagesessen und nur wenige Sätze aus sich herausgeknurrt, bis er in Schwung kam. Am ersten Abend habe Wehner »den Eindruck eines seelisch nahezu gebrochenen Mannes mit schweren Depressionen« gemacht; gleichzeitig beeindruckte er Kalbitzer durch seine durchdachte Argumentation, die frei von marxistischem »Parteichinesisch« war. Am 4. Oktober 1946 schrieb ein Angehöriger der Parteizentrale an Wehner und bat ihn, möglichst bald nach Hannover zu kommen. Diesem Wunsch wäre er gern nachgekommen, aber die äußeren Umstände ließen die Reise nicht zu[9].

Zunächst mußte er die grundlegenden Voraussetzungen zum Überleben in der zerstörten Großstadt schaffen: Wohnung, Lebensmittel, Arbeit. Zahllose Behördengänge sowie das Schlangestehen nach Lebensmitteln prägten den Tagesablauf. Dabei trat Wehner sehr energisch für seine Interessen ein. Im Hamburger Wohnungsamt galt er bald als einer, mit dem schwer zu verhandeln sei, »da er sich sehr leicht erregt«. Die ersten Aufenthaltsgenehmigungen galten nur für 7 bzw. 14 Tage. Am 18. Oktober 1946 erhielt Wehner dann eine Zuzugsgenehmigung für sechs Monate. Diese reichte aber nicht für das Recht auf den Bezug einer Wohnung. Dazu war eine ständige Aufenthaltserlaubnis erforderlich; eine solche erhielt Lotte Ende Oktober[10].

Die ersten vier Monate verbrachten Wehners in einem ungeheizten kleinen Zimmer bei Wagners in Hamburg-Altona sowie in einem winzig kleinen Holzhaus, einem sogenannten »Robert-Ley-Haus«, wie es Ausgebombte zugeteilt bekamen. Nachts schliefen sie zeitweise auf dem Dachboden von Verwandten in Hamburg-Poppenbüttel. Die frühere Wohnung der Burmesters in Hamburg war zwar unzerstört, aber dort wohnte jetzt ein Bürgerschaftskandidat der KPD. Ihn wollten die Behörden nicht vor den Kopf stoßen[11].

Zur gleichen Zeit sorgte Wehner dafür, daß sein Bruder Rudi und Schwägerin Lene aus Dresden nach Hamburg kamen, denn er fürchtete ihre Verfolgung durch SED und sowjetische Besatzungsmacht. Es dauerte bis Mitte Januar 1947, ehe die Familie eine Dreizimmer-Wohnung in Hamburg-Eimsbüttel beziehen konnte. Dort lebten sie zunächst zu viert und ab Sommer 1947, nach der Rückkehr von Greta und Jens-Peter Burmester aus Schweden, zu sechst. Zeitweise wohnte auch Peter Blachstein bei Wehners, so daß Greta »bei Mutti und Herbert auf dem Fußboden« schlafen mußte. »Beim Schlump 36« blieb bis zu Wehners Ausscheiden aus dem Deutschen Bundestag 1983 seine Adresse in Hamburg[12].

Auch in der neuen Wohnung waren die Lebensverhältnisse schwierig. Es gab zunächst weder einen Ofen noch Gasanschluß, so daß Wehners voll und ganz auf Strom angewiesen waren. Aufgrund des Ausfalls von Kohlenlieferungen und Maschinen war die Stromerzeugung der Hamburger Elektrizitätswerke seit September 1946 ständig gesunken. Mitte Dezember wurde Mitteleuropa von der größten Kältewelle seit über 100 Jahren erfaßt. Am 21. Dezember 1946 wurden in Hamburg minus 15 Grad gemessen, am 25. Februar 1947 minus 20 Grad. Die Kanäle froren zu; Lastwagen, Lokomotiven und Waggons konnten nicht mehr repariert werden. In den Haushalten gab es nur noch nachts für zwei Stunden Strom. Es kam zu Versorgungsengpässen. Die Lebensmittelläden konnten nicht einmal mehr die knappen Kartenrationen bedienen. Mindestens 85 Kältetote wurden in Hamburg gezählt[13].

Schon im Herbst hatten Kälte und Feuchtigkeit Leben und Arbeit auch der Wehners stark behindert. Die Typen der Schreibmaschine klemmten, und der Federhalter ließ sich kaum halten. Wäschewaschen wurde unmöglich. Nur selten, meist nachts gegen 3 Uhr, wenn es Strom gab, konnten warme Mahlzeiten bereitet werden. Lotte, die seit ihrer Haftentlassung 1936 an Asthma litt, wurde ernstlich krank. Im November 1946 klagte sie über eine Stirn- und Nebenhöhlenentzündung sowie Magenschmerzen. Ende Januar 1947 kam hohes Fieber hinzu, und ihre rechte Hand schwoll an. Der Arzt operierte sie, allerdings ohne ausreichend Verbandszeug oder Salbe zu haben. Er verordnete Wärme und Bettruhe, was aber angesichts der Kälte und einer lediglich 60 Zentimeter breiten Matratze für zwei erwachsene Menschen nicht zu bewerkstelligen war. Die Wunde entzündete sich, die Schmerzen nahmen zu. Ein anderer Arzt verordnete die Einweisung ins Krankenhaus. Dort hatte sie wenigstens ein warmes Zimmer und regelmäßige ärztliche Pflege. Im Sommer 1947 litt sie an einer schweren Herzschwächung. Diese immer wiederkehrenden gesundheitlichen Probleme hinderten Lotte Burmester-Wehner an einer eigenständigen politischen Betätigung[14].

Herbert Wehner ließ sich nach außen hin möglichst nichts anmerken. Er schien von robusterer Gesundheit als seine Frau. Private Briefe zeigen aber, daß er stark unter der schlechten Ernährung litt. Auf Lotte wirkte er hungrig, müde und deprimiert. Auf dem Höhepunkt der Kältewelle fürchtete sie im Krankenhaus um sein Leben. Einem englischen Freund schrieb er: »Keine Kartoffeln, kein Gemüse oder entsprechender Ersatz in Form von Konserven, kein Mehl, kein Gries, keine Haferflocken, sehr wenig Fett, qualitativ sehr schlechtes Brot, – das macht uns Sorge. Man weiß nicht, wie man, halbgesättigt und oft direkt hungrig, über die Zeit kommen soll. Die Kräfte lassen nach.« Wenn Wehner seine Frau besuchte, konnte er sich immerhin im geheizten Krankenzimmer aufwärmen. Wenn er dann nach Hause kam, war ihm übel vor Hunger. Trockenkartoffeln und Rotkohl, der von einer Eisschicht überzogen war, riefen Brechreiz hervor. Schwer zu schaffen machte ihm der Verzicht auf »Stimulanz« durch den geliebten Pfeifentabak. Als untauglicher Ersatz stellten sich Dosen mit Kräutertee heraus, die er in einem Geschäft auf dem Rathausmarkt erworben hatte und die die Aufschrift trugen: »Brusttee – auch gut für die Pfeife«. Es stank, und der Qualm verfärbte die Gardinen. Auch die Blüten eines Heidekranzes, den Tochter Greta ihrer Mutter geflochten hatte, klopfte er ab und stopfte sie in das Rauchgerät[15].

In solch schwieriger Situation war der Empfang von Paketen aus dem Ausland eine große Hilfe. Absender waren anfänglich vor allem

Greta und Jens-Peter Burmester, aber auch Freunde und Bekannte in Schweden, den USA und Großbritannien, darunter Günter Reimann in New York und Gunnar Dahlberg in Uppsala. Von Reimann kamen hochwertige Lebensmittel und Kleidungsstücke. Er versuchte auch – getarnt als Kaffee –, Pfeifentabak zu schicken. Hierauf hatte Wehner sich besonders gefreut, aber in dem betreffenden Paket fehlte dann das Pfund »Kaffee«. Dahlberg, der Mediziner, schickte nicht nur Kaffee, Tabak, Zigaretten und Lebensmittel, sondern auch Penicillin zur Behandlung von Lottes Entzündung. Im Begleitschreiben schärfte er Wehner ein, er solle die Medikamente ausschließlich für seine Frau verwenden und sie nicht an andere Personen weitergeben[16].

Dahlberg kannte die große Hilfsbereitschaft der Wehner-Burmeisters nur zu gut. Schon in Schweden hatten sie einen regen Paketversand organisiert. In der umfangreichen Familienkorrespondenz jener Zeit nimmt dieses Thema einen großen Raum ein. Wehner war im Gefängnis und im Internierungslager Empfänger von Hilfspaketen, und mit Lebensmittelpaketen begann die Beziehung zu Lotte. Nach seiner Freilassung, solange sie in Schweden waren, betätigten Wehners sich als Absender und Vermittler von Paketen nach Deutschland. Sie sorgten dafür, daß die an Diabetes leidende Frau des sozialdemokratischen Bürgermeisters von Kiel, Andreas Gayk, Insulin bekam. Nicht nur Freunde und Verwandte waren Empfänger solcher Hilfssendungen. Wehner klagte darüber, daß die sozialdemokratischen Flüchtlinge in Stockholm nicht mehr und systematischer für die Hilfe »an ihre bekannten und befreundeten Genossen im Reiche« taten. In einem Brief an seinen Schwager in Hannover meinte er, seine Bitte, von Deutschland aus Adressen Bedürftiger zu beschaffen, werde seitens der dortigen SPD viel zu langsam bearbeitet. In Hamburg wurden Wehners wieder zu Empfängern von Paketsendungen. Das war um so notwendiger, als sie es ablehnten, sich am Diebstahl von Kohle und an Schwarzmarktgeschäften zu beteiligen. Sie hatten lediglich einige Koffer aus Schweden mitgebracht. Anders als vielen Alteingesessenen fehlten ihnen die Wertgegenstände für Tauschgeschäfte. Dabei hatte Wehner Verständnis für die Menschen, »die nur noch an der ›Beschaffung‹ von Nahrungs- und Genußmitteln oder Sachwerten interessiert sind«. Alle »schönen Theorien über geistige Erneuerung oder sogenannte Umerziehung, die im Auslande florieren« – Wehner selbst hatte im Gefängnis über die »Selbstbesinnung und Selbstkritik« der Deutschen räsoniert – würden zuschanden an der herrschenden Ungewißheit auf wirtschaftlichem Gebiet und am Darniederliegen des Erziehungs- und Bildungswesens[17].

Ein Gefühl der Freude über die Befreiung vom Nationalsozialismus kam in solcher Situation nicht auf. Die meisten Menschen, so stellte Wehner im November 1946 in einem Brief an Gunnar Dahlberg fest, konnten sich »über das Verhältnis, in das wir Deutschen zur übrigen Menschheit geraten sind, keine Vorstellungen machen« und neigten dazu, »ihre eigenen alltäglichen Kompromisse mit dem herrschenden System der 12 Nazi-Jahre zu bagatellisieren«. Weil sie vor sich selbst zu viel entschuldigten, hätten sie es »doppelt schwer, sich unter den neuen Bedingungen zurecht zu finden und endlich aus der resignierten Hoffnungslosigkeit zu einer realistischen Aufbauarbeit den Weg zu finden«. Dafür seien aber auch die äußeren Bedingungen denkbar ungünstig. Besonders schlimm gehe es den Kindern der Arbeiter und der ehemaligen Mittelschicht: »Hunger, Kälte und Haltlosigkeit zehren an ihnen. Viele sind mit zerlumpten Kleidern und zerfetzten Resten von Schuhen bekleidet. Ein Teil wirkt apathisch, ein anderer Teil macht den Eindruck amoralischer Desparation.« Minimale Schulausbildung und angesichts von Kriegsgefangenschaft, Not und geistiger Verwahrlosung überforderte Elternhäuser hätten ihr Teil dazu beigetragen. Wehner: »Es gibt so gut wie keine Bücher neueren Datums. Von einem Anschluß der hier lebenden Menschen an die geistigen Klärungsprozesse und Auseinandersetzungen, die in den vergangenen Jahren in den andern Ländern vor sich gegangen sind, kann noch nicht die Rede sein.« Erfreut zeigte er sich über die bei der Bürgerschaftswahl deutlich gewordene »Abneigung gegen alle Diktaturtendenzen«. Er fragte sich allerdings, wie daraus »die aktive Mitarbeit genügend breiter Kreise geformt werden soll und kann«. Sein Bestreben sei, so schloß Wehner diese Analyse, »Kontakt zu jugendlichen Menschen zu finden, deren überwiegende Zahl heute noch allen organisierten Bestrebungen zu einer Erneuerung der gesellschaftlichen Verhältnisse fern steht. Man muß da offenbar ganz neue Wege suchen.«[18]

Herbert Wehner beschritt zunächst den Weg der politischen Bildungsarbeit. Hier schien sich anfänglich sogar eine berufliche Perspektive aufzutun. Noch von Schweden aus hatte er sozialdemokratische Kontaktleute auf seine Erfahrungen als Kursleiter, Lehrer und Verfasser von Lehrmaterial, vorwiegend »auf dem Gebiete des Betriebsrätewesens und der Gewerkschaftsarbeit vor 1933« hingewiesen. Im November 1946 teilten Freunde aus Kiel Lotte Wehner mit, der schleswig-holsteinische SPD-Vorsitzende und Minister für Volksbildung Wilhelm Kuklinski suche ein Ehepaar, das die Leitung der großen Heimvolkshochschule in Rendsburg übernehmen könne. Ihr Mann müsse allerdings »Volkswirt, Soziologe, Historiker oder etwas von jedem« sein. Diese Voraussetzung erfüllte Wehner tatsächlich in hohem Maße; nur die entsprechenden Hochschulabschlüsse fehlten ihm. So scheiterte dieses Projekt an formalen Hindernissen[19].

Wenn er die politische Bildung auch nicht zu seinem Beruf machen konnte, so hatte Wehner auf diesem Gebiet in den folgenden Jahren doch genügend zu tun. Bis Mitte November 1946 war er bereits dreimal als Referent in Bildungsveranstaltungen aufgetreten, das erste Mal am 25. Oktober vor der Sozialistischen Arbeitsgemeinschaft, einem den Landesvorstand beratenden Gremium der Hamburger SPD. Er sprach dort über ›Probleme der Einheit der sozialistischen Bewegung‹. Aus diesem Thema machte er einen Rundumschlag gegen die totalitären Tendenzen des Kommunismus. Die Unterschiede zwischen Sozialdemokraten und Kommunisten seien nicht nur taktischer Natur. Indem er den Sozialismus »auf die Lehre von der Strategie und Taktik des Kampfes um die sogenannte Befreiung der Arbeiterklasse« reduzierte, habe der Leninismus mit den freiheitlichen und humanitären Bestrebungen der Vergangenheit gebrochen. Hiermit schloß Wehner an Überlegungen an, die er bereits während seines Aufenthalts im Gefängnis 1942/43 angestellt hatte. Im Kommunismus zeigten sich »Gleichschaltungstendenzen, geistige Verflachung der Menschen, die sich dieser Lehre unterwerfen, ihre geistige Versklavung«. Folglich müsse jeder, der es wage, ketzerische Gedanken zu äußern, kriminalisiert werden. Wehner wollte in der Auseinandersetzung mit den totalitären Tendenzen, wie sie in Deutschland von der SED ausgingen, weg von einem ökonomisch verengten Politikbegriff. Für ihn war der Sozialismus mehr als eine Frage der Eigentumsverhältnisse an den Produktionsmitteln: »Derjenige, der Rußland erlebt hat, wird das ganz besonders verstehen können.« Der Sozialismus sei »vor allem eine Rechtsfrage im weitesten Sinne«. Die Diskussion über sein Referat empfand Wehner als dürftig. Am 6. November sprach er vor der Hamburger Gruppe des Sozialistischen Deutschen Studentenbundes (SDS) noch einmal zum selben Thema. Diesmal fand er die Diskussion sehr anregend. Einer der Zuhörer, der damalige SDS-Vorsitzende und spätere Bundeskanzler Helmut Schmidt, sah sich durch Wehners Referat in seiner Meinung über das sowjetische System bestätigt[20].

Einen Tag später, am 7. November 1946, trat Wehner vor Angehörigen eines studentischen Jugendklubs auf, die verschiedenen Parteien angehörten oder nahestanden. Es handelte sich um ein Streitgespräch mit einem Vertreter der Hamburger KPD zum Thema Sozialismus und Kommunismus. Beide Redner erhielten je 20 Minuten Zeit. Der Kommunist brachte allerhand Zitate aus den »klassischen« Werken der sozialistischen Theorie und kam zu der These: »Der Sozialismus ist weder Utopie noch in der Zukunft liegende gesellschaftliche Entwicklungsform, sondern in einem großen Teil der Welt durch Experiment bereits positiv erhärtete gesellschaftliche Wirklichkeit.« Hier widersprach Wehner heftig. Zu den stärksten totalitären Tendenzen der Gegenwart gehörten für ihn an erster Stelle die von Rußland ausgehenden, nämlich Stalins bzw. Lenins Lehre von der Partei mit ihrer hierarchischen Ordnung und Versklavung der Menschen. In der Sowjetunion gebe es weder ein einziges Recht des Einzelnen noch Gleichberechtigung, sondern im Gegenteil schärfste soziale Ungleichheiten. Er verwies auf seine eigenen Erfahrungen, erzählte von »den Razzien in den Hotels von Moskau auf Deutsche« und von der Auslieferung kommunistischer Emigranten an Hitler: »Macht, konzentriert in den Händen einer kritiklos dastehenden Führerschicht entartet«. Gegen »den Dogmatismus, den Schematismus, die Schablone«, auf denen sein Gegner seine These aufbaute, setzte Wehner also die Empirie, die tatsächliche Erfahrung mit dem Herrschaftssystem der Sowjetunion. Der Sozialismus sei die Vorstellung von einer klassenlosen Gesellschaft, aber Staat und Demokratie stürben in dieser Gesellschaft nicht ab. Zitate aus Schriften von Marx und Engels seien für die Begriffsbestimmung von Demokratie nicht geeignet. Er halte sich an den tschechoslowakischen Staatsgründer Thomas G. Masaryk. In Wehners Exemplar von dessen 1925 auf deutsch erschienenen Lebenserinnerungen findet sich eine Reihe von Anstreichungen, zum Beispiel die Feststellung: »Der Bolschewismus ist unfehlbar und inquisitorisch und hat eben darum mit der Wissenschaft und der wissenschaftlichen Philosophie nichts gemein; die Wissenschaft ist ebenso wie die Demokratie ohne Freiheit unmöglich.« Masaryk erwartete »von der Demokratie nicht nur in der Politik, sondern auch in der Schule und im ganzen öffentlichen und privaten Leben eine sittliche Erneuerung«. Wehner faßte den Gehalt von Masaryks Aussagen so: »Demokratie als Lebensform«, ein Leitbegriff, der auch beim späteren Wehner immer wieder auftauchen sollte. In der Geschichtsschreibung der politischen Bildung wird er auf den amerikanischen Pädagogen John Dewey zurückgeführt, dessen Arbeiten nach 1945 die Erziehungskommission der US-amerikanischen Besatzungsmacht beeinflußt haben. Bei Herbert Wehner hat »Demokratie als Lebensform« europäische Wurzeln[21].

Das überzeugende Auftreten von Wehner als »Kronzeuge« gegen den Kommunismus führte dazu, daß er Anfang 1947 von der SPD-Landesorganisation Hamburg zur Aufnahme in das Referentenverzeichnis der Partei vorgeschlagen wurde. Im Laufe des Jahres wurde er dann zu einem der beliebtesten Referenten in Versammlungen und Kursen der Hamburger SPD. Im Dezember stellte er rückblickend fest, daß er an jedem Dienstag-, Mittwoch- und Freitagabend sowie an mehreren Sonnabenden und Sonntagen Vorträge gehalten hatte: »Das war eine wirklich aufreibende Arbeit, aber ich habe durch sie viele Menschen und recht gut auch die Verhältnisse kennen gelernt.«[22]

In den folgenden Jahren bis 1949 setzte Wehner diese Tätigkeit fort. Sein Bildungsangebot war vielfältig. Es reichte vom einfachen politischen Vortrag bis zum mehrmonatigen Kursus. So gab er 1947 in Hamburg-Altona einen sich über fünf Monate hinziehenden Kurs über die Entwicklung des Kapitalismus. Im Oktober unterrichtete er in Bayern für zwei Wochen junge Gewerkschaftsmitglieder über ›Die zukünftige Gesellschaft‹. 1948 sprach er in Hamburg an vier Abenden zum Thema ›Kommunismus und Sozialismus‹. Einzelvorträge hielt er beispielsweise zum Thema ›Politik 1949‹[23].

Herbert Wehner vermittelte in seinen Kursen auch methodische Fähigkeiten. Eine mehrteilige Reihe trug 1949 den Titel ›Wie diskutieren wir?‹. Dabei sollten die Teilnehmer anhand aktueller politischer Fragen praktisch lernen, »worauf es bei einer Diskussion ankommt und wie man sie richtig führt«. Dazu gehöre es, so Wehner beim ersten Abend des Kurses, mitzuschreiben und dabei das Wesentliche des

Vortrags zu erfassen. Er fuhr fort mit einem Experiment und ließ die Teilnehmer je für sich Antworten auf die Leitfrage »Was ist das wichtigste Thema augenblicklich in der Politik?« formulieren. Es kamen neun Themen zusammen, zu denen Wehner dann fragte: »Vielleicht könnte man einige Fragen zusammenfassen zu einem Kreis für sich, oder fallen alle Fragen unter ein Hauptthema?« Am Ende einigte sich die Gruppe auf die Frage: »Wovon hängt Deutschlands Entwicklung und damit seine Zukunft ab?« Mit seiner Methode des offenen Fragens, Sammelns und anschließenden Verdichtens von Themen nahm Wehner schon in den vierziger Jahren moderne Lernkonzepte der politischen Erwachsenenbildung vorweg[24].

Besonders wichtig war die Bildungsarbeit in den Hamburger Betrieben und Werften. In den Betriebsräten und Gewerkschaften hatten die Kommunisten zunächst eine starke Stellung, während die Sozialdemokraten vor allem in den Wohnbezirken aktiv waren. Wehner, der schon vor 1933 Erfahrungen mit Betriebsarbeit gemacht hatte, fand hier ein breites Betätigungsfeld. Im August 1947 referierte er vor den Hamburger SPD-Betriebsgruppenleitern zum Thema ›Einheit in den Betrieben‹. Seine Aufklärungstätigkeit hatte Erfolg. Die Hamburger SPD konnte 1949 berichten, daß sie bei den Wahlen in den Jahren 1947 und 1948 die Kommunisten im wesentlichen aus ihren Positionen in den Betriebsräten verdrängt hatte. Auch die Parteizentrale in Hannover wurde aufmerksam und bat Wehner, in Hannover und Berlin über Betriebsgruppenarbeit zu referieren. Auf dem »Reichsparteitag« der SPD im September 1948 in Düsseldorf begründete Herbert Wehner einen Antrag der SPD-Landesorganisation zur Parteiarbeit in den Betrieben. Zu dessen Kernpunkten gehörte die »Förderung von Kursen für sozialdemokratische Betriebsgruppenarbeit durch Austausch von Lehrern und erfahrenen Organisatoren«. Wehner forderte, die Belegschaften müßten »die Existenz unserer Betriebsgruppen im täglichen Leben spüren«[25].

Auf demselben Parteitag hatte er in seinem ersten Wortbeitrag ausgeführt: »Ich habe zum erstenmal Gelegenheit, auf einem Reichsparteitag der SPD zu sprechen; ich war früher Mitglied des Zentralkomitees der Kommunistischen Partei. Zur Sozialdemokratischen Partei bin ich gekommen, weil mir klar wurde, daß der Sozialismus untrennbar mit der Freiheit verbunden ist, und daß man dafür kämpfen muß.« Wehner kritisierte Selbstzufriedenheit, Bürokratismus und »Schablone« in den Reihen der Sozialdemokraten. Er rief dazu auf, um unzufriedene Menschen unter den Kommunisten zu ringen, ihnen und allen zu zeigen: »Hier steht das Freiheitliche und Sozialistische, das es in Europa gibt!« An dem Parteitag nahm auch der Vertreter des Parteivorstands der SPD in Berlin, Willy Brandt, teil. Der fand, daß der Auftritt des Hamburger Delegierten und ehemaligen Kommunisten »kein schlechtes Zeichen«[26] war.

In seinem zweiten Redebeitrag bezog Wehner auch Stellung für die Unvereinbarkeit der Mitgliedschaft in der Vereinigung der Verfolgten des Naziregimes (VVN) mit derjenigen in der SPD. Mit Hilfe der VVN beuteten kommunistische Strategen das Erlebnis der Konzentrationslager und des Widerstands für Parteizwecke aus. Zu Terror und Verfolgung in der Sowjetunion und in der sowjetischen Besatzungszone schweige die Organisation dagegen. Das entscheidende Wort in der VVN habe die »Kaderabteilung der KPD«. Die Methoden der VVN hatte Wehner am eigenen Leibe miterlebt, denn die britische Besatzungsmacht hatte ihr in Hamburg Entscheidungsbefugnisse über die Anerkennung politisch Verfolgter und die damit verbundene Zuteilung von Sonderrationen verliehen. Nichtkommunisten und Sozialdemokraten würden durch die VVN-Komitees »offen und frech beschimpft«. Wehner und seine Frau empfanden noch 1947 jeden Gang dorthin »wegen irgendwelcher Bezugsscheine oder Brennstoffs« als Erniedrigung. Seine Vorwürfe waren berechtigt. Kopien der Fragebögen, die Herbert und Lotte Wehner für die Hamburger VVN auszufüllen hatten, finden sich heute in den Akten, welche die Ost-Berliner SED-Zentrale hinterlassen hat[27].

Das SED-Zentralkomitee hatte schon kurz nach Wehners Ankunft in Hamburg die dortige KPD-Bezirksleitung Wasserkante aufgefordert, über seine Tätigkeit zu berichten. Der erste Bericht, der in Ost-Berlin eintraf, kam von seinem kommunistischen Gegenpart in der besagten Diskussion vor dem studentischen Jugendklub. Er meinte, mit Wehner habe die SPD »ihr bestes antibolschewistisches Pferd aus dem Stall« geholt, denn er operiere »weitaus gemeiner, gerissener und damit gefährlicher« als zuvor Josef Wagner. Aus dem Bericht geht deutlich hervor, daß der KPD-Vertreter in der Debatte unterlegen war. Am Ende jedoch hob er hervor, Wehner sei »merklich gestoppt« worden, als er ihn nach seiner Vergangenheit als ZK-Mitglied der KPD unter dem Decknamen »Kurt Funk« gefragt habe. Auf diese Vergangenheit als kommunistischer Funktionär sollten von nun an alle Rufmordkampagnen gegen Wehner zurückkommen, ob in naher oder in ferner Zukunft, ob kommunistisch gesteuert oder von rechts[28].

Auch vor Attentaten auf den gefährlichen Gegner, der ihnen in Herbert Wehner erstanden war, schreckten die Kommunisten nicht zurück. Im Herbst 1948 erschien in der Redaktion des ›Hamburger Echo‹ ein »dunkles Subjekt« mit einer Pistole in der Tasche. Aufgrund einer Verwechslung kam der von den Kommunisten mit der Entführung oder Ermordung Wehners beauftragte Mann nicht zum Erfolg. Er wurde verhaftet. Während des Bundestagswahlkampfes 1949 wurden Brandsätze durch den Briefkastenschlitz von Wehners Wohnung geworfen, ohne jedoch größeren Schaden anzurichten. Wehner wurde unter Polizeischutz gestellt. Mit dem Kripobeamten Hermann Peters freundete er sich an. Von da an bis in die achtziger Jahre übernahm Peters persönlich den Begleitschutz bei allen Auftritten von Wehner in Hamburg und Umgebung. »Uns hat diese Zeit im Gefühl des gefährdet Seins, und zwar aus dem kommunistischen Bereich, zumindest bis weit in die 70er Jahre geprägt«, erinnert sich Greta Wehner[29].

Schriftsteller und Journalist

Herbert Wehners Bedeutung für die Hamburger und auch schon für die gesamte Sozialdemokratie auf dem Gebiet der Auseinandersetzung mit dem Kommunismus und den Kommunisten war groß. Wehner selbst erschien es noch wichtiger, positive Beiträge zu einem freiheitlichen und demokratischen Sozialismusverständnis zu liefern. Als er nach Hamburg kam, setzte er sich zum Ziel, als »freier Schriftsteller« zu arbeiten, und zwar nicht bei einer Zeitung, sondern er wollte »Übersetzungen guter Bücher und einige eigene Bücher« verfassen[30].

Josef Wagner hatte ihm im Sommer 1946 nicht nur die leitende Stelle in einem Verlag, sondern auch die Mitarbeit als Redakteur der gerade in Gründung befindlichen Zeitschrift ›Geist und Tat‹ in Aussicht gestellt. Diese wolle das »Sprachrohr der geistigen Erneuerung des Sozialismus« sein: »Du könntest die Seele dieser Schrift werden.« Tatsächlich schrieb Wehner in seiner Hamburger Zeit einige Buchkritiken für die vom Vordenker des ISK, Willi Eichler, herausgegebene Zeitschrift. Zu mehr kam es allerdings nicht. Im Dezember 1946 hatte Wehner ein Gespräch mit Eichler, in dem sich herausstellte, daß letzterem an einer engeren Mitarbeit Wehners nicht gelegen war. In den seiner Auffassung nach zu engen Rahmen der Zeitschrift mochte Wehner sich nicht fügen. Hellmut Kalbitzer, der das Treffen zustande gebracht hatte, erinnert sich, daß Eichlers und Wehners Politikverständnis zu unterschiedlich war – jener »ein Ideologe, aber mit realistischen politischen Vorstellungen«, dieser ein »Meister der politischen Aktion«. Enttäuscht resümierte Wehner nach mehreren gescheiterten Versuchen: »Eichler und seine Freunde haben sich zwar der SPD angeschlossen, aber in ihrer Zeitschrift pflegen sie einfach ihre alte Ordensideologie weiter, und sie sind beschränkt genug, die persönlichen Kontakte aus ihrer ISK-Zeit höher zu stellen als die Notwendigkeit, zur Erarbeitung neuer geistiger Waffen für die Arbeiterbewegung beizutragen.« Vorsichtiger, aber ebenso unmißverständlich formulierte Wehner in einem Schreiben an Kalbitzer. Abgesehen »von Willi Eichlers Monologen« habe ›Geist und Tat‹ nichts aufzuweisen, »das sie aus anderen Zeitschriften heraushebt, und das sie unentbehrlich für den aktiven Sozialisten und für den suchenden jungen Menschen macht«. Es war wie schon zwanzig Jahre zuvor bei Erich Mühsam: Herbert Wehner gedachte sich nicht zum geistigen Hilfsarbeiter eines anderen herabzustufen[31].

Sein erstes Geld verdiente Wehner in Hamburg mit Lektoratsaufgaben und Übersetzungen, vor allem für den sozialdemokratischen Phönix-Verlag. Zu einer Vielzahl von eingesandten Manuskripten verfaßte er in den Jahren 1946 und 1947 Gutachten. Das Spektrum der Titel reichte von G.S. Seagraves Werk ›Ein Chirurg erlebt Burma‹ über Ernst Böses ›Einführung in die materialistische Geschichtsauffassung‹ und Gerda Morberger-Krautters Erinnerungen ›Wie ich Rußland erlebte‹ bis hin zu Arnold Ewald Frankes ›Die Lustgärten der Sadisten‹. Hier empfahl Wehner, das Buch aufzulockern und Flüchtigkeiten zu beseitigen. Auch den etwas »schwülstigen Titel« fand er »nicht sehr originell«. Es handelte sich um die Schilderung von Erlebnissen aus dem Konzentrationslager Sachsenhausen. In seinen sehr differenzierten Empfehlungen bevorzugte er Bücher, die sich frei von

Dogmen mit sozialistischer Theorie beschäftigten oder in denen es um Aufklärung über den Totalitarismus ging[32].

Auf dieser Linie bewegte sich auch seine eigene literarische Produktion. Die zuerst auf englisch erschienenen Werke des ehemaligen Kommunisten Arthur Koestler, vor allem ›Der Yogi und der Kommissar‹ und ›Sonnenfinsternis‹, hatte er schon in Schweden für »unerhört wesentlich« gehalten. Letzteres Werk lasse, »wie nur wenige andere Spitzenleistungen der Romanliteratur, in Abgründe menschlichen Seelenlebens blicken und die Irrgänge und Trugschlüsse einer in totalitäre Klammern eingezwängten revolutionären Philosophie durchschauen«. Über Freunde in Schweden und England bemühte sich Wehner um die Rechte an der Übersetzung dieser Bücher. Die britische Kontrollkommission hatte jedoch kein Interesse an deren Veröffentlichung in Deutschland. 1947/48 erschien bei Phönix immerhin eine Teilübersetzung von ›Der Yogi und der Kommissar‹[33].

Auch für die Neuausgabe von Rosa Luxemburgs Schrift ›Die russische Revolution‹ (mit dem berühmten Zitat »Freiheit ist immer Freiheit des Andersdenkenden«) setzte Wehner sich ein. Im März 1947 besorgte er die Neuherausgabe von Karl Kautskys Abhandlung ›Die Sozialdemokratie und die katholische Kirche‹. In seinem Vorwort stellte er fest, die Sozialdemokratie sei »keine Gegnerin religiöser Überzeugungen an und für sich«. Mit einer deutlichen Spitze gegen die CDU fügte er hinzu, es sei »von unlauteren Absichten inspiriert und getragen«, das »Bekenntnis zum Christentum zum Monopol einer bestimmten Partei zu machen«. Wehner selbst übersetzte Gunnar Dahlbergs Bücher ›Mathematische Erblichkeitsanalyse von Populationen‹ sowie ›Die zukünftige Gesellschaft‹. In seiner Einleitung wies er darauf hin, daß der Autor in dem Werk dafür eintrete, die sozialistische Umgestaltung der Gesellschaft mit den Mitteln zielbewußter Reformen durchzuführen. Dahlbergs ›Arv och ras‹ war unter dem Titel ›Vererbung und Rasse‹ bereits in einer Übersetzung von Josef Wagner erschienen. Für die deutsche Übersetzung von ›Dein Weg zum Sozialismus‹ des französischen Sozialistenführers Léon Blum schrieb Wehner eine einleitende biographische Notiz[34].

Wehners erstes großes Projekt in Hamburg war die Übersetzung der zuerst auf Schwedisch erschienenen Abhandlung von Willy Strzelewicz, ›Der Kampf um die Menschenrechte‹. Der Philosoph Strzelewicz hatte schon vor 1933 die KPD verlassen. Er hatte in Stockholm einen »Arbeitskreis demokratischer Deutscher« gegründet und gehörte zu den geistigen Führern der Exil-SPD. Im Frühjahr 1946 nahm Wehner Kontakt zu Strzelewicz auf und bat ihn um ein Gespräch über »Grundfragen der Arbeiterbewegung und meine eigenen Erfahrungen in ihr«. In der Folge kam es zur Zusammenarbeit zwischen beiden. Das Manuskript ›Der Kampf um die Menschenrechte‹ wurde bereits Anfang November 1946 zum Satz gegeben[35].

In dem Buch entwickelte Strzelewicz den Begriff der Menschenrechte aus den Ideen, den Proklamationen und der Geschichte der amerikanischen Unabhängigkeitsbewegung und der Französischen Revolution. Wehner meinte in seinem Vorwort, die Menschenrechte seien nicht nur das Ideal der Bürger, sondern in ihnen seien »auch alle Klassenrechte und Klassenforderungen der Arbeiterschaft enthalten«. Abgesehen vom akademischen Interesse gehe das Buch alle »an der sozialen Neugestaltung Interessierten« an[36].

Die Buchproduktion hatte im nachkriegszerstörten Deutschland mit großen Schwierigkeiten zu kämpfen. Im Winter 1946/47 stockte wegen der Stromknappheit zeitweise die Herausgabe von Zeitungen. Die Buchherstellung im Phönix-Verlag stand ab dem 15. Dezember völlig still. Verleger Max Christen mußte ›Die zukünftige Gesellschaft‹ statt in Hamburg in Bielefeld setzen und drucken lassen. Im Herbst 1947 schätzte Wehner die durchschnittliche Herstellungsdauer für ein Buch auf anderthalb Jahre. Ursache dafür sei neben dem Papiermangel das Fehlen von Verdienst- bzw. Gewinnchancen aufgrund des geringen Wertes der alten Reichsmark. So schleppe sich alles langsam dahin, und je länger dies dauere, »um so magischer erscheint der für irgendwann erwartete Termin der sogenannten Geldreform«. Im Falle von Strzelewicz' Buch verging nach der Abgabe des Manuskripts noch über ein Jahr, ehe es gedruckt vorlag. Für die erste Auflage rechnete der Verlag ein Honorar von knapp 3700 Reichsmark aus, die aber nach der Währungsreform mit der Einführung der D-Mark am 20. Juni 1948 kaum noch etwas wert waren. Die Nachauflage erschien im Herbst 1948. Wieder hatten Strzelewicz und Wehner Pech. Bücher mit politischem, soziologischem, nationalökonomischem oder historischem Inhalt verkauften sich nicht mehr. Der Verleger erklärte Anfang 1949: »Es wird fast nur noch Belletristik gekauft; alle anderen Bücher liegen wie Blei.« Mit der Währungsreform wurden Kulturangebote schlagartig zu Ladenhütern. Das »große Zeitschriftensterben« setzte ein. Der »praktizierte Materialismus« der Adenauer-Ära warf seine Schatten voraus[37].

Wehner hätte 1947 auch selbst ein Buch schreiben sollen; der Arbeitstitel lautete ›Wirtschaftliches Geschehen und politische Veränderungen‹. So sah es jedenfalls die Planung des Phönix-Verlages vor. Hierzu kam er jedoch nicht, vermutlich weil die Lebensumstände und das knappe Zeitbudget es nicht zuließen. Einen schöngeistigeren Eindruck machte Wehners erstes eigenes Buch, ›Rosen und Disteln‹, das, mit zahlreichen Illustrationen versehen, 1948 erschien. Es handelte sich um eine sparsam kommentierte Zusammenstellung von Bildern, Gedichten und Dokumenten aus der Revolution des Jahres 1848. Einhundert Jahre nach dem Ereignis sollte die Sammlung »Anregungen zu einem tieferen Eindringen in die geschichtlichen Zusammenhänge« vermitteln und auch politisch aufklärend im Sinne der parlamentarischen Demokratie wirken[38].

Hauptberuflich wurde Wehner dann doch Zeitungsjournalist. Am 1. April 1947 trat er als außenpolitischer Redakteur in die Redaktion des ›Hamburger Echo‹ ein. Die Stelle hatte Josef Wagner für ihn freigemacht, der an dieser Tätigkeit keine große Freude gehabt hatte. Vorher überprüfte Hellmut Kalbitzer für die Pressekommission der Hamburger SPD eine umfangreiche Sammlung von älteren journalistischen Arbeiten, die Wehner ihm vorgelegt hatte. Das Ergebnis war positiv: Ohne ideologische Scheuklappen habe Wehner »stets zu aktuellen und wichtigen Problemen« geschrieben[39].

Die traditionsreiche SPD-Parteizeitung ›Hamburger Echo‹ war im März 1946 durch Lizenz der britischen Besatzungsmacht wieder zugelassen worden. Die Auflage betrug im August 1947 230 000 Stück. Damit war sie unter den insgesamt vier Parteirichtungszeitungen in Hamburg die größte. Verbreitungsgebiet war die Stadt und das angrenzende Umland. Die Redaktion war unabhängig, jedoch an das Programm und die Parteitagsbeschlüsse der Hamburger SPD gebunden. Über die Einhaltung dieses Rahmens wachte die genannte Pressekommission[40].

Herbert Wehner nahm seine Aufgabe beim ›Echo‹ ernst. Er beschränkte sich nicht auf die oft spärlichen Informationen der Agenturen, sondern führte umfangreiche Recherchen durch und baute ein eigenes Netz von Korrespondenten auf. Mit seinem Hang zu Gründlichkeit und Ausführlichkeit in Berichterstattung und Kommentar geriet er immer wieder in Konflikte mit dem begrenzten Platz der Zeitung, die wegen Papierknappheit häufig nur zweimal wöchentlich erschien. Redaktionskollegen versuchten zuweilen mit ihm über die begrenzte Aufnahmebereitschaft und -fähigkeit der Leser zu diskutieren, aber gegen Wehners Temperament und Durchsetzungswillen war schwer anzukommen. Heinrich Braune, damals Chef vom Dienst, stritt mit Wehner. Der spätere Gründer der ›Hamburger Morgenpost‹ schimpfte noch nach Jahren: »Kein Mensch wollte das lesen, und die Quittung haben wir bekommen, als das ›Abendblatt‹ auf den Markt kam.« Während Wehner einen »geradezu missionarischen Drang« hatte, die Leser des ›Echo‹ »so umfassend wie möglich, gründlich, hinter-gründlich, ja oft pedantisch genau zu informieren«, machte Springers Zeitung unter dem Motto »Mit der Heimat im Herzen« Auflage[41].

Bei Wehners Ansprüchen war an geregelte Arbeitszeiten nicht zu denken. Zweimal in der Woche mußte er ohne Unterbrechung die Nacht durcharbeiten, von Montag früh bis Dienstag zwischen 11 und 12 Uhr vormittags, ebenso von Donnerstag bis Freitag. Wehner selbst meinte: »Diese Arbeit frißt einen fast auf. Wäre sie nur als Brotarbeit zu betrachten, müßte man sich nach einer andern umsehen«. Für die anderen Redakteure war Wehner »kein bequemer Kollege«. Geradezu dramatische Szenen spielten sich ab, wenn der tägliche Leitartikel aus seiner Feder im letzten Moment noch fertig werden mußte. Zu seiner Gewohnheit, auch nachts noch zu arbeiten, dichtete ein Kollege, frei nach Goethes Ballade vom Erlkönig: »Wenn alles schon weg ist, nach Haus' sich beeilt, / dann einer vom Nachtdienst im Redaktionsraum noch weilt, / um 10 Uhr Herr Wehner auf seinem Stuhle noch klebt, / doch in seinen Armen die Zeitung, das ›Echo‹, es lebt!«[42]

Der außenpolitische Redakteur Herbert Wehner prägte die Zeitung nachhaltig. Leser des ›Hamburger Echo‹ waren vor allem sozialdemokratisch orientierte Arbeiter. Ihnen bot er zwischen Frühjahr 1947 und Herbst 1949 tiefgehende Analysen und umfassende Berichte zum Weltgeschehen und zur außenpolitischen Lage des zerstörten und geteilten Deutschland. Mit seinen ersten beiden Seiten wirkt das ›Echo‹ auf den heutigen Betrachter nicht wie eine Lokal- und Regionalzeitung, die Außenpolitik dominiert die Titelseite. Die Berichte und auch die zahlreichen außenpolitischen Kommentare auf Seite 2 sind sämtlich nicht namentlich gezeichnet; dennoch stammen sie wohl überwiegend aus der Feder von Herbert Wehner. Als dieser im Spätsommer 1949 zum Abgeordneten des Deutschen Bundestages gewählt wurde, verlagerte sich der Schwerpunkt der Berichterstattung im ›Hamburger Echo‹ merklich. An die Stelle der außenpolitischen Nachrichten und Kommentare traten zunehmend »Eigenberichte«, aber auch namentlich gekennzeichnete Beiträge »unseres H. W.-Redaktionsmitgliedes« aus Bonn. Bis weit in die fünfziger Jahre hinein amtierte Wehner als Redakteur der Hamburger SPD-Zeitung.[43]

Die inhaltliche Ausrichtung von Wehners Berichterstattung war eindeutig pro-westlich. Nachdrücklich begrüßte das ›Echo‹ das »European Recovery Program«, den nach dem US-amerikanischen Außenminister benannten Marshall-Plan zum Wiederaufbau der europäischen (und deutschen) Wirtschaft. Es sah die Hilfe als Chance für das deutsche Volk und gleichzeitig als Verpflichtung zu eigener Anstrengung an. Kein Zweifel kann an der Ablehnung der sowjetischen Blockpolitik durch die Zeitung bestehen. Im Frühjahr 1948 übernahmen die Kommunisten in der Tschechoslowakei handstreichartig die Macht, und Außenminister Masaryk, der Sohn des Staatsgründers, kam durch einen Sturz aus dem Fenster ums Leben. Das ›Echo‹ schrieb dazu: »Der tote Jan Masaryk zeugt gegen die Herren eines Systems, das ihn und viele andere zu Gefangenen gemacht hat.« Als die sowjetische Besatzungsmacht die Blockade über die Westsektoren Berlins verhängte, meinte der Kommentator: »Die destruktive Haltung Sowjetrußlands hat bisher die politische Einheit Deutschlands nicht möglich gemacht. Wenn jetzt versucht wird, die Kluft zu vertiefen, so wollen wir uns dadurch nicht von dem Willen abbringen lassen, für die politische Einheit Deutschlands unentwegt zu streben. Aber wir wollen auch nicht die Augen vor der Notwendigkeit verschließen, daß, wenn jetzt noch nicht auf der ganzen Ebene die staatliche Einigung vollzogen werden kann, zunächst auf dem Teilgebiet Westdeutschlands diese Arbeit als ein wichtiger Schritt zu dem Gesamtziel geleistet werden muß.«[44] Früh, klar und eindeutig trat das ›Hamburger Echo‹ für die Gründung eines Weststaates ein.

Zu Weihnachten 1948 schrieb die Zeitung: »Wir vom ›Hamburger Echo‹ suchen ein Gespräch. Es geht dabei um den Bestand Europas; die Partner heißen Frankreich und Deutschland.« Zweimal hatte Wehner Gelegenheit, als Korrespondent nach Paris zu reisen. Im März 1949 gehörte er zu einer Gruppe von Journalisten aus der amerikanischen und britischen Besatzungszone, die sich eine Woche lang mit der Arbeit der Marshall-Plan-Organisationen vertraut machten. ›In Paris sah ich Europäer am Werk‹ lautete die Überschrift zu seinem ersten Bericht. Von Gesprächen mit französischen Politikern hatte Wehner den Eindruck, es gebe »echte Berührungspunkte auch zwischen Franzosen und Deutschen«. Im privaten Briefverkehr fügte er allerdings hinzu, es gelte, zahlreiche Schwierigkeiten zu überwinden. Insbesondere die Beziehungen zwischen deutschen und französischen Sozialdemokraten ließen noch viel zu wünschen übrig. »Die Klerikalen haben dagegen zahllose Fäden geknüpft und pflegen die Verbindungen emsig.« Interessant fand Wehner französische Thesen »über einen großen europäischen Markt und über europäische ökonomische Kooperation«[45].

Gut zweieinhalb Monate später, am 23. Mai 1949, trafen sich ebenfalls in Paris die Außenminister der vier Siegermächte zu einer Konferenz über Deutschland. Sie war der Preis der Sowjets für die Aufgabe ihrer Blockade über West-Berlin und ihr letzter Versuch, die Gründung des Weststaates zu verhindern[46]. Zu den wenigen deutschen Journalisten, die von der Konferenz berichten konnten, gehörte Herbert Wehner.

In Briefen an Lotte schilderte er seine Eindrücke vom Pariser Frühling und vom Leben in der pulsierenden Stadt. Vom Triumphbogen aus sah er Paris von oben und auch die Hügel rundherum. Er beschrieb die Landschaft und daß es hier schon Kirschen gebe, »viel und ziemlich groß«. An einem Samstag ging er mit seinen Wirtsleuten aus. Er war in einem »altfranzösischen Keller«, wo »man auf Schemeln sitzt und kabarettartige Gesänge, Rezitationen und Conférence-Witze auf sich wirken läßt«. Er hatte Schwierigkeiten, den Pointen zu folgen, aber »Spaß am ganzen Milieu«. Interessant fand er ein kleines Tanzlokal, »das einem Neger gehört, und in dem etwa zur Hälfte Neger verkehren«. Bei dieser Gelegenheit sah er zum ersten Mal Leute »richtig Bebop« tanzen: »Es war sozusagen anstrengend zu sehen. Für die Tänzer war es eine körperliche Leistung.«[47]

Fast vier Wochen lang versorgte Wehner die Leser des ›Hamburger Echo‹ mit Hintergrundinformationen über die fruchtlosen Bemühungen der Großmächte, zu einer Einigung zu kommen. Mit sarkastischem Humor berichtete er, die vier Außenminister hätten manchmal selbst nicht gewußt, wo die Verhandlungen zur Zeit stünden oder womit sie eigentlich angefangen hätten. Lotte gegenüber drückte er sich drastischer aus: »Nein, es ist ein Kreuz mit dieser Sabbelei, die sie hier betreiben.« Wehner war von Anfang an skeptisch, und spätestens nach drei Wochen schwand seine Hoffnung auf eine grundlegende Lösung der deutschen Frage. Die entscheidenden Sitzungen seien alle geheim, berichtete er am 16. Juni, eine offizielle Verlautbarung liege noch nicht vor. Trotz fieberhafter Bemühungen um einen Kompromiß sei sicher: »Deutschland bleibt zerrissen.« Paris, so Wehner schließlich, habe keine der für Deutschland lebenswichtigen Fragen entschieden. Er forderte »die Gewährleistung der persönlichen und staatsbürgerlichen Freiheiten für alle Deutschen und mit aller wirtschaftlicher Konsequenz«. Die deutsche Wiedervereinigung sei auf der Konferenz am Nein des sowjetischen Außenministers Wyschinski »und an seinem starren Festhalten an der Unterordnung aller Fragen unter das Vetorecht einer Besatzungsmacht« gescheitert[48].

Zum Beginn der Konferenz hatte Wehner gemeint: »Wirklich freie und geheime Wahlen in allen Zonen Deutschlands sind die Schwelle, die überschritten werden muß, damit eine gesamtdeutsche, dem europäischen Frieden dienende Lösung erreicht werden kann.« Auf der Rückreise im »Nordexpreß« schrieb Wehner: »In dem Maße, in dem Westdeutschland freie Hand gegeben wird, soziale Gerechtigkeit zu verwirklichen, schwindet der Druck, der heute noch über Europa lastet. Denn in dem Maße – und nur in dem Maße – werden die echt demokratischen Kräfte in Deutschland die Gefahr totalitärer Bestrebungen gegenstandslos machen. Dies ist der Schlüssel zu einer späteren Außenministerkonferenz mit positiven Ergebnissen für Gesamtdeutschland.« Freie Wahlen in ganz Deutschland, soziale Reformen in Westdeutschland und Verhandlungen zwischen den Besatzungsmächten – Wehner hat seine deutschlandpolitische Konzeption der fünfziger Jahre schon vor Gründung der Bundesrepublik als Redakteur des ›Hamburger Echo‹ entwickelt[49].

Mit der Gründung der NATO im Frühjahr 1949 verband Wehner

die Hoffnung, »daß dieses System kollektiver Sicherheit als eine Art militärischen Rückgrats für die Durchführung der wirtschaftlichen und sozialen Konsolidierung dienen soll«. Wehners Haltung zur Westbindung war positiv; die Entscheidung blieb letztlich noch offen – ihr Ergebnis sollte im Zusammenhang mit dem sozialen Inhalt des westlichen Zusammenschlusses stehen[50].

Als Wehner zum ›Hamburger Echo‹ gekommen war, hatte er das Ziel proklamiert, die Zeitung in großem Stil »zum repräsentativen Organ Hamburgs« auszugestalten. Er machte aus ihr im außenpolitischen und internationalen Bereich »wohl die bestredigierte und am umfassendsten informierende sozialdemokratische Zeitung überhaupt«. Das Konzept »Parteirichtungszeitung« trug jedoch nicht. Das ›Echo‹ erreichte deutlich weniger Leser, als es SPD-Wähler gab. Umfragen ergaben schon 1946/47, daß drei Viertel der Befragten gegen Parteizeitungen waren[51]. Die deutsche Bevölkerung wollte unabhängige und überparteiliche Zeitungen.

Herbert Wehner wußte um dieses Problem. Schon ab 1947 sah er sich nach Alternativen um. Im November bewarb er sich als Redakteur bei der ebenfalls in Hamburg erscheinenden Wochenzeitung ›Die Zeit‹ – vergeblich. Einen Monat später fragte sich der mit der Aufgabe beim ›Echo‹ gleichzeitig überlastete und unterforderte Wehner, »ob diese Arbeit ideell lohnt oder eine Zwecklosigkeit ist. Besser wäre, ein Blatt zu haben, das völlig frei in seiner Kritik sein könnte. Aber solche Blätter gibt es hier nicht.« Die oft feindlich oder skeptisch gegen Parteimeinungen eingestellte Bevölkerung betrachte das ›Echo‹ in der Regel »eben als das Sprachrohr der SPD. Und das ist leider zu wenig.«[52]

Folgerichtig stellte Hellmut Kalbitzer im Januar 1948 bei der britischen Besatzungsbehörde den Lizenzantrag für eine ›Neue Wochenzeitung‹ für Hamburg und Schleswig Holstein, die mit acht Seiten wöchentlich in einer Auflage von 100 000 Stück erscheinen sollte. Als Chefredakteur war Herbert Wehner vorgesehen. In seinem Redaktionsexposé schrieb Wehner, die parteiunabhängige Zeitung solle sachlich »nach ihrer Dringlichkeit und nicht nach ihrer Bedeutung für das jeweilige Parteiprogramm« über alle Fragen des öffentlichen Lebens debattieren. Der neue Zeitungstyp solle »gegen alle Tendenzen und Versuche zur Fortsetzung oder Wiederbelebung totalitärer und militaristischer Bestrebungen« wirken, »Keime oder positive Beispiele echter demokratischer Selbstverwaltung« an die Öffentlichkeit bringen und »sowohl Anwalt als auch erzieherischer Bildner der öffentlichen Meinung sein«[53].

In seinem Lizenzantrag hatte Kalbitzer in weiser Voraussicht bemerkt: »Falls in Hamburg, wie an anderen Orten, eine überparteiliche Tageszeitung gegründet werden soll, so wären wir in der Lage, unser Projekt hierauf einzustellen.« Und so kam es im März 1948. Erneut bewarben sich Wehner und Kalbitzer um eine Lizenz. Sie produzierten sogar eine Probeausgabe des ›Hamburger Kurier‹. Der Aufmacher »Zusammenarbeit gewinnt Gestalt« handelte von Verhandlungen zwischen Großbritannien, Frankreich und den Benelux-Ländern. In seinem Leitartikel ›Offenes Wort‹ holte der ›Kurier‹ zu einem politischen Rundumschlag aus. Die sowjetische Großmachtpolitik, kritisierte er, mache eine Viermächteübereinkunft für geraume Zeit unmöglich. Die Tatsachen lehrten, daß alle Kraft zunächst »der Rettung unseres Volkes vor dem Untergang in Hunger und Chaos« gewidmet werden müsse. Die »Frankfurter Dokumente« der Besatzungsmächte, welche den staatlichen Wiederaufbau Westdeutschlands vorsahen, ließen den Deutschen zuwenig wirkliche eigene Verantwortlichkeit. Besonders alarmierend erschienen dem ›Kurier‹ gekünstelte und deplazierte pseudo-parlamentarische Manöver der Parteien im Frankfurter Wirtschaftsrat. Zum Thema Parteien stellte er fest: »Ohne arbeitsfähige politische Parteien gibt es keinen Staat, der dem Volk Bewegungsfreiheit und Luft zum Atmen läßt. Aber eben deshalb ist es notwendig, festzustellen, daß unsere politischen Parteien der öffentlichen Kritik bedürfen, damit sie selbst den Forderungen der Stunde gerecht werden können.«[54]

Es blieb bei dieser Probenummer. Wie Kalbitzer sich erinnerte, war der Vater des Hamburger Verlegers Axel Springer aus Vorkriegszeiten in Altona mit Max Brauer befreundet. Die Entscheidung lag faktisch in den Händen des Bürgermeisters. Und so erhielt Springer die Lizenz für das ›Hamburger Abendblatt‹[55].

Herbert Wehner hätte nach dem Krieg ein bedeutender politischer Bildner oder ein bedeutender Journalist werden können. Er selbst hätte diesen Weg gegenüber der parlamentarischen Laufbahn, die dann folgte, vorgezogen. In Hamburg wurden die Weichen jedoch anders gestellt. So wurde er, ohne dies eigentlich anzustreben, ein herausragender Politiker. Entscheidend hierfür war das Votum Kurt Schumachers.

Die erste Begegnung Wehners mit Schumacher hatte wahrscheinlich 1947 in Hannover stattgefunden, frühestens jedoch im Winter 1946/47. Schumacher war neugierig gewesen auf den ehemaligen Kommunisten, von dem es hieß, »er wisse besser als irgendein anderer über den kommunistischen Apparat und die sowjetische Politik Bescheid«. Wohl auch weil Schumacher im Jahr 1948 die meiste Zeit krank war, trafen sich die beiden eine Zeitlang nicht. Die Mitarbeiter des Parteivorstands, insbesondere das »Ostbüro« der SPD, das unter anderem der Abwehr kommunistischer Infiltrationsversuche diente, hielten jedoch Kontakt zu Wehner, um sich seiner Expertise auf diesem Gebiet zu versichern. Aus seiner »ausgezeichneten Kenntnis der kommunistischen Bewegung« erhoffte sich die SPD-Zentrale beispielsweise Aufklärung über den Aufbau der östlichen Parteiapparate. Gleichzeitig überprüfte die Partei Wehners Vergangenheit in Schweden. Zu diesem Zweck trug der Leiter des Ostbüros, Stephan Thomas, in Skandinavien Informationen zusammen[56].

Schon auf dem Landesparteitag im April 1947 hatte Herbert Wehner für den Hamburger SPD-Vorstand kandidiert, war aber durchgefallen. Mit höherem Bekanntheitsgrad kandidierte er ein Jahr darauf erfolgreich für den Landesvorstand. Auch seine Wahl zum Delegierten zum Düsseldorfer Parteitag spricht für das Ansehen, das Wehner sich mittlerweile erworben hatte. Spätestens ab Ende 1948 wurde der Kontakt zu Kurt Schumacher in Hannover wieder enger. Im Mai 1949, am Vorabend der Pariser Außenministerkonferenz, sandte Wehner dem Parteivorsitzenden seine ›Bemerkungen zu einer offensiven Politik für die Vereinigung Deutschlands‹. Jeder politische Schritt in Westdeutschland, so hieß es darin, habe »Einfluß auf die Entwicklung der Dinge im Osten«. Hoffnungen, die Sowjetunion werde sich von Europa abwenden, seien falsch. Vielmehr werde es der Großmacht darum gehen, bei den Gesprächen Handelsvorteile für ihre Besatzungszone auszuhandeln. Die SPD müsse dabei flexibel agieren, gleichzeitig Maßnahmen befürworten, die eine Verbesserung der Lebensbedingungen für die Menschen bewirkten, und das »Terror-Regime der SEP-Führung« unversöhnlich bekämpfen. Wehner: »Die Forderung nach allgemeinen, freien und geheimen Wahlen in ganz Deutschland soll nicht mehr von der Tagesordnung verschwinden, auch wenn sie (...) einige Zeit nicht realisiert werden kann.«[57]

Zu diesem Zeitpunkt war Herbert Wehner bereits vom Hamburger SPD-Landesvorstand für den zweiten Platz der SPD-Landesliste zur Bundestagswahl 1949 nominiert worden. Die Landesdelegiertenkonferenz im Juni bestätigte dieses Votum eindeutig. Obwohl Wehner auf der Konferenz gar nicht anwesend war, sondern noch in Paris zur Berichterstattung weilte, erhielt er ohne Gegenkandidaten mit 302 von 329 abgegebenen Stimmen das beste Ergebnis aller Kandidaten[58].

Die Entscheidung für die Kandidatur muß spätestens um den 8. Mai 1949 gefallen sein, als Kurt Schumacher sich zu einer Kundgebung im Rahmen des Landesparteitags in Hamburg aufhielt. Wehner erinnert sich, daß Schumacher ihn »sozusagen mit der Faust dazu genötigt« habe, daß er kandidiere: »Ich wollte arbeiten und ich arbeitete ja für die Sozialdemokratische Partei. In den Bundestag wollte ich nicht. Ich dachte, das braucht Zeit – und warum soll ich? Ich habe Kurt Schumacher gesagt: Sie werden mir doch dort von allen Seiten manchmal täglich bei lebendigem Leibe die Haut vom Leibe reißen. Ja, sagte er, das werden sie, aber das wirst du auch aushalten. So ging das. Und das habe ich manchmal so gefühlt, als wenn mir die Haut vom Leibe gezogen würde.«[59]

Ein harter Wahlkampf stand ihm bevor. Die kommunistische Presse überschüttete den »Renegaten Wehner« mit Vorwürfen zu seiner Vergangenheit. Er habe unter dem Namen Kurt Funk in der KPD Karriere gemacht »als der rücksichtslose, ›konsequente‹ Verfechter der jeweiligen Linie«, sei dann wegen Feigheit ausgeschlossen worden und in die SPD eingetreten, um in den Betrieben antisowjetische und antikommunistische Hetze zu betreiben. Auf der anderen Seite berichtete das ›Hamburger Echo‹ eine Woche später, Wehner habe den Kommunisten in einer Betriebsgruppenversammlung der Deutschen Werft unter dem Motto »Europäischer Wiederaufbau – nicht Demontage« nichts geschenkt und ihre »große Streitmacht« zum Rückzug gezwungen[60].

Hart waren aber auch die Wahlkampfauseinandersetzungen mit dem bürgerlichen Lager; in Hamburg hatten CDU und FDP einen »Bürgerblock« gegen die Sozialdemokraten gebildet. Ihre Wahlkampflokomotiven waren der CDU-Vorsitzende für die Westzonen, Konrad

Adenauer, und der Wirtschaftsprofessor Ludwig Erhard. Die SPD befand sich in der Defensive. Auf einer Großkundgebung attackierte Kurt Schumacher seine Gegner. Erhard, so behauptete er, sei »pausbäckig, selbstbewußt, ölig predigend und sehr gespannten Fußes gegenüber der Wahrheit«. Die Währungsreform, für die Erhard gelobt werde, sei im Guten wie im Schlechten Ergebnis der alliierten »und nur der alliierten« Politik. Erhard und die CDU hätten damit gar nichts zu tun[61].

Für einen Wahlsieg der SPD tat Herbert Wehner in Hamburg, was er konnte. Auf einer Referentenliste der Landesorganisation stehen 16 größere Einsätze als Redner auf Wahlkundgebungen zwischen dem 26. Juli und dem 23. August. Ebenso gehörte er zur Redaktionskommission für die Wahlkampfzeitungen und -flugblätter. In seinem letzten Aufruf vor der Wahl schrieb er: »Wenn dafür gesorgt wird, daß gesunde Wohn- und Arbeitsverhältnisse und wirklich auskömmliche Verdienste für die breiten Schichten geschaffen werden, dann haben alle Teile unseres Volkes ihren Gewinn.«[62]

In Hamburg wurde die SPD bei der Bundestagswahl 1949 stärkste Partei. Mit 39,6 Prozent hatte sie aber gegenüber der Bürgerschaftswahl 1946 deutlich an Stimmen eingebüßt. Die Hälfte der Hamburger Direktwahlkreise gewann die SPD, darunter Herbert Wehner, der mit 47,8 Prozent das beste Ergebnis erzielte. Nach Kurt Schumacher war dies gleichzeitig das zweitbeste SPD-Ergebnis im gesamten Bundesgebiet[63]. Als Abgeordneter des Wahlkreises Harburg-Süderelbe-Wilhelmsburg zog er in den Ersten Deutschen Bundestag ein. Diesen Wahlkreis sollte er bei jeder kommenden Bundestagswahl bis einschließlich 1980 direkt gewinnen.

Der Herbert Wehner der frühen Hamburger Jahre hatte Konsequenzen aus der Vergangenheit gezogen, aus seiner eigenen und derjenigen des deutschen Volkes. Er war ein pro-westlich und gesamtdeutsch denkender, antitotalitärer und freiheitlicher Sozialist. Als er in den Bundestag kam, hatte Wehner einen reichen Schatz an Fähigkeiten und Erfahrungen im Gepäck. Eine einzigartige parlamentarische Laufbahn nahm ihren Ausgang.

Opposition

Bonner Anfänge

Das Gesamtergebnis der Wahlen zum Ersten Deutschen Bundestag 1949 war eine bittere Enttäuschung für die Sozialdemokratie. Angestrebt hatte sie die Regierungsverantwortung unter einem Kanzler Kurt Schumacher. Mit 29,2 Prozent der Stimmen landete sie auf Platz zwei hinter der CDU/CSU. Diese erzielte zwar mit 31,0 Prozent nur einen leichten Vorsprung, aber zusammen mit anderen bürgerlichen Parteien reichte es zu einer knappen absoluten Mehrheit der Mandate. Mit 5,7 Prozent der Stimmen zog auch die nach wie vor moskauorientierte KPD in den Bundestag ein. Für eine parlamentarische Mehrheitsbildung war sie ohne Bedeutung.

Der Vorsitzende der CDU, Konrad Adenauer, war schon 73 Jahre alt. Er hatte ein klares Ziel: die Bildung einer bürgerlichen Regierung ohne die Sozialdemokratie. Kurt Schumacher kam ihm entgegen. Er war der Meinung, als erste Oppositionspartei mit Konzeption und Energie sei die SPD stärker als eine »mitlaufende« zweite Regierungspartei. Am 15. September 1949 wurde Adenauer vom Bundestag zum ersten Kanzler der Bundesrepublik Deutschland gewählt. Zur Regierungskoalition gehörten die CDU, ihre bayerische Schwesterpartei CSU, die liberale FDP und die rechtskonservative Deutsche Partei (DP). Fast alle Schlüsselressorts gingen an die Union. Damit konnte sie die personelle Besetzung der Ministerialbürokratie entscheidend beeinflussen[1].

Adenauer entstammte dem rheinischen Bürgertum. Er verfügte über langjährige Erfahrungen in Politik und Verwaltung. Er fühlte sich mit Frankreich, dem Westen, dem »Abendland« verbunden. Preußentum, Mitteldeutschland, Berlin und erst recht der deutsche Osten blieben ihm zeitlebens fremd. Deutsche Politik dachte und machte Adenauer vom Rhein her. Dort, vor seiner Haustür, lag auch die

Hauptstadt der neuen Republik. Bonn, die Beethoven- und Universitätsstadt im Süden von Nordrhein-Westfalen, zählte etwa 100 000 Einwohner. Der Schriftsteller Heinrich Böll schrieb der Stadt »schläfrige Reize« zu. Gleichwohl hatte sie bis in die sechziger Jahre hinein in der Bundesrepublik auf dem kleinsten Stadtgebiet die größte Bevölkerungsdichte[2].

Über den Abgeordneten, auf dem nahe gelegenen Petersberg, residierten die alliierten Hohen Kommissare der drei Westmächte. Mittels des Besatzungsstatuts übten sie die Oberhoheit über die junge Bundesrepublik aus. Der Bundeskanzler machte gelegentlich zum »Befehlsempfang« seine Aufwartung auf dem Petersberg. Unten im Tal mit seinem Treibhausklima schlugen Bauarbeiter Schneisen durch Schrebergärten, um Verkehrswege zwischen den neu entstehenden Regierungs- und Parlamentsgebäuden zu schaffen[3].

Herbert Wehner machte sich auf Wohnungssuche. Zunächst fand er nur ein möbliertes Zimmer in der Nähe des Bundeshauses. Anfang der fünfziger Jahre wurde die Siedlung Reuterstraße fertiggestellt. Dort erhielten Angehörige des Bundestages, der Parteien und der Regierung Wohnungen zugeteilt. In die Wohnblocks und reihenhausartigen Häuserzeilen zogen unter anderem der stellvertretende Partei- und Fraktionsvorsitzende Erich Ollenhauer und seine Eltern, sein Fahrer Walter Glogowski mit Familie, SPD-Kassierer Alfred Nau und Max Kukil, besoldetes Mitglied des Parteivorstands. Auch Wehner mietete für sich und Lotte eine Dreizimmerwohnung mit Wohnküche und Keller in der Renoisstraße. Die Nachbarschaft war eng. Einmal feierte Wehner im Garten mit wenigen Gästen, darunter Ollenhauer und Bundestagsvizepräsident Carlo Schmid, seinen Geburtstag. Als es nach 21 Uhr immer noch recht fröhlich zuging, klang vom Nachbargrundstück die Stimme des Vertriebenenfunktionärs und CDU-Bundestagsabgeordneten Linus Kather herüber. Er beschwerte sich über die Lautstärke. Schmid stimmte daraufhin ein Spottlied auf Kather an[4].

Der Büroraum im Parlament war ebenfalls knapp. Bis weit in die sechziger Jahre mußten sich mehrere Abgeordnete jeweils ein kleines Zimmer teilen. »Ein Tisch, ein Stuhl und einige Bücher«, das war nach der Erinnerung von Helmut Schmidt alles, wofür der Platz reichte. Die Diäten und Aufwandsentschädigungen waren knapp bemessen.

Zwischen 1949 und 1954 gab es monatlich insgesamt 1000 Mark. Aus seinen Diäten leistete sich Wehner von 1950 an einen Sekretär, den jungen Journalisten Erich Bock. Dieser wechselte dann Anfang 1953 ins Auswärtige Amt, wo es zwar bessere Verdienstmöglichkeiten gab, die Aufstiegschancen gleichwohl sehr begrenzt waren, weil dort bekannt war, für wen er zuvor gearbeitet hatte. Bock lernte Wehner als einen liebenswürdigen, hilfsbereiten und entgegenkommenden Chef kennen, der ein besonders ausgeprägtes soziales Empfinden hatte[5].

Zu einem eigenen Wahlkreisbüro reichte das Geld nicht. Die sieben Hamburger SPD-Bundestagsabgeordneten legten zusammen und teilten sich die Dienste eines Mitarbeiters. Sie stellten den von der SED aus Rostock vertriebenen Oberbürgermeister Albert Schulz als »Privatsekretär« ein. Die SPD-Fraktion beschäftigte während der ersten Wahlperiode insgesamt nur neun Angestellte mit organisatorischen Aufgaben. Im Juli 1952 kam als erster wissenschaftlicher Assistent der promovierte Jurist Horst Ehmke hinzu[6].

Immerhin hatte Herbert Wehner in Bonn von Anfang an einen kleinen Büroraum für sich. Dieser stand ihm als Vorsitzendem eines Bundestagsausschusses zu. Das Büro nebenan teilten sich die drei Abgeordneten Willy Brandt, Georg August Zinn und Peter Blachstein. Auf der anderen Seite saß Willi Richter als Vorsitzender des Ausschusses für Sozialpolitik ebenfalls in einem eigenen Büro. Die erste Notiz über eine persönliche Begegnung zwischen Wehner und Brandt findet sich in einem Brief an Lotte vom 13. Oktober 1949: »Bis 12h folgte dann die dritte ›Versammlung‹ des Tages, Gespräch mit Brandt (Berlin), der sich schon mittags angesagt hatte. Danach schlief ich gut.«[7] Ein unkompliziertes Verhältnis also.

Die unbestrittene Führung der Fraktion lag beim Parteivorsitzenden Kurt Schumacher. Stellvertretende Vorsitzende waren Erich Ollenhauer und Carlo Schmid. Letzterer war gleichzeitig Vorsitzender des Auswärtigen Ausschusses. Als Mitglied des Fraktionsvorstandes seit der ersten Sitzung am 6. September 1949 gehörte Wehner von Anfang an zur engeren Führung der Fraktion. Diese entsandte ihn sowohl in den Auswärtigen als auch in den Gesamtdeutschen Ausschuß. Dort wurde er in der ersten Sitzung am 14. Oktober 1949 einstimmig zum Vorsitzenden gewählt. Sowohl den Vorsitz im Bundestagsausschuß als auch im Arbeitskreis Außenpolitik der SPD-Fraktion, welcher in der zweiten Wahlperiode gebildet wurde, behielt er bis zum Regierungsantritt der Großen Koalition 1966 bei[8].

Auf seiten der Parteiführung war das Verhältnis zu »Parteikassierer« (später: Schatzmeister) Alfred Nau gut. Wehner gehörte jedoch bis 1952 nicht dem Parteivorstand an, und der Leiter des Vorstandsbüros, Presse- und Propagandachef Fritz Heine, hielt sehr auf diesen Unterschied. Um einen guten Draht zu Herbert Wehner bemühte sich der Leiter des Ostbüros, Stephan Thomas. In diesem Falle war jedoch Wehner, der Thomas' Arbeit nicht schätzte, auf Distanz bedacht[9].

Zu Beginn seiner parlamentarischen Laufbahn wirkte Wehner auch als Verkehrspolitiker. Als hamburgisches Mitglied des zuständigen Bundestagsausschusses setzte er sich für die Belange der Küstenschiffer und der Fischereiwirtschaft ein, etwa wenn es um Kohletarife ging oder um Charterbedingungen und neue Motoren für die niederelbische Kutterflotte. Im Juli 1950 forderte er im Bundestagsplenum, einen großen Seeverkehrsbeirat einzurichten, der sich mit allen Fragen des Seeverkehrs befassen solle. Ein wichtiger Ansprechpartner in Hamburg war schon damals Helmut Schmidt, seit 1949 persönlicher Referent von Wirtschaftssenator Karl Schiller und ab 1952 Leiter des Amtes für Verkehr. Die Hamburger SPD-Bundestagsabgeordneten trafen sich regelmäßig bei Schiller, um sich über wirtschaftspolitische Themen auszutauschen. Hier war Schmidt dabei. Als dieser 1953 in den Bundestag einzog, wurde er Mitglied des Verkehrsausschusses, während Wehner dort ausschied[10].

Kurt Schumacher beschrieb sein Verständnis von Oppositionsarbeit am Anfang der Bundesrepublik Deutschland folgendermaßen: »Das Wesen der Opposition ist der permanente Versuch, an konkreten Tatbeständen mit konkreten Vorschlägen der Regierung und ihren Parteien den positiven Gestaltungswillen der Opposition aufzuzwingen.« Diesen Satz zitierte Herbert Wehner immer wieder, und er setzte ihn konsequent um[11].

Später meinte Wehner, er habe nicht verstanden, warum Schumacher »nicht alles darangesetzt hat, den Staat Bundesrepublik Deutschland mit der sozialdemokratischen Beteiligung an der Regierung oder einem aus der Sozialdemokratie hervorgegangenen Bundespräsidenten zu beginnen«. Ein Blick auf das Jahr 1949 ergibt ein anderes Bild von Wehners Position. Als der Bundestag in der Nacht auf den 25. November über den Beitritt der Bundesrepublik zur Ruhrbehörde debattierte, ließ Schumacher sich dazu hinreißen, Adenauer in einem Zwischenruf als »Bundeskanzler der Alliierten« zu bezeichnen. Am frühen Morgen wurde der SPD-Fraktionsvorsitzende deswegen für 20 Sitzungstage von den Verhandlungen ausgeschlossen. Die Fraktion stellte sich demonstrativ hinter Schumacher. Wehner schrieb ihm noch am selben Tage, er dürfe sich jetzt nicht beleidigt nach Hannover zurückziehen. Auch nur die Andeutung, Schumacher könne die Sozialdemokratie jetzt allein lassen, sei »von tödlicher Gefahr«. Die Fraktion werde durchziehen, »aber nur mit Dir«. Schumacher blieb in Bonn[12].

Zunächst folgte Wehner Schumacher auf seinem kompromißlosen Oppositionskurs. Auch er war im Sommer 1949 »für eine scharfe Frontentrennung in Bonn« eingetreten. Im Sinne klarer Verhältnisse begrüßte er im ›Hamburger Echo‹, daß die SPD-Fraktion mit Schumacher einen eigenen Kandidaten für das Amt des Bundespräsidenten aufstellte, auch wenn diese Kandidatur aussichtslos war. Wenn er in den ersten Jahren der Bonner Republik die Politik Schumachers bedingungslos unterstützte, dann hing dies nicht nur mit seiner politischen Überzeugung zusammen, sondern auch mit seiner Stellung innerhalb der Partei. Später meinte er: »Ich bin doch ein Außenseiter gewesen.« Als ehemaliger Kommunist habe er zunächst sehr begrenzte Wirkungsmöglichkeiten gehabt. Bezogen auf seine Arbeit im Parlament und in der Bundestagsfraktion war dies untertrieben[13].

Wehner setzte eigene Akzente. Er verband Schumachers Leitsatz vom ständigen Versuch, der Regierung den positiven Gestaltungswillen der Opposition aufzuzwingen, zunehmend mit der »Bereitschaft zur Einigung in Grundfragen von zentraler nationaler Bedeutung«[14]. Diese Grundfragen waren zu Beginn der Bundesrepublik jedoch keineswegs geklärt. Die zweite deutsche Demokratie war außenpolitisch nur begrenzt handlungsfähig, und ob sie nach innen stabil war, sollte sich erst noch erweisen. Bei ihrer Gründung lagen die Verbrechen des Nationalsozialismus gerade vier Jahre zurück, und antidemokratische Verhaltensmuster waren in der Gesellschaft verankert. Sie strahlten bis in Regierung und Parlament hinein. Auch die Justiz war von bedenklichen Traditionen nicht frei. Dies sollte sich im Fall des Bundestagsabgeordneten Hedler zeigen.

Der Rechtsextremist Wolfgang Hedler hatte im November 1949 in einer öffentlichen Rede die deutsche Schuld am Ausbruch des Zweiten Weltkriegs geleugnet, die Widerstandskämpfer als Landesverräter bezeichnet und Kurt Schumacher beleidigt. Ein Strafverfahren endete mit einem Freispruch in allen wesentlichen Punkten. Zwei der drei Richter waren NSDAP-Mitglieder gewesen. Eine Welle öffentlicher Proteste mit Kundgebungen und Arbeitsniederlegungen folgte. Die SPD-Fraktion im Bundestag verlangte die Bestrafung der Richter wegen Rechtsbeugung. Trotz eines Verbots erschien Hedler am 10. März 1950 im Parlament. Bundestagspräsident Erich Köhler verwies ihn des Saales. Daraufhin zog Hedler sich in einen Ruheraum für Abgeordnete zurück, um dort eine Pressekonferenz abzuhalten. Dies kam Wehner zu Ohren, der mit einigen Kollegen in den Ruheraum eilte. Die Gruppe forderte Hedler auf, den Bundestag zu verlassen. Hedler protestierte, ließ sich aber unter sanftem Druck aus dem Parlamentsgebäude geleiten. Kurz vor dem Ausgang drehte er sich dann um und versetzte dem SPD-Abgeordneten Rudolf Heiland einen Faustschlag. Heiland, der in der NS-Zeit einige Jahre inhaftiert gewesen war, schlug zurück. Draußen vor dem Eingang wurde der rechtsextreme Politiker von einer empörten Menschenmenge mit Prügel empfangen[15].

Die Sache hatte ein Nachspiel. Der Bundestagspräsident schloß Wehner und Heiland für zehn bzw. acht Tage von den Sitzungen aus, worauf die SPD-Fraktion demonstrativ den Saal verließ. Wehner meinte in seinem Einspruch gegen den Ausschluß: »Ich habe bei der Entfernung Hedlers aus dem Bundeshaus in dem Bewußtsein gehandelt, die Ordnung wiederherzustellen und das Hausrecht des Bundestages wahrzunehmen.«[16]

Immerhin wurde Hedler im Juli 1951 vom Landgericht Neumünster in der Revision zu neun Monaten Haft verurteilt. Er fand jedoch einen Arzt, der ihm schwere Verletzungen attestierte, und verklagte Wehner und Heiland auf Schmerzensgeld. Der Zeuge Egon Bahr, damals Korrespondent des Rundfunksenders RIAS Berlin, konnte zwar bestätigen, daß es bis zum Ausgang des Bundeshauses zu keinen Tätlichkeiten gegen Hedler gekommen war, aber dennoch verurteilte das Landgericht Bonn die beiden sozialdemokratischen Abgeordneten zu einer Zahlung von 3000 DM. Daß Hedler zuerst geschlagen hatte, bezeichneten die Richter als unerheblich. Aufgrund der »Tuchfühlung«, die die Angeklagten mit ihm aufgenommen hatten, habe er in Notwehr gehandelt[17].

Unterstützt durch den Rechtsexperten der SPD-Fraktion, Adolf Arndt, gingen die Anwälte von Wehner und Heiland mehrmals in Berufung. Letztlich blieben sie damit erfolglos. Arndts Ziel war, die Zahlung an Hedler so lange wie möglich hinauszuzögern. Dies gelang bis zum endgültigen Urteil des Oberlandgerichts Köln vom 26. Juli 1956. Die Kosten übernahm die SPD-Bundestagsfraktion. Sicher war es im Rahmen eines rechtsstaatlichen Verfahrens möglich, die bestehenden Gesetze so auszulegen, wie die Gerichte in Bonn und Köln es taten. Bei der Lektüre der Urteilsbegründungen fällt jedoch auf, wie sehr die Richter dazu neigten, die Argumente der sozialdemokratischen Abgeordneten in Frage zu stellen und den Ansprüchen des rechtsextremen Klägers nachzukommen[18].

Politisch gewichtiger und für Wehner persönlich gefährlicher war die Auseinandersetzung mit dem Linksextremismus. Dabei war es von vergleichsweise nebensächlicher Bedeutung, daß die KPD von 1949 bis 1953 in Fraktionsstärke im Bundestag vertreten war. Entscheidend war, daß der Kommunismus unter dem Schutz und Druck der sowjetischen Besatzungsmacht in einem Teil Deutschlands die Staatsmacht erobern konnte. Schon seit Wehners ersten Auftritten in Hamburg hatten die SED-Funktionäre Franz Dahlem, Karl Mewis und Herbert Warnke »Anklagematerial« über ihn gesammelt. Dabei ging es um Wehners angeblichen Verrat in Schweden. Seine »antisowjetische« Aktivität in der Hamburger SPD bezeichnete die SED wahlweise als britische Agententätigkeit oder als dem »trotzkistischen Flügel« verpflichtet. Das Ministerium für Staatssicherheit beobachtete nach Gründung der Bundesrepublik intensiv Wehners Politik als »rechter SP-Führer«, als »Arbeiterverräter und Demagoge«. Gestützt auf die »Erkenntnisse« von MfS und SED setzte die KPD ihre Hetze gegen Wehner nach der Bundestagswahl 1949 fort[19].

Ab Herbst 1950 tauchte in zahlreichen Betrieben ein anonymer »Steckbrief« zu Herbert Wehner auf. Er flatterte in die Fächer aller Bundestagsabgeordneten und der Parlamentsjournalisten. Darin hieß es: »Er verkaufte sich zu einem hohen Preise an die schwedische Polizei.« Von kleinbürgerlichem Ehrgeiz und Karrierismus zerfressen, habe Wehner sich zunächst in die KPD eingeschlichen, um sie in

Schweden zu verraten. Nach Kriegsende habe ihn der britische »Intelligenz Service« in ein Flugzeug gesetzt, damit er in der SPD gegen die Sowjetunion hetzen könne. In einem 1951 aufgefundenen Exemplar hieß es: »Legt dem Verbrecher das Handwerk.«[20]

Wehner reagierte nach außen hin gelassen auf solche Drohungen: »So etwas kann man nur niedriger hängen und der allgemeinen Verachtung preisgeben«. In Wahrheit bestand sehr wohl Anlaß zur Besorgnis. Das MfS entführte und verschleppte in den fünfziger Jahren mehrfach der DDR mißliebige Personen aus West-Berlin und der Bundesrepublik. Darunter waren sogar linientreue Kommunisten wie der KPD-Bundestagsabgeordnete Kurt Müller, gegen den in der DDR ein Schauprozeß durchgeführt wurde. Die Entführung Müllers organisierte im März 1950 ein alter Bekannter Wehners: Richard Stahlmann. Seit den Hamburger Anschlägen von 1948/49 und bis 1952 wurde Wehner auch in Bonn ständig von dem Hamburger Kriminalbeamten Ernst Rieckhoff begleitet. Erich Bock erinnert sich, daß Rieckhoff eines Tages sehr blaß ins Bundestagsbüro kam und berichtete: »Stellen Sie sich vor, bald wäre es zu Ende gewesen. Da ist ein Wagen mit drei Leuten gekommen und wollte uns in den Graben schieben. Ich hab' meine Pistole gezogen, und da haben die auch geschossen.« Es blieb jedoch bei dem Schrecken. Wehner habe zu dem Attentatsversuch nur gemeint: »Vergessen wir's, ich weiß, wer's war.«[21]

Die Angriffe der Kommunisten kamen nicht von ungefähr. Kurt Schumacher setzte bei ihrer Bekämpfung voll auf Herbert Wehner. Der Parteivorsitzende hielt das »Ostzonenproblem« für »die Kardinalfrage in der Partei«. Dafür brauchte er Wehner, der ihm schon im Mai 1949 geschrieben hatte, die wirklichen Kräfteverhältnisse und der Wille zu einer gesamtdeutschen Politik seien der Ausgangspunkt für die »Offensive zur Gewinnung der sowjetisch besetzten Zone für die Demokratie«[22].

Niemand hat von Anbeginn der Bundesrepublik diese Offensive in der deutschen Sozialdemokratie so verkörpert wie Herbert Wehner. Der Parteivorsitzende, Kurt Schumacher, vom Drängenden seines Wesens her Wehner noch am ehesten verwandt, war dazu körperlich immer weniger in der Lage. Sein Stellvertreter Erich Ollenhauer hatte ein freundliches und ausgleichendes Temperament, und der dritte große Sozialdemokrat der Bonner Anfangszeit, Carlo Schmid, war ein politischer Bildungsbürger, der eher im Rufe stand, ein geistiger Mentor der frühen Bundesrepublik zu sein. Wehner aber lebte die permanente gesamtdeutsche Offensive. Er schrieb Thesenpapiere, Ausarbeitungen, Redemanuskripte und Artikel in kaum zu überblickender Zahl. Er eilte von Sitzung zu Sitzung, gab Interviews, hielt Pressekonferenzen ab, formulierte Briefentwürfe und Stellungnahmen für die Parteispitze und reiste durch das Land, um mit den und zu den Menschen zu sprechen[23].

Seine erste große Rede im Deutschen Bundestag hielt Herbert Wehner am 21. Oktober 1949, zwei Wochen, nachdem der ohne freie Wahlen zustande gekommene »Volksrat« der sowjetisch besetzten Zone sich zur »provisorischen Volkskammer« der »Deutschen Demokratischen Republik« erklärt und damit einen zweiten deutschen Staat begründet hatte. In seiner Regierungserklärung hatte Adenauer die Berechtigung hierzu bestritten. Die Bundesrepublik Deutschland, deren Bundestag frei gewählt worden war, sei die alleinige legitimierte staatliche Organisation des deutschen Volkes, sagte der Kanzler unter dem Beifall aller Parteien außer der KPD[24].

Für die SPD antwortete Herbert Wehner. Er bezog nicht gegen die Linie Adenauers Stellung, ging aber über sie hinaus. Die Verantwortung für die staatliche Teilung Deutschlands wies er unter allgemeinem Beifall den Sowjets zu. Die »Staatsakte in ›Sowjet-Preußen‹« könnten nicht den einzigen Akt ersetzen, der zur Wiedervereinigung führen werde, nämlich »allgemeine, freie, geheime, gleiche und direkte Wahlen in allen Zonen und überall«. Der Wille des deutschen Volkes sei die Wiederherstellung seiner staatlichen Einheit. Die »Blockparteien« in der DDR seien in ein »totalitäres Machtspiel« eingespannt. Die von der DDR zugesagte Abtretung der Gebiete jenseits von Oder und Neiße lehnte Wehner scharf ab: »Mit Opfern auf Kosten des Ostens unseres Landes kann und darf man keine Positionen irgendwo in westlicher Richtung erkaufen wollen.« Die Teilung sei Folge alliierter Politik, und hier seien in erster Linie die Alliierten gefragt. Es gebe aber, so Wehner, dennoch etwas, das die Westdeutschen tun könnten: »Es handelt sich darum, dafür zu sorgen, daß dieser Teil unseres Landes wirklich als Kernland Deutschlands betrachtet werden kann. Das kann es aber nur sein, wenn es ein sozial fortschrittliches und sozial vorbildliches Gebilde ist.« Hier beschränkte sich der lebhafte Beifall auf die SPD-Fraktion[25].

Wehner stimmte mit der »Magnettheorie« Schumachers, der auf ein demokratisches und sozialistisches Westdeutschland als kraftvollen Ausgangspunkt zur Überwindung der Trennung in Besatzungszonen setzte, überein. Aus diesem Grund traten die Sozialdemokraten – gleich Adenauer – für die Gründung der Bundesrepublik ein. Aber danach trennten sich die Wege. Der Kanzler sah die Teilung Europas und Deutschlands als gegeben an. Für Schumacher jedoch waren Deutschlands Unabhängigkeit, Selbstbestimmung und Gleichberechtigung Voraussetzungen für jegliche Verhandlungen.

Die SPD war im Herbst 1949 ebenso gegen den Beitritt der Bundesrepublik zur internationalen Ruhrbehörde wie im Frühjahr 1950 gegen die Mitgliedschaft im Europarat. Durch die Mitgliedschaft des französisch kontrollierten Saargebiets, so Schumacher auf dem Hamburger Parteitag im Mai 1950, werde »der unverzichtbare Grundsatz der europäischen Solidarität und der Kameradschaft gleicher und freier Völker verletzt«. An Stelle einer »Sieger-Besiegten-Konstruktion« forderte Schumacher das Nein zu allen Versuchen »konservativ-klerikal-kapitalistisch-kartellistischer Prägung« eines Europa ohne demokratisch-soziale Kraft[26].

Herbert Wehner betonte in seiner Rede auf dem gleichen Parteitag, eine europäische Einigung könne nicht getrennt von der »Frage der gesamtdeutschen Politik der Wiedervereinigung« behandelt werden. Im übrigen nahm der Parteitag einstimmig einen Antrag der Hamburger Delegation an, der die Erarbeitung von Vorstellungen der SPD »über einen europäischen Staatenbund als Vorläufer zu einem bundesstaatlichen demokratischen Europa« forderte. Wehner stellte die deutsche Frage in den Vordergrund, bemühte sich aber gleichwohl um eine konstruktive Europapolitik der Sozialdemokratie[27].

Unvergeßlich blieb Wehners Rede auf dem Hamburger Parteitag dadurch, daß er den berühmten »Brief aus dem Konzentrationslager Bautzen« verlas. Gefangene hatten dieses erschütternde Dokument über Menschenrechtsverletzungen im »Gelben Elend« aus der Strafvollzugsanstalt geschmuggelt. Der Brief aus Bautzen, datiert vom 6. April 1950, schildert in drastischen Worten die unhaltbaren Zustände in dem Lager, das mit über sechstausend großteils politischen Häftlingen völlig überfüllt war. Die Ernährung war unzureichend, die sanitären Zustände katastrophal, die Behandlung durch die DDR-Wachmannschaften brutal. Am 31. März erhoben sich die verzweifelten Gefangenen zum Protest, der jedoch niedergeknüppelt wurde. Die unbekannten Verfasser des Briefes appellierten an die westdeutsche Bevölkerung und an die gesamte zivilisierte Welt: »Hört den Schrei der 6000 gequälten und hungernden Gefangenen, die in Euch ihre allerletzte Hoffnung sehen, die von Euch Rettung für sich und ihre Familien ersehnen. Hört uns und helft uns!« Wehner leitete daraus die Verpflichtung zu gesamtdeutscher Politik ab: »Ein Teil unseres Volkskörpers wird gegenwärtig zerfleischt, und es wäre keine Hilfe, weder für diesen noch den übrigen Teil, wenn man diesen Teil abbinden und sozusagen dazu verurteilen würde, daß er abstirbt. (Starker Beifall.)« Mit dem Verlesen dieses Briefes sprengte Wehner den zeitlichen und eigentlich auch den inhaltlichen Rahmen seines Redebeitrags. Wenn es um die Hilfe für notleidende Menschen ging, nahm er grundsätzlich wenig Rücksicht auf politisches Kalkül[28].

Sein damaliger Sekretär Erich Bock erinnert sich daran, daß Anfang der fünfziger Jahre eine Reihe von ehemaligen Insassen des Hotel »Lux« ins Bundestagsbüro kamen und sich bei Wehner für Hilfe während der Zeit der »Säuberungen« bedankten. Zwei davon nennt er mit Namen: Margarete Buber-Neumann, die Witwe von Heinz Neumann, und Dolores Ibárruri, besser bekannt als »La Pasionaria«, die spanische Kommunistin und führende Repräsentantin der spanischen Republik im Bürgerkrieg. Aus der Moskauer Zeit gibt es hierzu aus verständlichen Gründen keine Aufzeichnungen, und auch später machte Wehner von seinen Hilfeleistungen wenig Aufhebens. Als er 1966 in Wuppertal vor jungen Leuten aus seinem Leben erzählte, meinte er: »Ich tue das am liebsten, was etwas erreichen hilft und von dem die allerwenigsten wissen, wie es zustande gekommen ist.« Damit leitete er über zu einer anekdotenhaften Erzählung über seine Bemühungen um die Freilassung von deutschen Kriegsgefangenen und verschleppten Zivilpersonen aus der Sowjetunion. Er beeilte sich aber, hinzuzufügen: »Mit Recht spricht man nur über den Bundeskanzler Adenauer in diesem Zusammenhang.«[29]

Die Kriegsgefangenen

Die Freilassung der »Spätheimkehrer« vor und nach Adenauers Moskaureise im September 1955 hatte eine längere Vorgeschichte.

Im Mai 1950 verkündete die sowjetische Nachrichtenagentur TASS, die »Repatriierung« der deutschen Kriegsgefangenen aus der Sowjetunion sei abgeschlossen. Bis auf wenige verurteilte Kriegsverbrecher und Untersuchungshäftlinge seien alle noch lebenden Gefangenen wieder nach Deutschland zurückgekehrt. Das Zahlenmaterial der Sowjets war jedoch in sich widersprüchlich, und zahlreiche Familien vermißten weiter ihre Angehörigen. Bundeskanzler Adenauer sprach vor dem Bundestag von Hunderttausenden von Gefangenen, die »in Rußland in Sklavenarbeit gehalten werden«[30].

Der Ausbruch des Koreakrieges am 25. Juni 1950 heizte den Ost-West-Konflikt an und steigerte die Bereitschaft der Westmächte zur Auseinandersetzung mit der Sowjetunion auch vor dem Forum der Vereinten Nationen. Die USA, Großbritannien und Australien brachten zur Generalversammlung im Herbst einen Antrag ein, in dem sie die Klärung des Schicksals sämtlicher Kriegsgefangener forderten. Die Alliierte Hohe Kommission lud die Bundesregierung ein, zu diesen Debatten eine inoffizielle deutsche Beobachterdelegation zu entsenden. Dabei sollte auch die parlamentarische Opposition vertreten sein. Für die Regierungsfraktionen reiste der CDU-Bundestagsabgeordnete und spätere Parlamentspräsident Eugen Gerstenmaier, als Sachverständiger aus dem Bundesjustizministerium der Jurist Raimund Hergt sowie ein Dolmetscher. Die SPD wurde durch Herbert Wehner vertreten[31].

Adenauer persönlich hatte in Wehners Bonner Büro angerufen. Erich Bock erinnert sich an das Telefonat. Der Kanzler meldete sich: »Adenauer. Herr Wehner ist nicht da, habe ich gehört. Grüßen Sie ihn. Sagen Sie ihm, ich schätze ihn sehr. Ich frage ihn, ob er bereit wäre, an der Kriegsgefangenenarbeit bei den Vereinten Nationen in New York als Vertreter der SPD teilzunehmen. Ich wollte erst sein Einverständnis haben, selbstverständlich werde ich dann sofort mit Herrn Schumacher und Herrn Ollenhauer sprechen.« Schumacher war nicht nur einverstanden, sondern er setzte durch, daß Wehner bei der Einreise keine Schwierigkeiten aufgrund seiner kommunistischen Vergangenheit gemacht wurden. Greta Wehner erinnert sich an den

Ausspruch: »Entweder es fährt Wehner oder es fährt kein Sozialdemokrat.«[32]

Am 12. Oktober 1950 begann die Flugreise, die von Frankfurt nach Amsterdam und von dort mit Zwischenstopps in Schottland und auf Neufundland nach New York führte. Im Flugzeug schrieb Wehner an Lotte: »Rund herum nur Wolkenschichten, Perlmuttfarben und der Motorenlärm. Geschlafen hab' ich gut im Sitzen, gefrühstückt auch. Jetzt seh' ich ums Hemd rum etwas knittrig aus.« Schwierigkeiten entstanden vor allem dadurch, daß die Delegation die für die Einreise in die USA erforderliche Impfung verweigerte. Wehner an Lotte: »Dann sollten wir geimpft werden, gegen Pocken. Darob großer Protest Gerstenmaiers. Schließlich wurden wir nicht geimpft, aber es wurde je ein Akt angelegt …«. Gerstenmaier bestand darauf, daß auch Wehner sich nicht impfen ließ. Seine Argumente waren politischer Natur: »Und der hier ist Sozialdemokrat, der muß solidarisch sein.« So gelangte die Delegation bis zum New Yorker Flughafen Idlewild. Die dortigen Beamten weigerten sich aber, die Deutschen einreisen zu lassen, so daß die Prozedur dann doch nachgeholt wurde. Recht verschnupft telegrafierte das deutsche Generalkonsulat nach Bonn: »Es muß dafür gesorgt werden, daß spätere Besucher auf das amerikanische Gesetz aufmerksam gemacht werden, das keine Ausnahmen von dem Impfzwang zuläßt.«[33]

Wehner war beeindruckt von New York: »Paris, Berlin, London sind schließlich auch Städte, aber diese Stadt ist wie ein Faustschlag.« Für touristische Unternehmungen gab es aber weder viel Zeit, noch verspürte er eine besondere Neigung dazu. Die Delegation hatte in ihrem Gepäck ein Memorandum der Bundesregierung zur Frage der Zurückhaltung deutscher Kriegsgefangener in der Sowjetunion. Da die Bundesrepublik nicht Mitglied der Vereinten Nationen war und die deutsche Delegation keinen offiziellen Status dort hatte, galt es, in der Öffentlichkeit und in Gesprächen mit westlichen Delegationen (besonders der amerikanischen) um Unterstützung für das Anliegen zu werben[34].

Dazu nutzte Wehner vor allem den Kontakt zum US-Gewerkschaftsverband American Federation of Labor (AFL). Dort war es besonders ein polnisch-deutscher Emigrant jüdischer Herkunft, Leo Borochowicz, der ihm Türen öffnete und manch guten Rat gab. Auch die ehemalige SPD-Reichstagsabgeordnete für Dresden und Bautzen, Toni Sender, ebenfalls bei der AFL tätig und Wehner von früher noch bekannt, gehörte zu seinen Unterstützern[35].

Weniger gut klappte die Zusammenarbeit mit Gerstenmaier. Der CDU-Politiker klagte in Bonn über Wehner. Dieser verstehe angeblich kein Wort Englisch und wirke »etwas verbockt und leicht aggressiv«. Wehner dagegen sah die Probleme bei Gerstenmaier. Dieser war nicht voll bei der Sache und flog schon nach wenigen Tagen »privat« nach St. Louis. Als Gerstenmaier dann auch noch vorzeitig nach Deutschland abreiste, resümierte Wehner: »Mit ihm gemeinsam war kaum etwas zu machen; er ist nur auf persönliche Reklame erpicht.« Schon in New York kam der Streit zum Ausbruch. Am 25. Oktober war Gerstenmaier der Meinung, nach einer Vertagung der Verhandlungen bei den UN sei die »Aufgabe einstweilen erledigt«. Er teilte dies in Bonn mit und meinte, die Delegation solle nun nach Deutschland zurückbeordert werden[36].

Am nächsten Morgen schickte Hergt ein eiliges Telegramm an den im Kanzleramt zuständigen Unterabteilungsleiter Heinz Trützschler von Falkenstein, in dem er Gerstenmaier widersprach. Daran anschließend schilderte Hergt, wie der CDU-Politiker zunächst das Memorandum der deutschen Bundesregierung in Frage gestellt und dann vorzeitig gemeint hatte, die Aufgabe der Delegation sei erledigt. Im Interesse der Kriegsgefangenen und ihrer Angehörigen sowie in »voller Übereinstimmung mit Herrn Wehner« stellte Hergt fest, daß wesentliche Fragen noch zu klären seien. Sollte ein Memorandum an die Vereinten Nationen überreicht werden, und wenn ja, mit welchen Argumenten? Sollte außerdem die Einsetzung einer Kommission zur Behandlung der Kriegsgefangenenproblematik beantragt werden? Eine plötzliche Abreise würde, »da wir es doch sind, die etwas wollen«, einen sehr schlechten Eindruck machen. Die Regierung drückte sich um die Entscheidung und telegrafierte am 30. Oktober nach New York, die Abgeordneten seien frei, zurückzukehren, wenn die Aufgabe erledigt sei, Hergt dagegen solle auf jeden Fall noch dort bleiben. So führten Wehner und Hergt die Verhandlungen in New York weiter[37].

Später unterschlug Gerstenmaier die Beteiligung von Hergt und Wehner an dieser ersten Reise nach New York. Er behauptete, als einziger Delegierter gereist zu sein. Gerstenmaier 1981: »Es war ein saures

Geschäft, und ich war immer wieder nahe am Verzweifeln. (...) Dazu war ich allein. Ich war der einzige Deutsche weit und breit. Ich war mein eigener Delegierter, Sekretär, Schreiber und Protokollchef. Ich fehlte bei keiner Sitzung, schlug keine Besprechung und Einladung aus und kämpfte am späten Abend, wenn ich zu mir kam, in meinem seelenlosen Hotelzimmer mit der Resignation.« Ein Beispiel dafür, mit welcher Vorsicht Memoiren zu genießen sind[38].

Was Hergt und Wehner damals nicht wußten oder bestenfalls ahnten, war, daß Gerstenmaier noch andere Zwecke verfolgte als das Bemühen um die Freilassung der Kriegsgefangenen. Der ehrgeizige Eugen Gerstenmaier war vor Antritt der Reise von Adenauer gebeten worden, das politische Terrain in den USA zu sondieren. Sein Abstecher nach St. Louis jedenfalls diente nicht nur privaten oder Angelegenheiten des Evangelischen Hilfswerks, dessen Präsident er war. Er flog dorthin, um Senatoren aus der Umgebung des Präsidenten zu treffen und Gespräche über verteidigungspolitische Fragen zu führen. An Adenauer berichtete er, daß er gefragt worden sei, wie schnell die Bundesrepublik einen eigenen Beitrag zur westeuropäischen Verteidigung leisten könne[39].

Im Schatten dieser Aktivitäten und nach der Abreise Gerstenmaiers gelang es Wehner und Hergt, tragfähige Ergebnisse zu erzielen. Insbesondere die Spitzen der amerikanischen UN-Delegation mußten für die deutsche Sache gewonnen und argumentationsfähig gemacht werden. Dazu dienten zahlreiche Gespräche und Begegnungen mit den Delegierten, allen voran mit der Präsidentenwitwe Eleanor Roosevelt und einer afro-amerikanischen Rechtsanwältin[40].

Die Demokratin Edith Sampson (1901–1979) wurde im August 1950 als erste schwarze Frau zur US-Delegierten bei den Vereinten Nationen ernannt. Frisch im Amt und voller Elan nahm sie sich der deutschen Delegation an. Den Lesern des ›Hamburger Echo‹ schilderte Wehner, daß Sampson und er gemeinsam in einer langen Unterredung alle Tatsachen und Argumente geprüft hatten. Danach sei sie auf ihn zugekommen und habe ihm Mut gemacht und Hilfe versprochen. Wehner über die »amerikanische Negerin«, die »Deutschlands Anwältin« bei den Vereinten Nationen geworden war: »Die Vorsitzende des Nationalrats der Negerfrauen ist eine Frau mit gütigem Herzen und scharfem Verstand. Ihr eigener Lebensweg ist ungewöhnlich und führte sie von Pittsburgh-Slums ihrer Kindheit zu strahlenden Erfolgen als Juristin.«[41]

Am 4. November 1950 kehrte Herbert Wehner nach Bonn zurück. Zur Sitzung des Auswärtigen Ausschusses des Deutschen Bundestages am 15. November erschien Gerstenmaier nicht, so daß Wehner allein über den Erfolg der Delegation in New York berichten mußte. Die Amerikaner hatten versichert, sie würden einen offiziellen Antrag einbringen. In dem Resolutionsentwurf, den sie Hergt und Wehner zur Kenntnis gegeben hatten, würden alle Regierungen aufgefordert, alle Kriegsgefangenen zu repatriieren. Außerdem werde in der Resolution vorgeschlagen, eine »UN-Kommission für die Kriegsgefangenen« einzusetzen, die von allen Regierungen und Behörden Informationen über den Verbleib der Soldaten einziehen sollte. Die deutsche Delegation hatte außerdem betont, daß der Auftrag der Kommission sich auch auf verschleppte Frauen, Zivilpersonen, Strafgefangene, Zwangsarbeiter und »Freie Arbeiter« erstrecken sollte. Dies war ebenso noch offen geblieben wie die endgültige Formulierung der Resolution. Wehner und Hergt hatten den Amerikanern empfohlen, in dem Text keine spezielle Kritik an der UdSSR zu üben, um den Sowjets die Gelegenheit zu entziehen, den Beschluß als einseitige Propagandaaktion abzutun. Auch hier hatten für Wehner die Interessen der Gefangenen Vorrang vor politisch-propagandistischen Belangen. Schließlich beschloß der Ausschuß einstimmig, daß Gerstenmaier und Wehner »zu gegebener Zeit« wieder nach New York gehen sollten[42].

Als die erneute Reise bevorstand, rief Gerstenmaier im Kanzleramt an und kritisierte die »einseitige Fühlungnahme des Abgeordneten Wehner mit sozialistischen und gewerkschaftlichen Kreisen«. Er forderte Wehners Abberufung aus der Delegation und seine Ersetzung durch einen anderen Sozialdemokraten. Doch die Beamten wußten durch Hergt, wie es um Gerstenmaiers Arbeit in der Delegation bestellt war. Schließlich brach Wehner am 3. Dezember 1950 allein nach New York auf. An Bord des Flugzeugs wunderte er sich: »Von G. habe ich bis jetzt noch nichts entdeckt.« Der CDU-Politiker kam erst zwei Tage später in New York an[43].

Kurz nach Wehners Ankunft gab Edith Sampson eine Pressemitteilung der Delegation der Vereinigten Staaten bei den Vereinten Nationen heraus. Es gebe in Deutschland und Japan ganze Zimmer voll von

Briefen Gefangener, die eine Antwort verdienten. Sampson argumentierte, es sei auch im Interesse der Sowjetunion selbst, die Fragen der Millionen von Verwandten und Freunden der Vermißten zu beantworten[44].

Am 7. Dezember begannen die Verhandlungen über die Kriegsgefangenenfrage in der zuständigen Kommission der Vereinten Nationen. Wehner verbrachte jetzt jeden Tag in Lake Success, dem Hauptsitz der UNO. Die sowjetische Delegation leistete energischen und lautstarken Widerstand gegen die Resolution. Wehner meinte über den »Haupt-Russen«: »Der Mann sieht aus wie ein Scharfrichter, ich konnte es mir nicht verkneifen, ihn auf russisch als Roter Faschist zu titulieren.« Zum Schweigen verurteilt, beschrieb Wehner die Rolle der deutschen Beobachter: »Die Vertreter der Länder, deren Angehörige das harte Los zu tragen haben, dürfen selbst nicht sprechen. Ein Symbol für die Relativität der Menschenrechte.«[45]

Schließlich beschloß die Vollversammlung mit 43 gegen 5 Stimmen bei 6 Enthaltungen, alle Länder aufzufordern, über die bei ihnen vermißten, vermuteten oder verbliebenen Gefangenen Auskunft zu geben. Eine dreiköpfige Untersuchungskommission sollte am 30. April 1951 zusammentreten, um die Auskünfte der Länder zu überprüfen[46].

Den Lesern des ›Hamburger Echo‹ vermittelte Wehner einen freundlichen Eindruck von den USA. New York stelle »höchste Anforderungen an jeden, der sich ihm nähert. Aber es behandelt jeden, sei er auch eben erst eingetroffen, als gehöre er dazu.« Menschen »aller Farbschattierungen und Sprachakzente« träfen dort aufeinander, aber »man wird miteinander fertig und respektiert schließlich einander«. Auch die Vereinten Nationen seien von ihrem Gastgeberland geprägt: »Die Art der UNO, Weltprobleme und Angelegenheiten einzelner Teile der Welt am ›Runden Tisch‹ zu behandeln, entspricht weitgehend amerikanischer Vorstellung, miteinander fertig zu werden und übereinzukommen.«[47]

Fortan gehörte Herbert Wehner dem Unterausschuß Kriegsgefangene des Auswärtigen Ausschusses an. Er drängte darauf, die Zeit bis zum Stichtag 30. April 1951 zu nutzen und von deutscher Seite ein verläßliches Verzeichnis der Gefangenen und Vermißten vorzulegen. Dazu gehörten für ihn auch die Zivilgefangenen. Er forderte, die Zuständigkeiten in der Bundesrepublik zusammenzufassen. Der »leidige

Instanzenstreit, 5 Ministerien beschäftigen sich damit«, müsse beseitigt werden. Er forderte, eine Art »Nothilfswerk« ins Leben zu rufen. Für die SPD-Fraktion brachte Wehner einen entsprechenden Antrag ein, aus dem der Auswärtige Ausschuß dann einen Gesetzentwurf »zur Sammlung von Nachrichten über Kriegsgefangene, festgehaltene oder vermißte Zivilpersonen und Vermißte« machte, der am 21. Februar 1951 mit großer Mehrheit vom Bundestag angenommen wurde. In der Bundesregierung erhielt die Dienststelle für Auswärtige Angelegenheiten im Bundeskanzleramt die Federführung. Das verhinderte aber nicht, daß das Bundesfinanzministerium Schwierigkeiten bei der Zahlung von Zuschüssen an die Suchdienste machte[48].

Die Arbeit der Untersuchungskommission der Vereinten Nationen ging zunächst »unbefriedigend und schleppend« voran. Auch westliche Regierungen, insbesondere die französische, so meinte Wehner schon im Frühjahr 1951, trügen nicht genügend zur Aufklärung über das Schicksal ihrer Kriegsgefangenen bei. Gegenüber den Westmächten ging ihm die Bundesregierung zu zurückhaltend vor[49].

Zu Beginn des Jahres 1952 trat Wehner mit zwei Wünschen an die Öffentlichkeit. Erstens sollte endlich das Schicksal »aller Personen, die während oder infolge des zweiten Weltkrieges als Kriegsgefangene in Gewahrsam genommen oder an ein anderes Land ausgeliefert wurden«, restlos aufgeklärt werden. Zweitens sollten alle Urteile zu Freiheitsstrafen gegenüber Kriegsgefangenen überprüft werden, mit dem Ziel der Freilassung in den meisten Fällen »nach der bisher erlittenen vieljährigen Haft«. Dies schloß auch Verurteilte in westlichen Ländern ein. Hier ging es Wehner nicht nur darum, ein von der politischen Rechten ausgeschlachtetes Thema vom Tisch zu bekommen, sondern auch um Flankenschutz für entsprechende Forderungen an die Sowjetunion. Dabei zog er eine klare Grenze nach rechts: »Wir haben nichts gegen den Soldaten, auch nichts gegen den Berufssoldaten. Eine irgendwie geartete Rehabilitierung der wirklichen Kriegsverbrecher lehnen wir ab.«[50]

Für die erste Tagung der Untersuchungskommission der Vereinten Nationen auf europäischem Boden am 21. Januar 1952 in Genf wurde wiederum eine deutsche Delegation benannt, diesmal mit den Bundestagsabgeordneten Heinrich Höfler (CDU), Herbert Wehner (SPD) und Margarete Hütter (FDP). In einem Informationsgespräch mit Trützschler stellte die Delegation fest, daß die Sowjetunion zwar immer noch kein Zahlenmaterial geliefert, aber die Anfrage der Kommission im September 1951 immerhin negativ beantwortet habe. Dies stelle »eine gewisse Anerkennung des Mandats der UN« dar[51].

Bei den Genfer Gesprächen fragte der kanadische Sekretär der Kriegsgefangenenkommission, King Gordon, Wehner, ob die Kommission angesichts des Mauerns der Sowjets nicht besser aufgelöst werden solle. Wehner lehnte diesen Gedanken ab. Er entgegnete, je mehr Regierungen verläßliche Angaben zu Vermißten und Gefangenen machten und je sachlicher die Arbeit der Kommission sei, desto mehr würde die Sowjetunion in die Zwangslage geraten, sich immer wieder zur Frage der Kriegsgefangenen zu äußern. Die Kommission wünschte nun für etwa 30 bis 40 Fälle, also stichprobenartig, eidesstattliche Erklärungen von Heimkehrern als Beweise über Fälle von zurückgehaltenen Kriegsgefangenen. Auf Vorschlag von Wehner beschloß der Unterausschuß Kriegsgefangene, diesen Nachweis gleich für 20 000 Fälle zu führen[52].

Auch der deutschen Delegation zur zweiten Genfer Tagung der UN-Kommission im August 1952 gehörte Wehner an. Ein neuerlicher Vorstoß Gerstenmaiers, die Delegation auswechseln zu lassen, war erfolglos geblieben. Zur Vollversammlung der Vereinten Nationen im November 1953 entsandte die Bundesregierung dann eine Delegation nach New York, die ausschließlich aus Beamten bestand. An der Spitze stand der Staatssekretär im Auswärtigen Amt, Walter Hallstein; mit von der Partie waren Trützschler von Falkenstein und Raimund Hergt, der mittlerweile ins Außenministerium gewechselt war[53].

Zu Weihnachten 1953 begrüßte Wehner den Beschluß der UN-Vollversammlung, die Arbeit der Kriegsgefangenenkommission fortzusetzen. Wenn die westlichen Länder nun mit gutem Beispiel vorangingen, werde auch die Sowjetunion es auf Dauer nicht ablehnen können, sich an der Aufklärung der Schicksale zu beteiligen. Durch »die Gesellschaften vom Roten Kreuz« sollte erstrebt werden, »abseits von politischem Streit, in dieser Richtung weiter zu kommen«. Wehner forderte: »Die Kriegsgefangenenfrage darf nicht länger als Instrument des ›Kalten Krieges‹ gebraucht werden.« Er zeigte sich dessen gewiß, »daß Menschlichkeit gegenüber den Kriegsgefangenen und Verurteilten ein wesentlicher Beitrag zur angestrebten Entspannung wäre«[54].

Eine enge Zusammenarbeit entwickelte sich ab Frühjahr 1951 zwischen Wehner und dem Suchdienstleiter des Deutschen Roten Kreuzes, Kurt Wagner. Der Suchdienst übernahm die Aufgabe, eine zentrale Kartei der Kriegsgefangenen und Vermißten zu führen, um verläßliches Zahlenmaterial zur Verfügung stellen zu können. Gleichzeitig bemühte sich das Rote Kreuz um Hilfsmaßnahmen wie Briefe und Pakete an die Gefangenen. Wehner öffnete dem gebürtigen Sachsen Wagner zahlreiche Türen in Bonn. Gleich nach dem ersten Besuch des Suchdienstleiters in seiner Wohnung ging Wehner mit ihm zu seinem Nachbarn und stellte ihn dem CDU-Vertriebenenpolitiker Linus Kather vor. Von da an war Wagner immer wieder bei Wehners zu Gast. Er erinnert sich an eine liebenswürdige, gastfreundliche Familie, an die ausgeprägten musischen und kulturellen Interessen seines Gastgebers und an die zahlreichen Begegnungen im Hause Wehner, die für die Hilfstätigkeit nutzbar gemacht werden konnten – insbesondere mit polnischen Diplomaten[55].

Im September 1951 und erneut im April 1954 gab Wehner Wagner die Gelegenheit, vor dem Gesamtdeutschen Ausschuß über die Lage der »in den osteuropäischen Ländern festgehaltenen Deutschen« zu referieren. Im September 1953 begann die Sowjetunion mit Massenentlassungen von Gefangenen nach Deutschland, stoppte die Transporte jedoch im Januar 1954 wieder. Die Tatsache der Transporte führte Wagner auf die Öffentlichkeitsarbeit von Regierung und Verbänden zurück, auf die Tätigkeit der UN-Kriegsgefangenenkommission und auf die Besprechungen bei internationalen Rot-Kreuz-Tagungen. Hinter ihrem Zustandekommen wie auch hinter der Unterbrechung vermutete er politische Erwägungen. Er betonte: »Wichtig ist, daß die Welt da drüben immer wieder erfährt, daß Westdeutschland und überhaupt Deutschland die zurückgehaltenen Deutschen nicht vergißt und daß es keine Ruhe geben wird, bis sie hier sind.«[56]

Die Sowjetunion wollte sich angesichts der Kritik der Weltöffentlichkeit des Problems der Kriegsgefangenen und Verschleppten entledigen. Durch die Einschaltung der Vereinten Nationen war klar geworden, daß es dazu mit einem Bestreiten der Tatsachen nicht getan war. Es blieb nur der Weg, die Gefangenen über kurz oder lang in ihre Heimat zu entlassen. Dafür sollte aber zumindest ein außenpolitischer Prestigegewinn herauskommen. So erklären sich die Entlassungen am Vorabend der Berliner Außenministerkonferenz von 1954. Schreibende Gefangene hatten berichtet, daß mehrere Lager zusammengelegt wurden. Heimkehrer hatten den Eindruck, daß schon seit Herbst 1953 die Entlassung aller Gefangenen vorbereitet wurde. Als die Berliner Konferenz dann keine Lösung der deutschen Frage brachte und die Bundesrepublik in der Folge auf die Mitgliedschaft in der NATO zusteuerte, wurden die Entlassungen auf Eis gelegt[57].

Die Sowjets wollten die Kriegsgefangenenfrage jedenfalls nicht mit dem Roten Kreuz zum Abschluß bringen, sondern nur um den Preis eines politischen Vorteils. Hierzu war die Zeit erst reif, als im September 1955 Adenauer nach Moskau reiste, um diplomatische Beziehungen zur Sowjetunion aufzunehmen. Wehner reiste nicht mit – ihm als »Renegaten« erschien die Fahrt zu gefährlich. Auf der Passagierliste stand jedoch Legationsrat Hergt. Die Sowjetunion sagte zu, so berichtete Hergt an Wehner, »9626 deutsche Gefangene zu entlassen und jedem weiteren Deutschen die Heimkehr zu ermöglichen, dessen Aufenthaltsort angegeben werden kann«[58].

In einem Nachruf auf Konrad Adenauer erinnerte Herbert Wehner 1967 an die Freilassung der Gefangenen im Jahr 1955. Es schmälere die Bedeutung der Freigabe nicht, schrieb Wehner, wenn er an den Beschluß der UNO von Ende 1950 erinnere, »durch den es möglich wurde, die noch in mehreren Ländern zurückgehaltenen deutschen Kriegsgefangenen allmählich heimzuführen und die Schicksale der aus dem Kriege Vermißten aufzuklären«. Auch wenn die Sowjetunion ihre förmliche Mitwirkung versagt hatte, habe sie doch Vorkehrungen getroffen, die eine künftige Lösung des »schmerzhaften« Problems ermöglichten. Wehner kam aufgrund seiner Erfahrungen »aus jahrelanger stiller Mitarbeit am Kriegsgefangenen-Heimführungswerk« zu der Erkenntnis, daß die Leistung Adenauers gerade dadurch besonders bedeutsam sei, »daß er den eigenen Schritt zur unmittelbaren bilateralen Lösung tat, um die multilateralen Bemühungen auch dort zu dem positiven Ergebnis zu bringen, wo sie eben nur durch einen bilateralen Abschluß zum guten Ende geführt werden konnten«[59]. Adenauers größtes Verdienst, so ist aus heutiger Sicht hinzuzufügen, war in diesem Zusammenhang möglicherweise, daß er im Jahr 1950 Herbert Wehner nach New York geschickt hatte.

Auch nach dem Moskauer Erfolg blieb Wehner am Ball. Ihm ging es darum, das Maximum aus den Moskauer Vereinbarungen herauszuholen. Er bemühte sich um Klärung und Hilfe in zahlreichen Einzelfällen. Besonders kümmerte er sich um die Frage des Rechtsanspruchs politischer Häftlinge auf Entschädigung. Hier legte er sich öffentlich mit Bundesvertriebenenminister Theodor Oberländer an, der im Falle eines solchen Anspruchs »Massenentlassungen« aus der DDR befürchtete, die dann die Finanzlage der Bundesrepublik beeinflussen könnten. Eine, so Wehner, »monströse Begründung«[60].

Ein strittiger Fall, in dem Wehner persönlich half, ist derjenige des KPD-Bundestagsabgeordneten Kurt Müller, der 1950 in die DDR verschleppt und als angeblicher englischer Agent durch ein sowjetisches Gericht zu den üblichen 25 Jahren Zwangsarbeit verurteilt worden war. Müller kam im Oktober 1955 zusammen mit den Kriegsgefangenen aus der Sowjetunion frei. Spitzfindige deutsche Beamte lehnten nun die Zahlung einer Haftentschädigung an Müller ab. Dieser sei schließlich nicht wegen seiner politisch-oppositionellen Gesinnung, sondern trotz seiner politischen Linientreue verurteilt worden. Für Wehner dagegen waren vorrangig mitmenschliche Motive ausschlaggebend: »Kurt Müller und ich waren nie freundschaftlich verbunden, aber auch dies ist ohne Bedeutung angesichts der Tatsache, daß er, der schwerste Jahre in der Hitlerzeit durchlebt hat, nun, nach einer neuen schweren Prüfung, endlich wieder ein freier Mensch ist.« Wehner setzte im Fall Müller alle Hebel in Bewegung. Er stritt sich mit Oberländer, beschwerte sich mehrfach bei Jakob Kaiser und bemühte sich, für Müller Anstellungen und Aufträge als Journalist zu finden. Müller, der 1957 der SPD beigetreten war, fand schließlich 1960 eine Anstellung bei der Friedrich-Ebert-Stiftung[61].

Alternativen zu Adenauer

In der Anfangszeit der Bundesrepublik waren die Gräben zwischen SPD und CDU nicht auf allen politischen Feldern gleich tief. Selbst ihr Verlauf war keineswegs überall klar gezogen. Auf dem Feld der gesamtdeutschen Politik betätigte sich Herbert Wehner von Anfang an als Brückenbauer. Wichtigster Partner des Ausschußvorsitzenden war der zuständige Minister, Jakob Kaiser. Der christliche Gewerkschafter war 1947 von den Sowjets als Vorsitzender der CDU in ihrer Besatzungszone abgesetzt worden. Er trat für ein demokratisches Gesamtdeutschland mit sozialistischer Wirtschaftsform ein, womit er sich im Einklang mit der SPD befand. Aber seine Konzeption von Deutschland als »Brücke« zwischen West und Ost, mit der Aufgabe, »die Synthese zwischen östlichen und westlichen Ideen zu finden«, war auf die entschiedene Ablehnung des scharf antikommunistisch eingestellten Kurt Schumacher gestoßen[62].

Schumacher war dann sowohl gegen die Schaffung des »Ostministeriums« als auch gegen die Einrichtung eines entsprechenden Bundestagsausschusses für gesamtdeutsche Fragen gewesen. Zu einer Beteiligung an dessen Arbeit gab es jedoch keine sinnvolle Alternative. Die Bedenken der Sozialdemokraten gegen Kaiser schienen sich in der zweiten Sitzung des Ausschusses im Dezember 1949 zu bestätigen. Dort hatte sich Kaiser, wie Wehner dem Parteivorstand berichtete, als »alten Volkstumskämpfer« bezeichnet und für eine Vereinigung Deutschlands mit Österreich plädiert. Der »Reichstag« könne dann abwechselnd in Wien und Berlin tagen. Immerhin hatte Kaiser alle Fraktionen um Unterstützung für seine Politik gebeten, da er befürchtete, sich sonst im Kabinett nicht durchsetzen zu können. Wehners Fazit fiel gleichwohl negativ aus. Zwar gebe es auch in der SPD verworrene Ansichten, aber: »Kaiser hat offensichtlich keine vernünftige Konzeption.«[63]

Dennoch nutzte Wehner den Vorsitz im Gesamtdeutschen Ausschuß nicht, um dort lautstark Oppositionspolitik zu machen. Er strebte die gemeinsame sachliche Arbeit an. In der Diskussion nahm er meist die Rolle des Moderators ein, der die Ergebnisse zusammenfaßte. Er führte, indem er zusammenführte, bestimmte Themen auf die Tagesordnung setzte und Referenten einlud[64].

In der gemeinsamen Abwehr der Bedrohung aus dem Osten fanden Wehner und Kaiser schnell zur Zusammenarbeit. Angelpunkt der Auseinandersetzung mit dem SED-Regime waren die für den 15. Oktober 1950 angesetzten Volkskammerwahlen. Diese Wahlen waren weder frei noch geheim. Gleich waren sie insofern, als es ganz gleich war, welchen Wahlkampf die Parteien und Organisationen machten, das Ergebnis stand von vornherein fest. Die »bürgerlichen« Parteien CDU und LDPD bildeten gemeinsam mit der SED eine Einheitsliste. Und

Familie Wehner, um 1911 – v. l. n. r.:
Mutter Toni, Bruder Rudi, Herbert, Vater Richard

Anarchistische Jugend Dresden, Sommer 1924 –
Herbert Wehner stehend 2. v. r.

Eine neue Familie – in Uppsala, 1946 – v. l. n. r.:
Herbert Wehner, Greta, Jens-Peter, Lotte Burmester

Herbert Wehner, 1926

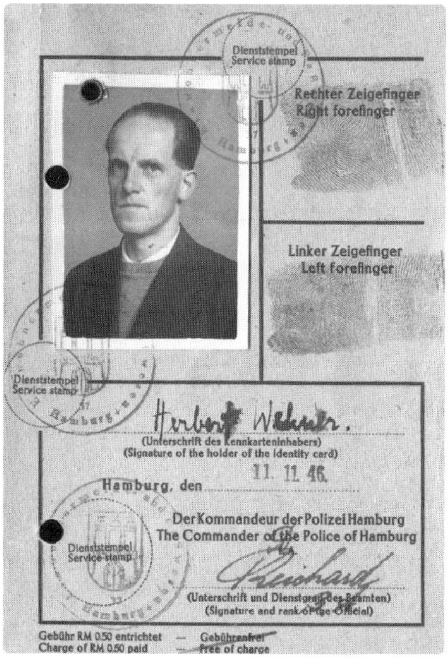

Kennkarte der Hamburger Polizei, ausgestellt am 11. November 1946

Die Redaktion des ›Hamburger Echo‹, 1947 – Herbert Wehner 3. v. r.

Der SPD-Vorsitzende Kurt Schumacher
mit Herbert Wehner, 1949

In schwieriger Mission 1: im Oktober 1950 auf dem Weg nach New York –
Herbert Wehner 2. v. r., daneben Eugen Gerstenmaier

Bundestagsdebatte über die Pariser Verträge, 15. Dezember 1954

*Mit Erich Ollenhauer in Stockholm, 1953 –
dahinter Alfred Nau, rechts Herta Gotthelf*

Ein eigenes Heim in Schweden – das Haus auf der Insel Öland, Ostern 1962

Urlaub an der Flensburger Förde, 1955 – v. l. n. r.: Herbert und Lotte Wehner, Greta Burmester

»Glaubt einem Gebrannten« –
auf dem Godesberger Parteitag
der SPD 1959

Außenpolitische Debatte im Bundestag, 30. Juni 1960 – auf der Regierungsbank Kanzler Konrad Adenauer und Wirtschaftsminister Ludwig Erhard

Der Durchbruch – Titelseite der ›Bild-Zeitung‹
am Tag nach der Rede vom 30. Juni 1960

diese Liste, über die nur en bloc abzustimmen war, sicherte 70 Prozent der Sitze der SED und ihren Nebenorganisationen. Als Vorsitzender des Gesamtdeutschen Ausschusses brachte Wehner am 14. September im Namen aller Fraktionen mit Ausnahme der KPD eine Erklärung in den Bundestag ein. Darin hieß es, die »Terrorwahlen« ohne die Möglichkeit, nein zu sagen oder auch nur den Wahlzettel ungültig zu machen, seien kein Ausdruck des wahren Willens des deutschen Volkes und daher null und nichtig. Die Besatzungsmächte sollten demokratische Wahlen zu einem gesamtdeutschen Parlament durchführen lassen. Der Widerstand Berlins gegen die kommunistische Diktatur sei mit allen wirtschaftlichen und politischen Mitteln zu stärken[65]. Diese Initiative Wehners war die erste gemeinsame, überparteiliche Erklärung aller demokratischen Fraktionen in der Geschichte des Deutschen Bundestages.

Fünf Tage vor der strittigen Wahl, unmittelbar vor seiner Abreise nach New York, gab Wehner als Ausschußvorsitzender eine Pressemitteilung heraus. Darin warnte er die DDR-Bevölkerung vor unüberlegten Protesten. Für die Zukunft machte Wehner den Ostdeutschen Mut: »Die Freiheit der Person, das Recht und die soziale Gerechtigkeit werden in einem geeinigten Deutschland triumphieren.« Bei der Volkskammerwahl am 15. Oktober 1950 wurden offiziell eine Wahlbeteiligung von 98,5 Prozent und ein Ja-Stimmenanteil von 99,72 Prozent ermittelt. Trotz staatlichen Drucks zu offener Stimmabgabe ließ sich ein solches Ergebnis aber nur durch Wahlfälschung erzielen[66].

Auf die Bundestagsentschließung vom 14. September 1950 folgte eine einjährige Periode deutschlandpolitischer Gemeinsamkeit zwischen Bundesregierung und SPD-Opposition. Am 9. März und am 27. September 1951 verabschiedete der Bundestag mit breiter Mehrheit zwei weitere deutschlandpolitische Entschließungen, die auf Anregungen der SPD basierten. Die Regierung aber gab Verhandlungen zur Schaffung einer Europäischen Verteidigungsgemeinschaft Vorrang vor solchen über die Wiedervereinigung. Als dies klar wurde, ging die Zeit der Gemeinsamkeit zu Ende[67].

Sie war ohnehin schwer herzustellen gewesen. Besonders schwierig wurde es bei der Debatte am 27. September 1951. DDR-Ministerpräsident Otto Grotewohl hatte zwei Wochen zuvor eine Regierungserklärung abgegeben, in welcher er sich unter bestimmten Bedingungen für freie gesamtdeutsche Wahlen ausgesprochen hatte. Die Volkskammer forderte, eine »Gesamtdeutsche Beratung« mit Vertretern beider Regierungen einzuberufen. Ihr Schlagwort hieß: »Deutsche an einen Tisch!« Wehner vertrat in der Sitzung des Gesamtdeutschen Ausschusses die Auffassung, eine »qualifizierte Antwort« sei notwendig. Einig waren sich beide Seiten, daß direkte Beratungen mit der nicht demokratisch legitimierten DDR-Regierung abzulehnen seien. Am Ende kamen die Abgeordneten überein, daß sowohl Bundeskanzler Adenauer eine Regierungserklärung abgeben als auch ein Antrag der SPD-Fraktion für freie Wahlen angenommen werden sollte[68].

Es war die Außenpolitik, welche die deutschlandpolitische Gemeinsamkeit torpedierte. Das zeigte sich nur drei Wochen später bei der nächsten Debatte zur Deutschlandpolitik. Adenauer hatte seine Regierungserklärung diesmal nicht vorher mit der Opposition abgestimmt. Die drei Westmächte hatten zugestimmt, eine UNO-Kommission zu beauftragen, die Voraussetzungen für freie Wahlen zu prüfen. Adenauer stellte zugleich klar, daß er den Grotewohl-Vorschlag zu einer »Gesamtdeutschen Beratung« ablehne. Der Streit entzündete sich nicht hieran, sondern für die Sozialdemokratie und Herbert Wehner waren die »konkreten Formen« der sich abzeichnenden europäischen Integration, Schuman-Plan und Straßburger Rat nicht als Bestandteil oder Voraussetzung eines geeinten Europa annehmbar. Wehner forderte daher, unverzüglich alles zu tun für die »Durchsetzung der Demokratie« in ganz Deutschland. Nationale Notwendigkeit sei die Einberufung einer Viermächtekonferenz über die deutsche Einheit[69].

Wehner wollte eine ständige Offensive für die deutsche Einheit, für die »deutschen Rechte in der Gemeinschaft der Nationen« und für soziale Gerechtigkeit. Im Spätsommer 1951 forderte er: »Der Wiedervereinigungswille müßte im Westen zu einer politischen Realität entwickelt und verschmolzen werden mit dem Befreiungswillen der Menschen in der Sowjetzone.« Wenn dies gelinge, würden die Russen den Versuch aufgeben, das deutsche Volk zu einem Teil ihres Imperiums zu machen. Wehners Konzept war eine Nachholung der deutschen Nationswerdung mit den ineinander übergehenden Zielen Unabhängigkeit, Einheit und soziale Demokratie[70].

Wehner setzte auf die Dynamik eines zu entwickelnden Volkswillens. Adenauer bediente das vorhandene Bedürfnis der Bevölkerung nach Ruhe und Sicherheit. Letztere und den Übergang vom Besatzungsstatut zu mehr außen- und innenpolitischer Handlungsfreiheit der Bundesrepublik wollte er durch ihre Einbindung in westeuropäische Strukturen erreichen. Wenn die deutsche Einheit für ihn den behaupteten hohen Stellenwert hatte, dann nicht um den Preis der Aufgabe der Westbindung[71].

Adenauer steuerte, im Einklang mit den westlichen Besatzungsmächten, auf deutsche Divisionen innerhalb einer westeuropäischen Armee hin. Es ging um die Schaffung einer Europäischen Verteidigungsgemeinschaft (EVG); ergänzend dazu sollten die Beziehungen zwischen der Bundesrepublik und den drei westlichen Besatzungsmächten auf eine neue Grundlage gestellt werden. Der »Generalvertrag« sah einen wesentlich erweiterten Handlungsspielraum für die ins westliche Bündnis eingebundene Bundesrepublik vor. Die Alliierten verpflichteten sich auf das Ziel, die Einheit Deutschlands wiederherzustellen, allerdings mit einer umstrittenen »Bindungsklausel«, welche die Westbindung auch des wiedervereinigten Deutschland vorsah[72].

Dagegen lief die SPD-Opposition Sturm. Wehner fürchtete, daß »die Einzementierung der Bundesrepublik in das westliche Blockgebilde zu einer völligen Abschnürung des Gebietes der sowjetischen Besatzungszone führen wird«. Deutschland habe damit zu rechnen, daß die Wiedervereinigung künftig »erst im Zuge einer ›Neuordnung Osteuropas‹« auf die Tagesordnung gesetzt werde. So kam es auch. Als ebenso richtig sollten sich drei kurzfristigere Voraussagen erweisen, die Wehner mit Adenauers »Politik der Stärke« verband: Berlin käme in eine äußerst gefährdete Lage, die sowjetische Besatzungszone würde vom übrigen Deutschland völlig abgetrennt und militarisiert werden, und die Sowjetunion könne künftig behaupten, sie habe »in einer bestimmten Situation die Wiedervereinigung Deutschlands angeboten, ohne daß die übrigen Mächte darauf eingegangen wären«[73].

Letzteres bezog sich auf den Notenwechsel, den die Sowjetunion mit der »Stalinnote« vom 10. März 1952 einleitete. Die Note bot den Westmächten Verhandlungen über einen Friedensvertrag mit einem wiedervereinigten, neutralen und bewaffneten Deutschland an. In einer Folgenote vom 9. April erklärte sich die Sowjetunion auch zu freien Wahlen bereit. Adenauer und die Westmächte erblickten in den Noten Störmanöver, um den Abschluß der Westverträge zu behindern. Den Vorschlag einer Viermächtekonferenz über Deutschland lehnten sie ab. Skeptikern versuchte der Kanzler weiszumachen, der Anschluß an den Westen und dessen militärische Stärke würde die Sowjets schon bald zwingen, die Wiedervereinigung zuzulassen[74].

Wehner wollte die Note nutzen, um die Alliierten zu Verhandlungen mit der Sowjetunion zu bringen. Gleich am Tag nach ihrem Bekanntwerden informierte er die SPD-Fraktion. Als erstes forderte er: »Streng sachliche Prüfung des Inhalts«. In einer gemeinsamen Sitzung des Auswärtigen und des Gesamtdeutschen Ausschusses betonte er, daß sein Ausschuß sich für die »sorgfältige Prüfung« der Note in Hinsicht auf Viermächtegespräche ausgesprochen hatte. Im Rundfunk sprach er sich dafür aus, jetzt nicht schweigend das Verhalten der Großmächte abzuwarten, sondern die »unveräußerlichen deutschen Anliegen« vorzubringen. In der Bundestagsdebatte am 3. April appellierte Wehner an die Parlamentarier: »In einer Stunde, meine Damen und Herren, in der die Gefahr ist, daß eine Tür zugeschlagen wird, möchten wir eine gemeinsame neue Anstrengung. Niemand von uns kann mit Sicherheit sagen, was eintreten würde, wenn wir durch Versäumnisse eine vielleicht unwiderrufliche Entscheidung über unser Land heraufbeschwören würden.« Ein entsprechender Antrag der SPD wurde nach leidenschaftlicher Debatte in allen Punkten abgelehnt. Statt dessen beauftragte die Mehrheit der Parlamentarier die Regierung, die Verhandlungen um die Westverträge im bisherigen Sinne fortzusetzen[75].

Der amerikanische Hochkommissar John McCloy hatte sich nach einer privaten Unterredung mit Herbert Wehner Ende April 1952 positiv über dessen Vorschläge geäußert, wie der Westen mit den Sowjets in Gespräche kommen könne[76]. Aber Adenauer verstärkte die bei den Westmächten ohnehin vorhandene Neigung, sich durch die sowjetische Notenoffensive nicht von der politischen und militärischen Einbindung der Bundesrepublik in den Westen abbringen zu lassen. Auch eine weitere sowjetische Note am 24. Mai verhinderte die Unterzeichnung des General- und des EVG-Vertrags am 26. und 27. Mai 1952 nicht. Gleichzeitig beauftragte die DDR-Regierung das Ministerium für Staatssicherheit, die innerdeutsche Grenze vollkommen abzuriegeln. Nur das Schlupfloch West-Berlin blieb noch übrig.

In der Sitzung am 27. Mai gab Wehner, »sehr betrübt«, seiner Fraktion eine ausführliche Übersicht über die beiden Verträge, verbunden mit einer kritischen Wertung einzelner Punkte und ihrer Tendenz im allgemeinen. Besonders aufmerksam registrierte er, daß in den Verträgen das für die Zukunft angestrebte vereinte Europa mit den nunmehr geschaffenen westeuropäischen Strukturen, Montanunion und EVG, gleichgesetzt wurde[77].

In der Bundestagsdebatte vom 10. Juli 1952 wies Wehner auf den wunden Punkt in der Argumentation der Regierung hin. Aufrichtiger wäre es, wenn die Befürworter der Verträge sagten: »Jawohl, wir geben zu, für eine geraume Zeit müssen wir die Wiedervereinigung zurückstellen, aber wir haben dafür die und die Begründung.« Adenauer dagegen blieb bei der Behauptung, »daß wir der Wiedervereinigung Deutschlands in Frieden ein ganz großes Stück nähergekommen sind«. Herbert Wehner erinnerte sich wohl an diese Debatte, als er 1979 in einem Fernsehinterview auf die Frage antwortete, ob es sich bei der Stalinnote um die berühmte »verpaßte Gelegenheit« gehandelt habe: »Es sind keine verpaßten Gelegenheiten, sondern nicht gewollte Gelegenheiten.« Er fügte hinzu, Adenauer, »der alte Herr«, habe ja einmal gesagt, wenn man das ablehne, dann würden die Sowjets schon mit einem besseren Vorschlag kommen. Aber der Kanzler habe sich geirrt, »um es milde zu sagen«[78].

Die Auseinandersetzungen um die Ratifizierung der Westverträge durch Bundestag und Bundesrat zogen sich bis zum Frühjahr 1953 hin. Erst dann wurden die Verträge gegen die Stimmen der SPD angenommen. Ihre Verwirklichung blieb allerdings in der Schwebe, denn die Ratifizierung durch die französische Nationalversammlung stand noch aus.

Was nach den Auseinandersetzungen um die Stalinnoten blieb, war die enge Zusammenarbeit zwischen Herbert Wehner als Ausschußvorsitzendem und dem Bundesminister für gesamtdeutsche Fragen, Jakob Kaiser. Dieser hatte sich für eine Prüfung der sowjetischen Angebote ausgesprochen und im Kabinett einen heftigen Streit mit Adenauer ausgefochten. Ebenso wie Wehner war Kaiser nicht einverstanden mit Adenauers Neigung, vor Verhandlungen über die Wiedervereinigung Deutschlands immer neue Bedingungen zu setzen[79].

Herbert Wehner bemühte sich, einen Ausgleich und eine Zusammenarbeit zwischen Jakob Kaiser und Kurt Schumacher zustande zu bringen. Bereits für Freitag, den 21. Dezember 1951, war in Wehners Terminkalender ein Treffen vorgesehen. Doch just an diesem Tag erlitt Schumacher einen Kreislaufzusammenbruch, von dem er sich nicht mehr vollständig erholen sollte. Einen erneuten Anlauf unternahm Wehner im Frühsommer 1952. Er meinte zu Kaisers außenpolitischem Vordenker Wilhelm Wolfgang Schütz, die verschiedenen sich auf die Wiedervereinigung richtenden Bemühungen in der Bundesrepublik sollten in Einklang gebracht werden. Er schlug eine Zusammenkunft vor, bei der es unter anderem darum gehen sollte, eine konkrete Vorstellung von dem herauszubilden, was »zwischen der Integration und der Neutralisation« liege. Die Begegnung Kaisers mit Schumacher fand am 2. Juli 1952 statt, wohl unter Beteiligung Wehners, der nach einem Gespräch mit dem amerikanischen Hohen Kommissar John McCloy hinzustieß. Es kam zu einer menschlichen und politischen Annäherung, die aber aufgrund des Todes von Schumacher nur sechs Wochen später keine praktischen Folgen mehr hatte[80].

Die Außen- und insbesondere Deutschlandpolitik der SPD wurde zwischen August 1949 und August 1952 maßgeblich von Kurt Schumacher und Herbert Wehner geprägt. Aufgrund der Vielzahl von Begegnungen, wie sie die Terminkalender ausweisen, ist davon auszugehen, daß beide die Position der SPD gemeinsam, in enger Abstimmung entwickelten. Dabei wurde Wehners Part immer wichtiger, je mehr die Kräfte des gesundheitlich angeschlagenen Schumacher schwanden. Bezeichnend ist, daß es ausgerechnet Schumacher war, der sich seinerseits um das Wohl des unermüdlichen Wehner sorgte. Im Sommer 1951 fragte er Erich Ollenhauer: »Hat Herbert Wehner übrigens auch etwas für seine Gesundheit getan und war er in Urlaub oder geht er noch in Urlaub?«[81]

Zahlreiche Beschlüsse des Parteivorstands, die Briefe Schumachers an Adenauer zu den Grotewohl-Initiativen und zur Deutschlandpolitik 1951/52 gingen auf Entwürfe Wehners zurück. Als Schumacher zu Weihnachten 1951 ganz ausfiel, sprang er für ihn ein. Er übernahm eine Ansprache im Rundfunk und war anschließend vom 23. Dezember bis einschließlich zum 2. Januar jeden Tag bei ihm. Wehners Bundestagsbüro erledigte die gesamte angefallene Post des Partei- und Fraktionsvorsitzenden[82].

Im August 1952 fuhr Wehner mit Lotte für ein paar Tage in die Eifel, zelten. Sie fuhren mit ihrem ersten eigenen Auto, einem Borgward. Wehner hatte gerade seinen Führerschein gemacht. Der ungeübte Fahrer lenkte den Wagen in den Graben, sie mußten in die Werkstatt. Am 20. August, es war Lottes Geburtstag, kam im Radio die Nachricht, daß Kurt Schumacher gestorben war[83].

Herbert Wehner hatte in Schumacher zweifellos eine verwandte Seele erkannt. In seinem Nachruf zählte er ihn »zu den großen Fortsetzern und Wegbereitern der freiheitlichen deutschen Arbeiterbewegung, die Volksbewegung im besten Sinne des Wortes ist«. Wehner betonte: »Mit der ganzen Leidenschaft eines durch Leiden geglühten und geläuterten Menschen rang Kurt Schumacher um eine Gestaltung der politischen Verhältnisse, durch die – wie er betonte – eine Wiederholung der Schrecken der Vergangenheit ausgeschlossen wird.« Hierauf sollte er später immer wieder zurückkommen[84].

Dieses Glühende, Unbedingte, auch Unerbittliche, wenn es um den Kampf gegen die deutsche Teilung ging, entsprach nicht der Stimmung der Mehrheit der Westdeutschen. Es entsprach aber auch nicht der Mentalität des größeren Teils der SPD-Mitgliedschaft. Besonders die Älteren hatten ihr eigenes Organisations- und Vereinsleben stets fest im Blick, aber daß es auf ein positives Mitwirken im Staat und auf eine positive Einstellung zum demokratischen Staat ankomme, war vielen weithin fremd geblieben. »Selbstgenügsam« empfanden sie das »Ghetto«, in das sie zur Kaiserzeit und teilweise noch in der Weimarer Republik von den herrschenden Mächten gedrängt worden waren, als den natürlichen Platz der SPD[85].

Der Dortmunder Parteitag vom 24. bis 28. September 1952 hatte nun nicht nur über ein Aktionsprogramm der SPD zu beschließen, sondern auch einen neuen Vorsitzenden zu wählen. Wie selbstverständlich folgte auf Schumacher der bisherige zweite Mann in der Partei, Erich Ollenhauer. Herbert Wehner wurde erstmals, mit respektablen 316 von 369 Stimmen, zum Beisitzer im Vorstand gewählt[86].

Dabei war er durchaus für höhere Weihen in Frage gekommen. Ollenhauer hatte – wohl am 30. August – mit ihm über den stellvertretenden Parteivorsitz gesprochen. Wehner lehnte eine Kandidatur ab, weil er auf dem Parteitag keine Diskussion über seine kommunistische Vergangenheit erleben wollte. Die Parteiführung scheint auch nicht weiter insistiert zu haben. Schließlich gehörte Wehner bis dahin noch nicht einmal dem Vorstand an, und aufgrund seines Vorlebens fehlte ihm ein Stück sozialdemokratischer Stallgeruch. An entlegener Stelle war sogar über einen Parteivorsitzenden Herbert Wehner diskutiert worden. Tage Erlander, Schwedens sozialdemokratischer Ministerpräsident, notierte am 22. August in sein Tagebuch, daß er einen Gast, den deutschen SPD-Bundestagsabgeordneten Paul Bromme, gefragt habe, ob nicht Wehner als Parteivorsitzender in Frage komme. Der winkte jedoch entschieden ab: »Ein großes Unglück. Innerlich ist Wehner immer noch Kommunist. Vielleicht nicht ideologisch, aber vom Typ her.« Die schwedischen Sozialdemokraten kannten Wehner vom Kongreß der Sozialistischen Internationale in Frankfurt 1951. Aus solchen Begegnungen konnten sie zwar das politische Talent Wehners beurteilen, nicht aber die Traditions- und Beziehungsgeflechte der deutschen Sozialdemokratie[87].

Immerhin: Das Aktionsprogramm des Dortmunder Parteitags war ein wichtiger Schritt nach vorn. Die SPD forderte in diesem Dokument, das fast ein Grundsatzprogramm war, nach wie vor die Überführung der Grundstoffwirtschaft in Gemeineigentum, aber auch Verteilungsgerechtigkeit und die Mitbestimmung der Arbeitnehmer. Gleich der erste Satz entsprang Schumacherschem Denken: »Lebendige Demokratie und echtes Staatsgefühl verlangen die ständige Teilnahme der Bürger an den Dingen des Staates.«[88]

Auf dem Dortmunder Parteitag hielt Wehner eine kurze Rede zur Deutschland- und Europapolitik. Um sich von der kommunistischen Kritik an Adenauers Westbindungspolitik abzugrenzen, behauptete er: »Wir müssen und werden aufdecken, daß die Hintermänner der deutschen Kommunisten und der SED in Wirklichkeit schon in Fühlung mit den Hintermännern der kleineuropäischen Konstruktion stehen, um diese Teilung Deutschlands für einen trügerischen Status quo auszuhandeln. Das sind die Berührungspunkte der Fühler zwischen der offiziellen französischen Politik und der russischen Politik, und die werden wir immer wieder hervorheben.«[89]

Am nächsten Tag berichtete die ›Welt‹ unter der Überschrift ›Wehner (SPD) kündigt an: Enthüllungen über Ost-West-Komplott/Geheimer Kontakt Paris-Moskau über Spaltung Deutschlands?‹. Jetzt entschloß sich Bundeskanzler Adenauer zum Angriff auf Wehner. Er brachte die Angelegenheit im Bundeskabinett zur Sprache. Der französische Außenminister habe ihm erklärt, daß »keine Fühlungnahme offizieller französischer Stellen mit sowjetrussischen Vertretern« stattgefunden habe. Er werde Wehner um Stellungnahme bitten. Der Brief an Wehner war schon vorbereitet und wurde gleich im Anschluß der Bundespressekonferenz bekanntgegeben. Darin forderte der Kanzler den Abgeordneten auf, ihn umgehend näher zu informieren, »da dieses von Ihnen angeführte Material von entscheidender Bedeutung für Maßnahmen auf dem Gebiete der Außenpolitik sein kann«. Ein motorisierter Bote fuhr zum Parteitag und übergab Wehner den Brief. Der bedankte sich umgehend für das Schreiben, schickte dem Kanzler den Text seiner Rede und stellte sich für ein persönliches Gespräch zur Verfügung. Das hinderte Adenauer jedoch nicht daran, Wehners Äußerungen CDU-nahen Journalisten gegenüber als »Brunnenvergiftung übelster Art« zu geißeln. Wehner dazu an Adenauer: »Ich fürchte, diese öffentliche Vorwegnahme eines Urteils verträgt sich kaum mit der für ein unterrichtendes Gespräch notwendigen Atmosphäre.«[90]

Dennoch kam Herbert Wehner am 2. Oktober 1952 ins Palais Schaumburg. Er teilte dem Kanzler mit, was er schon in Dortmund gesagt hatte, nämlich »die SPD sei bei aller Opposition gegen seine Politik gehalten, eine Grenze nicht zu überschreiten. Diese Grenze sei dadurch gegeben, daß die SPD in keinem Fall zu einer Kollaboration mit den Parteigebilden im sowjetischen Herrschaftsbereich in Deutschland bereit sein dürfe. (...) da habe er, wenn er so wolle, eine Loyalitätserklärung der Sozialdemokraten.« Am Ende, so erinnerte sich Wehner, habe Adenauer gemeint: »Wissen Sie, wir müssen uns öfter treffen.« Aber in nächster Zeit, so habe der Kanzler hinzugefügt, werde er wohl kaum die Zeit dazu haben[91].

In der Sache konnte Wehner Adenauer eine ganze Reihe von Belegen für ein französisch-russisches Einverständnis über die deutsche Teilung nennen. In der ausführlichen Stellungnahme, die er dem Kanzler beim Gespräch übergab, betonte er, seine Dortmunder Äußerung sei nichts Neues. Schon im Juli hatte er sich im Bundestag ganz ähnlich geäußert. Er schloß seine schriftliche Aufzeichnung: »Der Versuch, die Auseinandersetzung über Äußerungen und Dementis zu führen, die am Kern der Sache vorbeigehen, dient meines Erachtens nicht der Klärung des Sachverhaltes.« Darum ging es Adenauer tatsächlich nicht. Er blickte bereits auf den Bundestagswahlkampf im folgenden Jahr und brach die öffentliche Auseinandersetzung vom Zaun, um einen seiner stärksten Gegner zu schwächen[92].

Adenauer erzielte mit seiner Aktion ein gewisses Presseecho. Daran, daß Herbert Wehner den deutschland-, außen- und europapolitischen Kurs der SPD auch nach dem Tode Schumachers entscheidend bestimmte, änderte er jedoch nichts. Ollenhauer bedurfte seines Durchblicks. Am 8. September 1952 beschwor der neue Parteivorsitzende angesichts einer weiteren Note der Sowjetunion den Kanzler, »zur Herbeiführung der Einheit Deutschlands jede, auch die kleinste Chance« zu nutzen. Dieser offene Brief ging auf die Initiative und den Entwurf Wehners zurück[93].

Anfang Februar 1953 besuchte der neue amerikanische Außenminister John Foster Dulles die Bundesrepublik. Nach 20 Jahren Regierung durch die Demokraten war mit Dwight D. Eisenhower Ende 1952 erstmals wieder ein republikanischer Präsident ins Amt gekommen. Wehner bemühte sich, die SPD auf die damit entstandene neue Lage einzustellen. Die Partei dürfe nicht als pro-östlich wahrgenommen werden. Die sozialdemokratische Ablehnung der Westverträge sei so zu begründen, »wie sie begann«, nämlich als Kritik an einem Vertragswerk, das die Unsicherheit erhöhe statt Sicherheit zu schaffen. Wenn die Bundesrepublik Soldaten stellen müsse, dann auf breitester Grundlage, also mit Unterstützung der SPD[94].

Die Fraktionsführung bereitete die Begegnung mit Dulles gründlich vor. Zunächst erarbeiteten die außenpolitischen Experten Carlo Schmid und Gerhard Lütkens Thesenpapiere, die Wehner heftig kritisierte, aber zur Entwicklung einer gemeinsamen Position nutzte. Am Ende der Diskussion erreichte Wehner, daß die SPD die politische und militärische Westbindung durch Assoziierung der Bundesrepublik an die NATO forderte. Diese sollte allerdings unter einem gesamtdeutschen Vorbehalt stehen, also für den Fall der Wiedervereinigung Deutschlands kündbar sein. So sah die sozialdemokratische Position zwischen Neutralität und Integration aus. Damit gingen Ollenhauer, Wehner und Schmid am 5. Februar 1953 in das Gespräch mit dem US-Außenminister. Dieser wußte mit den eher komplexen Gedankengängen der Sozialdemokraten nichts anzufangen. Dulles erklärte der deutschen Öffentlichkeit, der Weg zur Befreiung der Ostdeutschen liege in der Europäischen Verteidigungsgemeinschaft[95].

Knapp läßt sich der Gegensatz zwischen Adenauer und Wehner folgendermaßen zusammenfassen: Beide waren für Wiedervereinigung und Westbindung. Der Kanzler stellte die Wiedervereinigung unter den Vorbehalt der Westbindung. Der Oppositionspolitiker stellte die Westbindung unter den Vorbehalt der Wiedervereinigung.

1952 wurde die Europäische Gemeinschaft für Kohle und Stahl (EGKS), der Zusammenschluß des westeuropäischen Bergbaus und der Stahlindustrie in der »Montanunion«, gegründet. Mitgliedsstaaten waren Italien, Frankreich, die Niederlande, Belgien, Luxemburg und die Bundesrepublik Deutschland. Wehner sprach sich im Bundestag dagegen aus, weil die EGKS »eine Erschwerung der Wiedervereinigung Deutschlands in Freiheit und Frieden« bedeute. Als sie dennoch zustande kam, forderte Wehner, die Sozialdemokraten müßten in ihrem Rahmen kämpfen. Die SPD könne weder ihre Kritik an der Montanunion rückgängig machen noch die Montanunion selbst. Daher müsse die Partei ihren Standpunkt entwickeln und dürfe sich nicht als »Drückeberger mit einem blanken Nein« hinstellen[96].

Die Hohe Behörde der Montanunion amtierte seit dem 10. August 1952, ihr Präsident wurde der Franzose Jean Monnet. Am 10. September konstituierte sich die Gemeinsame Versammlung der Europäischen Gemeinschaft für Kohle und Stahl, das Montanparlament, in Straßburg. Die nationalen Parlamente entsandten die Abgeordneten. Zu den sieben deutschen Sozialdemokraten gehörten Erich Ollenhauer und Herbert Wehner. Gleich in der ersten Sitzung sprach Adenauer und forderte die Versammlung im Namen der sechs Außenminister auf, ein Statut für eine »supranationale politische Hohe Behörde« auszuarbeiten. Wehner lehnte dies als Vorgriff auf die EVG ab. Er forderte, die Versammlung solle sich auf ihre Aufgaben innerhalb der Montanunion konzentrieren und Kommissionen mit möglichst genau umrissenen Arbeitsgebieten bilden[97].

In den folgenden Jahren gehörte Wehner regelmäßig zu den Sitzungsteilnehmern. Er trat für die Stärkung dieser schwachen parlamentarischen Versammlung gegenüber der Exekutive der Union ein und beklagte, daß ihr jede gesetzgeberische Befugnis fehle. Seinen Parteivorsitzenden hielt er an, dafür Sorge zu tragen, daß die Sozialdemokraten ihre Arbeit in der Versammlung gründlich vorbereiteten. Wehner forderte »ein Höchstmaß an Elastizität« in den Außenbeziehungen der Gemeinschaft, die gerade auf diejenigen Länder Rücksicht nehmen sollte, die im sowjetischen Machtbereich lagen. Sie sollten nicht in andere Bahnen gedrängt werden und nicht als Notstands- oder Randgebiete vor sich hin vegetieren müssen. Bereits im Juni 1955 sprach sich Wehner für die Schaffung eines gemeinsamen Binnenmarktes und die Anpassung der europäischen Währungen aus. Über den engen Rahmen von Kohle und Stahl hinaus müsse die Gemeinschaft eine langfristige Konjunktur-, Struktur-, Investitions- und Beschäftigungspolitik machen[98].

Herbert Wehner trat für die Demokratisierung, Vertiefung und Öffnung der Gemeinschaft ein. Auf dem Wege der Kritik wurde er zum Vorkämpfer eines vereinten Europa. Folgerichtig gehörte er im Herbst 1955 zu den Gründungsmitgliedern in Jean Monnets »Aktionskomitee für die Vereinigten Staaten von Europa«, einem überparteilichen Zusammenschluß von Politikern, Gewerkschaftern und Wirtschaftsführern. Im Juli hatte Monnet Ollenhauer und Wehner in Bonn aufgesucht. Der Parteivorsitzende war ihm empfänglich und aufnahmewillig erschienen, doch Wehners plötzliche Begeisterungsausbrüche oder Zornanfälle brachten den Franzosen aus dem Gleichgewicht. Er spürte aber »die Kraft dieses zweiten Mannes, der vom Kommunismus gekommen war«, und mit dem sich schon bald eine solide Freundschaft einstellte. Später am Tag rief ihn Wehner an. Die beiden trafen sich noch einmal, und Wehner erklärte, auch im Namen Ollenhauers und damit der SPD: »Wir machen mit«[99].

Als im Januar 1957 die Schaffung des gemeinsamen europäischen Marktes bevorstand, stellte Wehner heraus, daß die SPD sich im Monnet-Komitee von Anfang an positiv an den Vorbereitungen beteiligt habe. Das Verhandlungsergebnis der Regierungen jedoch kritisierte er, weil die sozialen Probleme völlig ungenügend geregelt seien. Die geplanten Institutionen würden noch weniger Rechte haben als die Versammlung der Montanunion. Wehner forderte namens der SPD, daß sie »zu einem einzigen Europa-Parlament zusammengeschlossen« werden sollten. Als der Vorstand der SPD-Fraktion am 24. Juni 1957 über das Abstimmungsverhalten zu den Römischen Verträgen diskutierte, gehörte Wehner zu den sechs Abgeordneten, die für Enthaltung eintraten. Er teilte die Ziele der Verträge, konnte auch mit den Texten leben, befürchtete aber eine »liberalistische Auslegung« durch die politisch Handelnden. Ollenhauer jedoch plädierte für eine bedingte Zustimmung, um keine weitere Belastung für den Bundestagswahlkampf zu schaffen. Mit zehn Stimmen waren die Befürworter am Ende in der Mehrheit. Wehner empfand das Abstimmungsergebnis als Fußtritt, was er Ollenhauer sogleich schriftlich mitteilte[100].

Sommer der Entscheidungen

Doch zurück zur Deutschlandpolitik im Jahr 1953. Am 17. Juni weiteten sich Proteste streikender Bauarbeiter in Ost-Berlin gegen zu hohe Arbeitsnormen zu einer Welle von Streiks und Kundgebungen in der gesamten DDR aus. Schlaglichtartig wurde die tiefe Krise deutlich, in die das Ulbricht-Regime das Land mit seiner Politik des »verschärften Klassenkampfs« seit 1952 geführt hatte. Die Demonstranten forderten umfassende soziale Reformen, freie Wahlen und die Wiedervereinigung Deutschlands. Gefangene wurden befreit, Parteifunktionäre in die Flucht geschlagen. Die SED-Machthaber resignierten, und nur der Einsatz sowjetischer Truppen rettete die Diktatur vor dem Sturz. Der Aufstand wurde, teils blutig, niedergeschlagen[101].

Die SED-Geschichtsschreibung hat später die Legende vom durch »konterrevolutionäre Aktionen faschistischer Elemente und eingeschleuster Provokateure« im Sinne der »imperialistischen Reaktion« durchgeführten »Putschversuch« gestrickt. Zu den Drahtziehern wurde neben Konrad Adenauer auch Herbert Wehner gezählt. Eine haltlose Unterstellung. Wie alle westdeutschen Politiker wurde Wehner durch die Erhebung in der DDR überrascht. Sozialdemokratische Informanten aus dem Osten berichteten Anfang Juni 1953 von der Angst der Bevölkerung vor Zuchthausstrafen, von ihrer Verzweiflung und dem Gefühl, so könne es nicht weitergehen. Wehner selbst sah um die gleiche Zeit die DDR-Bevölkerung erstarrt »in der Illusion einer sozusagen automatisch von außen kommenden Befreiung und Passivität gegenüber dem wirklichen täglichen Geschehen«. Sein Fazit: »Breite Teile ›ergeben‹ sich.«[102]

Er forderte daher gerade keine Verschärfung, sondern »Schritte der Bundesrepublik, die zur Entspannung der politischen Situation zwischen Ost und West beitragen könnten«. Dazu gehörten sogar Bemühungen um eine »Normalisierung« der Beziehungen zwischen der

Bundesrepublik und der »Sowjetzone«, insbesondere auf dem Gebiet des Verkehrs, der Wirtschaft und der Belieferung mit Lebensmitteln[103].

Als der Aufstand ausbrach, weilte Wehner fernab des Geschehens in Straßburg. Noch am 16. Juni entschied er sich aber, nach Berlin zu fliegen. Am 17. Juni 1953 war Herbert Wehner in West-Berlin. Er nahm dort unter anderem an einer Sitzung der SPD-Fraktion des Abgeordnetenhauses teil. Vor Ort forderte er die Sowjetunion auf, die »desavouierten Politiker« der SED abzuberufen. In einem ersten längeren Zeitungsartikel zur Bedeutung des Aufstands sprach Wehner sich für sofortige Viermächteverhandlungen aus: »Von den drei westlichen Besatzungsmächten erwarten und wünschen wir, in diesem Sinne wirksam zu werden und unverzüglich in Verbindung und Verhandlungen mit der sowjetischen Besatzungsmacht zu treten.«[104]

Winston Churchill, britischer Premierminister, hatte am 11. Mai 1953 eine Viermächtekonferenz angeregt, die über alle zwischen Ost und West strittigen Fragen einschließlich einer Neutralisierung Deutschlands verhandeln sollte. Adenauer war zunächst dagegen, weil er Vorteile für die SPD bei der bevorstehenden Bundestagswahl fürchtete. Jetzt, unter dem Eindruck des Aufstands, bekam die SPD-Forderung nach Viermächteverhandlungen Aufwind. Der Kanzler mußte versuchen, die Offensive der Sozialdemokraten abzufangen[105].

Die Demonstrationen im Osten waren Anlaß für – bald auch überparteiliche – Solidaritätskundgebungen im Westen. Es bot sich daher an, den 17. Juni zu einem Tag der Bekenntnisse zur Wiedervereinigung zu machen. Als erstes schlug am 24. Juni 1953 die CDU/CSU-Bundestagsfraktion einen »Nationalen Gedenktag« vor. Wenig später übertrumpfte die SPD diese Initiative. Sie beantragte, den 17. Juni zum »Nationalfeiertag« und zum gesetzlichen Feiertag zu erklären[106].

Am 1. Juli behandelte der Bundestag gleichzeitig die Anträge zum 17. Juni und einen Antrag der SPD-Fraktion zu Viermächteverhandlungen über die Wiedervereinigung. Für die Sozialdemokraten sprachen Herbert Wehner als Hauptredner und der Berliner Abgeordnete Willy Brandt. Sie beurteilten die Geschehnisse des 17. Juni insgesamt optimistischer als die Abgeordneten der Regierungsparteien. Brandt meinte: »Es sollte nicht zu einer Sache des Gedenkens oder gar der Trauer werden, was Grund genug ist, uns den Kopf höher tragen zu lassen.«

Herbert Wehner hielt die klassische sozialdemokratische Rede zum Aufstand vom 17. Juni. Er sagte unter anderem:

»Meine Damen und Herren, es fing an mit dem Kampf gegen die Normenschinderei, mit einem Ausbruch gegen den Hunger. Es verband sich sofort mit dem Eintreten für verfassungsmäßige Verhältnisse gegen eine Regierung, die diese eigene Verfassung verletzt und mit Füßen getreten hat. Und das alles mündete in dieses glühende Bekenntnis, für das in Berlin an einem Tag ein fast hundertprozentiger Generalstreik war und für das in der Zone Hunderttausende unter Lebensgefahr gestreikt haben; in dieses glühende Bekenntnis: Wir wollen nicht mehr in einem gespaltenen Deutschland leben, wir wollen Wiedervereinigung! Das mag etwas sein, das uns berechtigt, mit einem Wort von Karl Marx zum Gedenken an die Juni-Kämpfer von Paris zu sagen: Die Arbeiter sind zwar geschlagen worden, aber sie sind nicht besiegt!

(Lebhafter Beifall im ganzen Hause außer bei der KPD)

Besiegt sind ganz andere, das wird die Geschichte zeigen!«

Aus dem Ruf »Wir sind doch Arbeiter und keine Sklaven!« folgerte Wehner, daß jetzt eine »neue Politik« nötig sei, »die die Spaltung zu überwinden sucht«. Dazu gehöre die Annahme des SPD-Antrags, wonach die Bundesregierung die drei Westmächte ersuchen sollte, sofort Verhandlungen zwischen den vier Besatzungsmächten über die Wiedervereinigung Deutschlands aufzunehmen. Im Schatten solcher Verhandlungen sollte die Bundesrepublik aber nicht untätig bleiben. Wehner legte einen Katalog mit Vorschlägen zur Hilfe für die Bevölkerung in der DDR vor. Er forderte eine »Nahrungsmittelhilfe in jeder erdenklichen Form«, eine Erweiterung des Interzonenhandels, die Auflockerung und Aufhebung der Sperren an der Zonengrenze, mehr Grenzübergangsstellen und verstärkte Bemühungen um die Freilassung von Gefangenen. Aus dem Aufstand im Osten und seiner Niederschlagung leitete Wehner die Notwendigkeit einer Entspannungspolitik ab. Ebenso folgerte er daraus die Notwendigkeit einer gemeinsamen Deutschlandpolitik. So sollten Regierung und Opposition für die Verhandlungen ein gemeinsames internes Verhandlungsprogramm ausarbeiten.

Für die CDU/CSU-Fraktion antwortete der Vorsitzende der West-Berliner CDU, Robert Tillmanns, dessen Ausführungen in dem Satz gipfelten, »daß die letzten Ereignisse in der Sowjetzone und in Berlin uns nur darin bestärken können, die bisher von uns betriebene Politik fortzusetzen.«[107]

Von den Juniereignissen ging dennoch ein so großer Druck zur Gemeinsamkeit aus, daß Regierung und Opposition sich über die Anträge zum Feier- bzw. Gedenktag schnell einigten. Das Thema wurde an die Ausschüsse für innere Verwaltung und für gesamtdeutsche Fragen verwiesen. Einen Tag nach der Debatte fand die gemeinsame Sitzung statt. Der CDU-Abgeordnete Tillmanns fand es sinnvoll, zu prüfen, »ob man mit Rücksicht auf den Tag der Wiedervereinigung, der als nationaler Feiertag in Frage komme, zunächst einen Gedenktag einführen sollte«. Aber er wolle über die Frage nicht streiten. Damit überließ er der Opposition, die darin von Jakob Kaiser unterstützt wurde, die Entscheidung. Die Ausschüsse votierten einstimmig dafür, den 17. Juni zum arbeitsfreien Feiertag zu erheben. Herbert Wehner schlug den Namen vor: »Tag der deutschen Einheit«[108].

Mit ihrer Forderung nach einer sofortigen Viermächtekonferenz drang die SPD allerdings nicht durch. Die Mehrheit, mit der ihr Antrag abgelehnt wurde, war mit 178 zu 166 bei elf Enthaltungen jedoch sehr knapp. Adenauer mußte Initiative zeigen. Um das ihm unliebsame Thema über den Wahlkampf zu bringen, sprach er sich einige Tage später ebenfalls für eine Konferenz der vier Mächte aus. Diese sollte aber erst im Herbst stattfinden, nach der Bundestagswahl am 6. September. Eine Erfolgschance gaben Adenauer und die Alliierten dem Vorhaben nicht, im Gegenteil: Sie waren überrascht, als die Sowjetunion auf den Konferenzvorschlag überhaupt einging. So kam es zur Außenministerkonferenz vom 25. Januar bis 18. Februar 1954 in Berlin[109].

Der Sommer 1953 brachte nicht nur den 17. Juni und Neuwahlen, sondern auch eine einschneidende Veränderung im Leben der Familie Wehner. Am 6. November 1952 war auf sein Betreiben endlich die Ehe mit Lotte Loebinger geschieden worden, und am 2. Februar 1953 heirateten Herbert und Lotte Wehner in Hamburg. Im Januar hatte Wehner die Dienste seines Sekretärs verloren. Seine Frau versuchte nach Kräften zu helfen, aber sie erlitt um Pfingsten 1953 einen schweren Herzinfarkt. Mehrere Monate Klinik- und Erholungszeit in Schleswig-Holstein folgten. Im Sommer bezogen Wehners eine Mietwohnung am Kiefernweg auf dem Bonner Venusberg. Sie war enger als die Wohnung in der Reutersiedlung, aber die Höhenlage war auf Empfehlung von Lottes Ärztin bewußt gewählt worden. Arbeiten, mit Wehner mitarbeiten konnte Lotte nicht mehr, selbst im Haushalt war sie von nun an auf Hilfe angewiesen[110].

Wehner fand eine Lösung. In Offenbach am Main lebte Lottes Tochter, Greta Burmester. Die alleinstehende 28jährige arbeitete dort als Sozialarbeiterin. Greta fuhr ohnehin schon fast jedes Wochenende nach Bonn, um zu helfen. Jetzt bat Herbert Wehner sie, Urlaub zu nehmen. Die erste gemeinsame Reise führte sie am 11. Juli 1953, an seinem Geburtstag, zum Parteitag der Hamburger SPD, und von dort ging es weiter nach Schweden, zum Kongreß der Sozialistischen Internationale. An eine langfristige Unterstützung war zunächst nicht gedacht, und sie kehrte nach Offenbach zurück. Einige Wochen später meinte Wehner, er werde mit der Belastung des Wahlkampfs allein nicht fertig. Er bat Greta, unbezahlten Urlaub zu nehmen. Ihr Arbeitgeber verweigerte jedoch die Genehmigung, und so kündigte sie. Es begannen 37 Jahre eines einzigartigen Lebens an der Seite von Herbert Wehner, mitten in der Politik, aber um es mit ihren eigenen Worten zu sagen, »irgendwie indirekt sozusagen, nicht wirklich beteiligt, aber doch als begleitend – dabei«[111].

Greta Burmester hatte seit ihrer Jugend zwar ebenfalls ein schwaches Herz, aber sie wußte ihre Kräfte gut zu nutzen und einzuteilen. Mit Umsicht übernahm sie die Aufgaben, die ihre Mutter nicht mehr erfüllen konnte. Dazu gehörte nicht nur der Haushalt. Noch in Schweden war sie der Gewerkschaft beigetreten. 1947 wurde sie in Hamburg auch aktives SPD-Mitglied. Ab 1953 wuchs sie immer mehr in die Unterstützung der politischen Tätigkeit Wehners hinein. Sie übernahm die Leitung seines Büros in der Bundestagsfraktion, sie führte den Terminkalender, organisierte Gespräche und Briefwechsel, begleitete den Abgeordneten auf Reisen und im Wahlkreis, führte dort selbst Gespräche mit den Wählern, wenn Wehner verhindert war. Auf seinen Wunsch hin machte sie den Führerschein, und so fuhr sie ihn zu sämtlichen Terminen im Land. Erst ab 1965, als Greta für längere Zeit krank war, bekam Wehner in der Fraktion eine hauptamtliche Sekretärin. Aber auch danach nahm Gretas Tätigkeit nicht ab. Wehners Diabetes erforderte pflegerische Hilfe, und mit dem Schriftverkehr zu Häftlingsfreikäufen und Familienzusammenführung kam ein neues Betätigungsfeld hinzu.

Aus Gesundheitsgründen verbrachte Lotte Wehner stets große Teile des Jahres im Norden, zunächst in Dänemark, dann ab den sechziger Jahren in Schweden auf der Insel Öland. In solchen Zeiten der Trennung, die durch Wahlkampf- und andere politische Reisen noch erheblich verlängert wurden, hielten Herbert und Greta enge Verbindung zu Lotte. Sie telefonierten täglich miteinander, und sie schrieben einander, oft mehrmals täglich. In diesen innigen Briefen ging es nicht in erster Linie um Politik, sondern sie ließen einander an ihrem Leben teilhaben, und sei es durch die Beschreibung von Landschaften und Pflanzen. So schrieb Herbert an Lotte, mitten aus dem Bundestagswahlkampf 1969: »Gestern, Sonntagnachmittag, habe ich immer aufgepaßt, welche Blüten erkennbar sind. Überall noch Hochzeitsblumen, die Heideblüten sind noch nicht erkennbar. In den Gärten sieht es prächtig aus: Flox und immer wieder Flox, Malven und viele andre farbenstarke Blüten. Die Vogelbeeren sehen schon aus wie Korallen.«[112]

Während Gretas Bruder Jens-Peter Burmester eine eigene Familie gegründet hatte, bildeten die drei, Herbert, Lotte und Greta, eine eigene, besondere Form der Kernfamilie heraus. Besonders war, daß die Generationsgrenzen nicht verliefen wie sonst üblich. Herbert Wehner war Greta nur etwas mehr als eine halbe Generation voraus – ein Vater-Tochter-Verhältnis im herkömmlichen Sinne war das nicht. Die extremen Belastungen durch die aufreibende politische Tätigkeit glich die Familie durch Umsicht, Fürsorge und gelebte Solidarität aus. Wobei ein großer Teil der Last auf Gretas Schultern ruhte, was ihre Mutter wohl wußte. So dankte sie ihrer Tochter im Sommer 1974 für »viele schöne Stunden, die wir in Ruhe und Gemeinsamkeit verbrachten. Ja, wenn wir nicht Lebenskünstler sind, wer wär es sonst!? Immer sind um uns Blumen und Früchte, schön gedeckter Tisch, und Musik und Spiel und viele kleine Freuden. Versuche bitte Dich ein wenig zu schonen, damit Du nicht in Deinem Alter so müde und krank bist.« Greta verzichtete auf ein eigenes Familienleben. Wie sie selbst später sagte, handelte sie nicht auf Anweisung, sondern tat immer, was sie für notwendig hielt. Für sie war es ein partnerschaftliches Verhältnis auf gleichberechtigter Basis. Dabei waren die Rollen klar verteilt. Beim »Scrabble«-Spielen zu Hause bestimmte Herbert Wehner, was ging und was nicht. Lotte, so erinnert sich Greta, durfte »die unmöglichsten Wörter« bilden, während für ihn und sie selbst die strengste Auslegung der Regeln galt. So gewann meist Lotte, der sprachgewaltige Wehner belegte Platz zwei, und Greta hatte das Nachsehen. Sie nahm es mit einer Portion Gekränktsein, mehr aber noch mit Humor[113].

Wenn Herbert Wehner Wahlkämpfe führte, so tat er dies sehr intensiv. Die Wahl von 1953 hielt er für entscheidend. In ihr gehe es um die Demokratie, um ihr soziales Fundament und um Deutschlands Entwicklungsfähigkeit zur staatlich-nationalen Einheit. In den von der Adenauer-CDU geführten Regierungsparteien sah er Gegner, die am liebsten autoritär regieren, den sozial gerechten Ausgleich der Kriegs- und Nachkriegslasten verhindern wollten und ein in den Westen integriertes »Rumpfdeutschland« der Einheit Deutschlands vorzogen[114].

Für den Wahlkampf machte Wehner zahlreiche Notizen und Ausarbeitungen. Am beeindruckendsten ist eine Rede von 70 Seiten Länge, die etwa zwei Stunden gefüllt haben dürfte und wahrscheinlich für eine Parteiversammlung gedacht war. Etwa die Hälfte der Redezeit befaßte sich Wehner mit der Deutschland- und Außenpolitik, aber er stellte die Verbindung zur Innenpolitik her: »Freiheit und Sicherheit unseres Volkes hängen gleichermaßen ab von einer wirtschaftlichen und sozialen Neuordnung im Innern und von einer Politik der freien Selbstbestimmung auf der Basis von Gleichberechtigung und Partnerschaft nach außen.«

Bemerkenswert ist, daß in Wehners Rede der Begriff »Sozialisierung« nur ein einziges Mal im Zusammenhang mit der Kohle- und Stahlindustrie vorkommt, aber mit einem durchaus liberalen Akzent versehen, nämlich »damit Gewerbefleiß und freie Initiative sich auf einer soliden und gegen profitegoistische Machenschaften geschützten Grundlage entfalten können«. Im übrigen stellte er Forderungen nach mehr sozialer Gerechtigkeit, Stärkung der Kaufkraft und Mitbestimmung in den Mittelpunkt. Er forderte Eingriffe in die Substanz »der vom Schicksal Bevorzugten«, und er lehnte die »Politik der nach den Doktrinen eines überholten Liberalismus geleiteten Marktwirtschaft des Herrn Erhard« ab. Die Gesellschaft sollte »nach sozialen Gesichtspunkten« neu gestaltet werden. Mit dieser »Politik der sozialen Sicherung für alle« bewegte Wehner sich abseits von marxistischen Klassenkampfschemen. Die Sozialdemokratie wolle »die Demokratie als die für das deutsche Volk einzig mögliche Staats- und Lebensform«. Wehner forderte eine »aktive Politik für ein geeintes, freies Deutschland«, friedlich und sicher in einem »freien Europa«. Die Rede endete mit dem Appell: »An die Arbeit, Genossen! Mit uns das Volk, mit uns der Sieg!«[115]

In den Wochen vor der Wahl reiste er von Versammlung zu Versammlung. Die ununterbrochene Rundreise durch halb Deutschland begann am Freitag, dem 7. August, und endete am Wahltag, dem 6. September. Den Wahlkampf empfand er keineswegs als Vergnügungstour. An Lotte schrieb er: »Du kannst Dir schwer vorstellen, was es heißt, fortgesetzt vor Leuten sprechen und bereit sein zu müssen, den letzten Dreck über sich ergehen lassen zu müssen.«[116]

Mit Dreck warf in diesem Wahlkampf vor allem die CDU um sich. Sie plakatierte das Bild eines Sowjetsoldaten mit dem Spruch »Alle Wege des Marxismus führen nach Moskau«. Gemeint war die Sozialdemokratie. Der Entwurf zu dem Plakat ging auf den Drehbuchautor des Nazi-Propagandafilms ›Der ewige Jude‹ zurück[117].

Auch Herbert Wehner wurde Anfeindungen ausgesetzt. In Ansbach »befragte« ein CSU-Politiker ihn in der Diskussion nach seiner Wahlkampfrede zu seiner kommunistischen Vergangenheit. Wehner folgerte, privat, an Lotte: »Den Leuten geht es – stur und bösartig – nur um das Vernichten des Gegners, den sie als Feind betrachten. Und am bequemsten sind in diesem schwarz-braunen Lande ›antikommunistische‹ Tiraden und entsprechende Verdächtigungen.« Auch Adenauer griff Wehner an. Der ›Spiegel‹ wurde aus der Umgebung des Bundeskanzlers mit Material versorgt. Danach habe Wehner heimlich mit Ost-Berlin verhandelt. Der erklärte die Vorwürfe für gefälscht. Selbst im Bundeskabinett wiederholte der Kanzler seine Anschuldigung. Er verband sie mit der Behauptung, Wehner verkörpere den »russischen Einfluß« in der SPD. Nach der Wahl schrieb Wehner einen langen Brief an Adenauer. Darin bat er den Kanzler, die Verbreitung solcher Fälschungen und Verleumdungen zu stoppen. Das Schreiben blieb unbeantwortet[118].

Bei der Bundestagswahl am 6. September 1953 legte die CDU/CSU kräftig auf 45,2 Prozent der Stimmen zu, die SPD gewann eine Million Stimmen, verlor aber prozentual und kam nur auf 28,8 Prozent. Die FDP hielt sich bei 9,5 Prozent, die KPD scheiterte klar an der Fünf-

Prozent-Hürde. In Fraktionsstärke zog auch der Gesamtdeutsche Block/Bund der Heimatvertriebenen und Entrechteten (GB/BHE, 5,9 Prozent) in den Bundestag ein. Die sozialdemokratische Opposition sah sich künftig einer erdrückenden Regierungsmehrheit gegenüber.

Die Ursache für den deutlichen Sieg Adenauers lag nicht in den unfairen Attacken auf die Sozialdemokraten. Vielmehr zeigte sich, daß die Westdeutschen bereit waren, für das Sicherheitsversprechen Adenauers die Wiedervereinigung auf die lange Bank zu schieben. Den Forderungen nach einer sozialen Neuordnung konnte die Regierung durch Teilzugeständnisse die Spitze nehmen. Das einsetzende Wirtschaftswunder mit den damit verbundenen Chancen auf Beschäftigung und Verdienst wirkte wie ein Beruhigungsmittel gegen weitere Umgestaltungswünsche. Die Umfragewerte während der gesamten Ära Adenauer sprechen eine deutliche Sprache. Danach war die deutsche Einheit ein Herzenswunsch der überwältigenden Mehrheit der Westdeutschen. Noch wichtiger aber war ihnen stets die »Sicherheit vor den Russen«. Und wirtschaftliche Opfer für die Wiedervereinigung zu bringen, dazu waren die meisten nicht bereit[119].

Herbert Wehner wurde erneut in den Bundestag gewählt. Diesmal hatte er als einziger Hamburger Direktkandidat der SPD seinen Wahlkreis gewonnen. An der Parteibasis begann es zu rumoren. Die Fragen der Zuhörer, die Wehner auf einer Funktionärsversammlung in seinem Wahlkreis am 3. Januar 1954 notierte, gingen weit. »Sind wir noch Marxisten, und ist die wirtschaftliche Entwicklung nach dem 1. Weltkrieg noch mit der Methode von Marx zu erklären?« fragten die Genossen. Und »wie kommen wir mit unseren Argumenten zur Klassenzugehörigkeit noch an«, angesichts der Tendenz zur »Verbürgerlichung des Arbeiters«? »Gehört hierher auch, daß wir selbst wünschen, unsere Kinder sollen nicht mehr Arbeiter werden, sondern studieren?« Helmut Schmidt sagte auf einer Versammlung in Eimsbüttel, es sei ein Fehler, die Angestellten, die kleinen Selbständigen, Handwerker und Beamten als Proletarier anzureden. Sie wären zwar für soziale Gerechtigkeit, fühlten sich aber nicht als Proletarier. Als Wehner den Raum betrat, setzte er sich in die letzte Reihe und hörte zu. Schmidt fürchtete ein »Donnerwetter«. Statt dessen, so erinnerte er sich, habe Wehner ihm zugeknurrt: »Damit hast du recht.«[120]

Wehner sah recht genau die Fragen, um deren Beantwortung die

Sozialdemokratie in Zukunft nicht herumkommen würde, wenn sie die Chance haben wollte, den Kurs der Bundesrepublik entscheidend zu bestimmen. Er berichtete dem Parteivorstand von den Hamburger Diskussionen. Aber auf dem Gebiet der Innen- und Wirtschaftspolitik unterließ er es zunächst, sich als Reformator zu betätigen. Er konzentrierte sich auf die Deutschland- und Außenpolitik. Für die bevorstehende Bundestagsdebatte zur Regierungserklärung fertigte er eine Ausarbeitung ›Zur Außenpolitik‹ an. Sie war für Erich Ollenhauer bestimmt, den Wehner mittlerweile ebenso regelmäßig traf wie dessen Vorgänger Kurt Schumacher[121].

In Wehners Papier stand die »Gemeinsamkeit in wichtigen außenpolitischen Fragen« an vorderster Stelle. Voraussetzung dafür sei jedoch, daß der Kanzler der SPD nicht weiter die nationale Zuverlässigkeit abspreche. In den Zielen, Unabhängigkeit Deutschlands, Wiedervereinigung, Zusammenschluß Europas, sah sich Wehner mit Adenauer einig, strittig blieben die Methoden. Er stellte sich dagegen, wie Adenauer die westeuropäische Integration als einzigen Weg zur Wiedervereinigung zu bezeichnen. Aber Wehner verzichtete darauf, selbst einen Königsweg zu benennen. Er schrieb: »Es wäre der wirklichen Lage und den deutschen Notwendigkeiten angemessener, wir stritten nicht darum, wer den wahren Ring besitzt, sondern wir versuchten nach Kräften, die Möglichkeiten der europäischen und sonstigen internationalen Zusammenarbeit auszuschöpfen und zugleich den harten Notwendigkeiten im Ringen um die deutsche Wiedervereinigung gerecht zu werden.« Zur europäischen Zusammenarbeit betonte Wehner den positiven Willen der SPD, »so viel wie möglich europäische Zusammenarbeit verwirklicht« zu sehen. Er betonte mit Forderungen nach vielfältigen Beziehungen zu Nichtmitgliedsstaaten, Zwischenlösungen und weiterer Vereinheitlichung der Wirtschaft innerhalb der Montanunion ihre »positiven Entwicklungsmöglichkeiten«[122].

Die Ausarbeitung Wehners trug viele Züge, die später seine berühmte Bundestagsrede vom 30. Juni 1960 prägen sollten: das Angebot zur gemeinsamen Bestandsaufnahme, die Betonung des Verbindenden gegenüber dem Trennenden, die Betonung der positiven Entwicklungsmöglichkeiten der westlichen Allianzen. Ollenhauer übernahm den Wehner-Text nahezu wörtlich in seine Antwort auf die Regierungserklärung im Bundestag am 28. Oktober 1953. Wehner freute sich in einem Brief an Lotte: »Erichs Rede, an der ich fleißig mitgearbeitet habe, war ein Treffer. Ich habe Satz für Satz mit verfolgt und hatte den Eindruck, daß die Spannung kaum nachließ.«[123]

Unterwegs zu kleinen Schritten

Eine gewisse Auflockerung der Atmosphäre war die Folge. Auch Adenauer nahm sich in seiner Reserve ein Stück zurück. Wehner wurde als Vertreter des Parlaments gemeinsam mit den Abgeordneten Kurt Georg Kiesinger (CDU) und Hans-Joachim von Merkatz (DP) in einen »Kabinettsausschuß« der Bundesregierung zur Vorbereitung der Viermächtekonferenz berufen. Gegen Wehners Beteiligung bestanden natürlich Bedenken innerhalb der Regierung. Aber Adenauer konnte das Kabinett beruhigen: Es sei »durchaus möglich, gewisse Fragen in einer Vorbesprechung ohne die Bundestagsabgeordneten zu erörtern«[124].

Die Konferenz der vier Außenminister Dulles, Eden, Bidault und Molotow tagte vom 25. Januar bis 18. Februar 1954 in Berlin, abwechselnd im Ost- und Westteil der Stadt. Der »Eden-Plan« des Westens sah freie Wahlen als ersten Schritt zur Wiedervereinigung vor. Deutschland sollte danach frei über seine Bündniszugehörigkeit entscheiden können. Der sowjetische Außenminister Molotow dagegen forderte Garantien für eine dauerhafte Neutralisierung des Landes. Beide Seiten ließen ihre Maximalpositionen aufeinanderprallen, die Bereitschaft zu Zugeständnissen war gering, und bezüglich der deutschen Frage endete die Konferenz ergebnislos[125].

Wehner war während der Viererkonferenz vor Ort in Berlin. Nach der ersten Konferenzwoche erklärte er, diese sei erheblich besser verlaufen, als viele geglaubt hätten. Am Morgen des 5. Februar gab er als SPD-Beobachter eine Pressekonferenz. Dort forderte er, die Wiedervereinigung müsse mit freien Wahlen beginnen. Die deutsche Frage und die Frage der europäischen Sicherheit müßten als ein Ganzes behandelt werden. Die eine Seite müsse auf das Ulbricht-System verzichten, die andere darauf, die EVG zur unabdingbaren Voraussetzung zu machen. Eine Presseagentur machte daraus die Falschmeldung, Wehner habe als Sprecher des Gesamtdeutschen Ausschusses auf den Vorrang freier Wahlen verzichtet. Daraufhin erklärten die Fraktionen der Regierungskoalition gleich öffentlich, Wehner sei hierzu durch den Ausschuß nicht legitimiert gewesen. Seine Erklärung trage verhängnisvollen Charakter. Im Ausschuß kam es am 6. Februar zu einer scharfen Diskussion. Dabei konnte Wehner die Vorwürfe entkräften. Schließlich brachte der DP-Politiker Hans-Joachim von Merkatz, einer der Unterzeichner der Erklärung der Regierungsfraktionen, aus seiner Sicht den Meinungsunterschied auf den Punkt. Wehner wolle »die Frage der freien Wahlen und das Sicherheitsproblem als ein Ganzes behandelt sehen. Wir wollen das nicht. Wir wollen die freien Wahlen als Punkt 1 vorweg haben und sie gerade nicht, wie es die Russen wollen, mit dem Sicherheitsbedürfnis verknüpfen.« Wehner erklärte anschließend öffentlich, die SPD stehe zu den Bundestagsbeschlüssen über freie Wahlen, und wer darüber irreführende Erklärungen und Zweifel verbreite, habe andere Beweggründe als »die vordringlichste politische Forderung des ganzen deutschen Volkes mit allen Kräften der Erfüllung näher zu bringen«[126].

Daß die Konferenz gescheitert war, führte Bundesminister Jakob Kaiser auf das starre Beharren beider Seiten auf ihren Ausgangspositionen zurück. Kanzler Adenauer widersprach: Die Alleinschuld trage die Sowjetunion, und eine Mitschuld der Westmächte anzunehmen, sei »politisch höchst gefährlich«. Kaiser forderte die Regierung auf, Gemeinsamkeiten mit der SPD-Opposition zu suchen, Adenauer antwortete, er wolle Ollenhauer brieflich Gelegenheit geben, auf die Linie der Regierung einzuschwenken. Diesem Wunsch des Kanzlers entsprach der SPD-Vorsitzende, nachdem Wehner die Lage vor den Parteiführungsgremien analysiert hatte, nicht. In der Bundestagsdebatte am 25. Februar prallten zunächst die unterschiedlichen Standpunkte aufeinander. Ollenhauer sagte, die SPD werde durch das Ergebnis der Konferenz in ihrer Ablehnung der EVG bestärkt. Diesmal äußerte Herbert Wehner gegen Schluß seines Redebeitrags die Hoffnung, die Lager mögen »zu größerer Übereinstimmung und Gemeinsamkeit gelangen«. Dem pflichtete der Berliner CDU-Abgeordnete Ernst Lemmer bei, und so schloß die Debatte versöhnlich[127].

Die Auffassungen von Herbert Wehner und Jakob Kaiser stimmten während und nach der Berliner Konferenz weitgehend überein. CDU-Minister und SPD-Ausschußvorsitzender trafen einander in dieser

Zeit häufig. Auch Termine mit Kaisers Berater Wilhelm Wolfgang Schütz finden sich für Mitte Februar 1954 in Wehners Kalender. In dieser Zeit nahmen Kaiser, Wehner, Schütz und auch der Berliner CDU-Politiker Johann Baptist Gradl ein Projekt wieder auf, das sie schon 1950 als »Gesamtdeutsche Aktion« betrieben hatten. Sie schufen, mit dem Anspruch, eine »Volksbewegung für die Wiedervereinigung« auf die Beine zu stellen, das Kuratorium Unteilbares Deutschland[128].

Wehner, der sich auch hier eng mit Ollenhauer abstimmte, wollte keine einfache Propaganda-Organisation, die nur die amtliche Politik bemäntele, sondern eine eigenständige Institution. Besonderen Wert legte er darauf, daß Gewerkschaften und SPD von Anfang an einbezogen wurden. Anders als die SPD möglicherweise gehofft hatte, entwickelte sich das Kuratorium Unteilbares Deutschland aber nicht zum Sprachrohr der Opposition gegen die Adenauersche Deutschlandpolitik. Wehner sorgte 1955 dennoch für den Verbleib der SPD in der überparteilichen Organisation. Es gebe auf begrenztem Territorium sinnvolle Aufgaben der Institution. Die SPD bleibe dort »im Gespräch mit Leuten, die doch irgendwo in ernsten Zweifeln gegenüber der offiziellen Bonner Politik sich befinden«[129].

Immerhin bildete das »Unteilbare Deutschland« in einer Vielzahl von Gemeinden und Städten Orts- und Kreiskuratorien aus, in denen die Vertreter der verschiedenen Parteien und Verbände zusammenarbeiteten. Es durchbrach damit die Trennung in eine bürgerliche und eine proletarische Vereinskultur, wie sie in Deutschland teils bis zum Ende der Weimarer Republik vorherrschend gewesen war. Dies galt auch für seine wechselnden Gremien auf Bundesebene. Die jährlichen Jahrestagungen im Herbst in Berlin waren regelrechte überparteiliche deutschlandpolitische Kongresse. Wehner gehörte den wichtigsten Gremien an und nahm regelmäßig an den Sitzungen teil. Dort wurde schon früh über eine »neue, oder besser gesagt, aktive Ostpolitik« debattiert. Der Geschäftsführende Vorsitzende Wilhelm Wolfgang Schütz publizierte 1958 sein Buch ›Das Gesetz des Handelns‹, das zwei Kapitel mit den Überschriften ›Neue Ostpolitik‹ und ›Politik der kleinen Schritte‹ enthielt. Praktische Folgen hatten solche Besprechungen und Publikationen zunächst nicht, aber sie führten zu gemeinsamen Sprachregelungen und öffneten die Diskussion. Das Kuratorium Unteilbares Deutschland stellte für Wehner und die SPD einen Bezugsrahmen mit Teilen der Union dar, eine Plattform, auf der sie nach Gemeinsamkeiten über Parteigrenzen hinweg suchen konnten[130].

Eine Niederlage erlitt Konrad Adenauer in der Saarfrage. Das Saargebiet war wie schon nach dem Ersten Weltkrieg vom übrigen Deutschland abgetrennt worden; jetzt stand es unter französischer Verwaltung. Um die Westverträge nicht zu gefährden, trat Adenauer im Sinne der französischen Politik dafür ein, das Saargebiet zu »europäisieren«. Er achtete sehr auf seine Richtlinienkompetenz bezüglich der Saar. Kaiser strebte eine Kooperation mit Wehner, Ollenhauer und den an der Saar nicht zugelassenen »deutschen« Parteien an. Adenauer bat ihn daraufhin kurz angebunden, »keine selbständige Politik dort zu treiben oder treiben zu lassen«. Als Ende 1953 die Zuständigkeit für das Saargebiet vom gesamtdeutschen Ministerium ins Auswärtige Amt verlagert wurde, protestierte Wehner. In der Öffentlichkeit erklärte er, das Saar-Statut dürfe »nicht wirksam werden, weil es als vorgreifende Handlung eine Wiedervereinigung erschwert«[131].

Zur Sitzung des Gesamtdeutschen Ausschusses am 26. Januar 1955 erschienen 19 stimmberechtigte Abgeordnete der Regierungskoalition, 11 der SPD. Die Abstimmung ergab aber nur 11 Stimmen für das Saarstatut bei 11 Stimmen dagegen. Auch viele Regierungsabgeordnete waren also nicht mit Adenauers Linie einverstanden. In der Volksabstimmung am 23. Oktober 1955 lehnte die Bevölkerung die Europäisierung der Saar mit Zweidrittelmehrheit ab. Wehner war zum »Schnuppern« mit Greta ins Saargebiet gefahren. Wie schon 1935 entschieden sich die Saarländer gegen die Trennung von Deutschland. Diesmal stand Wehner jedoch auf der Seite der Mehrheit, denn im Ergebnis folgte der Anschluß des Saargebiets als Bundesland an die zweite deutsche Demokratie[132].

Nachdem Ende August 1954 die EVG am Nein der französischen Nationalversammlung gescheitert war, konzentrierten Bundesregierung und Westmächte ihre Anstrengungen auf eine Ersatzlösung. Sie fanden sie im Herbst 1954 erstaunlich schnell. Die Pariser Verträge sahen das Ende der Besatzungsherrschaft vor. Die Bundesrepublik sollte Mitglied der Westeuropäischen Union (WEU) sowie der NATO werden und deren Kontingente mit zwölf Divisionen verstärken. Die Sowjetunion stellte klar, daß es keine Basis zu Viermächteverhandlungen über Deutschlands Einheit mehr gebe, wenn die Bundesrepublik wiederbewaffnet und in die NATO aufgenommen werde. Andererseits erklärte sie sich im Januar 1955 bereit, die Forderung nach freien Wahlen zu prüfen[133].

Als sich das Scheitern der EVG abzeichnete, sah Wehner darin die Chance, erneut mit der Sowjetunion zu verhandeln. Erst wenn derartige Verhandlungen ergebnislos blieben, könne die Bundesrepublik mit gutem Gewissen in ein westliches Verteidigungssystem eintreten. Adenauer und die Westmächte, darunter der französische Ministerpräsident Pierre Mendès-France, den der Kanzler noch im Herbst 1954 in einem Atemzug mit Herbert Wehner als »Einflußagenten der Sowjets« bezeichnet hatte, gingen den genau umgekehrten Weg. Sie banden die Bundesrepublik zuerst in das westliche Bündnis ein. Danach verhandelten sie – ergebnislos[134].

Neben ihren parlamentarischen Widerstand gegen die Westverträge setzte die SPD Anfang 1955 eine außerparlamentarische Bewegung. Gemeinsam mit dem DGB organisierte sie eine Kundgebungswelle. Am 29. Januar 1955 verabschiedete eine Versammlung in der Frankfurter Paulskirche ein ›Deutsches Manifest‹. Dieses forderte, Gespräche über eine Viermächtevereinbarung müßten Vorrang vor der militärischen Blockbildung haben. Es schloß mit der Forderung: »Das deutsche Volk hat ein Recht auf seine Wiedervereinigung!« Zu den Unterzeichnern auf seiten der SPD gehörten Erich Ollenhauer, Carlo Schmid und Herbert Wehner[135].

Gleich am folgenden Tag vertrat Wehner auf Kundgebungen in Niedersachsen vor Tausenden Zuhörern die Anliegen der Paulskirchenbewegung. Anderenorts stellte er die rhetorische Frage, warum Adenauer nicht gleich offen erkläre: »Die Sowjets können vorschlagen, was sie wollen, wir nehmen es nicht an, weil wir erst die Pariser Verträge in Kraft haben wollen.« Er wünschte jedenfalls, die Deutschen sollten nicht »eines Tages nachträglich feststellen, daß wir unser Erstgeburtsrecht auf Einheit Deutschlands preisgegeben haben für das Linsengericht einer westdeutschen Souveränität, die uns nur so viel gibt als wir brauchen, um den militärischen Beitrag für die NATO zu leisten und automatisch die Zone unwiderruflich in den Ostblock einklemmt.« Wehner betonte: »Je stärker die öffentliche Meinung, um so größer die Chance zu unmittelbaren Verhandlungen oder zu einer Revision der Verträge.« Selbst wenn die Verträge ratifiziert würden, könne der Druck der öffentlichen Meinung zu neuen Verhandlungen führen[136].

Einige Wochen später, am 21. Februar, stellte Wehner fest, daß die Stärke der Paulskirchenbewegung nicht ausreiche, um die Ablehnung der Pariser Verträge im Bundestag zu erwirken. »Für Deutschland bedeutet diese Erkenntnis eine Fortsetzung und womöglich Steigerung der Volksbewegung.« Abgesehen davon blieb ihm nur die Hoffnung auf eine diplomatische Initiative der Sowjetunion. Diese sollte die Westmächte in die Zwangslage versetzen, entweder Verhandlungen ohne weitere Vorbedingungen zu führen oder »offen zu erklären, sie wünschten überhaupt keine solchen Verhandlungen«. Eine solche Initiative blieb jedoch aus[137].

Im Parteivorstand der SPD stand am 21. Januar 1955 ein Antrag zur Diskussion, das Grundgesetz zu ändern, um einen Volksentscheid über die Ratifizierung herbeizuführen. Wehner war unter den 15 Befürwortern dieses Antrags, der bei 17 Gegenstimmen abgelehnt wurde. Die Paulskirchenbewegung hatte einige Anfangserfolge, versandete dann aber rasch[138].

Der Bundestag ratifizierte die Pariser Verträge am 27. Februar 1955. Am Ende aller Bemühungen hatte Herbert Wehner namens der SPD-Fraktion beantragt, das Inkrafttreten der Verträge auf eine Woche nach dem Scheitern erneuter Viermächteverhandlungen zu verlegen. Für den Fall, daß die Verträge so beschlossen würden wie vorgelegt, sagte er voraus, »daß der sowjetisch besetzte Teil unseres Vaterlandes unwiderruflich in einen sowjetischen Militärblock eingeschmolzen würde. Wir wären *eine* Nation, aber geteilt und zugehörig den zwei einander gegenüberstehenden Blöcken.«[139]

Adenauer sah das anders. Am Tag nach der Unterzeichnung der Verträge in Paris hatte er gesagt: »Wir sitzen jetzt in der größten und mächtigsten Militärallianz der Geschichte … Die ganze atlantische Gemeinschaft wird jetzt für unser Ziel, die Wiedervereinigung, mit Macht eintreten, und die Wiedervereinigung wird nun bald in Frieden und Freiheit kommen …«[140]

Am 5. Mai 1955 traten die Pariser Verträge in Kraft, die Bundesrepublik wurde Mitglied der NATO und ein souveräner (Teil-)Staat. Der Osten reagierte mit der Aufnahme der DDR als Gründungsmitglied in den Warschauer Pakt. Wehner hatte recht gehabt, aber nicht recht bekommen. Die Auseinandersetzungen der Jahre 1954/55 hatten er und die SPD wiederum verloren.

Aus der NATO-Mitgliedschaft folgte der Aufbau der Bundeswehr und damit auch die Notwendigkeit einer Wehrverfassung. Für Herbert Wehner, das hatte er schon auf dem SPD-Parteitag in Berlin 1954 betont, waren Wehrfragen im wesentlichen innenpolitischer Art. Die SPD könne aus Verantwortung gegenüber den betroffenen Menschen nicht darauf verzichten, um die Gestaltung der Wehrverfassung zu kämpfen. Wehner arbeitete im Bundestagsausschuß für Fragen der europäischen Sicherheit, dem Vorläufer des Verteidigungsausschusses, mit. Er unterstützte die Bemühungen des Verteidigungsexperten der SPD, Fritz Erler, den sozialdemokratischen Einfluß »auf dem Teilgebiet des Verhältnisses der bewaffneten Macht zum demokratischen Staat« geltend zu machen. Dabei dachte er pragmatisch. Im Parteivorstand erklärte er, die SPD befinde sich im Irrtum, wenn sie meine, durch die Verweigerung ihrer Zustimmung zu den Grundgesetzänderungen einen Druck auf die CDU ausüben zu können[141].

Die SPD solle sich um eine demokratische Wehrverfassung bemühen, denn diese sei aus Gründen der Sicherung des demokratischen Staatsgefüges und aus Gründen der großen Politik notwendig. Sehr angetan war Wehner vom Konzept der »Inneren Führung« mit seinem mündigen »Staatsbürger in Uniform«, wie es besonders der Unterabteilungsleiter im Verteidigungsministerium Wolf Graf von Baudissin entwarf. Dessen Ausführungen vor dem Sicherheitsausschuß des Parteivorstands im Februar 1957 stenographierte Wehner mit. Er übertrug sie in Reinschrift und schickte sie an Ollenhauer, dem er nachdrücklich die Lektüre empfahl. Infolge ihrer Mitarbeit an der im Frühjahr 1956 beschlossenen Verfassungsänderung zur Wehrgesetzgebung kam diese Erlers Konzept einer »Parlamentsarmee« nahe. Das Amt eines Wehrbeauftragten des Deutschen Bundestages wurde geschaffen, und der Verteidigungsausschuß wurde im Grundgesetz verankert[142].

Die Genfer Viermächtekonferenz im Juli 1955 hatte Wehners Pessimismus bezüglich der Folgen der Pariser Verträge bestätigt. Das Programm der SPD zur Konferenz trug seine Handschrift. Er hatte dort als Beobachter der SPD, offiziell jedoch als Korrespondent des ›Hamburger Echo‹ teilgenommen. In der deutschen Frage kam es zu keiner Annäherung, das Thema wurde auf eine Außenministerkonferenz vertagt, die im Herbst ebenfalls in Genf stattfand. Beide Seiten waren schon vorher davon ausgegangen, daß das Treffen scheitern würde. Mitte November ging die Konferenz mit einem nichtssagenden Schlußkommuniqué auseinander[143].

Für Wehner war Anfang 1956 in der Deutschlandpolitik ein toter Punkt erreicht. Die »Kette verpaßter Gelegenheiten« der Bundesrepublik, mit den Sowjets in konkrete Verhandlungen zu kommen, reichte für ihn von der Stalinnote 1952 bis zu den Genfer Konferenzen von 1955. Aber auch die sowjetische Deutschlandpolitik mit ihrem verfehlten Experiment DDR werde scheitern. Die DDR helfe »den reaktionären Kreisen in Westdeutschland, eine antisozialistische Pogromstimmung gegen die Arbeiterbewegung zu erzeugen«. Daher dürften die Sozialdemokraten im Kampf gegen die SED nicht müde werden. Mit einer »Sozialistischen Einheitspartei«, die für die Quälerei sozialdemokratischer politischer Gefangener in der »Zone« verantwortlich sei, gebe es keine Form der »Aktionseinheit«. Unterhalb der Schwelle einer völkerrechtlichen Anerkennung seien aber technische Abkommen »zwischen den beiden deutschen Seiten« notwendig, um einen möglichst reibungslosen Verkehr zu sichern. Wehner formulierte, acht Jahre vor den ersten Passierscheinregelungen des Berliner Senats von Willy Brandt, die »Politik der kleinen Schritte« als Antwort auf die Zementierung der Spaltung[144].

Da kamen hoffnungsvolle Signale. Im Februar 1956 verabschiedete sich die KPdSU auf ihrem XX. Parteitag vom Stalinkult. Die Parteiführung unter Nikita Chruschtschow rechnete mit dem grausamen Regime des Despoten ab. Wehner kommentierte dies zunächst vorsichtig, zumal die Besetzung der Führungspositionen unverändert blieb. Er sah aber das Bemühen, die Partei aus ihrer bürokratischen und geistigen Erstarrung herauszuführen sowie das Verhältnis der Sowjetunion zu anderen Staaten zu normalisieren. Es bleibe daher für die übrige Welt zu prüfen, ob es nun zu einem Abbau kolonialistischer und imperialistischer Methoden der UdSSR komme. Bezogen auf die SED-Führung in Ost-Berlin kam Wehner schnell zu einem negativen Urteil. Der taktisch wendige Walter Ulbricht war vom Moskauer Parteitag wie selbstverständlich als Kritiker Stalins zurückgekehrt. Anlaß zur Selbstkritik sah die politische Spitze der DDR jedoch nicht. Wehner betrachtete die Beschlüsse der 3. Parteikonferenz der SED im März

1956 als lediglich sprachliche Abkehr vom Stalin-Mythos. Ansonsten wolle die SED-Führung an ihrer bisherigen Politik festhalten[145].

Über die Bedeutung des XX. Parteitags der KPdSU für die »Politik in der SBZ« referierte Herbert Wehner im September 1956 vor einer Tagung des Ringes Politischer Jugend in Goslar. Unter den 36 Nachwuchspolitikern, die ihm zuhörten, waren auch der spätere Regierende Bürgermeister von Berlin Klaus Schütz und der spätere Bundeskanzler Helmut Kohl. Das SED-Regime, so Wehner laut Protokoll, lebe im inneren Widerspruch, es sei ein »Naturschutzpark aus sowjetischen Gnaden«. Dennoch müsse man sich mit dem Kommunismus aktiv auseinandersetzen, und zwar im sozialen, im menschlichen und im politischen Bereich[146].

Insgesamt schien Wehner die Tauwetterperiode günstig, neue Möglichkeiten zur Auflockerung des Ost-West-Konflikts auszuloten und nach positiven Anknüpfungspunkten innerhalb der Systeme zu suchen. Dazu diente eine zweiwöchige Reise, die er im Mai 1956 gemeinsam mit Lotte und Greta unternahm. Sie führte in zwei sehr unterschiedliche Länder: nach Schweden und nach Jugoslawien.

In Stockholm nahm Herbert Wehner am Parteitag der Sozialdemokratischen Arbeiterpartei teil. Seit einem Vierteljahrhundert regierten die Sozialdemokraten das Land, das seit anderthalb Jahrhunderten keinen Krieg erleben mußte und mittlerweile den höchsten sozialen Standard in Europa erreicht hatte. Er schilderte nachher seine Eindrücke von den Diskussionen in einem »demokratisch durchgebildeten Volk«, von einem Parteitag, der für ihn in der Art, alle Fragen zu behandeln, ein »Musterbeispiel von Demokratie« war. Schweden sei kein sozialistisches Land, aber über den schwedischen Wohlfahrtsstaat mit Vollbeschäftigung und einem hohen Maß an sozialer Sicherheit führten Wege zum Sozialismus[147].

Gleich anschließend reisten Wehners weiter nach Belgrad. Jugoslawien war 1944 nicht durch die Rote Armee, sondern vor allem durch die kommunistisch geführte Partisanenarmee Titos befreit worden. Der Staatschef hatte gegenüber Stalin die Eigenständigkeit des Landes behauptet und war deswegen in Ungnade gefallen. Die Sowjets hatten dazu aufgerufen, die »faschistische Tito-Clique« zu stürzen. Im gesamten Ostblock wurde im Zuge der 1948 einsetzenden Säuberungswelle nach »Titoisten« gejagt. Nur dank westlicher Kredite und amerikanischer Militärhilfe konnte sich das kommunistische Land halten. Jetzt, nach dem Tode Stalins, entspannte sich das Verhältnis Jugoslawiens zur Sowjetunion. Der Vielvölkerstaat am Balkan blieb jedoch blockfrei[148].

Die private Reise organisierte von Bonn aus der jugoslawische Botschafter Mladen Iveković, zu dem Wehner eine freundschaftliche Beziehung pflegte. Auf dem Programm standen zahlreiche Begegnungen mit führenden Repräsentanten Jugoslawiens. Nach einem Gespräch mit dem Staatspräsidenten, das am Vorabend von dessen Geburtstag stattfand, hatte Wehner den Eindruck, Tito sei für die deutsche Wiedervereinigung und man könne ihm »gerade in Hinsicht auf den Grundsatz der Selbstbestimmung und der Nichteinmischung in Angelegenheiten anderer Nationen« trauen. Trotz fehlender langjähriger demokratischer Schulung und Einparteienherrschaft erschienen Herbert Wehner die Menschen im Jugoslawien des Mai 1956 »aufgeräumt und hurtig«. Die Bevölkerung nehme intensiven Anteil an der Politik, und die Politiker sprächen sachlich und offen über die Probleme des Landes. Die wirtschaftliche Unterentwicklung blieb Wehner nicht verborgen, aber er bewunderte den Selbstbehauptungswillen der Jugoslawen, die »durch eine mörderische Blockade der Kominform-Länder gegangen sind«[149].

Ungeachtet der grundlegenden Verschiedenheiten und Gegensätze zwischen Schweden und Jugoslawien sah Wehner Berührungspunkte bei den »Vorstellungen über die sozialistische Neugestaltung«, insbesondere aber das gemeinsame Interesse an Frieden, normalen Beziehungen und wirtschaftlicher Zusammenarbeit. In seinen Augen wiesen beide Länder wünschbare Perspektiven für eine sozialistische bzw. sozialstaatliche Entwicklung der westlichen wie der östlichen Staaten auf. Dabei dachte er sich das schwedische Modell als Vorbild für die Bundesrepublik, das jugoslawische als Beispiel für die DDR. Hüben sei die Änderung der Mehrheitsverhältnisse und die Regierungsbeteiligung der SPD notwendige Voraussetzung für eine innerdeutsche Ordnung im Rahmen internationaler Verständigungspolitik anstelle der Adenauerschen Politik der Stärke. Drüben möge die SED ihrerseits weitere Voraussetzungen schaffen. Am Ende sollte nicht der eine Teil Deutschlands sich an den anderen anschließen, sondern beide sollten eine gemeinsame neue Ebene finden. Vor der direkten Konfrontation mit dem Kommunismus war Wehner dabei nicht bange, denn allein durch wirtschaftliche Stärke und Menschenzahl sei die Bundesrepublik deutlich im Vorteil[150].

Bei alledem machte Wehner immer wieder seine kompromißlose Ablehnung des Ulbricht-Regimes deutlich. Für die SPD-Wochenzeitung ›Vorwärts‹, die 1956/57 nahezu wöchentlich mit einem Beitrag von Herbert Wehner auf der Titelseite aufmachte, schrieb er, Verbesserungen in Lebensstandard und Versorgung in der DDR seien wünschenswert. Aber das SED-Regime sei in Bürokratismus und Dogmen erstarrt, und es versage der eigenen Bevölkerung die staatsbürgerliche und persönliche Freiheit. Die Staatspartei sei Statthalterin einer auswärtigen Macht und daher kein Partner in der deutschen Politik[151].

Gleichwohl suchte Wehner selbst die Verbindung zu Vertretern der DDR. Bereits 1955 hatte er sich am Rande der Genfer Konferenz mit Wilhelm Girnus getroffen, dem Vorsitzenden des DDR-»Ausschusses für deutsche Einheit«, einer Gegengründung zum Kuratorium Unteilbares Deutschland. Im Oktober 1956 traf er Girnus ein zweites Mal in der Lüneburger Heide, diesmal zusammen mit dem DDR-Journalisten Ernst Hansch. Ein weiteres Treffen mit Hansch und Girnus fand am 10. November 1956 in West-Berlin statt. Wehner äußerte sich dabei allgemein zur politischen Lage, und er zog zwei Listen aus der Tasche. Diese enthielten mehrere Dutzend Namen von in der DDR politisch Inhaftierten. Die Gesprächspartner aus der DDR waren jedoch an den humanitären Fragen nicht wirklich interessiert. Sie handelten im Auftrag des Ministeriums für Staatssicherheit und sollten Wehner dazu bringen, sich in Ost-Berlin mit Hermann Matern, Mitglied des SED-Politbüros und Ulbrichts »rechte Hand« bei den Parteisäuberungen, zu treffen. Wehner bestand auf einem Treffen im Westteil der Stadt, in der Wohnung des evangelischen Propstes Grüber. In den Osten zu kommen, weigerte er sich. Er verwies auf die Attentatsversuche und Verleumdungen gegen ihn. So wurde nichts aus dem Treffen mit Matern. Für die ostdeutsche Seite standen bei ihren Kontakten zu Wehner nachrichtendienstliche Interessen im Vordergrund. Daneben spielten Ränke innerhalb der SED eine Rolle. Für Wehner ging es vor allem um Hilfe für Gefangene. Konspirativ verhielt er sich bei den Treffen nicht. Ollenhauer wurde informiert. In Berlin empfing er Girnus und

Hansch, für jedermann sichtbar, in der Halle des Charlottenburger Hotels »Savigny«[152].

Den Ostteil Berlins oder die DDR betrat Wehner in den fünfziger und sechziger Jahren grundsätzlich nicht. Er hatte sowohl die Nachstellungen als auch die Erpressungen der SED zu fürchten. Nach West-Berlin reiste er immer mit dem Flugzeug. Nur einmal, im Herbst 1960, als sein Bruder Rudi gestorben war und die gebuchte Maschine vom Flughafen Tempelhof wegen Nebels nicht flog, eilten Herbert Wehner und Greta »Hals über Kopf« zum Bahnhof, um gerade noch so den Interzonenzug zu erreichen. Angsterfüllt reisten sie durch die DDR nach Hamburg zur Beerdigung. Wehner hatte noch einen alten, vor seiner Zeit als Bundestagsabgeordneter ausgestellten Personalausweis dabei, und zum Glück waren die Kontrolleure nicht sehr aufmerksam[153].

Im Gegenfeuer

Wehners Bemühungen, die Fronten des Kalten Krieges aufzulockern, wurden beim politischen Gegner nicht recht verstanden. Heinrich Krone, Vorsitzender der CDU/CSU-Bundestagsfraktion, erhielt im Frühjahr 1956 von einer Quelle aus dem SPD-Parteivorstand Nachricht. Da hieß es, Wehner habe Tito bei seiner Reise nach Jugoslawien gebeten, in der Sowjetunion vorzufühlen, ob sie bereit sei, im Bundestagswahlkampf 1957 Schützenhilfe für die SPD zu leisten. Solche verzerrenden Informationen aus dritter Hand erreichten auch den Bundeskanzler und das Kabinett. Innenminister Gerhard Schröder (CDU) meinte in dem Zusammenhang gar, die SPD und die inzwischen ebenfalls oppositionelle FDP dienten mit ihren Entspannungsversuchen »freiwillig oder unfreiwillig den Interessen Moskaus«[154].

Am 9. Januar 1957 nahm Wehner in Düsseldorf an der ersten Sitzung der Kommission Wiedervereinigung des DGB-Bundesvorstands teil. Der DGB-Vorsitzende Willi Richter erteilte ihm gleich als erstem Sprecher das Wort. Wehner schlug vor, der DGB solle ein eigenes Programm zur Wiedervereinigung veröffentlichen. In der Diskussion sprachen sich die meisten Redner für dieses Projekt aus. In den folgenden Tagen verfaßte Herbert Wehner ›Vorschläge des DGB zur Wiedervereinigung Deutschlands‹. Das Papier lag der DGB-»Erklärung zur

Wiedervereinigung Deutschlands« zugrunde, die im April 1957 fertiggestellt wurde. Sie enthielt unter anderem Forderungen nach einer Beteiligung der Beschäftigten am Zuwachs des Sozialprodukts, Überführung der Schlüsselindustrien in eine gemeinwirtschaftliche Ordnung und einer Anerkennung der Ergebnisse der Bodenreform in der DDR. Der Deutsche Gewerkschaftsbund stellte seine Aktionen zum 1. Mai 1957 unter das zentrale Motto »Wiedervereinigung ohne Gewalt – doch bald!«[155].

Aufgrund seiner Aktivitäten für die DGB-Erklärung kam es zu Klagen »christlich-sozialer« Gewerkschafter, Wehner habe einen Angriff auf die parteipolitische Neutralität der Gewerkschaften verübt. Die Wiedervereinigung sei in erster Linie Aufgabe der Parteien. In einer Broschüre aus unionsnahen Kreisen hieß es dann auch bald, Wehner habe einen gefährlichen Einfluß auf die gesamtdeutsche Politik des DGB. Er habe dort »eine auch von Ulbricht angestrebte Kontaktpolitik auf dem Gebiet von ›Volkstanz- und Spielgruppen‹ befürwortet, die von der Sowjetzone her zielbewußt gelenkt werden«[156].

Das war lächerlich, aber Teile der SPD ließen sich von solchen Kampagnen anstecken. Als Wehner im Juni 1956 dem Bonner Korrespondenten der ›Prawda‹ ein Interview gab, worin er sich für internationale Abrüstungsvereinbarungen aussprach, kam es zu Unmutsbekundungen einzelner Sozialdemokraten. Der Redaktionsleiter der Parteizeitschrift ›Neue Gesellschaft‹, Ulrich Lohmar, klagte bei Ollenhauer über die angebliche Schädigung der Außenpolitik der SPD. Und Fritz Heine, besoldetes Parteivorstandsmitglied und Pressechef, sandte die ablehnende Stellungnahme »eines Genossen, der jahrelang in Sibirien gesessen hat«, in der »Baracke« herum. Dazu schrieb er: »Ich darf erwähnen, daß ich von verschiedenen Seiten wegen dieses Wehner-Interviews angegangen wurde, mit dem Tenor, daß dieses Interview politisch und psychologisch falsch war und uns, der Partei, geschadet hat.« Ollenhauer jedoch stellte sich vor Wehner. Lohmar beschied er, das ›Prawda‹-Interview enthalte nichts, was die SPD nicht schon früher oder an anderer Stelle gesagt habe[157].

Zum SPD-Parteitag im Juli 1956 in München veröffentlichte die ›Prawda‹ ein Telegramm der KPdSU an Ollenhauer. Wehner beurteilte es als »interessantes Dokument«, da es nicht mehr die bisher üblichen Beschimpfungen und Beleidigungen gegenüber der SPD enthalte. Ein offener Brief des Zentralkomitees der SED vom 7. Juli mit »Vorschlägen zur Verständigung der beiden deutschen Arbeiterparteien« war von Wehner abgelehnt worden. Die SED müsse sich die Zähne ausbeißen an dem Versuch, die SPD von innen auszuhöhlen. Auf den sowjetischen Brief war er jedoch bereit, näher einzugehen. Die SPD sollte auf Entspannungsbemühungen der Sowjetunion positiv reagieren. Ratschläge über die Einheit der Arbeiterbewegung seien jedoch sinnlos, wenn die Spaltung des Landes und die Spaltung der Sozialdemokratie durch die SED aufrechterhalten würden. Ollenhauer beschränkte sich aber in seinem Schlußwort auf dem Parteitag darauf, festzustellen, der sachliche Inhalt des Briefes sei durch die Beschlüsse des Parteitags bereits beantwortet. Diese enthielten, ganz im Sinne Wehners, die Ablehnung politischer, jedoch die Befürwortung technischer Abmachungen zwischen den »zuständigen Dienststellen« von Bundesrepublik und DDR[158].

Im Herbst 1956 kam immer mehr Bewegung in die osteuropäischen Länder. In Polen erzwangen streikende Arbeiter einen Wechsel in der kommunistischen Führung, in Ungarn kam es zum Volksaufstand. Wehner gelangte im Oktober zu der Überzeugung, Polen und Ungarn seien nun keine Satelliten mehr. Die Ereignisse in Ungarn zeigten, wie lähmend sich der Stalinismus ausgewirkt habe und wieviel Explosionskraft gleichzeitig aufgestaut worden sei. Als der ungarische Aufstand im November durch die Rote Armee blutig unterdrückt wurde und gleichzeitig England und Frankreich einen Kolonialkrieg mit Ägypten um den Suezkanal riskierten, reagierte Wehner betroffen. Auf einer SPD-Delegiertenversammlung in Hamburg mahnte er zur Besinnung. Der Gedanke des Sozialismus sei im Osten mit Blut befleckt und die moralische Sauberkeit im Westen durch Gewalt beschmutzt worden. Die politische Aufgabe bestehe jetzt darin, klarzustellen, daß keine Regierung ein Faustrecht ausüben dürfe. Machtblöcke und jede Politik durch Machtblöcke seien als überholt anzusehen. Wehner folgerte: »Unsere Aufgabe ist, Platz zu schaffen für ein neues Partnerschaftsverhältnis. Dabei dürfen wir uns nicht den Blick durch den Vorhang von Blut vernebeln lassen.« Deutschlands Aufgabe in der Mitte Europas sei es, Brücken zu schlagen, anstatt sich als Kreuzzügler aufzuspielen[159].

Das deutsche Interesse, so legte er einige Wochen später im ›Hamburger Echo‹ nach, heiße Überwindung der Krise. Gerade jetzt sei die Reise einer Delegation des Bundestages nach Moskau notwendig, nicht als Verbrüderungsakt, sondern, um die Gelegenheit zu Gesprächen zu schaffen. Zu dieser Delegationsreise lag seit Adenauers Besuch 1955 eine Einladung an den Deutschen Bundestag vor. Die Regierung und ihr nahestehende Journalisten hatten kein Verständnis dafür, die Einladung jetzt anzunehmen. Die ›Stuttgarter Nachrichten‹ schrieben: »Zur Zeit lernen Ostreisende die Sowjets und ihr Wesen kennen. Es sind junge Ungarn, in Viehwaggons zusammengepreßt. Muß man sie im Luxuscoupé überholen?« Die Reise der Bundestagsdelegation nach Moskau sollte erst im September 1973 zustande kommen[160].

Wehners wichtigstes deutsch-deutsches Projekt um die Jahreswende 1956/57 war das Bemühen um eine beidseitige Amnestie der politischen Gefangenen. Das Bundesverfassungsgericht hatte 1956 auf Antrag der Bundesregierung die KPD verboten. Wehner, fern jeglicher Sympathien, hatte sich gegen diese Maßnahme des Kalten Krieges ausgesprochen. Er fand es nicht klug, die sowjetische Besatzungsmacht damit zu ihrerseits härterem Vorgehen zu reizen. Im übrigen hatte er vor der politischen Auseinandersetzung mit den Kommunisten keine Angst: »Die sozialdemokratische Partei will der kommunistischen Partei und der kommunistischen SED nicht ersparen, sich als Parteien dem Volke zu stellen, um das Urteil des Volkes zu erfahren.« Eine Folge der Maßnahmen von Staat und Justiz in der Bundesrepublik gegen linksextreme Organisationen war, daß eine größere Anzahl von »Rädelsführern und Hintermännern« verhaftet und zu Gefängnisstrafen verurteilt wurde. Im Herbst 1956 ging die Zahl der Verfahren wegen Hochverrats und politischer Organisationsvergehen in die Tausende. Wehner schlug vor, ein Straffreiheitsgesetz zu verabschieden, um damit die Freilassung politischer Gefangener in der DDR zu erleichtern. Sein Ausschuß empfahl einstimmig einen solchen Gesetzentwurf. Der bei der Sitzung anwesende Bundesminister Jakob Kaiser bat die Abgeordneten nur darum, sich mit öffentlichen Äußerungen zurückzuhalten und den Erfolg seiner Bemühungen im Kabinett »mit Zuversicht abzuwarten«. Wehner verwies darauf, in der Schublade liege bereits ein SPD-Entwurf zu einem solchen Gesetz – er habe selbst damit zu tun. Kaiser antwortete, damit Heiterkeit auslösend: »Ich habe ihn hier!«[161]

Minister und Ausschußvorsitzender wollten ein solches Gesetz gemeinsam auf den Weg bringen und sich nicht auf Kosten des Themas parteipolitisch profilieren. Es ging wieder um Menschen, um Hilfe für Gefangene. Der Bundestagsausschuß für Gesamtdeutsche und Berliner Fragen ging im Dezember 1956 von mehr als 13 000 politischen Häftlingen in Gefängnissen der DDR aus. Darunter waren auch Aufständische des 17. Juni 1953. Am Feiertag hatte Wehner in seiner Rede an die Regierung Grotewohl-Ulbricht appelliert, die Gefangenen des 17. Juni zu amnestieren. Das wäre ein Akt der Menschlichkeit, »angesichts dessen wir nicht anstehen würden zu erklären, daß wir in ihm auch das Bestreben sehen möchten, Schranken abzubauen, die sich zwischen den Teilen Deutschlands erheben«. Politische Entspannung gegen menschliche Erleichterungen, das war Wehners deutschlandpolitisches Rezept schon in den fünfziger Jahren[162].

Kaisers Zuversicht, daß die Bundesregierung einem Straffreiheitsgesetz zustimmen werde, war unberechtigt. Im Kabinett sprachen vor allem Schröder und Adenauer dagegen. Der Innenminister befürchtete eine Entmutigung der Polizei bei der »Bekämpfung kommunistischer Umtriebe«. Der Kanzler meinte, ein solches Gesetz könne im Ausland als Verrat an der Freiheit angesehen werden. Im November mußte Bundesjustizminister Hans-Joachim von Merkatz (DP) den Gesamtdeutschen Ausschuß informieren, daß die Regierung sich den Vorschlag des Ausschusses nicht zu eigen mache und im Rahmen bestehender gesetzlicher Bestimmungen nach Lösungen suchen wolle. Die Ausschußmitglieder bedauerten, daß es bis zur Bekanntgabe dieser Entscheidung fünf Monate gedauert habe[163].

In der Bundestagssitzung am 4. April 1957 wiederholte Schröder seinen Standpunkt. Ein Amnestiegesetz wäre ein falsches Signal, denn, so meinte er ganz in der Sprache des Kalten Krieges: »Ein falsches Verhalten an den obersten Führungsstellen hat leicht eine verheerende Wirkung auf die Pflichttreue des kleinen Mannes ›an der Front‹.« Den in der Bundesrepublik entstandenen Bemühungen, Initiativen und Amnestieausschüssen unterstellte er, sie seien durch die SED gesteuert. Hierauf nahm Herbert Wehner Bezug, als er in seinem Beitrag zur selben Debatte sagte: »Man könnte beinahe an die Konstruktionen des Anklägers Wyschinski denken, vom Format abgesehen, wenn man das hier sieht.«[164]

Der Vergleich des bundesrepublikanischen Innenministers mit Stalins Chefankläger war nicht angemessen, aber mit dem Konjunktiv »Man könnte beinahe denken« und dem einschränkenden »vom Format abgesehen« doch sehr milde angedeutet. Es folgten »Pfui«-Rufe und heftige Angriffe gegen Wehner. Die CDU-Abgeordneten verließen protestierend den Saal. Als Schröder später zur Gegenrede ansetzte und empfahl, daß Wehner nicht »in einer so geradezu gespenstischen Weise die Schatten seiner Vergangenheit beschwören sollte«, antwortete die CDU/CSU-Fraktion mit stürmischem Beifall, und aus der SPD gab es Zurufe wie »Sie haben heute noch die geistigen SA-Stiefel an!«. Der Bundestag habe minutenlang einem tobenden Hexenkessel geglichen, berichtete die Presse: »Rasender Beifall von der CDU begegnete tobenden Pfuirufen der SPD. Abgeordnete der hinteren Bänke marschierten mit drohenden Fäusten aufeinander zu. Ergraute Abgeordnete brüllten einander an.«[165]

Es war Vorwahlkampf, die Wahlen zum dritten Deutschen Bundestag im Herbst 1957 standen bevor. Die ›Frankfurter Rundschau‹ bezeichnete die Versuche der CDU, auf diese Weise im Wahlkampf Stimmung gegen Wehner und die SPD zu machen, als eine der übelsten Episoden der Geschichte des jungen Staates. Der Vorstand der CDU/CSU-Fraktion beschloß, in der nächsten Sitzung des Ausschusses für gesamtdeutsche und Berliner Fragen einen Mißtrauensantrag gegen den Vorsitzenden Wehner zu stellen. Der Geschäftsordnungsausschuß des Bundestages ließ diese Möglichkeit prüfen, kam aber zu dem Ergebnis, daß der Ausschußvorsitzende durch Mehrheitsentscheid des Ausschusses oder des Parlaments nicht zum Rücktritt gezwungen werden konnte. Wehner jedoch berief, entgegen der ursprünglichen Planung des Ausschusses, vor den Wahlen keine Sitzung mehr ein[166].

Erich Ollenhauer gab am Tag nach dem Zwischenfall mit Schröder eine Ehrenerklärung ab: »Wehner besitzt auch mein volles Vertrauen«. Damit bezog er sich auch auf die aktuellen Vorkommnisse, meinte aber in erster Linie den Versuch von Kreisen in der CDU/CSU, den Ruf Wehners und der SPD durch eine Kampagne zu seiner kommunistischen Vergangenheit zu schädigen. Vor diesem Hintergrund sind die selbst für den Vorwahlkampf vergleichsweise heftigen Tumulte im Bundestag zu sehen. Schon 1953 und dann wieder Anfang 1955 hatte die CDU versucht, Wehner öffentlich an den Pranger zu stellen. Im Februar 1957 bezeichnete der CDU-Nachwuchspolitiker Werner Marx Wehner in einer Versammlung in Speyer als »altes Mitglied des Politbüros und Mitglied des sowjetischen Spionagerings von Stockholm«[167].

Anfang März 1957 protestierte die sowjetische Regierung beim schwedischen Botschafter, es seien mehr als zwei Dutzend schwedische Agenten auf sowjetischem Boden aktiv. Die Schweden wollten von den sowjetischen Attacken ablenken und verbreiteten eine alte, aus Entstellungen und Halbwahrheiten zusammengebastelte Geschichte. Am 9. März 1957 titelte die liberale Zeitung ›Dagens Nyheter‹: »Seekommandohaus war russisches Agentennest«. Dort, in der Blekingegatan 63, habe während des Zweiten Weltkriegs der »Sowjetspion« Herbert Wehner den schwedischen Nachrichtendienst der Komintern geleitet. Noch am gleichen Tag leitete die deutsche Botschaft in Stockholm eine Übersetzung des Artikels ans Auswärtige Amt in Bonn weiter mit dem Vermerk »Dem Herrn Bundeskanzler vorzulegen«. Wenige Tage später versorgte das Bundespresseamt die Journalisten in Bonn mit Auszügen aus dem Artikel, und der Geschäftsführer der CDU/CSU-Fraktion, Will Rasner, las daraus in einer Pressekonferenz vor. Die CDU, so sagte er, wolle augenblicklich nicht Stellung nehmen. Am 13. März hieß es in einer Mitteilung des CDU-Pressedienstes, die deutsche Öffentlichkeit habe mit großer Bestürzung von einem Bericht der schwedischen Zeitung ›Dagens Nyheter‹ Kenntnis nehmen müssen. Man sei überzeugt, die SPD werde alles tun, um diesen Fall restlos aufzuklären. Die Union hatte zwar selbst das Gerücht in die Welt gesetzt, behauptete aber, nichts behauptet zu haben. Der SPD-Pressedienst antwortete, in der Sache zutreffend, dieser »Tiefschlag gegen Wehner« sei ein Teil jener perfiden Methoden, mit denen die CDU auch den diesjährigen Wahlkampf zu führen gedenke[168].

In einer detaillierten, 15 Schreibmaschinenseiten umfassenden Darstellung, die er am 11. März zuerst an die Sozialdemokratische Arbeiterpartei Schwedens, an seinen Parteivorsitzenden Ollenhauer und an Bundestagspräsident Gerstenmaier sandte, widersprach Wehner den Vorwürfen: »Ich war nie ›Sowjetspion‹ und ich habe niemals einen ›schwedischen Nachrichtendienst der Komintern‹ oder irgendeinen anderen Nachrichtendienst der Komintern geleitet.« Der Parteivorstand der SPD wies die Behauptungen am 13. März entschieden zurück und fügte hinzu, Wehner genieße nach wie vor volles Vertrauen. Rasner meinte scheinheilig dazu: »Niemand wäre befriedigter als die CDU/CSU-Fraktion, wenn sich die Meldung von ›Dagens Nyheter‹ als absolute Erfindung erwiese.« Die schwedische Zeitung schrieb dann am 15. März in einem Leitartikel, der Begriff »Sowjetspion« sei mißverständlich gewesen, denn: »Wehners Absicht war es ausschließlich, gegen das nazistische Deutschland zu kämpfen. Es handelte sich niemals um die Frage irgendeiner Tätigkeit, die Schweden Schaden zufügen konnte.« Dieses Dementi hinderte die einmal angestachelte CDU-nahe Presse jedoch nicht daran, sich weiter des langen und breiten mit dem »Fall« zu beschäftigen. Der Geschäftsordnungsausschuß des Bundestages votierte für eine Ehrenerklärung des Bundestagspräsidenten Gerstenmaier für Wehner. Die CDU/CSU-Fraktion verhinderte dies, die Geschäftsordnung gebe das nicht her. Die Klärung der Angelegenheit sei ausschließlich Sache Wehners und seiner Fraktion. Regierung und Regierungsfraktion hatten den Ruf Wehners und der SPD geschädigt. Für die Folgen sollten die Geschädigten selbst aufkommen[169].

Wehner hatte Mitte März 1957 kurzzeitig beabsichtigt, seine ›Notizen‹ von 1946 zu veröffentlichen. Als Herausgeber sollte Hellmut Kalbitzer fungieren, Willi Eichler würde das Werk bei der Europäischen Verlagsanstalt herausbringen. Wehner sandte das Manuskript auch gleich an Eichler, aber dann kam es in den Parteiburos zu Diskussionen über die Finanzierung des Drucks. Ein solches Gezerre mochte Wehner nicht dulden, er zog das Projekt umgehend zurück und schrieb, pikiert, an Eichler: »Ich möchte zu allem anderen nicht auch noch in finanzieller Hinsicht Ärgernis erregen.« Mittlerweile war er zur Selbsthilfe geschritten. Zu Hunderten vervielfältigten Wehners die 200 Seiten ›Notizen‹ sowie mehrere Schreiben und Erklärungen zu den aktuellen Vorwürfen. Es entstand die sogenannte ›Graue Mappe‹, die sogleich an zahlreiche Politiker, Journalisten und Redaktionen ging. Ihr Inhalt ist dann 1982 erstmals offiziell als Buch veröffentlicht worden[170].

Daß Wehner persönlich tief getroffen war, geht nicht nur aus dem Ärger um die ›Notizen‹ hervor. Auf dem Unterbezirksparteitag der SPD in Hamm sagte er am 1. April: »Vor Ihnen steht ein Mensch, der zum Ziel einer Treibjagd gemacht worden ist, der moralisch aus dem öffentlichen Leben ausgeschaltet werden soll.« Rufmord gehöre heute zu den Alltäglichkeiten der Regierungspolitik. Er wolle keine Vorrechte, keinen Ministersessel, aber als Volksvertreter lasse er sich nicht erpressen. »Bei uns aber werden die Personen gekauft oder ruiniert, wenn es der Regierungsspitze zweckmäßig erscheint.«[171]

Die ›Dagens-Nyheter‹-Affäre hatte ein umfangreiches Presseecho. Auch Ost-Berlin meldete sich. Die DDR-Presse wiederholte ihre bekannten Vorwürfe, Wehner habe die KPD verraten und für den englischen Geheimdienst gearbeitet. Von den Empfängern der ›Notizen‹ kamen zahlreiche zustimmende Reaktionen bei Wehner an. Helmut Schmidt, an Bord eines Flugzeugs nach Rio de Janeiro, schickte eine Postkarte: »Du hast sicherlich viel mehr Freunde in dieser häßlichen Sache wie überhaupt, als Du manchmal zu denken scheinst.« Aus der Partei kamen Solidaritätsbekundungen. So beschloß die Mitgliederversammlung der SPD in Köln-Süd einstimmig ein Telegramm, in dem es hieß: »Die Angriffe gegen Dich betrachten wir als Angriffe gegen die Partei und alle ihre Mitglieder. Wir stehen hinter Dir nach dem Grundsatz Alle für Einen und Einer für Alle.« Erich Ollenhauer fragte auf einem Bezirksparteitag in Rheinland-Hessen-Nassau, angesichts der Verleumdungen gegen Wehner: »Wo bleibt bei solchen Methoden das christliche Gewissen der CDU?« Der ›Vorwärts‹ machte am 22. März 1957 mit der Schlagzeile ›Die SPD steht zu Herbert Wehner‹ auf[172].

Am 11. Juli 1956 hatte Wehner auf dem Münchner Parteitag seinen 50. Geburtstag begangen. In der letzten Sitzreihe des Vorstands saß er, verborgen hinter einem Berg von Blumen, und nur an den von Zeit zu Zeit aufsteigenden Rauchwolken war seine Anwesenheit zu erkennen. Parteitagspräsident Waldemar von Knoeringen gratulierte ihm unter lebhaftem Beifall der Delegierten. Er sei ein Mann unermüdlichen Fleißes und leidenschaftlicher Hingabe an die Sache der Partei, ein guter Berater vor allem auf dem Gebiet der Außenpolitik. Wehner hatte sich, vor dem Parteitag, gerührt über die vielen guten Wünsche bedankt. So etwas könne man »in unserer rauhen Arbeit sehr wohl gebrauchen«, vor allem wenn man, wie er, »von manchen als eine Art uneheliches Kind dieser unserer Partei betrachtet wird«. Darauf gab es Beifall und Heiterkeit im Saal. Und Wehner fügte hinzu, auch dieses uneheliche Kind sei von einer glühenden Liebe zur gemeinsamen Mutter beseelt. Rückenstärkung durch die eigene Partei und Fraktion, wie er sie im Frühjahr 1957 erfuhr, taten ihm gut. Er blieb jedoch sensibel für das Atmosphärische. Attacken der politischen Gegner und Gefühllosigkeiten der Freunde trafen ihn tief. Von den 45 echten Ordnungsrufen, die Herbert Wehner während seiner Laufbahn als Bundestagsabgeordneter erhielt, fielen 40 in die Zeit nach der ›Dagens-Nyheter‹-Affäre[173].

Kurz danach, im Mai 1957, ermittelte das Institut für Demoskopie in Allensbach am Bodensee für Adenauer den Bekanntheitsgrad und die Beurteilung Herbert Wehners in der Bevölkerung. Danach kannten ihn 64 Prozent der Männer und 31 Prozent der Frauen. Das Urteil über ihn fiel insgesamt leicht negativ aus. Dabei war es klar nach politischen Lagern geteilt: Bei den SPD-Anhängern positiv im Verhältnis 23 zu 3, bei den Unions-Anhängern negativ im Verhältnis 18 zu 2. Wehner polarisierte, und das gedachte die CDU/CSU im Wahlkampf zu nutzen. Wenn es ihr schon nicht gelang, die Sozialdemokratie zu spalten, so sollten wenigstens die Wähler den Eindruck bekommen, die SPD sei in verschiedene Flügel gespalten. Die Union wünschte sich eine marxistische und klassenkämpferische SPD für die Auseinandersetzung im Wahlkampf[174].

Die Umsetzung durch die CDU/CSU-Kandidaten an der Basis geriet stellenweise recht grobschlächtig. So meinte der CSU-Abgeordnete Hans August Lücker in Memmingen, mit Wehner sei die SPD außenpolitisch nach Osten orientiert. Der Landesflüchtlingssekretär der baden-württembergischen CDU, Josef Wolf, behauptete, Wehner habe noch nach dem Zweiten Weltkrieg Tausende von Rubeln von der Sowjetunion erhalten. Paul-Wilhelm Wenger vom Adenauer nahestehenden ›Rheinischen Merkur‹, der seit Jahren immer wieder vor dem »Saulus« bzw. »roten Odysseus« Herbert Wehner gewarnt hatte, spitzte die Auseinandersetzung des Jahres 1957 auf die einfache Alternative zu: entweder ein »wohlbestelltes Haus für jede Familie im Schutze eines Staates, der seinen Beitrag zum Frieden im Verband der freien Welt zu leisten gewillt ist, oder Einstampfung im roten Block des Bolschewismus«[175].

Auch einige unabhängige Medien übernahmen bereitwillig die Legende von den Flügelkämpfen in der SPD. So erfand der ›Spiegel‹ während des Wahlkampfes eine Rivalität zwischen Carlo Schmid und Herbert Wehner um den Posten eines »Schatten-Außenministers«.

Der Journalist Walter Henkels von der ›Frankfurter Allgemeinen Zeitung‹ porträtierte Herbert Wehner im Frühjahr 1957 nicht ohne Bewunderung für dessen politische Leidenschaft und intellektuelle Qualifikation als einen abgründig und unheimlich wirkenden Mann. Der »fanatische Zug um seine Mundwinkel« mache die »Prägekraft des Kommunismus« deutlich. Wehner sei »offensichtlich der Linksaußen seiner Partei, bei dessen Auftritt im Parlament seinen Gegnern ein Schauer über den Rücken jagt«. Andere verteidigten ihn, so Marion Gräfin Dönhoff in der ›Zeit‹. Sie verwies darauf, daß Wehner sich von den Kommunisten gelöst habe und seither das Ziel kommunistischer Attentate geworden war. Karl Gerold in der ›Frankfurter Rundschau‹ ging darüber hinaus, indem er die SPD für die »Verteidigerhaltung«, in die sie durch den »Fall Wehner« geraten sei, kritisierte: »Was tut die SPD? Sie verlangt eine Ehrenerklärung, anstatt zu sagen, daß Wehner keine Ehrenerklärung braucht.«[176]

Gewichtige Fürsprecher in der Union fand Wehner kaum mehr. Jakob Kaiser, mit dem er auf freundschaftlichem Fuße stand, schied aus der Politik aus. Er war nach einem Schlaganfall Mitte April 1957 gelähmt und ans Bett gefesselt. Sein Staatssekretär Franz Thedieck hatte sich mittlerweile »zum ausgesprochenen Paladin Adenauers« entwikkelt. Die Macht im Ministerium ging in seine Hände über. Er sandte dem Kanzler die »Graue Mappe« mit Wehners ›Notizen‹ und empfahl Adenauer eine in Mönchengladbach hergestellte Broschüre ›Wehner und die deutsche Zukunft. Eine Warnung in letzter Stunde‹. Darin wurde Wehner als ein Mensch bezeichnet, der noch immer wesentlich im Denkschema des Marxismus-Leninismus befangen sei. Damit sei er eine Gefahr für die Politik der Bundesrepublik Deutschland[177].

Nach der Bundestagswahl gab es kein Wort des Bedauerns. Im Gegenteil trachteten die Scharfmacher in der CDU/CSU-Fraktion, allen voran Adenauer und Schröder, danach, die Drohung vom Frühjahr wahr zu machen und Wehner als Vorsitzenden des Bundestagsausschusses für gesamtdeutsche und Berliner Fragen abzulösen. Der Fraktionsvorsitzende Heinrich Krone sprach darüber mit Erich Ollenhauer. Er teilte dem SPD-Vorsitzenden mit, ohne eine Entschuldigung bei Schröder werde die CDU/CSU-Fraktion sicher gegen Wehner stimmen. Dieser schrieb Schröder nun, daß er die Bemerkungen über die Konstruktionen des Anklägers Wyschinski bedauere. Nach den Gesprächen mit Ollenhauer war Krone klar, daß die Opposition nicht klein beigeben würde: »Die SPD würde zur Obstruktion übergehen.« So sprach sich Krone – und mit ihm unter anderem die Abgeordneten Kurt Georg Kiesinger und Hermann Höcherl – in der Fraktionssitzung am 28. November 1957 dafür aus, Wehner als Vorsitzenden des Ausschusses mit zu tragen. Nach heftiger Diskussion war die Mehrheit mit 117 zu 95 knapp. Sie bedeutete, nach der haushoch gewonnenen Bundestagswahl, die erste Niederlage für Konrad Adenauer[178].

Erich Ollenhauer hatte sich solidarisch hinter Herbert Wehner gestellt. Einen Keil in die SPD zu treiben, war mißlungen. Das Bild vom »linken Flügelmann« Wehner, der in der SPD am Rande stehe, entsprach eben nicht der Wirklichkeit. Herbert Wehner war derjenige, der seit Schumachers Zeiten die Außen- und Deutschlandpolitik, die Positionen und Beschlüsse der gesamten Fraktion und Partei entscheidend bestimmte. Ihn seiner parlamentarischen Spitzenposition berauben zu lassen, wäre einer politischen Kapitulation gleichgekommen.

Die Attacken von 1957 ließen nicht nur bei Wehner Narben zurück. Es blieb etwas hängen, bei Gegnern, Verbündeten und Freunden. Die deutsche Gesellschaft machte sich von Herbert Wehner fortan das Bild vom »Ex-Kommunisten«. Dieses wurde je nach – manchmal auch wechselndem – Standpunkt des Betrachters in der hellen Farbe des »Geläuterten« gemalt oder düster als zwielichtiger »Renegat«. Der Verdacht, die Behauptung, die Nachrede, er sei immer Kommunist geblieben, prägten das Wehner-Feindbild der politischen Rechten.

Wahlniederlage mit Folgen

Herbert Wehner hatte erneut einen Bundestagswahlkampf mit vollem Einsatz geführt. Die sechs Wochen bis zum Wahltag war er wieder in Hamburg und der ganzen Bundesrepublik unterwegs. Sein Schwerpunktthema lautete »Friede und Sicherheit im Atomzeitalter«. Er rief die Wähler auf, sie sollten am 15. September die »bindende Anweisung geben, dem Atomwettrüsten, das den friedlichen Aufbau zerschlägt, ein Ende zu bereiten«[179].

Um die Wahlkampforganisation in Hamburg kümmerte sich Wehner persönlich. Vor Ort wurde der Sieg eindrucksvoll. Die Sozialdemokraten gewannen fast acht Prozent hinzu und eroberten sieben von acht Wahlkreisen. Wehner selbst holte in seinem Harburger Wahlkreis 15 000 Stimmen mehr als 1953 und erzielte damit 54 Prozent. Das war das beste SPD-Wahlkreisergebnis in der gesamten Bundesrepublik[180].

Bundesweit legte die SPD um drei Prozent zu und kam nun auf 31,8 Prozent. CDU und CSU jedoch gewannen noch einmal fünf Prozent hinzu. Sie erhielten 50,2 Prozent der Stimmen. Daneben zog nur noch die FDP (7,7 Prozent) mit einer eigenen Fraktion ins Parlament ein. Adenauer konnte nun mit absoluter Mehrheit regieren.

Die SPD verlor die Bundestagswahl nicht aufgrund der Kampagne gegen Herbert Wehner. Wenngleich Adenauer den Angriff gegen seinen wichtigsten außenpolitischen Gegenspieler für die plakative Behauptung benutzte, ein Sieg der SPD bedeute den Untergang Deutschlands. Mit solchen Äußerungen wurde die SPD erfolgreich dazu getrieben, in der Schlußphase selbst einen aggressiven Wahlkampf zu führen. Aber aus der Defensive kam sie nicht heraus. SPD-Propagandachef Fritz Heine war offenkundig überfordert und in der Angelegenheit Wehners nicht mit Überzeugung bei der Sache. Zu den unfairen Attacken der Union fiel ihm nichts anderes ein, als eine langatmige Broschüre herauszubringen, in der Angriffe auf zwei SPD-Kandidaten im Jahre 1953 aufgewärmt wurden. Erklärte Absicht dieser Schrift war, »die am Wahlkampf beteiligten Persönlichkeiten und Gruppen vor einer Wiederholung der Wahlkampfmethoden von 1953 zu warnen«. Das Heft erschien im Juli, da kam die Warnung zu spät. Der Wahlkampf der SPD insgesamt schwankte eigentümlich zwischen zurückhaltendem Wettstreit und provokativer Zuspitzung. Wahlkampfbroschüren wirkten vorne professionell und modern. Hinten zeigten sie Bildertafeln der führenden Parteifunktionäre, die an die sozialdemokratischen Ahnengalerien der Kaiserzeit erinnerten. Ollenhauer als Gegenkandidat wirkte im Vergleich zum staatsmännisch auftretenden Adenauer brav und bieder[181].

Die Mehrheit wollte – mit dem CDU-Slogan – »keine Experimente«, nicht in der Außen- und Deutschlandpolitik, schon gar nicht in der Innen- und Wirtschaftspolitik. Und das war, angesichts von Wirtschaftswunder und Vollbeschäftigung, auf den ersten Blick verständlich. Es gelang der SPD nicht, den Wahlkampf auf eine klare Alternative zuzuspitzen, weder personell noch politisch-programmatisch.

Frauen, Rentner, Landbevölkerung und katholische Arbeiterschaft wählten ebenso wie die eher unpolitischen Teile der Bevölkerung in Massen CDU.

Nach der verlorenen Wahl stieg Herbert Wehner tief in die Debatte ein. Er reiste weiter durch das Land, um mit der Parteibasis über die Ursachen und über Konsequenzen aus der Niederlage zu diskutieren. Diesmal beschränkte er sich jedoch nicht aufs Vortragen, Diskutieren und Aufnehmen der politischen Stimmung, sondern er vertrat eine eigenständige Position und gab auf eigene Faust seine »Beiträge zur Parteidiskussion« heraus, als gedrucktes Manuskript unter dem Titel ›Sozialdemokratische Politik im geteilten Deutschland‹. Die Zusammenstellung ließ er im März 1958 an sämtliche führenden SPD-Funktionäre und -Politiker schicken[182].

Wehner wollte seine Beiträge als Anregungen verstanden wissen, die der Verbesserung der »Arbeits-, Kampf- und Werbemethoden« der SPD dienen sollten. Die CDU habe es geschafft, die konservativen und restaurativen Kräfte zu sammeln, und »sehr breite Bevölkerungskreise« aufgescheucht. Diese meinten, mit der Stimmabgabe für Adenauer »die Stabilität und Kontinuität der Wohlstandsentwicklung sichern zu müssen«. Die SPD dagegen habe »nicht die Sammlung der Bedrohten in breitester Form erreicht«. Um dies künftig zu gewährleisten, müsse die Organisation der Partei von der Spitze bis zur Basis umgestaltet werden. Dabei lehnte er es ab, die Mitgliederpartei durch eine schmale professionelle Funktionärsspitze zu ersetzen. Das könne die CDU sich leisten, denn sie wirke durch ihre Stellung im Staatsapparat, durch eine Vielzahl klerikaler Institutionen und durch Kanäle, die einer »Obrigkeit« zur Verfügung stünden. Die SPD aber sei darauf angewiesen, ihre eigenen Kraftzentren auszubauen. Wehners Ziel: »Die aus der Arbeiterklasse Deutschlands hervorgegangene Sozialdemokratische Partei soll eine in den breiten schaffenden Schichten des Volkes wurzelnde, von ihnen getragene und zum Wohle des ganzen Volkes wirkende Sozialdemokratische Partei sein.«

Die Diskussion darüber, ob die SPD eine »Arbeiterpartei« oder eine »Volkspartei« sein solle, fand Wehner nicht weiterführend. Auch hier gehe es vor allem darum, die Partei in Einklang mit der gesellschaftspolitischen Entwicklung zu bringen. Während Unternehmerinstitute, Wirtschaftsminister und »christlich-soziale« Gewerkschafter ihrerseits heftig daran arbeiteten, die Arbeiterschaft von der Sozialdemokratie zu trennen, müsse die SPD darum kämpfen, die arbeitende Bevölkerung für ihre Forderungen zu sammeln[183].

Auch bei der Frage nach den inhaltlichen Auseinandersetzungen innerhalb der SPD warnte Wehner vor falschen Frontstellungen. Betrachtungen über rechte und linke Flügel, über angebliche Gegensätze zwischen so verschiedenen Menschen wie Carlo Schmid und Herbert Wehner seien nicht zielführend. In der Spannweite der Partei solle man nicht die Schwierigkeiten, sondern lieber die daraus sich ergebenden Anregungen sehen. Angesichts der Debatte um ein neues Grundsatzprogramm warnte er vor zu hochgespannten Erwartungen. Das Programm könne helfen, »wenn es uns gelingt, eine klare Begriffsbestimmung des demokratischen Sozialismus in einer in West und Ost in Wandlung begriffenen Welt zu geben«. Entscheidend sei aber die Praxis. Die SPD müsse bereit sein, neue Wege zur öffentlichen Erörterung ihrer Vorschläge zu suchen, wofür beispielsweise die skandinavischen und britischen Sozialdemokraten Vorbild sein könnten.

Nahezu die Hälfte der großformatigen und eng bedruckten 16seitigen Broschüre machten Beiträge mit Vorschlägen zur Deutschland- und Außenpolitik aus. Im einzelnen entwickelte Wehner seine bisherige Linie weiter, aber er stellte sie unter die Überschrift ›Außenpolitik darf nicht zum Instrument ideologischer Kämpfe werden‹. Wehner hatte nicht die Antworten parat, die die SPD im Laufe der nächsten drei Jahre auf all die Fragen geben würde. Aber er stellte die wichtigen Fragen, öffnete die Diskussion in die Breite der Partei hinein und machte sich so zu einem der Motoren im Reformprozeß. Dabei wollte er nichts überstürzen. Er legte, um im Bilde zu bleiben, einen niedrigen Gang ein, fuhr stetig und mit viel Kraft. So manchen, innerhalb wie außerhalb der Partei, verleitete das zu dem Trugschluß, Wehner trete auf die Bremse. Das Gegenteil traf zu.

Nach der Wahlniederlage war ein personeller Neuanfang unausweichlich. Die erste Gelegenheit dazu bot sich mit den Neuwahlen zum Vorstand der Bundestagsfraktion im Oktober 1957. Hinter Erich Ollenhauer kam es – gegen dessen Willen – zur Neubesetzung der Fraktionsspitze. Die Reformer drängten nach vorn. Wehners Hamburger Weggefährte Kalbitzer schlug in der Fraktion vor, Carlo Schmid, Fritz Erler und Herbert Wehner zu neuen stellvertretenden Vorsitzenden zu wählen. Ollenhauer wollte dagegen, daß seine bisherigen Stellvertreter Wilhelm Mellies und Erwin Schoettle im Amt blieben. Letzterer verzichtete auf seine Kandidatur, und Mellies verlor am 30. Oktober 1957 die Wahl in der Fraktion. Wehner wurde gemeinsam mit Schmid und Erler stellvertretender Vorsitzender der SPD-Bundestagsfraktion. Fortan trafen die drei sich regelmäßig zum Arbeitsfrühstück. Sie bildeten das sogenannte »Frühstückskartell«, um gemeinsam die Linien der Fraktionsarbeit zu besprechen. Diese erste »Troika« der SPD war ein Führungstrio im Parlament, das in seiner Spannweite rhetorische Brillanz, Energie und Modernität ausstrahlte[184].

Herbert Wehners engagierter Beitrag zu den Debatten um die Parteireform legte den Gedanken nahe, ihn auch in die Parteispitze vorrücken zu lassen. Vor dem Stuttgarter Parteitag im Mai 1958 waren verschiedene Genossen, darunter Albert Schulz, mit dem Vorschlag an ihn herangetreten, für das Amt des stellvertretenden Vorsitzenden zu kandidieren. Doch, so beschied Wehner seinem Hamburger Büroleiter, er habe »nicht den Eindruck, daß die Kandidaturen unter vorwiegend politischen Gesichtspunkten vorbereitet werden«. Deshalb und weil Ollenhauer sich bereits auf Schoettle als Stellvertreter festgelegt habe, wolle er nicht kandidieren. Dennoch sprach sich eine Reihe von Mitgliedern des Parteivorstands in der Sitzung am 16. Mai 1958 für Wehner als stellvertretenden Vorsitzenden aus. Dagegen bezogen jedoch Ollenhauer und Schmid Stellung, letzterer, weil er dann eine Sprengung der Troika in der Fraktion befürchtete. Auch von Ollenhauers Seite war dies nicht auf ein gestörtes Vertrauensverhältnis zu Herbert Wehner zurückzuführen. Schließlich hatte der Vorsitzende ihm einige Tage vor dem Stuttgarter Parteitag seinen Redeentwurf geschickt, verbunden mit der Bitte um Verbesserungsvorschläge. Wehner selbst bat ebenfalls, ihn nicht zu nominieren. Die Vereinigung der Stellvertreterfunktionen im Partei- und Fraktionsvorsitz sei nicht tragbar[185].

Der baden-württembergische SPD-Landesvorsitzende Erwin Schoettle war ebenfalls ein entschiedener Anhänger der Parteireform[186]. Aber auf dem Parteitag war er nicht anwesend, weil er herzkrank war. Wehner besuchte ihn. Schoettle erklärte ihm, daß er bei seiner Kandidatur bleibe. Wehner gedachte, das zu respektieren.

In der Sitzung des Parteiausschusses am 17. Mai, dem Vorabend des Parteitags, ergab sich das gleiche Bild wie in der Vorstandssitzung. Es kam erneut zu massiven Forderungen, Wehner anstelle Schoettles zu wählen. Entschiedene Parteireformer wie der Kölner Heinz Kühn und Kalbitzer, Linke wie Willi Birkelbach aus Frankfurt waren sich mit der Berliner Senatorin Ella Kay und den Hamburger Vertretern einig. Ollenhauer, Erler und Alex Möller sprachen gegen die Kandidatur. Und – Wehner selber. Er wies darauf hin, daß er auch so sehr viel Arbeit in der Partei leiste. Die Spitze müsse vor allem durch ein starkes Präsidium getragen werden, und dieses sei der Ort, die Arbeit der Fraktion besser in die der Gesamtpartei einzufügen. Gleichwohl führte der Ausschuß eine Probeabstimmung durch. Das Votum war klar: 37 Stimmen für Wehner, nur 18 für Schoettle[187].

Eine Rededisposition, die sich in Wehners Nachlaß findet, endete mit folgendem schwachen Schlußsatz: »Mit dem Verzicht auf meine Kandidatur für den Fall, daß sich der Parteitag auf die Kandidatur Schoettles einigen kann, möchte ich diese Rede abschließen.«[188]

Was würden die Delegierten tun? Würden sie – wie Wehner – gegen ihre innere Überzeugung, aus Loyalität zur Parteiführung und aus Solidarität mit dem Erkrankten, für den schwächeren Kandidaten Schoettle stimmen? Oder würden sie Ollenhauer eine Niederlage bereiten, wie sie es schon am Vortag bei der Abstimmung über das Organisationsstatut getan hatten? Für Herbert Wehner, der sich durch seinen engagierten Einstieg in die Reformdebatte die Diskussion um seine Kandidatur selbst eingebrockt hatte, war es in jedem Fall eine unangenehme Situation. Da kam etwas dazwischen.

Am 19. Mai, dem Wahltag, kam die Nachricht, daß Schoettle weitere Herzanfälle erlitten habe und für Monate ausfallen werde. Seine Ehefrau bat darum, ihn nicht zu wählen. Jetzt fragte Ollenhauer Wehner, ob er unter diesen Umständen zur Kandidatur bereit wäre. Das war er, wobei er dann jedoch als stellvertretender Fraktionsvorsitzender zurücktreten werde. Der Vorstand nominierte ihn, und der Parteitag wählte ihn mit 298 von 383 abgegebenen Stimmen zum stellvertretenden Vorsitzenden. Lotte, seine Frau, die mit auf dem Parteitag war, weinte – nicht vor Freude, sondern weil sie ahnte, welche Arbeitsbelastung auf ihren Mann zukommen würde[189].

Der führende Außen- und Deutschlandpolitiker der SPD-Bundestagsfraktion stand nun mit an der Spitze der Partei. Herbert Wehner trat nach dem Vorsitzenden Erich Ollenhauer und dem zweiten stellvertretenden Vorsitzenden Waldemar von Knoeringen ans Redepult. Beide hatten mehr Stimmen bekommen als er. Ollenhauer war mit lebhaftem, Knoeringen mit starkem, langanhaltendem Beifall bedacht worden. Als Wehner auftrat, verzeichnete das Protokoll: »Stärkster, langanhaltender und von immer erneuten Bravorufen unterbrochener Beifall«. Er versprach, seine Kräfte nicht zu schonen, »um der Partei zu helfen, die zusammenarbeitsfähige Mannschaft an ihrer Spitze zu haben, auf die sie sich verlassen kann«[190].

Für Wehner und die SPD begann der lange Weg aus der Opposition heraus.

In der Spitze

Reform der SPD

Selten war die öffentliche Meinung so gespalten wie in der Bewertung der Wahl Herbert Wehners zum stellvertretenden Parteivorsitzenden auf dem Stuttgarter Parteitag von 1958.

Die in Düsseldorf erscheinende ›Rheinische Post‹ machte aus Wehners Äußerung, die SPD wolle keine beliebige »Jedermannspartei« werden, die Schlagzeile »SPD nicht für jedermann«. Konservative Zeitungen wie die ›Glocke‹ aus Oelde und der CDU-nahe ›Rheinische Merkur‹ machten einen »Linksruck der SPD« aus. Von der SED-Seite dagegen war zu vernehmen, Wehner nehme eine Position ein, »die den Interessen der Arbeiterklasse entgegengesetzt ist«. Die Kommentatoren einer Zeitung, die in der politischen Mitte stand, wie (damals) die ›Welt‹, kamen zu völlig gegenteiligen Ansichten über Herbert Wehner. So machte Georg Schröder am 30. Juni 1958 eine »Radikalisierung« der SPD aus. Wehner sei »bewußter Marxist«, dem »heute wie früher die Erringung der Einheit der Arbeiterklasse als wichtigstes Ziel erscheint«. Sein Redaktionskollege Joachim Besser kam zu einem völlig anderen Ergebnis: »Im Grunde ist Wehner ein Mann der Mitte. Eine volle Lohntüte unterschätzt er nicht, aber er sieht in ihr kein ausreichendes Mittel, die Besitzlosen aller Berufe, von den Arbeitern bis zu den Angestellten, überzeugt in die demokratisch-freiheitliche Welt einzugliedern.«[1]

Besonders angekreidet wurde Wehner ein Satz in seiner Rede auf dem Stuttgarter Parteitag. Dort hatte er, unter Beifall, ausgeführt: »Ich gehöre, das sage ich offen, zu den altmodischen Leuten, für die der sogenannte Klassenbegriff noch nicht überwunden ist.« Diejenigen, die die SPD gerne in Flügel einteilten, übersahen, daß der als Vormann der »Rechten« in der Partei ausgemachte Carlo Schmid ihm zugestimmt hatte. Ebenfalls in Stuttgart, ebenfalls unter Beifall, sagte

Schmid: »Wie mein Freund Herbert Wehner gehöre ich zu denen, die nicht glauben, daß es genügt, die Augen zuzumachen, um die Klassen zum Verschwinden zu bringen. Diese sind auch heute eine Realität. Man kann sie nicht wegmogeln.«[2]

In seinem Porträt für die ›Welt‹ stellte Besser heraus, daß Wehner als überzeugter protestantischer Christ im »Klassenkampf« allein kein brauchbares Mittel für den Gewinn der politischen Macht sah. Er sei keiner, der in die Kirche gehe, »um sich zu zeigen«, kenne aber die Lutherbibel genau und besitze ein »inneres Verhältnis zu der saftig-kräftigen Sprache des Reformators«. Wehner sei Sozialist und Christ, dabei zugleich »kein Freund der Verstaatlichung«, denn er wisse genug von den »furchtbaren Folgen der Staatsallmacht«. Besser zeigte Verständnis für die Furcht vor dem unbequemen, »oft so umdüsterten und leidenschaftlichen Mann«. Er schrieb: »Er kann vulkanisch ausbrechen, und die Lava dieser Eruptionen verbrennt manchem die glatten Finger. Er ist kein geschliffener Stein, sondern ein Felsbrocken, der in der politischen Landschaft liegt, nicht zu übersehen, nicht zu überhören, aber oft genug ein Ärgernis.« Es liegt nahe zu meinen, hier habe das geflügelte Wort vom »politischen Urgestein« seine Wurzeln. Doch dieser Begriff stammt von Wehner selbst. Er münzte ihn im Jahr 1963 – auf Konrad Adenauer[3].

Im Sommer 1958 waren Landtagswahlen in Nordrhein-Westfalen, und im Wahlkampf wurde das Klischee vom ehemaligen Kommunisten, dem man nicht trauen könne, wieder ausgepackt. Der einzelne Unionspolitiker konnte Wehner je nach Situation, Zweck und Befindlichkeit gegensätzlich beurteilen. So schimpfte Adenauer im Herbst 1958 auf einer CSU-Kundgebung in Würzburg, Wehner spreche »die Sprache der SED« und wolle »in seinem Machthunger alles niederwalzen, was ihm entgegentritt«. Anders als der Kanzler sah es nur wenige Monate später Franz Josef Strauß. Er stellte in einer Ansprache vor der Jungen Union Herbert Wehner in eine Reihe mit Sozialdemokraten wie Erler und Ollenhauer. Sie seien weder kommunistische Ideologen noch Marxisten im bolschewistischen Sinne des Wortes. Eine »Freund-Feind-Theorie« lehnte Strauß ab, weil man »die Fundamente dafür erhalten« müsse, »daß man sich noch in Freiheit auseinandersetzen kann«. Es gebe das »Recht zum politischen Irrtum«. Beide Politiker haben sich früher wie später gegenteilig zu Wehner geäußert.

Der alte Adenauer sorgte sich gegen Ende seines Lebens gar um die Gesundheit Wehners, während der CSU-Vorsitzende Strauß noch in seinen ›Erinnerungen‹ behauptete, er habe an Wehners »Wandlung vom stalinistischen Kommunisten zum demokratischen Sozialisten« nie recht geglaubt[4].

Gingen die Beurteilungen auch auseinander – an Wehners politischer Arbeit als stellvertretender Parteivorsitzender ist zu ersehen, wohin die Reise wirklich ging. Er wollte die Organisation der SPD verändern, und zwar, wie er in Stuttgart gesagt hatte, »im Sinne ihrer größten Wirksamkeit in der breiten Öffentlichkeit«[5]. Dieser Reform der Partei widmete er sich in den folgenden Jahren mit voller Kraft. Sie fand auf mehreren Feldern statt. Dazu gehörte der Aufbau der Partei vom Ortsverein bis zur Spitze. Die Kontakte der SPD in die Gesellschaft hinein, insbesondere zur Arbeitnehmerschaft, waren zu verbessern. Ein neues Grundsatzprogramm war überfällig. Dem Gegner mußte die Außen- und Deutschlandpolitik als innenpolitisches Kampfinstrument genommen werden. Und schließlich mußten alle diese Bemühungen in einer attraktiven, modernen personellen Alternative der SPD zugespitzt werden.

Niemals vorher oder nachher hatte ein stellvertretender Parteivorsitzender eine so starke Stellung in der SPD wie Herbert Wehner. Das hatte mehrere Gründe. Zuallererst: Er hatte den politischen Willen, die Energie, die Durchsetzungskraft. Zum zweiten: Die Struktur kam ihm entgegen. Einen hauptamtlichen Bundesgeschäftsführer oder Generalsekretär der SPD gab es noch nicht. Und drittens: Angesichts der Zusammensetzung des neuen Führungstrios lief alles auf Wehner hinaus. Ollenhauer, der Parteivorsitzende, hatte sich zunächst widerwillig in das Schicksal der Parteireform ergeben. Er vertrat ihre Ergebnisse dann aus Überzeugung, war, in Wehners Worten, »die Verkörperung der Loyalität«, aber seine Gesundheit ließ nach, und seine Zeit lief allmählich ab. Waldemar von Knoeringen, der andere stellvertretende Vorsitzende, hatte bereits 1958 in Stuttgart erklärt, daß er sich als Übergangskandidat sehe. Der bayerische SPD-Vorsitzende setzte geistige Impulse und sah seine Hauptaufgabe darin, die »Auseinandersetzung des demokratischen Sozialismus mit den Problemen unserer Zeit« voranzutreiben. Er strebte bald wieder zurück nach Bayern, in die Bildungsarbeit der Georg-von-Vollmar-Akademie in Kochel. Die Bonner Organisation war seine Sache nicht[6].

Sie wurde um so mehr zur Sache von Herbert Wehner, als der Stuttgarter Parteitag die Wahl der besoldeten, also hauptamtlichen, Mitglieder des Parteivorstandes durch den Parteitag abgeschafft hatte. Entschiedene Parteireformer, an der Spitze Heinz Kühn und Hellmut Kalbitzer, hatten dies entgegen den Vorschlägen der »Siebenerkommission« zur Reform der Parteispitze durchgesetzt. Diese Kommission hatte der Vorstand am 20. November 1957 einberufen. Zu ihr gehörte neben Ollenhauer, Mellies, Erler, Nau, von Knoeringen und Schmid auch Herbert Wehner. Ferner wurde, gemäß den Vorschlägen der Kommission, das Präsidium geschaffen. Dieses wählte der Vorstand aus seiner Mitte, und es amtierte als geschäftsführender Vorstand. Der Parteitag legte die Zahl der Präsidiumsmitglieder auf neun fest[7].

Neben Ollenhauer und Nau sprach auf dem Parteitag auch Herbert Wehner gegen die Abschaffung des eigenen Wahlgangs für die Besoldeten. Zur Begründung verwies er auf die Bedeutung des Präsidiums. Zum Opfer des gegenteiligen Beschlusses wurde Fritz Heine, der Presse- und Propagandachef, den viele Delegierte für die verfehlte Wahlkampfstrategie bei der verlorenen Bundestagswahl verantwortlich machten. Er fiel bei der Vorstandswahl durch. Die Zuständigkeit für die Presse übernahm Wehner, der wiederum eine »Pressestelle beim Vorstand der SPD« unter der Leitung des ›Vorwärts‹-Redakteurs Franz Barsig schuf. Die SPD-Pressemitteilungen und Informationen trugen fortan die Fußzeile »Redaktion: Franz Barsig. Verantwortlich: Herbert Wehner«[8].

Heines Sturz war nicht das Werk Wehners, auch wenn der Gestürzte selbst dies so sah. Aber für Wehners Stellung im Parteivorstand war das Ende der »Besoldeten« hilfreich. Es stärkte ihn gegenüber Ollenhauer, dem nun die wichtigsten Stützen im Apparat fehlten. Überdies war Wehners Verhältnis zu Heine nie gut gewesen. Wo sich ihre Aufgabengebiete berührten, wurde der Ton schnell gereizt. Sie trauten einander nicht über den Weg. Im übrigen hatte Heine seine schützende Hand über Stephan Thomas und das Ostbüro der SPD gehalten, dessen konspirative Arbeit als »Agentenschuppen« Wehner grundsätzlich mißfiel. Zug um Zug übernahm Wehner hier die Zuständigkeit und schränkte Thomas' Handlungsspielraum ein[9].

Der Parteivorstand wählte im Juni 1958 aus seiner Mitte das Präsidium. Herbert Wehner wurde darin zuständig für Organisation, Presse, Betriebsgruppen, Sport, Vertriebenenpolitik und Referentenvermittlung. Abgesehen von den Bereichen Finanzen, Verwaltung und Personal, die Alfred Nau übernahm, hatte er die organisatorisch wichtigsten Funktionen in seiner Hand[10].

Wehner machte die Reform der Parteiorganisation zur Chefsache. Im Oktober 1958 schrieb er an 29 Bezirks- und Unterbezirkssekretäre der SPD: »Die Organisationsarbeit ist das Stiefkind unserer Partei.« Diese müsse ernsthaft darangehen, ihre Organisation auszubauen und schlagkräftig zu gestalten. Er bat die Sekretäre daher um ihre Mitarbeit und fragte nach ihren Vorstellungen von der künftigen Organisationsarbeit. »Was muß unbedingt getan werden, was könnte getan werden und was soll unterbleiben?«[11]

Auf dieses Schreiben gingen zahlreiche Antworten ein, mit einer Vielzahl von Vorschlägen, wie die Arbeit verbessert werden könnte. Die manchmal mehr als zehn Seiten langen Briefe machen den Eindruck, als hätten die Sekretäre nur darauf gewartet, sich endlich einmal zu ihren Problemen äußern zu können. Ernst Knäpper beispielsweise vom Bezirk Westliches Westfalen war dankbar für das Schreiben. Wichtig sei, zu erforschen, »wie wir an die Menschen innerhalb der Partei, aber noch viel wichtiger, an die Menschen außerhalb der Partei herankommen«. Der »moderne Mensch« kapsele sich von der Masse ab und bewege sich »in kleinen für ihn überschaubaren Kreisen«. Man könne durch Rundfunk und Fernsehen die ganze Welt in sein eigenes Zimmer holen und alles Angenehme bequem vom Sessel aus miterleben. Dem könne nur mit der »durch nichts zu ersetzenden Methode des Gesprächs von Mensch zu Mensch« entgegengewirkt werden. Im Parteivorstand wurden die verschiedenen Vorschläge zu einer umfangreichen Sammlung zusammengestellt, die Wehner an die Bezirke und Unterbezirke schickte, um sie weiter breit diskutieren zu lassen[12].

Anfang 1959 stellte Wehner einen ersten Bericht zum Zwischenstand der Organisationsreform zusammen. Das Präsidium, so schrieb er, habe eine gewisse Kontinuität in seiner Arbeit erreicht und sich in die Tätigkeit des Vorstands eingeordnet. Der Vorstand und der Parteirat seien in der Behandlung wichtiger politischer Fragen ebenfalls fortgeschritten. Beim Parteirat mangele es allerdings noch an eigener Initiative in der Behandlung von Fragen, die »dann erst an den Vorstand gehen« sollten. Die Ausschüsse beim Parteivorstand seien bisher nicht über erste Anfänge hinausgekommen. Der Bundestagsfraktion fehle noch die Orientierung auf sachliche Schwerpunkte, anstatt einfach die Tagesordnung des Parlaments abzuarbeiten. Die Landesausschüsse begännen, sich eigene Richtlinien zu geben, aber: »Es liegt noch zu viel in und bei den Bezirken, die nicht damit fertig werden können.« Die Richtlinien für die Arbeitsgemeinschaft der Jungsozialisten standen kurz vor der Vollendung, Richtlinien für die Betriebsgruppen waren in Arbeit. Systematische Mitgliederwerbeaktionen waren in Vorbereitung, wobei hier entsprechende Erfahrungen der österreichischen Sozialdemokraten ausgewertet wurden. Ebenfalls in Vorbereitung war ein System zur »planmäßigen Unterstützung« mitgliederschwacher ländlicher Gebiete. Die bewußte Arbeit an der Gestaltung der eigenen Organisation erreichte eine neue Qualität. Ohne hier näher auf die Details eingehen zu können: In der Ära Wehner und unter seiner Ägide nach dem Stuttgarter Parteitag entwickelte die SPD die Organisation der modernen Mitglieder- und Volkspartei, über die sie in ihren Grundzügen bis heute verfügt[13].

Die Frage der Organisation war auch Thema einer Parteikonferenz in Goslar im Harz, auf der Herbert Wehner am 9. November 1958 sprach. Seine Ausführungen stellte er unter das Motto »Die Organisation der Partei als Mittel zum Zweck«. Diesen Zweck leitete er aus der Geschichte des Ringens der Arbeitnehmerschaft um gleiche Rechte ab. Im Unterschied zu anderen Parteien wolle die SPD mehr als Wahlprozente und durch Staatsmacht gesicherte Vorzugsstellungen. Voraussetzung für die Entfaltung der Persönlichkeit der arbeitenden Menschen und für die Wahrung ihrer Menschenwürde seien Vollbeschäftigung und gleiche Start-, Bildungs- und Aufstiegschancen für alle. Dies sei das Ziel des »Ringens um die Demokratie«. Die SPD brauche die Organisation, um an die Menschen heranzukommen, als Instrument zur Werbung für ihre Politik sowie als Rahmen für die »fortgesetzte kritische Behandlung unseres eigenen Wirkens«, die innerparteiliche Demokratie also. Wehner faßte zusammen: »Unsere Organisation ist die Form für eine politische Kampfgemeinschaft, die zugleich eine Schule für das öffentliche Wirken ist.«[14]

Auch die Organisation selbst sollte zur Schule gehen. Die innerparteiliche Bildungsarbeit besaß für Wehner oberste Priorität. Er nahm am ersten großen »Sekretär-Kursus« in der Heimvolkshochschule der Friedrich-Ebert-Stiftung teil, der vom 12. bis 15. Januar 1959 in Bergneustadt stattfand. Den anwesenden hauptamtlichen Angestellten der SPD wurde in Vorträgen und Diskussionen ein breites Themenspektrum geboten. Da ging es um die Außen- und Deutschlandpolitik, Wiedervereinigung und Wehrfragen, um die Auswirkungen der Automation auf Wirtschaftswachstum und Lebensstandards, die soziologische Struktur der deutschen Gesellschaft, Verbände und Institutionen in der Bundesrepublik, um Alltagspsychologie und Graphologie, um die Erfahrungen aus den Wahlen im Bund und in Nordrhein-Westfalen, die Organisation von Arbeitsgemeinschaften, die Werbung der Partei und um die Parteiarbeit in den Betrieben. Wehner war nicht nur »Kamingast«, sondern aktiver Teilnehmer des Seminars. Er notierte und stenographierte mit, und er stieg tief in die Diskussion zu sämtlichen Vorträgen und Themen ein. Die Sekretäre waren überrascht, daß ein Mitglied des Parteipräsidiums so lange Zeit mit ihnen verbrachte. Sie äußerten den Wunsch, daß dies auch bei anderen Kursen geschehe. Der Leiter der Schule, Günter Grunwald, stimmte das weitere Bildungsprogramm mit Fortsetzungs- und Aufbaukursen mit Wehner ab[15].

In den folgenden Jahren konnte Herbert Wehner wieder an seine Hamburger Kurs- und Schulungstätigkeit anknüpfen. Er kümmerte sich persönlich um die Seminare zur Fort- und Heranbildung von »Parteisekretären«, wie damals in der SPD die Geschäftsführer hießen. Unter seiner Leitung wurde der hauptamtliche Nachwuchs herangebildet. Mitte der sechziger Jahre beispielsweise ließ er 25 Volontärstellen ausschreiben. Die jungen künftigen Sekretäre sammelten Erfahrungen in der Parteizentrale und wurden in Seminaren ausgebildet. Daß Wehner hier häufig dabei war, selbst Vorträge hielt und kräftig mitdiskutierte, führte dazu, daß er die führenden Funktionäre persönlich kannte, sie aber auch ihn kennenlernten und ihm loyal zuarbeiteten[16].

Der Berliner Parteitag hatte 1954 beschlossen, nach dem Heidelberger Programm von 1925 endlich ein neues Grundsatzprogramm zu schaffen. Es wurde eine Programmkommission eingesetzt, deren Arbeiten zunächst nur schleppend vorangingen. Den Vorsitz in der Kommission führte Willi Eichler, auch Wehner gehörte ihr an. In der ersten Sitzung am 26. März 1955 wurden Unterkommissionen eingerichtet. Wehner war mit zuständig für Grundsatzfragen und Weltpolitik. In der letztgenannten Kommission wurde ihm die Federführung übertragen[17].

In der Sitzung der Unterkommission Grundsatzfragen am 4. Juni 1955 schlug er vor, zunächst die geschichtlichen Wurzeln der Sozialdemokratie zu betonen und festzustellen, »als was die SPD entstanden ist und was für Vorstellungen sie hatte«. Die »Darlegung der Kraft, die in der Sozialdemokratie lebendig war und ist«, sollte sich wie ein roter Faden durch das Programm ziehen. Die übrigen Anwesenden waren, anders als Wehner, größtenteils Akademiker. Sie gingen auf seinen Vorschlag nicht ein und führten lieber eine intellektuelle Debatte über »Wertaxiomatik«, »Zeitanalyse« und »das Sittliche«. Von da an kam Wehner kaum noch zu den Sitzungen. Wie Fritz Erler, der von einem »Professorenkollegium« sprach, fand auch er den Diskurs der »ideologisch Geweihten« recht fruchtlos[18].

Immerhin lieferte er Anfang 1958 einen ersten Entwurf zum außen- und weltpolitischen Teil des Programms. Diesen hatte er zuvor mit Carlo Schmid und Fritz Erler abgestimmt. Nach mehreren Überarbeitungen und Umformulierungen hieß es im letzten der Entwürfe: »Die Sozialdemokratische Partei kämpft für die Wiedervereinigung Deutschlands in gesicherter Freiheit nach innen und nach außen. Das wiedervereinigte Deutschland soll mit allen Rechten und Pflichten politischer und militärischer Art Mitglied eines Europäischen Sicherheitssystems im Rahmen der Vereinten Nationen werden.«[19]

Kurz vor dem Stuttgarter Parteitag nahm Wehner in einem längeren Brief an Eichler Stellung zu dem, was die Programmkommission bis dahin an Papieren zusammengestellt hatte. Seine Bilanz fiel kritisch aus. Insbesondere warnte er davor, die Welt nur aus der Sicht der industriell entwickelten Länder des Westens darzustellen. Sozialistische Aufgabe sei es, den Arbeitnehmern klarzumachen, daß Hunger und Unterentwicklung in anderen Teilen der Welt ihre eigene soziale Sicherheit gefährdeten. Im demokratischen Staat hielt Wehner die Untrennbarkeit von Demokratie und Vollbeschäftigung für entscheidend. Die Demokratie sei zugrunde gegangen, als in der Weimarer Republik die Arbeitslosigkeit hochgeschnellt war. Vollbeschäftigung ohne Demokratie sei nach 1933 aber zu einer Fessel für die Arbeitnehmer geworden. Materiell vorberechtigte Schichten müßten daran gehindert werden, die Demokratie einzuengen[20].

Anders als der Marburger Professor Wolfgang Abendroth, dessen grundsätzliche Kritik schließlich in einen kompletten Alternativentwurf zum Grundsatzprogramm einmündete, beschränkte Wehner sich auf Einwände in einzelnen Punkten. Dabei war er nicht traditionalistischer als zum Beispiel Eichler, der auf dem Parteitag für eine »klassenlose Gesellschaft« sprach, die allerdings kein Paradies sein werde. Eichler zitierte aus dem Entwurf: »Die wirtschaftliche Macht der Großwirtschaft ist der zentrale Angriffspunkt für die Wirtschaftspolitik des freiheitlichen Sozialismus.«[21]

Bei dem Entwurf der Programmkommission vom April 1958 konnte es jedenfalls nicht bleiben. Als gedruckte Broschüre umfaßte er 64 Seiten, er war eher weitschweifig, wenig systematisch und wies zahlreiche Wiederholungen auf. Viele Formulierungen wirkten weder modern noch verständlich. Ein Beispiel: »Den Staat trifft die Verantwortung dafür, daß die Eigentums-Ordnung nicht durch Ausnutzung von Macht zur Klassenbildung mißbraucht wird und als freiheitszerstörende Enteignung wirkt statt als freiheitsfördernde Eineignung.« Knapp anderthalb Jahre später paßte der Programmentwurf für den Godesberger Parteitag auf zwei Zeitungsseiten[22]. Was hatte sich inzwischen ereignet?

Bislang war Wehner für die Formulierung der Außen- und Deutschlandpolitik der SPD verantwortlich gewesen. Jetzt, mit der Reform der Führungsspitze und seinem neuen Amt, war er für die Entwicklung und Politik der Gesamtpartei verantwortlich. Wenn sie in der Lage sein sollte, Politik auch umzusetzen, dann ging der Zug zur Praxis, zur Konzentration, zur Verdichtung auf wesentliche Grundlinien der Politik: »Unsere SPD muß herausfinden, welche Fragen, Probleme und Sorgen geeignet sind, das Interesse breitester Schichten zu gewinnen.«[23]

Auf Drängen von Erler und Wehner beschloß der Vorstand am 6. Mai 1959, eine kleine Kommission einzuberufen. Sie sollte den Entwurf bearbeiten. Zu dieser Kommission gehörten Fritz Sänger, Heinrich Braune und Benedikt Kautsky. Sänger war kurz zuvor als Chefredakteur der »Deutschen Presse-Agentur« entlassen worden – Wehner und die SPD sahen darin einen Versuch, die Agentur im Sinne der

Regierungslinie gleichzuschalten. Braune war Chefredakteur der ›Hamburger Morgenpost‹, und Benedikt Kautsky war der Sohn des ehemaligen Vordenkers der SPD und geistiger Vater des Grundsatzprogramms der österreichischen Sozialdemokratie. Zur Gesamtredaktion sollten Ollenhauer und Eichler hinzukommen. Wehner sollte mitarbeiten, machte aber eine Einschränkung. Er habe, so sagte er zu Sänger, wenig Zeit »für theoretische Korinthenkackerei«, wolle nach Möglichkeit aber doch zu den Sitzungen kommen. Mit Braune, der Chef vom Dienst beim ›Hamburger Echo‹ gewesen war, arbeitete ein Wehner-Vertrauter in der Kommission mit. Der Hamburger war es, der die berühmte Präambel des Programms entwarf: »Das ist der Widerspruch unserer Zeit, daß der Mensch die Urkraft des Atoms entfesselte und sich jetzt vor den Folgen fürchtet …«[24].

Braune erinnerte sich 1983, Wehner sei der Leiter der Arbeitsgruppe gewesen. Das war übertrieben, spricht aber für die Autorität, die der stellvertretende Parteivorsitzende ausstrahlte. Braune: »In dieser monatelangen Arbeit im Sommer 1959 gab es viele schwierige Stunden, in denen um Formulierungen gerungen wurde. Und wie oft war es dann Herbert Wehner – der gar nicht ständig dabei sein konnte –, der den jeweiligen Schlußakkord fand.« Sänger redigierte gemeinsam mit Braune die Vorlagen so, daß ein knapper und lesbarer Text herauskam. Wehner bestärkte die beiden, dabei nicht allzu zimperlich vorzugehen. Als Sänger sich brieflich gegen die Vermischung von alter Klassenkampfterminologie mit der »heutigen« Sprache gewandt hatte, wurde er gelobt. Er notierte, Wehner habe im Vorübergehen gesagt: »Guten Brief an Eichler geschrieben! Stimmt genau!«[25]

Der 1958er Entwurf der Programmkommission bewegte sich ebenso wie das Godesberger Programm auf der Grundlinie eines ethisch begründeten demokratischen Sozialismus. Die Unterschiede zwischen Entwurf und späterem Beschluß sind dennoch groß. Neben der Länge und Umständlichkeit des Entwurfs fällt auf, daß er so manche überkommene Position enthielt. Das Godesberger Programm dagegen verzichtete auf Forderungen wie die Überführung von Teilen der Wirtschaft in Gemeineigentum und betonte die Rolle der »Freiheit in der Wirtschaft«: »Wettbewerb soweit wie möglich – Planung soweit wie nötig!« Auf die Erwähnung des Marxismus wurde verzichtet. Der demokratische Sozialismus wolle »keine letzten Wahrheiten verkünden«. Die SPD forderte die »Einheit Deutschlands in gesicherter Freiheit« und bejahte die Landesverteidigung. »Wir streiten für die Demokratie. Sie muß die allgemeine Staats- und Lebensordnung werden« – diesen Satz machte Wehner sich in besonderem Maße zu eigen[26].

Susanne Miller, die Sekretärin der Programmkommission, erinnert sich daran, daß Gewerkschafter und Angehörige des linken Flügels der SPD noch kurz vor dem Parteitag davon ausgingen, Wehner werde die Front derer anführen, die das neue Programm ablehnten. Sie waren Opfer ihrer Selbsttäuschung und der Täuschung durch Medien und Politiker, die die Legende vom »Linksaußen« Wehner gepflegt hatten. Dabei hätten sie es besser wissen können. Bereits im Juli 1958 hatte Wehner vor der Evangelischen Akademie in Tutzing öffentlich über die SPD behauptet: »Sie ist und war niemals eine marxistische Partei.« Herbert Wehner war es, der am 3. September 1959 in Vertretung Ollenhauers die entscheidende Parteivorstandssitzung leitete, die nach zehnstündiger Beratung den Programmentwurf verabschiedete. Dabei, so teilte er der Presse mit, gelangte der Vorstand »in allen Punkten zur Übereinstimmung«. Sowohl am 10. September im RIAS als auch wenige Tage später im NDR sprach Wehner sich offen für den vorliegenden Programmentwurf aus: »Ich nehme aber an und hoffe, daß die große Mehrheit des Parteitages sich für die Grundzüge des vom Vorstand vorgelegten Entwurfs entscheiden wird.«[27]

Die Legende, Herbert Wehner habe sich erst »in letzter Minute« angepaßt und an die Spitze des Zugs nach Godesberg gesetzt, wird bis in die jüngste Zeit von der journalistisch geprägten Zeitgeschichtsschreibung gepflegt[28]. Als die Delegierten Mitte November 1959 in die Stadthalle von Bad Godesberg bei Bonn kamen, war Wehner längst angekommen, und zwar nicht als Trittbrettfahrer, sondern als Weichensteller.

So wirkte seine eindrucksvolle Parteitagsrede sensationell, obwohl sie keine Sensation war. Wehner stellte die Programmreform nicht neben die Geschichte und das Erbe der Sozialdemokratie, sondern mitten in sie hinein: »Es gibt eine Evolution der Stellungnahmen der Sozialdemokraten zum Staat.« Er wisse um die Erfahrungen der Weimarer Republik und der Diktatur. Er leitete daraus ab, daß der Marxismus als Doktrin und Lehrgebäude nicht parteibildend im Sinne der sozialen Demokratie oder des demokratischen Sozialismus sein könne: »Glaubt einem Gebrannten!« Das Programm sei kein Arbeiterprogramm. Für die Arbeiter und Arbeitnehmer sei es aber nützlicher als ein solches, denn es betrachte sie nicht mehr als abhängige Staatsbürger minderen Ranges, sondern als gleichberechtigt in der Demokratie Mitwirkende. Die Knappheit und Unbestimmtheit in manchen Punkten verteidigte Wehner: »Jeder Schritt wirklicher Bewegung, demokratischer Bewegung, Arbeiterbewegung und Arbeitnehmerbewegung ist wichtiger als noch so präzis ausgedachte Programmformulierungen.«[29]

Dem Programmbeschluß war eine intensive Debatte in der Partei und auf dem Parteitag vorangegangen. Die Mehrheit für den Entwurf des Vorstands war nie gefährdet. Wehner trug mit seinem Einsatz dazu bei, daß das neue Grundsatzprogramm mit breiter Mehrheit bei nur 16 Gegenstimmen angenommen wurde. Herbert Wehner war nicht der Vater des Godesberger Programms. Aber er war einer der wichtigsten Geburtshelfer. Noch wichtiger war, daß Wehner in den folgenden Jahren und Jahrzehnten entscheidend dafür warb, daß das Programm zu einer lebendigen Richtschnur für sozialdemokratisches Handeln wurde.

Am Schluß des Godesberger Programms hieß es, die SPD sei »aus einer Partei der Arbeiterklasse zu einer Partei des Volkes geworden«[30]. Zunächst war das eine kühne Behauptung. Ihre Berechtigung mußte erst unter Beweis gestellt werden – organisatorisch wie politisch.

Für Herbert Wehner war der Abschied von der »Arbeiterpartei« kein Anlaß, sich politisch vom Bemühen um die Arbeiter und Arbeitnehmer zu verabschieden, im Gegenteil. Gerade als »Volkspartei« konnte die SPD nicht davon ausgehen, daß die betriebstätigen Menschen ihr wie selbstverständlich zuströmten. Mit einem Programm wie dem Godesberger mußte die Partei sich um so stärker um ihre Verankerung in der Arbeitnehmerschaft bemühen. Nur eine Woche nach dem Programmparteitag nahm Herbert Wehner in Bergneustadt an einem Kurs »Mensch und Betrieb« teil. Vor den dazu eingeladenen SPD-Gewerkschaftern, -Betriebsräten und -Betriebsgruppenleitern hielt er ein längeres Referat mit dem Titel ›Die Arbeiterfrage im Grundsatzprogramm der SPD‹.

Wehner wandte sich hier dagegen, eine Diskussion über Sozialisierung im Sinne von Verstaatlichung zu führen. Dies sei nicht einmal im

Sinne von Marx gewesen, sondern eine kommunistische Auslegung. Die Sozialdemokratie habe ein völlig anderes Problem, nämlich »wie wir mit den Mitteln der Demokratie zum Sozialismus kommen«. Die Demokratie sei nicht nur Voraussetzung für den Sozialismus und ein Kampfplatz, sondern der Sozialismus sei »vollendete, verwirklichte – für alle verwirklichte – Demokratie«. Aufgabe der SPD sei, sich als die politische Partei zu bewähren, mit der »die Arbeitnehmer zu vollberechtigten Staatsbürgern werden«. Dazu gehöre erstens das Ringen um eine Ordnung, die nicht mehr »die Vorrechte jener schützt, die über die große wirtschaftliche Macht gebieten«, zweitens soviel Mitbestimmung und Selbstbestimmung wie möglich, und drittens die Eröffnung eines möglichst großen Spielraums in den Ländern und Gemeinden für kulturelle und soziale Leistungen, »die vor allem den breiten Schichten unseres Volkes« zugute kommen[31].

Wehner betrieb die flächendeckende Einrichtung von SPD-Betriebsgruppen. Am 25. April 1959 verabschiedete der Parteivorstand die unter seiner maßgeblichen Beteiligung entworfenen Richtlinien für die Betriebsgruppenarbeit. Danach sollte es in Klein- und Mittelbetrieben zumindest einen Vertrauensmann der SPD, in größeren Betrieben eine SPD-Betriebsgruppe geben. In Konferenzen und Versammlungen von Funktionären und Vertrauensleuten aus den verschiedenen Betrieben sollten diese einen »Ausschuß oder eine ständige Leitung« wählen. Der Vorsitzende eines solchen Ausschusses müsse Mitglied des Vorstandes der Partei im jeweiligen Ortsverein oder Unterbezirk sein[32].

Für die vom Parteivorstand jährlich veranstaltete Arbeitswoche »Mensch und Betrieb« in Bergneustadt kümmerte Wehner sich persönlich um die Themen und Referenten. An der Woche »Mensch und Betrieb« im November 1959 nahmen Vertreter der SPD-Betriebsgruppen aus zahlreichen Industrieunternehmen teil. Einer der Anwesenden, Michael Weber aus dem Hüttenwerk Salzgitter, kam von da an bis 1981 zu sämtlichen Arbeitswochen in Bergneustadt. Wehner seinerseits bemühte sich intensiv um die 1958 gegründete Betriebsgruppe Salzgitter. Die Organisation der SPD in der Industriestadt war in schlechter Verfassung. Die Partei hatte bei den Wahlen von 1957 gerade einmal 35 Prozent gewonnen. In den folgenden Jahren und Jahrzehnten kam Wehner immer wieder persönlich nach Salzgitter, um die Position der Sozialdemokraten zu stärken. Zwischen 1959 und 1981 sprach er 13mal auf SPD-Versammlungen in Salzgitter, insbesondere auf von Michael Weber geleiteten Arbeitnehmerkonferenzen. Zwischen beiden entwickelte sich eine persönliche Freundschaft. Außerdem sorgte Wehner dafür, daß auch andere prominente Referenten in Salzgitter auftraten. Im Bundestagswahlkampf 1961 kam Willy Brandt. Gegenüber der Wahl 1957 gewann die SPD dort sensationelle 13 Prozent hinzu[33].

Später sah Wehner es nicht als Ursache des Erfolgs an, daß er »meisterhafte Ratschläge« geben konnte. Das Wichtigste sei gewesen, daß er sich vor Ort zur Diskussion gestellt hatte[34]. Beispiele wie Salzgitter zeigen, daß die Basis der Sozialdemokratie auch in den Industriegebieten keineswegs gefestigt war, sondern stets neu erkämpft werden mußte.

Reform der Außenpolitik

Regierung und Opposition schwankten seit Gründung der Bundesrepublik zwischen Kooperation und Konfrontation in der Außenpolitik. Dieses Hin und Her setzten sie nach der Bundestagswahl 1957 fort. Im Wahlkampf hatte Wehner scharf gegen Pläne von Verteidigungsminister Strauß protestiert, die Bundeswehr mit taktischen Atomwaffen auszustatten. Nach der Wahl blieb er bei seiner Forderung, dem Atom-Wettrüsten ein Ende zu machen. Dazu brauche es aber außenpolitische Gemeinsamkeit. Es bedürfe einer »geräuschlosen Behandlung der lebenswichtigsten Probleme unserer Außenpolitik«. Alle Parteien und Fraktionen müßten hinzulernen[35].

In den ersten Monaten des Jahres 1958 startete die SPD dann eine große außerparlamentarische Kampagne »Kampf dem Atomtod!«. Wehner sprach sich für den Vorschlag des polnischen Außenministers Rapacki aus, im Herzen Europas mit einer atomwaffenfreien Zone zu beginnen. Dies bringe »keiner Seite ein Übergewicht über die andre, sondern rückt die Kräfte auseinander«. Er forderte eine Volksabstimmung über die Atombewaffnung, aber auch die bevorstehenden Landtagswahlen seien als Plebiszite zu nutzen. Wehner: »Das Volk muß sich Gehör verschaffen. Das Volk muß sich durchsetzen.« Die nordrhein-westfälische SPD erklärte die Landtagswahl im Juli 1958 zu einer »Testwahl über die verteidigungspolitische Gretchenfrage«. Sie verlor. Die SPD holte zwar fast fünf Prozentpunkte auf, die CDU aber legte elf Prozent zu und holte die absolute Mehrheit. Die Aktion »Kampf dem Atomtod!« ging innenpolitisch verloren. Wenn die Bundeswehr später trotzdem keine taktischen Atomwaffen bekam, so lag dies an Entscheidungen der westlichen Alliierten[36].

In der parlamentarischen Deutschlandpolitik verfolgte Wehner seinen Gemeinsamkeitskurs weiter. Wenn sie ihre außen- und sicherheitspolitischen Differenzen ausklammerten, waren die Fraktionen des Bundestages zur Gemeinsamkeit in der Deutschlandpolitik fähig. Am 10. September 1958 fand bei Ernst Lemmer, dem neuen Bundesminister für gesamtdeutsche Fragen, eine Besprechung mit Spitzenvertretern aller Fraktionen statt. Sie einigten sich darauf, am Ende einer Plenarsitzung des Bundestages in Berlin eine gemeinsame Entschließung zu verabschieden, die keine Formulierungen des »Kalten Kriegs« enthalten, sondern vor allem die »Tatsachen« in der »Zone« wiedergeben sollte. Am 1. Oktober richtete Herbert Wehner im Namen aller Fraktionen die Große Anfrage an die Bundesregierung. Für die Regierung antwortete Lemmer. Die Entschließung, die zu verstärkten Aktivitäten für die Wiedervereinigung aufforderte, begründete der Vorsitzende des Auswärtigen Ausschusses, Kurt Georg Kiesinger (CDU). Sie wurde einstimmig angenommen[37].

Die ›Bild‹-Zeitung freute sich darüber, daß die Parteien in die »Front« eingeschwenkt seien, die um die deutsche Einheit ringe. Aber ihr Kolumnist »Hans im Bild« beklagte als Schönheitsfehler, daß der Bundeskanzler nach der »wirklich bemerkenswerten Rede Herbert Wehners« nicht aufgestanden war und ihm souverän die Hand gereicht hatte. So weit war Adenauer noch lange nicht. Im Bundeskabinett forderte er Lemmer auf, nicht dauernd Gespräche mit der SPD zu führen. Der Minister widersprach, blieb aber mit seiner Haltung im Kabinett auf sich gestellt. Insbesondere Innenminister Schröder stimmte dem Kanzler zu. Es komme nicht auf deutschlandpolitische Gemeinsamkeit an, sondern darauf, daß die CDU die Wahlen zum Berliner Abgeordnetenhaus gewinne[38].

Ein weltpolitisches Ereignis erhöhte dann doch den Druck zur Gemeinsamkeit. Am 27. November 1958 ließ der sowjetische Ministerpräsident Chruschtschow den Westmächten das schon seit einigen

Wochen erwartete Berlin-Ultimatum überreichen. In der Note setzte er eine Frist von sechs Monaten, innerhalb derer die Alliierten ihre Truppen aus West-Berlin abziehen sollten. Andernfalls werde die Sowjetunion einen Friedensvertrag mit der DDR schließen und ihr ihre Berliner Rechte übertragen, also auch die Kontrolle über Grenzübergänge und Zufahrtswege. Ziel der Sowjetunion war, die stetige Fluchtbewegung aus dem Osten über die offene Sektorengrenze zu stoppen. Mit dem Chruschtschow-Ultimatum leitete die Weltmacht die (nach 1948/49) zweite Berlinkrise ein, die ihren Höhepunkt mit dem Bau der Berliner Mauer nach dem 13. August 1961 finden sollte[39].

Herbert Wehner hatte gehofft, gemeinsame deutschlandpolitische Aktionen könnten die Neigung zur Verschärfung des Kalten Krieges bei der CDU abmildern. Daraus wurde nichts, denn es war die Sowjetunion, die ihrerseits den Ost-West-Konflikt verschärfte. Die Tauwetterperiode war zu Ende. Der Westen geriet in die Defensive. Die »Festung«, die in Europa verteidigt werden mußte, war West-Berlin[40].

Wie schon zehn Jahre zuvor unter Ernst Reuter rückten die Berliner zusammen. Der Regierende Bürgermeister der bedrängten Teilstadt trat in den Mittelpunkt des Interesses. Seit 1957 stand dort Willy Brandt an der Spitze des Senats. Neuwahlen zum Berliner Abgeordnetenhaus fanden im Dezember 1958 statt. Brandt führte den Wahlkampf ganz überparteilich im Zeichen des Abwehrkampfes und des Schulterschlusses mit den West-Alliierten. Er errang mit über 52 Prozent die absolute Mehrheit und bildete dennoch eine Große Koalition mit der CDU. Weit über Berlin hinaus genoß der jugendlich wirkende Regierende Bürgermeister eine große Popularität. Mit Brandt und seiner Regierung in Berlin bekam die Sozialdemokratie in der Berlinkrise ein zweites außen- und deutschlandpolitisches Zentrum mit starkem Gewicht und eigenen Interessen. Damit mußte und konnte das erste Zentrum, Partei und Fraktion in Bonn mit Wehner in der Spitze, fortan rechnen und arbeiten[41].

Herbert Wehner schätzte in der Krise die Lage so ein wie auch Brandt. Ziel der Sowjets sei es, West-Berlin zu erobern, um das eigene Gebiet abzurunden. Dagegen müsse der Westen Festigkeit zeigen. Er war jedenfalls nicht dafür, die Dinge treiben zu lassen und einfach zuzusehen, wie sich die Lage Berlins verschlechterte. Als sich im Frühjahr 1959 beim Notenwechsel zwischen den Westmächten und der

Sowjetunion abzeichnete, daß es zu einer Konferenz der vier Außenminister kommen würde, bildete der Parteivorstand der SPD eine Siebener-Kommission, die eine sozialdemokratische Verhandlungsposition erarbeiten sollte. Mitglieder dieser Kommission waren neben Herbert Wehner unter anderem Fritz Erler, Gustav Heinemann und Helmut Schmidt. Die Berliner SPD war durch Kurt Mattick vertreten. Der »Deutschlandplan«, den die Kommission erstellte und den der Parteivorstand Mitte März veröffentlichte, verband Schritte zur militärischen Entspannung mit Schritten zur Wiedervereinigung Deutschlands. Am Ende sollte der Abzug aller fremden Mächte stehen und ein nach freien Wahlen wiedervereinigtes Deutschland im Rahmen eines europäischen Sicherheitssystems[42].

Für Wehner war der Deutschlandplan ein konstruktiver Diskussionsbeitrag der Sozialdemokratie zu den bevorstehenden Verhandlungen. Er bewegte sich auf der Linie der Beschlüsse des Stuttgarter Parteitags und war vom Parteivorstand einstimmig beschlossen worden. Aufgabe jedes Mitglieds der SPD sei es, so schrieb er am 16. März, den Deutschlandplan überall bekannt zu machen und zu vertreten. Entstellungen und Verzerrungen durch politische Gegner seien zurückzuweisen. Der Rundbrief liest sich, als hätte Wehner schon geahnt, was auf ihn zukam[43].

Konrad Adenauer gab, noch bevor er den Deutschlandplan kannte, in der Sitzung der CDU/CSU-Bundestagsfraktion am 17. März 1959 die Linie vor. Ein objektiver Geschichtsschreiber werde einmal feststellen, daß die CDU dem Vordringen des Kommunismus Einhalt geboten habe und nicht die SPD. Man könne der deutschen Bevölkerung nicht genug vor Augen halten, wie falsch die Russen von der SPD beurteilt würden. Als der Plan am 18. März veröffentlicht wurde, war »Kritik über Kritik« aus den Reihen der Union die Folge. Im niedersächsischen Landtagswahlkampf hieß es, der Plan sei geeignet, »Gesamtdeutschland dem Imperialismus Moskaus auszuliefern«[44].

Für Verunsicherung unter den Sozialdemokraten sorgten Gespräche, die Fritz Erler und Carlo Schmid im März 1959 in Moskau geführt hatten. Dabei stellte sich heraus, daß die Sowjetunion kein Interesse mehr an einer Wiedervereinigung hatte, sondern auf jeden Fall die DDR als Bündnispartner erhalten wollte. Und die Sowjets erklärten der SPD noch dazu, daß auch im Westen niemand die Wiedervereinigung wünsche. In Partei und Fraktion kam es zu Auseinandersetzungen. Helmut Schmidt und Fritz Erler verteidigten das Papier, die Berliner Abgeordneten Klaus Schütz und Kurt Mattick votierten unterschiedlich – der erstere gegen, der letztere für den Deutschlandplan[45].

Willy Brandt hatte Bedenken. Er habe, so erklärte er im Parteivorstand, nicht verstanden, warum der Vorstand den Plan herausgegeben hatte, als Erler und Schmid doch mit einiger Erschütterung aus Moskau zurückgekommen seien. Die einseitige Stoßrichtung mit den Hinweisen auf Versäumnisse des Westens mißfiel dem Regierenden Bürgermeister ebenso wie vollmundige Überschriften in der Publikation wie ›Der Deutschlandplan bringt uns die Wiedervereinigung‹[46].

Wehner und die SPD schleppten sich mit dem Deutschlandplan mühevoll durch das Jahr 1959. Auch langwierige Verteidigungen wie ein Interview Wehners im ›Spiegel‹ vom 15. April 1959 waren nicht geeignet, das Ansinnen der SPD breiten Bevölkerungskreisen nachvollziehbar zu machen. Die Sowjets attackierten die Freiheit West-Berlins, da waren komplizierte Entspannungs- und Abrüstungsvorschläge nicht von vornherein verständlich. In der Bundesregierung dagegen war man sich wohl bewußt, daß die Sowjetunion nicht auf den Plan der SPD eingehen werde[47]. Er konnte aber benutzt werden, um Wehner und die SPD in die linke Ecke zu stellen. Am Ende des Jahres war klar, daß der Deutschlandplan fehlging. Auf der ergebnislosen Konferenz der Außenminister der vier Mächte im Mai und Dezember 1959 wurde er nicht zur Kenntnis genommen.

Der Plan war ein letzter verzweifelter Versuch der SPD und Wehners, über Verhandlungen der vier Mächte doch noch zur Wiedervereinigung zu gelangen. Gleichzeitig war er die letzte in einer langen Kette von Niederlagen gegen die starre »Politik der Stärke« Adenauers. Deutschlands Situation im Ost-West-Konflikt war verfahren. Wehner wurde die Fruchtlosigkeit des Planes spätestens im Oktober 1959 klar. Als Helmut Schmidt im Arbeitskreis Außenpolitik meinte, die Gedanken des Deutschlandplans seien weiter aktuell, schrieb Wehner an den Rand seines Zettels: »Kann heute wohl nur noch anständig interpretiert und in seinen Grundzügen verteidigt werden.« Zwei Wochen später notierte er, die Bundesrepublik müsse ihre Ostbeziehungen mit den Westbeziehungen in Einklang bringen und dürfe deshalb erst recht nicht die Westbeziehungen in gefährliche Unordnung bringen. Das wies in die Zukunft[48].

Der Versuch, mit dem Deutschlandplan die deutsche Frage »in Prozedur« zu halten, war gescheitert. Im März 1960 schrieb Wehner, der direkte Weg zur Wiedervereinigung werde ebenso immer unwahrscheinlicher wie der Umweg über regionale Sicherheits- und Abrüstungsabkommen. Nachdem seitens der Bundesregierung keinerlei Initiativen zu einer militärischen Entspannung gekommen seien, »werden wir uns nach der Decke strecken müssen, die von den andern bestimmt wird«. Das heißt, es werde ein – wie auch immer geartetes – »Verhältnis« zur DDR geben müssen, »aber ohne Wiedervereinigungs-Dynamik oder gar Mechanik«.

Vor diesem Hintergrund bleibe es die Aufgabe der SPD, eine weitere Verschärfung des innerdeutschen Klimas zu verhindern. Die beiden Teile Deutschlands müßten durch menschliche Beziehungen möglichst stark verklammert werden. Auch Umwege zur Verbesserung des Klimas wie diplomatische Beziehungen mit den osteuropäischen Staaten seien zu prüfen. Diese Ausführungen vor dem »Ausschuß für Fragen der Wiedervereinigung und der Sowjetzonenpolitik« beim Parteivorstand der SPD am 9. März 1960 schloß Wehner mit der Schlußfolgerung: »Vom Einfluß der SPD wird weiteres abhängen.«[49]

Wehner strebte im Frühjahr 1960 eine neue Ostpolitik auf der Basis der Anerkennung der Realitäten in Europa an. Dazu war es notwendig, daß die SPD an die Regierung kam. Um dies zu ermöglichen, mußte der CDU/CSU der außenpolitische Knüppel gegen die SPD genommen werden. Daraus folgte, daß die Sozialdemokratie auf oppositionelle deutschlandpolitische Alleingänge verzichten und eine Politik der außenpolitischen Gemeinsamkeit mit der Regierung einleiten mußte. Angesichts der Bedrohung Berlins war ein solches Zusammenstehen in der Bundesrepublik ohnehin geboten. Der innenpolitische Erfolg der Operation hing entscheidend davon ab, wie sie öffentlich in Szene gesetzt würde.

Herbert Wehner wurde zu Recht als der führende außenpolitische Kopf der SPD gesehen. Gleichzeitig wurde vor allem er mit dem Bild von der bisherigen, überkommenen Deutschlandpolitik der SPD identifiziert. Wenn die Wende glaubwürdig sein sollte, kam es also auf ihn an. Am 17. März rückte er im ›Vorwärts‹ öffentlich vom Deutschlandplan ab. Eine Woche später setzte er in einer Pressemitteilung den »Schweren Abschied« fort, wies dabei aber einen neuen Weg für die künftige Deutschlandpolitik: »Es gibt noch Möglichkeiten, wirtschaftlich, sozialpolitisch und kulturell Bindungen zwischen den Teilen Deutschlands zu stärken und der Auseinanderentwicklung entgegenzuwirken.«[50]

Daß die für Mai geplante Viermächte-Gipfelkonferenz gar nicht erst zusammentrat, unterstrich die Sinnlosigkeit, auf weitere Verhandlungen über die Wiedervereinigung zu setzen. Es war endgültig aus mit den Konferenzen zur Lösung der deutschen Frage. Bezogen auf die Wiedervereinigung Deutschlands war die CDU-»Politik der Stärke« gescheitert. Aber auch die Zeit oppositioneller Bewegungen und Kundgebungen war vorbei. Jetzt kam es darauf an, den Menschen im Osten auf längere Sicht zu helfen. Von nun an konnte die SPD nur noch den einen ihrer beiden deutschlandpolitischen Wege weiter beschreiten: den der Kooperation. Wehner erklärte nach dem Scheitern der Konferenz: »Die Ereignisse werden uns alle nötigen, unser Verhältnis zu den innenpolitischen Partnern und Gegnern in Sachen Außenpolitik zu versachlichen. Die Außenpolitik darf nicht zum innenpolitischen Schlaginstrument werden oder weiter als solches gebraucht werden.«[51]

Die außenpolitische Bundestagsdebatte am 30. Juni wurde im Arbeitskreis für Außenpolitik und im Vorstand der SPD-Bundestagsfraktion gründlich vorbereitet. Für Wehner deuteten alle Anzeichen darauf hin, daß die CDU/CSU den Eindruck erwecken wollte, »das Fiasko von Paris sei das Fiasko sozialdemokratischer Illusionen«. Er meinte dazu, die tatsächliche Lage mache eine Bestandsaufnahme über die verbleibenden Möglichkeiten zur Behandlung der deutschen Frage nötig. Die SPD solle sich am 30. Juni nicht in Auseinandersetzungen über die Vergangenheit verlieren. In dem Zusammenhang müsse die Partei auch ihre Haltung zur NATO »sachlich klarstellen«. In ersten stichwortartigen Ausarbeitungen Wehners für seine Bundestagsrede hieß es, an die Union gerichtet: »Wenn Sie erklären: ›NATO usw.‹, so wir: Es versteht sich für uns von selbst, daß unsere vertraglichen Bindungen Grundlage und Rahmen für alle Bemühungen sind.« Die Fraktion folgte am 28. Juni dem Vorschlag Ollenhauers, Wehner als Sprecher für die Debatte zu benennen[52].

Im Vorfeld des 30. Juni sandte Herbert Wehner eine Reihe von innenpolitischen Signalen aus. Den mittlerweile nach Baden-Württemberg ins Amt des Ministerpräsidenten gewechselten Kurt Georg Kiesinger hatte er schon am 1. Juni ermutigt, im Lande eine Koalition mit der SPD einzugehen: »Bitte, denken Sie daran, daß – auf längere Sicht gesehen – das geteilte Deutschland nicht unheilbar verfeindete Christliche Demokraten und Sozialdemokraten haben kann.« Auf dem Landesparteitag der Südwest-SPD am 26. Juni in Heilbronn wiederholte er, ein »Feindverhältnis« sei mit der Demokratie unvereinbar. Er betonte, die SPD stehe loyal zu West-Verträgen und Bündnispflichten[53].

Die Grundlinien der Wehner-Rede vom 30. Juni 1960 waren vorher in der Partei- und Fraktionsführung breit diskutiert und auch in der Öffentlichkeit schon mehr als nur angedeutet worden. Allein, der politische Gegner suchte nach wie vor die Konfrontation, und ein großer Teil der Öffentlichkeit verschloß Ohren und Augen vor der angekündigten Wende. Adenauer wollte von einer gemeinsamen Außenpolitik nichts wissen. Der greise Kanzler hielt Wehners Vorhaben für ein »taktisches Manöver, mehr nicht«. Vor der Debatte ließ er einen detaillierten Schlachtplan erarbeiten, der, so erfuhr Wehner, »insgesamt von der Absicht geleitet wird, die SPD bis aufs Blut zu reizen«. Die Sozialdemokraten sollten zu Äußerungen hingerissen werden, die für die Auslandspropaganda und den Bundestagswahlkampf ausgenutzt werden konnten. Brandt sollte angehängt werden, daß es kein besonderes Heldenstück sei, in dieser »toten Situation« die »Leitung der Hauptstadt« in Händen zu haben. Die CDU wollte in der Debatte »erneut die CDU-Parole von der SPD als dem Schrittmacher des Kommunismus anbringen«[54].

Im Rundfunk konnten die Deutschen eine Woche vor der Debatte hören, Adenauer wolle der Opposition »einen Knockout-Schlag versetzen«, an dem sie bis zur nächsten Bundestagswahl zu tragen haben würde. Die SPD habe sich mit ihrem Eintreten für die Bestandsaufnahme in eine prekäre Situation hineinmanövriert. Am Ende dürfte der Graben zwischen Regierung und Opposition »zumindest nicht kleiner geworden« sein[55].

Am 24. Juni sprach sich Bundesverteidigungsminister Strauß »grundsätzlich« für eine gemeinsame Außenpolitik aus, aber er hegte Zweifel an der Echtheit der SPD-Forderung. Vier Tage später, in Erlangen, legte er die Latte hoch, indem er vier Voraussetzungen für eine gemeinsame Außenpolitik nannte[56].

So standen die Dinge, als im Bundestag am 30. Juni 1960 die außenpolitische Debatte begann. Wehner enttäuschte die Erwartungen nach einer scharfen Abrechnung mit der Außenpolitik der Bundesregierung. Er begann seine Rede mit den Worten: »Gleichviel, was auf den verschiedenen Seiten unseres Hauses von dieser Debatte erwartet wird, ich glaube, diese Debatte kann eigentlich nichts anderes sein als eine hoffentlich im Positiven bemerkenswerte Etappe im Ringen um das höchsterreichbare Maß an Übereinstimmung bei der Bewältigung der deutschen Lebensfragen.«[57]

Es folgte eine ausführliche Analyse der außen- und deutschlandpolitischen Lage. Dann ging Wehner an die Entwaffnung der CDU/CSU-Strategie, die SPD in der Öffentlichkeit immer wieder außenpolitischer Unzuverlässigkeit zu verdächtigen. Dazu befaßte er sich mit den Erlanger Vorhaltungen des schon damals als Scharfmacher bekannten CSU-Politikers Strauß.

Dieser hatte gefordert, die politische und militärische Westbindung müsse Voraussetzung für die Erlangung der deutschen Wiedervereinigung sein. Wehner antwortete: »Die Sozialdemokratische Partei Deutschlands geht davon aus, daß das europäische und das atlantische Vertragssystem, dem die Bundesrepublik angehört, Grundlage und Rahmen für alle Bemühungen der deutschen Außen- und Wiedervereinigungspolitik ist.«

Strauß hatte gefordert, die SPD dürfe nicht mehr behaupten, ein Ausscheiden aus der NATO und aus dem europäischen Sicherheitssystem sei Voraussetzung für die Wiedervereinigung. Wehner antwortete, die SPD behaupte dies nicht und halte ein »europäisches Sicherheitssystem« für einen geeigneten Beitrag des wiedervereinigten Deutschland.

Strauß hatte gefordert, die SPD müsse sich in Worten und Taten zur Landesverteidigung bekennen und alle »irgendwie gearteten Disengagement-Pläne« (also Pläne zum Abzug von Truppen aus Mitteleuropa) aufgeben. Wehner antwortete, die SPD bekenne sich in Wort und Tat zur Landesverteidigung, und verwies bezüglich der Disengagement-Pläne auf eine Erklärung von Strauß aus dem Oktober 1959. Darin hatte es geheißen, die Regierung sei bereit, »die Bundesrepublik ganz oder teilweise zu einem Bestandteil einer Kontroll- und Inspektionszone zu machen«. Wehner begrüßte diese Bereitschaft.

Strauß hatte schließlich gefordert, die SPD müsse uneingeschränkt für freie Wahlen und für die Wiedervereinigung eintreten. Wehner antwortete, indem er die am 1. Oktober 1958 gefaßte Bundestagsentschließung zitierte, die genau diese Forderung zum Inhalt hatte.

Wehner widersprach Strauß an keiner Stelle, brachte sich aber dennoch in eine kaum angreifbare Position. Dazu gab er die Forderungen von Strauß in seinen eigenen Worten wieder und ging dann auf sie ein, ebenfalls in seinen eigenen Worten. So holte er den Gegner Zug um Zug auf sein Terrain. Herbert Wehner gab sich keine Blöße. Er entwaffnete seinen innenpolitischen Gegner durch den Verzicht auf jede Polemik.

Wehner hatte seine 80minütige Rede sorgfältig vorbereitet. Das 50seitige handschriftliche Redemanuskript enthält die entscheidenden Passagen in ausformulierter Form. Wehner sprach ruhig, mit leichter sächsischer Sprachfärbung. Die Rede endet mit der berühmt gewordenen Aussage:

»Innenpolitische Gegnerschaft belebt die Demokratie. Aber ein Feindverhältnis, wie es von manchen gesucht und angestrebt wird, tötet schließlich die Demokratie, so harmlos das auch anfangen mag. Das geteilte Deutschland – meine Damen und Herren, ich will Sie damit nicht belehren, Sie wissen das wahrscheinlich zum größten Teil selbst – kann nicht unheilbar miteinander verfeindete christliche Demokraten und Sozialdemokraten ertragen.«[58]

Für die Wirkung der Rede entscheidend war das überwältigende Presseecho. »In den folgenden Tagen beherrschte die Kursänderung der Sozialdemokraten die deutsche und internationale Presse«, erinnerte sich Erich Mende, damals Sprecher der FDP. Die CDU-nahe ›Rheinische Post‹ meinte zwar noch, die Echtheit der »Kehrtwendung« der SPD anzweifeln zu sollen, aber die meisten Zeitungen werteten die Wehner-Rede positiv. Der ›Kölner Stadt-Anzeiger‹ zum Beispiel resümierte: »Wehner blieb der Überlegene, der Maßvolle, dem nach dieser Rede kein noch so Böswilliger nachsagen kann, er sei Marxist oder gar Kommunist.« Die Regierung habe nun die Möglichkeit, »mit einer konstruktiven Politik der Opposition zu rechnen und ihr einen gemeinsam gültigen Inhalt zu geben«. Springers ›Bild‹-Zeitung titelte begeistert: »Endlich: CDU und SPD auf gleichem Kurs!« Die »starke Rede Wehners« vor dem Parlament sei die Überraschung der Debatte gewesen. Kein einziger Zwischenruf habe ihn unterbrochen, »selbst CDU-Abgeordnete« hätten nachher geäußert, Wehners Rede habe »staatsmännisches Format« gehabt. Die ›Frankfurter Rundschau‹ schrieb, »daß das durch Scharfmacher in jahrelanger Kleinarbeit politisch verzerrte Wehner-Bild ein für allemal in den richtigen Konturen« erkannt und gezeigt wurde[59].

Vor dieser Rede konnte Herbert Wehner als ehemaliger Kommunist seitens der Regierung bequem verdächtigt werden, das Spiel der anderen Seite zu spielen. Und ein beträchtlicher Teil der Medien ging Adenauer und seinen Zuträgern auf den Leim. In der Öffentlichkeit war es stets möglich gewesen, die Sozialdemokraten mit einem Hinweis auf die Person Wehners als unzuverlässig hinzustellen. Wollte die SPD also aus dieser Ecke herauskommen, so mußte es Wehner selbst sein, der die Regierung, vor allem aber die Öffentlichkeit von der Wendung der SPD überzeugte. Hätten etwa Fritz Erler oder Willy Brandt eine solche Rede vorgetragen, so wäre gefragt worden: Und Wehner? Sein Bekenntnis zur NATO wirkte dadurch sensationell, daß es gerade von ihm nicht erwartet wurde. So wurde das Wehner-Feindbild der Rechten zur Ursache seines Erfolges.

Adenauer wollte es noch Monate später nicht begreifen. Im CDU-Vorstand meinte er zu Wehners Rede: »Auf mich hat das gar keinen Eindruck gemacht. Das Ganze war ein schlechtes Theater, auch die ganze Ausdrucksweise und diese Worte, die er gebraucht, und die Pausen, die er eingelegt hat. Das war eine rein kommunistische Dialektik und nichts anderes.«[60]

Daß das Thema Gemeinsame Außenpolitik auch in der SPD-Führung noch nicht ausdiskutiert war, zeigte sich in der Sitzung des Parteivorstands am Tag nach der Rede. Ollenhauer leitete seine Ausführungen mit der Bemerkung ein, im Fraktionsvorstand sei man sich noch nicht klar gewesen, was eigentlich damit gemeint sei. Er stellte die Frage, ob »wir« nicht über das hinausgegangen seien, was in den bisherigen Beschlüssen und Programmen festgehalten sei. Walter Menzel, Leiter der Aktion »Kampf dem Atomtod!«, meinte, Wehner sei mit seinem »totalen Ja« zu weit gegangen. Peter Blachstein kritisierte, daß Wehners Manöver als »taktische Wandlung für die Partei schwer zu verstehen« sei. Helmut Schmidt äußerte Verständnis für die Bedenken, stellte sich aber klar an Wehners Seite. Er rief in Erinnerung, daß Kurt Schumacher seinerzeit die Verteidigung der Bundesrepublik an Weichsel und Njemen gefordert hatte. Auch Fritz Erler sprach sich für den neuen Kurs aus. Herbert Wehner verteidigte sein Vorgehen: Damit sei Adenauers Absicht zerschlagen, die SPD mit dem »Fiasko von Paris« zu identifizieren. Im übrigen bleibe die SPD die politische Kraft, die in Europa für Entspannung und friedliche Lösungen unentbehrlich sei. Gerade deshalb habe er eine neue Grundlage schaffen müssen, um »wirken zu können«. Am Ende beschloß der Parteivorstand einstimmig, die Haltung der Fraktion – und damit Wehners – in der Debatte zu billigen[61].

In den folgenden Wochen reiste Wehner durch das Land und machte der Parteibasis die neue Politik verständlich. An Lotte berichtete er Mitte Juli 1960: »Insgesamt hat's wohl viel genützt. Wenn andre das auch machen würden, dann hätten wir bald eine unwiderstehliche Offensive der ganzen Partei.«[62] Dabei konnte er darauf hinweisen, daß die SPD nie gesagt habe, sie sei gegen die NATO, und daß sie auch nie zum Austritt aus dem Bündnis aufgefordert hatte. Beim 30. Juni 1960 handelte es sich zwar um eine außenpolitische Grundsatzrede, aber die Wirkung war vor allem innenpolitisch. Sie führte, so schrieb Günter Gaus, »in einem einzigen Schritt« eine neue Ausgangslage herbei, »von der aus alle Beziehungen zwischen den Fraktionen des Parlaments und ihren Parteien einen von Grund auf veränderten Bezugspunkt hatten«[63].

Mit Willy Brandt

Heinrich Krone, Fraktionsvorsitzender der CDU/CSU, trug am 30. Juni 1960 in sein Tagebuch ein: »Gemeinsame Außenpolitik? Große Debatte im Bundestag. Eine Meisterleistung Wehners. Wehner hat die Macht in seiner Partei. Er würde regieren, wenn Brandt Kanzler würde.« Brandt als Kanzler? Krone hatte Lunte gerochen[64].

Daß die SPD nicht noch einmal mit Ollenhauer antreten konnte, war spätestens seit dem Stuttgarter Parteitag ein offenes Geheimnis. Im Juli 1959 erklärte der Parteivorsitzende, er werde bei der 1961 anstehenden Bundestagswahl kein Regierungsamt anstreben. Seine Stellvertreter Wehner und von Knoeringen verzichteten ebenfalls. Wehner schlug vor, eine »Siebener-Kommission« zu bilden, die sich mit der personell-politischen Vorbereitung des Wahlkampfs befassen sollte. Neben Ollenhauer gehörten der Kommission der hessische Ministerpräsident Georg August Zinn, Max Brauer, Willy Brandt, Carlo Schmid, Fritz Erler und Heinrich Deist an. Nicht Herbert Wehner.

Mit seiner Bundestagsrede vom 30. Juni tat Wehner Entscheidendes dafür, daß die Wahl auf Brandt fiel. Allgemein, indem er eine außenpolitische Position vertrat, die derjenigen des Regierenden Bürgermeisters von Berlin entsprach, und konkret, indem er sich in der Rede ausdrücklich, ausführlich und positiv auf Äußerungen Brandts über Berührungspunkte der deutschlandpolitischen Auffassungen von Regierung und Opposition bezog. Nach der Rede telegrafierte Brandt: »Zu Deiner großartigen Rede möchte ich Dich herzlich beglückwünschen und Dir meinen freundschaftlichen Dank sagen. Du hast der gemeinsamen Sache einen bedeutenden Dienst erwiesen.«[65]

Herbert Wehner bildete mit Ollenhauer, von Knoeringen, Brandt und Nau die zentrale Wahlkampfleitung im Parteivorstand. Zu seinen wichtigsten Mitarbeitern dort gehörte der Verleger Karl Anders. In der Sitzung am 4. Juli 1960 notierte Wehner einige Erkenntnisse, die Anders vorgetragen hatte. Brandt sei in der Bevölkerung außerordentlich beliebt, aber die SPD habe zwei Probleme, einmal das Gespann Adenauer-Erhard in Verbindung mit dem »Wohlstand«, und zum anderen das Image der Partei: »Man müsse SPD wählen, um Brandt zu bekommen.«[66]

Am 11. Juli 1960 tagte das Präsidium der SPD gemeinsam mit der Siebener-Kommission. In der Diskussion über die Wahlkampfstrategie war schon spürbar, daß Brandt zur Führung drängte. Viel Raum nahm die Debatte über die Zusammensetzung der erstmals zu bildenden Regierungsmannschaft ein. Schließlich lenkte Ollenhauer das Gespräch auf das Thema »Mannschaftsführer«. Hier seien bisher zwei Namen im Spiel gewesen (Brandt und Schmid), inzwischen sei aber Brandt »stark in den Vordergrund gerückt«. Die Frage sei nun, wann die Entscheidung gefällt werden sollte. Brandt machte deutlich, daß er sich mit der Frage seiner Kandidatur schon eingehend beschäftigt hatte, indem er das Für und Wider abwog, am Ende aber herausstellte, es werde auf die sachliche und personelle Gestaltung ankommen. Nun sprachen sich Carlo Schmid und Max Brauer für Brandt aus, Georg August Zinn drängte auf eine schnelle Entscheidung, und Fritz Erler machte klar, der Parteitag müsse wissen, wer der Kandidat sei, könne aber unter keinen Umständen Wahlen durchführen. Herbert Wehner, in dessen stenographischer Mitschrift wie üblich die eigenen Redebeiträge fehlen, leitete, so lassen seine Randnotizen vermuten, zum Thema eines Stellvertreters für den Kanzlerkandidaten über, als der nun Carlo Schmid ins Auge gefaßt wurde. Ohne formale Abstimmung fiel damit an Wehners 54. Geburtstag die Entscheidung, Willy Brandt zum Kanzlerkandidaten der SPD zu nominieren. Der erstmals gebildeten Mannschaft der SPD-Kandidaten für Ministerämter gehörte Wehner nicht an[67].

Konservative Pressestimmen versuchten, Brandt als bloßes Aushängeschild ohne Entscheidungsmöglichkeiten darzustellen, während in Wahrheit Wehner die Politik der SPD bestimme. Dieser sah die Gefährlichkeit solcher Kommentare. Er steuerte dagegen. Im Parteivorstand schlug er vor, Brandt mit einem Vetorecht auszustatten. Im Oktober 1960 hielt Wehner, wie üblich, eine Rede auf der Landesdelegiertenversammlung der Hamburger SPD. Es war ein Heimspiel für ihn, und er nutzte die Gelegenheit, sich öffentlich ohne Wenn und Aber hinter den Kanzlerkandidaten zu stellen. Daß Brandt »nicht unattraktiv« sei, mache die Sozialdemokraten zwar froh, entscheidend aber seien seine Qualitäten. Brandt sei der Mann, den die Bundesrepublik nach Adenauer als Bundeskanzler brauchen werde. Auch auf die anhebende Kampagne gegen Brandt wegen seiner Emigrationsjahre in Norwegen ging Wehner ein. Es sei ihm kein Vorwurf daraus zu machen, als junger Mann das unfreie Deutschland verlassen zu haben. Das seien »Jahre, die positiv zu werten sind«.[68]

Der Illustrierten ›Kristall‹ sagte Wehner im Interview: »Dieselben Leute, die jetzt sagen: ›Der Brandt ist ja gar nichts, der ist ja nur eine Galionsfigur, in Wirklichkeit steht dahinter der Wehner‹, die haben vorher ganze Romane zu erzählen gewußt über die angebliche Todfeindschaft zwischen Brandt und mir und darüber, daß ›der Wehner den Brandt fertigmachen will‹. Jetzt haben sie umgeflaggt und sagen: ›Der wird ihn also vor sich herschieben.‹ Ich weiß genau, daß man das – selbst wenn man es wollte – gar nicht machen kann, schon gar nicht mit einem Mann wie Brandt.«[69]

Brandt wußte, daß es für den Erfolg der SPD auf sein Zusammenwirken mit Wehner ankam. Im Dezember 1960 schrieb er dem sieben Jahre Älteren: »Nun sind wir ja wohl einigermaßen unterschiedliche Typen. Aber wir haben, neben anderem, eine gewisse Verschlossenheit gemeinsam. Wichtig ist nur für alles, was auf uns zukommt, daß wir einander offen die Meinung sagen, wann und wo immer es notwendig werden sollte.« Er habe Wehner für vieles zu danken, das er »ohne viel Palaver angepackt« habe. »Zusätzlich zu Deiner Klugheit und Energie habe ich Deine Loyalität und Menschlichkeit kennengelernt. Du sollst wissen, daß ich den ehrlichen Willen habe, Dir offen und freundschaftlich zu begegnen.« Wehner dankte ihm nicht nur mündlich, sondern auch ausführlich brieflich. Er schickte Brandt seine Hamburger Rede. Vorsichtig, tastend, brachte er seine Hoffnung zum Ausdruck, daß der Partner durch den »Nebel von Verzerrung und Entstellung« hindurch gespürt habe, was Wehner öffentlich und intern für seine Kandidatur getan hatte. »Wenn es Dir darauf ankommt, so wirst Du in mir immer einen Genossen und Freund haben, auf den Du bauen kannst. Ich bin durch andere Schulen und Lehrjahre gegangen. Vielleicht weiß ich gerade deshalb manches, was andre nicht wissen oder genug achten. Ich wäre glücklich, Willy, wenn ich einmal von mir sagen dürfte, daß ich mit Erfolg daran mitgearbeitet habe, eine Sozialdemokratie zustande zu bringen, die den Anforderungen der zweiten Hälfte dieses Jahrhunderts gerecht werden kann, das heißt, die nicht am Kommunismus zerbricht und in ihrem Volk eine unentbehrliche gestaltende Kraft nicht nur in ihrer eigenen Vorstellung wird.«[70]

Das sollte kein Zweckbündnis sein. Das war das Angebot zu einer gleichberechtigten Freundschaft in der Spitze der Politik. Angesichts der dort herrschenden Mechanik der ineinander und gegeneinander spielenden Menschen, Macht- und Medienapparate ein ehrgeiziges Projekt.

Den Bundesparteitag der SPD eröffnete am 21. November 1960 der stellvertretende Parteivorsitzende Herbert Wehner. Seine Ansprache beendete er mit einer Bekundung der festen Verbundenheit mit Willy Brandt, dem »Regierenden Bürgermeister der deutschen Hauptstadt Berlin«. Vier Tage später, am 25. November, trug Carlo Schmid den »Appell von Hannover« vor, in dem es hieß: »Andere Zeiten erfordern andere Männer. Mit den unverbrauchten Energien der jungen Generation müssen frische Kräfte ans Werk.« Unter dem stürmischen Beifall der Delegierten forderte Schmid: »Darum muß Willy Brandt Bundeskanzler werden!« In offener Abstimmung nominierte der Parteitag den Kandidaten einstimmig[71].

Im Vorwort zum SPD-Jahrbuch 1960/61 schwärmte Erich Ollenhauer vom »Wahlkampf aus einem Guß«, welcher »der effektivste und geschlossenste Wahlkampf« gewesen sei, »den wir bisher in der Bundesrepublik geführt haben«. Die von Wehner angeleitete Organisation war professionell und modern. Die Wahlkampfleitung versorgte die gesamte Parteiorganisation mit Arbeitsmaterialien, Übersichten der Wahlkreisstrukturen, Werbe- und Propagandamaterial. Mit Kongressen wie »Junge Generation und Macht« in Bad Godesberg, einer Verkehrspolitischen Konferenz in Stuttgart oder einem Kulturpolitischen Kongreß in Wiesbaden warb die Partei um breite Schichten der Gesellschaft. Herbert Wehner leitete eine »von der Presse stark beachtete« Arbeitnehmerkonferenz mit etwa 500 sozialdemokratischen Betriebsräten, Betriebsvertrauensleuten und Gewerkschaftern aus dem gesamten Bundesgebiet. Gespräche mit Beamten-, Vertriebenen-, Flüchtlings-, Kriegsopfer- und Familienverbänden, außerdem Sportverbänden, Studentenorganisationen und Ärzteschaft kamen hinzu[72].

Wehner versandte von Bonn aus Rundschreiben mit Listen der »Redner im zentralen Einsatz«, deren Auftritte mit der Wahlkampfleitung abzustimmen waren – er selbst gehörte nicht zu diesem Personenkreis. Im Januar 1961 nahm Wehner an einer Reihe von regionalen »Sekretärskonferenzen« der Partei teil, in welchen die Hauptamtlichen auf die Anforderungen des Wahlkampfs eingestellt wurden. Seine Rolle im Bundestagswahlkampf 1961 war de facto diejenige des politischen Wahlkampfleiters – mit weit in das Organisatorische hineinreichender Befugnis[73].

Im März 1961 sprach Herbert Wehner vor einer Funktionärskonferenz der SPD in Regensburg über den Sinn des Wahlkampfs. Dieser war für ihn keine Anpassung an die herrschenden Verhältnisse, sondern ein »Angriff«, eine gezielte Anstrengung, »damit die Sozialdemokratische Partei endlich Einfluß darauf erringt, wie die Bundesrepublik weiter regiert und damit entwickelt werden soll«. Es handle sich nicht um eine bloße Veränderung im »Make-up«, sondern um eine tatsächliche neue Politik der SPD. An die Stelle »einer Politik der

Rechthaberei, der Eigensucht« müsse eine »Politik der Redlichkeit, der Sachlichkeit, der Zusammenarbeit, des Ausgleichs« treten.

So wie das öffentliche Bild der Persönlichkeit des Bundeskanzlers nur wenig von seinen tatsächlichen Handlungen und Unterlassungen bestimmt werde, gelte das auch für die Sozialdemokraten und ihren Gegenkandidaten. Daher sei ein »gewisses sportliches, oder wie man es sonst nennen will, Interesse« der unpolitischen Wählerschichten am Kanzlerkandidaten Brandt positiv zu werten. Willy Brandt gehöre zu den »unverbrauchten Kräften«, die »im Stande sein werden, die beiden großen Fragen Ost-West-Konflikt und Partnerschaft zu den armen Völkern zu lösen«. Dabei wirke Brandt als ein Freund derer, die mit Präsident Kennedy in den USA »zu neuen Pioniertaten aufgebrochen« seien. Der Kandidat und die unbeirrbare Sachlichkeit der SPD seien Voraussetzung dafür, daß Adenauer nicht erneut behaupten könne, ein Sieg der SPD sei der »Untergang Deutschlands«. Wehner schloß mit der politischen Perspektive von Godesberg: »Die Demokratie als die allgemeine Staats- und Lebensordnung in ganz Deutschland durchzusetzen, das ist der erklärte Wille allein der Sozialdemokratischen Partei.«[74]

Adenauer setzte weiter auf volle Konfrontation. Immer wieder ließ der Kanzler sich Dossiers zum Godesberger Programm und zur Außenpolitik der SPD zusammenstellen. Sie bestätigten ihm, was er zu befürchten wünschte: daß das Programm »der SPD für den Fall, daß sie an die Macht kommt, völlig freie Hand geben« solle, um alte sozialistische Vorstellungen verwirklichen zu können, und daß es in der SPD eine breite Stimmung gegen die von Wehner festgestellte Bündnistreue zur NATO gebe[75].

Von CDU-naher Seite und seitens der CSU wurden die alten Verleumdungskampagnen gegen Herbert Wehner fortgeführt. So gab der »Custos«-Verlag in Essen eine Broschüre ›Was will Herbert Wehner?‹ heraus, in welcher die Gerüchte und Verzerrungen über Wehners kommunistische Vergangenheit wieder aufgewärmt wurden. Wehner hielt sich in der Öffentlichkeit zurück, stellte aber Strafantrag wegen Beleidigung, übler Nachrede und Verleumdung. Damit war er erfolgreich, und die Broschüre wurde beschlagnahmt. Das hinderte aber, so schrieb Wehner an Lotte, »den noblen Herrn Kiesinger« nicht, im Wahlkampf daraus zu zitieren[76].

Die neuerlichen persönlichen Angriffe schmerzten, wie immer. Aber Wehner verzichtete – mit Ausnahme seines Wahlkreises – diesmal weitgehend auf öffentliche Auftritte. Die Wahlkampfbroschüren machten groß mit Brandt auf, den örtlichen Kandidaten und der Mannschaft, aber nicht mit Wehner. Auch über »Herbert Wehner im Wahlkampf« ließ sich Adenauer vom Presse- und Informationsamt der Bundesregierung auf dem laufenden halten. Im August 1961 hieß es, Wehner sei im Wahlkampf kaum hervorgetreten. Regierungssprecher Felix von Eckardt meinte, Wehner werde bewußt von seiner Partei im Hintergrund gehalten. Wenigstens auf diese Tatsache wolle er in seiner Abschlußkundgebung »besonders hinweisen«. So gingen die Attacken gegen Wehner im Wahlkampf 1961 teilweise ins Leere[77].

Im Rampenlicht stand Willy Brandt. Sein Bild war auf allen Plakaten. Mit einer Deutschlandtour nach Vorbild des amerikanischen Präsidentschaftswahlkampfs wurde er den Wählern zum Greifen nahe gebracht. Und auch er wurde zum Opfer einer Rufmord-Kampagne. Die Broschüren erschienen im selben Verlag, in derselben Aufmachung und fast mit demselben Titel wie bei Wehner: ›Was will Willy Brandt?‹ Die CSU in Bayern vereinigte die Hetze gegen die beiden führenden Sozialdemokraten gleich innerhalb eines einzigen Heftes. Die Autoren wiesen zunächst auf die uneheliche Geburt des Kandidaten und seine Emigrationszeit in Norwegen hin. Dann kam Herbert Wehner als der »starke Mann« der SPD an die Reihe. Er sei »Exkommunist nur in der pragmatisch-technischen, organisatorischen Bedeutung« und jedenfalls eine eigentümlich zwielichtige Persönlichkeit. Diesen beiden wurden schließlich Adenauer und Wirtschaftsminister Erhard als solide und vertrauenswürdige Staatsmänner entgegengestellt[78].

Der Staatsmann Adenauer sprach selbst unmittelbar nach der Sperrung der Berliner Sektorengrenze am 13. August 1961 noch von Herrn »Brandt alias Frahm«. Einige Tage später behauptete er gar, die Ereignisse in Berlin seien nichts anderes als eine Wahlkampfhilfe Chruschtschows für die SPD[79]. In Wirklichkeit bauten Sowjets und SED mit der unmenschlichen Sperrmauer gerade die steinerne Quittung für das endgültige Scheitern von Adenauers »Politik der Stärke« in bezug auf die deutsche Teilung.

Kaum ein bundesdeutscher Politiker hat den Bau der Berliner Mauer so deutlich vorhergesehen wie Herbert Wehner. Im Juli 1961 traf er auf dem Evangelischen Kirchentag in Berlin einen Verwandten seiner Schwägerin aus Dresden. Er warnte: Wenn die Familie noch aus der DDR ausreisen wolle, müsse sie sich beeilen. Schon in seiner jährlichen Rede zum Tag der deutschen Einheit am 17. Juni 1961 hatte er öffentlich darauf hingewiesen, daß Ulbricht bei Chruschtschow darauf dränge, »daß Berlin und die Zone hermetisch gegen das übrige Deutschland abgeriegelt werden«[80].

Wehner wiederholte diesen Hinweis vier Tage später in der Sitzung des Gesamtdeutschen Ausschusses. Er sprach die Motivlage des SED-Chefs an: »Warum? Weil sonst das Beispiel des Ausblutens der Volksdemokratie in aller Welt einzig dasteht. Wer weiß, wie lange sich das fortsetzen kann. Bis sie verblutet ist! Das können sie sich nicht erlauben.« Die Abgeordneten fragten in der Ausschußsitzung, was die Bundesregierung sich als Reaktion auf einen solchen Schritt des Ostens überlegt habe. Bundesminister Lemmer bestätigte, daß die Unterbrechung des Flüchtlingsstroms »ein lebenswichtiges Anliegen des Ulbricht-Regimes« sei. Man müsse mit einer Zweiteilung Berlins rechnen. Den Schwarzen Peter gab er jedoch weiter. Die Reaktion darauf sei »keine Frage der Innenpolitik, sondern nur eine Frage der Außenpolitik«. Der Vertreter der Außenpolitik, Staatssekretär Karl Carstens (CDU), wiegelte einfach ab: Eine solche Entwicklung wie befürchtet »würde nach meiner Auffassung in einer späteren Phase eintreten, wenn sie überhaupt eintritt«[81].

Von der Regierung war nichts zu erwarten, aber ganz tatenlos mochten die Abgeordneten nicht bleiben. Gemeinsam mit seinem CDU-Stellvertreter Gradl verhandelte Wehner mit Bundestagspräsident Gerstenmaier. Dieser gab dann am 30. Juni 1961, dem Jahrestag von Herbert Wehners berühmter Rede, im Namen des gesamten Bundestages eine Erklärung ab, in der er den gemeinsamen Willen aller Parteien zur Wiedervereinigung betonte und sich für Verhandlungen aussprach, die zu einer Einigung der Mächte über einen Friedensvertrag mit Deutschland führen sollten. Der Kanzler lehnte die Erklärung ab. Er klagte im CDU-Bundesvorstand, sie sei nicht mit ihm abgesprochen worden. Außenminister von Brentano fügte hinzu, es sei falsch, den Eindruck zu erwecken, in der Außenpolitik bestehe Gemeinsamkeit zwischen den Parteien: »Was sollen wir denn dann unseren Wählern draußen noch sagen?«[82]

Wehner hatte noch erreicht, daß das Kuratorium Unteilbares Deutschland (vergeblich) an alle Parteien appellierte, während des Wahlkampfes »in jeder Veranstaltung dem gemeinsamen Willen aller Deutschen zur Einheit und Freiheit Ausdruck zu geben«. So könne man unter Umständen noch erreichen, daß es in Berlin »so bleibt wie es ist, und das ist schon viel«. Diese Vorschläge waren am 23. Juni in der SPD-Präsidiumssitzung auch von Willy Brandt, dem die »Skala der Möglichkeiten an der Staatsgrenze« ebenfalls bewußt war, gutgeheißen worden[83].

Die Regierung tat nichts, sie drängte nicht auf Verhandlungen, sie rief die Bundesdeutschen nicht zum Zusammenstehen angesichts der drohenden Grenzsperrung auf. Adenauer war auf den Wahlkampf gegen die SPD fixiert. Die Opposition konnte nichts erreichen. Am Morgen des 13. August begannen Bauarbeiter, bewacht von Truppen und Volkspolizei, die Sektorengrenzen abzuriegeln. Es war eines, ein solches Ereignis politisch vorauszusehen, aber etwas anderes war, es tatsächlich zu erleben. Wehner und die Sozialdemokraten waren schockiert. Stündlich hörte Wehner Radio. Lotte, die den Sommer im Norden verbrachte, schrieb wenige Tage danach an Herbert Wehner, sie sei »fast vom Schrecken gelähmt über die Ostzonenvorgänge« und wolle am liebsten ihre Sachen packen, um bei ihm zu sein[84].

Schon vor dem 30. Juni 1960 hatte die SPD die Bundesregierung immer wieder zu ost- und deutschlandpolitischer Aktivität gedrängt. Dieses stets vorhandene konstruktive Element ihrer Oppositionspolitik war jedoch durch die Gegensätze über die außenpolitischen Grundentscheidungen der Regierung teils verdeckt, teils in den Hintergrund gerückt worden. Die grundlegenden Gegensätze gab es nach dem 30. Juni 1960 nicht mehr, auch wenn Teile der Regierung, an der Spitze der Kanzler, es nicht wahrhaben wollten. Was blieb, waren eine SPD, die zu aktiver Ost- und Deutschlandpolitik drängte, und eine Regierung, welche zwar erfolgreich die Westintegration durchgesetzt hatte, deutschland- und ostpolitisch aber starr, passiv, konzeptionslos war. Der 13. August 1961 warf ein Schlaglicht auf diese Situation.

Am 12. und 13. August veranstaltete die SPD in Nürnberg ihr großes Deutschlandtreffen. Am 13. August fuhr Wehner mit Erich Ollenhauer zu Außenminister Heinrich von Brentano (CDU). Der war überrascht: Weder die Regierung noch die Westmächte hätten mit der

Sperrung der Sektorengrenzen gerechnet. Er zeigte sich ratlos, hatte keine Vorstellung, was der Westen nun tun könne[85].

Nürnberg hatte die Schlußphase eines innenpolitisch ausgerichteten Wahlkampfs einleiten sollen. Die Ereignisse in Ost-Berlin machten dem einen Strich durch die Rechnung. Brandt brach seine Deutschlandfahrt ab und eilte nach Berlin. SPD-Führung und Wahlkampfleitung stellten um. Am 14. August trafen Ollenhauer, Wehner, von Knoeringen und Nau bei Brandt in der abgeschnittenen Teilstadt ein. Sie kamen überein, daß es am besten wäre, »den Wahlkampf in seiner ausgesprochenen Wahlkampfart abzulösen«. Ein entsprechender Brief an die anderen demokratischen Parteien sollte geschrieben werden. Am nächsten Tag konnte sich das Parteipräsidium aber nicht mehr zu einem solchen Schreiben durchringen, denn Adenauer hatte in Regensburg seine Kampagne mit den üblichen Beleidigungen gegen die SPD fortgesetzt, als sei nichts gewesen[86].

Auf den Großkundgebungen sprach Brandt von nun an »ganz überwiegend über Berlin und Deutschland«. In der Bundestagsfraktion rief Brandt zu einem besonnenen Wahlkampf auf der Linie der Gemeinsamkeit auf: »Die Partei selbst soll sich nicht durch Provokationen der CDU-Führung aus der Ruhe bringen lassen und die Erfordernisse den Wählern klarmachen, daß Deutschland eine neue Regierung braucht.« Unter dem Eindruck der Ereignisse des 13. August, so resümierte die Wahlkampfleitung, erreichte die Partei bei der Bundestagswahl den »Schwellenwert des für die SPD im Jahre 1961 überhaupt Möglichen«[87].

Wehner machte in der Sitzung des Auswärtigen Ausschusses am 16. August drei grundlegende Feststellungen über den Bau der Mauer. Er sei eine Aggression gegen den völkerrechtlichen Status von Berlin, eine Annexion Ostberlins durch den Sowjetblock sowie »ein Verbrechen gegen die Menschlichkeit«, weil »die Leute die letzte Möglichkeit, wenigstens wegzugehen, genommen bekommen«. Er schlug vor, mehr zu tun, als nur Noten zusammenzustellen. Das »Verbrechen gegen die Menschlichkeit« sei vor die Vereinten Nationen zu bringen, zusammen mit einer Dokumentation »der auseinandergerissenen Familien und sonstigen menschlichen Beziehungen«. Er hatte das bereits am 13. August im Gespräch angesprochen und dabei auf ein historisches Beispiel verwiesen, nämlich seine eigene Mission bei den Vereinten Nationen im Herbst 1950. Brentano versprach eine sorgfältige Prüfung. Wehner glaubte nicht, daß es erfolgversprechend war, wenn die Bundesrepublik ein »Rückgängigmachen des 13. August« forderte. Aber er hielt es für unbedingt notwendig, damit die Forderung nach dem Selbstbestimmungsrecht für die Deutschen international glaubwürdig bleibe. Es müsse etwas »Wesentliches« gegen den »Akt vom 13. August« geschehen[88].

Willy Brandt sah es genauso. Der Senat organisierte für den 16. August eine große Protestkundgebung. Dort verlas der Regierende Bürgermeister ein Schreiben an Präsident Kennedy, in dem er forderte, nicht untätig zuzusehen, wie die Sowjets die Stadt abriegelten. Einige Tage später schickte der US-Präsident seinen Vize Lyndon B. Johnson nach Berlin, in Verbindung mit einer Verstärkung der US-Truppen im Westteil der Stadt. Das waren eher symbolische Maßnahmen, aber sie trugen doch zum Erhalt der Moral in der »Frontstadt« bei, und die USA unterstrichen ihre Verantwortung und Verteidigungsbereitschaft für West-Berlin.

Für die SPD war mit dem 13. August der nationale Notstand eingetreten. Dem entsprach die Koalitionsaussage, die sie nun machte. Brandt erklärte Anfang September, er wolle im Falle eines Wahlsieges »keine Parteiregierung mit umgekehrtem Vorzeichen« bilden, sondern auf einer breiteren Basis zusammenarbeiten, »um die Energien und den Sachverstand unseres Volkes zusammenzufassen«. Dies zielte auf eine Allparteienregierung[89].

Die Wahl am 17. September 1961 brachte die SPD zwar nicht in die Lage, entscheidend über die Zusammensetzung der Regierung zu bestimmen, aber sie brach die Alleinherrschaft der CDU/CSU. Adenauer erzielte 45,3 Prozent und verlor die absolute Mehrheit. SPD und FDP legten mit 36,2 bzw. 12,8 Prozent deutlich zu. Noch in der Wahlnacht verständigten sich Ollenhauer, Brandt, Wehner und einige Präsidiumsmitglieder darauf, in den folgenden Wochen für die Bildung einer Allparteienregierung einzutreten[90].

Die FDP widersetzte sich von Anfang an einem solchen Bündnis. Ihr Vorsitzender Erich Mende hatte sich schon mehr als ein Jahr vor der Bundestagswahl auf eine »bürgerliche« Koalition mit der CDU festgelegt. Der Kanzler aber ließ sich auf ein Gesprächsangebot der SPD ein. Am 25. September trafen sich Adenauer und Karl Carstens mit Ollenhauer, Wehner und Brandt. Dabei meinte Wehner, »sachlich notwendig sei die Bildung einer Allparteien-Regierung. Dabei würden alle Seiten viel hinunterzuschlucken haben, aber dies wäre die nach innen und außen angemessene Antwort auf den Ernst der Situation«. Adenauer antwortete ausweichend, daran habe er auch schon gedacht, aber darüber solle man jetzt nicht weiter sprechen. Brandt und Adenauer einigten sich schließlich darauf, daß es sich um eine »nützliche Aussprache« gehandelt habe und weitere Gespräche folgen sollten[91].

Es stellte sich bald heraus, daß es dem Kanzler mit dem Kontakt zur SPD zuallererst darum ging, sich die FDP gefügig zu machen. Diese hatte sich im Wahlkampf eindeutig gegen eine erneute Kanzlerschaft Adenauers ausgesprochen. Nach langem Hin und Her wurde schließlich eine CDU/CSU-FDP-Regierung unter Adenauer gebildet. Der inzwischen 85jährige Kanzler mußte sich jedoch bereit erklären, sein Amt nach der Hälfte der Legislaturperiode zu räumen. Mende bezahlte den »Umfall« der FDP in der Kanzlerfrage mit dem vorläufigen Verzicht auf seinen Einzug ins Bundeskabinett[92].

Die Liberalen waren in eine unangenehme Situation geraten. Herbert Wehner hatte das genau gesehen. Vor einer SPD-Bezirkskonferenz in Nürnberg am 23. September forderte er: »Genossen, verheddert euch nicht so wie der Mende«. Der alte Adenauer sei als Kanzler für die SPD kein Problem. Angesichts des nationalen Notstands seien Personalfragen zweitrangig. Gemeinsam mit Ollenhauer sprachen Wehner und Brandt aber auch Eugen Gerstenmaier auf eine mögliche Kanzlerkandidatur an. Der winkte, so wurde der FDP hintertragen, jedoch ab. Er wolle nicht als der »Conny-Killer« in die Geschichte eingehen. Wehner dürfte das kaum überrascht haben. Seit seinen New Yorker Erlebnissen mit ihm hielt er den Bundestagspräsidenten für einen »Schwätzer« ohne politisches Verantwortungsgefühl, der immer dann, wenn es darauf ankomme, weg sei, »auf Bock- oder Elefantenjagd«[93].

Es fällt auf, daß ein großer Teil derjenigen Politiker, die sich im Herbst 1961 für die Bildung einer Allparteienregierung aussprachen, zu den Aktiven im Kuratorium Unteilbares Deutschland gehörten. Das galt nicht nur für Sozialdemokraten wie Wehner, Brandt und Ollenhauer. Auch Bundestagsvizepräsident Thomas Dehler und der schleswig-holsteinische Justizminister Bernhard Leverenz von der FDP gehörten dazu. Natürlich trat auch der Geschäftsführende Vorsitzende des Kuratoriums, Wilhelm Wolfgang Schütz, für die gemeinsame Regierung ein. Die Kräfte in der CDU waren jedoch zu schwach. Ernst Lemmer gab frühzeitig klein bei, Gerstenmaier wollte gar nicht erst antreten. Es blieb der Bundespräsident, Heinrich Lübke. Angesichts des Mauerbaus war er für ein Allparteienkabinett. Er wollte sich sogar in einer Fernsehansprache dafür einsetzen. Davon riet ihm ausgerechnet Erich Ollenhauer ab, mit der noblen Begründung, das wäre nicht im Interesse seines Amtes und seiner Person. Die entscheidenden unter den Regierungspolitikern waren nicht der Meinung, es herrsche ein nationaler Notstand[94].

Auf Gemeinsamkeitskurs

Eine absolute Mehrheit für die SPD war außer Reichweite. Die Partei würde einen Koalitionspartner brauchen. Dafür brauchte Wehner Bündnis- und Verhandlungspartner, die mehr Einfluß hatten als die innerparteilich schwachen CDU-Vertreter im Kuratorium.

Die FDP kam für ein Bündnis nicht in Frage. Die Mehrheit im Bundestag wäre sehr knapp gewesen, und die Gegensätze in der Wirtschafts- und Sozialpolitik waren groß. In der Außen- und Deutschlandpolitik hatten sich allerdings in der gemeinsamen Oppositionszeit zwischen 1956 und 1961 viele Übereinstimmungen ergeben. Insbesondere Wehners Verhältnis zu Thomas Dehler hatte sich immer mehr gebessert[95].

Jüngere FDP-Politiker bemühten sich um eine gute Beziehung zu Herbert Wehner. Im Jahr 1958 stand der nordrhein-westfälische Bundestagsabgeordnete Wolfgang Döring häufiger in Wehners Terminkalender. Döring war schon 1956 fest davon überzeugt, »daß an dem Tage, an dem die SPD zu der Überzeugung kommt oder den begründeten Verdacht hat, daß die eine Kombination, nämlich die mit uns, völlig irreal ist, die große Koalition beschlossene Sache ist«. Möglicherweise waren es Döring und der nordrhein-westfälische FDP-Landesvorsitzende Willy Weyer, die Wehner 1958 darüber informierten, daß die Bundes-FDP Gelder von der Industrie bekommen habe, gegen das Versprechen, künftig auf keinen Fall mit der SPD zu koalieren. Das erbitterte Wehner. Er hielt das für Betrug am Wähler. Hier seien Kräfte am Werk, die eine große, in der Geschichte Deutschlands nicht mehr wegzudenkende Partei »mit Tricks, mit Finten und mit

Gewalt« aus einem Bereich heraushielten, über den allein der Wähler zu entscheiden habe[96].

Es blieb also die Union. In die neue Runde, so sagte Wehner nach der Wahl von 1961, gehe die SPD mit der Erkenntnis, »so für das ganze Volk zu sprechen, als wäre es möglich, auch die anderen Partner zu gemeinsamen Bemühungen zu gewinnen, um damit Vertrauen zu gewinnen bei Menschen, die uns zögernd oder abweisend gegenüberstehen«. Der politische Gegner als Partner – Wehner begann gleich ganz oben, beim Kanzler. Im April 1962 schickte er ihm einen Artikel, den er für die Mai-Ausgabe der DGB-Zeitung ›Welt der Arbeit‹ verfaßt hatte. Darin hieß es unter anderem, Regierung und Opposition, Gewerkschaften und Arbeitgeber seien aufeinander angewiesen, weil sie dem Staatsganzen verpflichtet seien. Adenauer bedankte sich schriftlich, er habe den Artikel aufmerksam gelesen und finde ihn sehr bemerkenswert[97].

Karl Theodor Freiherr von und zu Guttenberg war 1957 mit allen Vorurteilen, die ein CSU-Wahlkämpfer damals gegen den »reaktionären Klassenkämpfer« Herbert Wehner hatte, in den Bundestag eingezogen. Es kam, so in der Debatte über den Deutschlandplan, zu manch hartem Schlagabtausch. Der adlige Konservative aus Oberfranken lernte jedoch im Auswärtigen Ausschuß Wehner als sachlichen, respektvollen Gesprächs- und Diskussionspartner kennen. Die Büros der beiden Abgeordneten im Bundestag waren nicht weit voneinander entfernt. Als Gegner der Koalition mit der FDP und Befürworter einer Großen Koalition suchte der Baron schon im Oktober 1961 Wehner in seinem Büro auf[98].

Im Juli 1962 lud Wehner Guttenberg erstmals zum Abendessen auf den Venusberg zu sich nach Hause ein. Der Freiherr erinnerte sich: »Eine kleine, einfache Wohnung, ein einfaches Essen und eine Unterhaltung, als säßen wir jede Woche zusammen.« Ein ruhiges, unaufgeregtes zweistündiges Gespräch entspann sich. Dem CSU-Abgeordneten fiel eine Totenmaske an der Wand auf: »Ich erkenne den Mann nicht, aber ich bin fasziniert von dem Gesicht, über dessen Härte die Schönheit des Todes liegt. Wehner kommt zurück, sieht mich vor der Maske stehen und sagt wie beiläufig: ›Das ist Kurt Schumacher, der ist erlöst.‹« Am Ende glaubte Guttenberg zu wissen: »Mit diesem Mann bin ich in entscheidenden Fragen einig.«[99]

Freiherr und Oppositionspolitiker hatten sich in ihrer scharfen Ablehnung der FDP getroffen. Auf Guttenbergs Sorgen wegen einer in der Berlin-Frage gegenüber den Sowjets möglicherweise zu nachgiebigen Haltung des neuen Außenministers Gerhard Schröder und der US-Amerikaner ging Wehner ein. Er betonte aber ein anderes Thema: die Notwendigkeit, durch Eingriffe der Regierung eine allzu expansive Lohn- und Preispolitik von Gewerkschaften und Unternehmern zu verhindern. Guttenberg schlug vor, die Bildung einer Großen Koalition vorzubereiten. Deren Ziel sollte es sein, die »Stabilität der Demokratie« zu sichern, insbesondere durch die Schaffung eines Zweiparteiensystems. Dazu müsse das Wahlrecht nach britischem Muster geändert werden[100].

Wehner befürwortete die Einführung des Mehrheitswahlrechts, vor allem aufgrund seiner staatspolitisch begründeten Vorbehalte gegen die FDP. Allerdings war es für ihn kein erstrangiger Koalitionsgrund. Sein strategisches Ziel war die gleichberechtigte Teilhabe der Sozialdemokratie am demokratischen Staat, die Regierungsbeteiligung[101].

Da ergab sich, unverhofft, im Herbst 1962 eine neue Chance. Aus Anlaß eines Berichts im Nachrichtenmagazin ›Der Spiegel‹ über die »bedingt abwehrbereite« Bundeswehr wurden Ende Oktober in einer Nacht- und Nebelaktion die Büros der Redaktion durchsucht, Tausende von Papieren beschlagnahmt sowie der Chefredakteur Rudolf Augstein und eine Reihe weiterer Redaktionsmitglieder verhaftet. Der Verdacht lautete auf »Landesverrat«. Hinter der Aktion steckte Verteidigungsminister Franz Josef Strauß. Der Bundeskanzler deckte ihn. Schon bald stellte sich heraus, daß Strauß hier – wie Innenminister Höcherl formulierte – »etwas außerhalb der Legalität« operiert hatte. Vier von acht Richtern des Bundesverfassungsgerichts hielten das Vorgehen der Regierung für Verfassungsbruch. Zudem war der FDP-Bundesjustizminister nicht informiert worden, was zur Regierungskrise und zum Rücktritt der FDP-Minister führte. Es kam zu heftigen Protesten und Kundgebungen in der Öffentlichkeit, zu scharfen Debatten im Parlament und schließlich, im Zusammenhang mit der Regierungskrise, zum Verlust des Ministerpostens für Strauß[102].

Herbert Wehner blieb bei seiner Linie, die Affäre nicht parteipolitisch auszuschlachten, sondern die gemeinsamen Interessen des Staatswesens in den Vordergrund zu stellen. Er solidarisierte sich nicht mit dem ›Spiegel‹, sondern er sprach von unvermeidlichen polizeilichen und staatsanwaltlichen Maßnahmen, auf die »auch nicht der Schatten eines Verdachts« fallen dürfe, sie »könnten innenpolitische Schachzüge darstellen«. Er wünschte eine Klärung im Parlament, und erst als die Regierung dazu nicht bereit war, diskutierte die SPD-Fraktion ihre Kritik im Bundestag offensiv[103].

Wehner wollte nicht »für oder gegen den ›Spiegel‹« Stellung beziehen, sondern »unseren« Staat »sauber machen«. Die SPD sollte nicht »als ›Spiegel-Partei‹« madig gemacht werden können. Vorbehalte hatte er sowohl gegen die Art der Berichterstattung vom »Typ ›Spiegel‹« als auch gegenüber Herausgeber Rudolf Augstein, einem umtriebigen FDP-Mitglied, den er im internen Kreis als »kranken Gnom« bezeichnete, »bei dem manches nur zu erklären ist, weil er ein solcher Gnom ist«. Solche Beurteilungen hielten Wehner nicht davon ab, den verhafteten Redakteuren menschliche Gesten zu erweisen. Für die in Bad Godesberg einsitzenden Untersuchungshäftlinge vom ›Spiegel‹ – darunter waren Conrad Ahlers und Hans Schmelz, früher Volontär beim ›Hamburger Echo‹ – packte die Familie Wehner Lebensmittelpakete[104].

Bevor im Dezember 1962 noch einmal ein CDU/CSU-FDP-Kabinett – unter Adenauer und ohne Strauß – gebildet wurde, kam es zu einem kurzen, nach Wehners Worten »aber doch deshalb nicht weniger bedeutungsvollen Zwischenakt in der Krise«, nämlich zu den ersten Koalitionsverhandlungen zwischen Union und SPD auf Bundesebene.

Am 26. November hatte Wohnungsbauminister Paul Lücke (CDU) bei Wehner angerufen und ihn »dringend« um ein Gespräch gebeten. Wehner verständigte unverzüglich Ollenhauer, der einverstanden war. Lücke und Wehner trafen sich zu einem dreistündigen Gespräch. Dabei wurde Wehner klar, daß es dem Minister um ernsthafte Verhandlungen über die Bildung einer Großen Koalition ging. Adenauer, so meinte Lücke, müsse einen anständigen Abgang finden und »sozusagen als Erinnerung« hinterlassen, »daß er diesen Akt eines Brückenschlages zum Zwecke der Schaffung stabiler Verhältnisse nach seinem Abgang noch selbst mitgemacht hat«.

Zwei Tage später traf Wehner sich erneut mit Lücke, diesmal in der Wohnung von Guttenberg. Beide verhandelten mit dem Einverständnis Adenauers. Wehner notierte – und trug es seinen Gesprächspartnern auch vor –, nach seiner Erfahrung werde Adenauer am Ende wohl kaum wirklich eine Koalition mit der SPD bilden wollen. Daher hielt er eine »verbindliche Äußerung« des Kanzlers oder eine entsprechende Haltung als Voraussetzung für das weitere Bemühen für unerläßlich, sonst werde die SPD als »Notlösung« eine Allparteienregierung anstreben. Am 29. November legte Guttenberg Wehner ein Schreiben des Kanzlers vor, in dem dieser sich für die Bildung einer Koalition mit der SPD aussprach, wenn dann das Mehrheitswahlrecht eingeführt würde. Es kam zu Vorklärungen bis hin zu einer Liste, welche Ministerien an welche Partei gehen sollten[105].

Wehner, der sich stets mit Ollenhauer und Erler abgestimmt hatte und eben nicht als »Turner ohne Netz« handelte, berichtete am 30. November vor dem Parteivorstand in Grundzügen über die Gespräche. Kritik an einer Regierungsbeteiligung unter Adenauer wurde laut, aber schließlich billigte der Parteivorstand die Fortführung der Gespräche. Am 4. Dezember suchten Ollenhauer, Erler und Wehner den Bundeskanzler im Palais Schaumburg auf. In der Presse gab es ein großes Hallo. ›Adenauer will mit SPD regieren!‹ lautete die Titelschlagzeile der ›Bild‹-Zeitung[106].

Am Abend beschloß der Parteivorstand mit 23 gegen 13 Stimmen, offiziell in Koalitionsverhandlungen einzutreten, eine Verhandlungskommission zu bilden und dies durch die Fraktion billigen zu lassen. Dort kam es am nächsten Morgen, wie schon im Parteivorstand, zum Streit über die Frage des Mehrheitswahlrechts, vor allem aber über die Fortsetzung der Kanzlerschaft Adenauers. Wehner war dafür, über diesen Streit abstimmen zu lassen; er glaubte, eine knappe Mehrheit in der Fraktion werde seiner Position folgen. Ollenhauer aber wollte es darauf nicht ankommen lassen, und so stimmte die Fraktion unter der Maßgabe zu, »daß alle sachlichen und personellen Fragen« verhandelt werden sollten[107].

Die dpa meldete daraufhin, die SPD-Verhandlungskommission habe den Auftrag erhalten, zu erörtern, ob Adenauer nicht schon jetzt abgelöst werden könne. Der Kanzler reagierte mehr als verschnupft. Er schrieb an Ollenhauer, daß die Grundlage weiterer Gespräche die zwischen Wehner, Lücke und Guttenberg getroffenen Abreden seien, die von seiner Kanzlerschaft ausgingen, »mit dem Ziele, mit Hilfe eines Mehrheitswahlrechts stabile Verhältnisse in unserer Demokratie zu schaffen«. Kurz darauf, noch ehe sein Schreiben den SPD-Vorsitzenden erreichte, sagte Adenauer die für den nächsten Vormittag angesetzten Verhandlungen ab. Wehner entwarf ein Schreiben Ollenhauers an den Kanzler. Darin hieß es mit Bezug auf die inzwischen zurückgezogene Meldung der dpa: »Die in dieser Meldung gegebenen Erklärungen sind keine korrekte Interpretation des heutigen Beschlusses der Bundestagsfraktion der SPD.«[108]

Sowohl in den eigenen Parteigremien als auch im Gespräch mit Ollenhauer führte Adenauer das Wahlrechtsthema als wichtigsten Hinderungsgrund für die Große Koalition an. Die Geschichtsschreibung ist ihm dabei weitgehend gefolgt. Von so entscheidender Bedeutung kann es für ihn aber nicht gewesen sein, denn mit der FDP, die dadurch ausgeschaltet worden wäre, war ein Mehrheitswahlrecht sicher nicht zu bekommen. Das Thema und die Gespräche mit der SPD sollten die Liberalen verunsichern. Adenauer konnte das Mehrheitswahlrecht als Sollbruchstelle benutzen, um von weiteren Koalitionsverhandlungen mit der SPD abzurücken. In erster Linie ging es ihm um die Verlängerung seiner Kanzlerschaft. Seine Wahrnehmung am 5. Dezember 1962 war, daß er dieses Ziel ebensogut mit der FDP erreichen konnte[109].

Herbert Wehner hätte aus zwei Gründen gut mit einer Kanzlerschaft Konrad Adenauers in einer Großen Koalition leben können. Erstens war es besonders reizvoll, wenn ausgerechnet derjenige, der immer wieder den Untergang Deutschlands für den Fall einer Regierungsbeteiligung der SPD prophezeit hatte, jetzt selbst mit ihr koalieren würde. Wehner meinte, das »wäre eine tolle Sache, wenn der Bundeskanzler Adenauer seinen eigenen Dreck fressen müßte«. Zweitens wäre der 86jährige auch in einer Koalition mit den Sozialdemokraten ein Kanzler auf Abruf gewesen. Das für die Öffentlichkeit interessante Ereignis einer solchen Regierung wäre eben nicht ein neuer Kanzler, sondern die Beteiligung der SPD und ihrer Minister gewesen. Damit würde der »Stimmenmagnet Erhard nicht wie eine Konserve nach einem Jahr in der alten Vitaminfrische« hervorgeholt werden können. Der populäre Wirtschaftsminister, der eindeutig für eine Koalition mit der FDP stand, wäre »abgewertet worden«[110].

Große Teile der Bundestagsfraktion konnten oder wollten Wehners Gedankengängen nicht folgen. Für sie war Adenauer der reaktionäre

Gründungskanzler, der die SPD jahrelang ausgegrenzt und als politisch unzuverlässig denunziert hatte. Der in der ›Spiegel‹-Affäre, die eigentlich eine Strauß-Affäre, dahinter aber auch eine Adenauer-Affäre war, wirklichkeitsfremd von einem »Abgrund von Landesverrat« gesprochen hatte. Wehner verfolgte das Ziel der Regierungsbildung mit der CDU 1962 nicht, wie die bisherige SPD-Geschichtsschreibung meint, mit besonderer »Hingabe«, sondern in realistischer Kenntnis der begrenzten Bereitschaft Adenauers zu einem Regierungsbündnis und des weitverbreiteten und tiefen Mißtrauens in der SPD gegen die Person des Kanzlers[111].

Aber er verfolgte das Ziel energisch, denn: Auch wenn keine Regierung zustande kam, mit den Verhandlungen zwischen SPD und CDU/CSU wurde ein Tabu gebrochen. Im ›Vorwärts‹ hieß es, die Regierungsfähigkeit der SPD sei nun ins Grundbuch der Nation eingetragen. Wehner selbst meinte, darauf könne man später zurückkommen. Er versprach sich eine weitere Versachlichung der innenpolitischen Auseinandersetzung. Damit sei, so resümierte er, eine bis vor kurzem noch unvorstellbare Menge erreicht[112].

Auf dem Kölner Parteitag der SPD im Mai 1962 wurde Herbert Wehner mit nur noch 232 von 330 Stimmen zum stellvertretenden Parteivorsitzenden wiedergewählt. In Hannover waren es noch 279 Stimmen gewesen. Die vergleichsweise schlechten Ergebnisse zeigten, daß Wehners Politik in der Partei nicht unumstritten war. Das hatte sich in den Vorjahren bereits abgezeichnet.

Ein entschiedener Wehner-Gegner, der sich selbst für einen Vertreter des rechten oder »gemäßigten« Flügels der SPD hielt, war der Bundestagsabgeordnete und vormalige SDS-Vorsitzende Ulrich Lohmar. Schon 1959 hatte Lohmar den der CDU nahestehenden ›Welt‹-Journalisten Georg Schröder gebeten, »eine gewisse Hilfestellung für den rechten Flügel der SPD« zu geben, indem er Wehner in der Presse als das hinstelle, »was er sei«, nämlich ein intoleranter demokratischer Kommunist oder »Titoist«. Wie aus dem Nachlaß des Bundeskanzlers hervorgeht, hatte die CDU-Führung in den folgenden Jahren einen oder mehrere Informanten in der SPD-Bundestagsfraktion[113].

Ernster und tiefergehend waren die Auseinandersetzungen, die Herbert Wehner nach Godesberg, besonders aber nach dem 30. Juni 1960 mit Anhängern des »linken« Flügels der SPD zu führen hatte. Arno

Behrisch, Abgeordneter aus Hof und einst Wehners Zellennachbar im schwedischen Gefängnis, hatte am 2. Juli 1960 in der ›Frankenpost‹ die Rede Wehners scharf kritisiert. In einer »Debatte ohne Lichtblick« habe dieser an die »Einsicht und den Verstand des Großbürgertums« appelliert, was von Regierungsseite mit einem »Tritt vor den Magen« beantwortet worden sei. Wehner war, schrieb Behrisch, »von der Geschicklichkeit, wie sie Männer haben, die bei den Jesuiten oder im Kreml in die Schule gegangen sind«. Diese Bezeichnung, so Wehner gekränkt an Behrisch, sei »menschlich unanständig«. Behrisch war zu diesem Zeitpunkt auf dem Weg aus der SPD heraus. Er trat im Februar 1961 aus der Partei aus und schloß sich der von der illegalen KPD unterstützten »Deutschen Friedens-Union« an[114].

Kritik am Gemeinsamkeitskurs Wehners kam häufig aus Universitätsstädten. Der Sozialistische Deutsche Studentenbund (SDS) hatte sich im Laufe der Jahre zu einem Sammelbecken der Linksopposition innerhalb wie außerhalb der SPD entwickelt. Spätestens seit einem Hochschulkongreß gegen die Atomrüstung im Januar 1959 in Berlin war das Verhältnis zur Mutterpartei gespannt. Dort hatte die nach einer von der DDR subventionierten Studentenzeitschrift benannte »›Konkret‹-Fraktion« das deutschlandpolitische Konzept der DDR vertreten und es in einer mit großer Mehrheit angenommenen Kongreßresolution durchgesetzt[115].

Dieser Beschluß mitten in der Berlinkrise und angesichts des Chruschtschow-Ultimatums schockierte die SPD-Führung. Ein zweijähriger Trennungsprozeß der Partei vom SDS war die Folge. Im Frühjahr 1960 entzog die SPD dem Verband ihre Unterstützung. Ihren Höhepunkt und Abschluß fand die Auseinandersetzung im Beschluß des Parteivorstands von Herbst 1961, die Mitgliedschaft im SDS sowie dessen »Sozialistischer Förderergesellschaft« für unvereinbar mit der Mitgliedschaft in der SPD zu erklären.

Herbert Wehners Haltung zum SDS entsprach der Mehrheitsposition in der Parteiführung. Er vertrat die Trennung von dem Studentenverband allerdings mit besonderer Konsequenz. Schließlich war er als stellvertretender Parteivorsitzender mit dem Zuständigkeitsbereich »Organisation« am Ende für die Umsetzung verantwortlich. Schon am 16. Juni 1960 erschien in der Studentenzeitung ›Marburger Blätter‹ ein Bericht über ein längeres Gespräch mit Wehner zum SDS. Mit

»rauhbeinigem Elan« hatte er erklärt: »Wir haben soviel erlebt, daß wir nicht mehr sagen konnten, das wären anständige Leute!« Insbesondere die Ostkontakte des Verbandes nahm er aufs Korn. Gegen persönliche, sportliche und kulturelle Beziehungen habe er nichts einzuwenden, aber wenn es sich um eine politische Unterwanderung durch die SED handle, gebe es keinen Pardon: »Die wollen uns doch unterhöhlen, wie die Maden den Käse.«[116]

Im Herbst 1961 lag Wehner ein internes Thesenpapier der SDS-Delegiertenkonferenz Anfang Oktober 1960 vor. Die Verfasser sahen sich als »Neue Linke«, die den »Verfallsprozeß der SPD« nutzen wollten, das in der Partei noch vorhandene »echt-demokratische und sozialistische Potential aus seiner Parteibindung zu lösen«. Die »Volksgemeinschaftsideologie« der SPD unterstütze »Tendenzen zu einem neuartigen rationalisierten Faschismus«. Im Anschluß, am 8. Oktober 1961, gründete sich in Frankfurt die »Sozialistische Förderergesellschaft der Freunde, Förderer und ehemaligen Mitglieder des Sozialistischen Deutschen Studentenbundes«. Neunzig Prozent der etwa 150 bis 200 Anwesenden waren SPD-Mitglieder. Vorsitzender wurde der Marburger Professor Wolfgang Abendroth. Herbert Wehner versandte eine Dokumentation an die Mitglieder des Parteivorstandes und andere Funktionsträger. Darin hieß es, die Förderergesellschaft sei »Kristallisationspunkt« für diejenigen, die mit den Zielen der »Neuen Linken« übereinstimmten. Waldemar von Knoeringen, zuständig für Kulturpolitik, forderte jetzt den Unvereinbarkeitsbeschluß. Auf der Parteivorstandssitzung war Knoeringen jedoch nicht anwesend. Und so brachte Wehner den Antrag ein, der am 16. Oktober 1961 beschlossen wurde[117].

Die SPD, so begründete Wehner den Ausschluß gegenüber Gustav Heinemann, biete viel Platz für loyale Mitarbeit und geistiges Ringen, sie »wehrt sich aber dagegen, für Tätigkeiten ausgenützt zu werden, die sich im Ergebnis gegen sie selbst und ihre erklärten Ziele richten«. Bei dem Beschluß, so Wehner an anderer Stelle, gehe es »nicht darum, ob Persönlichkeiten mit marxistischen Vorstellungen in der Sozialdemokratischen Partei mitwirken können, sondern darum, ob sie organisatorische Methoden anwenden, mit denen sie einen Ausschließlichkeitsanspruch ihrer Vorstellungen durchsetzen wollen«[118].

Ein letztes Gespräch, das Wehner und Ollenhauer Anfang November 1961 mit den Professoren Wolfgang Abendroth und Ossip K. Flechtheim führten, endete ergebnislos. Gemeinsam mit einem Großteil der Mitglieder entschieden sich die beiden für den Verbleib bei der SDS-Förderergesellschaft, was dann automatisch zum Ausschluß aus der SPD führte. Abendroth lehrte weiter an der Universität. Er prägte die »Marburger Schule« der Politikwissenschaft und wurde zu einem der geistigen Mentoren der bundesdeutschen Protestbewegungen, aber auch vieler DKP-orientierter Akademiker. Er blieb bis zu seinem Tod 1985 parteilos. Der Berliner Politikprofessor und Parteienforscher Ossip K. Flechtheim wurde später Mitglied der »Grünen«. Flechtheim, der früher selbst Mitglied der KPD gewesen war, konnte es sich nicht verkneifen, Wehner wegen dessen Vergangenheit anzugreifen. Im Sommer 1963 schlug er dem FDP-Vorsitzenden Erich Mende vor, ein unabhängiges Gremium zu bilden, das prüfen sollte, ob Wehner während der NS-Zeit sowohl für die Nazis als auch für das sowjetische NKWD gearbeitet habe. Mende zeigte sich von dieser Idee zwar sehr angetan, praktisch folgte daraus jedoch nichts[119].

Der Unvereinbarkeitsbeschluß war hart, pauschal und für den einzelnen oft ungerecht. Aber die scharfe Grenzziehung entsprach der Gemeinsamkeitsstrategie der SPD innerhalb wie außerhalb des Bundestages. Die Partei mußte sich vor den systematisch betriebenen Unterwanderungsversuchen der SED schützen. Der Preis war allerdings hoch. Ein wichtiger Teil der kritischen und eben auch demokratisch engagierten akademischen Jugend ging der SPD verloren. Der SDS wurde in den sechziger Jahren das organisatorisch-politische Rückgrat der Außerparlamentarischen Opposition an den Hochschulen. Diese Linie läßt sich bis zur Gründung der alternativen Partei »Die Grünen« Ende der siebziger Jahre weiterziehen.

Erich Ollenhauer, Herbert Wehner und Fritz Erler bildeten das Bonner Führungstrio der SPD, das im Herbst 1962 mit Konrad Adenauer über eine Große Koalition verhandelte. Während Wehner hinter Ollenhauer die Partei führte, übernahm Erler diese Aufgabe in der Fraktion. Willy Brandt war nach der Bundestagswahl 1961 in Berlin geblieben. Zur Zeit der Koalitionsverhandlungen 1962 war er an Grippe erkrankt[120].

Wehner sorgte dafür, daß Brandt im Spiel blieb. Auf seine Initiative hin nannte Ollenhauer den Regierenden Bürgermeister im Herbst

1961 erstmals als Kandidat für den stellvertretenden Parteivorsitz. Als Knoeringen zum Kölner Parteitag im Mai 1962 aus dem Amt schied, wurde Brandt zu seinem Nachfolger gewählt. Er wurde Leiter der »Planungsgruppe«, der außerdem Wehner, Erler und Nau angehörten. Wehner wollte Brandt keinesfalls nur nominell im Amt sehen. Vielmehr hatte er ihm bereits im Dezember des Vorjahres »die politisch richtunggebende Stelle in der Partei« in Aussicht gestellt[121].

Er hatte sich gewünscht, daß Brandt die politische Führung der SPD übernehmen solle. Der tat dies zum Teil und auf seine Weise. Nach dem Kölner Parteitag erklärte der Regierende Bürgermeister seinen Kollegen in der Parteispitze, daß er sich weiter auf seine Aufgaben in Berlin konzentrieren wolle, in Westdeutschland weiterhin »überparteilich« aufzutreten gedenke und vor allem das eigene Büro des Parteivorstands in Berlin ausbauen wolle. Das Präsidium solle einmal monatlich in Bonn und einmal monatlich in Berlin tagen[122].

Am 14. Dezember 1963 starb Erich Ollenhauer. Auf dem außerordentlichen Parteitag der SPD in Bad Godesberg im Februar 1964 begrüßte Wehner die Delegierten mit Gedenkworten zu Ollenhauer. Er habe die SPD so geführt, »daß wir stolz auf ihn und auf sie sein dürfen. Es ist eine Ehre, unter Erich Ollenhauers politischer Führung gedient und mitgewirkt zu haben.« Der Parteitag wählte ein neues Führungstrio. Willy Brandt wurde Vorsitzender, Herbert Wehner wurde wieder zum stellvertretenden Vorsitzenden gewählt, und Fritz Erler rückte neu in die Spitze auf[123].

Diese personelle Neuformierung ging auf den entscheidenden Einfluß Wehners zurück. Er hatte am 23. Dezember 1963 an Brandt geschrieben: »Gut erschiene mir, wenn Fritz Erler und ich als stellvertretende Vorsitzende gewählt würden und fungierten. Dies ist ein Experiment, weil Fritz den Fraktionsvorsitz übernehmen wird, aber ich würde raten, es dadurch zu mildern, daß ich – wenn die Fraktion mir die Stimmen gibt – wieder einer der stellvertretenden Fraktionsvorsitzenden werde. Das würde einerseits ›Rangfolgen‹ etwas relativieren, andererseits deutlich machen, wie unter Deiner Führung alles ineinandergreift.« Wehner schrieb Brandt, daß er ihm zutraue, die Kräfte der SPD am besten auf ein Ziel zu vereinen. Das war nicht geheuchelt, drückte aber eine Erwartungshaltung aus[124].

Am 3. März 1964 wählte die Fraktion einen neuen Vorstand. Fritz

Erler wurde zum neuen Vorsitzenden gewählt. Herbert Wehner rückte nach fünfeinhalbjähriger Pause wieder in den Kreis der stellvertretenden Vorsitzenden auf. Mit 138 Stimmen erzielte er unter diesen das beste Ergebnis. Von nun an griff in der Führungstroika der SPD, Brandt-Wehner-Erler, die sich seit Mitte 1960 immer mehr herausgeschält hatte, auch offiziell alles ineinander. Auf dem Karlsruher Parteitag im November 1964 beschrieb Brandt die »drei Männer an der Spitze der Partei« als ganz verschiedene Temperamente, die sich gut aufeinander eingespielt hätten, sich ergänzten und auch menschlich zueinander paßten. Fritz Erler sei ein »brillanter Vorsitzender« der Fraktion, der »sachkundige und unangefochtene Oppositionsführer im Deutschen Bundestag«. Unter Heiterkeit und lebhaftem Beifall betitelte Brandt dann Herbert Wehner als »vielzylindrigen Motor dieser unserer Partei«. »Er ist uns mit seinen Kanten sehr ans Herz gewachsen.«[125]

Schon Ende der fünfziger Jahre hatte Wehner erste Signale an die Union gesandt, wonach die SPD zu einer gemeinsamen Notstandsgesetzgebung bereit war. Das Recht, über den Ausnahmezustand zu entscheiden, hatten sich die Alliierten vorbehalten. Erst durch eine Grundgesetzänderung mit einem vom Bundestag beschlossenen eigenen Notstandsrecht konnte dieses Recht in deutsche Hände kommen. Dem standen allerdings große Vorbehalte in der SPD und bei den Gewerkschaften entgegen. Als Innenminister Gerhard Schröder im Herbst 1960 einen Änderungsentwurf für das Grundgesetz im Parlament einbrachte, lehnten SPD und FDP diesen ab. Alle Seiten, so Wehner, müßten überzeugt sein können, daß keine Bundestagspartei »unsere freiheitlich-demokratische Grundordnung antasten lassen oder selbst antasten will«. Die SPD-Opposition verhielt sich bei der Notstandsgesetzgebung also konstruktiv. Wehner warb in den Gewerkschaften für »eine brauchbare Regelung« und zog eine klare Grenze: »Was wir unter keinen Umständen auch nur gradweise zulassen oder hinnehmen würden, wäre jeder Ansatz zu einer Notstandsregelung, der eine Ermächtigungsgesetzgebung zur Folge hätte, also jede Regelung, die in irgendeiner Weise in die Nähe jenes Artikels 48 der Weimarer Verfassung käme.«[126]

Zur Gemeinsamkeitspolitik gehörte das Bemühen um ein besseres Verhältnis der Sozialdemokratie zu den Kirchen, besonders zur katholischen. Abgesehen von seinem persönlichen Christentum war dies aus zwei Gründen für Wehner wichtig. Erstens wählten die Katholiken, die etwa die Hälfte der Bevölkerung der Bundesrepublik ausmachten, in ihrer Mehrheit nicht SPD. 61 Prozent der SPD-Wähler waren 1961 evangelischer, nur 32 Prozent katholischer Konfession. Zweitens hatte die katholische Geistlichkeit einen nicht zu unterschätzenden Einfluß auf die Führung der Union. Bei den Koalitionsverhandlungen des Herbstes 1962 stimmten sich die CDU-Unterhändler mit dem Klerus ab. Als die katholische Kirche im Zuge des Zweiten Vatikanischen Konzils ihre strikte Ablehnung der Sozialdemokratie aufgab und sich dem Dialog »mit der modernen Welt« öffnete, begrüßte Wehner dies. Seit 1961 gehörte er einer Kommission des Parteivorstands an, welche die Gespräche mit der katholischen Kirche koordinieren sollte. Allerdings nahm er nicht am ersten offiziellen Besuch hochrangiger SPD-Politiker bei Papst Paul VI. teil. Die Delegation, die ein starkes öffentliches Echo erzielte, wurde vom Fraktionsvorsitzenden Fritz Erler geführt[127].

Große Aufmerksamkeit fand Herbert Wehners Rede in der evangelischen Michaeliskirche in Hamburg zum Thema »Mit der Kirche leben« am 18. Oktober 1964. Die ›Bild‹-Zeitung titelte im Vorfeld: »Das ist ungewöhnlich: Ein prominenter deutscher SPD-Politiker auf der Kanzel der Hamburger St.-Michaelis-Kirche«. Das war nicht ganz richtig. Wehner sprach nicht von der Kanzel, sondern vom Lesepult aus. Gleichwohl: Das Foto des ehemaligen Kommunisten im Michel ging durch die Presse. Dabei hatte Wehner ursprünglich lieber im Gemeindehaus sprechen wollen. Die Veranstalter aber bestanden auf dem Gotteshaus als Ort seiner Rede. So wurde daraus fast eine Predigt, ein Bekenntnis dazu, daß der gläubige Mensch nicht ohne die Kirche leben könne. Am Schluß zitierte er den protestantischen Theologen Karl Barth: »Die Welt emportragen zu Gott/und Gott hinein in die Welt – ein Anwalt der Menschen sein bei Gott/und ein Bote Gottes, der den Frieden zu den/Menschen bringt«[128].

Wehner erhielt nach der Rede zahlreiche Zuschriften. Zustimmung und Ablehnung hielten sich die Waage. Unter den letzteren waren enttäuschte Briefe alter sozialdemokratischer Atheisten, aber auch Vorwürfe, es habe sich um Heuchelei oder Anbiederung gehandelt. Die Briefschreiber konnten nicht wissen, daß Wehner zuerst gar nicht beabsichtigt hatte, ein derart persönliches Bekenntnis zum Christentum und zur Kirche abzugeben. Er hatte dem evangelisch-lutherischen Landesbischof Hans-Otto Wölber fünf Tage vor dem Termin seinen Entwurf zugesandt. Dabei handelte es sich eher um ein Thesenpapier zum Verhältnis von SPD und Kirchen. Der Bischof schrieb zurück, Wehner möge nicht das Programm seiner Partei erläutern, sondern »mehr von persönlichen Gedanken und Überzeugungen« ausgehen. Daraufhin überarbeitete er seinen Vortrag, und heraus kam sein Bekenntnis. Es stellte keineswegs das taktische Manöver dar, als welches es in der Öffentlichkeit teilweise gesehen wurde[129].

Im Wettbewerb

Seit Anfang 1964 setzte Herbert Wehner sich für die Wiederwahl des aus der CDU kommenden Bundespräsidenten Heinrich Lübke ein. Die Öffentlichkeit erfuhr davon, bevor die eigene Partei des Präsidenten sich geäußert bzw. festgelegt hatte. Es gab zwar starke Kräfte in der SPD, die für die Aufstellung eines eigenen Kandidaten waren, aber dieser hätte keine Aussichten auf Erfolg gehabt, weil die CDU in jedem Falle einen Bundespräsidenten aus ihren Reihen wollte und der FDP-Vorsitzende Erich Mende einen von der Sozialdemokratie getragenen Präsidenten in jedem Fall verhindern wollte. Die FDP war aber in keinem Fall bereit, Lübke wiederzuwählen, denn, so Mende: »Wir kennen die Zuneigung des Herrn Bundespräsidenten zu einer schwarz-roten Koalition, seine besondere Protektion der sozialdemokratischen Führung.« Die SPD weigerte sich, den von Mende als Köder gedachten, als linksliberal geltenden FDP-Kandidaten Ewald Bucher zu unterstützen. In der Union gab es zwar Zweifel an Lübkes politischem Format, aber da die SPD darauf verzichtete, einen Sozialdemokraten zu nominieren, gab es für CDU und CSU kaum die Möglichkeit, einen anderen Kandidaten als Lübke zu nominieren[130].

Die SPD-Bundestagsfraktion diskutierte am 3. Juni 1964 über Lübke. Als entschiedene Gegner seiner Wiederwahl traten die Gegner Wehners und einer Großen Koalition, Karl Mommer und Ulrich Lohmar, auf. Sie sprachen sich für den FDP-Kandidaten aus. Herbert Wehner entgegnete zutreffend, die Liberalen wollten mit ihrem Vorschlag nur erreichen, daß die CDU Lübke zurückziehe, um dann einen dem kleinen Koalitionspartner genehmen Unionskandidaten aufzustellen. In der SPD-Fraktionssitzung der Bundesversammlung am 30. Juni 1964 in Berlin war die Diskussion recht lebhaft. Mit deutlicher Mehrheit beschloß die SPD, im ersten Wahlgang für Lübke zu stimmen[131].

Wehner argumentierte, daß es darum gehe, die Neuwahl eines CDU-Kandidaten der gegenwärtigen Koalition zu verhindern. Lübke stehe für Berlin und für den gesamtdeutschen Zusammenhalt. Es sei also eine Entscheidung aus staatspolitischer Verantwortung, ihn wieder zu wählen. Vorhaltungen, daß sein Vorschlag der Absicht entspringe, eine Große Koalition einzufädeln, begegnete er offen: »Wir verhehlen gar nicht, daß wir kein Interesse daran haben, bei der Bundespräsidenten-Wahl eine Art von Besiegelung der Koalition gegen die SPD [herbei] zu führen.« Der Bundespräsident Heinrich Lübke paßte in Wehners Strategie der Gemeinsamkeit mit der Union. Er war der Sozialdemokratie gewogen und stand für den gesamtdeutschen Zusammenhalt. Das überwog die Zweifel an seinen Qualitäten[132].

Wehner führte den Bundestagswahlkampf 1965 unter den Leitthemen »zusammenführen« und »Ausgleich«. Diesmal nahm er sich bei weitem nicht so sehr zurück wie vier Jahre zuvor. Er hatte eine respektable Stellung in der Öffentlichkeit erreicht. Er machte, wie es in der Presse hieß, Wahlkampf auf drei Ebenen: »als Chef der zentralen Wahlkampfleitung im Bonner Erich-Ollenhauer-Haus, als Kandidat im Wahlkreis Hamburg-Harburg-Wilhelmsburg, und als Reisender entlang der Zonengrenze«[133].

Letzteres hing damit zusammen, daß er diesmal der Regierungsmannschaft von Willy Brandt angehörte und dort für die gesamtdeutschen Fragen zuständig war. Der Parteivorsitzende und Kanzlerkandidat hatte ihn auf dem Karlsruher Parteitag im November 1964 »last but not least« als stellvertretenden Vorsitzenden der SPD, Vorsitzenden des Bundestagsausschusses für gesamtdeutsche und Berliner Fragen sowie als Mitglied des Präsidiums des Kuratoriums Unteilbares Deutschland in sein Schattenkabinett berufen. Der Standardsatz in Wehners Wahlkampfreden war: »Es müssen gesamtdeutsche Antworten auf gesamtdeutsche Fragen, die das Leben stellt, gegeben werden.«[134]

Seinen Hamburger Wählern, so schwärmte die ›Bild‹-Zeitung vom »Generalstabschef« der SPD, stelle Wehner sich nach englischem Vorbild. Er knöpfe sich die Wähler einzeln vor: »Wehner auf der Baustelle, Wehner im Krankenhaus, Wehner bei dem Handwerksmeister.« Sein Wahlkreis war von der Sturmflut des Jahres 1962 in besonderem Maße betroffen gewesen. Es hatte dort über hundert Tote gegeben. Er war derjenige im SPD-Parteivorstand, der am Morgen des 17. Februar in Bonn das Ausmaß der Katastrophe am zutreffendsten erkannt hatte. Er drängte die anderen Hamburger Vorstandsmitglieder, sofort mit einer Bundeswehrmaschine in die Elbmetropole zu fliegen. Im Hubschrauber flog er mit Greta über die »Wasserwüste«. Mit geliehenem Auto und Gummistiefeln bahnten sie sich ihren Weg durch Harburg, an toten Kühen, geborstenen Deichen und verwüsteten Häusern vorbei. Im Lagezentrum bei Helmut Schmidt erlebten sie mit, wie der Innensenator in der Krisensituation die Führung übernahm. Wehner lobte Schmidt: »Du warst großartig«, und bot ihm Hilfe an. Nach der Katastrophe bemühte Wehner sich vor Ort um »Wohnungen und Arbeitsplätze, um Deiche und Schöpfwerke und selbst um lokale Verkehrsmittel in Hamburg-Wilhelmsburg«. Im Bundestag setzte er sich für Hilfe an die Opfer ein, selbst wenn es nur um »kleine Schönheitsfehler« ging. Auf seinen Einsatz während und nach der Flut konnte Wehner im Wahlkreis bauen. Zur Bundestagswahl 1965 ging es für ihn in der SPD-Hochburg darum, den Kronanteil von möglichen SPD-Stimmen unter den Nichtwählern zu mobilisieren[135].

Der 59jährige Herbert Wehner wirkte im Wahlkampf gut gelaunt. Anfang September 1965 antwortete er in der Bundespressekonferenz auf die Zwischenfrage, ob die FDP nicht eine Art »Tempomacher« sei: »Höchstens Tempotaschentuch – der Schnupfen ist ein Koalitionsschnupfen.« Er freute sich über die daraufhin ausbrechende Heiterkeit: »Die Lacher waren auf meiner Seite«, schrieb er an Lotte[136].

Am Ende aber lachte wiederum die Union. Sie gewann mit 47,6 Prozent 2,2 Prozent hinzu, während die FDP 3,3 Prozent verlor und 9,5 Prozent erzielte. Die SPD legte um 3,1 auf 39,3 Prozent zu und blieb damit in der Opposition. Die Wahlkampflokomotive Ludwig Erhard hatte gezogen.

Der langjährige Wirtschaftsminister mit frischem CDU-Parteibuch wurde von der Bevölkerung mit den Erfolgen der Währungsreform und der »sozialen Marktwirtschaft« in Verbindung gebracht. Er war im Oktober 1963 auf Konrad Adenauer gefolgt. Vergeblich hatte der am Ende seiner Amtszeit 87jährige Gründungskanzler versucht, den ungeliebten Erhard, den er für das Kanzleramt ungeeignet hielt, zu verhindern. In der Entscheidung für den liberalen Wirtschaftsminister sah Wehner im Frühjahr 1963 eine klare Weichenstellung der Union dafür, die Koalition mit der FDP fortzuführen[137]

Erhard erwies sich, wie Wehner vorausgesagt hatte, als »schwerer Brocken«. Mit voller Wucht gehe »die Propaganda-Walze« durchs Land, berichtete Wehner seiner Frau nach Schweden. Ein »Erhard-Film« werde durch 60 Vorführ-Autos der Firma »Mobilwerbung« in allen Teilen der Bundesrepublik gezeigt – finanziert mit Regierungsgeldern. Die Regierung gab insgesamt 6,5 Milliarden DM für Wahlgeschenke an die Bevölkerung aus[138].

Als Kanzler erwies sich der Wirtschaftsprofessor Erhard jedoch als eher führungsschwach. Er führte die Regierungsgeschäfte im Einklang mit seinen marktwirtschaftlichen Vorstellungen. Das heißt, er verzichtete darauf, konkrete politische Ziele und Programme zu entwickeln, und befleißigte sich der Methode der Nichteinmischung. Erhard war ein Politiker, der die Politik geringschätzte und sich auf keine ausgesprochenen Gefolgsleute stützen konnte, ein Volkskanzler, der von Parteien nichts hielt, ein Wirtschaftsexperte, der sich als Kanzler besonders mit außenpolitischen Themen zu beschäftigen hatte und dabei auf Berater angewiesen war. Dem Kanzler mangelte es außerdem zunehmend an Energie[139].

Nach der Bundestagswahl von 1965 sah es eine Zeitlang so aus, als habe die Lokomotive Erhard den Herausforderer Willy Brandt verschlissen. Der Regierende Bürgermeister jedenfalls verkündete seinen einsamen Entschluß, nicht mehr als Kanzlerkandidat zur Verfügung zu stehen und sich auch nicht in die Niederungen der Bonner Parlamentsarbeit begeben zu wollen, sondern in Berlin zu bleiben. Wehner hätte sich gewünscht, daß Brandt nach Bonn gekommen wäre. Aber, so erklärte Wehner vor dem Parteivorstand, Willy Brandt habe anders entschieden, und er müsse das respektieren. Er war enttäuscht, biß aber die Zähne zusammen. Die Kooperation in der Führungstroika klappte weiterhin gut. Aber es wurden die ersten Haarrisse im Gefüge erkennbar. Brandt hatte Lotte Wehner zu ihrem Geburtstag im August 1965 ein Glückwunschtelegramm geschickt. »Herbert und ich tun, was wir können«, hatte es darin geheißen. Lotte vermißte die Erwähnung von Erler: »Wo bleibt der ›Dritte Mann‹?«[140]

Der Gemeinsamkeitskurs Wehners und der SPD hatte für die Regierung eine schwierige Kehrseite. Auf der Basis der Übereinstimmung in den Lebensfragen der bundesdeutschen Politik konnte die Opposition hervorragend in Wettbewerb zur Regierung treten. Dies galt insbesondere für die Außen- und Deutschlandpolitik. Als es im Übergang von Adenauer zu Erhard zum Streit innerhalb der Union darüber kam, ob die Bundesrepublik sich außenpolitisch stärker an die USA oder an Frankreich anlehnen sollte, geriet die sozialdemokratische Opposition fast in eine Art Schiedsrichterrolle zwischen »Atlantikern« und »Gaullisten«. Am Ende setzten sich die Vertreter der »Atlantischen Gemeinschaft« gegen die unrealistische Position einer kontinentaleuropäisch geprägten deutsch-französischen Union durch[141].

Herbert Wehner sah keine Wahlmöglichkeit, »Amerikaner« oder »Gaullist« zu sein. Bonn könne nur eine vermittelnde, verbindende Rolle zwischen den USA und Frankreich übernehmen, sagte er der Zeitung ›Die Welt‹. Damit war aber klar, daß er nichts von den Avancen des französischen Staatspräsidenten hielt. Gerade als überzeugter Europäer lehnte er ein von nationalen Interessen dominiertes deutsch-französisches Sonderbündnis ab. Er war schon 1962 im Rahmen des Monnet-Komitees massiv für die Erweiterung der EWG um Großbritannien eingetreten. Sein Ziel war die europäische Demokratie mit einem direkt gewählten Parlament. In Anlehnung an das SPD-Programm von 1925 trat er für die »Vereinigten Staaten von Europa« ein[142].

Als 1961 Gerhard Schröder neuer Außenminister geworden war, kam es zu einer Politik des Auf- bzw. Ausbaus von wirtschaftlichen Beziehungen zu den kleineren Ostblockstaaten. Durch die Einrichtung von Handelsmissionen der Bundesrepublik in Polen, Rumänien, Ungarn und Bulgarien sollte die DDR im Warschauer Pakt isoliert werden. In den Jahren 1963 und 1964 kamen die entsprechenden Abkommen zustande; doch die UdSSR durchschaute die Absicht und ergriff Gegenmaßnahmen. Sowjetischer Druck verhinderte den Abschluß eines Handelsabkommens auch mit der Tschechoslowakei. Dieser Versuch Schröders, die deutsche Ostpolitik in Bewegung zu bringen, blieb stecken[143].

Nachdem die Bundesrepublik im Herbst 1955 diplomatische Beziehungen zur Sowjetunion aufgenommen hatte, wurde im Auswärtigen

Amt die nach dem Staatssekretär benannte »Hallstein-Doktrin« entwickelt. Danach wurde die Anerkennung der DDR als »unfreundlicher Akt« gegenüber der Bundesrepublik angesehen. Staaten, welche die Regierung in Ost-Berlin anerkannten, hatten mit dem Abbruch der diplomatischen Beziehungen durch Bonn zu rechnen[144]. So wollte die Bundesregierung die Nichtanerkennung der DDR und ihren Alleinvertretungsanspruch für ganz Deutschland durchsetzen.

Herbert Wehner war nicht doktrinär. Die Nichtanerkennung der DDR war für ihn eine politische Ausgangsposition, aber sie sollte kein Hindernis für Kontakte mit der SED-Führung sein. Diese konkrete Auseinandersetzung mit dem anderen Teil Deutschlands hielt er für nowendig. Ein »mit allem Schmuck eines unversöhnlichen Antikommunismus« ausgestattetes Verhalten bedeute in Wirklichkeit einen »Verzicht auf die Auseinandersetzung in Deutschland«. Die CDU, so meinte Wehner zu Beginn der Regierungszeit Erhards, sei in dieser Frage »in einem für sie wahrscheinlich sehr schmerzlichen Prozeß«. Wehners Ziel seit den fünfziger Jahren war eine innerdeutsche Entspannung. Auf dem Weg dorthin wollte er die Union mitnehmen, so weit es eben ging. Dazu dienten sowohl die Gemeinsamkeit in den Grundpositionen als auch der Druck des Wettbewerbs um die konkrete Ausgestaltung der Deutschlandpolitik[145].

Abgesehen von der Oppositionsarbeit im Bundestag hatten die Sozialdemokraten in Berlin die Möglichkeit zu konkreter Gestaltung durch eigenes Regierungshandeln. Es war zwar »Staatsräson« des West-Berliner Senats, sich auf keinen Fall in einen außen- und deutschlandpolitischen Gegensatz zur Bundesregierung zu bringen, aber es gab doch eigene Handlungsspielräume und Möglichkeiten der Einflußnahme. Diese nutzte Willy Brandt, indem er ab 1963 die »Politik der kleinen Schritte« umsetzte, wie Wehner sie schon in den fünfziger Jahren gefordert hatte. Im Dezember 1963 handelte der mittlerweile aus einer SPD/FDP-Koalition gebildete Senat das erste Passierscheinabkommen aus. Es ermöglichte zum ersten Mal nach dem Bau der Mauer Weihnachtsbesuche von West-Berlinern im Ostteil der Stadt. Die direkte Verhandlung mit Vertretern der DDR-Regierung über eine Hoheitsfrage stellte einen Tabubruch dar, auch wenn Bonn und West-Berlin zum Abschluß der Verhandlungen am 17. Dezember 1963 gemeinsam erklärten, daß mit dem Abkommen keinerlei Änderung der bisherigen Politik der Nichtanerkennung gegenüber dem »Zonenregime« verbunden sei. Wie schon das erste, wurden auch die Passierscheinabkommen der folgenden Jahre mit einer »salvatorischen Klausel« versehen, wonach sich die beiden Seiten nicht über gemeinsame Orts-, Behörden- und Amtsbezeichnungen einigen konnten. Dies nahm die DDR-Regierung jedoch ab 1966 nicht mehr hin, so daß es zu keinen weiteren Abkommen mehr kam. Auch Bundeskanzler Erhard bezog im Grunde genommen gegen die Vereinbarungen Stellung; er bezeichnete sie im Bundestag als »Trojanisches Pferd« der DDR, um die »Dreistaatentheorie« in die Bundesrepublik einzuschleusen. So verfing sich dieser Annäherungsversuch im Widerspruch zwischen der Nichtanerkennungsdoktrin der Bundesrepublik und dem Verlangen der DDR nach Anerkennung ihrer Souveränität[146].

Einer der engsten Berater Willy Brandts, Senatspressechef Egon Bahr, hielt im Juli 1963 eine aufsehenerregende Rede vor dem Politischen Club der Evangelischen Akademie im bayerischen Tutzing. Der deutschlandpolitische Status quo solle überwunden werden, »indem der Status quo zunächst nicht verändert werden soll«. Eine Politik zum »direkten Sturz des Regimes drüben«, so Bahr, sei aussichtslos. Mit Hilfe des Handels und anderer Formen von Kontakten sollten die Lebensbedingungen für die Menschen in der DDR verbessert werden, um damit auch politische Erleichterungen zu erreichen. Die Wiedervereinigung dagegen sei ein außenpolitisches Problem und ausschließlich durch Verhandlungen mit Moskau zu erreichen. Die »Zone« müsse daher »mit Zustimmung der Sowjets transformiert werden«. Bahr brachte diese Politik der »Auflockerung der Grenzen und der Mauer« auf die Formel »Wandel durch Annäherung«[147].

Brandt stimmte mit Bahr im wesentlichen überein – lediglich die Formel selbst fand er mißverständlich, »als schwebe uns eine Annäherung an das kommunistische System vor«. Dies traf nicht zu, und abgesehen von solchen zugespitzten Formulierungen des journalistisch geschulten Redners enthielt Bahrs Diskussionsbeitrag kaum Positionen, die Wehner nicht geläufig waren bzw. von ihm nicht geteilt wurden. Sätze wie »Uns hat es zunächst um die Menschen zu gehen und um die Ausschöpfung jedes denkbaren und verantwortbaren Versuchs, ihre Situation zu erleichtern« hätten auch von ihm selbst stammen können. Dennoch wird Wehner das geflügelte Wort »Bahrer Unsinn« zugeschrieben. Und in der Tat setzte er sich in einem Gespräch mit der ›Welt‹-Redaktion einige Wochen später entschieden von Bahr ab. Es habe sich um dessen private Ansicht gehandelt. Das alles habe nichts mit einer Aufweichung der Haltung der Berliner SPD zu tun. Ein Diskussionsverbot lehnte Wehner dagegen ab. In der Sache stellte er sich dann eindeutig hinter die Berliner Politik der kleinen Schritte. Im Februar 1964 erklärte er: »Wer an die Frage Passierscheine herangeht und nicht daran denkt, daß es darum geht, daß Kinder zu ihren Eltern und Frauen zu ihren Männern können, der betreibt Politik im luftleeren Raum und ohne jede Menschlichkeit.« Und im Herbst 1964 wurde er kategorisch: »Die Formel ›Wandel durch Annäherung‹ ist kein Bestandteil sozialdemokratischer Politik. In der Formel ›Politik der kleinen Schritte‹ steckt viel Nützliches. Obwohl ich auch große Schritte nicht verschmähen würde, wenn sie erfolgversprechend für die Lösung der deutschen Frage sein könnten.«[148]

Die Kritik des stellvertretenden Parteivorsitzenden an Bahrs Thesen hatte nicht zuletzt innenpolitische Gründe. Die CDU versuchte, »Tutzing« zum Angriff auf Willy Brandt zu nutzen. Dagegen verteidigte der von Wehner herausgegebene SPD-Pressedienst am 17. Juli 1963 die »Tutzinger Reden«. Sie seien Diskussionsbeiträge, die Adenauers wiederholte Äußerung, die Bundesrepublik sei bereit, vieles zur Erleichterung der Lage der Menschen in der »Zone« zu tun, konkretisieren sollten. Wehner zielte darauf ab, im Sinne der Gemeinsamkeitspolitik die Konfrontation zwischen SPD und Union zu entschärfen[149].

Ganz ähnlich verhielt er sich Mitte der sechziger Jahre, wenn es um die deutsche Ostgrenze ging. Wehner bemühte sich um ein gutes Verhältnis zu Vertriebenenfunktionären, nahm jedoch gleichzeitig Regierungspolitiker wie Außenminister Schröder gegen Vorwürfe in Schutz, sie seien »Erfüllungspolitiker«. Am 14. Oktober 1965 veröffentlichte die Evangelische Kirche in Deutschland eine Denkschrift über ›Die Lage der Vertriebenen und das Verhältnis des deutschen Volkes zu seinen östlichen Nachbarn‹. Darin stellte die EKD fest, daß die »volle Wiederherstellung alten Besitzstandes« in den Ostgebieten inzwischen unmöglich sei. Deutschland habe dies zu respektieren. Das evangelische Kirchenmitglied Herbert Wehner stellte sich gegen die Denkschrift. Es gebe Grenzen des Verzichts. Den Anspruch der kommunistischen Regierung auf völkerrechtliche Gültigkeit der Oder-

Neiße-Linie wies er weiterhin zurück. Wenn es um einen Friedensvertrag gehe, werde über »Deutschland als Ganzes (in den Grenzen von 1937)« verhandelt werden müssen, wie es 1945 in Potsdam umschrieben worden war. Aber gegen heftige Angriffe des Bundes der Vertriebenen verteidigte er das Anliegen der Kirche, und er rief dazu auf, die »Schranke der Meinungsverschiedenheiten über die Denkschrift« nicht zum Hinderungsgrund für Gespräche zwischen Kirchen, Parteien und Vertriebenen zu machen[150].

Die innenpolitischen Fronten auflockern, gemeinsam nach neuen Wegen suchen und möglichst viele Gruppen von Beteiligten mitnehmen. Auf diese Weise gedachte Wehner, in der Deutschlandpolitik noch in der Opposition die Führung zu übernehmen. Teilweise gelang ihm das, wie die Diskussionen um einen Redneraustausch mit der SED im Frühjahr 1966 zeigen.

Am 7. Februar 1966 richtete der »Erste Sekretär« des Zentralkomitees der SED Walter Ulbricht einen »Offenen Brief« an die Delegierten des Dortmunder Parteitages der SPD, welcher für den Juni geplant war. Die SED erklärte darin, Atomrüstungspolitik, Streben nach einer Notstandsverfassung sowie Grenz- und Gebietsforderungen der »herrschenden Kreise« in der Bundesrepublik machten ihr Sorge. Eine solche Politik blockiere Entspannung und Verständigung. Wenn die beiden »bei weitem stärksten Parteien Deutschlands«, nämlich SED und SPD, nicht miteinander sprächen, werde die deutsche Frage auch in Zukunft blockiert bleiben. Ulbricht forderte daher die SPD zu direkten Gesprächen und zur gemeinsamen Vorbereitung einer »Gesamtdeutschen Beratung« auf. Der Brief wurde am 11. Februar im ›Neuen Deutschland‹ veröffentlicht[151].

Solche »offenen Briefe« der SED an die Sozialdemokratie vor deren Parteitagen waren üblich. Sie dienten im allgemeinen der Propaganda und der Verunsicherung der SPD-Mitgliedschaft. Da die Parteiführung diesen Zweck durchschaute, blieben sie stets unbeantwortet. Sicher führte die SED auch diesmal vor allem propagandistische Zwecke im Schilde. Die deutschlandpolitische Diskussion in der Bundesrepublik war nach Tutzing und der EKD-Denkschrift aufgelokkert, angesichts der sich langsam formierenden Bewegung der Gegner einer Notstandsgesetzgebung reizte es die Kommunisten, Zwietracht in der SPD zu säen oder zumindest im Sinne der alten Taktik einer

»Einheitsfront von unten« einen Keil zwischen Teile der Basis und die Parteispitze zu treiben. Diesmal kam es jedoch anders[152].

Am Tag der Veröffentlichung im ›Neuen Deutschland‹ tagte das Präsidium der SPD. Wehner schlug vor, etwas Neues zu wagen. Er wollte die SED unter Druck setzen, die Antwort der SPD ihrerseits zu veröffentlichen. Dadurch könne die SPD den Vorwurf entkräften, sie fürchte sich vor der direkten Konfrontation mit »Vorschlägen von drüben«. Das Präsidium beschloß, den Brief zu veröffentlichen und zu beantworten[153].

Am nächsten Tag erklärte Herbert Wehner im RIAS, die SPD werde alle an sie gerichteten Fragen beantworten und ihrerseits Fragen stellen, wenn es auch schwerfalle, »über eine mit Stacheldraht und Minen verstärkte Mauer hinweg Fragen zu stellen, während auf Menschen geschossen wird, die nichts anderes tun als der Versteinerung der deutschen Spaltung zu entfliehen«. Wenn dabei die eine oder andere Änderung zum Positiven herauskommen sollte, »so soll es allen recht sein«. Keine Partei dürfe in Deutschland ein Monopol für sich beanspruchen. Das wolle die SPD – und wie stehe es mit der Sozialistischen Einheitspartei?[154]

Am 10. März 1966 schickte Wehner seinen Entwurf für eine Antwort des SPD-Parteivorstands an Brandt. Der überarbeitete Wehners Vorlage, ohne insgesamt ihren Zuschnitt zu ändern, fügte jedoch sieben Fragen der SPD an die SED ein. Dieses Papier, das am 18. März von den SPD-Gremien beschlossen wurde, stellte eine Gemeinschaftsarbeit von Brandt und Wehner dar. Der Brief gipfelte in dem Vorschlag der SPD, als nächstes »die offene Aussprache aller Parteien in allen Teilen Deutschlands einzuleiten«[155].

Wehners Konzept ging auf. Die Antwort der Sozialdemokraten wurde ebenso im ›Neuen Deutschland‹ veröffentlicht wie eine neuerliche offene Antwort der SED. Dies führte dazu, daß das Zentralorgan der Staatspartei an den Kiosken der DDR schon vormittags ausverkauft war. Die SED hatte unter dem 25. März 1966 mit einer langatmigen Propagandaschrift geantwortet, aber auch vorgeschlagen, den direkten Dialog mit dem Austausch von Rednern der Parteiführungen zu beginnen, die jeweils auf Kundgebungen im anderen Teil Deutschlands auftreten sollten. In ihrer zweiten »offenen Antwort«, die erneut von Wehner entworfen wurde, ging die SPD nicht nur voll auf den

SED-Vorschlag ein, sondern sie benannte als Redner für die öffentlichen Veranstaltungen in Karl-Marx-Stadt (Chemnitz) und Hannover Willy Brandt, Fritz Erler und Herbert Wehner[156].

Die Sozialdemokraten sicherten zu, bei den bundesdeutschen Behörden dafür zu sorgen, daß den Rednern der SED bei der Veranstaltung in Hannover keine Schwierigkeiten erwüchsen. Sie benannten Unterhändler. Für die SED wurde es jetzt, das hatte sie nicht erwartet, konkret. Wehner, Brandt und Erler in Chemnitz? Diese Art öffentlicher Auseinandersetzung konnte nur verlorengehen. Es begann ein mehrwöchiges Rückzugsgefecht der DDR-Kommunisten. Die zweite Antwort der SPD wurde schon nicht mehr vollständig abgedruckt. Den Termin für die Auftritte verschob die SED von Mai auf Juli. Bei der Suche nach einem Vorwand für die Absage rückte sie immer mehr die Frage des freien Geleits in den Vordergrund[157].

Die bundesdeutsche Gesetzgebung bedrohte in der Tat seit den fünfziger Jahren die Offiziellen der DDR mit strafrechtlicher Verfolgung. Und so bestanden die Unterhändler der SED auf »Garantien«. Wehner bemühte sich darum. Der Rechtsexperte der SPD-Fraktion, sein Vertrauter Gerhard Jahn, stimmte seine Arbeit an einem entsprechenden Gesetzentwurf eng mit ihm ab[158].

Die regierende Union befand sich in einem Dilemma. Eine ähnliche Einladung der Block-CDU der DDR zu Beratungen hatte sie im März abgelehnt. Bei den Diskussionen zwischen SED und SPD blieb sie außen vor, und gegenüber der Öffentlichkeit mußte sie vermeiden, so Bundeskanzler Erhard, »in den Geruch der kalten Krieger« zu kommen. Der Fraktionsvorsitzende, Rainer Barzel, arbeitete eine Erklärung aus, in der es hieß: »Zum Redneraustausch zwischen SPD und SED begleiten die SPD unsere besten Wünsche.«[159]

Gleichzeitig reagierte die Union empfindlich. Eine Reihe von CDU-Politikern tat der SED den Gefallen, sich gegen das freie Geleit für die DDR-Funktionäre zu stellen. »Für Mord und Mörder wird es nach Meinung der CDU/CSU keinerlei Liberalisierung des Strafverfolgungszwanges geben«, sagte selbst Barzel. Wehner reagierte mit scharfer Kritik. Dem harten Kern bei der CDU warf er Kurzsichtigkeit vor: »Sprechen muß man mit den Machthabern!« Wer sich gegen die Verfolgungsfreiheit stelle, ermögliche den Zeitgewinn, auf den die SED spiele. »Hundert Schwätzer halten keine Patrone auf!« erklärte Wehner der ›Welt‹. »Ob die Herren einreisen können oder nicht einreisen können, entweder will man, daß in ganz Deutschland gehört wird, was in Deutschland los ist, oder man will die armen Leute drüben, die unter deren Gewalt sind, weiter in dieser fatalen Situation lassen!«[160]

Schließlich einigten sich die Fraktionen doch. Am 23. Juni 1966 verabschiedete der Bundestag ein »Gesetz über befristete Freistellung von der deutschen Gerichtsbarkeit«, das außerhalb der Bundesrepublik wohnenden Deutschen freies Geleit zusicherte, wenn es »zur Förderung wichtiger öffentlicher Interessen« geboten sei. Damit hatte die SPD die von der SED geforderten Garantien erreicht. Doch die östliche Seite nannte das Gesetz nun »völkerrechtswidrig annexionistisch« und eine »unerhörte Beleidigung aller Bürger der DDR«. Sie sagte den Redneraustausch ab und teilte mit, Voraussetzung für eine demokratische Politik sei der Verzicht auf die »Alleinvertretungsanmaßung«[161].

Herbert Wehners Maximalziel war gewesen, über den Redneraustausch einige menschliche Erleichterungen im Reiseverkehr zu erreichen. Dies gelang nicht. Aber mit den öffentlichen Diskussionen geriet die Deutschlandpolitik weiter in Bewegung. Im Windschatten der SPD-SED-Verhandlungen trafen sich Ende März Delegationen der FDP und der DDR-LDPD in Bad Homburg. Auch Unionspolitiker meldeten sich um diese Zeit mit unorthodoxen Positionen zu Wort. So meinte Rainer Barzel im Frühsommer, sowjetische Truppen könnten in einem vereinigten Deutschland stationiert bleiben, und Franz Josef Strauß erklärte, er glaube nicht an eine Wiederherstellung des deutschen Nationalstaates[162].

Für Wehner und die SPD blieben zwei strategische Ergebnisse der Diskussionen um den Redneraustausch: Erstens übernahm die Oppositionspartei erstmals die Federführung in der bundesrepublikanischen Deutschlandpolitik. Zweitens eröffnete die SPD ganz offiziell den direkten politischen Dialog zwischen den beiden Seiten im geteilten Deutschland. Nicht die Bundesrepublik verweigerte schließlich dessen Fortsetzung, sondern Ulbricht wich zurück. Die SPD brachte die Deutschlandpolitik aus der Defensive heraus[163].

Herbert Wehner nach über 30 Jahren wieder in Chemnitz, in Sachsen? Er hatte den Versuch ernsthaft betrieben, auch wenn Greta »Bammel« vor der Reise hatte und ihr das Ganze zugleich recht unwahrscheinlich vorkam. Wehner hatte kein Redemanuskript vorbereitet. Er hätte eine echte Diskussion führen wollen. Anstelle des Gesprächs in Chemnitz hielt er am 14. Juli eine Rundfunkansprache. Er drückte darin seine Zuversicht aus, daß es trotz des Ausweichens der SED vor der »öffentlichen direkten Diskussion« möglich sein werde, »die innerdeutschen Beziehungen zu entkrampfen«. Um der Menschen willen komme es darauf an, »Formen und damit auch Rechtsformen zu finden, durch die beide Seiten in Deutschland miteinander verkehren können, obwohl keine Seite die andere Seite als ihresgleichen anerkennt«. Das waren nahezu durchweg Positionen, die Wehner schon seit Anfang der fünfziger Jahre vertreten hatte. Neu war, daß Wehner mit ihnen infolge des Gemeinsamkeitskurses vom Rand ins Zentrum der Deutschlandpolitik gerückt war. Oder, um ein Bild aus dem Radsport zu wählen: Wehner betätigte sich nicht mehr als Ausreißer, sondern er ging in die Spitze des Hauptfeldes und machte dort das Tempo[164].

Verwundet und anerkannt

Die unverbrüchliche Feindschaft der SED blieb Wehner während der gesamten fünfziger und sechziger Jahre erhalten. Anders als die Rechten und Teile der SPD-Linken in der Bundesrepublik erlagen die Kommunisten in der DDR nie der Illusion, Wehner verkörpere so etwas wie den linken, marxistischen Flügel in der SPD. Das ›Neue Deutschland‹ bezeichnete ihn am 16. Oktober 1958 als wildgewordenen Kleinbürger und politischen Manager ohne Perspektive, der Verständigung, Demokratie und Sozialismus Schaden zufüge. In der Evangelischen Akademie in Tutzing habe Wehner sich im Juli zum Monopolkapital, zum Imperialismus und zur NATO bekannt.

Auf dieser Linie bewegte sich auch die Reaktion des SED-Zentralorgans auf seine berühmte Bundestagsrede. Am 16. Juli 1960 machte ›Neues Deutschland‹ mit einem offenen Brief des Zentralkomitees der SED an die Mitglieder, Funktionäre und Freunde der SPD auf. Darin hieß es, der 30. Juni 1960 bedeute die politische Abdankung der SPD zugunsten Adenauers.

Im Bundestagswahlkampf 1961 trat erstmals der hartnäckigste Wehner-Verleumder in der Bundesrepublik gegen ihn auf den Plan, der Pamphleteschreiber Hans Frederik. Der 1906 in Österreich geborene

Autor veröffentlichte das Buch ›Die Kandidaten‹, in dem er der Wählerschaft Einblick in die Parteitaktik der SPD geben wollte. Während er Konrad Adenauer als erfolgreichen und bewährten Mann lobte, nahm Frederik Willy Brandt aufs Korn. Der sei ein »frauenbetörender, wahlkräftiger« Politiker, der sich von seiner deutschen Heimat getrennt habe und Norweger geworden sei. Seine Passagen über Herbert Wehner ließen zunächst Bewunderung durchklingen. Als überzeugter Kommunist habe er alle tragischen Erlebnisse durchgestanden, ohne das Gesicht zu verlieren. Doch Wehner sei immer der »große Taktiker und Organisator des Marxismus« geblieben. Es folgten dann Wiedergaben der kommunistischen Propaganda der fünfziger Jahre, Wehner habe in Schweden deutsche Illegale an die Gestapo verraten und sei britischer Agent gewesen. Schließlich druckte er noch den Briefwechsel zwischen Wehner und dem Abgeordneten Arno Behrisch aus Hof ab, welchen er von Behrisch selbst erhalten hatte[165].

Der linke Emigrant und Ex-Fraktionskollege Behrisch reiste auch mit Frederik nach Stockholm und verschaffte ihm über seine alten Kontakte die Prozeßunterlagen seines ehemaligen Mitgefangenen Wehner. Dieses Material übergab Frederik im Sommer 1963 dem Ostberliner Institut für Marxismus-Leninismus. Auch diesen Kontakt hatte Behrisch für ihn hergestellt. Ulbricht und die SED verfügten jetzt mit Frederik über einen umtriebigen Mitarbeiter im Westen – und über mehr als 400 Seiten Material, das sie gegen Wehner ausschlachten konnten[166].

Die SED verfolgte bei ihren mehrjährigen »Ermittlungen« gegen Herbert Wehner zwei Ziele. Zum einen ging es um die kurzfristige Verwertung in öffentlichen Kampagnen, zum anderen, eher langfristig angelegt, nutzte das Ministerium für Staatssicherheit das Material, um »Anzeigen und Anträge auf Strafverfolgung« gegen Wehner vorzubereiten. Dabei sollte ihm zunächst vor allem zur Last gelegt werden, er habe 1942 bei seinen Aussagen gegenüber der schwedischen Polizei Angaben gemacht, die zu Verhaftungen durch die Gestapo geführt hätten. Dieses Vorhaben ging jedoch schief. Schon Anfang 1963 wurde dem MfS klar, daß nicht Wehner, sondern Mewis damals umfassende Aussagen bei der schwedischen Polizei gemacht hatte. Um das Schußfeld auf Wehner frei zu bekommen, wurde Mewis aus dem Staats- und Ministerrat abberufen und als Botschafter nach Warschau geschickt. Auch Richard Stahlmann verwickelte sich bei seinen Auskünften gegenüber den eigenen Leuten in Widersprüche. Ebenfalls recht unergiebig waren die weiteren »Zeugenaussagen«, die nach eigens geschriebenen Drehbüchern des MfS bis in die Zeit der Großen Koalition hinein eingeholt wurden. Sie ergaben kaum neue Erkenntnisse und bestanden im wesentlichen aus allgemeinen Nachbetereien der vorgegebenen Einschätzungen[167].

Ein Beispiel: Unter den »Zeugen« war Max Seydewitz, der ehemalige SAP-Vorsitzende. 1941 war er in Stockholm Wehner begegnet – Seydewitz war damals schon heimlich zur KPD übergetreten. Nach dem Krieg fungierte er in Sachsen einige Jahre als SED-Ministerpräsident und wurde schließlich Direktor der Dresdner Gemäldegalerie. In seiner Vernehmung am 11. Mai 1967 konnte er keine Angaben über Einzelheiten zu Wehner machen. Aber ihm sei aufgefallen, daß dieser über andere Genossen grundsätzlich »negativ und von einem überheblichen Standpunkt aus« gesprochen habe. Als er dann selbst im Frühsommer 1942 verhaftet worden war, sei ihm kein Vorhalt aufgrund von Aussagen Wehners gemacht worden. Der einzige Ertrag der umfänglichen Vernehmung des sehr gesprächigen Seydewitz war, daß, so vermerkte der verhörende Oberleutnant Kowalewski, der Professor von sich aus den Vorschlag machte, bei einem bevorstehenden Aufenthalt in Schweden weitere Erkundungen über Wehner einzuholen[168].

Bereits am 12. August 1966 hatten die Stasi-Beamten feststellen müssen, das bisher über Wehner gesammelte Material liefere keine Handhabe »zu einem strafrechtlichen Vorgehen gegen ihn«. Alle Ermittlungen hätten »bisher keine direkten Beweise erbracht«, daß aufgrund von Wehners Aussagen Verhaftungen kommunistischer Widerständler erfolgt seien. Dabei sollte es bleiben, auch wenn das MfS weiterhin versuchte, belastende Indizien zu finden. Immerhin legte eine Zusammenstellung der Hauptabteilung IX/11 zur Politik Wehners als »rechter SP-Führer nach 1945« von März 1967 ein strafrechtliches Vorgehen nach § 5 des »Gesetzes zum Schutze des Friedens der DDR« nahe, um »diesen Arbeiterverräter zu treffen und seinen Einfluß in Westdeutschland zu mindern«. Als dokumentarischer Nachweis diente ein Auszug aus einer Rede Wehners vor dem Deutschen Bundestag am 26. April 1951, in welchem er »gegen das Komitee der Kämpfer für den Frieden« gehetzt und zur Verfolgung gegen dieses aufgerufen habe. Der angestrebte Schauprozeß gegen Herbert Wehner wurde jedoch nie geführt[169].

Es fand sich zwar nichts rechtlich Relevantes, aber zur öffentlichen Herabsetzung Wehners reichte das schwedische Material allemal. Möglicherweise aus Anlaß des langen Fernsehinterviews im ZDF mit Günter Gaus in der Reihe »Zur Person« am 8. Januar 1964 startete die SED etwa zur gleichen Zeit eine »Enthüllung« über Herbert Wehner. Dabei handelte es sich um eine regelrechte Kampagne in sämtlichen von der DDR kontrollierten bzw. beeinflußten Medien. Es erschien eine anonyme Dünndruckbroschüre unter dem gleichen Titel wie das Fernsehinterview: ›Zur Person: Herbert Wehner. Notwendige Richtigstellung eines Lebensbildes ...‹, und der DDR-Freiheitssender 904 begann am 23. Januar eine Sendereihe über Herbert Wehners angeblichen Verrat »deutscher und ausländischer Widerstandskämpfer an die schwedische Polizei und die Gestapo während des Krieges«[170].

Hans Frederik hatte nicht nur Kontakte zur »Linken«. Seine Materialien landeten auch bei Franz Josef Strauß, der sich nach der Lektüre von Auszügen des ›Kandidaten‹-Buches notierte, bei der »Neuorientierung« der SPD handele es sich nicht um die Abkehr vom Klassenkampf und von Illusionen über den Kommunismus, sondern um ein »Täuschungsmanöver«. Eine intensive Korrespondenz sowie ein persönliches Gespräch führte Frederik im Frühjahr 1963 mit dem FDP-Vorsitzenden Erich Mende[171].

Ob Frederik als »rechts« oder »links« einzuschätzen ist, ist unerheblich. Der durchgängige Wesenszug seiner käuflichen »Enthüllungen« war die üble Nachrede. Damit kam er zu Anfang der sechziger Jahre zeitweise bei der politischen Rechten an. Dann suchte er neue Geldgeber und fand sie schließlich in der DDR. Sogar bei Wehner selbst klopfte er 1965 an. Er bot ihm Belastungsmaterial über Strauß an, woraufhin Wehner ihm mitteilen ließ, »daß wir uns nur über Anwälte verständigen können und unter keinen Umständen über den Ankauf von Material zum Beispiel über den Herrn Strauß«[172].

Ab Mitte der sechziger Jahre arbeitete Frederik mit Unterstützung des Ministeriums für Staatssicherheit. In seinem »Politischen Informations- und Nachrichtendienst« ›Pinar-Dienst‹, einem meist monatlich erscheinenden Periodikum, verleumdete er unterschiedslos die Spitzenpolitiker der CDU/CSU, SPD und FDP. Dafür interessierte sich auch die rechtsextreme NPD. Anfang 1969 wurde Wehner informiert, daß die rechtsextreme Partei Frederik 25 000 DM für die schwedischen Prozeßmaterialien bezahlt hatte[173].

Frederiks »Hauptwerk« war ein umfangreiches illustriertes Buch über Herbert Wehner, das 1969 erstmals erschien und mehrere Auflagen erreichte. Darin zimmerte er sämtliche im Laufe der Jahre angesammelten Verdrehungen aus schwedischen Gerichtsakten und westlicher wie östlicher Publizistik zu einem Zerrbild Wehners zusammen. Wehner sei ein typischer Apparatschik, »kein Glied einer gewachsenen Gemeinschaft, keine Persönlichkeit mit Toleranz und Humanität«, und, vor allem »kein Demokrat«. Der Titel des Buches, ›Gezeichnet vom Zwielicht seiner Zeit‹, trifft zwar nicht auf dessen Zielscheibe zu, paßt aber hervorragend zum Werk und seinem Autor selbst[174].

Verleumdungen wie diejenigen Frederiks lieferten Vorlagen für Wehner-Feindbilder, und es gab immer wieder politische Gegner, die sich solcher Bilder bedienten, wenn es gerade paßte. CSU-Chef Strauß etwa verfügte über ein 96seitiges Dossier mit dem Titel ›Besondere Fälle in der SPD‹. 17 Seiten davon faßten »Erkenntnisse« über Herbert Wehner zusammen. Fazit der Zusammenstellung war, Wehner stelle ein Führungszentrum zur Unterwanderung der SPD von links dar, mit dem Ziel, sie schließlich zu beherrschen. Das Dossier muß nach dem Bau der Mauer entstanden sein. Die politische Rechte übernahm teilweise unbesehen die kommunistische und aus dem Osten beeinflußte Propaganda gegen Wehner und vermengte sie mit ihren eigenen Feindbildern[175].

Wehner hatte nicht die Zeit, sich persönlich tiefergehend mit den Attacken gegen ihn auseinanderzusetzen. Aber er hatte Hilfe. So beschaffte Günther Nollau, Mitarbeiter im Bundesamt für Verfassungsschutz, Unterlagen über Volksgerichtshofsprozesse. Und Rechtsanwalt Gerhard Jahn, seit 1957 SPD-Bundestagsabgeordneter, besorgte über die schwedischen Sozialdemokraten und einen Stockholmer Rechtsanwalt im Laufe der sechziger Jahre nach und nach die Prozeßakten. Wehner hielt sich mit öffentlichen Kommentaren zu den Verleumdungen gegen ihn zurück. Aber wo es ging, verklagte Jahn Angreifer wie Frederik auf Widerruf und Schadensersatz – meist erfolgreich[176].

Irgend etwas blieb aber immer hängen. Politische Gegner, einige »Parteifreunde« und Journalisten übernahmen gerne Versatzstücke aus den Attacken auf Wehner. Der Verweis auf seine kommunistische Vergangenheit war, so schätzte Wehner es selbst ein, »die bequemste Methode, um einen unbequemen Mann zu treffen«. Eine gezielte Intrige dieser Art war die sogenannte »Heckenschützenaffäre« von 1966[177].

Den Stein ins Rollen brachte am 18. Februar 1966 ein Artikel in der ›Süddeutschen Zeitung‹. Ein der SPD angehörender Bonner Korrespondent der Zeitung, Ulrich Blank, berichtete über ein anonymes Manuskript mit »Enthüllungen« über Wehner, dessen Veröffentlichung die Illustrierte ›Quick‹ abgelehnt hatte. Die übrige Presse nahm den Ball gerne auf. Das Papier sei, so hieß es, von »unzufriedenen Sozialdemokraten« verfaßt worden und enthalte »ätzende Kritik an den angeblich diktatorischen Herrschaftsmethoden des Generalmanagers der SPD, Herbert Wehner«. Willy Brandt setzte sofort eine parteiinterne Untersuchung in Gang. Gerhard Jahn wurde beauftragt, die Mitarbeiter des Parteivorstands nach ihrem Wissen über die Urheberschaft der anonymen Schrift zu befragen. Am 28. Februar nahm Wehner selbst vor der Presse Stellung. Er habe die Untersuchung gegen die »Heckenschützen« nicht veranlaßt, sie gefalle ihm auch nicht besonders, obwohl sie mit bester Absicht vom Parteivorsitzenden veranlaßt worden sei. Ziel der Vorwürfe sei, ihn zu Fall zu bringen. Er forderte seine Kritiker auf, ihre politischen Absichten offenzulegen[178].

Die Wochenzeitung ›Die Zeit‹ machte sich in den folgenden Wochen zum Podium für die öffentliche Debatte über Wehner. So veröffentlichte sie am 4. März eine umfassende Kritik des Abgeordneten Ulrich Lohmar am Wahlkampf 1965 und seiner Auswertung durch Herbert Wehner. Zeitgleich brachte sie neue Thesen des linken Flügels der Berliner SPD zur Deutschland- und Ostpolitik. Der 35jährige Blank freute sich in der ›Süddeutschen Zeitung‹ vom 8. März: Endlich melde sich die junge Generation zu Wort. Viele Anzeichen sprächen dafür, daß »die Reform der scheinbar reformierten Partei« jetzt erst beginne. Drei Tage später ging die ›Zeit‹ noch weiter. Ohne Autorangabe, statt dessen versehen mit drei Sternen, brachte sie »die Anklage der Anti-Wehner-Fronde«. In zahlreichen Leserbriefen ließ das Wochenblatt kontrovers über die Veröffentlichung und über Wehner diskutieren[179].

Das lange Pamphlet in der ›Zeit‹ befaßte sich in weiten Passagen mit der kommunistischen Vergangenheit von Wehner. Insbesondere wurde seine Moskauer Zeit in Zusammenhang mit den stalinistischen Säuberungsaktionen gebracht. Gleichzeitig wurde behauptet, die SPD-Spitze sei durch Wehner nach bolschewistischem Vorbild organisiert worden. Er sei zum allmächtigen Generalsekretär ohne entsprechenden Titel aufgestiegen. Dabei habe Kurt Schumacher noch wenige Wochen vor seinem Tod im kleinsten Kreise gemahnt: »Laßt diesen Mann in dieser Partei nie hochkommen!« Der Ausspruch sei freilich weiterverbreitet worden: »Wer ihn kannte, erinnerte sich unguten Gefühles daran, daß der sterbende Lenin über seinen ungeliebten Nachfolger Stalin fast wortwörtlich das gleiche gesagt hatte.«

Abgesehen von der Perfidie dieses Vergleichs war die angebliche Aussage von Kurt Schumacher nicht beweisbar. Ebensowenig traf die Behauptung zu, Wehner habe den Parteiapparat nach bolschewistischem Vorbild umorganisiert. Brandt stellte sich in einer Erklärung vom 18. März 1966 hinter Herbert Wehner. »An unserer vollen Solidarität wird es weiterhin keinen Zweifel geben.« Es gelang nicht, die SPD-Spitze auseinanderzudividieren[180].

Ebensowenig gelang es, Wehners Stellung in der öffentlichen Meinung zu erschüttern. Dabei war es insbesondere die Springer-Presse, die den stellvertretenden Parteivorsitzenden stützte. So brachte die ›Welt‹ am 12. März ein Interview mit Wehner auf der Titelseite. Die auflagenstarke ›Bild‹-Zeitung bezeichnete die Attacken gegen Wehner als niederträchtige »Verunglimpfungen und Verleumdungen«, die nur »von Eingeweihten aus der SPD-Zentrale in Bonn« stammen könnten. Sie verteidigte ihn: »›Bild‹ ist keine sozialdemokratische, sondern eine unabhängige Zeitung. Aber noch weniger als jede sozialdemokratische Zeitung wird ›Bild‹ zusehen, daß einem Mann übel mitgespielt wird, der sich um unser Land verdient gemacht hat.«[181]

Willy Brandt vermutete richtig, daß weder die Kommunisten noch die politische Rechte hinter den anonymen Attacken auf Wehner steckten. Die Untersuchung durch Jahn brachte allerdings keine Beweise. Die angebliche »SPD-Fronde« gegen Wehner war in Wirklichkeit weitgehend eine Presse-Ente. Erst 1994 gab Adalbert Wiemers, seinerzeit junger Grafiker beim ›Vorwärts‹, zu, daß er das Pamphlet gemeinsam mit dem zur ›Süddeutschen Zeitung‹ gewechselten ehemaligen ›Vorwärts‹-Redakteur Ulrich Blank verfaßt hatte. Für einige Hintergrundinformationen hatten die alten Wehner-Feinde Fritz

Heine und Stephan Thomas sowie der ›Vorwärts‹-Redakteur Carl J. Guggomoos (der allerdings über politische Beziehungen in die DDR verfügte) gesorgt[182].

Dubios war vor allem die Rolle der Medien. Ein politisierender Journalist wie Blank verfaßte selbst das Manifest einer angeblichen innerparteilichen Opposition gegen Wehner, über das er dann als erster in einer seriösen Zeitung berichtete. Ziel der »Heckenschützen« war, eine solche »Opposition« gewissermaßen aus dem Hut zu zaubern. Die Autoren hofften auf den bevorstehenden Dortmunder Parteitag der SPD. Wenn nicht ein Mann von hohem Ansehen aufstehe und sich zum Sprecher der radikal-demokratischen Kräfte der Partei mache, sei Änderung nicht zu erwarten. Willy Brandt, der möglicherweise hierdurch angesprochen werden sollte, machte solchen Hoffnungen einen Strich durch die Rechnung. »Du bräuchtest Dich wirklich nicht so einsam zu fühlen, wie Du es offensichtlich tust«, schrieb er am 11. März 1966 an Wehner. Und Helmut Schmidt, ebenfalls in dem Papier genannt, machte öffentlich klar: Hier handle es sich um den Versuch des Rufmordes. Wenn einer die lockere Organisation der SPD bolschewistisch nenne, »dann müßte Lenin sich im Grabe umdrehen – von Stalin ganz zu schweigen«. Der Apparat der Partei sei gut, er könne aber noch besser werden, wenn er straffer organisiert wäre. Journalisten konnten die Wahrnehmung der Realität beeinflussen. Eine andere Wirklichkeit zu schaffen, gar die SPD zu spalten, gelang ihnen nicht[183].

An Silvester 1965, die »Heckenschützen«-Affäre zeichnete sich gerade erst ab, schrieb Wehner an den CSU-Freiherrn Guttenberg, der ihn davor gewarnt hatte: »Verleumdungshetze gibt es überall.« Er bleibe dabei, sich unter keinen Umständen solcher Mittel zu bedienen. Er habe sogar die Hoffnung, daß es gelingen werde, diese Praxis zu überwinden. Dies gelang nicht. Als Herbert Wehner in der ›Welt‹ Stellung zu den gegen ihn erhobenen Vorwürfen nahm, brachte er seine Zweifel zum Ausdruck, ob die demokratische Ordnung Menschen »meiner Art« die Gelegenheit gebe, ihr zu dienen und sie gegen »autoritäre und totalitäre Gegner sichern zu helfen«. An Resignation habe er allerdings nie gedacht, mitunter aber die Versuchung des »Feierabendmachens« gespürt. Die Angriffe verbitterten und verwundeten ihn. Aber er hielt ihnen stand[184].

In seiner Rede auf dem Dortmunder Parteitag der SPD am 2. Juni 1966 ging Herbert Wehner mit keinem Wort auf das Papier der »Hekkenschützen« ein, aber seine Ausführungen über ›Die SPD in der Bewährung‹ gaben dennoch eine klare Antwort. Die Partei müsse mehr tun für den inneren Ausbau ihrer Organisation. Diese sei kein Selbstzweck, sondern dazu da, Menschen zueinanderzuführen und Ideen an sie heranzubringen. Dabei, so Wehner, »kann, will und soll die SPD keine monolithische Partei sein«, vielmehr müsse sie eine »demokratische, der demokratischen Ordnung verpflichtete Partei sein, an der kommunistische Anzapfungsversuche scheitern«. Mit leninistischen Organisationsvorstellungen hatte das nichts zu tun[185].

Herbert Wehner hatte sich im Laufe seines sechsten Lebensjahrzehnts nach und nach äußerlich verändert. Der vorher drahtige, schlanke Mann von 1,82 Metern war fülliger geworden. Seit Anfang der sechziger Jahre war er Brillenträger. Gesundheitliche Probleme machten ihm zwischendurch zu schaffen. Im Frühjahr 1965 begab er sich zur stationären Behandlung in eine Herz-Spezialklinik. Bei dieser Gelegenheit wurde erstmals ein leichter Diabetes festgestellt. Darum kümmerte er sich aber nicht, so daß die Krankheit anderthalb Jahre später voll ausbrach. Vom 60. Lebensjahr an wurde Herbert Wehner wieder schlank, um nicht zu sagen mager[186].

Besorgniserregender war die Gesundheit seiner Frau Lotte. Im Jahr 1961 erlitt sie ihren dritten Herzinfarkt, monatelange Bettlägerigkeit war die Folge. Zur Erholung war sie dann bis weit in den Herbst in Dänemark. In dieser Zeit entstand das Projekt, dort einen festen Ferienwohnsitz zu erwerben. Ein »ganz kleines Häuschen, nicht viel größer als ein kleines Schrebergartenhaus« auf der dänischen Insel Als wurde ins Auge gefaßt. Doch das Vorhaben scheiterte, weil sich herausstellte, daß der Grunderwerb für Ausländer in Dänemark verboten und keine Baugenehmigung zu bekommen war. Dies kam schwedischen Parteifreunden der Wehners zu Ohren, und sie luden die Familie ein, sich einmal die Insel Öland anzusehen. Dort, auf der Fahrt zwischen den Dörfern Runsten und Glömminge, entdeckte Herbert Wehner ein Schild »Zu verkaufen«. Greta, der das Haus viel zu groß vorkam, wurde zum Nachbarhof geschickt, um sich nach dem Preis zu erkundigen. Es sollte 16 000 Kronen kosten. Die Anzahlung betrug so viel, wie sie gerade angespart hatten, um einen Ersatz für den Opel

Rekord der Familie zu kaufen, nämlich 12 000 Kronen. Zusätzlich nahmen Wehners noch eine Hypothek auf, und von da an, es war 1962, hatten sie wieder ein Zuhause in Schweden[187].

Öland ist eine schmale, langgezogene Insel vor der Südostküste Schwedens. Seit den siebziger Jahren führt von der am Sund gelegenen Stadt Kalmar eine Brücke hinüber; zuvor war die Insel nur aus der Luft oder über eine Fährverbindung erreichbar. Öland hat eine karge, aber reizvolle, dünn besiedelte Landschaft mit Vorzeitsiedlungen, zahlreichen Mühlen, seltenen Vögeln und Pflanzen, im Sommer farbenprächtig blühend. Vor dem Bau der Brücke war die Insel überwiegend bäuerlich geprägt. Wehner gehörte zu den ersten »Sommer-Öländern«, die dort ein Haus kauften – heute lebt Öland vom Tourismus.

Lotte richtete 1963 das »Solhem«, »Sonnenheim«, genannte, weiß gestrichene zweistöckige Holzhaus ein. Von da an verbrachte sie dort regelmäßig die Woche um Ostern, die Zeit von Pfingsten bis zum Ende des Sommers sowie die Tage um Weihnachten und Neujahr herum. Herbert Wehner und Greta kamen, soweit es die knappe Zeit zuließ, zu wesentlich kürzeren Aufenthalten. Die Öländer hießen den deutschen Nachbarn, der gleich ihnen auf seinem Grundstück die schwedische Fahne hißte, willkommen. Insbesondere freuten sich die Schweden, wenn, was öfter geschah, ihr Ministerpräsident Tage Erlander mit seiner Frau Aina, den Wehners freundschaftlich verbunden, zu Besuch vorbeikam. Schweden war für Wehner zur zweiten Heimat geworden, politisch wie auch persönlich. Einem seiner engsten schwedischen Freunde, Botschafter Sven Backlund, sagte er einmal, sogar die Rosen seien in Schweden schöner als in Deutschland. Im Juni 1960, wie so oft zu Gast auf dem Parteitag der schwedischen Sozialdemokraten, hatte Wehner die bevorstehende Abreise bedauert: »Ihr wollt nach Hause fahren. Wir müssen nach Hause fahren – das ist der Unterschied.«[188]

Dabei war kein Urlaub auf Öland ohne Arbeit. Stündlich wurden die Nachrichten des Deutschlandfunks gehört. Die Zeitungen wurden studiert, Briefe geschrieben, Texte entworfen. Im Sommer 1966 war für mehrere Wochen ein deutscher Journalist mit seiner Familie im »Solhem« zu Gast. Es handelte sich um Günter Gaus, der nach seinem einfühlsamen biographischen Fernsehinterview von 1964 nun ein Gesprächsbuch zur aktuellen Politik mit Wehner plante. Die Idee dazu, so erinnerte sich Gaus, sei von Wehner selbst gekommen.

Dem aufmerksamen Beobachter fiel die einfache Einrichtung der Wehnerschen Wohnungen in Bonn und auf Öland mit hellen Möbeln, kargem Treppenhaus und schlichter Ausstattung auf. Er deutete sie als eine eigene Lebensart, gespeist aus »Siedler- und Reformhausbewegung der zwanziger Jahre« und der »Kultur einer Arbeiterklasse«, die auf der selbstbewußten Überzeugung gewachsen war: »Bildung macht frei« und eben nicht nach kleinbürgerlicher Art gesellschaftlich höhere Stände kopieren wollte. Vormittags arbeiteten Wehner und Gaus an dem Gesprächsbuch, wobei der Politiker durchaus temperamentvoll laut werden konnte. Früh nachmittags fuhr die Familie mit ihren Gästen an die Ostsee, schwimmen. Wehner und Greta badeten bei jeder Temperatur, Lotte, mit Hut gegen Sonne und Wind geschützt, sah zu. Gaus erinnerte sich an Gesprächsthemen Wehners: »Er zählte gern die Brotsorten auf, die es in seiner Kindheit gegeben hatte, beschrieb ihre Rinden, glasiert oder rauh oder etwas mit Mehl bestäubt; und er warf die für ihn gänzlich theoretisch gewordene Frage auf, ob die Weihnachtsstollen seiner Heimatstadt Dresden als Vierpfünder oder als Achtpfünder wohlschmeckender seien.« Das »einfache Leben« wie in Wiecherts Buch, das er ein Vierteljahrhundert zuvor in Schweden entdeckt hatte – auf Öland fand Wehner es, zumindest zeitweise[189].

Die Liebe zu Skandinavien teilte Herbert Wehner mit Willy Brandt, der seinen Urlaub meist im norwegischen Hamar verbrachte. Zu gegenseitigen Besuchen kam es allerdings selten, nur einmal besuchten Brandts die Wehners auf Öland. Es fehlte die Zeit, und Lotte konnte, wie Wehner bedauerte, aufgrund ihrer gesundheitlichen Schwäche »so gar nicht unternehmungslustig« sein[190].

Am Sonntag, den 10. Juli 1966 war Landtagswahl in Nordrhein-Westfalen. Es wurde ein Erdrutschsieg, der Durchbruch zur stärksten Partei im größten Bundesland. Die SPD mit Spitzenkandidat Heinz Kühn steigerte sich auf 49,5 Prozent und holte 99 von 200 Mandaten. Am Tag darauf war Herbert Wehners 60. Geburtstag. Der Parteivorstand der SPD ehrte ihn mit einem Empfang in der Bad Godesberger Redoute. Über 500 Gäste kamen, darunter neben der SPD-Spitze und zahlreichen Abgeordneten mehrere Minister, Vizekanzler Erich Mende und der CDU/CSU-Fraktionsvorsitzende Rainer Barzel. Bundesinnenminister Paul Lücke überreichte das Große Verdienstkreuz mit

Stern und Schulterband. Etwa ein Drittel der Gäste schenkte, so beobachtete ein Korrespondent, Tabak und Pfeifen. »Eine ganze Kompanie hätte man damit unter Dampf setzen können.« Der Parteivorstand der SPD schenkte Wehner einen Fernsehapparat. Zuvor hatte er kein solches Gerät besessen, und auch dieses ließ er zunächst ungenutzt stehen. In der zweiten Hälfte der sechziger Jahre schaffte die Familie eine Geschirrspülmaschine an, die gleich in Betrieb genommen wurde. Wehners waren nicht technikfeindlich, sie dachten praktisch[191].

Die einzige Gratulationsrede hielt Willy Brandt. In seiner Stegreifansprache freute sich der Parteivorsitzende über die Genugtuung, die Wehner nun zuteil werde – »nach einem langen Weg, der ein schwerer war«. Bei diesen Worten traten Wehner Tränen in die Augen, Lotte Wehner weinte, und auch Brandts Augen röteten sich. In seinen Dankworten meinte Wehner: »Mich bedrückt es mitnichten, daß ich 60 Jahre alt geworden bin. Ich erlebe es mit Heiterkeit, wenn man es auch der äußeren Kruste nicht ansieht.« Er fügte hinzu, er wäre froh, wenn er »nur noch für wenige unbequem« sein könnte. Das Fehlen von Konrad Adenauer unter den Gratulanten nahm Wehner mit Humor. In privater Runde darauf angesprochen, entschuldigte er den Altbundeskanzler: »Für ihn sind 60 Jahre noch kein Alter.« Als einer der Gäste ihn witzelnd fragte: »Wie haben Sie das geschafft, Ihren Geburtstag auf den Tag nach dieser gewonnenen Wahl zu legen?« antwortete er mit einem seiner Standards: »Das ist alles Taktik. Wenn ich einmal auf der Bahre liege, werden die Leute auch noch sagen, das war Taktik.«[192]

Einige Tage zuvor hatte Willy Brandt Wehner einfühlsam im ›Vorwärts‹ porträtiert. Er beschrieb ihn als eigenwilligen, aber nicht eigenbrötlerischen Mann, der als Mensch, »Pflichtmensch«, als Redner und Parlamentarier ganz unverwechselbar sei, ein aufgeschlossener Gesprächspartner, geistig anspruchsvoll und Anwalt geplagter Mitmenschen. Wehner habe in den 20 Jahren seit 1946 die moderne Entwicklung der SPD entscheidend mitgeprägt. Es gebe zwar noch immer das »Zerrbild von einem geheimnisvollen Machtmenschen und Apparatlenker«, aber mittlerweile werde er als Idealist anerkannt und geachtet. Brandt stellte fest: »Die öffentliche Meinung sieht heute ein anderes Wehner-Bild als noch vor einigen Jahren. Leute, die ihn früher schmähten und verdächtigten, bescheinigen ihm jetzt seine unbestreitbaren staatsmännischen Eigenschaften.«[193]

So war es in der Tat. Georg Schröder, der ihn noch 1958 als radikalen Marxisten bezeichnet hatte, schrieb in der ›Welt‹ über den »Mann, der von ganz links kam«, er sei, »was immer man gegen oder für ihn sagt, ein deutscher Patriot von staatsmännischen Qualitäten«. Jürgen Tern meinte in der ›Frankfurter Allgemeinen‹, Wehners Schärfe und seine Ungeduld bescherten ihm weiterhin nachtragende Feinde, aber diejenigen, die ihn als etablierte Respektsperson bewunderten und bestaunten, seien mittlerweile eine stattliche Schar. Die ›Bonner Rundschau‹ sprach vom Image eines Rauhbeins, das aber gleichzeitig überaus empfindlich und verletzlich wirke[194].

Die Anerkennung Wehners als Staatsmann stand zugleich für die Anerkennung der Sozialdemokratie als respektable, etablierte, regierungsfähige politische Partei. Wehner und die SPD waren in der Bonner Republik ohne Abstriche gesellschaftsfähig geworden. Das war das Ergebnis ihres offensiven Gemeinsamkeitskurses[195].

Die Geburtstagsgeschenke wurden zunächst im Parteivorstand untergebracht, denn nach der Feier reiste die Familie Wehner alsbald in den Sommerurlaub auf die schwedische Insel Öland ab. Nach den Ferien bezogen sie dann ein eigenes Haus in Bonn, ein bescheidenes Reihenhaus in einer für Beamte gebauten Siedlung auf dem Heiderhof in Bad Godesberg.

Er nenne sich sehr ungern einen Politiker, bekannte Wehner in einem Vortrag vor jungen Christen in Wuppertal. Gleichwohl bleibt richtig, was die ›Bonner Rundschau‹ zu seinem 60. Geburtstag über ihn schrieb: »Alles in ihm drängt zum politischen Gestalten, zur Anwendung staatlicher Macht. Niemand weiß, wie lange er noch in der Opposition auf seine Stunde warten muß.« Die Stunde kam im Herbst[196].

Regierung

Machtverschiebung

Trotz seines überzeugenden Wahlsiegs vom September 1965 verspielte Ludwig Erhard seine Kanzlerschaft binnen eines Jahres.

In der Außen- und Deutschlandpolitik fand seine Regierung nicht den rechten Kurs angesichts einer weltpolitischen Lage, in der zunehmend das Bedürfnis nach einer Entspannung des Ost-West-Konflikts Raum gewann. Immerhin raffte sich die Bundesregierung unter amerikanischem Druck und unter Beteiligung der sozialdemokratischen Führung zu ihrer Friedensnote vom 25. März 1966 auf. Diese wurde an alle Regierungen in der Welt gesandt, mit denen die Bundesrepublik diplomatische Beziehungen unterhielt. Erhard bekannte sich darin zu einer ausschließlich friedlichen Politik für die Wiedervereinigung und zur »weltweiten allgemeinen und kontrollierten Abrüstung«. Er schlug vor, auch mit den osteuropäischen Regierungen Gewaltverzichtserklärungen auszutauschen.

Herbert Wehner antwortete im Bundestag für die SPD. Er begrüßte die Note und sagte die Unterstützung der Sozialdemokraten zu. Wehner ließ nur den Hauch einer Kritik an Erhard spüren. Er betonte, die Regierung dürfe sich nicht von einem zunächst enttäuschenden Echo auf die Note oder durch »dialektische Gegenzüge« entmutigen und von weiteren Bemühungen abschrecken lassen. Auf seine kurze Rede folgte »allseitiger Beifall«. Aus Osteuropa und der DDR hagelte es in den Wochen danach ablehnende Stellungnahmen, weil, so die polnische Regierung, die Bundesrepublik auf dem Fortbestehen der Grenzen von 1937 bestehe und die DDR absorbieren wolle. Die Entspannungspolitik der Erhard-Regierung fuhr sich an der Anerkennungsfrage fest[1].

Wehner hielt die deutschlandpolitischen Gehversuche der Bundesregierung für bescheidene Ansätze. Inhaltlich war er weiter, blieb aber auf dem Boden der Gemeinsamkeit. Er sah keine Alternativen zum Kampf der SPD um die Übereinstimmung in den lebenswichtigen Fragen. Kategorisch beschied er im Sommer 1966 seinen Interviewpartner Günter Gaus: »Es wäre lächerlich, einer politischen Partei von der Entwicklung und von der Größe und von der Bedeutung der Sozialdemokratischen Partei zuzumuten, sie solle die Rolle eines Rufers in der Wüste übernehmen. Punkt.« Dies schloß die Möglichkeit von Experimenten auf Feldern der Deutschlandpolitik ein, welche die Frage der diplomatischen Anerkennung der DDR nicht berührten oder allenfalls streiften. So in der Diskussion um den »Redneraustausch« zwischen SPD und SED sowie in der Debatte um eine deutsche Wirtschaftsgemeinschaft, welche im Herbst 1966 losgetreten wurde[2].

Am 12. Oktober veröffentlichte die Zeitschrift ›Deutsches Panorama‹ einen Vorabdruck aus dem für November geplanten Gesprächsbuch Herbert Wehners mit Günter Gaus. Es handelte sich um Passagen, in denen Wehner den Gedanken einer »Deutschen Wirtschaftsgemeinschaft oder auch eines Deutschen Bundes« aufgebracht hatte. Sie wurden ohne vorherige inhaltliche Abstimmung mit Wehner abgedruckt. Die CDU/CSU-Fraktion reagierte unmittelbar mit scharfer Ablehnung. Der Abgeordnete Ernst Majonica sprach von einem »Pakt mit dem Teufel«. Die Bundesregierung ließ ihren Pressesprecher die Vorschläge Wehners verurteilen. Dies war dem Vorsitzenden der Unionsfraktion, Rainer Barzel, wiederum »nicht hart genug«. An den folgenden Tagen beherrschte die Debatte um Wehner die Schlagzeilen der deutschen Presse[3].

Die öffentliche Diskussion, die keineswegs Herbert Wehner »vom Zaun« gebrochen hatte, ging klar zu seinen Gunsten aus. Sein Parteivorsitzender Willy Brandt stellte sich hinter ihn: Er verdiene »Anerkennung und keine Anrempeleien«. Deutliche Unterstützung kam von Wilhelm Wolfgang Schütz aus dem Kuratorium Unteilbares Deutschland. Auch der ehemalige Bundesminister für gesamtdeutsche Fragen, Ernst Lemmer (CDU), verteidigte Wehners Motive. FDP-Chef Erich Mende fuhr einen Zickzackkurs. Er weigerte sich zunächst, in den Chor der Kritiker einzustimmen, um die Initiative Wehners dann plötzlich doch abzulehnen, sie aber gleichzeitig »grundsätzlich« zu begrüßen. Der Deutschlandfunk-Kommentator Karl Donat mutmaßte gar, aus der Debatte über Wehners Gedanken könne »ein politisches Stalingrad der Union« werden. Dazu kam es jedoch nicht. Zwar zerfiel die Regierung Erhard in den folgenden Tagen und Wochen mit rasanter Geschwindigkeit, aber ihre Katastrophe vollzog sich auf dem Gebiet der Innenpolitik[4].

Schon die Debatten über die Regierungserklärung von Ludwig Erhard im Herbst 1965 hatten die Regierung in die Defensive gebracht. Mit ihren Wahlgeschenken und Ankündigungen hatte die Koalition sich übernommen. Sie konnte ihre Versprechen nicht halten und mußte ein Haushaltssicherungsgesetz einbringen.

Seine Rede im Bundestag am 2. Dezember 1965 begann Herbert Wehner mit harten Vorwürfen an die Adresse der Regierung, die sich sogar über Grundgesetzbestimmungen hinwegzusetzen versuche. Nach Zwischenrufen der CDU/CSU, die ihm »verkniffene Verbissenheit« vorwarfen, wurde Wehner versöhnlicher. Es sei Aufgabe der Opposition, mit ihren Forderungen dem Wohle des Volkes zu dienen und Schaden von ihm abzuwenden. Er stellte fest: »Das ist unser gemeinsamer Staat, und niemand drängt uns wieder an den Rand dieses Staates oder gar aus diesem Staat hinaus.« Er meinte: »Wir brauchen innere Verhältnisse – und das wird in diesen Jahren recht schwierig werden –, auf denen wir fest und sicher stehen können.« Wehner hob die Gemeinsamkeiten zwischen Regierung und Opposition in der Außen- und Deutschlandpolitik hervor. Er machte klar, daß nicht Teile der Regierung sich ihre Mehrheit von Fall zu Fall bei der SPD-Opposition besorgen könnten. Es sei die Sache der Regierung, mit den Problemen fertig zu werden: »Unsere Sache ist es, Ihnen die Chance zu geben, sich nicht auf uns berufen zu müssen. Tun Sie bitte, was Sie vermögen.«

Ganz anders als nach der Rede vom 30. Juni 1960 war diesmal der Sprecher der Union für seinen Gegenspieler des Lobes voll. Auf Wehner antwortete Rainer Barzel. »Was so polemisch begann, ist dann noch eine große Rede und eine große Stunde für das ganze Haus geworden«, sagte er. Die »Kooperation aller in den großen Fragen« sei, »Herr Kollege Wehner, auch vor dem Hintergrund Ihrer bedeutenden Rede« notwendig[5].

In der Presse war an den folgenden Tagen von einem kaum verhüllten Koalitionsangebot Wehners an die CDU und einer »Koalition des Augenzwinkerns« mit Barzel und Strauß die Rede. Anders sah es die

FDP. Ihr Fraktionsvorsitzender Knut Freiherr von Kühlmann-Stumm wähnte die Freidemokraten durch Wehner unfair als »kapitalistische Partei« verketzert. Fritz Erler, der SPD-Fraktionsvorsitzende, hatte die Debatte abgeschlossen. Er unterstrich die positive Haltung der Opposition: »Wir haben das Grundgesetz mitgeschaffen. Wir tragen diesen Staat mit.«[6]

Wenige Wochen später erkrankte Erler schwer. Im März 1966 nahm er noch einmal die Arbeit als Fraktionsvorsitzender auf. Im Spätsommer wurde klar, daß er an einer tödlichen Krankheit litt. Herbert Wehner spürte, wie Erler-Biograph Hartmut Soell schreibt, wohl als erster die Gefährlichkeit der Krankheit, besuchte ihn häufig am Krankenbett und informierte ihn auch brieflich umfassend über die politische Entwicklung. Wehner war von nun an amtierender Vorsitzender der SPD-Bundestagsfraktion. Die Sitzungen eröffnete er meist mit einem knappen Bericht über das Befinden und mit Grüßen Erlers, die von der Fraktion mit Genesungswünschen beantwortet wurden. Am 22. Februar 1967 starb Fritz Erler, im Alter von 53 Jahren. Zu diesem Zeitpunkt war die Große Koalition bereits fast drei Monate im Amt. Erler hatte gleichberechtigt mit Wehner und Brandt in der Führung gestanden. Gemeinsam mit seinen Kollegen in der Troika hatte er Partei und Fraktion regierungsfähig gemacht. Darum, daß es kaum zu Rivalitäten zwischen diesen dreien gekommen war, hatte sich besonders Wehner bemüht. Es erwies sich als Glücksfall, daß 1965 mit dem knapp 47jährigen Helmut Schmidt nicht nur ein versierter Innen- und Wirtschaftspolitiker, sondern auch ein Verteidigungsexperte und Außenpolitiker in den Bundestag zurückgekehrt war, der das Führungstrio gleich wieder komplettieren konnte. Schmidt selbst führte seine Rückkehr nach Bonn darauf zurück, daß Wehner ihn 1965 in seiner Hamburger Wohnung in einem mehrstündigen Gespräch unter vier Augen davon überzeugt hatte[7].

Ludwig Erhard wurde im ganzen Jahr 1966 die Diskussion über seine Politik, sein Kabinett, seine Koalition und vor allem über seine Person nicht los. Die Kritiker kamen nicht nur aus den Reihen der Medien oder der Opposition, sondern gerade einflußreiche Persönlichkeiten aus Regierung und Union wie Adenauer, Strauß, Guttenberg, Lücke und der damals schon aufstrebende Helmut Kohl waren es, die am Stuhl des als Kanzler schwachen Erhard sägten. Herbert

Wehner jedenfalls sagte im Frühsommer 1966 zu Guttenberg, daß es »im Herbst durchs Dach regnen« werde[8].

Der Freiherr hielt nach den Koalitionsverhandlungen von 1962 den Kontakt zu Wehner. Dabei blieb auch Wohnungsbauminister Paul Lücke, der in der Einführung des Mehrheitswahlrechts und damit eines Zweiparteiensystems nach britischem Vorbild geradezu seine politische Lebensaufgabe sah. Im Jahr 1963 kam ein dritter Verbündeter hinzu. Johannes Schauff, Rheinländer, christlicher Konservativer, 1902 geboren, nach 1933 emigriert und als Siedler in Brasilien tätig, wohnte nach dem Zweiten Weltkrieg in Rom. Der katholische Weltenbummler spielte eine wichtige Rolle in der internationalen Flüchtlingspolitik des Vatikan. Schauff war als Angehöriger des Republikanischen Studentenbunds bereits 1925 in Leipzig Herbert Wehner begegnet. Christliche Republikaner und sozialistische Anarchisten suchten damals unter dem Eindruck der Wahl des Monarchisten Hindenburg zum Reichspräsidenten nach Verbindendem, was zwar intellektuell anregend, letztlich jedoch vergeblich war. Schauff kannte den baden-württembergischen Ministerpräsidenten Kurt Georg Kiesinger seit den dreißiger Jahren. Herbert Wehner war er im März 1963 auf einer Tagung der Katholischen Akademie München wiederbegegnet, in der es vor allem um die Einführung des Mehrheitswahlrechtes ging. Diese war auch Thema eines Treffens auf Guttenbergs Weingut »Reichsrat von Buhl« am 24. Juli 1965. Teilnehmer waren auf katholisch-konservativer Seite Lücke, Guttenberg und Schauff, auf sozialdemokratischer Seite Herbert Wehner und der katholische Vorsitzende der IG Bau, Steine, Erden und SPD-Bundestagsabgeordnete Georg Leber. Das Treffen war ein weiterer Schritt auf dem Weg zur Großen Koalition.[9]

Seit Herbst 1965 kam es zu wirtschafts- und finanzpolitischen Schwierigkeiten. Konkurse und Kurzarbeit in einigen Betrieben ließen trotz Vollbeschäftigung im Frühjahr 1966 allgemeine Krisenstimmung entstehen. Die Bergarbeiter im Ruhrgebiet sahen ihre Arbeitsplätze durch Zechenstillegungen bedroht. Katholische und evangelische Geistliche marschierten hinter schwarzen Fahnen an der Spitze von Demonstrationszügen. Am 6. Juli 1966 beschimpften sich Kanzler Erhard und aufgebrachte Gegendemonstranten auf einer Wahlveranstaltung in Gelsenkirchen gegenseitig. Die Stimmung war auf dem Tiefpunkt. Die Appelle des wirtschaftsliberalen Bundeskanzlers zum »Maß halten« wirkten angesichts der Strukturkrise hilflos. Erhard hatte die nordrhein-westfälische Landtagswahl zum Testfall erklärt, und er fiel durch. Gerade die katholischen Arbeitnehmer, die Landbevölkerung und die Frauen wechselten in Massen zur SPD[10].

Die Arbeitslosigkeit stieg von etwa 100 000 im September 1966 auf 370 000 im Dezember, dann im Januar und Februar sprunghaft auf über 670 000, um bis Juni 1967 allmählich wieder auf 400 000 zu sinken. Die Bundesrepublik erlebte die »erste scharfe Wirtschaftskrise seit ihrem Bestehen«. Aus heutiger Sicht erscheinen die genannten Zahlen harmlos, aber die Bevölkerung war an stetige Zuwachsraten und Vollbeschäftigung gewöhnt. Franz Josef Strauß kennzeichnete die Situation am 12. September 1966 in der CDU/CSU-Bundestagsfraktion mit den »5 Us«: »Ungewißheit, Unsicherheit, Unbehagen, Unruhe und potentielle Unzufriedenheit«[11].

Am 15. September trat der 72jährige Kanzleramtschef Ludger Westrick zurück. Am 5. Oktober verstärkte Wehner die Wirkung einer Rede von Helmut Schmidt im Bundestag mit Zwischenrufen. Zum Zustand der Regierungskoalition warf er ein: »Sie fault in sich zusammen!« Er forderte: »Die Hosen herunter!« Die Regierung konnte sich nicht einigen, wie das durch die Rezession entstandene Loch im Bundeshaushalt gestopft werden sollte: durch Sparmaßnahmen, wie die FDP sie forderte, oder auch mit Steuererhöhungen, wofür die Union sich aussprach. Als die FDP-Position im Bundeskabinett überstimmt wurde, bewegte die liberale Bundestagsfraktion ihre Minister am 27. Oktober 1966 zum Rücktritt. Ludwig Erhard kündigte an, mit einem Minderheitskabinett weiter zu regieren, aber angesichts der verbreiteten Kritik aus den eigenen Reihen war dies unrealistisch. Schon eine Fernsehdiskussion am selben Abend im ZDF, »Journalisten fragen«, an der Herbert Wehner, CDU-Geschäftsführer Bruno Heck und der stellvertretende FDP-Fraktionsvorsitzende Siegfried Zoglmann teilnahmen, machte deutlich, worum es auf Seiten der CDU/CSU schon seit Wochen ging: im Zuge der Regierungskrise den Kanzler Erhard durch einen anderen Politiker zu ersetzen[12].

Herbert Wehner war auf der Fraktionssitzung am selben Tage mit 148 von 156 abgegebenen Stimmen als stellvertretender Vorsitzender bestätigt worden. Als amtierender Vorsitzender hatte er die Abgeordneten sodann über die entstandene Lage informiert. Unter dem Beifall der Fraktion erklärte er, die SPD stehe nur auf der Grundlage der Erörterung von Sachfragen für Gespräche über Regierungsbildungen zur Verfügung. Die gegenwärtige Krise sei eine Führungskrise der CDU/CSU, und da diese nicht mutig und anständig genug sei, das Problem des Kanzlerwechsels auf saubere Weise zu lösen, übertrage sie ihre eigene Parteikrise auf den Staat. Die SPD werde sich in einem solchen Spiel nicht mißbrauchen lassen. In seinen Diskussionsbeiträgen in der abendlichen ZDF-Runde wurde klar, daß Wehner auf jeden Fall die Wiederholung von 1961 und 1962 vermeiden wollte, als die SPD im Ergebnis von der CDU benutzt worden war, um den kleinen Koalitionspartner gefügig zu machen. Nur nach sorgfältiger Prüfung, wenn ihr klar sei, daß es sich um ernstgemeinte Gespräche handele, werde die SPD in Verhandlungen eintreten[13].

Langfristig angelegte Verbindungen und Vorbereitungen Wehners machten sich jetzt bezahlt. Im September und Oktober traf er sich mehrfach mit Lücke und Guttenberg, im Terminkalender finden sich aber auch die Namen von FDP-Politikern wie Mende, Weyer und Scheel. Strauß und Guttenberg schworen den CSU-Vorstand schon am 7. Oktober 1966 auf den Sturz Erhards ein. Heinrich Krone empfahl dem Bundespräsidenten, auf eine Große Koalition hinzuwirken. Lübke, ermuntert durch Lücke, drängte Erhard noch am Abend des 27. Oktober zum Rücktritt. Der Kanzler sträubte sich, und die Diadochen zögerten, sich in den Kampf zu begeben. Da nahm Wehner das Heft des Handelns in die Hand. Am 28. Oktober beriet er sich mit Helmut Schmidt. Am nächsten Tag besuchte er Fritz Erler. Am 30. flog er nach Berlin. Dort verabredete er mit Willy Brandt das weitere Vorgehen im Bundestag, nämlich einen »Antrag zu Art. 68« zu stellen, das heißt den Bundeskanzler aufzufordern, die Vertrauensfrage zu stellen. Würde Erhard dem entsprechen und dann keine Mehrheit bekommen, könnte Bundespräsident Lübke das Parlament auflösen und Neuwahlen ansetzen. Diese wollte die CDU/CSU aber unbedingt vermeiden, und so war der Sinn des SPD-Antrags ein anderer: Die Union sollte unter Zugzwang gesetzt werden, endlich Schritte zur Bildung einer neuen Regierung zu unternehmen.

Wehner informierte den Parteivorsitzenden auch ausführlich über seine Gespräche mit Lücke, Guttenberg und Schauff. In einem Schreiben an Brandt vom 31. Oktober chiffrierte er die Namen seiner Gesprächspartner. Da schätzte er auch die Positionen und Chancen möglicher Kanzlerkandidaten der Union ein. Der »Ölige«, Rainer Barzel, sei der »aktivste, zielstrebigste unter allen, abgesehen von dem Mann, der über die eigene Parteihausmacht verfügt«, Strauß also. Der forsch ins Kanzleramt strebende Barzel begegne im eigenen Lager zunehmender Distanzierung. Der »kleine Präsident«, gemeint war wohl Eugen Gerstenmaier, werde, so war aus der Union zu vernehmen, von sich aus nichts wagen. Ebenso wußte Wehner zu diesem Zeitpunkt schon, daß der »Kieselstein«, Kurt Georg Kiesinger, als ernstzunehmender Nachfolgekandidat für Erhard im Gespräch war.

Schauff vermittelte in den folgenden Tagen und Wochen sowohl zwischen Kiesinger und Wehner als auch zwischen dem »sozusagen engeren Kern« der CDU und Wehner. Dieser meinte zu Schauff, er könne überhaupt nicht begreifen, wieso seine Gesprächspartner in der Union nicht handelten, und er ließ ihn fragen, »ob sie wollten, daß ich demnächst, zum Beispiel in der Woche, die am 7. November beginnt, ganz unkonventionell meine Meinung über die Lage sagen soll, die Deutschland heute erlebt«. Offenkundig hatte Wehner in Berlin mit Brandt Übereinstimmung darüber erzielt, daß es für die SPD darum ging, die Union von einer Neuauflage der Koalition mit der FDP abzubringen und statt dessen eine Große Koalition anzustreben. Zumindest gab Brandt Wehner freie Hand, die Sache in diesem Sinne zu betreiben[14].

Dabei sahen die Dinge für manche im zweiten Führungszentrum der SPD in Berlin anders aus als in Bonn. Brandt regierte seit Anfang der sechziger Jahre stabil mit der FDP. Neue Schritte in der Deutschlandpolitik waren, so zeigten die Erfahrungen mit den Passierscheinabkommen, mit den Liberalen leichter zu machen als mit der störrischen CDU. Gegenüber einer Großen Koalition zog zumindest die Umgebung von Brandt eine Regierungsbildung mit der FDP vor. Mit 251 zu 245 Stimmen wäre die Mehrheit im Bundestag aber sehr knapp gewesen. Im übrigen hatte man es – anders als in Berlin – bei den Freidemokraten im Bonner Parlament mit äußerst unsicheren Kantonisten zu tun. Im Gespräch mit Wehner war dies für Brandt offenkundig klar. Aber während der Fraktionsführer und stellvertretende Parteivorsitzende in Bonn die entscheidenden vorbereitenden Gespräche führte, war der Regierende Bürgermeister und Parteivorsitzende, zwischendurch auch noch erkrankt, meist in Berlin[15].

Herbert Wehner ging es zu dieser Zeit gesundheitlich nicht gut. Zur Zeit der Gespräche über die Bildung der Großen Koalition wurde bei ihm ein schwerer Diabetes festgestellt. Er war zu Hause regelrecht zusammengebrochen. Eigentlich hätte er ins Krankenhaus gehen sollen, aber in der zugespitzten politischen Situation, mit Erler todkrank in der Klinik und Brandt in Berlin, ging das nicht. Greta fuhr ihn zu allen Sitzungen und Terminen. Mit Hilfe eines strengen Diätplanes schaffte sie es, ihn handlungsfähig zu halten. Kurz nach der Regierungsbildung fragten Journalisten Wehner nach seiner Gesundheit. Er antwortete: »Ich gehe am Händchen der Ärzte, ganz fügsam.«[16]

Im übrigen hatte Wehner Hilfe in der Fraktion. Auf Helmut Schmidt gingen die acht Punkte zurück, mit denen der Fraktionsvorstand der SPD am 2. November 1966 seine Positionen für Verhandlungen über eine Regierungsbildung veröffentlichte. Vier knapp und klar formulierte Punkte behandelten die außen- und deutschlandpolitischen, vier die innen- und wirtschaftspolitischen Fragen. »Stabilität und Wachstum innen und Handlungsfähigkeit außen«, so faßte Wehner die Punkte in seiner Bundestagsrede am 8. November zusammen. In dieser Debatte ging es um den Antrag, den Bundeskanzler zum Stellen der Vertrauensfrage aufzufordern. Am Morgen desselben Tages hatte die FDP-Fraktion Wehner wissen lassen, sie werde sich diesem Antrag nicht in den Weg stellen. Und tatsächlich: Das »indirekte Mißtrauensvotum« kam mit der knappen Mehrheit aus SPD und FDP im Bundestag durch. Kanzler Erhard allerdings sprach von einem »Schauprozeß« (Wehner: »Pfui, Herr Bundeskanzler!«) und kündigte an, sich auf keinen Fall an den Beschluß zu halten[17].

Wehner hatte in seiner Bundestagsrede noch einmal herausgestellt, daß Neuwahlen die sauberste Lösung seien. Aber das Abstimmungsergebnis wirkte in eine andere Richtung. In der SPD-Fraktion keimten, ermuntert durch das Zusammenspiel mit den Liberalen im Parlament, Hoffnungen auf, es sei auch eine Koalition mit der FDP unter einem Kanzler Brandt im Bereich des Möglichen. Sowohl Wehner als auch Brandt hielten sich jedoch mit Festlegungen zurück. Die CDU/CSU sah sich zum Handeln genötigt. Am 10. November nominierte sie im dritten Wahlgang mit knapper Mehrheit Kurt Georg Kiesinger zum Kanzlerkandidaten. Am selben Tag setzte Schauff Wehner davon in Kenntnis, daß Kiesinger noch vor offiziellen Gesprächen mit ihm sprechen wolle[18].

Wehner wollte auch mit der FDP ernsthafte Gespräche und Verhandlungen, obwohl er die Erfolgsaussichten äußerst skeptisch einschätzte. In der gemeinsamen Sitzung von Partei- und Fraktionsvorstand notierte er: Für den Prozeß der Klärung in der CDU/CSU sei es nur heilsam, wenn diese gezwungen blieben, die Kombination von SPD und FDP zu fürchten[19].

Am folgenden Tag traf er sich zum ersten Mal mit Kiesinger zu einem zweieinhalbstündigen Gespräch. Dieser wirkte auf ihn »ruhig, ausgeglichen und zuvorkommend«. Wehner berichtete Brandt, der Kandidat sei sich der Schwierigkeit seiner Aufgabe noch nicht in vollem Umfang bewußt. Kiesinger habe ihm mitgeteilt, daß er nicht zu einer Koalition mit der FDP tendiere. Der Kanzlerkandidat fragte auch, ob Brandt und Wehner als Minister in eine Regierung gehen wollten. Dies bejahte Wehner. Kiesinger fing dann an, Überlegungen darüber anzustellen, was es bedeute, wenn das Außenministerium und das Ministerium für gesamtdeutsche Fragen »in dieser Weise besetzt« würden. Wehner beendete diese Überlegungen jedoch mit dem Hinweis, »Ressortfragen seien nicht so aktuell«[20].

Am 15. November fand im Vorstandszimmer der CDU/CSU-Fraktion das erste Gespräch zwischen den Verhandlungsdelegationen von SPD und Union statt. Schwerpunkt war die Außen- und Deutschlandpolitik, in der es, so Wehner, darum gehe, einen Punkt zu erreichen, »den man wirklich halten könne bei einem Maximum an Bewegungsfreiheit«. Auch mit der FDP kam es zu informellen Gesprächen[21], aber diese erreichten nie die Tiefe der Verhandlungen mit der Union. Für diese gab es eine im Laufe von Jahren gewachsene Grundlage persönlicher Vertrauensverhältnisse und der Suche nach Gemeinsamkeiten zwischen Wehner und einigen führenden Politikern von CDU und CSU.

Die Verhandlungen wurden zu einem persönlichen Fiasko des FDP-Vorsitzenden Erich Mende. Der war immer ausschließlich auf ein Regierungsbündnis mit der CDU fixiert gewesen und hatte Schwierigkeiten, sich in der neuen Situation zurechtzufinden. Mende zögerte, verbindliche Zusagen zu machen. Und wenn, dann konnte er für ihre Einhaltung nicht geradestehen. Am 22. November hatte er Wehner zugesichert, die FDP werde im Haushaltsausschuß einem Verfahrensantrag der SPD-Vertreter zustimmen. Daran hatte sie sich dann aber nicht gehalten[22]. Die Glaubwürdigkeit der zerstrittenen liberalen Bundestagsfraktion war für die SPD daher nicht gegeben. In der Verhandlungskommission hatten vor allem Herbert Wehner und Helmut Schmidt von Anfang an zur Bildung einer Großen Koalition geneigt. Ende November waren auch die diesbezüglich skeptischeren Delegationsmitglieder, Karl Schiller, Alex Möller und Willy Brandt, für dieses Bündnis.

Zuvor kam es aber noch zu einem Zwischenspiel im Parlament. Noch einmal hatten sich Tendenzen zu einer Annäherung zwischen Union und FDP abgezeichnet. Daraufhin hielt Herbert Wehner am 23. November eine scharfe Rede vor dem Bundestag, in der er die Verantwortungslosigkeit der Regierung im Wahljahr 1965 geißelte. Die SPD lasse nicht mit sich umspringen wie mit »Schulbuben«, sie falle auf nichts herein, und, an die CDU/CSU gewandt, sagte Wehner: »Mit uns können Sie nicht ein Spiel treiben, wie Sie es bisher mit Koalitionspartnern getrieben haben.« Daß Wehner auf diese Weise vor allem einen Keil zwischen Union und FDP treiben wollte, verstanden nicht alle SPD-Abgeordneten. Am Ende einer eilig einberufenen Sondersitzung billigte die Fraktion dennoch einstimmig sein Verhalten[23].

Am 25. November 1966 war Herbert Wehner am Ziel. Er stenographierte in sein Notizbuch: »K. bietet in aller Form an, in Koal. einzutreten.« Anschließend tagten wiederum Partei- und Fraktionsvorstand. Sie billigten die Verhandlungsführung, aber die Empfehlung der Kommission für eine Große Koalition wurde kontrovers diskutiert. Schließlich stimmten sie doch zu, allerdings unter der Maßgabe, das »Gewicht der SPD« müsse deutlich erkennbar und ein Sozialdemokrat Außenminister werden[24].

Das konnte nach Lage der Dinge nur Willy Brandt sein. Dieser und seine Frau Rut scheuten jedoch vor dem Umzug nach Bonn zurück. Anfang November hatte Wehner Brandt vorgeschlagen, Wissenschafts-, Forschungs- oder Bildungsminister zu werden, damit er sich mehr auf seine Aufgabe als Parteivorsitzender konzentrieren könne. Das schien Brandt einzuleuchten. Mit einem kleinen Ministerium, so dachten die Brandts, könnte die Familie in Berlin bleiben, und er würde an den Wochenenden nach Hause fliegen. Mitte November teilte Wehner CDU-Gesprächspartnern mit, Brandt würde »nicht unter allen Umständen« Außenminister werden wollen. Bundestagspräsident Gerstenmaier hatte schon eine Zusage Kiesingers für das Amt in der Tasche, als Brandt dann doch entschied, Außenminister zu werden. Wehner erinnerte sich später, das sei ein plötzlicher Entschluß Brandts gewesen. Dieser dagegen schrieb, die sozialdemokratische Verhandlungsdelegation habe ihn dazu gedrängt. Das Hin und Her macht jedenfalls deutlich, daß der Parteivorsitzende keineswegs begeistert in die Große Koalition ging. Wie Wehner berichtete, sagte Brandt in der Nacht zum 25. November: »In Ordnung, macht es, aber ohne mich.« Darauf Wehner: »Es ist 2:30 Uhr früh. Um 9:30 mußt du dich waschen, rasieren und zu Kiesinger gehen.«[25]

Als es am Abend des 27. November in einem Gespräch zwischen den Führungstrios Kiesinger, Barzel, Heck und Brandt, Wehner, Schmidt um Personalfragen ging, erklärte Brandt, er sei sich nicht sicher, »daß es so bleiben kann, wie ich es einmal mit Wehner besprochen und er Ihnen gesagt hatte«. Für viele sei es nicht einleuchtend, »wenn ich ein sozusagen ›unpolitisches‹ Ressort übernehme«. Dies war recht weich formuliert. Glaubt man Gerstenmaier, dann war es Wehner, der Kiesinger klar machte, daß die SPD auf dem Posten des Außenministers für Brandt bestehe und daß die Entscheidung über die Koalitionsbildung davon abhängig gemacht werde[26].

Der designierte Bundeskanzler meinte am 27. November zu Wehner, daß ihm das Bundesministerium für gesamtdeutsche Fragen »auf den Leib geschneidert« wäre. Auf ihrer Seite bestand die Union darauf, daß Franz Josef Strauß Finanzminister werden müsse. Dies war für die SPD eine bittere Pille, hatte Strauß sich doch wegen der »Spiegel-Affare« nur zu einer indirekten, schwachen Entschuldigung durchringen können. Innerhalb der SPD-Bundestagsfraktion gab es teilweise erbitterten Widerstand gegen die Bildung der Regierung mit der Union. Die entscheidende Sitzung begann am 26. November um 18 Uhr und endete erst um 4 Uhr früh. »Die FDP hat immer wieder gezögert«, berichtete Wehner. Sie sei nicht entwicklungsfähig und befinde sich in einem Auflösungsprozeß. Für die SPD sei die Regierungsbeteiligung eine große Chance: »Wenn sich die SPD hier bewährt, wenn sie hier gute Leistungen zeigt, dann kann ein wirklicher

Wechsel herbeigeführt werden.« Am Ende des Sitzungsmarathons setzte sich die Verhandlungsdelegation mit vereinten Kräften durch. Eine deutliche Mehrheit der Fraktion stimmte für das Bündnis mit der CDU/CSU. Nach einer weiteren fast zehnstündigen Sitzung am 30. November war die Entscheidung auf Seiten der SPD gefallen[27].

Gegner und Weggefährten

Am Donnerstag, dem 1. Dezember 1966, wurde Kiesinger zum Bundeskanzler gewählt. Herbert Wehner wurde vom Bundestagspräsidenten als Bundesminister für gesamtdeutsche Fragen vereidigt. Am selben Tag schrieb ihm einer seiner Gesprächspartner, der frühere CDU/CSU-Fraktionsvorsitzende Heinrich Krone: »Dieser 1. Dezember ist Ihr Werk und Ihr Verdienst.« Vor dem Hintergrund der von Wehner langfristig verfolgten politischen Strategie trifft diese Einschätzung zu. Er nahm nun auf der Regierungsbank Platz, an ihrem äußersten Ende, am weitesten vom Redepult entfernt. So bildete er mit Kiesinger, auch von der Sitzordnung her, die Klammer des Kabinetts[28].

Kurt Georg Kiesinger war nicht der Wunschkandidat Herbert Wehners gewesen. Dies hätte nur ein Sozialdemokrat, Willy Brandt, sein können. Aber nach Lage der Dinge war der baden-württembergische Ministerpräsident derjenige Unionspolitiker, den Wehner für den zum Bundeskanzler geeignetsten unter den Christdemokraten hielt. Seit Jahren schon rechnete er mit ihm. Als Kiesinger Vorsitzender im Auswärtigen Ausschuß des Deutschen Bundestages gewesen war, waren beide gut miteinander ausgekommen. Der Christdemokrat hatte sich in den fünfziger Jahren als Befürworter einer außenpolitischen Gemeinsamkeit mit der SPD profiliert – wenn auch auf der Grundlage der Adenauerschen Politik. Während Kiesingers achtjähriger Abwesenheit von Bonn sandte Wehner von Zeit zu Zeit Signale nach Stuttgart. Am 5. Oktober 1966 brachte er ihn in einer Debattenrede wie nebenbei ins Spiel. Er kritisierte das »ölige Pathos«, mit dem sich Rainer Barzel zuvor auf eine Entschließung des Aktionskomitees für die Vereinigten Staaten von Europa berufen hatte. Wehner verbat sich dies. Er verwies darauf, daß er das Monnet-Komitee »zusammen mit meinem Freund Ollenhauer auf unserer Seite und mit Ihrem Parteifreund Kiesinger von der CDU-Seite mitgegründet« habe[29].

Kiesinger war Mitglied der NSDAP gewesen. Das warf einen Schatten auf ihn, auch wenn der CDU-Politiker glaubhaft versichern konnte, daß er dem Regime im Grunde ablehnend gegenübergestanden und sich nicht als aktiver Nazi betätigt habe. Wehner gegenüber sprach er dieses Problem schon im ersten Sondierungsgespräch an. Der verwies auf seine Auffassung zu dieser Frage, wie er sie bei anderer Gelegenheit schon vertreten hatte: »Ich verabscheue aus mancherlei Gründen die Art, einem Menschen die Arbeit unmöglich zu machen, indem man sich zum Richter über sein Verhalten in den Jahren zwischen 1933 und 1945 aufwirft.« Daß sie beide während der NS-Zeit politischen Irrwegen gefolgt waren und beide an ihrer Vergangenheit trugen, verband Kiesinger und Wehner. Willy Brandt akzeptierte die schon von Erich Ollenhauer vertretene Auffassung, daß die NS-Zeit nicht gegen Kiesinger ins Feld geführt werden sollte. Das Verhältnis zwischen Kanzler und Vizekanzler war zwar von Höflichkeit gekennzeichnet, blieb aber distanziert[30].

An die Zusammenarbeit mit Wehner erinnerte sich Kiesinger noch anderthalb Jahrzehnte später »gerne und dankbar«. Zu dessen 75. Geburtstag schrieb der Exkanzler an Wehner: »Wenn man danach sagen kann, daß man dem Gegner und Weggefährten Respekt und Wertschätzung bewahrt hat, dann ist das nichts Geringes.« Zwischen Kanzler und Minister stimmte die Chemie. Das trug zum Zusammenhalt der Regierung bei. In der Deutschlandpolitik hatte Wehner – vor allem in den ersten Jahren – großen Einfluß auf die Positionen des Kanzlers[31].

Für Kiesingers Regierungserklärung machte er Formulierungsvorschläge zum Thema Innerdeutsche Beziehungen. Die Regierung müsse beharrlich alles anstreben und fördern, was das Zueinanderkommen der Menschen erleichtern könne. Regelungen zwischen Behörden im gespaltenen Deutschland seien keine völkerrechtliche Anerkennung. Kiesinger übernahm Wehners Anregungen nicht wörtlich, aber doch sinngemäß. Am 13. Dezember erklärte er im Bundestag: »Wir wollen, soviel an uns liegt, verhindern, daß die beiden Teile unseres Volkes sich während der Trennung auseinanderleben. (...) Wir wollen entkrampfen und nicht verhärten, Gräben überwinden und nicht vertiefen. (...) Wo dazu die Aufnahme von Kontakten zwischen Behörden der Bundesrepublik und solchen im anderen Teil

Deutschlands notwendig ist, bedeutet dies keine Anerkennung eines zweiten deutschen Staates.«[32]

Wehner traf sich auch außerhalb der Kabinettssitzungen häufig mit Kiesinger. Bei Gesprächen im Kanzlerbungalow war Rotwein das bevorzugte Getränk. Formvollendete, ehrerbietige Briefe schrieb er dem bürgerlichen Kanzler: »Erlauben Sie mir, bitte, Sie und Ihre Frau Gemahlin zu grüßen und Ihnen für den Freitagabend zu danken. Auch für meine Familie. Herzlich, Ihr Ihnen ergebener Herbert Wehner«[33].

Es gelang Wehner häufig, Kiesinger einen eigenen Gedanken zu unterbreiten, den dieser dann öffentlich vortrug, und daraufhin öffentlich selbst wiederum den Kanzler mit seiner eigenen Meinung zu zitieren. So erhielten Wehners Auffassungen auf dem heiklen Gebiet der Deutschlandpolitik die höchsten Weihen, und sie waren für Gegner in den Reihen des Koalitionspartners kaum angreifbar. Wie Greta Wehner sagt, war dies typisch. Herbert Wehner habe häufig Äußerungen anderer zitiert, wenn sie seiner Meinung entsprachen. Das könne eine Folge dessen gewesen sein, daß seine eigenen Aussagen oft »als kommunistisch begründet diffamiert« wurden[34].

Schon im Februar 1967 gab das Bundesministerium für Gesamtdeutsche Fragen eine Zusammenstellung von Wehner-Texten unter dem Titel ›Gedanken zur Regierungserklärung‹ heraus. Da heißt es dann zum Beispiel: »Bundeskanzler Kiesingers Erklärung ist doch ganz eindeutig ...«, an anderer Stelle »Die Bundesregierung läßt sich dabei von der in der Regierungserklärung vom 13. Dezember ausgesprochenen Absicht leiten ...« oder »Dieses Angebot hat die Bundesregierung in der Regierungserklärung Kiesingers wiederholt.« Es war nicht einfach so, daß, wenn Kiesinger sprach, oft Wehner dahintersteckte. Vielmehr machte Wehner sich zum Interpreten Kiesingers, wobei er dies mit Dehnübungen an den bislang starren deutschlandpolitischen Positionen der Bundesrepublik verband. So sagte er am 26. Dezember 1966 im ZDF, wie immer von der Regierungserklärung ausgehend: »Man muß die deutsche Politik der Wirklichkeit näherbringen, unter anderem auch dadurch, daß man sich nicht selbst einen Popanz ›Anerkennung‹ und ›Ablehnung von Anerkennung‹ macht.«[35]

Vizekanzler und Außenminister Willy Brandt teilte grundsätzlich die Strategie Wehners. Als sein Berater Egon Bahr, ab 1967 Leiter des Planungsstabes im Auswärtigen Amt, auf das »Schlachten mancher heiliger Kühe« in der Ost- und Deutschlandpolitik drängte, notierte Brandt dazu: »Nein: Orientierung, Gemeinsamer Nenner!«[36] Seine Stellung als Außenminister, seine Art, an Politik heranzugehen, und sein schwierigeres Verhältnis zu Kiesinger brachten es aber mit sich, daß Brandt zunehmend dazu tendierte, eigenständige Positionen in der Außen- und Deutschlandpolitik zu vertreten. Man könnte sagen: Brandt zog von vorne, Wehner schob von hinten. Eine gelungene Arbeitsteilung – wenn sie denn so beabsichtigt gewesen wäre.

Entscheidendes war aber zunächst auf dem Gebiet der Wirtschafts- und Finanzpolitik zu leisten. Zum Jahreswechsel meinte Wehner, 1967 werde ein hartes Jahr, »in dem ausgestanden werden muß, was in vorhergehenden Jahren versäumt, verfehlt oder zuviel des Guten getan worden ist«. Die Konjunkturentwicklung, Stabilität und Wachstum, Ordnung der Staatsfinanzen und der Kaufkraft, das seien die zentralen Probleme des harten Winters zum Beginn der Großen Koalition. Es gelang schließlich, einen ausgeglichenen Etat zustande zu bringen. Wirtschaftsminister Karl Schiller (SPD) und Finanzminister Franz Josef Strauß (CSU) entwickelten sich zu einem populären Gespann. »Plisch und Plum«, wie sie von der Presse getauft wurden, schafften es, mit aktiver Konjunkturpolitik und gesamtwirtschaftlicher Rahmenplanung, gezielten Investitionsprogrammen und Kreditaufnahmen zur Arbeitsbeschaffung sowie mit der »konzertierten Aktion« zwischen Arbeitgebern und Gewerkschaften, das Vertrauen in die wirtschaftliche Stabilität wiederherzustellen, Arbeitslosigkeit und Rezession zu überwinden. »Mittelfristige Finanzplanung« und »Globalsteuerung« kennzeichneten die neue Phase der »Sozialen Marktwirtschaft«[37].

1968 kannten 96 Prozent der Bevölkerung Brandt. Wehner zu kennen, gaben 77 Prozent an, wobei nur 41 Prozent wußten, welches Amt er bekleidete. Schiller erzielte 82 Prozent, 63 Prozent der Bundesdeutschen kannten Schmidt[38].

Helmut Schmidt war 1966 der SPD-Kandidat für das Verteidigungsministerium gewesen. Dies erhielt jedoch die CDU, und sie besetzte es mit Gerhard Schröder, einem entschiedenen Gegner der Großen Koalition. Statt dessen übernahm Schmidt von Wehner den Vorsitz in der Bundestagsfraktion. Gemeinsam mit seinem CDU/CSU-Kollegen Rainer Barzel gelang es ihm, den Regierungsfraktionen ein starkes Gewicht bei den Entscheidungen über die Vorhaben der Koalition zu sichern. Brandt, Wehner und Schmidt bildeten das sozialdemokratische Führungsdreieck. Darin war Schmidt, der 1968 auch Nachfolger Erlers als stellvertretender Parteivorsitzender wurde, stark, weil er mit der Fraktion eine Art eigener Hausmacht hatte. Wehner hatte nach wie vor eine starke Stellung als stellvertretender Parteivorsitzender. Hinzu kam seine Schlüsselstellung innerhalb des Kabinetts. Brandt, der Parteivorsitzende und Vizekanzler, war jetzt in Bonn. Damit gab es kein zweites sozialdemokratisches Führungszentrum in Berlin mehr, aber als Minister hatte er ebenso wie Wehner viel zu tun. Welche Folgen das für ihr Binnenverhältnis und für den Apparat der Partei haben sollte, blieb zunächst offen.

Mit Spannung erwarteten die Beamten und Angestellten des Bundesministeriums für gesamtdeutsche Fragen, wie der neue Minister sich bei ihnen einführen werde. Als langjähriger Vorsitzender des entsprechenden Bundestagsausschusses war Herbert Wehner beileibe kein Unbekannter, aber den machtbewußten und durchsetzungsfähigen SPD-Politiker fürchteten viele. Um sich abzusichern, traten viele Beamte einer der Koalitionsparteien bei. Manche Ministeriale, etwa ein der FDP angehörender Pressesprecher, dessen Probezeit noch nicht abgelaufen war, rechneten mit ihrer Entlassung und sahen sich nach einer neuen Stelle um. Der Betreffende war überrascht, daß er nicht nur bleiben durfte, sondern noch zusätzliche Aufgaben übertragen bekam. Als Minister bekam Wehner einen Dienstwagen mit Fahrer zugeteilt. Dieser, so erinnert sich Greta, habe sich zunächst weigern wollen, den gefürchteten Sozialdemokraten zu chauffieren. Am Ende soll der Fahrer gesagt haben, so freundlich wie Wehner sei noch nie einer seiner Chefs mit ihm umgegangen[39].

Zu Weihnachten 1966 führte der frischgebackene Minister sich bei allen Mitarbeitern des Ministeriums mit einem Geschenk ein, und zwar mit dem Bildband ›Dresden. Vision und Erinnerung‹. Für eine Belegschaftsversammlung in der Anfangsperiode seiner Amtszeit notierte Wehner sich den folgenden Redebeitrag: »Mir liegt daran, auf das zu hören, was Sie zu sagen haben, um – soweit es sich möglich machen läßt – in Ordnung bringen zu helfen, was der Berichtigung oder Nachhilfe bedarf, und um bei kommenden Entscheidungen daran zu denken.« Dann hörte er sich die alltäglichen Sorgen seiner Mitarbeiter an. Denen ging es um Beförderungsmöglichkeiten und das Verhältnis zwischen Beamten, Arbeitern und Angestellten, um eine gemeinsame »Zonenrandfahrt«, um die Einrichtung einer »Teil-Klima-Anlage«, die immer für eine Zimmertemperatur von 22 bis 23 Grad sorgen sollte, um Liftprobleme, die »Gardinenfrage« und so weiter. Geduldig stenographierte er die Wortbeiträge und erklärte: »Es gibt Einzelfälle, die nicht an Ort und Stelle zu regeln sind. Ich hoffe, daß in jedem Falle das Höchstmaß an Gerechtigkeit aufzuwenden ist.«[40]

Nicht einmal den von Erich Mende übernommenen Staatssekretär Carl Krautwig entließ Wehner, obwohl, so wußte der ›Spiegel‹, »parteibewußte Genossen« dies monierten. Dabei klappte die Zusammenarbeit überhaupt nicht gut.[41]

Zu Adenauers Zeiten war Franz Thedieck ein gegenüber den Ministern, insbesondere Lemmer, übermächtiger Staatssekretär gewesen. Ganz im Gegensatz dazu ließ Wehner Krautwig keinerlei politischen und auch nur einen sehr begrenzten verwaltungsmäßigen Einfluß. Gerade Organisationsfragen, die eigentlich in den Kompetenzbereich des Staatssekretärs fielen, entschied der Minister Herbert Wehner von vornherein selbst. Erst als Krautwig im März 1968 dann doch »aus Gesundheitsgründen« seinen Abschied einreichte, berief Wehner mit dem hessischen Beamten Günther Wetzel einen ausgesprochenen Verwaltungsfachmann zum Staatssekretär. Die Politik des Ministeriums bestimmte Wehner – sonst niemand[42].

Bei der Umorganisierung des Ministeriums ging Wehner behutsam und gleichzeitig äußerst zielbewußt vor. Bereits während der Koalitionsverhandlungen ließ er Überlegungen anstellen, wie der Einfluß des Staatssekretärs zu beschneiden sei. Den Aufbau der Ministerialbürokratie mit den drei Abteilungen, ihren Unterabteilungen und Referaten ließ er zunächst unverändert. Daneben aber baute er ein Ministerbüro mit mehreren Referaten auf, das direkt ihm unterstand, ohne Umweg über den Staatssekretär. Die Spitze des Büros besetzte er mit Jürgen Weichert, einem ihm vertrauten Beamten, der im Bundestag für den Auswärtigen und den Gesamtdeutschen Ausschuß zuständig gewesen war[43].

Der Leiter der Abteilung II des Ministeriums, Friedrich von Zahn, rechnete es Wehner hoch an, daß er den Übergang auf diese Weise »so schmerzlos für uns alle machte«. Sich mit Hilfe eines Ministerbüros einen vertrauenswürdigen Stamm von Mitarbeitern zu schaffen, hielt er für »den schonendsten Weg, das Ministerium auf einen anderen Kurs zu bringen«. Um dafür überhaupt die Personalstellen zu bekommen, mußte Wehner einen harten Kampf mit Finanzminister Strauß bestehen. Dieser hatte nämlich die Veränderungen zu genehmigen, und er legte ihm so manchen Stein in den Weg. Das Finanzministerium praktizierte eine Verzögerungstaktik. Strauß blieb bei ablehnenden Bescheiden an Wehner formvollendet höflich. So schrieb er einmal, er wolle mit der Einrichtung neuer Stellen keinen Präzedenzfall schaffen, da andere Ministerien dann auch neue Stellen wollten. Um seine Personalforderungen durchzubekommen, mußte Wehner dem Ministerbüro den Namen »Planungsstab« geben, und so gelang die Strukturveränderung schließlich doch[44].

Entscheidende Weichenstellungen nahm Wehner auf dem Gebiet der Öffentlichkeitsarbeit seines Ministeriums vor. Dazu gehörte inhaltlich vor allem der Übergang von Propagandatätigkeit zu einer mehr sachlichen Information der Bürgerinnen und Bürger über die Verhältnisse in der DDR. Die zuletzt 1961 aktualisierten »Bezeichnungsrichtlinien«, nach denen im amtlichen Gebrauch die DDR »Sowjetische Besatzungszone Deutschlands« und Ost-Berlin »Sowjetsektor« zu nennen waren, wurden abgeschwächt. Interventionen sollten künftig unterbleiben, und »die Wahl der Bezeichnung Mitteldeutschlands (und Ostberlins)« künftig den Bürgern und Institutionen der Bundesrepublik selbst überlassen werden[45].

Eine wichtige strukturelle Veränderung war die Neuorganisation des mit Zuschüssen unterhaltenen Vorfelds des Ministeriums. Hier hatten zahlreiche Vereine und Institutionen, das Büro Bonner Berichte, das Büro für gesamtdeutsche Hilfe, das Archiv für gesamtdeutsche Fragen, eine Film-, Bild- und Tonbandstelle sowie der Besucherdienst und die Informationsstelle Berlin locker verbunden unter dem Dach eines Vereins zur Förderung der Wiedervereinigung Deutschlands firmiert. Dazu kamen noch weitere »unabhängige« Einrichtungen wie der »Untersuchungsausschuß freiheitlicher Juristen« oder die »Zentralstelle für gesamtdeutsche Hochschulfragen«. Zum 1. Juli 1969 wurden alle diese Institutionen unter dem Dach des »Gesamtdeutschen Instituts« zusammengefaßt, welches ordnungsmäßig, wie ein Ministerium, in Abteilungen und Referate gegliedert wurde. Einige Referate wurden aus dem Ministerium ausgegliedert und ihre Aufgaben dem Gesamtdeutschen Institut übertragen. Damit ging auch die eigenständige Publikationstätigkeit des Ministeriums zu großen Teilen an das Institut über. Dieses hatte, so Staatssekretär Wetzel, die Aufgabe, die Bevölkerung aufzuklären »über die gesamtdeutsche Situation, alle wichtigen Entwicklungen und Vorgänge in der DDR, die politischen Tendenzen in der SED-Führung und die Deutschlandpolitik in der Bundesrepublik«. Präsident des Instituts wurde Ludwig Rehlinger (CDU), der später lange Jahre als Staatssekretär im Bundesministerium für innerdeutsche Beziehungen amtierte[46].

Weniger erfolgreich war ein weiteres Projekt Wehners, nämlich der Versuch, eine Art Überministerium für innerdeutsche Beziehungen zu schaffen, oder, wie es im Referentendeutsch hieß, eine Institution, die »alle bisher bestehenden und etwa neu hinzutretenden amtlichen und halbamtlichen Kontakte zu Behörden der SBZ, an denen Oberste Bundesbehörden beteiligt sind, organisatorisch zusammenfassen« sollte. Solche Bestrebungen, ein ressortübergreifendes »Amt für innerdeutsche Regelungen« oder einen »Kabinettsausschuß für gesamtdeutsche Fragen« zu schaffen, waren von Wehner und anderen schon in den Jahren vor Bildung der Großen Koalition vertreten worden, aber am Widerstand der Regierung Erhard gescheitert. Im Ministerium wurden nach dem Regierungswechsel Überlegungen angestellt, dem Bundesminister für gesamtdeutsche Fragen zusätzlich das Amt eines »Beauftragten für innerdeutsche Regelungen« zu verleihen. Allerdings, so schätzten die Beamten ein, werde die »Zone« sich nicht zu Verhandlungen mit einer solchen neuen Bundesbehörde bereitfinden[47].

Der gesamtdeutsche Anspruch, wie er sich schon im Namen des Ministeriums zeigte, vertrug sich nicht mit den Forderungen der DDR, von der Bundesrepublik als »normaler« Staat anerkannt zu werden. Wehner gelang es zwar, einen »Kabinettsausschuß für innerdeutsche Beziehungen« unter dem Vorsitz des Kanzlers einzurichten, aber dieses Gremium war nicht sehr erfolgreich. Das Bundesministerium für gesamtdeutsche Fragen war und blieb ein kleines Ressort. In der Großen Koalition hatte es die meiste Bedeutung durch die Person des Ministers, Herbert Wehner, der in seiner Partei und im Binnenverhältnis der Koalition eine führende, oft entscheidende Position einnahm.

Entkrampfung und Verhärtung

Die Straßen der Entspannung konnten nicht um die DDR herum gebaut werden, und zur Zeit der Großen Koalition sollten sie das auch nicht mehr. Das Angebot der neuen Bundesregierung, Verhandlungen zwischen den »Behörden« beider Teile Deutschlands zu führen, war ein grundlegender Neubeginn in der Ost- und Deutschlandpolitik.

Das Ulbricht-Regime reagierte darauf nach dem gleichen Muster wie im Jahr zuvor beim Redneraustausch: Es begab sich auf die Flucht. Den Takt gab die sowjetische Vormacht an. Eine Außenministerkonferenz des Warschauer Pakts verabschiedete am 8. Februar 1967 ein Papier. Darin wurden als Voraussetzungen für jegliche Verhandlungen der Bundesrepublik mit dem Ostblock genannt: die Anerkennung der bestehenden Grenzen, die Anerkennung des Bestehens zweier deutscher Staaten sowie der Verzicht auf den Anspruch auf West-Berlin durch die Bundesrepublik. Die DDR schottete sich weiter ab. Sie benannte ihr »Staatssekretariat für gesamtdeutsche Fragen« in »Staatssekretariat für westdeutsche Fragen« um. Die Volkskammer verabschiedete ein eigenes DDR-Staatsbürgerschaftsgesetz, und im April 1967 untersagte die SED die Kooperation von DDR-Bürgern mit westdeutschen Verbänden und Vereinen. Auf dem VII. Parteitag der SED machte Walter Ulbricht klar: »Unter die Grenze der formellen Anerkennung und normalen Beziehungen von Staat zu Staat können wir nicht hinuntergehen.«[48]

Für Herbert Wehner war die Lösung der deutschen Frage nur im Zusammenhang mit einer Entspannung in ganz Europa vorstellbar. Im Dezember 1966 erklärte er im RIAS: »Wir Deutschen können das Getrenntsein in Ost und West nur überwinden, wenn wir mithelfen, daß Europa zusammenkommt.« Die innerdeutsche Entspannung wiederum sollte Teil einer europäischen Entspannungspolitik sein. »Was wir innerdeutsch abtragen an Vorurteilen, an Zwist und Haß oder Verachtung, das wird uns in den Augen der anderen in Europa sympathischer machen.«[49]

Die »Lösung der nationalen Frage«, die »Wiedervereinigung der gespaltenen Nation«, könne nur auf dem Weg über einen Kompromiß angestrebt werden, so Wehner. Dabei erkannte er das »gesellschaftliche Selbstbestimmungsrecht der mitteldeutschen Bevölkerung« an. Auch eine DDR-Regierung könnte durch die Bundesrepublik anerkannt werden, wofür jedoch deren demokratische Legitimation durch die Bevölkerung Voraussetzung sei. Ähnliche Gedanken erzielten Anfang Februar 1967 ein größeres öffentliches Echo, als ein amerikanischer Journalist sie in der Form wiedergab, Wehner habe die Anerkennung einer nach jugoslawischem Modell verfaßten, von der Sowjetunion unabhängigen kommunistischen DDR in Aussicht gestellt. In der deutschen Presse unterstrich Wehner, daß die Politik der Bundesrepublik gegenüber »dem von uns losgelösten Teil Deutschlands« in einem solchen Fall zu überprüfen wäre. Er sprach sich dafür aus, eine solche positive Entwicklung seitens der Bundesrepublik jedenfalls nicht zu behindern. Auch die Zeit für eine »Konferenz über europäische Sicherheit« werde kommen[50].

In einer Ansprache vor dem Parteivorstand und Parteirat der SPD reagierte Wehner im März 1967 auf die Abgrenzungsbeschlüsse und Anerkennungsforderungen aus dem Osten. Die SED wolle sowohl die sozialdemokratische als auch die Haltung der Bundesregierung international unglaubwürdig machen. Ulbricht brauche die schärfere Tonart für den innenpolitischen Staatsgebrauch. Er fügte hinzu: »Die heftigsten Widersacher und die uns am meisten diskreditieren werden die in Ost-Berlin sein – so ist nun einmal die Lage.« Daß es »außerhalb des Geltungsbereichs des Grundgesetzes im gespaltenen Deutschland einen Machtbereich anderer Art gibt«, sei aber nur mit Gewalt zu ändern, und das würde einen allgemeinen Krieg bedeuten. Daher gab es für Wehner nur eine Möglichkeit, nämlich Formen des geordneten Nebeneinanders zu finden, die im Sinne europäischer Friedenssicherung für die Sowjets annehmbar waren[51].

Es ist wiederholt behauptet worden, zwischen Herbert Wehner und Willy Brandt habe eine Meinungsverschiedenheit darüber bestanden, mit welchem Gegenüber Deutschland- und Ostpolitik zu betreiben sei, mit Moskau (Brandt) oder mit Ost-Berlin (Wehner). Dies trifft so nicht zu, und zwar für beide angeblichen Kontrahenten. So sagte Wehner im Dezember 1966: »Ich bin mir bewußt, daß jeder Versuch, die Einheit Deutschlands wiederherzustellen, nur im Einvernehmen mit der UdSSR verwirklicht werden kann.« Ein Jahr später sagte er: »Und wir müssen weiter vor allen Türen stehen, vor der Moskauer Tür, der Ostblocktür, der Pankower Tür, und unsere Vorschläge und Bereitschaften vorbringen.« Auch für Willy Brandt war schon 1966 klar, daß der Schlüssel zur Deutschlandpolitik nicht nur in Moskau liege: »Es gibt nicht mehr nur einen Schlüssel, mit dem man die deutsche Tür aufkriegt.« Brandts Berater Egon Bahr verantwortete im März 1967 ein Thesenpapier zur Deutschlandpolitik, das zwar internationale Elemente wie Viermächtekonferenzen enthielt, aber in erster Linie auf die Schaffung eines »Amts für innerdeutsche Beziehungen«, die Bildung eines »Deutschen Rates« aus Vertretern von Bundesrepublik und DDR sowie verstärkte wirtschaftliche Zusammenarbeit der beiden deutschen Teilstaaten setzte. Es waren eher die unterschiedlichen Aufgabenbereiche in der Regierung – der Außenminister war zuständig für die auswärtigen Beziehungen, der Bundesminister für gesamtdeutsche Fragen für die innerdeutschen Beziehungen –, welche zu unterschiedlichen Herangehensweisen an ähnlich beurteilte Probleme führten[52].

Schwierigkeiten gab es mit dem Koalitionspartner. Viele CDU/CSU-Politiker hatten mit einer neuen Ost- und Deutschlandpolitik eigentlich nichts im Sinn. Im März 1967 kam Wehner auf die Idee, den im Vorjahr abgebrochenen Briefwechsel mit der SED wieder zu eröffnen. Diesmal sollte die SPD einen offenen Brief an die Delegierten des bevorstehenden Parteitags der Kommunisten richten. Am 26. März schickte er einen Entwurf an Willy Brandt. Dieser enthielt ein Angebot zur Diskussion über deutsche Beiträge zur Entspannung und eine Reihe von Vorschlägen für erste Schritte, die aber keine Vorbedingungen für Gespräche darstellen sollten[53].

Nach Abstimmung in der SPD-Führung schickte Wehner den Brief zunächst an die Spitzen der übrigen im Bundestag vertretenen Parteien. Von Strauß kam gleich eine ablehnende Stellungnahme. Das Ziel begrüße er, die Methode des Briefs aber sei zweifelhaft. Er könnte als »Vorstufe der de-jure-Anerkennung« mißdeutet werden. Kiesinger wandte sich gegen einen Alleingang der SPD. Unter seiner Beteiligung wurde ein gemeinsamer Briefentwurf von CDU/CSU und SPD erstellt. Im Vorstand der CDU stieß dieses Projekt jedoch auf Kritik. Am Ende eines mehrtägigen Eiertanzes schickte die SPD einen gekürzten Brief an die SED, und die von Wehner aufgelisteten Punkte wurden Bestandteil einer Regierungserklärung Kiesingers am 12. April 1967. ›Neues Deutschland‹ antwortete am gleichen Tag noch mit einer Reihe von Gegenforderungen. Um überhaupt eine Verständigungsmöglichkeit zu schaffen, solle die Bundesregierung zunächst auf die »Alleinvertretungsanmaßung« verzichten[54].

Der deutschlandpolitische Weg der Großen Koalition blieb steinig. Jede Neuerung mußten Wehner und die Sozialdemokraten ihrem Koalitionspartner mühsam abringen. Am 10. Mai 1967 schrieb DDR-Ministerpräsident Stoph einen Brief an Bundeskanzler Kiesinger. Darin schlug er direkte Verhandlungen zwischen beiden Regierungschefs vor, mit dem Ziel, »normale Beziehungen« zwischen den deutschen Staaten aufzunehmen. Üblicherweise wurden solche Briefe der DDR seitens der Bundesregierung gar nicht angenommen. Ganz anders diesmal. Kiesinger leitete das Schreiben unverzüglich an Wehner weiter. Der riet ihm sofort, den Brief anzunehmen, ihn auch nicht unter Verschluß zu halten und ihn zu beantworten. Schwierigkeiten mit anderen CDU-Größen sah Wehner voraus, weshalb er hinzufügte, es komme darauf an, den Bundeskanzler selbst entscheiden zu lassen. Dies sei »eine gute Gelegenheit, die deutsche Politik souverän zu führen und darzustellen«. Die Bundesregierung könne dabei sehr gewinnen[55].

Die erste Voraussetzung dafür war die Annahme des Briefes. Hierzu faßte das Kabinett am 17. Mai einen Grundsatzbeschluß: Künftig sollten Schreiben von Dienststellen der DDR angenommen werden. Dann folgte ein wochenlanges Hin und Her zwischen Teilen der Union und der SPD über die Frage, ob und in welcher Form und mit welcher Art der Übergabe der Brief beantwortet werden sollte. Zu den Bedenkenträgern gehörten vor allem Fraktionschef Barzel und der Abgeordnete Werner Marx. Anfang Juni einigte sich das Kabinett auf die Beantwortung des Briefes durch Kiesinger, was in der Presse zu Spekulationen führte, wer denn das Schreiben in Ost-Berlin abgeben solle, möglicherweise gar ein Mitglied der Regierung[56].

Die Schwierigkeiten in der Union gingen jedoch weiter. Im CDU-Präsidium wehte Kiesinger am 5. Juni der Wind ins Gesicht. Er schickte sich zum Rückzug an. An den folgenden Tagen entschied Kiesinger wahrscheinlich zunächst, den Brief nicht zu beantworten. Wehner schrieb dem Kanzler daraufhin seine Meinung. »Bis gestern« habe er »unbefangen« die Bundesregierung vertreten, das sei »heute« ein Problem, wenn »die letzte Aufrichtigkeit im schwersten unserer politischen Probleme nicht gegeben ist«, und er überlege jetzt, wie er sein Haus bestellen solle. Das war so etwas wie eine Rücktrittsdrohung, und diese zeigte Wirkung beim Kanzler: Am 13. Juni schrieb er doch einen Antwortbrief an Stoph, den er – eine Neuheit in der bundesrepublikanischen Deutschlandpolitik – direkt als »Vorsitzender des Ministerrats« ansprach. Kiesinger schlug vor, Beauftragte der beiden Regierungschefs sollten über die praktischen Fragen des Zusammenlebens der Deutschen ohne weitere Vorbedingungen Gespräche aufnehmen[57].

Doch die DDR wollte nicht. Ulbricht und Stoph reagierten ablehnend. Scharf geißelte Stoph die Rede Kiesingers zum Tag der deutschen Einheit 1967, in welcher der Kanzler eine für einen CDU-Politiker bemerkenswerte Feststellung getroffen hatte: Ein wiedervereinigtes Deutschland habe eine »kritische Größenordnung« in Europa, und daher sei es schwer vorstellbar, daß es sich der einen oder anderen Seite ohne weiteres anschließen könne. Daher könne man das »Zusammenwachsen der getrennten Teile Deutschlands nur eingebettet sehen in den Prozeß der Überwindung des Ost-West-Konflikts«. Die Bundesrepublik wolle auf keinen Fall die Bevölkerung des anderen Teils Deutschlands bevormunden. Stoph erklärte dazu, daß Kiesinger die »aggressive und rechtswidrige Alleinvertretungsanmaßung« nicht nur aufrechterhalten, sondern sogar verschärfen wolle[58].

So schleppte sich der Briefwechsel zwischen Ost und West hin. Brauchte Kiesinger über einen Monat, um auf Stoph zu antworten, so ließ sich der DDR-Ministerpräsident über drei Monate Zeit, ehe er am 18. September erneut an den Bundeskanzler schrieb. Dem Schreiben fügte er gleich einen »Entwurf eines Vertrages über die Herstellung und Pflege normaler Beziehungen zwischen der DDR und der Bundesrepublik« bei. Wehner hatte seit Juni immer wieder öffentlich eine Antwort aus Ost-Berlin angemahnt. Diesmal kündigte Kiesinger gleich an, er werde den Brief beantworten. Wehner schrieb an Brandt, der Kanzler habe die Sache in der Kabinettssitzung recht ordentlich vertreten, »und es gab keine Diskussion mehr«. Im übrigen konnte Wehner berichten, daß Kiesinger »interessanterweise« gesagt hatte, die Schwäche der Bundesrepublik sei eine »Art von Schizophrenie«, dem anderen einerseits zu sagen, »wir erkennen Dich nicht als das an, was Du sein willst, aber wir wollen von Dir etwas«. Vielleicht, so hoffte Wehner, gebe es in der Position des Kanzlers »eine kleine Vorwärtsbewegung«. In seinem Brief vom 28. September unterstrich Kiesinger den Willen des deutschen Volkes zur Wiedervereinigung und zeigte sich zu Verhandlungen über seine Vorschläge bereit. Die DDR antwortete, Kiesinger sei mit keinem Wort auf ihre Anliegen eingegangen, und erklärte sich lediglich zu Verhandlungen über ihre Vorschläge bereit. An dieser Stelle ging es nicht weiter, auch wenn Wehner sich im Sinne des Bundeskanzlers erneut dafür aussprach, »ohne Vorbedingungen in die Gespräche« zu gehen[59].

Der Kanzler begann zu bremsen. Im Oktober 1967 geißelte er die außerparlamentarische »Anerkennungspartei« in der Bundesrepublik, und im Bundestag machte er deutlich, daß es keinerlei völkerrechtliche und auch keine »de-facto-Anerkennung« durch die Bundesregierung geben werde. Ganz im Sinne der von ihm selbst im Vormonat gesehenen Schizophrenie bezeichnete Kiesinger die DDR-Regierung als »ein Phänomen, mit dessen Vertretern ich in einen Briefwechsel eingetreten bin«. Herbert Wehner wandte sich in seinem Debattenbeitrag gegen die Diskussion um Anerkennung oder Nichtanerkennung. Diese habe keinen Sinn. In seiner Rede kam, wenn auch nur in Zitaten und Anführungsstrichen, das Wort »DDR« dreimal vor. Im übrigen blieb er auch an diesem Tag im Parlament bei seiner Linie, Kanzlerzitate zu nutzen, um die deutschlandpolitischen Positionen vorsichtig zu dehnen. Er bezog sich auf Kiesingers Rede vom 17. Juni, als er betonte, die Regierung habe sich »zu einer neuen, beweglicheren Politik gegenüber dem Osten entschlossen, sowohl gegenüber unseren östlichen Nachbarn als auch im innerdeutschen Verhältnis gegenüber den Verantwortlichen im anderen Teil Deutschlands«[60].

Die Regierungsbildung war noch nicht einmal ein Jahr her, da hatten sich zwar nicht die deutschlandpolitischen Gemeinsamkeiten zwischen den Regierungsparteien erschöpft, aber die größere der beiden, die Union, wollte keine weiteren Abstriche von überkommenen Positionen machen. Entscheidend für den Stillstand oder teilweise gar Rückschritte in den innerdeutschen Beziehungen war die starr auf die völkerrechtliche Anerkennung fixierte Politik der SED. Jede westdeutsche Initiative wurde zur Zeit der Großen Koalition mit einer Anerkennungsforderung beantwortet, und um diese durchzusetzen, kam eine Politik der Nadelstiche hinzu. 1968 wurde der Paß- und Visumzwang für Transitreisende nach West-Berlin eingeführt. Die DDR protestierte gegen jegliche Bundespräsenz in Berlin bis hin zur Wahl des Bundespräsidenten im März 1969. Sämtliche Verhandlungen über neue Passierscheinabkommen scheiterten. Sowjetische und DDR-Truppen behinderten den Verkehr auf den Transitstrecken. Im August 1968 marschierten Truppen des Warschauer Paktes in die Tschechoslowakei ein und setzten damit einen brutalen Schlußpunkt unter das Reformexperiment des »Prager Frühlings« und die Vision eines »Sozialismus mit menschlichem Antlitz«. Damit war klar: Eine Liberalisierung einzelner Länder, eine Auflockerung ihres Blockes ließ die Sowjetunion nicht zu. Entspannungspolitik ohne Anerkennung der bestehenden Machtverhältnisse in Europa konnte es nicht geben.

Was folgte nun daraus? Die Wahl war, Schritte in Richtung Anerkennung zu gehen oder auf die Entspannung zu verzichten. Bundeskanzler Kiesinger betonte nach dem Einmarsch in Prag, die Bundesregierung wolle an ihren Vorschlägen, die »Härte der Teilung« zu mildern, festhalten. Das beantwortete die Frage nicht. In einem Gespräch mit der BBC im Dezember 1968 schlug Herbert Wehner ein föderatives oder konföderatives »Abkommensverhältnis mit dem anderen Teile Deutschlands« vor, in Verbindung mit einem »Generalvertrag«[61].

In der Regierung schien es sich nur um kleine Auffassungsunterschiede zu handeln. Im Frühjahr 1969 vertrat Wehner parteiintern die Auffassung, Kiesinger habe in der Deutschlandpolitik einige Schritte zu Verhandlungen mit der DDR versäumt. Kiesinger sah um dieselbe Zeit auch im Verhältnis zu Willy Brandt nur »Unterschiede in Nuancen«[62].

Wesentlich tiefer waren die Gräben in der Gesellschaft. Das betraf auch Teile der SPD. Die Bezirke Hessen-Süd und Schleswig-Holstein hatten im Frühjahr 1969 Beschlüsse zur Anerkennung der DDR gefaßt. Wehner warnte im Arbeitskreis Außenpolitik der Bundestagsfraktion davor, die Kommunisten links überholen zu wollen. Dagegen müsse die SPD »die Ohren steif halten, um ein Maximum an Geschlossenheit in Verhandlungen zu legen«. Er meinte, das Drängen auf Anerkennung sei ein »Spätzünder gegen frühere Versäumnisse«. Die Betreffenden hätten noch nicht bemerkt, »daß sich der Wind im innerdeutschen Verhältnis um 180 Grad gedreht hat«[63].

Auf der anderen Seite hatte der konservative Journalist Paul Wilhelm Wenger bereits im Herbst 1967 das »Haupt der Anerkennungspartei« ausgemacht. Es handelte sich um den Geschäftsführenden

Vorsitzenden des Kuratoriums Unteilbares Deutschland, Wilhelm Wolfgang Schütz. Dieser hatte in einer Denkschrift ›Was ist Deutschland?‹ die Auffassung vertreten, die Debatte über Anerkennung oder Nichtanerkennung führe zu nichts. Deutschland sei eine Nation, die aus zwei Gliedstaaten bestehe, zwischen denen nur »staatsrechtliche, nicht völkerrechtliche Beziehungen« bestehen könnten. Durch eine gezielte Indiskretion wurde Schütz' zunächst intern gedachtes Papier im Dezember 1967 in der ›Welt am Sonntag‹ veröffentlicht, versehen mit scharf ablehnenden Stellungnahmen von Unionspolitikern. Gegenüber dem »zielstrebigen revolutionären Konzept« des Ostens nütze es nichts, so der Kommentator, wie Schütz ein Tabu nach dem anderen über Bord zu werfen, wie die Bundesregierung es, »bisher jedenfalls«, dulde[64].

In den kommenden Wochen mühten sich Kiesinger und Wehner, den Sprengsatz, der damit an das deutschlandpolitische Fundament der Großen Koalition gelegt wurde, zu entschärfen. Der Kanzler sprach sich zwar gegen die Denkschrift aus, ließ aber mitteilen, daß um der Sache willen kein weiteres Porzellan zerschlagen werden solle. Herbert Wehner nahm an der folgenden Jahrestagung des Kuratoriums Unteilbares Deutschland in Berlin teil, wo er die aktuelle Deutschlandpolitik der Bundesrepublik erläuterte. Er nahm der Diskussion die Schärfe, indem er auf das Schütz-Papier nicht einging. Damit war der Koalitionsfriede gewahrt, doch die öffentliche Debatte ging munter weiter. Dabei gesellte sich zu den ablehnenden Stellungnahmen ein breites Echo zustimmender Kommentare. Das Unwetter ging an der Regierung vorbei, aber die Gesellschaft war in Bewegung geraten. Die Schütz-Thesen nahmen inhaltlich das vorweg, was Willy Brandt in seiner Regierungserklärung 1969 formulierte: zwei Staaten in Deutschland, die füreinander nicht Ausland sein konnten[65].

Auch Herbert Wehner geriet zuweilen ins Schußfeld der Gralshüter der überkommenen Positionen innerhalb der CDU/CSU. Barzel beschwerte sich im September 1968 beim Bundeskanzler über eine Broschüre des Bundesministeriums für gesamtdeutsche Fragen. Auf dem Umschlag des reich bebilderten Heftes zeigte eine Karikatur Kiesinger und Brandt, wie sie gemeinsam ein Friedensbäumchen pflanzten. Unter dem Titel ›Angeboten: eine neue Deutschland-Politik‹ betonten die Autoren das Aufatmen, mit welchem die Menschen an den Rundfunk- und Fernsehgeräten die Regierungserklärung Kiesingers von 1967 begrüßt hatten. Die Broschüre fragte: »Was ist das Neue an dieser Politik?«, und sie belegte mit zahlreichen Zitaten des Bundeskanzlers, daß es sich um einen grundlegenden Neuanfang handelte. Für den CDU/CSU-Fraktionsvorsitzenden war das zuviel »Betonung des Neuen«. Die Deutschlandpolitik der Regierungen Adenauer und Erhard werde dadurch abgewertet und ein »schiefes Bild« vermittelt. Eine Überprüfung im Bundeskanzleramt führte jedoch zu dem Ergebnis, daß Vergangenheitskritik nicht im Vordergrund der Broschüre stehe. Ihr Akzent liege deutlich auf der gegenwärtigen Haltung von Kiesinger, Brandt und Wehner. Es erscheine daher nicht angezeigt, »daß der Herr Bundeskanzler Herrn Wehner wegen dieser Broschüre anspricht«[66].

Es knirschte im Gebälk. Aber die Wehner-Strategie, stets als Interpret Kiesingers aufzutreten, machte ihn weitgehend unangreifbar. Am Ende der Großen Koalition sah Herbert Wehner die DDR-Partei- und Regierungsspitze als »noch keineswegs reif« für eine Bewegung in der Deutschlandfrage an. Gleichzeitig lehnte er die völkerrechtliche Anerkennung der DDR ab, weil das die Anerkennung der Endgültigkeit der Teilung bedeuten würde. Im Oktober 1969 bilanzierte Wehner, die Bundesregierung habe in der Deutschlandpolitik die Verhältnisse um einhundertachtzig Grad gedreht. Es sei nicht mehr Bonn, das »nein« sage, wenn von Verständigung im gespaltenen Deutschland geredet werde, es fehle aber noch der Punkt auf dem »i«. Dafür wiederum machte er das Zögern von Bundeskanzler Kiesinger verantwortlich[67].

Menschliche Erleichterungen

Trotz des Nichtvorankommens in den innerdeutschen politischen Beziehungen gab es, so sagte Wehner öffentlich, Gespräche und teilweise Verhandlungen mit der DDR, die »innerdeutschen Handel und manche andere, darunter auch menschliche, Angelegenheiten betreffen«. Hier könne »weiter und Zusätzliches gemacht werden«[68].

Herbert Wehner wußte genau, wovon er hier sprach, denn um den Bereich der menschlichen Erleichterungen kümmerte er sich als Bundesminister intensiv und persönlich. Vom »Brief aus Bautzen« über die Kriegsgefangenen bis zu den Bemühungen um eine Amnestie für politische Häftlinge 1956/57: Die Hilfe für Gefangene des kommunistischen Regimes war schon immer Herzensangelegenheit und Hauptbetätigungsfeld für den Bundestagsabgeordneten Wehner gewesen. Nach dem 13. August 1961 kam als weiteres Problem das Bemühen um die Zusammenführung von durch Mauer und Stacheldraht getrennten Familien hinzu.

Präses Kurt Scharf von der Evangelischen Kirche beauftragte im Juni 1962 den jungen Anwalt Reymar von Wedel, sich um die Freilassung politischer Häftlinge zu bemühen. Dieser wandte sich an Rechtsanwalt Wolfgang Vogel in Ost-Berlin. Es dauerte fast ein Jahr, bis die DDR dann anbot, Häftlinge gegen Geld freizulassen. Ein solcher Vorschlag erreichte den Bundesminister für gesamtdeutsche Fragen, Rainer Barzel, im Jahr 1963. Staatssekretär Thedieck jedoch, ganz in der Tradition des Kalten Krieges, brachte seinen Minister dazu, den Freikauf zunächst abzulehnen. Daraufhin wandte sich der West-Berliner Rechtsanwalt Jürgen Stange, der ebenfalls Verbindungen zu Rechtsanwalt Vogel hatte, an den Großverleger Axel Springer. Unter dessen Druck lenkte Barzel ein. Er traf sich mit Stange und dem damaligen Leiter des Referats Politik, Verwaltung und Betreuung der Berliner Abteilung des Bundesministeriums für gesamtdeutsche Fragen, Ludwig Rehlinger. So kam es 1963 zu zaghaften Anfängen, nämlich zur Entlassung von acht Häftlingen. Nachdem Erich Mende das Ministerium übernommen hatte, wurde beschlossen, die »Aktion« auszuweiten. Sie sollte aber auf jugendliche Fluchthelfer und Häftlinge beschränkt bleiben, die zu fünf oder mehr Jahren verurteilt waren. Rehlinger erstellte nun Listen solcher Fälle, über die dann mit der »anderen Seite« verhandelt wurde[69].

Wolfgang Vogel, Jahrgang 1925, war in den fünfziger Jahren im Justizministerium der DDR beschäftigt gewesen. Seit 1957 war er als Anwalt sowohl in Ost- als auch in West-Berlin zugelassen. In diese Zeit datieren die ersten Fälle, in denen er mit dem Austausch von Agenten zwischen West und Ost zu tun bekam. Ein Förderer dieser Aktivitäten Vogels war der ZK-Sektorenleiter Josef Streit, von 1962 an Generalstaatsanwalt der DDR. Vogel betrieb eine Art offenes Doppelspiel. Er vertrat gleichzeitig die Interessen seines Staates als Unterhändler – und die seiner Mandanten, von Opfern des Kalten Krieges in Ost und West, als Anwalt. Wenn er dabei loyal zur DDR-Führung blieb, so gab es dazu im Sinne des Erfolgs für seine Mandanten keine Alternative.

Er mühte sich, durch seine Tätigkeit den Spielraum für mehr menschliche Erleichterungen zu erweitern. Ein Beispiel: 1967 zeigte er seinem Gegenüber in West-Berlin, und damit Wehner, die Möglichkeit auf, Häftlingsfreikäufe und Familienzusammenführungen zu beschleunigen. Dazu schrieb Vogel: »Ich habe keinerlei Weisung, auf Beschleunigung hinzuwirken. Meine Besorgnis rechtfertigt sich einzig und allein aus dem täglichen Umgang mit den Betroffenen.«[70]

Die formal unpolitische Anwaltsebene Stange-Vogel erwies sich als nötig, da die Regierungen in keine offiziellen Verhandlungen eintreten konnten und wollten. Hilfsorganisationen wie das Deutsche Rote Kreuz und das Evangelische Hilfswerk wurden eingeschaltet, da sie für karitative Aufgaben zuständig waren und über das nötige Know-how sowie Beziehungen über die Grenze hinweg verfügten. Ein wichtiger Anlaufpunkt war das Haus Victoria des ehemaligen schwedischen Opernsängers Carl Gustaf Svingel, eine Villa im Grunewald, welche die schwedische evangelische Kirche ihm für »Altenbetreuung« zur Verfügung gestellt hatte und die Svingel für vielfältige humanitäre Aktionen nutzte. Hier fanden Flüchtlinge und Freigekaufte häufig eine erste Unterkunft[71].

Bezahlen mußte die Freilassungen freilich die Bundesregierung, und zwar das Bundesministerium für gesamtdeutsche Fragen. Seit den ersten Freikaufaktionen umfaßten die Listen jeweils 26 Personen, für die insgesamt 300 000 DM gezahlt wurden. Dieses Geld wurde nicht bar ausgezahlt oder überwiesen, sondern es handelte sich um eine Gutschrift, für welche die DDR Warenlieferungen bekam. Hierüber wurde ein recht formloser Vertrag zwischen dem DDR-Außenhandelsministerium und dem Diakonischen Hilfswerk der evangelischen Kirche geschlossen. So sah eine Vereinbarung vom 19. Juli 1968 beispielsweise die Lieferung von Phosphordünger, Antimon und Nickel im Werte von 15 Millionen DM vor. Am Ende des knappen Textes hieß es: »Die Erfüllung dieser Vereinbarung steht in unmittelbarem Zusammenhang mit der Abwicklung gegebener Zusagen.« Allein in Häftlinge umgerechnet waren dies 1300 Freikäufe. Aber mittlerweile, seit 1965/66, waren zu den Haftfällen noch Familienzusammenführungen hinzugekommen. Die wirtschaftlichen Gegenleistungen der Bundesregierung beliefen sich bis Januar 1969 auf insgesamt 186 403 833,99 DM, davon 32 400 000 DM für Familienzusammenführungen[72].

Herbert Wehner war, wie Greta berichtet, durch Barzel unmittelbar von dem ersten Angebot der DDR unterrichtet worden, Häftlinge gegen Geld zu tauschen. Sie erinnert sich, ihn zum Ministerium gefahren zu haben, welches damals südlich des Bonner Hofgartens gelegen war. Wehner habe ihr Andeutungen über das Gesprächsthema gemacht. Von da an nutzte er sein Wissen um die Freikaufaktionen zur Hilfe in Einzelfällen. So machte er Minister Mende Anfang 1966 auf die Notlage einer Familie aus der Nähe von Zwickau aufmerksam. Aber er wandte sich auch an Kurt Wagner vom DRK-Suchdienst. Übereinstimmend mit diesem riet er dem Betroffenen, sich auf die Hilfe von Rechtsanwalt Vogel zu verlassen[73].

Als Wehner Minister wurde, nahm er die Dinge beherzt in die Hand. Sven Backlund, damals schwedischer Generalkonsul in West-Berlin, hatte aufgrund einer persönlichen Angelegenheit über Svingel Kontakt zu Wolfgang Vogel aufgenommen. Backlund riet Wehner, sich direkt mit Vogel in Verbindung zu setzen. Nur wenige Tage nach der Regierungsbildung, Anfang Dezember 1966, fand das erste Treffen zwischen beiden statt[74].

Nach dem ersten Gespräch hatten Kirche und Ministerium den Eindruck, daß Vogel »schon jetzt neue Listen mit Familienzusammenführungsfällen« vorbereite. Wehner war generell für eine Ausweitung der Freikäufe, und zwar unter Hintanstellung formaljuristischer oder grundsätzlich politischer Bedenken. »Wenn wir die Ost-Beziehungen normalisieren, muß man auch diese Seite der Sache regeln«, notierte er. Dies sahen Teile seines Ministeriums anders. Rehlinger fürchtete Anfang 1967, die DDR sei bemüht, ein Dauergeschäft aus den Aktionen zu machen. Die Erfüllung all ihrer Wünsche bedeute eine uferlose Ausweitung. »So sehr die Bundesregierung aus humanitären Gründen verpflichtet ist, sich für die politischen Häftlinge in der SBZ einzusetzen, kann dies doch nicht dazu führen, daß alle Angebote der SBZ angenommen werden müssen.«[75]

Vogel jedenfalls ermunterte sein westdeutsches Gegenüber Stange, sich für die schnelle Gutschrift von Mitteln für weitere Aktionen einzusetzen. Mitte Januar 1967 teilte er die Betroffenen in vier Kategorien ein. »H-Fälle« waren »Häftlinge mit längerer Bestrafung«. Unter »F-Fällen« verstand Vogel Familienzusammenführungen, also Personen, die Ausreiseanträge gestellt hatten, um zu Angehörigen im

Westen zu gelangen. »K-Fälle«, das waren Minderjährige, die zu ihren Eltern bzw. Elternteilen ausreisen sollten. Außerdem, und das war neu, nannte Vogel noch eine Mischform, nämlich »HFZ-Fälle«, Menschen, die direkt nach dem Strafvollzug zur Familienzusammenführung nach West-Berlin entlassen werden sollten. Das waren vor allem Personen, die Fluchtversuche zu nahen Angehörigen im Westen unternommen hatten, oder Fluchtversuche mit besonders tragischen Begleitumständen. Vogel gab ein Beispiel: »Der westdeutsche Student X leistet seiner in der DDR wohnhaften Verlobten in Bulgarien Fluchthilfe. X wird in Bulgarien mit sechs Monaten bestraft und nach Verbüßung in die Bundesrepublik entlassen. Die Verlobte wird an die DDR ausgeliefert. Die U-Haft wird unterbrochen, weil in anderen Umständen. Nach Niederkunft Prozeß. Bestrafung mit einem Jahr und sechs Monaten, Ladung zum Strafantritt, Säugling im Heim. Erfolgt eine vorzeitige Haftentlassung nach Westberlin, so wären die Verlobten mit dem Säugling auf dem schnellsten Wege vereint.« Rehlinger riet, die von Vogel genannten Bedingungen im einzelnen kritisch zu überprüfen, sich aber grundsätzlich auf die Aktion einzulassen[76].

Die Sache hatte jedoch einen Pferdefuß. Zwischen Herbst 1966 und Sommer 1968 wurden 1300 Familienzusammenführungen, 400 »Kinderrückführungen« (ohne finanzielle Gegenleistung) und knapp 1500 Häftlingsfreilassungen (nach West und Ost) durchgeführt. Dann, im Sommer 1968, verhängte »die andere Seite« im Zusammenhang mit dem Fall Felfe eine totale Sperre[77].

Heinz Felfe hatte als Referatsleiter im Bundesnachrichtendienst jahrelang Geheimnisse an die Sowjets verraten. 1961 war er verhaftet und später zu 14 Jahren Freiheitsentzug verurteilt worden. Schon seit 1966 war Wolfgang Vogel mit dem Fall befaßt. Die bundesdeutschen Behörden weigerten sich aber, den Top-Spion freizugeben. Daraufhin brach die DDR alle Gespräche über humanitäre Angelegenheiten ab. Nun trat Wehner auf den Plan. Er stellte zusammen mit Svingel eine Liste mit Namen von 29 Personen zusammen, die der Westen für Felfe freibekommen sollte. Der Bundesnachrichtendienst bremste jedoch. Bundeskanzler Kiesinger weigerte sich, den Handel zu genehmigen. Im Januar 1969 sprach Wehner mit Kiesinger über die Sache. Der Kanzler meinte zunächst, er wolle erst einmal die Akten studieren, das könne Stunden dauern. Wehner erwiderte, er habe Zeit und genügend

Butterbrote dabei. Der Kanzler meinte, Wehner sei unverbesserlich, und sagte die Begnadigung Felfes zu. Damit war der Bann gebrochen. Am 12. Februar konnte Wehner Kiesinger mitteilen, die »Zug-um-Zug-Erledigung der Freigaben« sei im Gang. Schon am 4. Februar hatte Vogel an Stange geschrieben, die DDR sei nunmehr bereit, die »unterbrochene H-Aktion« fortzusetzen, und auch die Sperre für die Familienzusammenführung wurde aufgehoben[78].

In der Ministerzeit Herbert Wehners wurden die Häftlingsfreikäufe und Familienzusammenführungen intensiviert und verstetigt. Die Kategorien von »Fällen« wurden über Häftlinge mit Langzeitstrafen und reine Familienzusammenführungen hinaus ausgeweitet. Was als einzelne Aktionen begonnen hatte, wurde zur ständigen Einrichtung. Am 1. August 1969 stellte der Generalstaatsanwalt der DDR eine Vollmacht für Vogel aus. Sie lautete: »Die Regierung der Deutschen Demokratischen Republik bestellt Sie mit sofortiger Wirkung bis auf schriftlichen Widerruf als ständigen Rechtsberater und in besonderen Fällen als Rechtsvertreter. Diese Bestellung erstreckt sich insbesondere auf die Wahrnehmung der Interessen der Deutschen Demokratischen Republik gegenüber der Bundesrepublik Deutschland, der besonderen politischen Einheit Westberlin und gegenüber anderen Staaten.« Das war sehr weit auslegbar. Herbert Wehner hatte auf eine solche Formalisierung der Rolle Vogels gedrängt[79].

Wehner wollte eigentlich mit Geheimdienstleuten nichts zu tun haben. Er war der Meinung, daß die »Agenten des Herrn Gehlen« anders als Fluchthelfer, politische Häftlinge und Ausreisewillige ein Berufsrisiko hatten. Fälle wie Felfe und dessen Gegenspieler sollten daher getrennt von den übrigen Freikaufaktionen behandelt werden. Aber die östliche Seite schnürte ein Paket zwischen dem Agentenfall Felfe und den »H und F Fällen«. Wehner entschied, die politischen Bedenken hintanzustellen und etwas für die Menschen zu tun. Auch im Frühjahr 1969, als es darum ging, ob die Bundesversammlung zur Wahl des Bundespräsidenten in West-Berlin tagen sollte, sprach Wehner sich dagegen aus, Gradl zufolge mit dem Hinweis, »man müsse auch an die Menschen denken, die unter etwaigen Schwierigkeiten zu leiden hätten«[80].

Wehner wäre allerdings kein Politiker gewesen, wenn er nicht versucht hätte, den Draht über Wolfgang Vogel auch für politische Zwekke zu nutzen. Im Februar 1969 deutete der Anwalt an, die DDR könne

Gegenmaßnahmen ergreifen, wenn die Wahl des Bundespräsidenten in Berlin abgehalten werde. Dies nahm Wehner zum Anlaß für einen Vorstoß. Kiesinger hielt er darüber auf dem laufenden. Er schrieb Vogel, die Bundesregierung habe zu verstehen gegeben, »daß ein überzeugender Beitrag in Richtung größerer Freizügigkeit in Berlin sie veranlassen würde, den Tagungsort der Bundesversammlung zu verlegen«. Als Beispiel nannte er Reiseerleichterungen für West-Berliner in die DDR. Hier trat der DDR-Generalstaatsanwalt jedoch auf die Bremse. Man solle die Treffen zwischen Vogel und Wehner erst in einigem Abstand von den »turbulenten Tagen« um die Wahl des Bundespräsidenten in Berlin am 5. März fortsetzen. Streit ließ Vogel an Wehner ausrichten, man bewerte »diesen Draht auch später als sehr nützlich, es wäre falsch, ihn mit undurchsichtigen Themen zu belasten«[81].

Gerade in der Zeit der Großen Koalition erreichten die Kampagnen des MfS gegen Herbert Wehner ihren Höhepunkt. In den Jahren 1966 und 1967 führte die Staatssicherheit umfangreiche »Befragungen« von alten Bekannten Wehners wie Richard Stahlmann, Max Seydewitz oder Bruno Goldhammer durch. Ein Dr. Horst Schneider belegte im Mai 1969 in einem Traktat in der Wochenbeilage des in Dresden erscheinenden damaligen SED-Blatts ›Sächsische Zeitung‹ Wehner mit den Begriffen »Zuhälter«, »Provokateur«, »skrupelloser Verräter« und »Renegat«. Da hieß es: »Wieder sind die rechten SPD-Führer Spalter der Arbeiterbewegung und im buchstäblichen Sinn Büttel der Bourgeoisie, aber ihre Rolle ist heute noch tausendmal erbärmlicher als vor vierzig Jahren; denn heute existiert in Gestalt der DDR ein sozialistischer deutscher Staat, der Leuchtturm des Friedens und des Sozialismus in Deutschland, den die Wehner unterhöhlen und beseitigen möchten.«[82]

Heimlich Geschäfte mit Wehner zu machen, dazu fand sich die DDR bereit. Auf politische Verhandlungen mit dem »Verräter« mochte sich der »sozialistische deutsche Staat« des Walter Ulbricht nicht einlassen, schon gar nicht mit einem Minister, dessen Amt einen gesamtdeutschen Anspruch verkörperte.

Neben der »großen Politik« in Parlament, Regierung und Partei wurde die Hilfe für die Menschen im geteilten Deutschland, wurden die »HW-Fälle«, wie Wolfgang Vogel sie fortan nannte, zum zweiten Standbein der Arbeit Herbert Wehners. Wenn er in ihr, allen Anfeindungen zum Trotz, nicht verzweifelte, dann lag dies mit daran, daß solch vordergründig unpolitisches und persönliches Helfen sein Tun mit Sinn erfüllte.

Viel Zeit zu einem Privatleben außerhalb der Politik blieb für Wehner nicht. Da waren die »schlicht-schönen Insel-Sommer« auf Öland, der Versuch, in Bonn frühmorgens regelmäßig in die Schwimmhalle zu gehen, sowie das gemütliche Heim der Familie im Reihenhaus auf dem Godesberger Heiderhof[83].

Einen Einblick bekam die Frauenzeitschrift ›Jasmin‹, die im August 1968 eine »Home Story« über Lotte Wehner veröffentlichte. Dabei ging es vor allem um die menschlichen Seiten ihres Mannes. Zu seiner 126 Pfeifen umfassenden Sammlung meinte Lotte, er sei mindestens sosehr mit der Pfeife verheiratet wie mit ihr, und Greta fügte hinzu, wenn er schreibe, dann müsse immer die Pfeife qualmen. Die Leserinnen erfuhren, daß Wehner abends gerne Tschaikowsky und auch Mozart höre. Eine besondere Vorliebe hatte er für den Dresdner Kreuzchor.

Zur Einrichtung stellten die kundigen Journalisten fest: »Modisch-luxuriöser Firlefanz hat hier keinen Platz.« Aber nicht nur im von Lotte fachmännisch gepflegten Garten, sondern auch im Haus fanden sich zahlreiche Blüten. Lotte Wehner meinte dazu: »Ich kann mich nicht erinnern, daß mein Zimmer jemals ohne Blumen war. Das vergißt er nie.« Selbst nach dem Inhalt der Kleiderschränke wurde sie gefragt. Die alten, die er kaum noch trage, mitgerechnet, so gab Lotte an, besitze Wehner etwa 15 Anzüge (Greta Wehner erinnert sich an lediglich 5 bis 10), die meisten von der Stange.

Als stellvertretender Parteivorsitzender, Bundesminister und Bundestagsabgeordneter verdiente Wehner alles in allem etwa 13 000 DM im Monat. Einen erheblichen Teil davon verschlang allerdings der Aufwand, den die Ämter mit sich brachten. In der Ministerzeit, so erinnert sich Greta Wehner, kam die Familie erstmals mit dem Geld gut über den Monat. Auf Versammlungsreisen mußte sie nicht mehr nach den billigsten Unterkünften suchen, sondern sie konnte nun Hotelzimmer mit Bad nehmen. Das erleichterte die Strapazen etwas, denn Wehner war nach seinen Reden immer völlig durchgeschwitzt.

Zu Hause sei Wehner sehr ordentlich, »ich als Hausfrau kann überhaupt nicht klagen«, sagte Lotte, denn sie brauche ihm nie etwas nachzuräumen, sogar seine Aschenbecher leere er selbst. Allerdings, so fand sie, treibe er es mit seiner »Gutartigkeit und Hilfsbereitschaft manchmal zu weit«. Er könne einfach nicht nein sagen und halse sich zu viele Dinge auf. Schon immer habe Wehner einen 18-Stunden-Tag gehabt. Oft stehe er schon um fünf Uhr auf, frühstücke Eier im Glas sowie reichlich Wurst und Schinken von einem sächsischen Schlachter, den Lotte in Villip, einem Dorf zwischen Bad Godesberg und Meckenheim, ausfindig gemacht hatte.

Die Reporter fragten auch, wie sich sein »berühmt-berüchtigtes vulkanisches Temperament« zu Hause bemerkbar mache. Hier mußte Lotte Wehner jedoch passen: »Gar nicht, er ist ja gar kein Choleriker, das scheint nur so. Mein Mann kann nicht anders – wenn er etwas tut, dann tut er es mit ganzer Kraft, mit voller Hingabe, ob das nun eine alte Oma ist, die Hilfe braucht, oder ein Gesetz, das er für nötig hält.« Vielleicht mache er aber den Fehler, von allen anderen die gleiche Hingabe zu erwarten wie von sich selbst, und das führe dann leicht zu Ungeduld[84].

Bei vielen gesellschaftlichen Gelegenheiten mußte Greta ihre herzkranke Mutter als Begleiterin vertreten. So bei der Einweihung der restaurierten deutschen Botschaft in Paris im Februar 1968. Zu diesem mehrtägigen Termin war Außenminister Willy Brandt verhindert, und als sein protokollarischer Stellvertreter mußte Herbert Wehner dorthin. Am ersten Abend hatte er ein Vier-Augen-Gespräch mit de Gaulle. Greta, ganz pragmatisch, trug beim Festessen von einer Schneiderin abgeänderte Kleidung ihrer Mutter. Für einen offiziellen Empfang bei de Gaulle am folgenden Morgen hatte sie sich aus Gründen der Etikette ein neues Kleid mit kleinem Hut und Handschuhen schneidern lassen. Letztere blieben jedoch ungenutzt, denn aus der Teilnahme am Empfang wurde nichts. Aufgrund der Falschmeldung einer Presseagentur, Brandt habe auf einer Veranstaltung in Ravensburg den französischen Staatspräsidenten für verrückt erklärt, war de Gaulle so verärgert, daß er Wehner kurzerhand auslud. Statt dessen lud Jean Monnet, ihm als Mitstreiter für die Vereinigten Staaten von Europa nach wie vor freundschaftlich verbunden, die Wehners privat zum Essen ein. Greta fand das ohnehin schöner als den formellen Empfang. Wehner war nicht der einzige Ausgeladene. Neben ihm durfte auch sein Kabinettskollege Kurt Schmücker (CDU) nicht teilnehmen. Dennoch spürte er die Kränkung. Er verhielt sich still, schrieb aber an Heinrich Krone: »In solchen Situationen wird einem sehr bewußt, daß man als nicht dazugehörig angesehen wird.«[85]

Strittige Themen

In der Außenpolitik mühte sich Außenminister Willy Brandt, so manchen alten Zopf abzuschneiden. Anfang 1967 tauschte die Bundesrepublik Botschafter mit der Volksrepublik Rumänien aus, ohne weitere Vorbedingungen zu machen. Nun untersagte die Sowjetunion ihrerseits den Ostblockländern, Beziehungen zur Bundesrepublik zu unterhalten, solange diese nicht die DDR anerkenne. Aber der Bann war gebrochen. Im Januar 1968 wurden die diplomatischen Beziehungen zu Jugoslawien wieder aufgenommen. Sie waren 1957 von der Bundesrepublik abgebrochen worden, nachdem die Balkanrepublik die DDR anerkannt hatte.

Bei Rumänien und Jugoslawien handelte es sich um kommunistisch regierte Länder in Europa. Zum Streit in der Regierung kam es, als im Frühjahr 1969 die DDR und das Entwicklungsland Kambodscha Botschafter austauschten. Die Union forderte den Abbruch der diplomatischen Beziehungen. Im engeren Zirkel der Großen Koalition, dem »Kreßbronner Kreis«, stritt Wehner mit Kiesinger. Der Minister war gegen den Abbruch. Es sei kindisch, im Falle Kambodschas eine solch dramatische Entscheidung zu treffen. Ost-Berlin werde daraus Kapital schlagen. Kiesinger widersprach: Die Bundesregierung sei verpflichtet, einen »Erdrutsch« der diplomatischen Anerkennung der DDR zu verhindern. Schließlich einigte man sich, die Beziehungen zu Kambodscha lediglich »einzufrieren«, woraufhin dann allerdings das asiatische Land selbst die diplomatischen Beziehungen abbrach. Wehner nahm Stellung: Natürlich sei das Vorgehen Kambodschas ein unfreundlicher Akt, der auch so benannt werden müsse. Auf keinen Fall aber dürfe es einen Automatismus geben. »Daß man weg will von dem, was man eine Doktrin genannt hat, ist auch die Meinung des Bundeskanzlers, und ich nehme an, der meisten seiner Parteifreunde im Kabinett.« Die Hallstein-Doktrin, die Staaten, die diplomatische Beziehungen mit der DDR unterhielten, mit dem Abzug des bundesdeutschen Botschafters drohte, war damit aufgegeben und durch Einzelfallentscheidungen ersetzt[86].

Brandt dachte einmal mehr an Rücktritt und fühlte sich in der siebenstündigen Sitzung am 2. Juni von Wehner und Schmidt im Stich gelassen, da diese am Ende mit dem »Einfrieren« der Beziehungen zu Kambodscha doch einen Kompromiß eingegangen waren. Wehner selbst fühlte sich ebenso allein gelassen. Er schrieb am folgenden Tag an Lotte über das »Wolfsgesetz«, das in der SPD herrsche: »Heute früh, als die nächtliche grausige Sitzung ihr Ende gefunden hatte und die Leute in den schon hellen Morgen hineingingen, die eben noch kaum fähig gewesen waren, zueinander oder wenigstens zur Erfüllung ihrer Pflicht miteinander zu finden, hörte ich ein hartes Gelächter mir bekannter Stimmen, es klang herzlos und so, wie Kerle nach dem Erzählen schweiniger Witze lachen.« Willy Brandt flüchtete sich zuweilen in eine herbstlich-depressive Grippe; Herbert Wehner fraß Kränkungen und Herzlosigkeiten in sich hinein – spätere Explosionen an anderer Stelle nicht ausgeschlossen[87].

Ein weiteres strittiges Thema zwischen den Koalitionspartnern stellte die Frage nach der künftigen deutschen Ostgrenze dar. Sowohl SPD als auch CDU/CSU hatten die Gültigkeit der Oder-Neiße-Linie als Westgrenze Polens bisher stets bestritten. Die Grenzfrage sollte endgültig in einem Friedensvertrag mit dem wiedervereinigten Deutschland geregelt werden. Dabei werde die Bundesrepublik von den alten Grenzen von 1937 ausgehen. Wehner hatte diesen Standpunkt auch der SPD in der ersten Hälfte der sechziger Jahre immer wieder unterstrichen. Er hatte sich um intensive Kontakte der Sozialdemokratie zu den Vertriebenenverbänden bemüht. Dabei war es ihm aber vornehmlich um den Gewinn innenpolitischer Bündnispartner gegangen. Jetzt, in der Regierung, unter dem Druck, Außen- und Entspannungspolitik machen zu müssen, sah die Sache anders aus. Vorsichtig begann er schon wenige Tage nach der Regierungsbildung eine Kurskorrektur anzudeuten. Mit einer rhetorischen Frage in einem Interview schlug er die Richtung ein: »Worauf kommt es an, auf die Wiedervereinigung von Quadratkilometern oder auf die Wiedervereinigung der deutschen Menschen?«[88]

Im Februar 1967 erklärte Wehner im Rundfunk, die Bundesregierung habe »den lebhaften Wunsch auch nach einer Aussöhnung mit

Polen, dessen leidvolle Geschichte wir nicht vergessen haben«. Der Austausch von Gewaltverzichtserklärungen könne bis zu einer frei vereinbarten Regelung mit einer gesamtdeutschen Regierung eine Brücke sein. Deutsche Politik dürfe sich in der Aussöhnung mit den Nachbarvölkern nicht durch eifernde Rechthaberei beirren lassen. Gegenüber den heimatvertriebenen Landsleuten, die »zu uns« gehörten, habe die Bundesrepublik eine Obhutspflicht. Mit diesen Äußerungen blieb Wehner noch auf der alten Linie, aber eine künftige Entwicklung hin zu einer zumindest de-facto-Anerkennung der geschaffenen Realitäten hatte er mehr als nur angedeutet[89].

Als der Hessische Rundfunk ihn einige Wochen später nach den künftigen Grenzen Deutschlands fragte, antwortete Wehner mit seiner Faustregel: »Wir wollen ja für die Deutschen so viel wie möglich von Deutschland retten.« Sich nach den Möglichkeiten zu richten, bedeutete jedoch etwas anderes als alte Rechtsstandpunkte zu vertreten. In diese Richtung ging es scheibchenweise weiter. Im Juni 1967 befürwortete Wehner einen Gewaltverzicht hinsichtlich aller gegenwärtigen Grenzen in Europa. Und auf dem Deutschlandtreffen der Schlesier unterstrich er einige Wochen später: »Solange die Grenze so ist wie jetzt, wird sie nicht angetastet.«[90]

Einen vorläufigen Schlußpunkt dieser Entwicklung stellte der Beschluß des Nürnberger Parteitags der SPD im März 1968 dar. Darin bekundete die Partei den Willen, die bestehenden Grenzen in Europa, insbesondere die polnische Westgrenze, »zu respektieren und anzuerkennen«, bis sie in einer friedensvertraglichen Regelung endgültig festgelegt würden. Teile der Vertriebenenverbände wollten das nicht akzeptieren. Sie forderten weiter eine Revision der Grenzziehung von 1945 und stellten eine Versöhnung in Europa in Frage. Als Herbert Wehner im August 1969 vor den ostdeutschen Landesvertretungen in Bonn-Bad Godesberg sprach, kam es zu empörten Zwischenrufen, als Wehner erklärte: »Unser Volk ist grausam gestraft worden, daß in seinem Namen anderen schreckliches Unrecht zugefügt werden konnte.« Wehner war für die Versöhnung mit Polen, und er betonte, von »Blut und Boden« halte er nichts. Illusionslose Politik, so war er überzeugt, bedeute, »keine falschen und uneinlösbaren Versprechen zu machen«[91].

Mit solchen Versprechungen oder Forderungen verschaffte sich zur

Zeit der Großen Koalition eine rechtsextreme Partei Aufmerksamkeit, der es gelang, in mehrere Landtage einzuziehen: die »Nationaldemokratische Partei Deutschlands« (NPD). Dabei war der Erfolg der Rechten keineswegs eine Folge der Großen Koalition. Als die NPD im Herbst 1966 in Hessen und Bayern den Durchbruch schaffte, regierte noch Ludwig Erhard.

Wehner lehnte jede Zusammenarbeit mit der NPD ab. In einer Umfrage des ›Stern‹ unter Politikern meinte CSU-Chef Strauß, es sei »wohl an der Zeit, einmal einen Schlußstrich« unter die deutsche Vergangenheit zu ziehen. Der FDP-Vorsitzende Mende vertrat die Auffassung, es sei jahrelang der Fehler gemacht worden, die deutsche Geschichte als »einzige Verbrechenschronik zu werten, statt in ausgewogener Darstellung Licht und Schatten zu zeigen«. Herbert Wehner hielt nichts davon, selbst die Themen der Rechtsextremen zu besetzen und sie mit billigen nationalistischen Parolen zu übertrumpfen. Das Vertrauen in die parlamentarische Regierungsform werde auf keinen Fall gefestigt, wenn die Politik ihr Handeln direkt oder indirekt von der NPD bestimmen lasse[92].

Wehner war für eine harte Linie im Umgang mit den Rechtsextremen. Ende 1967 sprach er sich für ein Verbot der Partei aus. Man solle es nicht der Demokratie überlassen, ob sie »ein zweites Mal ins Unglück befördert« werde. Die NPD sei eine Erscheinung, die an die NSDAP anknüpfe. Hier gehe es nicht um juristische Akribie, sondern darum, »die Wiederholung des schrecklichen Unglücks zu verhindern, das die NSDAP bedeutet hat. Wer argumentiert, daß diese Leute ja schon in Landtagen sitzen und deshalb akzeptiert werden müssen, der hat – ob bewußt oder unbewußt – im Grunde schon kapituliert.«[93]

Die verfassungsrechtliche Möglichkeit eines NPD-Verbots ließ Wehner in seinem Ministerium überprüfen. Die Beamten kamen zu dem Ergebnis, daß dies nicht völlig aussichtslos, aber »nicht recht wahrscheinlich« sei. Voraussetzung sei wohl eine Verschärfung der Prüfmaßstäbe. Er brachte das Thema im Herbst 1968 auch in die Diskussion des Bundeskabinetts ein, blieb aber in der Minderheit. Kiesinger erklärte, der Präsident des Bundesverfassungsgerichts habe ihm gesagt, ein Verbotsantrag sei aussichtslos. Im übrigen werfe ein NPD-Verbot die Frage auf, wie mit der in Gründung befindlichen Deutschen Kommunistischen Partei (DKP) umzugehen sei[94].

Inhaltlich sprach Wehner der NPD das Recht ab, für die deutsche Nation zu sprechen. In Abwandlung eines seiner Standardzitate von Kurt Schumacher erklärte er 1969 vor dem Kuratorium Unteilbares Deutschland: »National sein können in Deutschland nur diejenigen, die ein Deutschland schaffen helfen wollen, das die Wiederholung der Schrecken der Vergangenheit ausschließt.« Dazu gehöre es, demokratisch zu sein und demokratisch zu handeln sowie sich für die europäische Vereinigung einzusetzen. Einen statischen Nationsbegriff lehnte Wehner ab. Beim Nationalgefühl handle es sich um das »Zugehörigkeitsgefühl zu den Menschen der gleichen Sprache und des gleichen historischen Hintergrunds«. Dies sei etwas Selbstverständliches und bedürfe nicht der ständigen Betonung. Diejenigen, die allerdings meinten, der »nationale Begriff« ließe sich ausradieren, irrten sich. Das getrennte deutsche Volk werde immer wieder vor die Problematik gestellt werden, wie es denn in diesem Zustand an den Bemühungen um europäisches Zusammenwirken teilhaben solle[95].

Das »Ringen um die demokratische Lösung der nationalen Frage des deutschen Volkes«, also der Kampf für die freie Entscheidung der Deutschen über ihre staatliche Verfassung, bildete für Wehner den Dreh- und Angelpunkt der Großen Koalition. Er wollte, unter der Führung der SPD, die demokratischen Kräfte »der politischen Mitte und links von der Mitte« zusammenführen, um einen Interessenausgleich in Europa sowie die soziale Ausgestaltung der Demokratie in Deutschland erreichen zu können. Wehner bemühte sich, die Mitte gemeinsam handlungsfähig zu machen und die Politik mit einer möglichst großen Mehrheit zu machen, denn die »eigentliche Opposition« in Deutschland, das sei die SED[96].

Während Wehner in der Großen Koalition auf die Konzentration der Kräfte in der Mitte setzte, erstarkten die politischen Ränder. Vertriebenenfunktionäre und NPD verführten Teile von CDU und CSU zum Rückfall in starre, entspannungsfeindliche Positionen. Und auf der Linken trat, von den Hochschulen ausgehend, die »Außerparlamentarische Opposition« auf, die Teile der SPD in ihren Bann schlug. Dabei war auch das Aufkommen der radikalen Linken keine Folge der Bildung der Großen Koalition. Ähnliche Bewegungen des Aufbegehrens gegen das »Establishment« gab es damals in ganz Westeuropa und den USA. In ihren konkreten Formen allerdings wandte sich die »Neue Linke« in der Bundesrepublik Deutschland gegen die Politik der Großen Koalition.

Es begann Mitte der sechziger Jahre, von Berlin ausgehend, mit studentischen Protesten gegen verkrustete Strukturen an den Hochschulen. Kern der Bewegung wurde der aus der SPD verbannte SDS. Marxistische, antikapitalistische, anarchistische Positionen gewannen in der jungen Generation an Boden. Die Bewegung erfaßte große Teile der Jugend in der gesamten Bundesrepublik. Neue Protest- und Lebensformen wurden erprobt. Im Generationskonflikt wurde das Beschweigen der NS-Vergangenheit durch die ältere Generation attackiert. Tabuverletzung wurde zum Prinzip. Das Jahr ihres Höhepunkts, 1968, gab der Bewegung ihren Namen: die Achtundsechziger. Vorbei war es mit der Unlust am Experimentieren, mit politischer Verknöcherung und teilweiser Verspießerung, wie sie die Adenauer-Ära geprägt hatten. Etablierte Kräfte wie beispielsweise die sich nach rechts wendende Springer-Presse reagierten oft mit Unduldsamkeit auf einen Teil der Jugend, welcher in seinen Protestformen gleichermaßen intolerant war.

Die Polarisierung der Gesellschaft traf die von Herbert Wehner seit 1960 ins Werk gesetzte Politik der demokratischen Konzentration in der Mitte auf dem falschen Fuß. Großen Teilen der protestierenden jungen Generation erschien die Volkspartei SPD nun als »Anpassungspartei«. Für sie gehörte die Sozialdemokratie in der Großen Koalition zum »Establishment«, das es zu bekämpfen galt[97].

Aufhänger der Auseinandersetzung wurde der Streit um die Notstandsgesetze, welche auch in großen Teilen der Gewerkschaften umstritten waren. Diese befürchteten, eine solche Gesetzgebung könne Eingriffe in die Rechte der Arbeitnehmervertretungen und in das Streikrecht mitbringen. Der SPD in der Regierungskoalition gelang es, die Notstandsverfassung in den Beratungen von Regierung, Parlament und Ausschüssen mehrfach zu »entschärfen«, und trotz öffentlicher Protestaktionen verabschiedete der Bundestag die erforderliche Verfassungsänderung am 30. Mai 1968 mit Zweidrittelmehrheit. Dagegen stimmten 46 Abgeordnete der FDP, 53 der SPD sowie ein CDU-Abgeordneter[98].

Für Herbert Wehner, der schon seit den fünfziger Jahren bereit gewesen war, an den Notstandsgesetzen mitzuarbeiten, waren die Gesetze notwendig. »Es muß sein«, überschrieb er im Mai 1968 einen Artikel für seine Harburger Wähler. Niemand werde durch die Gesetze bedroht, es gebe keine allgemeinen Dienstverpflichtungen, kein Arbeitskampf werde verboten, es sei kein Einsatz der Bundeswehr gegen Zivilisten vorgesehen, und die Rechte des Parlaments würden zu keiner Zeit aufgehoben. Es sei notwendig, die Kräfte und Energien auf die Politik zu konzentrieren, deren Ziel es sei, zu verhindern, »daß die Schutzgesetze jemals in Kraft gesetzt werden müssen«. Am Ende behielt Wehner recht. Es kam nie zur praktischen Erprobung der Notstandsgesetze[99].

Im Frühjahr 1968 mußte Wehner öffentlich an mehreren Fronten zugleich kämpfen. Von den Vertriebenenverbänden hagelte es Kritik an den Beschlüssen des Nürnberger Parteitags von März 1968 zur Oder-Neiße-Linie: Die SPD betreibe »Verzichtpolitik«, sie sei »wortbrüchig« und wirke auf die Anerkennung hin. Dies, so Wehner in einem Gespräch mit der ›Welt‹ am 8. April 1968, sei »ungeheuerlich« und unzutreffend. Um die gleiche Zeit hatte Wehner schwere Auseinandersetzungen mit der außerparlamentarischen Opposition. Zu einer Wahlkampfveranstaltung der baden-württembergischen SPD mit Herbert Wehner in Heidelberg am 5. April lud auch der SDS ein. In einem Flugblatt forderte er die Studenten auf, sich Wehners »Sonntagsreden« nicht anzuhören, sondern mit dafür zu sorgen, daß »die Charaktermaske unter dem Ansturm derer fällt, die sich von den Schmierenkomödianten nicht mehr hypnotisieren lassen«[100].

In der Versammlung ging es lebhaft zu. Es kam zu Vorwürfen, die Bundesregierung unterstütze den Krieg in Vietnam, die SPD habe mit dem »Alt-Nazi« bzw. »Burgschauspieler« Kiesinger koaliert anstatt die Führungsverantwortung zu übernehmen. In der SPD gebe es keine innerparteiliche Demokratie mehr, die Notstandsgesetze seien »Verrat an der Arbeiterklasse«. Wehner habe sich von Kiesinger zum »Helfershelfer des Systems« machen lassen, das seine Krisen auf Kosten der arbeitenden Menschen bewältige. Die Studenten seien diejenigen, die anders als die Politiker die NPD bekämpften. Der Kampf gegen den Faschismus sei nicht nur gegen die NPD, sondern auch gegen die (von einem SPD-Oberbürgermeister geführte) Heidelberger Stadtverwaltung zu führen.

Herbert Wehner stellte sich der lautstark und polemisch geführten

Diskussion. Er ging auf alle Vorwürfe Punkt für Punkt ein. Er rief seine Kritiker auf, sie sollten sich mit den tatsächlichen programmatischen Positionen der SPD auseinandersetzen. Mit dem Eintritt in die Große Koalition habe die SPD die Massenarbeitslosigkeit und damit eine Verelendung der Massen verhütet. Er verglich den Vorwurf an die Stadtspitze von Heidelberg mit den dreißiger Jahren, als Brüning als Faschist beschimpft und die Sozialdemokraten als Sozialfaschisten verleumdet wurden. Die Erfolge der NPD würden aufhören, »wenn die Demokraten die Demokratie stärken, statt sie zu unterhöhlen«[101].

Kurt Georg Kiesinger fühlte sich durch Wehners Beispiel angespornt. In einem Pressegespräch meinte er, der Minister sei in Heidelberg von seinen Parteifreunden im Stich gelassen worden. Über drei Stunden habe er völlig allein »gegen diesen Ansturm« angehen müssen. Der Kanzler sah sich in der Pflicht. Es gehe für ihn darum, die Gewalttätigkeiten zu beenden: »Ich kämpfe auch allein. Bei meiner nächsten Wahlreise werde ich allein vier Universitätsstädte besuchen. Ich werde nicht kneifen.«[102]

Mittlerweile hatte die Gewalt ihren Höhepunkt erreicht. Am 11. April 1968 verübte ein rechtsextremer Attentäter einen Mordanschlag auf den SDS-Führer Rudi Dutschke. Demonstrationen waren die Folge, es kam zu gewalttätigen Auseinandersetzungen. Steine flogen auf Polizisten und in Schaufenster. Justizminister Gustav Heinemann (SPD) mahnte zur Besinnung: »Wer mit dem Zeigefinger allgemeiner Vorwürfe auf den oder die vermeintlichen Anstifter oder Drahtzieher zeigt, sollte daran denken, daß in der Hand mit dem ausgestreckten Zeigefinger zugleich drei andere Finger auf ihn selbst zurückweisen.«[103]

Herbert Wehner rief ebenfalls zur gegenseitigen Toleranz auf. Er bezog sich auf eigene Erfahrungen, als er »schrille Ausrufe« sowie den Versuch, Redner niederzuschreien, kritisierte: »Die Schadenfreude am ›Fertigmachen‹ anderer wird gar nicht verhehlt.« Das sei aber nicht die alltägliche Wirklichkeit, sondern ein Zerrbild des Volkes. Um durch diese Wirrnis zu kommen, müßten alle lernen, zur Sache zu kommen. Rücksichtslosigkeit als Lebensprinzip passe nicht zur Demokratie. Am 19. April 1968 trafen Herbert Wehner, Helmut Schmidt, Alfred Nau und Gustav Heinemann in Bonn mit der Führung des Verbandes der Deutschen Studentenschaften zu einer politischen Aussprache zusammen. Die Atmosphäre war gespannt. Beide Seiten fanden dennoch den kleinsten gemeinsamen Nenner. Sie betonten das Recht auf Demonstrationsfreiheit und lehnten die Gewaltanwendung ab. Sie stimmten darin überein, daß geklärt werden müsse, »wo und von wem immer, zumal in den letzten Tagen, durch Demonstranten oder staatliche Organe gesetzwidrig gehandelt worden ist«[104].

In den folgenden Wochen verebbte die Welle des Protests allmählich. Aber wo »etablierte« Politiker öffentlich auftraten, kam es fast immer zu Störungen. Am 1. Mai 1968 sprach Herbert Wehner in Hamburg vor etwa 20 000 Kundgebungsteilnehmern. Der Hamburger DGB-Kreisvorsitzende wandte sich gegen die Notstandsgesetze und forderte das Verbot der NPD. Gleichzeitig rief er zur Gewaltlosigkeit auf. Von radikalen Gruppen wurde Wehner zu Beginn seiner Rede mit Pfiffen empfangen. Sprechchöre mit »Heuchler« und »Notstands-Wehner« versuchten, ihn zu übertönen. Wehner rief den Protestierenden zu: »Wer die Kräfte der Mitte schwächt, hilft dem Feind, der rechts steht.«[105]

Im April, in Heidelberg, hatte einer der studentischen Diskussionsredner behauptet, die Arbeiter würden den Studenten in ihrem Protest gegen »Staatsbürokratie und Kapital« folgen. Wehner setzte dem entgegen, die Arbeiter würden sich nicht bevormunden lassen. Damit behielt er recht. Es kam zwar beim Thema Notstandsgesetze zu einem punktuellen Zusammenspiel zwischen außerparlamentarischer Opposition und Gewerkschaften, ansonsten aber war der Katalog von Gemeinsamkeiten zwischen Sozialdemokratie und Gewerkschaften wesentlich größer. Er reichte von der Teilnahme des DGB an der »Konzertierten Aktion« bis zum Eintreten der SPD für die Mitbestimmung in den Betrieben[106].

Zur Zeit der Großen Koalition bot sich im Verhältnis zur katholischen Kirche die Gelegenheit zum Ausgleich von Gegensätzen. Der Weg dazu führte vor allem über die Schulpolitik, die allerdings Ländersache war. In Süd-Württemberg kam es zu einem Schulstreit zwischen der Landesregierung, an der die Sozialdemokraten beteiligt waren, und der katholischen Kirche. Es ging um die Einführung der bekenntnisübergreifenden Gemeinschaftsschule. Den SPD-Innenminister des Landes, Walter Krause, ermahnte Herbert Wehner, »nach Möglichkeiten zu suchen, die schließlich zu einem Kompromiß dienen könnten«. Im März 1967 notierte Wehner zu den organisatorischen Notwendigkeiten für die SPD, daß die Partei sich mit der Situation der Kirche nach dem großen Reformkonzil befassen solle. Carlo Schmid solle Spitzengespräche mit dem katholischen Klerus vorbereiten[107].

Im Juli 1967 kam es zu einem solchen Gespräch im Katholischen Büro in Bonn. Auf SPD-Seite nahmen neben Schmid auch Herbert Wehner, Georg Leber, Heinz Kühn und Waldemar von Knoeringen teil. In der Folge erarbeiteten beide Seiten gemeinsam einen Kompromiß, die »Thesen zur Schulpolitik«. Die Arbeiten an dem Papier zogen sich bis in den Herbst 1968 hinein, und Wehner war in allen Phasen intensiv an der Ausformulierung beteiligt. Die »Thesen« vom 3. Oktober 1968 befriedigten die Interessen beider Seiten. Für die SPD war wichtig, daß darin stand, das Schulwesen müsse primär nach pädagogischen und schulorganisatorischen Erfordernissen ausgerichtet werden, und alle Schulen seien verpflichtet, die »Schüler zu bewußten demokratischen Staatsbürgern zu erziehen«. Die Kirche fand sich besonders in der Formulierung wieder, die »gemeinsamen Grundsätze der christlichen Bekenntnisse« seien Grundlage für Unterricht und Erziehung in den öffentlichen Schulen. Wenn Eltern es wünschten, dürfe auch bekenntnismäßig geprägte Erziehung nicht ausgeschlossen werden[108].

Zwischen Wehner und Heinrich Tenhumberg, dem Leiter des Katholischen Büros in Bonn und späteren Bischof von Münster, entwickelte sich ein ausgesprochenes Vertrauensverhältnis. Als die katholische Kirche Anfang 1968 zu der Auffassung gelangte, die nordrhein-westfälische SPD/FDP-Landesregierung sei in ihrer Schulpolitik zu einseitig antikirchlich, schrieben Minister und Weihbischof sogar gemeinsam an Ministerpräsident Heinz Kühn. Sie baten ihn, die Wahlfreiheit der Eltern möglichst weitgehend zu wahren, ein Hauptschulwesen in freier Trägerschaft großzügig finanziell und rechtlich zu fördern und dafür Sorge zu tragen, daß der christliche Charakter der Gemeinschaftsschule in Absprache mit beiden Kirchen gesichert werde[109].

Ziel Wehners war die Überwindung der »Politisierung des Konfessionellen« und der »Konfessionalisierung des Politischen«. Er begrüßte den Einfluß der Kirche in der Politik, mahnte sie aber auch, den guten Willen und das positive Handeln nicht christlich gebundener Menschen weder zurückzustoßen noch geringzuachten. Der traditionelle Konflikt zwischen katholischer Kirche und Sozialdemokratie wich dem beiderseitigen Bemühen um gegenseitiges Verständnis und Interessenausgleich. Für die Wählbarkeit der SPD in katholischen Milieus war dies ein wichtiger Erfolg[110].

Neben Linksradikalen und Rechtsextremen in der Bundesrepublik gab es eine dritte politische Kraft in Deutschland, die kein Interesse an einem Erfolg der Großen Koalition hatte: die SED-Führung um Walter Ulbricht in der DDR. Alle drei Kräfte beteiligten sich auf ihre Weise und teils gemeinsam an den Bemühungen, Wehner zu verleumden. Dabei gab es Berührungspunkte. Aus Kreisen der »Außerparlamentarischen Opposition« stammte ein Raubdruck der ›Notizen‹, welcher 1969 erschien. Die anonym bleibenden Verfasser behaupteten in ihrer Einleitung, Wehner sei wie kein anderer an der »Fundierung eines ungeheuer breit angelegten, sich innerhalb der Institutionen mit zunehmender Beschleunigung vollziehenden Faschisierungsprozesses« beteiligt[111].

Die NPD wiederum verschaffte sich von Frederik die schwedischen Prozeßakten über Wehner. Am 11. Juli 1969 begann die ›Deutsche National-Zeitung‹ eine 12teilige Artikelserie unter dem Titel ›Spion gegen Deutschland. Herbert Wehners Vergangenheit nach geheimen Gerichtsakten‹. In der Einleitung forderte die Zeitung ihre Leser auf, möglichst viele Exemplare dieser Veröffentlichung zu verbreiten. Es liege im »Interesse des deutschen Volkes, daß möglichst viele Wahlberechtigte die Tatsachen erfahren«. 1967 hatte Erich Mielke, DDR-Minister für Staatssicherheit, herausgestellt, die »Kernfrage« in der »Untersuchung« gegen Wehner sei »pressemäßig« zu sehen: »Es gilt Wehner im Volk unmöglich zu machen.« Dabei scheute sich die SED nicht, über ihren freien Mitarbeiter Hans Frederik mit den Rechtsextremen gemeinsame Sache zu machen. ›National-Zeitung‹ und ›Neues Deutschland‹ spielten sich gegenseitig die publizistischen Bälle zu. Über Frederiks Verbindungen in den Osten war Wehner informiert. Im Sommer 1969 teilte er Rechtsanwalt Vogel mit, es werde keine Große Koalition mehr geben, und er selbst werde unabhängig davon nicht in eine neue Regierung gehen. Die Schuld daran habe Ost-Berlin. Er habe die Hoffnung gehabt, es könne zu einem Mindestmaß der Verständigung mit der SED kommen. Die jedoch paktiere lieber mit Strauß und Kiesinger und habe alles getan, um die SPD zu ruinieren.

Das bezog sich sowohl auf den Verhärtungskurs Ost-Berlins in den deutsch-deutschen Beziehungen als auch auf die Verleumdungen gegenüber ihm, Wehner[112].

Um Partei und Koalition

Von Anfang an gab es in den eigenen Reihen, in der SPD, zahlreiche Gegner der Großen Koalition. Schon die Durchsetzung des Bündnisses in Parteivorstand und Fraktion war Schwerarbeit für Wehner und seine Kollegen in der Führung gewesen. Es gab ebenso Stimmen, die für ein Bündnis mit der FDP eintraten, wie solche, die lieber in der Opposition bleiben wollten. Horst Ehmke, der angehende Staatssekretär im Bundesjustizministerium, sprach sich während der Regierungskrise für die Opposition aus. In einer CDU-SPD-Regierung müsse die SPD den Kanzler stellen. Wenn das nicht durchzusetzen sei, solle die CDU sich eben zu Tode wursteln. Die SPD dürfe nicht aus mißgeleitetem Verantwortungsgefühl für das Ganze der CDU aus der Patsche helfen. Aus optischen, taktischen und sachlichen Gründen müsse die SPD ganz hart sein, schrieb Ehmke der Parteiführung[113].

Die Pressemitteilung der SPD vom 28. November 1966 liest sich wie eine Antwort auf Ehmke. Ein Verbleiben in der Opposition sei keine Lösung, weil so weder die Krise gelöst werde noch die Probleme der deutschen Politik. Wer 40 Prozent der Wählerstimmen habe, dürfe sich eine solche Haltung nicht erlauben. Wehner erklärte: »Die Bundesrepublik Deutschland ist unser eigener Staat, er darf nicht verrotten und hinfaulen. Wir brauchen ihn, um die Grundrechte im Ringen um den sozialen Ausgleich durchzusetzen und unsere Gesellschaftsordnung demokratisch durchlüften zu können.«[114]

Spaltungsversuche nach altem Muster unternahm die illegale westdeutsche KPD. Sie rief zu einer Einheitsfront der Unzufriedenen in der SPD auf. Notstandsgegner, Intellektuelle und Arbeiter müßten unter dem Motto kämpfen: »Die SPD-Wähler erwarten eine neue Politik.« Schwerer wog die Interessenlage eines Teils der Medien, für den Streit und Konflikt eine »interessantere« Nachricht waren als Harmonie und politisches Gelingen. Von einer bundesweiten Konferenz der SPD in der Stadthalle Bad Godesberg am 17. Dezember 1966 zur Erläuterung und Diskussion der Vorhaben der Partei in der Großen Koalition berichteten einige Zeitungen, die SPD-Führung habe dort Positionen vertreten, die im Widerspruch zur Regierungserklärung stünden. Regierungssprecher von Hase informierte den Bundeskanzler jedoch, daß dies nicht zutreffe. Wehner selbst schickte das Protokoll der Konferenz an Kiesinger und bemerkte, sie sei »zu einem ausgesprochenen Vertrauens-Forum für das Programm der von Ihnen geführten Bundesregierung« geworden[115].

Doch schon bald begannen sich, angeheizt auch durch die aufkommenden Achtundsechziger, die Oppositionskräfte innerhalb der Partei zu formieren. Bereits im Dezember 1966 richtete sich eine Linksopposition innerhalb der Berliner SPD gegen die Regierung mit dem »alten Nationalsozialisten« Kiesinger und mit Strauß. In einigen Bezirken waren die »Linken« in der Mehrheit, so in Hessen-Süd und Schleswig-Holstein. Aber auch die bayrischen SPD-Bezirke protestierten, vor allem gegen die Berufung des CSU-Vorsitzenden zum Bundesfinanzminister. Das Wechselverhältnis von studentischer Protestbewegung und dem Aufkommen »linker« Kritik innerhalb der SPD ist gut an der Entwicklung des Sozialdemokratischen Hochschulbundes (SHB) zu studieren, der sich im Laufe der sechziger Jahre ebenso wie ein Jahrzehnt zuvor der SDS weit nach links entwickelte. Die Jungsozialisten vollzogen 1969 ihre »Linkswende«[116].

Herbert Wehner beschränkte sich in den Jahren der Großen Koalition keineswegs auf das Regieren. Natürlich schied er als Minister aus der Fraktionsführung aus, und auch seine Arbeit in der Parteizentrale mußte er zurückschrauben, aber seine Vortrags-, Rede- und Diskussionstätigkeit in der und für die SPD stellte er keineswegs ein. Die Terminkalender für die Jahre 1967 bis 1969 weisen zahlreiche Reden und Vorträge auf Kundgebungen und in Versammlungen der SPD im gesamten Bundesgebiet auf, wo Wehner für die Politik der Partei in der Großen Koalition warb[117].

Das reichte aber nicht. Ab Frühjahr 1967 steigerte sich das Gefühl der Unzufriedenheit an der SPD-Basis. Zahlreiche Ortsvereine, Unterbezirke und Bezirke forderten einen Sonderparteitag, um über den Kurs der Partei abzustimmen. Die Parteiführung antwortete mit einer Serie von regionalen Konferenzen, auf denen sie den Regierungskurs erläuterte und zur Diskussion stellte. Zwischen September und November 1967 wurden 43 Gebietskonferenzen durchgeführt, an denen über 16 000 »Mitarbeiter der Partei« teilnahmen. Dabei, so hieß es im Jahrbuch der SPD, entpuppte sich vieles, was an Kritik an den Regierungsmitgliedern und der Parteispitze vorgetragen wurde, bei näherer Prüfung als Ergebnis mangelnder Information[118].

Ihren Höhepunkt und Abschluß fand die Konferenzserie mit einer Bundeskonferenz vom 13. bis 15. November 1967 in Bad Godesberg zum Thema »Die Sozialdemokraten in der Regierungsverantwortung«. Herbert Wehner eröffnete die Tagung mit über 800 führenden Repräsentanten der SPD. Es folgte das zentrale Referat von Willy Brandt »Deutschland heute – gesellschaftliche Interessen und politische Aufgaben«[119].

Am zweiten Tag teilte sich die Konferenz in drei Arbeitsgemeinschaften. Die Hauptreferate hielten Bundeswirtschaftsminister Karl Schiller, der Fraktionsvorsitzende im Bundestag, Helmut Schmidt, und Herbert Wehner. Er sprach zum Thema »Die geistige Situation und die politische Wirklichkeit« – eine Standardüberschrift für Wehners Grundsatzvorträge seit 1960. Die Arbeitsgemeinschaft tagte (mit Pausen) über zehn Stunden.

Herbert Wehner analysierte in seinem Referat knapp die politische Landschaft. Diese sei höchst irreführend beschildert. »Es heißt ›Frieden‹ und ist über lange Strecken nur Waffenstillstand, möglicherweise auf Widerruf; es heißt ›Europa‹ und ist nur ein Bruchteil; es heißt ›Deutschland‹ und soll doch nicht Deutschland sein dürfen; es heißt ›Gesellschaft‹ und ist doch durchsetzt von Privilegierten und Privilegien; es heißt ›Demokratie‹ und hat doch vielfach keinen Durchzug.« In ihrer Zielsetzung gebe es für die Sozialdemokratie keinen Bruch mit ihren Auffassungen aus der Zeit, als sie noch in der Opposition stand. Es sei weiter ihre Aufgabe, die »Kräfte der Auflockerung, der Durchlüftung des demokratischen Prozesses« zu mobilisieren.

In der Diskussion gab es zu dieser Analyse und dieser Zielstellung Wehners keinen Widerspruch, jedoch zu den Mitteln. Harry Ristock, führender Funktionär des linken Flügels in Berlin, ging in seinem Beitrag von der geistigen Situation der oppositionellen Studenten in Berlin aus, warf der sozialdemokratischen Führung tagespolitischen Opportunismus vor, kritisierte die Bildung der Großen Koalition, »weil sie uns Oppositionselemente weggenommen hat«, und rief dazu auf, sich dem Problem der außerparlamentarischen Opposition »ernsthaft und partnerschaftlich und freundschaftlich« zu widmen. Dann würden radikale Gruppen wie die Maoisten um Rudi Dutschke wieder ins Sektentum absinken.

Wehners Schlußwort war länger als sein Einleitungsreferat. Kritikern wie Ristock hielt er seine Jugenderfahrungen entgegen, wie er als »Fant« der Meinung gewesen war, Rätedemokratie sei vollendete Demokratie ohne Bürokratie, und wie er durch seine Erlebnisse zu dem Schluß gekommen war: »Man muß sich der Welt stellen, wie die Welt ist, und darf sie nicht in Brand setzen und darf diese Welt nicht noch schlimmer, als es schon durch ihre natürlichen Gebresten geschieht, durcheinanderbringen, daß überhaupt keine Chance ist, zu den sozialen Umwälzungen zu kommen, die die Menschen brauchen, damit sie in Frieden miteinander leben können. Das ist eine Lehre.« Wehner stellte sich der Auffassung entgegen, die Partei habe seit 1960 eine »Rück- oder Rechtsentwicklung« durchgemacht. Schon in seinem Einleitungsreferat hatte er klar gemacht, die SPD streite für die Demokratie als allgemeine Staats- und Lebensordnung, sie sei in der Koalition »angetreten zum entscheidenden Ringen um den Charakter unseres demokratischen Staates«.

Angesichts der zunehmenden Kritik deutete Wehner die Möglichkeit seines politischen Endes an: »Selbstverständlich bin ich abwählbar, und meine Zeit, wie die jedes anderen Menschen, geht zu Ende. Und ich habe den Eindruck, sie geht bald zu Ende. Ich wäre glücklich, wenn sich die Partei aufrafft.« Doch solchen Überlegungen schob Diskussionsleiter Carlo Schmid in seinen Schlußworten einen Riegel vor: »Ich danke dem Mann, dem die Impulse des Herzens sich mit den Geboten der Vernunft – für ihn oft qualvoll – zu Politik integrieren. Diese Kraft, lieber Herbert, wirst Du für die Partei, wirst Du für Deutschland bleiben müssen!« Darauf folgte »anhaltender lebhafter Beifall«[120].

Turnusmäßig stand im Jahr 1968 der nächste ordentliche Parteitag der SPD an. Er wurde auf März vorgezogen. Herbert Wehner eröffnete den Nürnberger Parteitag, und er hatte die Aufgabe, den Antrag des Parteivorstands zu begründen, der überschrieben war mit »Beitrag der SPD zu aktuellen Problemen der deutschen Politik«. Dieser enthielt die Billigung der Regierungsbildung von 1966, der damals getroffenen Zielvorstellungen und die Aufforderung an Parteivorstand und

Parteimitgliedschaft, »mit allen Kräften dafür zu wirken, der SPD durch die Bundestagswahlen 1969 die Führung der deutschen Politik zu erringen«. Nach heftiger Diskussion wurde der Antrag, die Große Koalition zu billigen, am Ende mit 173 Ja-Stimmen bei 129 Nein-Stimmen und 3 Enthaltungen angenommen. Das war keine große Mehrheit, aber doch deutlich. Die Position der Parteiführung blieb trotz aller Kritik weitgehend unangefochten. Willy Brandt wurde fast einstimmig wieder zum Vorsitzenden gewählt. Herbert Wehner und Helmut Schmidt als neuer stellvertretender Vorsitzender erzielten jeweils um die 80 Prozent[121].

Ein Zwischenfall am Rande des Parteitags sorgte für große Aufmerksamkeit. Am Nachmittag des 17. März, auf dem Weg zur Eröffnung, belagerten Protestierer den Eingang zur Meistersingerhalle. Willy Brandt und Herbert Wehner gerieten mitten in das Gedränge. Sie mußten sich ihren Weg durch Demonstranten bahnen, die sich ihrerseits mit der Polizei prügelten. Es kam zum Handgemenge, dabei rutschte Wehner die Brille vom Gesicht. In seiner Eröffnungsrede erwähnte er die Zwischenfälle mit keinem Wort, rief aber dazu auf, brutaler Gewalt, Demagogie und Massenverhetzung zu wehren. Er selbst sagte später auf dem Parteitag, bei ihm seien durch diese Angriffe keine Emotionen hochgespielt worden. Er versuche, die Vorgänge sachlich zu beurteilen, und sage daher zu denen, die sich aufs Provozieren verlegten: »Es gibt die Erfahrung, daß Provokationen unter bestimmten Umständen in der Regel schließlich die reaktionärsten Kräfte, die es überhaupt gibt, hervorlocken und zum Handeln bringen.«[122]

In den Medien erfuhr die handgreifliche Auseinandersetzung einiges an Dramatisierung. So schrieb der ›Spiegel‹-Journalist Hermann Schreiber, wer ihn anschließend sah, »mochte wohl glauben, Herbert Wehner sei unterwegs dem Erlkönig begegnet«. Eine Ahnung vom Ende habe ihn gezeichnet, auch wenn er vom Zukünftigen rede-te. Auf Schreiber wirkte Wehner wie »eine Vorstudie zum eigenen Denkmal, ein Mann mit einem endgültigen Gesicht«. Und dann spekulierte er gleich weiter: Die Partei entgleite Wehner, aber Wehner entgleite auch der Partei. Der Beifall zu seiner Wiederwahl habe einen Anflug von Denkmalspflege gehabt. Der Händedruck, mit dem Brandt ihm anschließend gratuliert hatte, sei lang gewesen, »unnatürlich lange«. Das sollte nach Abschied riechen, aber im März 1968 hatte der knapp 62jährige Herbert Wehner noch 15 Jahre in der Spitze vor sich[123].

Aus der Regierungsbeteiligung ergab sich, daß Brandt und vor allem Wehner nicht mehr so intensiv im Erich-Ollenhauer-Haus, dem Sitz des Parteivorstands, arbeiten konnten wie zuvor. Für Herbert Wehner war im Februar 1967 klar, daß durch besondere organisatorische Maßnahmen die Führung der Geschäfte des Parteivorstands sicherzustellen sei. Ein geschäftsführendes Mitglied des Präsidiums sollte das Scharnier zwischen den Abteilungsleitern der Parteizentrale und den politisch führenden Mitgliedern des Präsidiums bilden. Auch in der Presse wurde bemerkt, daß der Wechsel Wehners ins Ministerium der Arbeit der »Baracke« viel von ihrem Elan genommen hatte. Alfred Nau, der zunächst mit der Aufgabe des geschäftsführenden Präsidiumsmitglieds betraut wurde, verkörpere eher den Typ des »Partei-Beamten« und habe nicht genügend politische Durchsetzungsfähigkeit. Um Schwung in die Veröffentlichungen und Presseverlautbarungen der Parteizentrale zu bringen, schlug Wehner im März 1967 vor, einen Chef-Koordinator für diese Aufgabenbereiche einzustellen[124].

Doch die Einstellung des Informationsdirektors Fried Wesemann löste die Probleme nicht. Bereits im Januar 1968 diskutierte Wehner mit Brandt und Nau über eine Vergrößerung des Parteivorstands, wobei er das Modell eines weiteren, hauptamtlichen, stellvertretenden Parteivorsitzenden ins Gespräch brachte, aber auch die Berufung eines Bundesgeschäftsführers diskutiert wurde. Das Parteipräsidium zögerte jedoch. Erst unter dem Eindruck der schweren Niederlage für die SPD bei den Landtagswahlen in Baden-Württemberg wurde Hans-Jürgen Wischnewski, der dafür als Entwicklungshilfeminister aus dem Bundeskabinett ausschied, vom Parteivorstand am 31. Mai 1968 zum Bundesgeschäftsführer gewählt. Nau behielt die Ämter des Schatzmeisters und geschäftsführenden Präsidiumsmitglieds bei. Die Abteilungen wurden aufgeteilt, wobei Wischnewski für Presse und Information, Organisation und Internationale Beziehungen zuständig war. Damit war Wehner nicht mehr unmittelbar für Presse und Organisation verantwortlich. Fortan fungierte Wischnewski als Herausgeber der SPD-Pressemitteilungen[125].

Herbert Wehner verfolgte bei der Umstrukturierung der Parteizentrale nicht das Ziel einer »Rückkehr zu einer straff disziplinierten

Apparatpartei«[126]. Abgesehen davon, daß die SPD nie eine solche »Apparatpartei« gewesen war, von »Rückkehr« also gar keine Rede sein kann: Es ging Wehner einfach darum, aus den veränderten Anforderungen an eine Partei in der Regierungsverantwortung die organisatorischen Schlußfolgerungen zu ziehen. Nicht die »Apparatpartei«, sondern ein funktionsfähiger Parteiapparat war sein Ziel. Dabei nahm er es hin, daß seine eigene Stellung im organisatorischen Gefüge durch die Berufung eines Bundesgeschäftsführers im Ergebnis geschwächt wurde. Dafür brachte es – fürs erste – Entlastung.

Die hatte er nötig. Im Mai wirkte er in einem Fernsehgespräch mit Günter Gaus nicht sehr frisch. Es war eine schwierige Situation. Die SPD hatte gerade die Landtagswahl in Baden-Württemberg verloren. Sehr nüchtern zog Wehner eine Zwischenbilanz der Koalition. Die Partner hätten eine Versachlichung der Auseinandersetzung erreicht, aber unterschwellig würden die alten und auf Verhetzung hinzielenden Kampfmethoden fortgesetzt. In anderthalb Jahren sei »nicht wegzuräumen, was in 15 Jahren aufgehäuft und aufgetürmt worden ist«. Schließlich, gefragt, ob er müde sei und resigniere, antwortete Wehner: »Das liegt an meinem langen Arbeitstag. Müde bin ich, aber im ganz natürlichen Sinne. Und resignieren werde ich nicht. Weder habe ich es getan, noch denke ich, es zu tun. Ich bin für kämpfen.«[127]

Die Chancen für eine Fortführung der Großen Koalition nach der Bundestagswahl 1969 verschlechterten sich, als im Frühjahr 1968 die Pläne zur Einführung eines Mehrheitswahlrechts ad acta gelegt werden mußten. In den Verhandlungen war die SPD-Spitze klar für die Einführung des Mehrheitswahlrechts eingetreten. Willy Brandt sprach sich ebenso dafür aus wie Herbert Wehner und Helmut Schmidt. Kanzlerkandidat Kiesinger riet im November 1966 davon ab, die Wahlrechtsänderung zur allein entscheidenden Frage bei der Koalitionsbildung zu machen. Für Wehner handelte es sich um eine »Radikalkur«, die man politisch begründen und »rechtlich einwandfrei machen« müsse. Von Wehner kam der Vorschlag, das Wahlrecht erst zur übernächsten Bundestagswahl zu ändern, so daß die Wähler 1969 auch über diese Frage mit abstimmen könnten. So wurde es auch vereinbart. Unter dem Beifall der Regierungsparteien kündigte Kiesinger in seiner Regierungserklärung vom 13. Dezember 1966 Initiativen zu einer Grundgesetzänderung für Bundestagswahlen nach 1969 und die Prüfung eines Übergangswahlrechts für 1969 an[128].

Ab Herbst 1967 drohten Wehner und die Sozialdemokraten im Kabinett in der Wahlrechtsfrage zwischen die Fronten zu geraten. In der SPD machte sich eine massive Stimmung gegen die Wahlrechtsreform breit, während es in der CDU/CSU-Fraktion zu öffentlichen Forderungen kam, das Mehrheitswahlrecht nun doch schon für 1969 einzuführen. Bundesinnenminister Paul Lücke, für den die Wahlrechtsreform der entscheidende Grund zur Koalitionsbildung mit der SPD gewesen war, sagte Wehner zu, sein Ministerium werde der SPD Berechnungen und Modelle zur Umsetzung der Änderungen als Beratungsgrundlage zur Verfügung stellen. Doch trotz mehrfacher Aufforderung durch Wehner lieferte das Lücke-Ministerium nichts. Anfang 1968 fühlte Wehner sich verschaukelt[129].

Auf dem Nürnberger Parteitag drohte ein Beschluß für die Beibehaltung des Verhältniswahlrechts. Wehner wollte vermeiden, daß das Thema in der Koalition als Druckmittel gegen die SPD benutzt würde. Er sprach sich dafür aus, die Diskussion von Zeitdruck frei zu machen. Daher war er für den Beschluß des Parteitages, eine Entscheidung nach gründlicher Diskussion erst auf dem nächsten ordentlichen Parteitag, also 1970, zu fällen. Wehner verhinderte, so erklärte er dem Bundesinnenminister, damit eine definitive Ablehnung der Wahlrechtsreform. Dennoch trat Paul Lücke, enttäuscht, zurück. Damit war einer der Architekten der Großen Koalition auf CDU-Seite aus dem Amt geschieden[130].

Mitte 1968 waren wichtige wirtschafts- und finanzpolitische Projekte der Großen Koalition sowie die Notstandsgesetzgebung umgesetzt. In der Ost- und Deutschlandpolitik war ein neuer Kurs eingeschlagen worden, der aber aufgrund der Verhärtung im Osten und des Rückfalls der CDU/CSU in traditionelle Positionen steckenblieb. Die Wahlrechtsreform war auf unbestimmte Zeit verschoben. In der Außenpolitik hatte die Regierung das Verhältnis zu den Bündnispartnern im Westen gebessert, sich aber nicht auf die Unterzeichnung des Atomwaffensperrvertrags einigen können. Die bundesdeutsche Gesellschaft war in Bewegung gekommen. Teile der SPD rückten unter dem Druck der außerparlamentarischen Opposition nach links, während immer bedeutendere Teile der Union unter dem Einfluß von

Vertriebenenverbänden und konservativen Medien nach rechts streben. Wehner hielt an seinem Projekt der Entspannung der Feind-Verhältnisse durch Stärkung der demokratischen Mitte fest, ebenso wie an seinem Projekt der Entspannung des Ost-West-Konflikts. Dabei fühlte er sich jedoch oft recht einsam. In düsterer Stimmung schrieb er, unter dem Eindruck des Einmarsches der Sowjets in die Tschechoslowakei, an seine Frau: »Hier muß man jetzt ständig aufpassen, damit nicht – wozu immer wieder Neigung bekundet wird – die Dämme brechen und die Flut herausquillt, die alles wegspült, was es an Sachlichkeit, Nüchternheit und Verständigungsbereitschaft gibt. Man spürt diese Flut sozusagen im Rücken. Solange ich an Ort und Stelle bin, vermag ich immer wieder etwas in Ordnung zu bringen. Aber ständig geht das ja auch nicht.«[131]

Im Frühjahr 1968 begann Wehner sich intensiv mit der Frage nach dem nächsten Bundespräsidenten zu beschäftigen. Sein Ziel war, nachdem mit Lübke 1964 ein Christdemokrat mit Hilfe der SPD zum Präsidenten gewählt worden war, diesmal einen Sozialdemokraten mit Hilfe der CDU ins Amt zu bekommen. Wählbar erschien ihm ein noch recht junger, katholischer Gewerkschaftsführer, SPD-Abgeordneter und Bundesverkehrsminister: Georg Leber. Am 4. März 1968 begann Wehner mit der Werbung. Er schickte mit einem in persönlichem Stil gehaltenen Anschreiben eine Rede von Leber an eine große Zahl katholischer Prälaten, Bischöfe und Politiker. Ziel der Aktion, so schrieb er, sei, den Angeschriebenen Einblick zu verschaffen »in das Bemühen einer großen politischen Partei, sich selbst zum rechten Verständnis für das Verhältnis unserer Gesellschaft zu den christlichen Kirchen zu bringen«[132].

Als Willy Brandt im Mai 1968 Barzel fragte, ob nicht Leber als gemeinsamer Kandidat für das Präsidentenamt in Frage komme, winkte der CDU/CSU-Fraktionsvorsitzende ab. Die Union wollte keinen sozialdemokratischen Bundespräsidenten. Sie bestand auf der Nominierung eines eigenen Kandidaten und favorisierte Verteidigungsminister Gerhard Schröder, der der FDP nahestand. Damit war klar, daß, wenn sie einen Sozialdemokraten als Präsident durchsetzen wollte, auch die SPD einen für die Liberalen wählbaren Kandidaten aufstellen mußte. Das konnte jedoch nicht Leber sein. Brandt teilte dies nach Absprache mit Wehner im Oktober 1968 dem Bundesverkehrsminister mit. So fiel die Wahl der Sozialdemokraten auf Justizminister Gustav Heinemann, der 1950 aus Protest gegen die Wiederbewaffnungspläne Adenauers als CDU-Innenminister zurückgetreten war und über die Gesamtdeutsche Volkspartei den Weg zur SPD gefunden hatte. Gemeinsam mit der großen Mehrheit der FDP-Mitglieder in der Bundesversammlung setzte die SPD Heinemann im dritten Wahlgang knapp gegen den von CDU/CSU und NPD unterstützten Gerhard Schröder durch. Der neu gewählte Präsident sprach von einem »Stück Machtwechsel«[133].

Für Herbert Wehner war, im Rückblick, die Absage der Union an einen gemeinsamen Koalitionskandidaten für das Ende des Bündnisses entscheidend: »Das hat wirklich der Koalition unter Kiesingers Kanzlerschaft das Erneuertwerden unmöglich gemacht.« Hinzu kam, daß es eine alternative Koalitionsmöglichkeit für die SPD gab. Denn die FDP hatte sich während der Großen Koalition einem Erneuerungsprozeß unterzogen. Dem starren Anhänger eines Bündnisses mit der Union, Erich Mende, war im Jahre 1968 Walter Scheel als neuer Vorsitzender der Liberalen gefolgt. Die FDP, in deren Fraktion neben Scheel Politiker wie Wolfgang Mischnick und Hans-Dietrich Genscher den Ton angaben, schlug in der Ost- und Deutschlandpolitik neue Wege ein. Frei von Rücksichten auf einen zögernden Koalitionspartner übertrumpften die Liberalen dabei sogar die SPD. Wenn Herbert Wehner Ende 1968 von der Notwendigkeit eines »Generalvertrags« zwischen Bundesrepublik und DDR sprach, so legte die FDP Anfang 1969 gleich einen Entwurf für einen solchen Vertrag im Bundestag vor[134].

Den Bundestagswahlkampf 1969 führte die SPD unter dem Motto »Wir schaffen das moderne Deutschland«. Zugpferde der Kampagne waren Außenminister Willy Brandt und der populäre Wirtschaftsminister Karl Schiller. In ihrem Regierungsprogramm unterschied die SPD klar »die verbrauchten konservativen und die fortschrittlichen Kräfte in der deutschen Politik«. Die Zukunft des Landes werde nur durch »ein weitreichendes dynamisches Reformprogramm« gesichert. Herbert Wehner gehörte wiederum der Zentralen Wahlkampfleitung an[135].

Im Vorfeld des Bundestagswahlkampfes wurden die Diskussionen der Koalitionspartner untereinander heftiger, das Auseinanderstreben beider Seiten zeichnete sich ab. Im Rundfunk sprach Wehner sich im

Juni 1969, drei Monate vor der Bundestagswahl, gegen Rückfälle in das Freund-Feind-Verhältnis und gegen Vorausfestlegungen in der Koalitionsfrage aus. Im September zog er eine positive Bilanz der Großen Koalition. Die SPD habe einen erheblichen Anteil an den Erfolgen in der Wirtschafts- und Finanzpolitik. Die Koalition habe zu einer Versachlichung der Auseinandersetzung geführt. Außerdem habe die SPD verstanden, wie wichtig es sei, »daß jedenfalls ein Teil der Staatsgewalt von Sozialdemokraten ausgeübt wird«. Zur Frage nach der Bereitschaft der SPD zu einer neuen Großen Koalition meinte Wehner: »Das wird ihr sicher nicht leichtfallen.« Dem stehe die Verhärtung der Positionen im Unionslager entgegen. Alles hänge daher vom Ausgang der Wahl ab, von der Verminderung des Abstands zwischen den großen Parteien und davon, ob man, »wenn es keine andere Regierungsmöglichkeit gibt«, sich einigen könne. Wehner hielt die Tür einen Spaltbreit offen. Gleichzeitig war Wahlkampf, und da blieb auch Kiesinger von Angriffen Wehners nicht verschont: »Daß der Bundeskanzler nicht versiert ist auf dem Gebiet der Wirtschaftspolitik, weiß man sowieso. Dazu bedarf es keiner besonderen Feststellung.«[136]

Willy Brandt hatte schon im Mai 1969 zu erkennen gegeben, daß er eine SPD/FDP-Koalition vorziehen würde, sich danach eine Weile bedeckt gehalten, um aber kurz vor der Wahl auch öffentlich klar zu machen, daß er eine sozial-liberale Koalition anstrebte[137].

Das Verhältnis zwischen Wehner und Brandt hatte sich in den Jahren der Großen Koalition zu einer spannungsgeladenen politischen Freundschaft entwickelt. Je näher die beiden einander in ihrer täglichen Arbeit kamen, desto schwieriger wurde es. Ihre unterschiedlichen Temperamente und ihre unterschiedlichen Herangehensweisen an die Große Koalition kamen hier zusammen. Spätestens seit Brandts Kapriolen um die Übernahme des Außenministerpostens spielten verschiedene Auffassungen über das Verhältnis von politischer Pflichterfüllung und persönlichen Interessen eine Rolle.

Dabei war Wehner häufig derjenige, der Erwartungen und Forderungen an den Jüngeren richtete. Schon Anfang 1967 drängte er den Vorsitzenden, er müsse sich, »bitte, die Zeit nehmen, mit mir und mit einigen anderen in Ruhe« über die Organisation der Partei zu sprechen. Im Februar 1969 schrieb Wehner einen Artikel mit dem Titel ›Willy Brandt – Seit fünf Jahren Vorsitzender der SPD‹. Er dankte

Brandt, daß er die Bürde der Verantwortung auf sich genommen habe. Dann legte er ihm aber noch etwas Gewicht drauf: »Weit über die Grenzen seiner eigenen Partei hinaus erstrecken sich Vertrauen und Erwartungen, die seinem weiteren Wirken gelten.« Der Vorsitzende bemühte sich, solchen Erwartungen seines Stellvertreters zu entsprechen. So dankte Brandt Wehner im Dezember 1968 für seine herzlichen Geburtstagswünsche und fügte hinzu, er sei sich der Verpflichtungen, »die sich daraus ableiten«, wohl bewußt[138].

Trotz einiger Spannungen und Mißtöne wußten beide, daß sie einander brauchten, bemühten sie sich umeinander, war der Ton von Briefen aus privaten Anlässen meist herzlich gehalten, bei Wehner manchmal geradezu zärtlich, so nach der Bundestagswahl 1969, als er Brandt die »bohrende Sorge um Dein Befinden in den nächsten interessanten, aber schwergewichtigen Monaten« zum Ausdruck brachte und ihn als »ergebener Freund und Weggefährte« bat: »Bitte, ruh' Dich aus, damit Du ganz frisch wirst.«[139]

Bei politischen Meinungsverschiedenheiten ging Brandt gerne einmal einer Diskussion oder einem Streit aus dem Weg. Im Bundestagswahlkampf 1969 registrierte Wehner sorgfältig, daß Brandt diesmal seine »Tournée« in Lübeck auf einer Veranstaltung gemeinsam mit dem linken SPD-Landesvorsitzenden Jochen Steffen beschloß. An Lotte schrieb er: »Im Rundfunk hörte ich kurz davon. 1961 und 1965 hatte er noch Wert darauf gelegt, daß ich dabei war.«[140]

Diese Feststellung traf Wehner privat. Willy Brandt versicherte er vier Tage vor der Wahl seine Loyalität: Er wolle nicht »von Dir und Deinen Freunden ins Auge gefaßte Kombinationen« der Koalitionsbildung durchkreuzen. Da sich zum Gespräch vor der Wahlnacht womöglich keine Gelegenheit bieten werde, schrieb er ihm seine Meinung dazu. Sehr differenziert erläuterte Wehner die verschiedenen Möglichkeiten. Je nach Wahlergebnis war er eher für die Fortsetzung der Großen Koalition, wenn die SPD zulege und die CDU/CSU an Stimmen verlieren sollte. Wenn aber dann die NPD in den Bundestag einziehen würde, zog er eine SPD/FDP-Koalition vor. Von den politischen Notwendigkeiten her sah er an erster Stelle die Ablösung der CDU/CSU durch eine von der SPD geführte Koalition. Er meinte, daß von den Notwendigkeiten der Wirtschafts- und Finanzpolitik her eher eine Große Koalition, von der Außen- und Deutschlandpolitik her eher eine sozial-liberale Koalition zu bevorzugen sei. Insgesamt signalisierte Wehner einen knappen Vorzug für das Bündnis mit der CDU/CSU, aber die Hauptbotschaft des ausführlichen Schreibens war seine Differenziertheit. Es zielte darauf, Brandt die Furcht davor zu nehmen, Wehner in die Entscheidungsfindung einzubeziehen. Doch Brandt schuf in der Wahlnacht vollendete Tatsachen[141].

Die Bundestagswahl vom 28. September 1969 endete mit leichten Verlusten für CDU/CSU, die aber mit 46,1 Prozent deutlich stärkste Fraktion wurde. Die SPD holte auf und kam mit 42,7 Prozent erstmals über die Vierziger-Marke. Erhebliche Einbußen mußte die FDP hinnehmen. Sie sank von 9,5 auf 5,8 Prozent, schaffte aber damit, im Gegensatz zur rechtsextremen NPD, die 5-Prozent-Hürde.

In den ersten Hochrechnungen hatte es noch geheißen, daß die Union die absolute Mehrheit der Mandate bekommen würde. Kiesinger ließ sich schon als Sieger feiern. Herbert Wehner sagte mürrisch zu Reportern, er habe das Ergebnis der FDP, »eine alte Pendlerpartei, die sich politisch noch selbst entscheiden müsse«, befürchtet. Dann, nach 20 Uhr, besserten sich die Zahlen für SPD und FDP. Es wurde zu einem Kopf-an-Kopf-Rennen. Um diese Zeit kam Wehner in die Kantine des Erich-Ollenhauer-Hauses. »Was wollen Sie, wir haben doch gut abgeschnitten! Vor einem Jahr standen wir noch im Regen«, beschied er fragende Journalisten. Er habe aber gehofft, »daß von der CDU ein wenig mehr Emaille abspringt«. Zur Frage nach einer Neuauflage der Großen Koalition meinte er unwirsch: »Die CDU/CSU war besonders unfair im Wahlkampf. Das wird nicht vergessen.«[142]

Brandt hatte am Tag vor der Wahl erklärt, ihm würde eine Mehrheit von 13 Sitzen für eine Koalition von SPD und FDP genügen. Im Ergebnis hatten sie zusammen fünf Sitze mehr, als für eine Kanzlerwahl nötig war. Selbstsicher sprachen sich zahlreiche CDU/CSU-Politiker am Wahlabend für eine Koalition mit der FDP und gegen eine Große Koalition aus. Ihnen machte Willy Brandt einen Strich durch die Rechnung, als er noch in der Wahlnacht erklärte, er werde sich um eine sozial-liberale Regierungsbildung bemühen. Walter Scheel willigte ein. Brandt, so beobachteten Journalisten, wirkte auf dem Heimweg »so entspannt, als sei er bereits gewählter Kanzler«[143].

Greta Burmester schrieb in der Wahlnacht an ihre Mutter in Schweden, die Stimmung in der SPD-Zentrale habe sich im Laufe des

Abends und »besonders nachdem Herbert im Fernsehen gesprochen hatte«, immer mehr gebessert. Nun »sitzen sie alle fröhlich beisammen, allerdings gefällt mir nicht, daß so viele jetzt hoffen, mit der FDP eine Koalition machen zu können«. Vom Gefühl her war die Familie Wehner eindeutig für die Fortsetzung der Großen Koalition[144].

Herbert Wehner war, das zeigte sein Schreiben an Brandt aus der Vorwoche, bereit, die Richtungsentscheidung seines Parteivorsitzenden zu akzeptieren. Wie Greta Wehner sich heute noch erinnert, war Wehner vom Verhalten Brandts menschlich enttäuscht. Der designierte Bundeskanzler habe sich am Wahlabend nicht einmal für eine halbe Stunde Zeit genommen, um mit ihm zu sprechen. Die Entscheidung war gefallen. Herbert Wehner, seinerseits loyal, trug sie mit, aber er erwartete »harte Nerven- und Stehvermögens-Prüfungen«[145].

Menschlich enttäuscht war er von Brandt, politisch enttäuscht war er von der Union und von Kiesinger. Der Kanzler sei in der Außenpolitik in »doktrinäre und ideologische Vorbehalte« zurückgefallen. Er habe seit Mai 1969 in der Wirtschaftspolitik den »sachlichen Zusammenhalt« des Bündnisses verdorben. Der CDU/CSU sagte Wehner Lehr- und Wanderjahre voraus, in denen sie nicht »als die Schulmeister der Nation anderen auf die Finger schlagen« könne.[146]

Herbert Wehner, der Architekt des Bündnisses, sah die Union zu Beginn der Großen Koalition als ein »Parteigebilde«, eine konservative Volkspartei, die bisher einfach eine Art »Sammlung der außerhalb der Sozialdemokratie erreichbaren Wähler« gewesen sei. An deren Stelle sollte aus Wehners Sicht und auch aus der Sicht von Unionspolitikern wie Heinrich Krone die »Sammlung der demokratischen Kräfte in einer Regierung« treten, »damit das begonnene Werk bis in das Grundgesetz hinein gesichert und ausgebaut werde. Und das mit dem Blick auf unsere Landsleute hinter der Mauer«. Dieses ehrgeizige staatspolitische Projekt blieb nach beachtlichen Erfolgen in den Ansätzen stecken, und die demokratische Mitte strebte wieder auseinander. Wehner bildete mit Kiesinger bis zum Frühjahr 1969 die Klammer des Bündnisses. Er sah das Unvermeidliche und stellte sich – widerwillig – auf das Ende der Koalition ein. Aber er wußte, das Bündnis mit der kleinen FDP würde zur Gratwanderung werden[147].

Auf dem Höhengrat

Eine neue Aufgabe

Den Entschluß, eine sozialliberale Koalition zu bilden, verkündete Herbert Wehner vor laufenden Kameras mit Leichenbittermiene. Einstimmig, so berichtete er, habe der Parteirat der SPD die Koalitionsverhandlungen mit der FDP beschlossen. Wehner dankte etwas umständlich Brandt und denjenigen, die zum Ergebnis beigetragen hatten. Sein besonderer Dank allerdings, »den wir auch noch schriftlich bekanntgeben werden«, galt den Wählern[1].

Er war nicht euphorisch. Aber er vollzog die Entscheidung für die »Wanderung auf einem Höhengrat« politisch nach. Bei der FDP waren im Gegensatz zur Union die Voraussetzungen für weitere Schritte in der Ost- und Deutschlandpolitik gegeben. Innen-, wirtschafts- und sozialpolitische Reformen schienen ihm mit der FDP erreichbar, wenn er auch nicht die Gefahr einer »heimlichen kapitalistischen Koalition« mit der CDU/CSU unterschätzte. Im übrigen hatte der kleinere Partner sich bei den Bundestagswahlen aufgrund der Entscheidung für Heinemann als Bundespräsident einen »schweren Aderlaß« zugezogen, was Wehner doch Respekt abnötigte. Den Regierungswechsel von 1969 sah Wehner nicht als grundsätzliche Richtungsänderung. Er betonte, die neue Regierung müsse konsequent fortsetzen und weiterentwickeln, was an Ansätzen schon in Kiesingers Regierungserklärung vom Dezember 1966 gestanden hatte[2].

Am 29. September 1969 entsandten die Vorstände von Partei und Fraktion Herbert Wehner gemeinsam mit Willy Brandt, Helmut Schmidt, Karl Schiller, Alex Möller, Heinz Kühn und Georg Leber in die Kommission, die das Regierungsbündnis mit den Freidemokraten aushandeln sollte. Guttenberg fragte ihn in dieser Zeit einmal, ob er Kiesinger »etwas sagen« solle. Wehner antwortete, er habe »zur Zeit nichts zu bestellen«[3].

Wehner nahm aktiv an den Koalitionsverhandlungen teil, die schon bald abgeschlossen wurden. Als Brandt am 3. Oktober 1969 der Fraktion das Ergebnis der Gespräche vorstellte, war er jedoch nicht dabei. Mit den besten Grüßen und Wünschen seines Parteivorsitzenden war er zum Parteitag der schwedischen Sozialdemokraten gereist. In Stockholm wurde er begeistert empfangen. Olof Palme, soeben zum neuen Vorsitzenden der schwedischen Partei gewählt, rief aus: »Herbert Wehner, Sieger und Freund, wir heißen dich hier willkommen!« Jetzt brachte auch der stellvertretende SPD-Vorsitzende seine Freude zum Ausdruck. Er sei froh und glücklich darüber, daß die SPD erstmals Willy Brandt als Bundeskanzler vorschlagen könne. Für die Deutschlandpolitik kündigte Wehner an: »Wir werden alles tun, das in unserer Macht steht, um Übereinkommen zwischen den beiden deutschen Staaten zustande zu bringen, in denen keine Diskriminierung vorkommt.« In der Außenpolitik werde die Regierung dafür Sorge tragen, daß das deutsche Volk ein verläßlicher Partner sein werde, der dem Frieden in Europa und der Welt diene[4].

Am 21. Oktober 1969 wählte der Bundestag Brandt zum vierten Kanzler der Bundesrepublik Deutschland. Der Wahlgang war knapp, das Ergebnis lag nur zwei Stimmen über der erforderlichen absoluten Mehrheit. Zerknirscht und enttäuscht gratulierten die Verlierer, Altkanzler Kurt Georg Kiesinger und der CDU/CSU-Fraktionsvorsitzende Rainer Barzel. Wehner umarmte Brandt. Beide hatten Tränen in den Augen. Erstmals nach 39 Jahren war wieder ein Sozialdemokrat deutscher Regierungschef geworden. Für Brandt und Wehner war es »eine Heimkehr, eine Versöhnung, eine Absolution«, schrieb der Korrespondent der ›New York Times‹. »Diese Tränen hatten sich 1933 zu bilden begonnen.«[5]

Die FDP erhielt das Außen-, Innen- und Landwirtschaftsministerium. Die übrigen Ressorts besetzte die SPD. Wehner gehörte der neuen Regierung nicht mehr an. Sein Nachfolger wurde der niedersächsische Sozialdemokrat Egon Franke. Herbert Wehner war der letzte Bundesminister für gesamtdeutsche Fragen gewesen, denn das Ressort wurde umbenannt in »Bundesministerium für innerdeutsche Beziehungen«.

Wehner hatte Brandt schon vor der Wahl signalisiert, daß er nicht an seinem Posten klebe. Wenn es »auch nur die mindeste Chance geben sollte, die Position, die ich gegenwärtig halte, durch einen Sozialdemokraten zu besetzen, der nicht in dem Rufe steht, in dem ich stehe, so soll diese Chance wahrgenommen werden«, schrieb er dem Vorsitzenden. Damit meinte er den Ruf, den er bei den Machthabern im Osten genoß. Er fügte hinzu, auch ein gefälligerer Mann als er werde es »immer wieder mit Zementmauern zu tun bekommen, die von der anderen Seite errichtet, befestigt und gehalten werden«[6].

Der entscheidende Grund für Wehners Ausscheiden aus dem Kabinett war, daß er an anderer führender Stelle gebraucht wurde. Denn Helmut Schmidt sollte neuer Verteidigungsminister werden. Für dieses außenpolitisch zweitwichtigste Ressort wurde ein Sozialdemokrat gebraucht, der sich mit Einfühlungsvermögen bei der Generalität durchsetzen konnte. Brandt und Wehner bestanden darauf, daß Schmidt auf die Hardthöhe gehe. Dieser aber wollte eigentlich lieber Fraktionsvorsitzender bleiben. Er gab unter der Bedingung nach, daß Wehner dort sein Nachfolger würde. Er sollte ihm den Rücken gegenüber möglichen »Pazifisten und Idealisten« in der Fraktion freihalten. Schmidt fühlte sich durch seine neue Aufgabe durchaus zurückgesetzt, denn er schrieb Brandt, Wehner und Möller: »Der Fraktionsvorsitzende der SPD wird der bei weitem wichtigste Minister der neuen Koalition sein – nach innen wie nach außen.«[7]

Der 63jährige Herbert Wehner wurde am 22. Oktober 1969 mit 197 von 218 Stimmen zum neuen Vorsitzenden der SPD-Bundestagsfraktion gewählt. Seine eigene Rolle sah er eher unter dem Gesichtspunkt der Pflichterfüllung. Er wolle tun, was er könne, um vom Bundestag aus die neue Bundesregierung zu unterstützen[8].

In einer Klausurtagung erklärte Wehner im Mai 1970: »Diese Bundestagsfraktion der SPD ist die erste, in der es auf jedes Mitglied ankommt.« Er sage es nur ein einziges Mal: »Was wir tun, bildet Geschichte.« Er sah die Fraktion als integrierenden Ort für die Strömungen und Vibrationen der Gesellschaft, für die SPD und ihre Wählerinnen und Wähler. Anspruch von Partei und Bundesregierung sei es, »diesem Jahrzehnt die soziale Prägung zu geben, deren unsere Bundesrepublik Deutschland bedarf«. Wichtig sei, daß die Regierung Brandt/Scheel Erfolg habe. Dazu habe die Fraktion ihren Teil in der Hand. Wehner wollte sie zusammenschweißen: »Wir befinden uns einem Generalangriff von Reaktion, Fanatismus, Gewinnlertum und

Glücksspielern gegenüber. Diese Bundestagsfraktion – jedes ihrer Mitglieder – verdient einen Ehrenplatz in der Geschichte der SPD, wenn wir uns so verhalten, daß keiner sich versagt.«[9]

In seiner ersten Bundestagsrede als Fraktionsvorsitzender stellte Wehner sich hinter die Regierungserklärung Brandts. Ausdrücklich machte er sich die Aussage des neuen Kanzlers zu eigen, die Bundesrepublik stehe nicht am Ende der Demokratie, sondern sie fange erst richtig an, sowie dessen Ankündigung: »Wir wollen ein Volk der guten Nachbarn sein und werden im Innern und nach außen.« Wehner war bestens gelaunt, was sich in häufigen Heiterkeitsbekundungen bei den Regierungsfraktionen niederschlug. Die zahlreichen Zwischenrufe der Opposition parierte er schlagfertig mit knappen Bonmots: »Seien Sie man initiativ, dann wird man sehen, daß Sie noch nicht völlig verkrustet sind!« Seinem Gegenüber Rainer Barzel, damals immerhin schon seit fünf Jahren Fraktionsvorsitzender, bescheinigte er zu dessen Antritt als Oppositionsführer: »Das Gesellenstück war das, was wir hier heute gehört haben, noch nicht. (...) Sie haben erstmal in die Hände gespuckt und dabei häufig daneben gespuckt, wobei ich sehr nahe sitze.« Wehners Rede endete mit einem Appell. Bei unterschiedlicher Stellung und Verpflichtung von Regierung und Opposition gebe es »über all dem auch das eine gemeinsame«. Über die geänderten Verhältnisse hinweg blieb er der Linie von 1960 treu[10].

Nahezu gleich stark standen sich Regierung und Opposition gegenüber, und beide Seiten schenkten sich in den Debatten des Parlaments nichts. Der Bundestag war in jener Zeit das Forum der Nation. Dazu trug das Massenmedium Fernsehen bei. Die wichtigen Debatten wurden in Schwarzweiß direkt übertragen, und zwar konkurrenzlos, denn es gab nur drei Programme, und bis in den späten Nachmittag hinein war sonst meist Sendepause. Es war eine Hochzeit des deutschen Parlaments, und diese fiel zeitlich mit dem Wirken des Fraktionsvorsitzenden Herbert Wehner zusammen[11].

Die Presse erwartete bei Wehners Wahl, er werde die Zügel der Fraktion straff halten, was für deren Angehörige »nicht immer Honiglecken sein« möge. Diese Voraussage ging in Erfüllung. Er hielt die Fraktion mit eiserner Disziplin zusammen. Junge Abgeordnete, so erinnert sich Jürgen Schmude, der 1969 in den Bundestag kam, taten gut daran, mit Wehner vorsichtig umzugehen, denn er konnte recht temperamentvoll reagieren. Nach der ersten heftigeren Ansprache Wehners, die er über sich ergehen lassen mußte, wurde Schmude durch erfahrenere Fraktionskollegen getröstet: »Mach dir nichts draus, der Wehner schreit keinen an, den er nicht für voll nimmt.« Wehners Führungsstil, so Schmude diplomatisch, »war nicht jedermanns Sache«, und es gab Kollegen, die ihm seine Ausbrüche, die manchmal auch den Falschen treffen konnten, übelnahmen. Aber für begründete Kritik hatte er ein offenes Ohr. »Durch Arbeit konnte man ihn überzeugen, aber nicht mit Taktiererei.« Hans-Jochen Vogel bestätigt, daß Wehner Neuankömmlingen gegenüber eher distanziert war. Als er, 1972 hinzugekommen, dann gleich Bundesbauminister wurde, gab ihm der Fraktionsvorsitzende »in der ihm eigenen Art« zu verstehen, dieses Amt hätte durchaus auch jemand anderes bekommen können[12].

»Herbert Wehner ist nicht mehr Minister – er ist mehr«, textete das Magazin ›Stern‹ im Januar 1970 und erklärte ihn zum »Mann des Jahres«. Während Willy Brandt der SPD vorsitze, sitze Wehner ihr im Nacken. Als »Fraktionseinpeitscher« halte er sie in Zucht und den Koalitionspartner FDP bei Laune. Dabei sah der Autor die schwierige Lage Wehners. Er müsse eine »knappe Herde« zusammenhalten. Dabei wechselten sich unversehens sanfte Töne mit Anbrüllen ab, wodurch der »Kärrner« sich neue Feinde mache, sich alten Freunden entfremde und mißverstanden werde wie eh und je[13].

Der Durchbruch des Massenmediums Fernsehen machte es für Wehner nicht leichter. Sein oft mürrisch wirkender Gesichtsausdruck, seine manchmal ungebärdige und aufbrausende Art wirkten nicht telegen. Sie bestimmten sein Bild in der Öffentlichkeit und verdrängten das Staatsmännische an ihm.

Weggefährten wie Helmut Schmidt dagegen sahen es deutlich. Für ihn war Wehner der »Garant einer lebenskräftigen Synthese aus einer sozialen, demokratischen Innenpolitik und einer auf den engen Zusammenhalt mit dem Westen gegründeten Ostpolitik«. Wehners ostpolitische Vorstellungen, so Schmidt weiter, seien schon klar gewesen, bevor Brandt und Bahr ihr Konzept entwickelten[14].

Als es ab Herbst 1969 tatsächlich um praktische Schritte ging, zeigte sich, wie wertvoll Wehners langjährige Erfahrungen mit ost- und deutschlandpolitischen Plänen waren. Anfang 1970 schickte Egon Bahr dem Fraktionsvorsitzenden einen 23 Artikel umfassenden Entwurf für einen Rahmenvertrag zwischen den beiden deutschen Staaten. Damit sollte ein staatliches Sonderverhältnis hergestellt werden, wodurch die DDR gegenüber dritten Staaten Völkerrechtssubjekt werde. Gleichzeitig sollten beide deutsche Staaten einander durch »Verklammern« näherrücken. Das Ganze sei noch nicht mit den Alliierten abgestimmt und müsse auch mit Brandt noch näher besprochen werden[15].

In seinem Exemplar des Vertragsentwurfs schlängelte Herbert Wehner die in Artikel 4 vorgesehene Errichtung eines »Deutschen Rates« aus 40 Abgeordneten des Bundestages und 40 Abgeordneten der Volkskammer an. In einem langen Schreiben an Bahr unterzog er das Papier einer grundsätzlichen Kritik. Der Entwurf sei interessant, aber noch zu angreifbar. Er empfahl einen schlankeren Text. Die Gegenseite werde an Formulierungen wie die deutsch-deutschen Beziehungen seien besonderer Art alles platzen lassen. Der von Bahr vorgeschlagene »Deutsche Rat« sei wegzulassen, denn damit würden Abgeordnete in einer gemischten Körperschaft zusammen gebracht, die ganz verschiedenartig zustande gekommenen Parlamenten angehören. Wehner hielt den Rat für einen Rest aus dem Deutschlandplan von 1959. Besser sei es, wenn die Beziehungen auf der Ebene der Regierungen und Behörden abliefen. Er warnte Bahr davor, zuviel Gewicht auf die Bezeichnung »eine Nation« zu legen, nicht weil er dies verachte, sondern weil die kommunistische Seite den Nationsbegriff lediglich als Stoff für Betrachtungen und Polemiken ansehen werde. Wehner bevorzugte demgegenüber »einige trockene Feststellungen über die unterschiedlichen Auffassungen, die jede der beiden vertragsschließenden Seiten von denen der Gegenseite hat«[16].

Wehner sah, daß es im Verhältnis zur DDR in Grundsatzfragen wie der nach der deutschen Nation kaum Einigungschancen gab. Sinnvoller sei es, sich um praktische Regelungen zu bemühen. Mit dieser Einschätzung sollte er für die siebziger Jahre recht behalten. Das Hauptaugenmerk der deutschlandpolitischen Auseinandersetzung verlagerte sich aber im Januar 1970 von Ost-Berlin nach Moskau. Verantwortlich dafür zeichnete der DDR-Staatsratsvorsitzende Walter Ulbricht. Er ließ am Morgen des 19. Januar in einer Pressekonferenz durchblicken, die DDR werde allenfalls dann mit der Bundesrepublik über ein Abkommen verhandeln, wenn diese zunächst mit der Sowjetunion einen Vertrag abgeschlossen habe. In einer ersten Stellungnahme zeigte Wehner sich von dieser »Reihenfolgetheorie« Ulbrichts, die zugleich eine »Rangordnungstheorie« sei, befremdet, aber er sah kein Hindernis darin, zuerst mit Moskau zu verhandeln[17].

Die Sowjetregierung unter Leonid Breschnew wies ihrem Vasallen DDR die Rolle des Hardliners zu, während Moskau selbst gedachte, die Verhandlungen über Entspannung und Gewaltverzicht mit der Bundesregierung zu führen[18]. So kam der »Schlüssel« wieder nach Moskau, während die deutsch-deutschen Gespräche, etwa Willy Brandts legendärer Besuch in Erfurt und Willi Stophs Gegenbesuch in Kassel, Symbolcharakter trugen und Emotionen weckten, inhaltlich aber nichts einbrachten.

In Moskau, wohin Brandt seinen Staatssekretär Bahr Ende Januar 1970 schickte, ging es sehr schnell. Noch im Frühjahr lag ein Vertragsentwurf vor, der, von den bestehenden Verhältnissen in Europa ausgehend, den Gewaltverzicht und die Unantastbarkeit der deutsch-deutschen und deutsch-polnischen Grenze festlegte. Außerdem wurde vorgesehen, daß die Bundesrepublik auch mit der DDR, mit Polen und der Tschechoslowakei entsprechende Verträge abschließen werde. Der Moskauer Vertrag wurde am 12. August 1970 unterzeichnet. Im Dezember 1970 bestätigte die Bundesregierung im »Warschauer Vertrag« die »westliche Staatsgrenze der Volksrepublik Polen«. Im Gegenzug für diese Zugeständnisse mußten Sowjetunion und DDR in Berlin Kompromisse schließen. Anderthalb Jahre, von März 1970 bis September 1971, verhandelten die vier Mächte über ein Abkommen, das ihre Verantwortlichkeiten für die geteilte Stadt bestätigte, die Bindungen des Westteils an den Bund garantierte und Grundlagen für den ungehinderten Verkehr zwischen dem Bundesgebiet und West-Berlin schuf. Das Warten auf den Abschluß des Berlin-Abkommens war der Grund dafür, daß die Bundesrepublik die Ratifizierung des Moskauer und Warschauer Vertrages bis ins Jahr 1972 hinauszögerte. Dieses Junktim war notwendig, weil die im Moskauer Vertrag enthaltene Anerkennung der DDR die Bundesregierung erpreßbar gemacht hätte, wenn es nicht zuvor zu vertraglichen Festlegungen über den Status Berlins käme. Erst nach der Bestätigung des Moskauer Vertrages durch den Bundestag im Mai 1972 wurde im Dezember desselben Jahres der Grundlagenvertrag zwischen der Bundesrepublik und der DDR unterzeichnet. Dieser beinhaltete keine völkerrechtliche Anerkennung, war aber nach den Grundsätzen des Völkerrechts abgeschlossen. Anstelle von Botschaften sollten »Ständige Vertretungen« in Bonn und Ost-Berlin eingerichtet werden. Beide deutsche Staaten verpflichteten sich zum Beitritt zu den Vereinten Nationen. Damit hatte die Bundesrepublik die DDR politisch anerkannt[19].

Der Kanzler und seine Mitarbeiter unterrichteten den Fraktionsvorsitzenden detailliert über die Verhandlungen zwischen der Sowjetunion und den Westmächten. Brandt suchte das Gespräch und den Rat Wehners zu seiner Ostpolitik. Bezüglich des Viererabkommens über Berlin teilte Wehner dem Kanzler mit, je früher dieses Abkommen perfekt sei, um so beruhigter könne die Bundesrepublik sein. Dabei riet er zur Zurückhaltung mit zusätzlichen Forderungen: »Je nüchterner wir bleiben, um so größer sind die Aussichten, das kostbare Stück heil an Land zu bringen.« Im übrigen trachtete Wehner danach, die DDR als Akteur und direkten Verhandlungspartner gegenüber der Sowjetunion zu stärken. So schrieb er Brandt im August 1971: »Es gibt einige Teilfragen, die den unmittelbaren Nachbarn angehen und ihm wichtig sein mögen. Über die müssen wir direkt mit uns reden lassen und dabei auch nicht damit trumpfen, daß wir uns auf das verlassen, was der große vierte Beteiligte [die UdSSR] schon zurechtrücken wird.« Wehner mahnte an, in einigen Punkten großzügiger gegenüber der DDR zu sein, denn: »Wir brauchen die Auswirkungen.« Damit meinte er insbesondere seine Bemühungen um menschliche Erleichterungen[20].

Abgesehen von den Fundamenten, die er in den fünfziger und sechziger Jahren gelegt hatte, bestand Herbert Wehners Hauptverdienst an der Deutschlandpolitik in den frühen siebziger Jahren darin, daß er sie innenpolitisch absicherte. Zahlreich waren seine befürwortenden Erklärungen in den Medien, in Versammlungen und im Parlament. Entscheidend jedoch war sein Beitrag dazu, daß die Regierung aus SPD und FDP, deren Handlungsfähigkeit Voraussetzung für die Vertragspolitik war, überhaupt Bestand hatte. Denn ihre Mehrheit war knapp, ihre Politik war umkämpft, und sie war heftigen Angriffen eines bedeutenden Teils der Presse, der parlamentarischen Opposition sowie von entspannungsfeindlichen Teilen der Gesellschaft ausgesetzt.

Wehner war sich im klaren, daß CDU und CSU angesichts des Verlusts ihrer Regierungsmacht nach über 20 Jahren »um sich schlagen und dabei wenig Rücksicht auf demokratische Regeln nehmen« würden. Sozialdemokratisches Stehvermögen müsse die Opposition dazu bringen, »sich mit den Regeln des demokratischen Umgangs vertraut zu machen und sich schließlich sogar in ihrem Rahmen zu bewegen«. Wiederholt appellierte er in den folgenden Jahren an die Einsicht der Christdemokraten, insbesondere beim Streit über die Ostpolitik. So fragte er im Juli 1970: »Sollte in der CDU/CSU nicht auch nachgedacht werden?«[21]

Schon vor der Bundestagswahl 1969 war Wehner der Meinung, daß eine gemeinsame Friedens- und Sicherheitspolitik mit der CDU als Regierungspartner aufgrund der »Haltung der CSU« und der »nationalistischen Opposition« in der Union schwer zu machen sein werde. Für gefährlicher als die NPD selbst hielt Wehner schon im Juni 1969 den Versuch von Strauß, durch ein politisches Umfassungsmanöver am äußersten rechten Flügel zu erreichen, daß niemand weiter rechts stehen könne als die CSU. Er fürchtete »bedenkliche strukturelle und personelle Auswirkungen« auf die bayerische Partei[22].

Während Wehner selbst stets davon ausging, es in Strauß mit einem gefährlichen innenpolitischen Gegner zu tun zu haben, den es allerdings im fairen politischen Wettkampf zu überwinden gelte, betrachtete der CSU-Vorsitzende den Sozialdemokraten offenkundig als einen Feind. In seiner Parteizentrale in München ließ er eine umfassende Kartei mit Zitaten von und über Herbert Wehner anlegen. Allein die Titel der verschiedenen Rubriken sprechen Bände. Sie lauten unter anderem: »Der Demagoge«, »Der Undemokrat«, »Das politische Chamäleon«, »Politischer Wolf im demokratischen Schafspelz«. In CSU-Broschüren waren im Bundestagswahlkampf 1972 Zitate über Wehner zu lesen wie: »Dieser Mann ist und bleibt ein Kommunist; er ist für uns der gefährlichste Staatsfeind.«[23]

Feinsinniger zog der damalige Vordenker der CDU, Generalsekretär Bruno Heck, den Graben zwischen den großen Parteien. Schon im Sommer 1969 distanzierte er sich von Forderungen der SPD nach einer Anerkennung des zweiten deutschen Staates und der Oder-Neiße-Grenze. Grundsätzlich stellte er die Godesberger Forderung nach Demokratisierung der Gesellschaft in Frage: »Für uns ist Demokratie unsere Form der politischen Herrschaft im Staat«, und es habe wenig Sinn, mit einer Demokratisierung den Bereich des Staates zu überschreiten. Schüler, Lehrer, Studenten und Professoren sowie die Mitglieder einer Familie seien nicht gleich, »mißt man ihre Stellung am Sinn der Institution, der sie zugeordnet sind«. Daher sei eine Demokratisierung der gesellschaftlichen Bereiche widersinnig. Ein Jahr später drückte Heck sich im gleichen Rundfunksender noch drastischer aus: »Brandt und Scheel sind dabei, die Deutschlandpolitik auf das sowjetrussische Konzept umzustellen.« Der gleiche Heck meinte einige Monate später, Herbert Wehner habe die Gemeinsamkeit zwischen den Parteien des Bundestages bewußt zerstört. Die Union halte es für einen »fundamentalen Fehler und Irrtum«, daß die SPD glaube, sie könne ihre Ost- und Deutschlandpolitik »gegen die Mehrheit des Volkes« und allein mit einer »überaus schwachen Koalition« durchsetzen. Es sollte sich herausstellen, daß – was die Mehrheit des Volkes betraf – der Irrtum ganz auf seiner Seite war[24].

Wehner sprach in der Öffentlichkeit und im Parlament immer wieder über die Positionen von Heck, die er als »eine der geistreichsten Auseinandersetzungen« mit dem Godesberger Programm bezeichnete. Er kritisierte dessen These von dem tiefen Graben, der die Ordnungsvorstellungen der Parteien trenne, und meinte, die Union habe keine konstruktiven Alternativen zur Auffassung der SPD. Dieser gehe es um die Demokratie als »allgemeine Lebensordnung«. Hart ging Wehner mit der Kritik der Opposition an der Entspannungspolitik ins Gericht. Die Union richte sich gegen Beschlüsse der NATO, sie betreibe eine nationalistisch-chauvinistische Hetzkampagne. Wenn CDU und CSU behaupteten, die Koalition vertrete die Sache des Ostens, dann stellten sie sich an die Seite derer, die die Nation spalten wollten. Die Regierung aber sorge dafür, daß die Auseinandersetzung in und um Deutschland wenigstens ohne Androhung und Anwendung von Gewalt ausgefochten werden könne[25].

Journalisten schrieben Wehner die Äußerung zu, der Oppositionsführer Rainer Barzel brauche alle 2000 Wörter einen Ölwechsel. Sie kam jedoch nicht von ihm, sondern von einem Frankfurter Journalisten. Rügen des Bundestagspräsidenten handelte Wehner sich ein, als er Barzel im Bundestag als »Pappkameraden« und »Schleimer« bezeichnete. Es ging aber auch freundlicher. Im März 1971 bescheinigte er Barzels Rhetorik, sie habe »Eleganz«, die aber ins Gegenteil, nämlich gegen ihn selbst, ausschlage: »Da tut er mir wirklich leid; er hat beinahe eine Bumerangkurve auf dem Eis gemacht, falls es das überhaupt gibt.«[26]

Der Umgangston zwischen beiden Fraktionsführern war im Parlament oft durchaus sachlich. Aus ihrem Briefwechsel geht hervor, daß sie einander respektierten. Im Juni 1971 schrieb Barzel dem SPD-Fraktionsvorsitzenden: »Wir werden weiterhin miteinander zu streiten haben – freilich ohne die Basis zu zerstören, auf der wir alle stehen.« Wehner war für solche Signale dankbar und schrieb von einem komplizierten Verhältnis zwischen beiden. Er bat Barzel, »das, was in der Schärfe und Bitternis des politischen Ringens von mir gesagt worden ist, nicht als Versuche der Kränkung Ihrer menschlichen Würde zu werten«[27].

Wehner bemühte sich darum, menschliche Brücken nicht ganz abzubrechen. Dem Altkanzler Kiesinger gratulierte er im Frühjahr 1974 zum Geburtstag. Dabei dankte er ihm »für vieles«. Obwohl beide »gemäß Herrn Heck auch angesichts des Godesberger Programms ein Graben« trenne, fühle er sich ihm in Respekt verbunden[28].

Das Leben eines anderen Weggefährten aus der Zeit der Großen Koalition nahm eine tragische Wendung. Karl Theodor von und zu Guttenberg litt an einer tödlichen Krankheit. Es kam über eine Reihe von Zwischenrufen im Bundestag zu Mißverständnissen zwischen Wehner und dem Freiherrn, die sie jedoch noch vor Guttenbergs Tod im Oktober 1972 ausräumen konnten. Wehner besuchte den Schwerkranken, spendete ihm Trost. Bei beiden ging das Menschliche über die politischen Meinungsverschiedenheiten[29].

Nach wie vor freundschaftlich verbunden war Wehner dem »Römer«, Johannes Schauff. Die Schauffs waren häufig bei den Wehners zu Gast. In diesem Fall blieb die politische Gemeinsamkeit erhalten. Schauff schickte Wehner im Frühjahr 1970 einen Vermerk, demzufolge große Teile der westeuropäischen Christdemokraten der Ostpolitik der SPD/FDP-Regierung zustimmten. Die zögernde Haltung der deutschen Opposition und ihr traditionsgemäßes Bremsen und Warnen sorge für einen Vertrauensverlust. Demagogische oder lautstarke Beschuldigungen im Stile von Strauß lehnten die westeuropäischen Christdemokraten ab. Schauff öffnete für Wehner auch einige Türen im Vatikan. Im November 1969 war er zusammen mit Greta Burmester und Georg Leber dort zu Besuch. Papst Paul VI. gewährte eine halbstündige Privataudienz, die für Wehner zu einem bewegenden Erlebnis wurde. Mit Äußerungen über die Bewertung der Ostpolitik durch den Vatikan hielt er sich danach zurück. Ein großer Teil der Presse berichtete aber, die Politik der Bundesregierung, insbesondere gegenüber Polen bezüglich der Oder-Neiße-Linie, werde seitens der Kirche in Rom mit »großem Wohlwollen« verfolgt[30].

Herbert Wehner bemühte sich stets in besonderer Weise um die Aussöhnung mit Polen. Gerade der deutsche Nachbar, der 1939 den Zweiten Weltkrieg mit der Erklärung »Polen hat als Staat aufgehört zu existieren« begonnen hatte, sei gefordert, zu einem dauerhaften und friedlichen Verhältnis beizutragen. Ungeduldig und oft unzufrieden, so erinnerte sich Horst Ehmke, sei Wehner hinsichtlich der Verhandlungen des Auswärtigen Amtes mit den Polen um den Warschauer Vertrag gewesen. Er warb für Großzügigkeit bei Wiedergutmachungszahlungen. Außerdem erwartete er von einer deutsch-polnischen Aussöhnung Reiseerleichterungen für Deutschstämmige, die nach 1945 in Polen geblieben waren[31].

Als im Dezember 1970 Willy Brandts Reise nach Polen anstand, bat Wehner den Kanzler, doch auch Orte außerhalb Warschaus aufzusuchen. Brandt antwortete, er wolle zunächst nur in die Hauptstadt reisen, aber dort sei jetzt auch ein Besuch am Grabmal des Unbekannten Soldaten vorgesehen, und außerdem habe er darum gebeten, »die Gedenkstätte des früheren Ghetto besuchen zu können«. Dort kniete Brandt spontan nieder. Diese Geste der Demut und der Bitte um Vergebung, vom deutschen Bundeskanzler, der selbst Emigrant gewesen war, vor den jüdischen Opfern des Nationalsozialismus geäußert, brachte Brandt harte Kritik von rechts, insbesondere aber Verehrung und Respekt bei vielen Deutschen und im Ausland ein. Ergebnis des Warschau Besuchs war die Unterzeichnung des deutsch-polnischen Vertrages. Wehner gab dazu für Rundfunk und Fernsehen eine Erklärung ab, in der er Brandt für den »Mut und die Tapferkeit, diesen Schritt vollzogen zu haben«, dankte[32].

Zwei Monate nach Brandt, am 14. Februar 1971, reiste Herbert Wehner erstmals nach über 35 Jahren selbst wieder nach Polen. Das Land war in einer schwierigen innenpolitischen Situation. Nach der brutalen Niederschlagung des Aufstands der Danziger Werftarbeiter war es zu einem Wechsel in der kommunistischen Staats- und Parteiführung gekommen. Wehner traf den neuen Parteichef Edward Gierek. Zurück in Deutschland, konnte er verkünden, daß die Polen den Vertrag mit der Bundesrepublik »nicht verkümmern, nicht antasten, nicht anrosten lassen wollen«. Eine zweite Reise Wehners nach Polen im Februar 1972 war nicht durch innere polnische Unruhen belastet. Bei diesem Aufenthalt ging es unter anderem um das Problem der Ausreisen von Aussiedlern; bundesdeutsche Wohlfahrtsverbände rechneten mittlerweile mit über 400 000 Anträgen. Die polnischen Gesprächspartner versprachen sich von der »Normalisierung« der Beziehungen zur Bundesrepublik vor allem eine weitere Zunahme der wirtschaftlichen Zusammenarbeit zwischen beiden Ländern. Als dies nach der Ratifikation der Verträge im Frühjahr 1972 nicht schnell genug voranging, mithin die Berufung von Botschaftern noch monatelang auf sich warten ließ, schimpfte Wehner gegenüber Lotte über das widerwärtige »Treiben des ›Auswärtigen Amtes‹ gegen Polen«. Dahinter witterte er deutsche Großmachtpolitik alten Stils[33].

Die osteuropäischen Länder genossen stets die besondere Aufmerksamkeit Wehners. Seine alten Beziehungen zu Jugoslawien nahm er als Fraktionsvorsitzender wieder auf. Im Sommer 1970 reiste er an der Spitze einer Delegation des SPD-Parteivorstands für eine Woche nach Belgrad, Zagreb, Ljubljana und Dubrovnik. Gesprächspartner waren fast alle führenden Politiker Jugoslawiens. Am 2. September traf er Staatschef Tito auf der Insel Brioni. In seinem umfassenden Bericht stellte Wehner fest, daß der Delegation seitens der jugoslawischen Führung jegliche gewünschte Aufklärung über die wirtschaftlichen Probleme des Landes gegeben und nichts verschleiert worden sei. Keine Seite habe die andere bevormunden oder ausnutzen wollen, die Gespräche seien »erfrischend freimütig« gewesen. Am Ende vereinbarten deutsche Sozialdemokraten und jugoslawische Kommunisten die sachliche Information der jeweils eigenen Parteimitgliedschaft über die politischen Unterschiede und Meinungsverschiedenheiten. Damit, so Wehner, solle einer »ideologisch gefärbten Vorstellung von der ›Übertragung‹ sogenannter Modelle der Boden entzogen und zugleich einer entsprechenden Propaganda gegnerischer Kräfte in der Bundesrepublik gegen die Sozialdemokratie entgegengewirkt werden«[34].

Eine weitere wichtige Reise führte Herbert Wehner nach Israel. Die Delegation der SPD traf Anfang Mai 1971 in Jerusalem unter anderem auf Ministerpräsidentin Golda Meir, Außenminister Abba Eban und Bürgermeister Teddy Kollek. Zwischen den deutschen und israelischen Sozialdemokraten entwickelte sich eine besonders herzliche Atmosphäre. Die Parteien vereinbarten jährliche Gespräche der Parteiführungen, regelmäßige gemeinsame Seminare und den Austausch regionaler Parteigliederungen. Hinzu kam, daß Wehner in besonderem Maße Verständnis für die israelische Politik zeigte. Er unterstützte Israels Verlangen nach sicheren Grenzen. Gegen den Rat von SPD-Bundesgeschäftsführer Hans-Jürgen Wischnewski besuchte er auch die besetzten Gebiete. Im Gegensatz zu Frankreich sprach Wehner sich für die Teilnahme Israels an Friedensverhandlungen von Anfang an sowie für Gespräche über die Assoziierung Israels zur Europäischen Wirtschaftsgemeinschaft aus. Die SPD erklärte am Ende der Reise: »Der Besuch der sozialdemokratischen Delegation unter Führung Herbert Wehners stellt im bisherigen Ablauf der deutsch-israelischen Beziehungen einen Höhepunkt dar.« Noch nie sei eine deutsche Gruppe vorher in Israel als so gewichtig empfunden worden, und noch nie habe die israelische Öffentlichkeit so aufmerksam und positiv auf die Anwesenheit deutscher Politiker reagiert. Beamte im Auswärtigen Amt sahen nach der Reise die Gefahr, daß die eher auf der französischen Linie liegende Politik des Ministeriums von SPD und CDU gemeinsam kritisiert werden könnte. Die SPD sei »offensichtlich stark durch Wehners Israel-Bericht vor dem Parteivorstand beeindruckt«[35].

Nach außen unterstützte Wehner nicht nur die Außenpolitik der sozial-liberalen Koalition, sondern er setzte eigene ost- und friedenspolitische Akzente. Den Übergang der Union zur Konfrontation mit der Ost- und Deutschlandpolitik der sozialdemokratisch geführten Bundesregierung beantwortete Wehner seinerseits mit einer klaren Abgrenzung. »Nein, ich brauche die Opposition nicht«, diese Antwort auf eine Frage des Magazins ›Spiegel‹ wurde geradezu zum geflügelten Wort, es war heftig umstritten und wurde von Barzel als »Absage an die Gemeinsamkeiten mit der Opposition« ausgelegt. Das war es jedoch nicht. Wehner präzisierte später, es sei ihm um seine Aufgabe als Fraktionsführer gegangen. Als solcher habe er der Regierung den Handlungs- und Verhandlungsspielraum zu sichern. Es sei Aufgabe der Regierung, die Opposition ständig zu konsultieren und eine möglichst breite Basis für Entscheidungen zustande zu bringen. Im Parlament stellte Wehner klar, es werde nichts an der Opposition vorbei entschieden, »aber es wird auch nichts unterlassen, bloß weil Sie schmollen«. Auf keinen Fall wollte er zulassen, daß der CDU/CSU die Gelegenheit eingeräumt werde, das Vertragswerk zu verwässern[36].

An Brandt gerichtet machte Wehner deutlich, daß die Regierung ihre Ostpolitik nicht von der Zustimmung der Opposition abhängig machen dürfe. An Barzel schrieb er, kurz vor der Abstimmung über den Moskauer Vertrag im Bundestag, die Union müsse sich der Notwendigkeit stellen: »Der Beitrag der Bundesrepublik zur weltpolitischen Bewegung von der Konfrontation zur Kooperation zwischen West und Ost ist die Ratifikation der Verträge. Wer zu ihr Nein sagt, muß sein Nein begründen und verantworten.« Den innenpolitischen Konfrontationskurs der Union sah Wehner darin begründet, daß CDU und CSU die harte Opposition als »Integrationsfaktor, als Kristallisationspunkt« brauchten. Es gebe höchst respektable Männer in der CDU, die dabei seien, ihre Positionen in der Deutschlandfrage zu überdenken, aber sie wollten dem Zwang zur Zerreißprobe im eigenen Lager ausweichen[37].

Dabei blickte Wehner nicht nur auf die knappen Mehrheitsverhältnisse im Parlament, sondern er war sich, auch schon im Frühjahr 1970, sicher, die öffentliche Zustimmung zur Ost- und Deutschlandpolitik sei groß. Daher komme es darauf an, mit welcher Entschiedenheit diese Politik gegenüber der Öffentlichkeit vertreten werde. Als Verfechter der Ostpolitik zog Wehner die Attacken des CSU-Vorsitzenden Franz Josef Strauß auf sich. Der bezeichnete ihn als den eigentlichen Strategen dieser Politik, deren Gefahr darin bestehe, »in Vorfriedensverträgen, die Teildiktaten entsprechen«, grundsätzliche Positionen aufzugeben[38].

Am 30. Mai 1970 sprach Strauß auf dem Bonner Marktplatz vor 10 000 Teilnehmern einer »Widerstands-Kundgebung« der Vertriebenenverbände gegen die Ostpolitik und die Anerkennung der Oder-Neiße-Grenze. Auf den Plakaten und in den Parolen der Demonstranten hieß es »Schickt Brandt nach Polen« oder »Hängt ihn!«. Wehner sprach von einer hemmungslosen Kampagne der Unions-Führung, die sie aus »Rache für das Ausgebootetwerden aus den schon als Erbpacht angesehen Bonner Machtpositionen« führe. Dazu seien der Opposition alle Mittel recht, auch wenn Staat und Gesellschaft darunter zu leiden hätten. Strauß und Co. arbeiteten frivol mit Unterstellungen, es komme ihnen lediglich darauf an, Gefühle anzustacheln und aufzupeitschen[39].

Tumultartig ging es einige Tage später im Bundestag zu. Eine Rede Wehners wurde immer wieder von erregten Zurufen der Union unterbrochen. Die Lautstärke steigerte sich, als er die von der CDU/CSU benutzten Parolen von »Inflation«, »Ausverkauf«, »Verzicht« und »Landesverrat« angriff. Die Opposition erzeuge ein Klima, das die geistige und schließlich auch einmal die »physische Mordlust« der Rechtsextremisten begünstige. Daraufhin verließ die Unionsfraktion mit Ausnahme einiger Beobachter unter Protest den Saal. So brauchte sie sich die weiteren Vorwürfe nicht mehr anzuhören, die Wehner hinzufügte. Er erinnerte an den »staatspolitisch unverzeihlichen Fehler« von 1969, als CDU und CSU ihren Kandidaten mit den Stimmen der NPD zum Bundespräsidenten wählen wollten. Sodann kam er auf die »Rufmordpraxis mit Dossiers und Gerüchten« in der Ära Adenauer zu sprechen. Die jetzige Bundesregierung sei nur zu höflich, um den Deckel darüber zu lüften. Als die verbliebenen CDU/CSU-Abgeordneten dazwischenriefen, daß ihre Kollegen seinetwegen den Saal verlassen hätten, konterte Wehner: »Sie werden doch nicht sagen, die hätten vor mir Angst gehabt! Es sind doch gestandene Damen und Herren.«[40]

Ganz anders als zu den Christdemokraten entwickelte sich das Verhältnis zur FDP. Dem Bündnis hatte er zunächst sehr reserviert gegenübergestanden. In großen Teilen der Öffentlichkeit galt der freidemokratische Koalitionspartner als »anfällig für Schwankungen, Richtungskämpfe und innere Zwistigkeiten«. Einer der Hauptverantwortlichen für diesen schlechten Ruf, Erich Mende, trat tatsächlich weiter für die Koalition mit der Union ein. Doch er stand weitgehend allein. Am 9. Oktober 1970 trat er mit zwei weiteren FDP-Abgeordneten zur CDU/CSU über. Das Regierungslager hatte nur noch eine Mehrheit von 251 zu 245 Stimmen[41].

Insgesamt erwies sich die FDP jedoch als zuverlässiger Koalitionspartner. Fraktionsvorsitzender der Liberalen war Wolfgang Mischnick. Mit ihm verband Herbert Wehner die gemeinsame Herkunft aus Dresden. Beider Zusammenarbeit funktionierte vertrauensvoll und reibungslos. Das Verhältnis zum FDP-Vorsitzenden Walter Scheel war demgegenüber eher distanziert. Doch der Grundton ihres Briefwechsels war ausgesprochen freundlich. So lobte Wehner den Liberalen im Sommer 1971 für seinen »entscheidenden Beitrag zur Entwicklung der deutschen Politik« und »für die Tapferkeit, mit der Sie dies trotz vieler Widrigkeiten durchzuhalten ermöglichen«[42].

Die FDP unterstrich ihre Öffnung hin zur Sozialdemokratie mit den »Freiburger Thesen«, einem gesellschaftspolitischen Programm, das die Partei im Oktober 1971 verabschiedete. Darin wurde ein »Demokratischer und Sozialer Liberalismus« begründet, Mitbestimmung und die Demokratisierung der Gesellschaft gefordert. Keynesianische Wirtschaftspolitik sollte mit einer Reform des Kapitalismus verbunden werden. Der liberale Bundesinnenminister Werner Maihofer sprach Anfang 1974 auf dem traditionellen Dreikönigstreffen der FDP in Stuttgart gar von der »Vollendung der politischen Demokratie in einer ökonomischen Demokratie«. Der soziale Liberalismus solle die nicht nur politische, sondern auch soziale Emanzipation des Bürgers durch die Überwindung des Klassenstaates erreichen. Solche und ähnliche Zitate strich sich Wehner in der Zeitung an[43].

In einer Broschüre der SPD-Bundestagsfraktion bilanzierte Herbert Wehner 1971, die SPD-Fraktion halte mit derjenigen der FDP eine enge und in zweijähriger harter Arbeit erprobte kameradschaftliche Arbeitsverbindung. In einer Koalition könne jeder Partner jedoch nur das erreichen, was auch der andere mit seinen Grundsätzen und Zielen vereinbaren könne. Wehner stellte »ganz nüchtern« fest, die sozial-liberale Koalition habe reibungsloser und effektiver gearbeitet als ihre Vorgängerinnen[44].

Gesellschaftliche Spannungen

Anfang der siebziger Jahre schien die Bundesrepublik Deutschland in zwei politische Hauptlager gespalten, die sich im Bundestag und in der Öffentlichkeit erbittert befehdeten: auf der einen Seite die sozialdemokratisch-liberale Position der inneren Reformen und der Entspannungspolitik gegenüber dem Osten, auf der anderen Seite das christdemokratisch-konservativ-nationalistische Lager, das sich vor allem in der – teils verhalten, teils schrill zum Ausdruck gebrachten – Verneinung dieser Position zusammenfand.

Herbert Wehner wollte den Rückfall in die gespaltene Gesellschaft der fünfziger Jahre nicht. Die SPD, so war seine Überzeugung, müsse das Verhältnis, das sie sich zu Gesellschaft und Staat erarbeitet und erkämpft hatte, bewahren und ausbauen. Damit meinte er nicht zuletzt das Verhältnis zu den Kirchen. Dieses ändere sich nicht infolge von Koalitionswechseln, sondern die Annäherung sei grundsätzlich gemeint[45].

Das Verhältnis zur katholischen Kirche war allerdings schon zu Beginn der sozial-liberalen Regierungszeit großen Belastungen ausgesetzt. Insbesondere rechtskatholische Kreise drängten zum Rückfall in die Polarisierung gegenüber der SPD. In einigen sozialdemokratisch regierten Ländern kam es erneut zu Streitigkeiten über die Schul- und Bildungspolitik. Wehner beobachtete Anfang 1970 ein »Zusammenbrauen« in Nordrhein-Westfalen. Er bemühte sich um die Vermittlung zwischen Ministerpräsident Kühn, dem neuen Leiter des Katholischen Büros, Prälat Wilhelm Wöste, und Bischof Heinrich Tenhumberg. Am 29. Januar hatte Wehner ein über zweistündiges Gespräch mit den beiden Geistlichen, die sich beklagten, es werde zwar dauernd zwischen SPD-Spitze und Kirche über den Schulsektor verhandelt, »draußen aber« mache die Partei ihn von kirchlichem Einfluß frei. Mittlerweile gebe es in kirchlichen Kreisen eine Kampagne, nach der Tenhumberg Wehner auf den Leim gegangen sei. Wenn die SPD nicht auf die Basis des gemeinsamen Thesenpapiers zur Schulfrage zurückkehre, werde die Kirche die Brücken abbrechen[46].

Keine Verständigung zwischen katholischer Kirche und SPD gab es in der Folgezeit im Streit um die von der Regierungskoalition betriebene Liberalisierung der Abtreibung nach § 218 des Strafgesetzbuchs. Dem evangelischen Bischof Kunst teilte Wehner seinen Eindruck mit, der »harte basaltene Kern der ›C‹-Parteigänger in wallenden Gewändern« versuche, die SPD in die Knie zu zwingen. Als die Reform des § 218 im Frühjahr 1974 im Bundestag zur Beschlußfassung anstand, gab es Vermittlungsversuche zwischen Wehner, katholischen Sozialdemokraten wie Georg Leber und Hans-Jochen Vogel, Bischof Tenhumberg, Prälat Wöste und dem Generalsekretär des Zentralkomitees der Katholiken, Friedrich Kronenberg. Beide Seiten wollten den Gesprächsfaden nicht abreißen lassen, aber eine Einigung war nicht in Sicht[47].

Auf der anderen Seite gab es eine breite Unterstützungsbewegung für die von der Bundesregierung vorgesehene Fristenregelung, wonach eine Abtreibung grundsätzlich bis zum dritten Schwangerschaftsmonat erlaubt sein sollte. Mitte März 1974 überreichte das IG-Metall-Vorstandsmitglied Anke Fuchs 112 000 Unterschriften für die Reform an Wehner. Der stellte dazu fest: »Wir meinen es ehrlich mit der Reform des § 218 StGB. Die Frauen in der Bundesrepublik können sich auf die Sozialdemokratische Bundestagsfraktion verlassen.« Wehner vertrat die Auffassung, anstatt Schwangerschaftsabbrüche zu kriminalisieren sei es notwendig, Lebensverhältnisse zu schaffen, die »unerwünschte Schwangerschaften verhindern helfen«[48].

Angesichts des Reizthemas Abtreibung und der damit verbundenen, unüberbrückbar erscheinenden Gegensätze war Wehner der Überzeugung, die SPD müsse sich mehr denn je um diejenigen katholischen Gläubigen bemühen, die Bestandteile der SPD-Programmatik bejahten und die Sozialdemokratie schätzten. Nach Insider-Informationen, die Wehner im April 1974 aus dem Zentralkomitee der Katholiken erhielt, reagierte die zum Kampf entschlossene Amtskirche gereizt auf abweichende Positionen in den eigenen Reihen. Der Kampf gegen die Reform hänge, so der Informant, »zahlreichen Katholiken – wenn nicht gar der eindeutigen Mehrheit – zum Halse raus«. Die Reform des Abtreibungsparagraphen wurde im Bundestag beschlossen, der Gegensatz zwischen Regierung und katholischer Kirche blieb in diesem Punkt bestehen. Vielerorts gaben weiterhin ältere Pfarrer von der Kanzel Wahlempfehlungen zugunsten der Unionsparteien ab, oder sie warnten vor Wehner: »Das ist ein Erzkommunist!« Der Trend zur Entkonfessionalisierung der Politik war jedoch nicht mehr umzukehren[49].

Kritiker von links klagten Wehner und die Parteiführung an, sie leugneten alle Klassengegensätze und propagierten deren Versöhnung mittels einer partnerschaftlichen Politik. Die SPD-Führung vertrete eine vom Widerspruch zwischen Lohnarbeit und Kapital gänzlich abstrahierende Gemeinwohlideologie. Ein anderer meinte, die Partei sei aus der sozialistischen Tradition ausgebrochen und erledige die Geschäfte des Kapitals besser als jede bürgerliche Partei. In der Tradition marxistischer Ideologie sahen solche Theoretiker die Gesellschaft gespalten in zwei unüberbrückbar einander gegenüberstehende Lager, zwischen denen zu vermitteln illusionär sei[50].

Solche Diskurse wurden insbesondere durch die nach links gewendeten Jungsozialisten in die SPD hineingetragen. Auf dem Saarbrükker Parteitag im Mai 1970 meinte der junge Hans Eichel, damals Delegierter des Bezirks Hessen-Nord, daß es darum gehe, zu einer Praxis von »systemüberwindenden Reformen« in Richtung auf die »Überwindung der kapitalistischen Gesellschaftsordnung« zu kommen. Dem späteren Bundesfinanzminister antwortete Wehner. Er riet dazu, »Reformen nicht zu klassifizieren in solche, die systemüberwindend sind, und in andere, die nur systemgerecht sind. Ich will damit nicht behaupten, daß es keinen Unterschied zwischen dem Karatgehalt von Reformen gäbe.« Wehner warnte vor einer Verstrickung in Begriffsauslegungen. Reformen erforderten grundsätzlich Augenmaß und Leistungsfähigkeit, ersteres auch für die Gegenkräfte, die durch bestimmte Reformen herausgelockt würden. Es gehe nicht darum, sich um Begriffe wie Reform oder Revolution zu streiten, sondern darum, die Basis für »solche Reformen zu halten und zu verbreitern, die dem konkreten Menschen helfen und dadurch unsere eigene Basis für immer weitergehende Reformen vergrößern«. Das sei ein auch dialektisch zu verstehender Prozeß. Wehner schloß seine engagierte Rede: »Nichts gegen Die-Flagge-Zeigen; aber dabei nie vergessen, daß man sie einrammen muß und dafür den Boden braucht, damit sie stehen und weitergetragen werden kann!« Willy Brandt machte sich Wehners Ausführungen vor den Jusos ausdrücklich zu eigen[51].

Im Ziel unterschied sich Wehner nicht grundsätzlich vom Gros der Jungsozialisten. Er versuchte, einer jungen Generation, die wieder an den alten Radikalismus anknüpfte, die geschichtlichen Erfahrungen nachvollziehbar zu machen, welche zur Zäsur von Godesberg geführt hatten. Der Ausbau der sozialen Demokratie sei die Aufgabe der siebziger Jahre, sagte er im Januar 1971 auf einer Arbeitnehmerkonferenz in Rheinland-Pfalz. Dabei gehe es um die Chance, »die im Grundgesetz gewährleisteten gleichen Rechte für jede Bürgerin und jeden Bürger in die Gleichheit der Chancen umzusetzen«. Unter den zu erstrebenden Reformen nannte Wehner die Betriebsverfassung und die Mitbestimmung, das Ehe- und Familienrecht und die Weiterführung der Strafrechtsreform. Die Wirtschaftspolitik müsse die Sicherung der Vollbeschäftigung zum Ziel haben[52].

Angesichts drohender Arbeitsniederlegungen in der Chemie-Industrie aus Protest gegen Steuererhöhungen war er überzeugt, daß solche punktuellen Aktionen den Interessen der Arbeitnehmer »an wirtschaftlicher Stabilität und Sicherung der Kaufkraft« nicht dienten, sondern sie schwächten. Herbert Wehner wollte den Boden für Reformen bereiten, aber er war überzeugt, daß die Bundesregierung hier einen harten und steinigen Boden zu beackern hatte[53].

Neben der Diskussion, ob sozialdemokratische Reformpolitik sich auf den Boden der Gesellschaft stellen oder ihn verlassen, ja untergraben sollte, flammte der schon in den frühen sechziger Jahren mit dem SDS geführte Streit über die geeigneten Bündnispartner wieder auf. Die SED hatte nach dem Verbot der KPD mit der Gründung der DKP wieder eine Schwesterpartei in der Bundesrepublik, welche sie in ihren Bemühungen unterstützte, Fuß zu fassen. Dabei ging es den Kommunisten besonders darum, Einfluß auf die Sozialdemokratie zu gewinnen[54].

Herbert Wehner war demgegenüber gemeinsam mit Willy Brandt der Auffassung, es könne keine ideologische Koexistenz mit den Kommunisten geben. Die SPD könne mit der SED als Partei nicht zusammenarbeiten, weil diese das Existenzrecht der SPD in ihrem eigenen Bereich verneine. Es müsse daher, so schrieb er an Brandt, »kühl und unpathetisch jener Lenin-Satz in Erinnerung gebracht werden, in dem er ausgedrückt hat, er werde die Sozialdemokraten unterstützen wie der Strick den Gehängten unterstützt«. Solange die Kommunisten sich davon nicht lösten, sagte Wehner im Oktober 1970, sei an der Lage nichts zu ändern: »Wo sie sind, haben wir mit ihnen zu diskutieren. Aber wenn wir uns ihnen anvertrauen, sind wir – auch wenn wir die viel viel mehreren sind – verloren.«[55]

Die besonders an sozialistischen Theoriedebatten interessierten Jusos gerieten scharf in Gegensatz zu Bundesverteidigungsminister Helmut Schmidt. Der stellvertretende Parteivorsitzende war zum Vorsitzenden der auf dem Saarbrücker Parteitag ins Auge gefaßten Kommission zur Erarbeitung eines »Langzeitprogramms« berufen worden. Er machte jedoch gleich klar, daß diese Kommission kein Regierungsprogramm in Langfassung ausarbeiten solle, denn die Richtlinien der Politik müßten beim Bundeskanzler liegen. Kritiker aus dem Juso-Bereich warfen Schmidt vor, er habe das »Anspruchsniveau« herabgesetzt und schließlich einen rein technokratischen Programmentwurf herbeigeführt[56].

Auf dem Juso-Bundeskongreß in Bremen sprang Wehner den jungen Kritikern Helmut Schmidts insofern bei, als er sagte, der Verteidigungsminister werde »wegen einiger lästerlicher Reden, die ihm nicht verziehen werden sollen, über die man aber mit ihm reden soll«, angegangen. Er, Wehner, rede mit ihm, was sehr schwer sei, »weil es ein unerhört temperamentvoller Mann ist. Aber ich möchte niemanden schwimmen lassen«. Wehner warnte die Jungsozialisten, sie sollten nicht »eine Reihe von Leuten«, die ihnen »wegen unter Umständen wesentlichen Sachen« mißfielen, mit dem gleichsetzen, »womit sie im Auftrag der Partei beschäftigt sind«. Das war mehr Distanzierung als Rückendeckung für Schmidt, und Wehner erwartete schon die Reaktion des Angesprochenen: »Er wird das hören oder lesen – in ›Spiegel‹-Fassung wird er das lesen, dessen bin ich sicher, und ich habe dann einiges auszustehen.«[57]

Schmidt reagierte tatsächlich verschnupft. Er bezeichnete Wehners Rede als »bitter anmutenden Akt der öffentlichen Desavouierung« und befürchtete gar einen grundlegenden politischen Konflikt dahinter. Er frage sich, so Schmidt zu Brandt, ob es einen Streit über das Verhältnis zu Kommunisten und linken Schwärmern gebe, und warnte vor Flügelbildungen in der Partei. Der Kanzler versuchte zu vermitteln und riet Schmidt, mit Wehner unter vier Augen zu sprechen. Er solle keinen zu strengen Maßstab anlegen, wenn andere nicht jedes Wort auf die Goldwaage legten. »Du tust es auch nicht.« Sich einseitig zwischen Wehner und Schmidt zu entscheiden, lehnte Brandt ab: »Wir müssen uns, mit anderen Worten, wieder zusammenraufen. Das wird auch gelingen.«[58]

Tatsächlich dachte Wehner nicht daran, einen linkssozialistischen Flügel in der SPD aufzumachen. Vielmehr, so begründete er seine Bremer Rede vor der Fraktion, wollte er die Fronten auflockern und dazu beitragen, daß Streitfragen sachlich ausgetragen würden. Für mögliche Mißdeutungen seiner Bemerkungen bat er um Entschuldigung. Wehner verstand, so hatte er schon im November gesagt, die Bundestagsfraktion als »Stätte der Integration der Meinungen, der Strömungen, der Tendenzen der sozialdemokratischen Wählerschaft«. Dazu gehörten für ihn auch die linken Jusos – allerdings hatte seine Toleranz eine klare Grenze dort, wo es um die Zusammenarbeit mit Kommunisten ging[59].

Am 14. November 1970 beschlossen Parteivorstand, Parteirat und Kontrollkommission, daß es keine Aktionsgemeinschaft mit Kommunisten geben dürfe und gegebenenfalls Parteiordnungsverfahren eingeleitet würden. Ein Grundsatzbeschluß des Parteivorstands zur Abgrenzung der Sozialdemokratie vom Kommunismus ging auf ein längeres Papier Richard Löwenthals zurück. Dazu hatte Wehner mehrere Änderungen vorgeschlagen, die in die Endfassung eingearbeitet wurden. Brandt gegenüber meinte er: »Unsere jungen Leute sollen sehen, daß wir keineswegs alte Dogmatiker sind. Sie sollen dabei den Wert der eigenen Partei und deren Handlungsfähigkeit selbst verstehen und begründen lernen. Sie sollen auch fühlen und erleben, daß es auf sie mit ankommt und sie nicht geleithammelt werden, es ist ja ihre Zukunft, die hierbei mitbestimmt wird.«[60]

Die Jusos waren nicht nur ein »Brückenkopf der APO in der SPD«, sondern gleichzeitig auch »so etwas wie die Eintrittskarte der Sozialdemokratie zur renitenten Jugendkultur der frühen siebziger Jahre«. Auftritte wie derjenige von Brandt und Wehner auf dem Bremer Bundeskongreß dienten dem Ziel, das Verhältnis zur Parteijugend zu entspannen und gleichzeitig der Forderung nach Parteidisziplin Gehör zu verschaffen. Als Herbert Wehner im Frühjahr 1973 sein Geleitwort zur Neuherausgabe von Kurt Schumachers Dissertation über den Kampf um den Staatsgedanken in der deutschen Sozialdemokratie verfaßte, hatte er die Auseinandersetzung mit den Jungsozialisten im Kopf. Er schrieb, wiederum stehe die SPD im Kampf mit Auffassungen und Kräften, die sie zurückgleiten lassen würden in schon überwundene Vorstellungen. Wehner betonte, von welch eminenter Bedeutung die Durchsetzung des Staatsgedankens in der Sozialdemokratie für Deutschland war und bleibe. Er hätte gern eine intensivere theoretische Auseinandersetzung mit den Jusos geführt. Doch dafür war die Zeit zu knapp[61].

Die Außerparlamentarische Opposition bewegte sich auf ihrem »Marsch durch die Institutionen« keineswegs nur in die SPD, sondern auch außerhalb von ihr gab es eine breitgefächerte Landschaft linker politischer Organisationen, Gruppen und Personen. Neben der staatssozialistischen DKP bildeten sich vor allem in Hochschulstädten zahlreiche Polit-Sekten, K-Gruppen, Trotzkisten, Maoisten und andere linksextreme Formationen.

Ein kleiner Teil der »Linken« geriet auf Abwege. Die Aktionen der Terroristen vom Schlage der »Bewegung 2. Juni« und »Rote Armee Fraktion« wurden zusehends brutaler. Im Mai 1972 kam es zu einer Serie von Anschlägen mit Toten und Verletzten. Nicht nur Einrichtungen der alliierten Streitkräfte, auch deutsche Politiker wurden bedroht. Am 3. November 1972 ging eine anonyme Postkarte beim Frankfurter Polizeipräsidenten ein. Darin hieß es, eine »Rettungsaktion« für die im Sommer inhaftierte Baader-Meinhof-Gruppe werde sich gegen »Brandt – Scheel – Wehner – Genscher einschließlich Familien/Ahlers – von Wechmar – Ehmke einschließlich Familien« richten. Um die Sicherheit zu gewährleisten, wurden die Politiker unter verstärkten Polizeischutz gestellt. Herbert Wehner jedoch wollte nicht auf Schritt und Tritt von Sicherheitsleuten begleitet werden. Am Ende konnte er sich wohl damit herausreden, er werde ständig eine Schußwaffe mit sich führen. Jedenfalls glaubte Hans-Jochen Vogel, ab 1974 Bundesjustizminister, Wehner habe eine solche immer im Handschuhfach dabeigehabt. Das stimmte jedoch nicht. Greta war einigermaßen erstaunt, als sie nach Herbert Wehners Tod im Wäscheschrank eine Pistole fand[62].

Anfang 1972 hätte Wehner sich eine gemeinsame Erklärung der drei Fraktionen des Bundestages gegen den Terrorismus gewünscht. Dazu kam es jedoch nicht, und so war es Kanzler Willy Brandt allein, der am 4. Februar eine Rede hielt, in der er den Terrorismus scharf verurteilte, gleichzeitig aber blindes Draufschlagen ablehnte. Wehner sah in Appellen des CDU/CSU-Oppositionsführers Rainer Barzel, mehr für die innere Sicherheit zu tun, in erster Linie das Bedürfnis, Propaganda zu machen, um SPD und Bundesregierung auf die Anklagebank zu bringen[63].

Im Januar 1972 sprach er sich gegen Barzels »Angebot« aus, das Grundgesetz zu ändern, um Angehörige der DKP vom öffentlichen Dienst auszuschließen. Dieses Verlangen, so sagte Wehner der ›Augsburger Allgemeinen Zeitung‹, sei verfassungswidrig. Er fürchte portugiesische Zustände – in dem südwesteuropäischen Land herrschte eine Militärdiktatur. Er sagte: »Ich sehe keinen Sinn darin, die freiheitliche Grundordnung durch den ersten Schritt zu ihrer Beseitigung schützen zu wollen.« Ziel Barzels und der Opposition sei, innerhalb der SPD kommunistische Tendenzen zu entdecken und »uns rote

Flecken auf die Weste zu spritzen«. Die Auseinandersetzung mit dem Kommunismus sei nicht dadurch zu führen, daß man Grundrechte der freiheitlichen Demokratie einenge. Dies dürfe man aber nicht verwechseln »mit einem Gewährenlassen oder gar mit Schlappheit gegenüber Feinden der Demokratie«. Es gehe »ganz ohne Sonder- und Ausnahmegesetze, wenn man sich nämlich nicht auf die ohnehin schwer beweisbare Zugehörigkeit zu einer Organisation, sondern auf den konkret feststellbaren Mißbrauch bezieht.«[64]

Zwei Wochen später hatte Wehner den einstimmigen »Extremisten-Beschluß« des Bundeskanzlers und der Ministerpräsidenten aller Länder vom 28. Januar 1972 zu verteidigen. Darin wurde, ohne Gesetze zu ändern, festgelegt, ins Beamtenverhältnis dürfe nur berufen werden, wer die Gewähr dafür biete, jederzeit für die freiheitlich-demokratische Grundordnung im Sinne des Grundgesetzes einzutreten. Wehner betonte, das stehe nicht im Gegensatz zu seinen früheren Äußerungen, aber im Gegensatz zu Barzels Auffassung, der vorgeschlagen habe, »alle Mitglieder einer bestimmten Partei vom Öffentlichen Dienst auszuschließen und zu diesem Zweck die Verfassung zu ändern«. Im Präsidium der Partei erklärte Wehner später seine Unterstützung für den Beschluß damit, daß er weitergehenden Forderungen der Union den Weg verstellt habe. In der Praxis führte der Extremisten-Beschluß jedoch zu Verschärfungen bis hin zu der befürchteten Gesinnungsschnüffelei. Insbesondere für CDU- und CSU-Innenminister reichte künftig schon die formale Mitgliedschaft in einer als verfassungsfeindlich eingestuften Organisation aus, um die Übernahme in den öffentlichen Dienst – und sei es als Lokomotivführer oder Postbote – zu verweigern. Wehner dagegen – und mit ihm Justizminister Gerhard Jahn – bestand auf der Prüfung jedes einzelnen Falles. Der sogenannte »Radikalenerlaß« schmeckte Wehner nicht, aber er begab sich in Argumentationsnöte. In einer von Gewerkschaftern und SPD-nahen Jugendverbänden herausgegebenen Broschüre führte er mit seinen Stellungnahmen vor und nach dem Beschluß sowohl die Liste der Kontra- als auch die der Pro-Positionen an. Wehner verhielt sich loyal zu Brandt, und er trug den Beschluß mit[65].

Daß Politik und Medien eng verwoben und gegenseitig aufeinander angewiesen waren, war für Wehner eine Binsenweisheit. Wie Willy Brandt war auch er selbst Journalist gewesen. Er nutzte die Dienste von Journalisten – den Entwurf zum Godesberger Programm ließ er von Presseleuten überarbeiten, sie hatten eine wichtige Funktion in Wahlkampfstäben. Doch gerade im Laufe der fünfziger und sechziger Jahre veränderte sich die Medienlandschaft in der Bundesrepublik einschneidend. Das Fernsehen trat seinen Siegeszug an. Herbert Wehner wußte, daß er nicht »telegen« war; um so mehr setzte er auf Willy Brandt, der dort besser wirkte.

Die Sozialdemokraten mußten sich ebenso auf Änderungen bei der Presse einstellen. Von 21 SPD-nahen Zeitungen mit 1,1 Millionen Auflage im Jahr 1959 starben bis Mitte der sechziger Jahre mehr als die Hälfte. 1966 wurde das ›Hamburger Echo‹ eingestellt, acht weitere sozialdemokratische Zeitungen folgten bis 1972. Spätestens Anfang der siebziger Jahre war das Zeitalter der Parteipresse beendet. 1979 besaß die SPD nur noch die ›Hamburger Morgenpost‹, ansonsten blieben wenige Mehrheits- und einige Minderheitsbeteiligungen an Zeitungsverlagen[66].

Vor diesem Hintergrund war die Meinungsbildung in der nicht parteigebundenen, überregionalen Presse für Wehner und die SPD von großer Bedeutung. Anfang der siebziger Jahre waren es vor allem zwei sehr unterschiedliche Einflußfaktoren, mit denen sie sich auseinanderzusetzen hatten: einerseits der Kampf der Springer-Presse gegen die sozial-liberale Regierung und andererseits die in beide Richtungen gehende Offenheit zwischen Regierungspolitik und meinungsmachenden Medien wie dem Nachrichtenmagazin ›Der Spiegel‹.

Axel Springer beherrschte mit seinen Boulevardzeitungen in West-Berlin 70 Prozent des Zeitungsmarktes. Seine Blätter belegten die rebellierenden Studenten mit Begriffen wie »Rowdies«, »Gammler«, »Neurotiker« und »Kommunisten«. Die Abneigung war gegenseitig. 1967 begann die APO, die Enteignung Springers zu fordern. Auch infolge der Anti-Springer-Demonstrationen der Linken schwenkten ›Bild‹, ›Bild am Sonntag‹, die Berliner ›BZ‹ und die ›Welt‹ ins Lager der Rechten um Franz Josef Strauß[67].

Im gleichen Jahr veröffentlichte der Verlag vier Grundsätze, die fortan für alle Redakteure verbindlich waren: Eintreten für die Wiedervereinigung Deutschlands, Aussöhnung zwischen Deutschen und Juden, Ablehnung jeglicher Art von politischem Totalitarismus und Verteidigung der sozialen Marktwirtschaft. Grundsätzlich waren dies konsensfähige Forderungen, aber konkret legte Springer sie gegen die Politik der SPD/FDP-Regierung aus. Seine Zeitungen lehnten die Anerkennung der bestehenden Verhältnisse ab und bekämpften die sozial-liberale Ostpolitik. Die DDR wurde durch die Springer-Presse in Anführungszeichen gesetzt.

Herbert Wehner hatte bis dahin ein recht gutes Verhältnis zu Axel Springer gehabt. 1958 beispielsweise hatte der Verleger ihm mitgeteilt, »wie oft Ihnen unser Mitgefühl gehörte, wenn einmal wieder der ganze Unflat ebenso dummer wie gehässiger Verdächtigungen über Sie ausgeschüttet wurde«. Bundestagsreden wie diejenige Wehners vom 30. Juni 1960 waren in der ›Bild‹-Zeitung enthusiastisch kommentiert worden, und noch zur Bundestagswahl 1965 gab es geradezu verehrungsvolle Berichte des Boulevardblatts über Wehner-Auftritte im Wahlkampf[68].

Nach dem Regierungsantritt der sozial-liberalen Koalition änderte sich das schnell. Im Dezember 1969 hatte Wehner verschnupft auf Behauptungen in der Springer-Presse reagiert, ein Teil der SPD lasse es an der notwendigen Solidarität mit Israel fehlen. Springer klagte über »temperamentvolle Angriffe« Wehners. Gleichzeitig versicherte der Verleger ihm, daß er ihn zu den zuverlässigsten Freunden Israels in Deutschland zähle. Wehner bestätigte Springer, daß er sich durch die Vorwürfe schwer gekränkt fühle: »In Sachen Israel bin ich nicht neutral.« Er richte keine pauschalen Angriffe gegen den Verlag. Wenn er gelegentlich sage, unter den etwa zwölf Zeitungen, die er morgens zwischen sechs und sieben Uhr zu lesen pflege, sei auch eine, »die ich nur deshalb lese, weil ich wissen möchte, was die Leute denken sollen, das betrifft Herrn Chefredakteur Boenisch« von der ›Bild‹-Zeitung. Es liege bei Springer, »ob wir alle zusammen zu einer sachgerechteren Behandlung solcher Probleme kommen oder ob statt dieser über Verteufelungen geeifert wird«[69].

Tags darauf erschien ein ›Spiegel‹-Gespräch mit Wehner, in dem er auf einen Brief Springers an Egon Bahr angesprochen wurde. Darin hatte der Verleger der SPD vorgeworfen, sie habe den Wiedervereinigungsauftrag des Grundgesetzes zu den Akten gelegt. Wehner hatte diesen Brief von Bahr erhalten. Er wertete ihn als anmaßende Kriegserklärung. In dem Interview verzichtete er auf solche Worte und beschränkte sich auf die sachliche Auseinandersetzung: »Hier geht es um Politik, und Politik heißt, mit den ihr gegebenen Mitteln das, was es an tatsächlichen Machtverhältnissen gibt, so zu beeinflussen oder so auf sie einzuwirken, daß dabei das immer relativ Bestmögliche für die Menschen, die unter diesen Umständen zu leben haben, herauskommt.«[70]

Die Berichterstattung der Springer-Zeitungen zu Herbert Wehner war von da an nicht mehr freundlich. So spekulierte die ›Welt am Sonntag‹ im Juli 1970 über Wehners baldige Entmachtung. ›Bild‹ räsonierte im Juni 1972 über seinen »langen Abschied«, und Margarete Buber-Neumann durfte im September 1973 in der ›Welt‹ behaupten, Wehner habe »seit 1945 durch seine Tätigkeit in der SPD den Beweis erbracht, daß er der Sache Moskaus dienlich ist«[71].

Von den Springer-Gazetten war in den siebziger Jahren nichts anderes als harte Kritik zu erwarten. Da war der Umgang mit der SPD-Politik gewogenen, aber eben nicht verpflichteten Medien schwieriger. Eine herausgehobene Stellung nahm hier der ›Spiegel‹ ein. Einige der führenden Redaktionsmitglieder des Hamburger Magazins gingen selbst in die Politik, so Conrad Ahlers, seit 1966 stellvertretender, ab 1969 leitender Regierungssprecher und ab 1972 für die SPD im Bundestag. Günter Gaus wurde 1973 Staatssekretär im Bundeskanzleramt und war dann von 1974 bis 1981 Leiter der Ständigen Vertretung der Bundesrepublik in der DDR. Selbst Herausgeber Rudolf Augstein versuchte sich von 1972 bis 1973 als FDP-Bundestagsabgeordneter. Das Verständnis für die Medien und die Nähe, welche diese und andere Journalisten-Politiker zu ihnen entwickelten, wirkten nicht nur positiv. Es kam wiederholt zu »Informationslecks«, zum Ausplaudern von Interna an die Presse[72].

Nach dem Fernsehinterview von 1964 und dem gemeinsamen Gesprächsbuch von 1966 hatte sich zwischen Herbert Wehner und Günter Gaus ein von Herzlichkeit geprägtes Verhältnis entwickelt. Dieses wurde jedoch erschüttert, als Gaus 1968 zum Chefredakteur des ›Spiegel‹ berufen wurde. In einem Interview dazu hatte er kundgetan, er sei zwar ursprünglich für eine Große Koalition gewesen, aber für sein Magazin würde es nach deren Ende »lustiger«. Dies entsprach ganz und gar nicht Wehners Herangehensweise an Politik, die für ihn alles andere als ein Spiel war, und so beklagte er sich bei Gaus. Enttäuscht schrieb er ihm, damit möge Gaus journalistisch gut fahren, seine Bemerkung möge »smart« sein, aber er habe sich nun dem »Haufen« der Gegner zugesellt. Gaus war betroffen, gab Wehner durchaus recht. Sie respektierten einander weiterhin, es kam auch zu manchen guten Gesprächen miteinander, aber ihre Beziehung wurde nicht wieder so vertraut wie zuvor, was beide bedauerten[73].

Kompliziert und widersprüchlich war das Verhältnis Wehners zu Rudolf Augstein. Beide fanden nicht das rechte Verständnis füreinander. Der ›Spiegel‹-Macher behauptete 1970, der stellvertretende SPD-Vorsitzende habe sich leninistischer Taktik und Verstellungskunst bedient. Um Demokratie und Sozialismus durchzusetzen, habe er beide gleichzeitig geopfert. Augstein verstand Wehner nicht recht, gleichzeitig bewunderte er ihn. Einmal meinte er gar, er fühle sich außer seinem verstorbenen Parteifreund Wolfgang Döring keinem deutschen Politiker so verbunden und befreundet wie Wehner. In demselben Kommentar mühte er sich allerdings, Wehners Abschied von der Politik herbeizuschreiben. Nach der Bundestagswahl 1969 brachte Augstein in einem Schreiben an Wehner geradezu eifersüchtig seinen Wunsch vor, ihn im Sommer auf Öland einmal »mit etwas Zeit« zu besuchen. Schließlich gehe es nicht, »daß Gaus bei uns das Wehner-Monopol hat«. Das ›Spiegel‹-Bild von Herbert Wehner blieb stets widersprüchlich[74].

Die drei Männer an der Spitze der SPD, Brandt, Wehner und Schmidt, waren sich des Problems der Nähe zur Presse bewußt. Untereinander, so schrieb Helmut Schmidt im Januar 1970 an Herbert Wehner, gebe es zuwenig Gespräche. Diese Kontaktlücken seien »ständige Einladungen für solche, die Woche für Woche Indiskretionen und – mir langsam ans Gemüt gehend: – als Indiskretionen getarnte Zitat-Fälschungen an den ›Spiegel‹ und andere Blätter geben«. Da falle es »verdammt schwer«, gelassen zu bleiben und auf Dementis zu verzichten. Das Thema war auch Gesprächsstoff zwischen Wehner und Brandt. Der meinte im Mai 1971, bei ihm bestehe keine Gefahr mehr, daß er sich durch Pressemanöver verwirren lasse. Aber er gab Wehner recht: »Wir müssen miteinander aufpassen, daß sich bei anderen keine Verschlingungen ergeben«. Die »Troika« erkannte das Problem, aber das sollte alle drei weder vor Versuchen anderer bewahren, sie in den Medien gegeneinander auszuspielen, noch vor den damit verbundenen Verstimmungen untereinander[75].

Das galt zum Beispiel für die Äußerungen Wehners über Schmidt vor dem Juso-Bundeskongreß in Bremen. Wie er dort schon prophezeit hatte, schlachtete der ›Spiegel‹ das Zitat tatsächlich aus und brachte es in einem Artikel über »die schlechte, teilweise feindselige Stimmung« unter den führenden Sozialdemokraten unter. Anderthalb Jahre später konnte Wehner in der Zeitung lesen, Helmut Schmidt strebe an, ihn im Fraktionsvorsitz abzulösen. Er könne »solch Gewusel« nicht verhindern, wolle aber nicht durch »eigene Beiträge« daran mitwirken, schrieb er an Lotte. Nach Brandts Rücktritt war im ›Spiegel‹ aus Augsteins Feder zu lesen, Wehner bezeichne Schmidt als »Helmut der Schmied«. Dieser habe eine hohe Meinung von Wehner, halte ihn aber »gleichwohl für partiell unzurechnungsfähig, und das seit vielen Jahren«. Solche Darstellungen von Journalisten waren häufig übertrieben. An die Verstimmung nach dem Bremer Juso-Kongreß erinnerte sich Schmidt fünf Jahre später kaum noch, nach weiteren dreißig Jahren überhaupt nicht mehr[76].

In den Anfangsjahren der sozial-liberalen Koalition war eher das Verhältnis zwischen Brandt und Wehner auf der einen, Schmidt auf der anderen Seite von Zeit zu Zeit gespannt. Der Bundeskanzler und der Fraktionsvorsitzende dagegen hatten sich nach der Bundestagswahl zusammengerauft, und ihr Briefwechsel war wieder von einiger Herzlichkeit gekennzeichnet. Beide hörten in dieser Frühzeit der SPD/FDP-Regierung auf den Rat des anderen. Kanzleramtschef Horst Ehmke betätigte sich zwischen Brandt und Wehner als »Botschafter, Dolmetscher und Blitzableiter in einem«. Ab November 1969 erschien er nahezu jeden Montag um 7.45 Uhr bei Wehner zum Frühstück, um die Vorhaben der Woche zu besprechen. Der Fraktionsvorsitzende mochte Ehmke nicht, hielt ihn, wie Schmidt sich erinnert, für einen hochbegabten Opportunisten. Aber auch wenn Wehner den Gesprächspartner unangenehm fand, die Treffen erleichterten die Zusammenarbeit mit Brandt[77].

Regierung in Gefahr

Am 20. Oktober 1971 machte im Bonner Bundeshaus die Nachricht die Runde, daß Bundeskanzler Willy Brandt den Friedensnobelpreis bekommen würde. Das Parlament tagte gerade, und Herbert Wehner berichtete seiner Frau, daß die Bekanntgabe mit großem Jubel aufgenommen wurde. Brandts Auftreten fand er »beherrscht und überlegen«. In der Sondersitzung der Bundestagsfraktion bezeichnete Wehner sich und die Fraktion als »glücklich« über die Auszeichnung. Brandt antwortete mit seinem Dank dafür, daß die Fraktion ihn »getragen, gestützt, gefördert« und dort, wo es notwendig war, auch »beraten, kritisch beraten« habe. Wehner überreichte Brandt einen Blumenstrauß, rote Rosen. Bevor der Kanzler nach Oslo zur Verleihung des Preises flog, schickte er Wehner seine Redetexte, verbunden mit der Hoffnung, der Fraktionsvorsitzende sei damit »einigermaßen einverstanden«[78].

Die Opposition überwand den Eindruck, den der Friedensnobelpreis für Brandt machte, verhältnismäßig schnell. In ihrem engen parteipolitischen Sinne war die Taktik der Union, durch Polarisierung rechte und nationalistische Kräfte einzubinden, erfolgreich. Es gelang ihr, die Wähler der NPD zurückzuholen, und die Rechtsextremen verschwanden wieder aus den Landesparlamenten. In Baden-Württemberg verzichteten sie bei der Landtagswahl 1972 sogar zugunsten der CDU auf ihre Kandidatur. So holten die Christdemokraten mit Ministerpräsident Hans Filbinger, einem ehemaligen NS-Marinerichter, unter dem Wahlkampfmotto »Freiheit statt Sozialismus« die absolute Mehrheit[79].

Das war am 23. April 1972, und am gleichen Tag erklärte der FDP-Bundestagsabgeordnete Wilhelm Helms den Austritt aus seiner Partei. Bereits in den Wochen und Monaten zuvor hatten zwei Abgeordnete die SPD-Fraktion verlassen und waren zur Union übergetreten: der Berliner Abgeordnete Klaus-Peter Schulz und der Vertriebenen-Funktionär Herbert Hupka. Die FDP-Abgeordneten Knut Freiherr von Kühlmann-Stumm und Gerhard Kienbaum versprachen, Barzel zu wählen. Weitere Abgeordnete aus SPD und FDP galten als unsicher. Rainer Barzel nahm an, er habe jetzt genug Stimmen zusammen, um sich anstelle von Willy Brandt zum Kanzler wählen zu lassen. Die CDU/CSU-Fraktion setzte für den 27. April 1972 das erste konstruktive Mißtrauensvotum in der Geschichte der Bundesrepublik auf die Tagesordnung des Deutschen Bundestages[80].

Um zum Kanzler gewählt zu werden, brauchte Barzel die Mehrheit der Mitglieder des Parlaments, das waren 249 Stimmen. Die CDU/CSU-Fraktion zählte 246 stimmberechtigte Abgeordnete; rechnete man die drei FDP-Abweichler dazu sowie den Münchner SPD-Abgeordneten Günther Müller, der in Kontakt zur CSU stand und endgültig im Herbst 1972 übertrat, konnte die Union auf 250 Stimmen für Barzel hoffen. Es stand, wie Wehner sich erinnerte, auf Messers Schneide, und »die war so wie ein Haar«[81].

Zwischen dem Antrag der CDU/CSU und der Abstimmung über das Mißtrauensvotum lagen nur knapp drei Tage. In dieser Zeit kam es zu hektischen Aktivitäten. Die SPD bot dem in München vom »linken« Parteiflügel gestürzten »Rechten« Müller einen sicheren Wahlkreis in Nürnberg an. Die FDP-Spitze führte Gespräche mit Helms, Kühlmann-Stumm und Kienbaum. Im Falle des ersten der drei scheinen sie erfolgreich gewesen zu sein. Die beiden anderen jedoch gaben Scheel einen Korb. Am Morgen der Abstimmung erklärten sie ihm, sie würden für Barzel stimmen. Die Regierungsspitze rechnete mit ihrer Abwahl. »Kämpferische Resignation« war die Stimmung bei Brandt[82].

Herbert Wehner gab sich öffentlich furchtlos. Einem Mischnick zugeschriebenen Vorschlag, die Koalitionsabgeordneten sollten bei der Abstimmung das Plenum verlassen, gab er eine entschiedene Absage: »Ich gehöre dem Bundestag von Anfang an an, und ich gehe nie raus, denn wer rausgeht, muß auch wieder reinkommen.« Vor der Einbringung des Antrags habe man in der Opposition überlegt und gespielt und durchgespielt. Der entscheidende Spieler aber sei Strauß, dem der CDU-Kandidat aus Existenzgründen immer eine halbe Nasenlänge voraus sein müsse. Tatsächlich verhielt es sich so. Strauß hatte noch in der baden-württembergischen Wahlnacht Barzel gedrängt, der sich aber selbst schon zu dem Schritt entschlossen hatte[83].

Wehner hielt beide Ergebnisse, die Abwahl Brandts sowie das Scheitern Barzels, für möglich. Scheel (»Doch das, was hier gespielt werden soll, ist ein schäbiges Spiel.«) und Brandt (»Ich habe meine Pflicht getan und manchmal etwas mehr.«) bewahrten in ihren Reden am 27. April standhaft Haltung und legten grimmigen Trotz gegenüber der erwarteten Niederlage an den Tag. Ihnen gleich taten es zahlreiche Belegschaften im Lande, die in Warnstreiks traten, und Anhänger der SPD, die sich zu Protestkundgebungen versammelten[84].

Wehner hielt seine Bundestagsrede zum Mißtrauensvotum vollkommen ruhig, sachlich, ganz ohne emotionale Ausbrüche. Mit geradezu umständlicher Höflichkeit sprach er den »verehrten Vorredner«

Kiesinger, die »verehrten Damen und Herren von der Opposition« an. Ohne die Ostverträge, so Wehner, gebe es keine Aussicht auf zwischenstaatliche Beziehungen, welche Voraussetzung dafür seien, daß die Grenzen schließlich nicht mehr »blutende Grenzen« sein würden. Unter großem Gelächter, auch des Angesprochenen selbst, wies er auf die Machtverhältnisse in der Union hin. Er zitierte eine Äußerung von Strauß, welcher der ›Bild‹-Zeitung gesagt hatte, er sei als der zweite Mann in der CDU/CSU-Fraktion wesentlich einflußreicher, »als wenn ich als Nummer 1 Klimmzüge machen müßte«. Zu diesem Klimmzug Barzels wollte Wehner die Hand nicht reichen. Mit Betonung auf dem letzten Wort sagte Wehner, die Opposition könne die Stimmen der SPD nicht erwerben[85].

Um diesbezüglich sicherzugehen, schlug Wehner seiner Fraktion vor, im Plenarsaal zu bleiben, sich aber an der Abstimmung nicht zu beteiligen. Die SPD-Abgeordneten gingen nicht in die Wahlkabinen, sondern sie blieben auf ihren Plätzen sitzen. Dieses Vorgehen wählte Wehner zu Demonstrationszwecken, vor allem aber, um vor bösen Überraschungen bei der geheimen Wahl geschützt zu sein. Und dieser taktische Schachzug funktionierte: Bis auf einen, den Münchner Abgeordneten Müller, gab kein SPD-Abgeordneter seine Stimme ab. Auch die meisten FDP-Parlamentarier blieben auf ihren Plätzen. Neben den drei Abweichlern Helms, Kühlmann-Stumm und Kienbaum nahmen nur einige Abgeordnete und Minister teil, die als sichere Parteigänger der Koalition galten[86].

Gegen 13 Uhr ging ein Raunen durch den Plenarsaal und durch die mit Parlamentariern und Journalisten gefüllten Gänge davor. Das Ergebnis sickerte durch. Dem Abgeordneten Rainer Barzel fehlten zur erforderlichen absoluten Mehrheit zwei Stimmen. Der Mißtrauensantrag war gescheitert. Das Gesicht des Oppositionsführers in seiner Bank versteinerte. Die Gratulanten umringten Willy Brandt. Herbert Wehner gehörte nicht zu den ersten, zufällig. Er war, so erinnerte er sich, »unter großer Mühe gegenüber den draußen nicht nur wartenden, sondern beinahe hineindrängenden Berichterstattern und sonstigem schreibenden und redenden und bildernden Personal durchgekommen zu einer Toilette und habe da gesagt, es sei nicht nur die Freiheit des Gewissens, sondern auch etwas, was sich darauf reimt, gesichert; ich müßte mal«[87].

Insgesamt waren 260 Stimmen abgegeben worden, darunter waren 10 Nein-Stimmen und 3 Enthaltungen. Für Barzel als Kanzler stimmten 247. Das waren drei Stimmen weniger als von der Union erwartet und zwei Stimmen zu wenig. Politisch wirkte, daß es sich hier um zwei bis drei Abgeordnete aus den Reihen der CDU/CSU-Fraktion selbst handeln mußte. Barzel und die Opposition hatten sich blamiert. Wehner stellte einige Wochen später kategorisch fest: »Herr Barzel war, ist und bleibt Kandidat.«[88]

Dieses Ergebnis konnte er sich mit als sein Verdienst anrechnen. Er hatte – wohl bis auf einen Abgeordneten – die SPD-Fraktion zusammengehalten, und er hatte durch das Abstimmungsverhalten dazu beigetragen, daß es keine weiteren Abweichler gab. Daß er gleichwohl später in den Ruf geriet, er habe am 27. April 1972 mit unlauteren Mitteln gearbeitet, hatte Wehner einer Oppositions- und Medienkampagne zu verdanken, der er allerdings mit einer menschlichen Schwäche Nahrung lieferte.

Die menschliche Schwäche hing mit einer Personalie zusammen, nämlich mit derjenigen des SPD-Abgeordneten Karl Wienand. Dieser saß seit 1953 im Bundestag, hatte dort zunächst ein enges Büro mit Helmut Schmidt geteilt und war zu Beginn von dessen Amtszeit als Fraktionsvorsitzender 1967 zum Parlamentarischen Geschäftsführer der Bundestagsfraktion gewählt worden. Wienands Lebensweg war von tragischen Ereignissen gezeichnet. Sein Vater, ein Widerstandskämpfer, war von den Nazis ermordet worden. Ihn selbst steckte die Wehrmacht in ein Strafbataillon. An der Ostfront wurde er in ein Minenfeld gejagt, wobei er ein Bein verlor. Jahrzehntelang plagten ihn Phantomschmerzen. Seine erste Frau starb jung, ein Sohn aus dieser Ehe verunglückte tödlich. Seine zweite Frau wurde schwer krank, sie fiel in ein jahrelanges Dauerkoma. Der Sohn aus dieser Ehe rutschte in die Drogenszene ab. Als Fraktionsgeschäftsführer war auf Wienand Verlaß, aber aufgrund seines schrecklichen Lebensschicksals, so meint Helmut Schmidt, war Wienand »empfänglich für kleine Geschäfte«, für Korruption. In einer Affäre um die Fluggesellschaft »Paninternational« war ihm 1971/72 Vorteilsnahme vorgeworfen worden, aber Wehner hielt solidarisch an ihm fest[89].

Der Fraktionsvorsitzende schätzte an Wienand seine Fähigkeit, den Mund zu halten, seine Bereitschaft, harte und »Drecksarbeit« zu verrichten, sowie seine völlige Loyalität zur Sache der SPD. Mindestens in dem ersten Punkt lag Wehner nicht ganz richtig. Der joviale Rheinländer nahm es mit der Wahrheit nicht immer ganz genau, neigte durchaus zu Übertreibungen. Ein unvergeßliches Beispiel dafür ist die Geschichte von dem legendären »Einstellungsgespräch«, welche er Anfang der neunziger Jahre dem Fernseh-Dokudramatiker Heinrich Breloer erzählte. »Etwas über drei Stunden« hätten Wehner und er sich angeschwiegen, trotz heftigen Harndrangs habe Wienand ausgehalten, bis der Fraktionsvorsitzende in seinen Pfeifenqualm hinein mürrisch die Worte gepreßt habe: »Na, dann haben wir alles besprochen. Wollen wir's ab morgen versuchen?« Auf Nachfrage fügte Wienand dem hörbar amüsierten Regisseur gegenüber noch hinzu, Wehner habe auch bei anderen Gelegenheiten länger mit ihm geschwiegen, »Nächte durch«. Abgesehen davon, daß Wienand bei Wehners Antritt als Fraktionsvorsitzender schon fast drei Jahre im Amt war, es also gar kein »Einstellungsgespräch« gegeben haben konnte, ist die Darstellung vermutlich übertrieben. Ein anderer häufiger Gesprächspartner Wehners, der langjährige Parlamentarier Erwin Stahl, erinnert sich höchstens an kürzere Gesprächspausen von vielleicht einer halben Minute Dauer, und Greta Wehner meint, für solche stundenlangen »Schweigegespräche« sei in der ständigen Hektik und Terminnot gar keine Zeit gewesen[90].

Ein Journalist berichtete, Wienand habe ihm erzählt, er habe in der Woche des Mißtrauensvotums vier Stimmen von CDU-Abgeordneten gegen Barzel gewonnen. Solche »Nachrichten« wurden begierig aufgegriffen. Im Mai 1973 machte das Gerücht die Runde, es sei Bestechung im Spiel gewesen. Der CDU-Abgeordnete Julius Steiner behauptete, Wienand habe ihm 50000 Mark gegeben. Erst nach dem Untergang der DDR stellte sich heraus, daß es in Wirklichkeit das Ministerium für Staatssicherheit gewesen war, das Steiner und wahrscheinlich den CSU-Abgeordneten Leo Wagner für ihre Stimmabgabe gegen Barzel bezahlt hatte. Nun führte Wienand in seinem Leichtsinn von Zeit zu Zeit zwar auch Gespräche mit einem als Mitarbeiter des DDR-Staatsrats getarnten MfS-Agenten, aber die 50000 Mark erhielt Steiner nicht auf diesem Weg[91].

Die Steiner-Behauptungen im Ohr und die Mediendebatte im Rükken, sorgte die CDU/CSU-Fraktion im Juni 1973 für die Einsetzung eines parlamentarischen Untersuchungsausschusses. Der hessische CDU-Landesvorsitzende Alfred Dregger machte im Gespräch mit der ›Bild‹-Zeitung die Stoßrichtung klar: »Das wirft Fragen auf, die nicht nur Herrn Wienand betreffen, sondern auch Herrn Wehner. In der Fraktionsklausur am 12. Juni erklärte Wehner sich mit Wienand solidarisch. Dieser habe unter schweren Bedingungen seine Pflicht als Parlamentarischer Geschäftsführer der Fraktion der SPD erfüllt. Er sei der Prügelknabe, auf den die CDU/CSU-Fraktion bedenkenlos einschlage, um von ihrem eigenen Versagen in der versuchten Kanzlerwahl abzulenken. Die Fraktion erklärte Wienand daraufhin mit überwältigender Mehrheit ihr Vertrauen. Aber bitter kam Wehner die Presseberichterstattung an, er lasse Wienand nur deshalb nicht fallen, weil er selbst sonst als nächster an der Reihe wäre: »Sie können noch nicht mal töten, sondern sie müssen schon vorher Leichenschändung betreiben.«[92]

Wienand erklärte öffentlich, er habe mit Steiner nie »auch nur ein Wort« über Geldangelegenheiten gesprochen. In seiner Gegenwart sei nie über die Möglichkeit gesprochen worden, die Stimmen von Abgeordneten für Geld zu gewinnen. Zum Fall Steiner selbst befragt, erklärte Wehner im Untersuchungsausschuß klipp und klar, daß er »davon ausgehe, daß weder ich noch jemand, der unter meiner Verantwortung als Fraktionsvorsitzender handelte oder zu handeln meinte, den Versuch gemacht hat, Abgeordnete zu kaufen oder abzuwerben«. Wenn jemand hinter seinem Rücken unter Berufung auf einen angeblichen Auftrag von ihm Geldbeträge ausgegeben haben sollte, so Wehner, wäre das ein Vertrauensbruch, den er mit seinem Rücktritt als Fraktionsvorsitzender beantworten würde. Umgekehrt konnten Wehner und die SPD belegen, daß im Jahr 1970 versucht worden war, einen FDP-Abgeordneten mit Beraterverträgen für den Wechsel zur CSU zu gewinnen. Der Untersuchungsausschuß beendete seine Tätigkeit ergebnislos[93].

Aller Wahrscheinlichkeit nach war Wienand – und Wehner ohnehin – in der Affäre Steiner sauber geblieben. Dafür, daß Wehner sich hier irgend etwas vorzuwerfen gehabt hätte, gibt es keinerlei Beweise. Die Zweifel fanden allein darin immer wieder Nahrung, daß Wienand in anderen Fällen nicht sauber war. Angreifbar machte Wehner allenfalls seine Solidarität mit Wienand. Er neigte dazu, wie Helmut

Schmidt sich erinnert, sich über Menschen schnell ein (Vor-)Urteil zu bilden und dann »once and forever« dabei zu bleiben. Im Falle Wienands war Wehners Urteil positiv ausgefallen[94].

Die Freude über den mißlungenen Kanzlersturz wurde noch am gleichen Nachmittag merklich getrübt. Eine Haushaltsabstimmung ergab 248 Stimmen dafür, 248 Stimmen dagegen. Die Regierung Brandt/Scheel hatte keine Mehrheit, die Opposition Barzel/Strauß auch nicht. Nun stand im Bundestag die Ratifikation des Moskauer und des Warschauer Vertrages an. Noch am Tag des gescheiterten Mißtrauensvotums fragte Brandt Barzel, ob die CDU/CSU bereit wäre, den Weg zu Neuwahlen frei zu machen. Er erhielt darauf keine Antwort. Am folgenden Abend gab es ein Spitzengespräch zwischen Regierungs- und Oppositionsführung. Brandt und Wehner fragten, ob die Union bereit sei, über die Ostverträge abstimmen zu lassen und anschließend Neuwahlen durchzuführen. Jetzt ließ die Opposition sich immerhin dazu herbei, über eine Entschließung aller Fraktionen des Bundestags aus Anlaß der Ratifikation zu verhandeln[95].

Nach mehrwöchigen Gesprächen legte eine Redaktionskommission, der auf Seiten der Regierung Ehmke und Genscher, auf Seiten der Opposition die Abgeordneten Marx und Strauß angehörten, einen Resolutionsentwurf vor. Darin wurde vor allem festgestellt, daß die Verträge eine friedensvertragliche Regelung für Deutschland nicht vorwegnähmen und keine Rechtsgrundlage für die bestehenden Grenzen schüfen. Ziel der Entschließung war aus Sicht von CDU und CSU, den Gehalt der Ostverträge zu verwässern, mindestens aber ihr Gesicht gegenüber den Gegnern der Anerkennung zu wahren. Am Ende nahmen Strauß und Marx Bedenken der Sowjetunion und Polens gegen die Entschließung zum Vorwand, ihre Zustimmung zu den Verträgen zu verweigern. Barzel hatte diese ursprünglich angestrebt, weswegen sich die Regierungsseite auf die Entschließung eingelassen hatte. Am Ende konnte er sich in den eigenen Reihen nicht durchsetzen, und so blieb lediglich, den größten Teil der CDU/CSU-Fraktion auf Enthaltung festzulegen. Am 17. Mai 1972 wurde das historische Vertragswerk mit den Stimmen von SPD und FDP ratifiziert. Der größte Teil der Unionsfraktion enthielt sich, einige Abgeordnete stimmten mit Nein[96].

Zwei Wochen zuvor hatte Wehner noch gemeint, das Parlament sei zwar arg mitgenommen, aber »nicht handlungsunfähig geworden«. Der Bundestag habe die Chance, der wirklichen Lage gerecht zu werden und sich der Notwendigkeit der Entscheidung über die Ostverträge zu stellen. Die Art, wie die Opposition die Entscheidung zunächst verzögerte und ihr dann auswich, sprach gegen diesen Optimismus Wehners. Er blieb dennoch dabei, daß vor Neuwahlen zunächst die Verträge ratifiziert werden mußten. Der entscheidende Punkt war für Wehner, daß davon das Inkrafttreten des Berlin-Abkommens abhing, welches den zivilen Personen- und Güterverkehr von und nach West-Berlin garantierte. Dieses durfte man, so Wehner, nicht aufs Spiel setzen. Nachher, im Juni 1972, war Wehner der Meinung, man solle mit dem »Gerede von Gemeinsamkeiten« mit der Opposition aufhören: »Wir sind dafür nur dort und dann, wo es im Interesse aller und zum Wohle unseres Staates nötig ist.« Die SPD müsse Stehvermögen beweisen, sich einen klaren Kopf sowie die Unterstützung untereinander bewahren. Um die Entscheidung der Wähler, also um Neuwahlen, müsse hart gekämpft werden[97].

Dabei war Wehner für einen möglichst frühen Wahltermin. Brandt und Schmidt gegenüber sprach er sich für die »kurzfristigste Variante« aus. Am 20. Juni erklärte Brandt der FDP-Spitze gegenüber, er wolle möglichst bald die Vertrauensfrage stellen, damit noch im August gewählt werden könne. Doch der Koalitionspartner mochte nicht mitziehen. Mischnick sagte zu Wehner, die Liberalen wollten vor der Sommerpause noch möglichst viel Parlamentsarbeit erledigt haben und dann im Herbst wählen. So wurden die Neuwahlen für den November 1972 in Aussicht genommen. Diesem Termin brachte Wehner wenig Begeisterung entgegen, gerade auch im Sinne von Brandt: »Es ist der Monat, von dem er kürzlich als vom ›schrecklichen Monat November‹ sprach, eingedenk seiner um diese Zeit eigentlich regelmäßig kränkelnden Körperlichkeit.« Bei der Abstimmung über die Vertrauensfrage stimmten die Abgeordneten der Koalition für Brandt; nur die Minister enthielten sich der Stimme, so daß die »Niederlage« sicher und damit der Weg zu Neuwahlen offen war. Mit dem »Ja« der Parlamentarier zu Brandt wollte Wehner sicherstellen, daß niemand von ihnen »draußen« in Erklärungsnöte kam. Nach der Abstimmung konnte er Lotte berichten, die Koalition sei unbeschädigt und gewissermaßen mit fliegenden Fahnen untergegangen[98].

Nach außen hin bot das Führungsdreieck Brandt-Wehner-Schmidt ein Bild der Eintracht. Es war, so erinnert sich der damalige Bundestagsabgeordnete Jürgen Schmude, spürbar, daß die drei zwar »nicht immer von großer Liebe zueinander entflammt« waren, aber die Möglichkeit, sie gegeneinander auszuspielen, erschien unvorstellbar[99]. Doch gerade im Frühjahr und Sommer 1972 wurde das Binnenverhältnis zwischen Wehner und Brandt immer spannungsgeladener. Je schwieriger und zugespitzter die politische Situation in der Bundesrepublik wurde, desto mehr spitzten sich die Schwierigkeiten zwischen Willy Brandt und Herbert Wehner zu. Am Ende hielt zwar die politische Gemeinsamkeit, das menschliche Verhältnis aber zerbrach.

Dabei gab es zwischen Wehner und Brandt eine Menge Berührungspunkte. Beide teilten ihre Liebe zu skandinavischer Politik und Lebensart. Sie hatten beide Widerstand und Emigration durchgemacht, waren als Journalisten tätig gewesen und 1949 gemeinsam in den Bundestag eingezogen. Brandt wie Wehner hatten nach dem Stuttgarter Parteitag zur Reform der SPD und ihrer Außenpolitik beigetragen, zunächst an unterschiedlichen Stellen, dann, ab 1960, aufeinander abgestimmt und gemeinsam.

Aber schon knapp unter der Oberfläche der Gemeinsamkeiten lagen die Gegensätze. Der sieben Jahre jüngere Brandt war 1933 noch als Jugendlicher emigriert, ein großer Teil seiner politischen Standortfindung erfolgte erst im skandinavischen Exil. Wehner dagegen war 1933 ein »ausgewachsener« Kommunist, er hatte seinen politischen Standort vermeintlich gefunden, und sein Weg zur Sozialdemokratie führte über die bittere Erfahrung der Säuberungen in Moskau und der Haft in schwedischen Gefängnissen. Während Brandts Weg zur Sozialdemokratie in Schlangenlinien als kurvenreiche, langsame Wandlung zum demokratischen Sozialisten verlief, war Wehners Entscheidung für die SPD ein schmerzhaft empfundener totaler Bruch. Beide waren verletzbar, Wehner aufgrund seiner Vergangenheit existentiell. Er war, so sah er es selbst, sein Leben lang verdammt dafür, Kommunist gewesen zu sein: »So ist das, und damit kann man sich zwar nicht abfinden, aber das kann man und muß man tragen.«[100]

Brandt war fähig, die Dinge leichter zu nehmen, Wehner nicht. Ihre Lebensweise war unterschiedlich. Wehner wohnte mit seiner Familie im zwar eigenen, doch bescheidenen Reihenhaus. Brandt bezog 1966 die Dienstvilla des Außenministers auf dem Venusberg, ein geräumiges Haus mit Gartengrundstück, Bediente inklusive. Wehner fand diesen Wohnstil des »Herrn vom Venusberg« nicht angemessen für einen Sozialdemokraten. Ein Leben im Luxus war für den Fraktionsvorsitzenden unvorstellbar, auch wenn er genießen konnte: die Pfeife, klassische Musik am Abend, gastfreundlich sein, gutes Essen und Wein. Herbert Wehner war Familienmensch, lebte eine enge, innige Bindung mit seiner Frau und deren Tochter Greta; er fand zu Hause und im Haus auf Öland nicht nur Entspannung, sondern sein wahres, »einfaches Leben«. Dafür hatte Brandt nicht die rechte Antenne.

Als 1971 Herbert Wehners 65. Geburtstag bevorstand, bedrängte der Parteivorsitzende ihn, sich doch von Schweden aus mit einer Chartermaschine nach Bonn fliegen zu lassen, denn es gebe nicht wenige, »die Dir an oder um jenen Tag die Hand drücken möchten«. Wehner lehnte dies ab, er wollte sich nicht öffentlich feiern lassen, sondern seinen Geburtstag unbeschwert im Familienkreis verbringen. Brandt ließ dennoch eine Maschine der Bundeswehr ordern; sie brachte am 11. Juli 1971 Kanzleramtschef Ehmke und Regierungssprecher Ahlers nebst einem Glückwunschschreiben Brandts, einer goldenen Uhr und sämtlichen Orgelwerken Händels auf Schallplatte nach Öland. Das Geburtstagskind saß mit Lotte und Greta unter einem Baum und las etwas auf Schwedisch vor, als der ungebetene Besuch aus Bonn sie aufspürte. »Packt ein, das hier ist zu Ende«, sagte Wehner verärgert. Greta erinnert sich: »Wir hatten dann die beiden den Tag über am Hals und mußten sie einladen, mit uns in Färjestaden zu essen.«[101]

Brandt, »der libertäre Gefühlsmensch«, war eher einzelgängerisch. Menschliche Nähe, enge freundschaftliche Bindungen lagen ihm nicht. Von weitem wirkte er warmherzig und charismatisch. Aus der Nähe betrachtet war er scheu und kontaktschwach. Brandt blieb meist distanziert. Oft scheute sich der Kanzler, Auseinandersetzungen zu führen und Entscheidungen zu treffen, sowohl in der eigenen Familie als auch in der Politik. Helmut Schmidt erinnert sich: »Er entschied sich nicht so furchtbar gern.«[102]

Herbert Wehner mißfielen Arbeitsweise, Leichtlebigkeit und Unverbindlichkeit Brandts. Bei einer Sitzung im Kanzlerbungalow bemängelte Greta den Arbeitsraum. Alle säßen, schrieb sie ihrer Mutter, in niedrigen, »allerdings ganz angenehmen Drehsesseln«. Die ebenfalls niedrigen Tische taugten nur zum Abstellen von Gläsern. Notizen müsse man sich auf den Knien machen. 1972, im »Frühjahr und Sommer der Lähmung«, spitzte sich Wehners Ärger zu. Das halbe Jahr zwischen der Ratifikation der Ostverträge und den Neuwahlen zum Bundestag brachte eine nachhaltige Verschlechterung seines Verhältnisses zu Brandt[103].

Lotte gegenüber, die diese Zeit auf Öland verbrachte, machte Wehner seinem Herzen Luft. Ende Mai hatte er ein zweistündiges Gespräch mit Schmidt und Brandt, das frei von Unannehmlichkeiten war. Aber er verspürte eine »innere Unruhe«, als sei etwas im Anzug. Anlaß war »die Schillerei«. Karl Schiller, der unumstrittene Star unter den sozialdemokratischen Ministern der Großen Koalition, war im Frühjahr 1971 »Superminister« für Wirtschaft und Finanzen geworden. Nach dem Rücktritt von Alex Möller hatten sich Brandt und Wehner auf diese Lösung geeinigt. Im Jahr darauf konnte Schiller sich mit seinen Forderungen, den Haushalt zu kürzen, in der Partei nicht durchsetzen, erzielte aber noch einmal einen Erfolg im Kabinett. Ende Juni zerstritt er sich dann mit dem Bundesbankpräsidenten und der gesamten Bundesregierung über die Währungspolitik. Dahinter steckte auch ein tiefgehender Streit mit Bundesverteidigungsminister Helmut Schmidt. Für den 7. Juli 1972 kündigte Schiller seinen Rücktritt an, den Brandt nach einigem Zögern annahm. Doch die Entfremdung zwischen dem Ex-Minister und der SPD ging noch tiefer. Im September trat Karl Schiller aus der Partei aus und machte im Bundestagswahlkampf Werbung für die CDU/CSU[104].

Wehner sah schon Ende Mai die Verantwortung dafür, ein Machtwort zu sprechen, beim Kanzler. Die öffentliche Auseinandersetzung mit Schiller fand er angesichts der Zerstrittenheit der Opposition grotesk: »Das müßte nicht so sein, wenn Willy sich ›entschließen‹ könnte.« Wehner führte – ergebnislos – Gespräche mit Schiller. So zogen sich die öffentlichen Attacken des Ministers weiter hin. Dennoch war der Kanzler gewillt, an Schiller festzuhalten. Wehner dagegen riet Brandt zum Bruch. Als Schiller auf die Seite der CDU wechselte, fand Wehner das abstoßend und deprimierend. Er hatte kein Verständnis dafür, daß Brandt den Ex-Minister in der Öffentlichkeit immer noch »mit Samthandschuhen« behandelte: »Fast bin ich's leid, vergebens Rat zu geben.« Brandt wurde von seinen Beratern in der Vorstellung bestärkt, es sei am besten, nichts zu sagen, »weil der Schiller dann mählich uninteressant würde«. Als der Fraktionsvorsitzende im persönlichen Gespräch dagegen argumentierte, sank der Kanzler »merklich in sich zusammen«. Schließlich sorgte Wehner selbst dafür, daß der SPD-Parteivorstand ein Flugblatt gegen Schiller und dessen Wahlkampf für die CDU/CSU herausbrachte. Am Ende dieser Diskussionen lautete Wehners Fazit: »Brandt erscheint mir etwas zu sehr wie ein Jäger, der sich was darauf zugute tut, schon manchen Pirschgang gemacht zu haben. Politischen Rat pflegt er nicht mehr.«[105]

Schon Anfang Juni war Wehner der Überzeugung, er gehöre nicht mehr zum engeren Kreis der Brandt-Vertrauten. Der Kanzler würde mit ihm nur »verdeckt« sprechen, wenn überhaupt. Er sehe sich, so vermutete Wehner, als »eine Persönlichkeit, die so einmalig ist, wie eben ein Friedensnobelpreisträger und zugleich ›handelnder‹ Politiker (Staatsmann gemeint) ist«. Gleichzeitig sah Wehner, daß in der SPD niemand in der Lage war, das, was »bei und durch Brandt doch fehlt«, aufzuwiegen. Er fühlte sich ausgegrenzt: »Die Höflinge sind nur miteinander so, daß sie ›aus sich herausgehen‹. Wie froh werde ich sein, wenn ich diesen Frondienst nicht mehr leisten muß.« Das war schon eine Anspielung auf ein Vorhaben, das er Brandt und Schmidt am 11. Juni 1972 mündlich andeutete: Beim nächsten Parteitag wolle er nicht wieder als stellvertretender Parteivorsitzender kandidieren. Das war zunächst als Drohung und Mahnung an Brandt gedacht. Aber da sich nichts änderte, wurde sein Vorsatz schon bald fest. Schon Ende Juni fragte er sich nur noch, wie er auf anständige und nicht der SPD abträgliche Weise zu einem Abstand von der Spitze kommen könne. Dazu wäre es nur vorteilhaft, wenn er, ohne gegnerische Spekulationen zu nähren, nicht den Eindruck erwecke als stünde er mit »an der Spitze«, obwohl es ja doch anders sei[106].

Im Mai hatte sein schwedischer Freund Sven Backlund Wehner zwei Schallplatten des Volksschauspielers und Sängers Edvard Persson geschenkt. Besonders eine schwungvolle Weise ging Herbert Wehner in jener Zeit nicht aus dem Sinn: »Vi klarar oss nog ändå«. Übersetzt heißt das in etwa »Wir werden es schon noch schaffen« – und wenn es mit Brandt gerade schwierig war, dachte er häufig an dieses Lied[107].

Brandt seinerseits dachte darüber nach, Wehner nach der Bundestagswahl die Parlamentspräsidentschaft anzutragen. In der Fraktion, so schrieb er deren Vorsitzendem, gebe es Kreise, die für Alex Möller als seinen Nachfolger würben. Er halte diese Lösung allerdings für unmöglich. Er wisse daher niemanden, der sonst den Fraktionsvorsitz übernehmen könne. Helmut Schmidt, der nicht gerade gerne als Wirtschafts- und Finanzminister auf Schiller gefolgt war und sicher auch für die Führung im Bundestag in Frage gekommen wäre, erwähnte Brandt gar nicht. Sein Verhältnis zu Schmidt war noch schwieriger als zu Wehner. Denn während der Fraktionsvorsitzende seinen Ärger über Brandt meist für sich behielt, machte der Wirtschafts- und Finanzminister in den Gremien aus seinem Herzen keine Mördergrube. Brandt wußte nicht recht, was er wollte, jedenfalls ging es aus seinem Schreiben nicht klar hervor. Wehner aber empfand den Brief, so erinnert sich Greta, als Versuch, ihn abzuschieben[108].

Allen Schwächen des Kanzlers und diesbezüglichen Unkenrufen Wehners zum Trotz wurde die Bundestagswahl am 19. November 1972 der größte Erfolg, den die SPD bis dahin gesehen hatte. Die Popularität des Friedenskanzlers und seiner Ostpolitik sorgte für Aufbruchsstimmung und eine breite Unterstützungsbewegung aus der Bevölkerung. Unter dem Schlagwort »Willy wählen!« wurden die Wahlen zu einem Plebiszit für den Kanzler. Barzels »So nicht« zu den Verträgen verfing nicht. Am Ende wurde die SPD mit 45,8 Prozent erstmals stärkste Fraktion. Auch die FDP ging mit 8,4 Prozent gestärkt aus den Wahlen hervor, während CDU und CSU zusammen nur 44,9 Prozent erreichten. Jetzt konnte die SPD zum ersten Mal in der Geschichte der Bundesrepublik das Amt des Bundestagspräsidenten für sich beanspruchen. Wehner schlug vor, eine Frau mit dem zweithöchsten Staatsamt zu betrauen. Es wurde schließlich Annemarie Renger[109].

Noch wichtiger war, daß die sozial-liberale Regierung jetzt eine sichere Mehrheit im Bundestag hatte. Wehner sprach von einem »Jahrhundert-Wahlergebnis« und verwies auf den Beginn der dritten Strophe der ›Internationale‹: »In Stadt und Land, ihr Arbeitsleute, wir sind die stärkste der Partei'n«. Er hatte, so erinnern sich Zeitzeugen, das Lied nach der ersten Fraktionssitzung in der Kantine des Bundestags angestimmt. Wehner freute sich darüber, daß Kanzler Brandt seine Friedenspolitik jetzt fortsetzen und die »Einseitigkeiten von 20 Jahren CDU-Kanzlerschaft« durch Reformen allmählich ausgleichen könne. Aber schon drei Wochen nach der Wahl warnte er: »Das Wahlergebnis verpflichtet die Sieger, wir dürfen weder übermütig noch leichtsinnig werden.«[110]

Zu solchen Mahnungen gab es allen Anlaß. Unmittelbar nach der Wahl erkrankte Brandt. Er wurde am Kehlkopf operiert und verlor zeitweise seine Stimme. Unter diesen Bedingungen konnte er in der entscheidenden Phase nicht an den Koalitionsverhandlungen teilnehmen. Er beauftragte Wehner und Schmidt damit, die wichtigsten Fragen in Gesprächen mit der FDP-Spitze aus Scheel, Mischnick und Genscher vorzuklären. Den Liberalen hatte Brandt bereits vorab signalisiert, sie könnten ein weiteres Ministerium aus dem Bereich Wirtschaft und Finanzen bekommen. So entwickelte sich in den Koalitionsverhandlungen vor allem zwischen Schmidt und Genscher ein Tauziehen um den Zuschnitt des Ressorts. Der Liberale taktierte, als ob es ihm darum ginge, selbst Wirtschaftsminister zu werden, um dann schließlich doch darauf zu bestehen, Innenminister zu bleiben. Damit fiel der FDP neben dem Außen-, Landwirtschafts- und Wirtschaftsministerium als viertes das Innenministerium zu. Hinzu kam ein fünfter Minister ohne Geschäftsbereich. Darüber hinaus rückte der FDP-Mann Rüdiger von Wechmar auch noch zum ersten Regierungssprecher auf. So gut waren die Liberalen noch nie weggekommen, und dies entsprach keineswegs den vergleichsweise bescheidenen Zuwächsen, die sie bei der Wahl erreicht hatten. Schmidt klagte bei Brandt über die bevorzugte Behandlung des Koalitionspartners. Vier Ministerien für die FDP seien überzogen, aber das habe Brandt selbst Scheel versprochen, so Schmidt[111].

Der Bundeskanzler warf später Wehner und Schmidt vor, eine »Rückkoppelung« der Gespräche, die während seiner Abwesenheit mit der FDP geführt wurden, habe es nicht gegeben. Schmidt seinerseits hatte schon im Dezember 1972 auf ähnliche Vorhaltungen reagiert. Er habe doch alles mit Brandt und Wehner abgestimmt, und wenn der Kanzler nicht offen seine Meinung sage, könne er auch nichts tun. Geradezu flehentlich fragte Schmidt in dem langen Brief: »Warum sagst Du nicht Herbert und mir, wie Du Dir die Sache denkst?«[112]

Besonders übel nahm Brandt Herbert Wehner, daß dieser einen längeren Vermerk zu den Koalitionsverhandlungen nicht an Schmidt weitergeleitet hatte. Dazu habe es später geheißen, der sei verlegt worden oder zwischendurch in einer Aktentasche verschwunden. Die

Brandt-Biographen Peter Merseburger und Gregor Schöllgen meinen, hierbei habe es sich um »Anweisungen« des Kanzlers gehandelt, und aus dieser Sicht ist es verständlich, wenn Merseburger schlußfolgert, eine solche »Weisung« könne Wehner kaum zufällig in seiner Aktentasche vergessen haben. Doch das, was unter dem Titel »Überlegungen zur Regierungsbildung« vorliegt, datiert vom 28. November 1972, laut einem Vermerk von Schmidt bei ihm eingegangen am 7. Dezember, entlastet Wehner von den Vorwürfen Brandts und seiner Biographen. Das längere maschinenschriftliche Papier ohne Autorangabe, dessen handschriftliches Original von Brandt in der Klinik geschrieben worden war, enthält vor allem unpräzise Anregungen, worüber nachgedacht werden könnte. Im Falle der FDP ist von vier Ministerien die Rede. Das Papier gibt Richtungen nur vage vor. Es überwiegen Formulierungen wie »Festzustehen scheint, daß ...«, »Es wäre vermutlich vernünftig, wenn ...«, »Nicht gut denkbar ist, daß ...« oder »Hier und da taucht der Gedanke auf ...«. Viele offene Fragen wie »Soll Eppler nun Landesvorsitzender werden oder nicht?« bleiben unbeantwortet im Raum stehen, oder es wird gemutmaßt: »Falls Eppler Bildung macht, käme für Entwicklungshilfe Hans-Jürgen Wischnewski in Betracht.« Die »Überlegungen« Brandts waren weniger »Anweisungen« als schwammige Mutmaßungen über mögliche Personaltableaus. Es ist kein Wunder, daß Wehner vergaß, dieses Papier sofort an Schmidt weiterzuleiten. Anderenfalls hätte das am Ergebnis der ohne klare Anweisungen des Regierungschefs geführten Koalitionsverhandlungen auch nichts geändert[113].

Keine glückliche Hand hatte Brandt bei der personellen Besetzung seiner engeren Umgebung in der Regierung, des Kanzleramts. An Ehmkes Stelle als Kanzleramtschef trat der Berliner Senator für Bundesangelegenheiten, Horst Grabert. Als beamteter Staatssekretär sah dieser sich als Verwaltungsfachmann. Er war keine starke Führungspersönlichkeit von politischem Format. Hinter oder neben ihm stand Bahr als Bundesminister für besondere Aufgaben mit dem Auftrag, Brandt in außen- und sicherheitspolitischen Fragen zu beraten. Hinzu kam Karl Ravens als Parlamentarischer Staatssekretär. Leiter der Schreibstube, also Redenschreiber von Willy Brandt, wurde der Journalist Klaus Harpprecht. Im Juni 1973 kam Günter Gaus als Staatssekretär im Kanzleramt hinzu. Der ›Spiegel‹-Chefredakteur sollte im

Juni 1974 die Leitung der Ständigen Vertretung in der DDR übernehmen. Die Presse begann im Frühjahr 1973, den »Hofstaat« Brandts zu kritisieren. Die zunehmende Schwatzhaftigkeit und Disziplinlosigkeit im Kabinett entsprang der Abkapselung Brandts und seiner Abschirmung durch die engere Kanzlerrunde, in SPD-Kreisen auch »Whisky-Runde« genannt, die »naturgemäß am Ohr und nicht am Sprachrohr des Kanzlers interessiert war«[114].

Auf einen Entwurf Harpprechts ging die Regierungserklärung Brandts zurück, welche der Kanzler am 18. Januar 1973 vor dem Bundestag abgab. Der Text erschöpfte sich weitgehend in allgemeinen Grundsätzen, eine klare Agenda stellte Brandt damit nicht vor. Der Kanzler sprach vom »Recht auf Geborgenheit« und dem »Recht, frei atmen zu können«, er proklamierte einen gewandelten »Bürgertypus«, raunte von den »Tiefen unserer sozialen Existenz«, in denen sich die produktive Unruhe aus den Reihen der Jüngeren und die Einsicht der Älteren sammle. Diese strömten ein in »das, was sich uns als die neue Mitte darstellt: die soziale und die liberale Mitte«. In der SPD machte der Spitzname »Willy Wolke« die Runde, eine durchaus liebevolle Kennzeichnung für Brandts oft unklare Ausdrucksweise, aber auch für seine Distanz zum »Fußvolk«[115].

Herbert Wehner hatte von der Verwendung des Begriffs »Neue Mitte« abgeraten. Wenn qualifizierte und renommierte kritische Beobachter die Position der Regierung so bewerteten, werde das ein wichtiger Pluspunkt sein. Wenn Sozialdemokraten allerdings selbst erklärten, sie seien die »Neue Mitte«, werde das vor allem innerparteilichen Richtungsstreit und Hin und Her mit den parteipolitischen Gegnern zur Folge haben. Der Kanzler folgte Wehners Bitte nicht. Im Rückblick bedauerte dieser, hier recht gehabt zu haben. Brandt jedenfalls hatte mit dem Schock, den die Einführung des Begriffs in der Partei auslöste, nicht gerechnet. Schon drei Monate später sah er sich genötigt, den SPD-Parteitag zu beruhigen, daß mit »Neue Mitte« nicht der Standort der Partei, sondern derjenige der sozial-liberalen Koalition gemeint sei[116].

Im Frühjahr 1973 schrieb Wehner an Lotte: »Mag sein, daß ich zu kritisch bin, aber mir scheint es immer weniger möglich, sich auf das Aufeinander-Zu-Arbeiten zwischen Regierung und uns im Bundestag zu verlassen. Auch in der öffentlichen Debatte, soweit sie durch die

Presse zum Ausdruck kommt, fehlt die erkennbar führende Hand der Regierung. Statt dessen findet sozusagen ständig ›Gewimmel‹ statt.« Sein schon vor der Wahl von 1972 wiederholt geäußertes Gefühl, von Brandt ins Abseits gestellt zu sein, gerade auch was die Parteizentrale betraf, führte dazu, daß er seinen Plan umsetzte, nicht wieder als stellvertretender Parteivorsitzender zu kandidieren[117].

In der Öffentlichkeit gab Wehner vor allem persönliche Motive als Grund für seinen Rückzug an. Er habe das Amt nun schon 15 Jahre innegehabt, und er könne mit Rücksicht auf sein Alter und seine Gesundheit nicht mehr beide Aufgaben in Fraktion und Partei gleichzeitig tragen. Im benachbarten Ausland, dem schweizerischen Fernsehen gegenüber, wurde er etwas deutlicher. »Parteiführungen müssen wirkliche Parteiführungen sein«, sagte er, und das heiße, »sich wirklich in der Partei zu bewegen«. Es gehe darum, ständig im engen Kontakt und im Gespräch mit »dem, was man heute Basis nennt« zu bleiben. Er erlaubte sich einen kritischen Seitenhieb: »Hier ist das spezifische, das eine Parteiführung zu tun hat, noch nicht herausgefunden«. Auf dem Parteitag selbst sagte er zu seiner Entscheidung nichts. Brandt hob hervor, daß es sich um eine persönlich motivierte Entscheidung Wehners handle, die nichts daran ändere, daß er zur Führung der Partei gehöre. Der Bundeskanzler und Vorsitzende erhielt bei seiner Wiederwahl 404 von 428 Stimmen. Herbert Wehner übertraf ihn bei der Wahl zu den einfachen Vorstandsmitgliedern. Er erhielt 419 von 429 Stimmen, das mit Abstand beste Wahlergebnis. Das Protokoll verzeichnete lang anhaltenden, starken Beifall, während dessen sich die Anwesenden erhoben[118].

So geräuscharm und geschmeidig er selbst ihn auch herbeigeführt hatte, Wehners Abschied vom Amt des stellvertretenden Parteivorsitzenden nach 15 Jahren bedeutete das Ende einer Ära. Er hatte die Partei bis zur Großen Koalition aus diesem Amt heraus geführt; nach der Installation des Bundesgeschäftsführers war sein Zugriff auf den Apparat immer noch stark geblieben, aber weniger unmittelbar und direkt. Dies zu ändern, fehlten ihm die Kraft und die Unterstützung. Daraus zog er jetzt die Konsequenzen. Sein Nachfolger wurde NRW-Ministerpräsident Heinz Kühn, ein Politiker, den Wehner nicht mochte, weil er ihn für einen geltungssüchtigen Selbstdarsteller hielt. Der neue stellvertretende Vorsitzende verstand sich in seinem Amt nur als

Platzhalter für Jüngere und gab den Posten schon zweieinhalb Jahre später wieder ab. Kein stellvertretender Parteivorsitzender der SPD erreichte in diesem Amt die Stellung, die Wehner darin eingenommen hatte[119].

Ostreisen

Verträge mit dem Osten abschließen war das eine, sie danach mit Leben zu erfüllen, also eine weitere Entspannung, Zusammenarbeit und menschliche Erleichterungen angesichts der bestehenden Grenzen zu erreichen, war das andere.

Herbert Wehner trug am 23. Juni 1973 auf einer Tagung der SPD-Spitzengremien in Berlin seine Vorstellungen vor, wie die Bundesrepublik aus dem inzwischen in Kraft getretenen Grundlagenvertrag mit der DDR das Bestmögliche machen könne. »Interessenausgleich zwischen den Bündnissen von West und Ost ist für das Verhältnis zwischen den deutschen Staaten bestimmend.« Dabei sah er keine »Verbrüderung« zwischen Bundesrepublik und DDR bevorstehen. Für Wehner war aber wichtig, daß in beiden deutschen Staaten diejenigen Kräfte stabil und ausschlaggebend würden, welche den Frieden praktisch sichern wollten, ohne der anderen Seite jeweils ihre Ziele aufzudrängen. Der Friede stehe noch über der Nation, denn diese könne ohne ihn nicht leben.

Bezüglich der Frage nach der Wiedervereinigung machte Wehner sich die Aussage des Kölner Staatsrechtlers Martin Kriele zu eigen, der festgestellt hatte, über das rechtliche Offenhalten hinaus könne die Bundesrepublik derzeit nicht auf eine veränderte Weltkonstellation hinarbeiten, die eine Wieder- oder Neuvereinigung ermöglichen würde. Was die Bundesdeutschen tun könnten, sei, bei ihrer Politik immer die praktischen Interessen der DDR-Bevölkerung mitzuberücksichtigen. Ein stabiles, anerkanntes DDR-Regime werde eher das Selbstbewußtsein aufbringen, aus Provinzialismus und Verkrampftheit hinaus zur Gelassenheit zu finden, die Voraussetzung für eine Liberalisierung sei. Wehner folgerte: »Kraftakte und Kraftworte haben die fatale Eigentümlichkeit, fortwährend Böses zu erzeugen.« Ihn hatten die Erfahrungen gelehrt: »Humanitäre Akte sind wichtiger als Kraft-Akte.«[120]

Wie selbstverständlich blieb Herbert Wehner nach seinem Ausscheiden aus dem Ministeramt in die Bemühungen um Häftlingsfreikäufe und Familienzusammenführung eingebunden. Er hatte mehr politisches Gewicht als sein Nachfolger Egon Franke. Viele Ministerialbeamte, die mit den Freikäufen befaßt waren, stammten noch aus seiner Ministerzeit. Wenn es politisch brisant wurde, wandten sie sich ebenso wie die Anwälte – Stange, von Wedel und Vogel – an ihn[121].

In den folgenden Jahren bemühten sich die Berliner Beamten des Franke-Ministeriums weiter darum, für ihre Arbeit mit dem Anwaltskanal die Unterstützung von Herbert Wehner zu gewinnen. Dabei ging es ihnen auch um seine Fürsprache bei Bundeskanzler Brandt. In einem Vermerk von Januar 1970 berichtete das Ministerium von 3000 Häftlingsfällen und 13 000 Personen, die von Anträgen auf Familienzusammenführung betroffen waren, darunter 1500 Kindern. Dafür seien politische Lösungsmöglichkeiten nicht in Sicht. Alle Signale deuteten vielmehr darauf hin, daß die andere Seite an den Anwaltskontakten als Mittel zur Regelung humanitärer Anliegen festhalten wolle[122].

Widerstände auf westlicher Seite sahen die Anwälte in der Ministerialbürokratie, bei der Bundesbank und bei Bundesinnenminister Genscher. Der, so klagte Vogel im Juni 1970, habe durch öffentliche Äußerungen die Befürchtung ausgelöst, die Bundesregierung wolle künftig keine Austauschverfahren mehr praktizieren. In einem Vermerk für Wehner wies er darauf hin: »Eine interne Klarstellung wäre für die Gesamtsituation sehr von Nutzen.« Wehner und Brandt waren sich zu dieser Zeit darin einig, daß es nicht tunlich war, die humanitären Fragen zum Bestandteil der Ostverträge zu machen[123].

Die DDR war dazu nicht bereit, und dafür hatte sie aus ihrer Sicht mindestens drei gute Gründe: Wenn offiziell bekannt würde, daß große Zahlen von politischen Häftlingen und getrennten Familienangehörigen vom Westen freigekauft wurden, dann käme dies einer öffentlichen Bloßstellung des Regimes gleich. Hinzu kam, daß die DDR die wirtschaftlichen Gegenleistungen der Bundesrepublik brauchte. Drittens lag es nicht im Interesse der DDR-Führung, ihren eigenen Staats- und Parteiapparat allzu offiziell mit diesen Fragen zu befassen. Politbüro, Zentralkomitee, Ministerium für Staatssicherheit, all diese Institutionen bildeten zwar äußerlich einen einheitlichen Block, aber dahinter verbargen sich viele unterschiedliche Interessen und Beziehungsgeflechte, untereinander und nach außen, etwa zur sowjetischen

Vormacht. Nur über den »Anwaltskontakt«, der zu Beginn der siebziger Jahre im Osten beim Generalstaatsanwalt, im Westen bei Herbert Wehner endete, ließen sich die humanitären Fragen einigermaßen störungsfrei regeln.

Der Grundlagenvertrag und das Viermächteabkommen über Berlin brachten wesentliche Reiseerleichterungen – für Westdeutsche und West-Berliner. Immerhin bekamen größere Teile der DDR-Bevölkerung jetzt Westbesuch, aber für sie selbst blieb die Grenze weiterhin unüberwindbar. Lediglich die Reisemöglichkeiten für Rentner und zu Verwandten in »dringenden Familienangelegenheiten« wurden geringfügig ausgeweitet. Kurz vor der Bundestagswahl im November 1972 schrieb Wolfgang Vogel, persönlich, handschriftlich, an Wehner und Brandt. Er dankte ihnen dafür, entgegengesetzte und sogar feindliche Positionen versöhnt zu haben. Mit seinen Mitstreitern, so schrieb der Anwalt, fühle er sich glücklich, »daß es uns jetzt amtlich erlaubt ist, Menschlichkeit zu praktizieren«. Nach dem erwarteten Wahlsieg werde noch viel mehr geschehen dürfen[124].

Brandts Chefunterhändler Egon Bahr fand um diese Zeit, das Zahlen von »Kopfgeldern« sei »Menschenhandel« und ein unwürdiger Zustand. Er schlug am 21. Dezember 1972 in einem Gespräch mit dem SED-Funktionär Paul Verner und DDR-Außenminister Otto Winzer vor, die Anwaltsebene auf den Austausch von Agenten zu reduzieren, Häftlingsfälle und Familienzusammenführungen aber zum Gegenstand von Verhandlungen zwischen den Regierungen zu machen. Seine Gesprächspartner schienen darauf eingehen zu wollen. Als Bahr in seinem Beisein bei Brandt davon berichtete, war Wehner entsetzt. Er »explodierte«, so erinnert sich Bahr. Wehner hatte düstere Vorahnungen. Bahrs Offerte, so sagte er voraus, werde nicht auf Gegenliebe stoßen, der Osten werde den Handel beenden. Er behielt recht. Die DDR-Seite setzte den Einfall nur zur Hälfte um. Die Anwaltsebene wurde außer Kraft gesetzt, aber ein Ersatz wurde nicht geschaffen. Es gab nun überhaupt keine Gesprächs- und Kontaktmöglichkeit über solche humanitären Fragen mehr. Menschen, denen im Dezember 1972 bereits die Ausreise genehmigt worden war, wurde die Bewilligung wieder entzogen[125].

So entstanden die legendären »Kofferfälle«. Buchstäblich auf gepackten Koffern saßen DDR-Bürger, die alle Vorkehrungen für die

Übersiedlung in den Westen getroffen hatten. Hab und Gut waren verkauft, Wohnungen und Arbeitsplätze aufgegeben. Die Liste der Betroffenen, die Wolfgang Vogel führte, wuchs. Im Dezember 1972 waren es 13 Fälle, im Februar 1973 schon 71, im Frühling waren hunderte Personen betroffen. Der Anwalt wandte sich an Herbert Wehner. Sieben Gespräche verzeichnen die Terminkalender der Wehners für den Monat Mai; mindestens einmal, am 6. Mai, trafen sie persönlich zusammen. Vogel erinnert sich, daß Wehner fragte, wer etwas tun könne, um den Menschen in ihrer Not zu helfen. »Das kann nur die Nummer Eins«, antwortete der Anwalt. »Dann fahre ich hin«, entschied Wehner[126].

Die Nr. 1 der DDR war seit Mai 1971 Erich Honecker. Walter Ulbricht, Wehners Gegenspieler aus KPD-Tagen, war mit zunehmendem Alter nicht nur starrsinniger, sondern auch eigenwilliger geworden. Er hatte versucht, eine gegenüber den Sowjets eigenständige Politik der DDR zu machen. Daraufhin gelang es dem zweiten Mann der SED, Honekker, ihn mit Hilfe der östlichen Vormacht zu stürzen. Am grundlegenden Charakter der Diktatur im zweiten deutschen Staat änderte das nichts, aber der neue Mann lag Wehner besser als sein Vorgänger.

Beide kannten sich seit 1934, aus dem Abstimmungskampf im Saarland. Honecker war dort Funktionär im Kommunistischen Jugendverband gewesen. Für den Älteren hatte die Begegnung keine große Bedeutung gehabt – nur einmal erwähnte er in seinen Berichten an die KPD-Auslandsleitung einen Jugendfunktionär namens »Erich«. Umgekehrt war Honecker von Herbert Wehner sehr angetan. Noch 45 Jahre später schrieb er: »Ich habe damals viel von ihm gelernt.«[127]

Von 1935 bis 1945 saß der Widerstandskämpfer Erich Honecker in deutschen Zuchthäusern. Nach dem Krieg wurde er Chef der kommunistischen FDJ und rückte innerhalb der SED-Führung immer weiter auf. Als er vom Machtwechsel in Ost-Berlin erfuhr, sagte Wehner zu Greta: »Ich bin ja gespannt, ob ein Saarländer 'mal hält, was er verspricht.« Honecker wiederum ließ sich im Sommer 1971 vom MfS über die Gespräche von Svingel und Vogel mit Wehner informieren. Danach hatte Wehner sich seit 1968 wiederholt bereit erklärt, mit einem Spitzenpolitiker der DDR ein Gespräch zu führen. Dabei habe er Diskretion garantiert und versprochen, nur Willy Brandt von einem solchen Gespräch zu unterrichten. Vogel meint, daß Wehner schon damals auf den im ZK für Sicherheitsfragen zuständigen Erich Honecker als Gesprächspartner hingearbeitet habe[128].

Im Sommer 1971 hatte Wehner in erster Linie auf ein direktes Gespräch Brandts mit der DDR-Führung hingesteuert. Der jedoch informierte ihn im April 1973, daß »der dortige 1. Mann« sich wünsche, Wehner einzuladen. Eine klare Aussage, was der Kanzler zu einem solchen Besuch meinte, erhielt Wehner jedoch nicht. Vor seinem Gespräch am 6. Mai mit Wolfgang Vogel schrieb er an Lotte auf Öland, er sei nun wieder ganz auf sich allein angewiesen. Brandt habe zwar versprochen, darüber mit ihm zu sprechen, »doch getan hat er's nicht; er ist abhängig von zeitweiligen Launen«. Über den bevorstehenden Besuch Wehners bei Honecker sprach Brandt sogar am Rande von dessen Staatsbesuch in Bonn vom 18. bis 23. Mai mit dem sowjetischen Parteichef Leonid Breschnew. Gegenüber seinem Fraktionsvorsitzenden aber blieb der Kanzler unverbindlich. Kurz vor der Abfahrt, so erinnert sich Greta, kam Wehner von einem Termin mit Brandt nach Hause. Er setzte sich in die Eßdiele und sagte verzweifelt: »Der Willy hat weder ja noch nein gesagt, ich muß diese Sache jetzt völlig auf meine eigene Kappe nehmen.«[129]

Mehrere Male war er inzwischen in kommunistisch regierte Länder gereist, nach Jugoslawien und nach Polen. Doch die Fahrt in die DDR war etwas Besonderes, eine Zäsur. Schließlich waren es die deutschen Kommunisten gewesen, die ihn einst ausgeschlossen hatten, die ihn mit Verleumdungskampagnen und sogar mit Attentatsversuchen verfolgt hatten.

Sorgfältig plante Greta die Reise. 13 »mellanmål«, Zwischenmahlzeiten, bereitete sie für den Diabetiker vor. Am 29. Mai brachen sie von Bonn aus auf. Sie übernachteten in einer Autobahnraststätte bei Bad Hersfeld. Am folgenden Tag fuhren sie zum Grenzübergang bei Herleshausen. Noch einmal schrieb Wehner an Lotte; er berichtete von wunderhübschen Waldhügeln mit Feldern, auf denen Männer und Frauen arbeiteten. Die Sonne, schrieb er, meine es gut, aber ihm wurde nicht warm ums Herz: »Es ist ein schwerer Gang. Lieber wäre mir, er wäre mir erspart geblieben. So will ich nun versuchen, zu tun, was möglich ist, damit der mit den Verträgen beschrittene Weg sich nicht in Konflikten und im Getriebe des gegenseitigen und gegensätzlichen ›Reagierens‹ verliert.« Damit bezog er sich auf die Verfassungsklage, welche die bayerische Staatsregierung einige Tage zuvor gegen den deutsch-deutschen Grundlagenvertrag eingereicht hatte. Er hoffte, der anderen Seite ihren Argwohn zu nehmen und deren Reaktionen auf diesen Schritt zu mäßigen, damit Strauß nicht zu seinem Ziel komme, den »alten ohnmächtigen Streit« zu konservieren. Er wisse, so schloß er seinen Brief, daß er nicht alles lösen könne, aber vielleicht sei sein Gang doch nicht ganz umsonst: »Wenn's vorüber ist, will ich dankbar sein.«[130]

In Wartha, jenseits der Grenze, stiegen sie in einen Volvo der DDR um. Der Wagen brachte sie, an der Wartburg vorbei, durch Thüringen und Sachsen-Anhalt, nach Berlin-Pankow. Dort begrüßte sie »sichtlich erfreut« Erich Honecker, der sich dann aber sofort bis zum nächsten Tag verabschiedete. Am Abend gab es ein Essen und Gespräche mit Vertretern der Volkskammer-Fraktionen. Wehner war entsetzt darüber, daß ein Kamerateam des DDR-Fernsehens sein Eintreffen filmte. Sie wurden im Gästehaus untergebracht und sollten in zwei Zimmern schlafen, aber Greta, voller Sorge, daß ihm etwas zustoßen könnte, entschied, bei ihm im Zimmer zu übernachten. Während der gesamten Reise wich sie nicht von seiner Seite. Morgens fuhren sie weiter in die Schorfheide, nordöstlich von Berlin, wo am Rande eines Naturschutzgebietes im Forsthaus Wildfang in der Nähe des Werbellinsees die Gespräche mit Honecker stattfanden. Hier stieß am späten Nachmittag auch Wolfgang Mischnick dazu. Wehner hatte ihn gebeten, dabeizusein, vor allem um von konservativen Kreisen nicht der Kumpanei mit dem SED-Regime geziehen zu werden. Der FDP-Fraktionsvorsitzende kam von einem Privatbesuch bei Verwandten in Dresden[131].

Greta hatte von dem Gespräch zwischen Wehner und Honecker den Eindruck, hier unterhielten sich zwei alte Männer, die sich seit jungen Jahren kannten. Honecker habe sich die Hochachtung, die er als junger Mann im Saarland gegenüber Wehner entwickelt hatte, bewahrt, möglicherweise mehr für den anderen empfunden, »als es dem politischen Handlungsbedarf der Zeit entsprach«. Herbert Wehner erinnerte sich ebenfalls an die frühere Begegnung mit Honecker. Der Umgangston war »gewissermaßen kameradschaftlich, also nicht so formal«, aber für ihn standen die politischen Möglichkeiten und Notwendigkeiten der Beziehung im Mittelpunkt: »Weil der Mann dem

Herbert vertraut hat, haben wir vieles machen und durchsetzen können, was sonst nicht gegangen wäre, davon bin ich ziemlich überzeugt.«[132]

Die Unterredungen erstreckten sich fast über die gesamte Themenpalette der deutsch-deutschen Beziehungen. Breiten Raum nahm die Ratifizierung des Grundlagenvertrages ein. Hier machte Wehner seinem Gesprächspartner Mut. Strauß wolle nur Verwirrung in die Angelegenheit bringen. Er sagte korrekt voraus, daß die Klage Bayerns beim Verfassungsgericht abgewiesen werde. Wehner berichtete am nächsten Tag, dem 1. Juni, vor dem Parteivorstand der SPD von einem aufrichtigen Meinungsaustausch. Der Vorstand äußerte sein Verständnis für die strikte Geheimhaltung der Reise und begrüßte ihre Ergebnisse einstimmig und mit Beifall. Wehner hatte allen Beteiligten, auch Honecker, für ihre Fairneß gedankt, welche er als Zeichen für das Bemühen zum Dialog wertete. Etwas unklar deutete er an, daß »auch die für die Menschen schmerzlichen Seiten im bisherigen und gegenwärtigen Verhältnis beider Staaten« besprochen worden waren. Das bestärke ihn in der Hoffnung, daß beide Seiten nun dazu beitragen könnten, dem Wohl der Menschen im getrennten Deutschland zu dienen. Über besonders wichtige Details werde er Willy Brandt persönlich informieren[133].

Was waren diese Details? Es waren vor allem die »Kofferfälle«, die humanitären Fragen und die mit ihnen verbundenen Regelungen. Noch am Vormittag, bevor Mischnick hinzugekommen war, hatten Wehner und Honecker das Thema besprochen. Sie waren sogar schon einzelne Fälle miteinander durchgegangen. Herbert Wehner, so erinnert sich Wolfgang Vogel, hatte ihm nach den Gesprächen am Werbellinsee als erster mitgeteilt, daß der Anwalt sich nunmehr als Honeckers persönlicher Beauftragter für die Kontakte mit ihm betrachten könne. Am folgenden Tag wurde Vogel von Honecker telefonisch unterrichtet. Vor dem Wehner-Besuch war der Anwalt dem SED Chef nie persönlich begegnet. Einige Tage danach suchte Vogel Honecker in seinem Büro auf. Dort traf er auf den Minister für Staatssicherheit, Erich Mielke. Dieser sollte, aus Gründen der Sicherheit und Verschwiegenheit, an den Entscheidungen über Freikäufe, Austäusche und Familienzusammenführungen beteiligt werden. Damit war der Spitzel- und Agentenapparat des Ministeriums, die »Hauptverwaltung Aufklärung« des Generalleutnants Markus Wolf, ausgeschaltet. Die politischen Entscheidungen über den Kontakt behielt sich Honecker persönlich vor[134].

Das Foto von Wehner, Honecker und Mischnick bei Kaffee und Kuchen erschien am 1. Juni 1973 auf der Titelseite des SED-Zentralorgans ›Neues Deutschland‹. Entspannung und Sicherheit in Europa, günstige Bedingungen für die Zusammenarbeit zwischen DDR und Bundesrepublik durch den Grundlagenvertrag und die Lösung praktischer und humanitärer Fragen im Zuge der Normalisierung der Beziehungen habe Honecker in Aussicht gestellt. Die Zeitung betonte die sachliche und aufgeschlossene Atmosphäre des Gesprächs. Am folgenden Tag druckte das Blatt Wehners Bericht vor dem Parteivorstand der SPD ab. Der Kommentator meinte, das Treffen in der Schorfheide werde sich »sehr günstig auf die weitere Erwärmung des politischen Klimas in Europa auswirken«.

Vor allem aber durften die auf gepackten Koffern sitzenden Menschen ausreisen. Honecker gab Weisung, die Sperre aufzuheben. Der humanitäre Zweck war erreicht. Der SED-Chef ließ Wehner einige Monate später mitteilen, er habe unmittelbar nach dem 31. Mai wieder in Gang gesetzt, »was unter Herrn Bahr überhaupt nicht mehr funktioniert hat«, und es seien bis September schon etwa 300 Personen ausgereist. Nach wie vor ließ sich die DDR die Häftlingsentlassungen und Familienzusammenführungen in harten Devisen bezahlen. Die politisch brisanten Fälle wurden von da an über die Schiene Wehner-Vogel-Honecker geregelt. Mit dem Treffen vom 31. Mai 1973 führte Herbert Wehner die bis 1989 reichende lange Reihe von westdeutschen Politikern an, die ihre Besuche bei Honecker dazu nutzten, die Anliegen von Menschen mit Ausreisewünschen vorzubringen[135].

Es verbot sich, den humanitären Ertrag der Reise zu veröffentlichen. Hier blieb es bei unklaren Andeutungen. So war Wehners Reise nach Ost-Berlin notwendigerweise geheimnisumwittert. Die Opposition versuchte gleich Kapital daraus zu schlagen. In unionsnahen Kreisen wurde spekuliert, Wehner sei zu Honecker als Verbündeter der SED gegen den gemeinsamen Feind CDU und CSU gekommen. Die CSU-Landesgruppe wollte Wehner im Bundestagsausschuß für innerdeutsche Beziehungen zur Rede stellen. Um die gleiche Zeit aber kochten Opposition und Presse die Affäre Steiner/Wienand hoch, und statt der Reise Wehners in die DDR bestimmte diese Affäre die öffentliche und politische Debatte der folgenden Wochen[136].

Der Anwaltskontakt zu Herbert Wehner wurde nicht allein für Freikaufaktionen genutzt, sondern gleichzeitig wurde ein Informations- und Diskussionskanal eingerichtet. Dieser führte, unter Ausschaltung der jeweiligen Vorzimmer, Regierungs- und Geheimdienstapparate, von Honecker über Vogel und Wehner direkt zum Bundeskanzler, Willy Brandt – und umgekehrt. Dieser Austausch begann im Frühjahr 1973 mit humanitären Fragen. In den folgenden Jahren bekam diese »Kontaktebene« mitentscheidende Bedeutung für die politischen Beziehungen zwischen den beiden deutschen Staaten[137].

Den Auftakt hierzu machte eine Botschaft Honeckers für Wehner, die Vogel ihm am 17. September 1973 vortrug. Darin bezog der SED-Chef sich positiv auf die Gespräche vom 31. Mai und die im Anschluß daran erfolgte Veröffentlichung des Wehner-Berichts. Diese gebe das Wesentliche wieder, und er sei überzeugt, »daß sie den Prüfungen der Zeit standhalten« würde. Über Nachfolgeverträge und -vereinbarungen zum Grundlagenvertrag sei die DDR bereit, mit Egon Bahr zu verhandeln, aber, so Honecker, »wegen seiner Arroganz und seines zum Teil provokativen Auftretens« habe Bahr in den humanitären Angelegenheiten das nicht bekommen, was mit Wehner möglich gewesen sei. Der SED-Chef deutete weiteres Entgegenkommen auf diesem Feld an. Er versprach, daß die DDR Geist und Buchstaben des Verkehrsvertrags über die Transitwege beachten würde und akzeptieren werde, daß der Ständige Vertreter der Bundesrepublik in der DDR beim Bundeskanzleramt und nicht beim Auswärtigen Amt angesiedelt werde[138].

Wehner stenographierte die Mitteilung Honeckers nahezu wörtlich mit, übertrug sie in Reinschrift und las sie Brandt am folgenden Tag vor. Von dessen Reaktion war er enttäuscht. Jeder Satz des Textes, so schrieb Wehner seiner Frau, sei eigentlich gründlicher Überlegungen wert, aber »es ist, als schriebe man in Wasser«. Brandt gleite über alles hinweg, um sich Unangenehmes oder Forderndes für den Moment vom Halse zu schaffen. Der Kanzler machte sich von Wehners Botschaft einige Notizen, und am 19. September ließ er ihm einen Vermerk zukommen, der zur Weiterleitung an Honecker gedacht war. Darin machte er sich, nachdem dreieinhalb Monate vergangen waren, zu eigen, was Wehner im Anschluß an sein Gespräch vom 31. Mai festgehalten hatte. Er begrüßte die Verhandlungsbereitschaft der anderen Seite und signalisierte die Bereitschaft zum Entgegenkommen, wenn die DDR ebenfalls mit sich reden lasse. Dabei ging er inhaltlich nicht in die Tiefe und legte sich im einzelnen nicht fest. Seinen außenpolitischen Berater nahm der Kanzler in Schutz. Der Vermerk endete mit der Behauptung, Egon Bahr würden Äußerungen und Haltungen zugeschrieben, die ihm fremd seien[139].

Nach diesem Schreiben und weiteren Gesprächen mit Vogel und Bahr war Wehner besorgt, daß der Grundlagenvertrag für längere Zeit auf einem »toten Gleis« liegen werde. Die Hauptverantwortung daran trage die bundesdeutsche Seite, aber auch die DDR lasse größere Weitsicht vermissen. Brandt, so war Wehners Meinung, gehörte zu denen, die mehr oder weniger gezwungen-heiter so taten, als wenn sich alles noch glätten lasse[140].

Erneut fühlte Wehner sich vom Kanzler allein gelassen. Aus seinem schwedischen Sommerurlaub zurückgekehrt, fürchtete er im September, die »moralische Substanz der mit den Verträgen begonnenen Außenpolitik« sei durch die Routine der Regierungsarbeit ausgelaugt. Das werde in Osteuropa die Neigung »zu Mißtrauen und Doktrinarismus« nähren. In einem Fernsehinterview nannte Wehner Beispiele, an welchen Punkten die Entspannungspolitik hakte: die Gespräche über den innerdeutschen Sportverkehr, mangelndes Fingerspitzengefühl bei der Umsetzung des Viermächteabkommens über Berlin und bei den Verhandlungen mit Prag über den deutsch-tschechoslowakischen Vertrag. Ein solcher das Verhältnis zwischen den deutschen Staaten belastender Streitpunkt war die Verlegung einer zentralen Bundesbehörde, des Umweltbundesamtes, nach Berlin. Dieses Projekt ging auf eine Anregung von Egon Bahr zurück, und sowohl Moskau als auch Ost-Berlin betrachteten es als unfreundlichen Akt[141].

Einige Tage später klagte Wehner über Bundesinnenminister Genscher wegen seiner »Arroganz und a-politischen Taktiererei« bei einer Diskussion über den Transitverkehr zwischen den beiden deutschen Staaten. Brandt sitze nur abwartend dazwischen. Es werde schlimmer statt besser, so Wehner zu seiner Frau. Ihm sei wiederholt der Gedanke gekommen, »daß ich eigentlich aufhören müßte, denn ich helfe offenbar niemandem«[142].

Lotte Wehner auf Öland bestärkte ihren Mann in solchen Überlegungen. Sie forderte ihn auf, Schluß zu machen: »Laß Dich nicht erniedrigen! Du mußt einen Weg finden, den Du mit Würde gehen kannst, Herbert. Wenn Dein Ton mit dem des Kanzlers nicht mehr übereinstimmt, da muß er sich einen anderen Vorsänger suchen, überlaß ihm das!« Zwei Tage später, am 19. September, schrieb sie, er müsse eine Änderung schaffen, wenn er es nicht ertragen könne, »fahler Politik« seine Arbeitskraft zu widmen. Das möge schmerzhaft fürs ganze Volk sein, aber vielleicht trage sein Schritt zur Besinnung bei. Mit dem Schritt meinte sie seinen Rückzug vom Fraktionsvorsitz, er jedoch zog eine andere Konsequenz. Wehner gab am 21. September dem Bonner Korrespondenten der ARD, Jürgen Kellermeier, einem Journalisten, den er schätzte, ein Interview, das am folgenden Tag ausgestrahlt wurde. Darin ging er zum Angriff über. In der Ostpolitik bestehe die »Gefahr eines Ausgelaugt-Werdens und einer Praxis, bei der manche meinen, alte Politik mit neuen Verträgen machen zu können«. Das Viermächteabkommen über Berlin sei unter den gegebenen Umständen das höchst Erreichbare gewesen. Wiederholt habe er davor gewarnt, es »überzubelasten«. Diese Antworten, so meinte er zu Lotte, würden in der Sonntagspresse und darüber hinaus einen vielstimmigen Chor hervorrufen. Der Hall und Widerhall werde ihm auf der bevorstehenden Reise nachklingen: »Angst habe ich nicht davor, aber unheimlich ist's.« Wenn er dann am 2. Oktober zurückgekehrt sein werde, »wird vieles durcheinander gehen«. Davon werde es zwar nicht »heiterer«, aber wenigstens »klarer« werden[143].

Die geplante Reise führte Herbert Wehner erneut in den Osten. Vom 24. September bis 1. Oktober 1973 flog eine Delegation des Deutschen Bundestags in die Sowjetunion, nach Moskau, Kiew und Leningrad, von wo aus Wehner das Reich Stalins im Januar 1941 verlassen hatte. An der Spitze der Delegation stand Bundestagspräsidentin Annemarie Renger, neben Wehner reisten die Abgeordneten Mischnick (FDP), von Weizsäcker (CDU) und Stücklen (CSU) mit.

Erneut war ihm bang: »Froh werde ich sein, wenn ich's hinter mir habe«, schrieb er an Lotte auf Öland. Vom Flugzeug aus war der Leuchtturm an der Südspitze der schwedischen Insel zu sehen, ehe sie unter den Wolken verschwand. Fernsehbilder von der Ankunft in Moskau zeigten eine strahlende Bundestagspräsidentin und dahinter einen müde und nachdenklich wirkenden Herbert Wehner. Dabei waren er selbst und die ihn wie immer begleitende Greta von der Höflichkeit und Gastfreundschaft der Sowjetrussen sehr angetan. Die freundliche Begleitung, die prunkvollen Bauten und kulturelle Erlebnisse wie der erste Ballettbesuch in Gretas Leben ließen das dreieinhalb Jahrzehnte zurückliegende Trauma der stalinistischen Säuberungen in den Hintergrund treten. In den Reiseberichten kam es höchstens in Andeutungen vor, zum Beispiel in einem Hinweis Gretas für ihre Mutter: »Die Gesprächspartner an diesem Mittag waren alle Kinder, als Herbert seine schwere Zeit dort erlebte, sie waren sogar noch 1–2 oder 3 Jahre jünger als ich.« Auf dem Programm standen Empfänge, Besuche und Gespräche mit dem stellvertretenden Außenminister Wasilij Kusnezow, beim Moskauer Stadtsowjet, bei führenden Repräsentanten der Städte, der Russischen Föderativen Sowjetrepublik, beim Obersten Sowjet der Ukraine, eine Sowchose, historische Denkmäler und, als protokollarischer Höhepunkt, am 1. Oktober ein Empfang durch das Staatsoberhaupt der Sowjetunion, den Vorsitzenden des Obersten Sowjet der UdSSR, Nikolaj Podgorny[144].

Beim Gespräch mit Kusnezow war es Wehner, der als erster die Frage stellte, warum die Frage der Vertretung West-Berlins durch die Bundesrepublik bei verschiedenen Gelegenheiten zu Schwierigkeiten führe. Der stellvertretende Außenminister antwortete, West-Berlin sei kein konstitutiver Bestandteil der Bundesrepublik, und daher könne nicht jedes Abkommen und jeder Vertrag, den diese abschließe, automatisch auf die Teilstadt ausgedehnt werden. Wehner antwortete, daß dies auch seiner Ansicht entspreche. Zum Berlin-Abkommen habe er vier Worte: »Strikt einhalten, voll anwenden«[145].

Auf Wunsch der Sowjets führte Herbert Wehner am Rande der Delegationsreise insgesamt vier Einzelgespräche mit herausragenden Funktionären, zu denen ihn jeweils der außenpolitische Berater der SPD-Bundestagsfraktion, Eugen Selbmann, begleitete[146].

Von den beiden wichtigsten Gesprächen liegen ausführliche Protokolle Selbmanns vor. Am 30. September traf Wehner sich mit dem stellvertretenden Chefredakteur der Zeitung ›Iswestija‹, Nikolaj Poljanow. Er kritisierte darin die Politik des Auswärtigen Amtes, das mit Moskau einen Streit um die Frage der Vertretung West-Berlins führte. Das amtliche Bonn versuche, »alte Politik mit neuen Verträgen zu machen«. Dahinter stecke die Politik der CDU/CSU, die zwar formal die Verträge halten, sie aber inhaltlich mit Hilfe von Zusätzen wie der Bundestagsentschließung von 1972 und der Urteilsbegründung des Bundesverfassungsgerichts zum Grundlagenvertrag verändern wolle. Hinzu komme, daß der »Zeiger« der FDP »aus innenpolitischen Gründen« zur CDU winke. Gefragt, was man dagegen tun könne, betonte Wehner, es komme darauf an, daß Willy Brandt einen direkten Draht zu Breschnew einrichte. Es reiche nicht, mit Egon Bahr zu sprechen, denn daraus habe sich ergeben, »daß W. B. meine, es gehe alles gut«. Der Kanzler schwebe in großen Höhen, daher sei es wichtig, daß er direkt angesprochen werde. Zum Schluß meinte Wehner, er sei besorgt darüber, daß die SPD als Partei in der Öffentlichkeit verloren habe, aber die Person Brandt sei unbeschädigt. Daher solle der Kanzler unterstützt werden, denn: »Was es sonst gibt – ist nicht besser.«[147]

Am folgenden Tag traf Wehner im Haus des Obersten Sowjet auf Boris Ponomarjow, Kandidat des Politbüros und ZK-Sekretär für internationale Angelegenheiten. Erneut äußerte Wehner seine Besorgnis, daß die Gegner der Verträge zunehmend den Takt der Ostpolitik bestimmten. Er überbrachte seinem Gesprächspartner Brandts Mitteilung, der Kanzler stehe fest zu den abgeschlossenen Verträgen. Wiederholt wies Wehner darauf hin, daß es niemanden gebe, der Brandt ablösen könne und besser wäre als er. Erneut drängte er darauf, einen direkten Gedankenaustausch zwischen dem Kanzler und Breschnew einzurichten. Ponomarjow nahm dies zur Kenntnis. Er teile Wehners Sorgen über die Weiterentwicklung der Verträge, wichtig sei aber vor allem eine aktive und offensive Politik der Vertragsbefürworter[148].

Für das größte Aufsehen in Deutschland sorgten nicht die Gespräche der Delegation mit Vertretern der Sowjetunion, sondern das, was Wehner den mitreisenden Journalisten zur Lage der Ost- und Deutschlandpolitik mitteilte und vor allem, wie diese darüber berichteten. Schon vor der Reise hatte Wehner seiner Frau geschrieben, daß ihm die Pressebegleitung merkwürdig vorkomme. Durch die Mitreisenden werde er unterwegs kaum zur Besinnung kommen: »Es wird ja der Verrücktheit gefrönt, einen Schwarm Journalisten mitzunehmen, deren Lebenszweck es ist, Zeichen, Mienen und Begegnungen zu deuten und aus ihnen Geschichten zu machen, die manche von ihnen für Geschichte ansehen oder ausgeben.« Dieser Vorausahnung zum Trotz: Bezogen auf das Verhalten der Medien unterlief Wehner vor und auf der Reise eine folgenschwere Fehlkalkulation[149].

Anders als er glaubte, hatte es auf seine kritischen Äußerungen vom 14. und 21. September zum Zustand der Ost- und Deutschlandpolitik überhaupt kein Medienecho gegeben. Als er am 24. September in Moskau ankam, wiederholte Wehner seine Kritik: »Und was Berlin betrifft, so haben wir auf unserer Seite – weil ich das hier jetzt ganz ohne Differenzierung meine – ein wenig überzogen, nachdem das erste wirkliche Nachkriegs-Viermächte-Abkommen über Berlin doch viel mehr, als zu erwarten war, gebracht hat. Das müssen wir jetzt versuchen, ins Gleichgewicht zu bringen.« Dies war sehr verhalten und durchaus kein Angriff auf die Regierung, den Koalitionspartner oder gar den Kanzler. Das hatte er auch in Deutschland schon gesagt. Aber jetzt, von Moskau aus, wurde es aufmerksam zur Kenntnis genommen. Fernsehen und Zeitungen in Deutschland berichteten darüber[150].

Die mitreisenden Journalisten schnappten nun jede Aussage und Mitteilung Wehners am Rande des Reiseprogramms begierig auf und machten daraus Geschichten. Besonders ärgerte ihn, daß der dpa-Korrespondent aus verschiedenen vereinzelten Äußerungen ein »Interview« zusammenbastelte. Auf die verzerrten Meldungen aus Moskau reagierten deutsche Politiker ihrerseits mit Stellungnahmen, die weiteres Öl ins Feuer gossen. Der neue CDU/CSU-Fraktionsvorsitzende Karl Carstens erklärte, Wehner sei der Bundesregierung in den Rücken gefallen und schieße bewußt gegen Außenminister Scheel und die FDP. Franz Josef Strauß sagte, Wehners Äußerungen überraschten ihn nicht, es rumore schon länger in ihm. Auch Sozialdemokraten stimmten in den Chor ein. Der Regierende Bürgermeister von Berlin, Klaus Schütz, meinte, er müsse entschieden der Meinung widersprechen, Senat und Bundesregierung überzögen das Berlin-Abkommen[151].

Willy Brandt erreichten die Nachrichten am anderen Ende der politischen Welt, in den USA. Er hielt sich dort zu einer Rede vor der UNO-Vollversammlung, zu einer Preisverleihung und zu Gesprächen auf. Fernsehjournalisten gegenüber hielt er sich bedeckt, auch brach er, anders als das deutsche Fernsehen berichtete, seinen Aufenthalt dort nicht vorzeitig ab, sondern kehrte wie geplant am 30. September nach Bonn zurück. Auf dem Rückflug übergab der FDP-Regierungssprecher von Wechmar Brandt die gesammelten Agenturmeldungen über angebliche Ausfälle Wehners in Moskau. Als ein mitreisender Journalist ihm daraufhin empfahl, den Fraktionsvorsitzenden auf der Stelle hinauszuwerfen, reagierte der wütende Kanzler mit der berechtigten Gegenfrage: »Und was dann?«[152]

Seine Umgebung in Bonn bestärkte Brandt in seiner Empörung über Wehner. Kanzleramtschef Grabert bot dem Kanzler an, sofort nach Moskau zu fliegen, um dem Fraktionsvorsitzenden die Rücktrittsforderung persönlich zu überbringen. Sein Vorgänger Ehmke, der Wehners Auftreten in Moskau als kalte Provokation bezeichnete, riet ebenfalls dazu, Wehner zum Rücktritt zu zwingen. Klaus Harpprecht, der Ghostwriter, fertigte »für den Papierkorb« eine längere Notiz zu den »psychologischen Bedingtheiten« der »Wehner-Affäre« an. Darin schrieb er vom Bruch, den Wehners Persönlichkeit in der Begegnung mit der totalitären Heilswelt erlitten habe, von Alter und Krankheit sowie von der mit »analen und fäkalischen« Bildern durchsetzten Schmähsprache des Fraktionsvorsitzenden. Diese Deutung wirkte bei Brandt bis in seine ›Erinnerungen‹ hinein[153].

Brandts außenpolitischer Berater und Sonderminister Egon Bahr dagegen riet vom Konflikt mit Wehner und der Fraktion ab. Über seinen »Kanal«, den er zur Moskauer KPdSU-Führung unterhielt, wurde Bahr jedoch hinterbracht, der Fraktionsvorsitzende habe sich in seinem Gespräch mit Ponomarjow in schlimmer Weise herablassend über Brandt geäußert, was in der Beurteilung Wehners durch den »Kanal« gipfelte: »Der ist ein Verräter.« Das war eine Fehlinformation und ging, wie der Historiker August Leugers-Scherzberg belegt hat, vermutlich darauf zurück, daß Bahrs »Kanal« KGB-gesteuert war und sich durch Wehners Forderung nach einem Direktkontakt Brandt-Breschnew in seiner Bedeutung bedroht wähnte[154].

Zu dem, was Herbert Wehner am Rande der Delegationsreise über Willy Brandt gesagt haben soll, gibt es sehr unterschiedliche, gegensätzliche Berichte. Am bekanntesten sind die beiden Aussprüche »Der Kanzler badet gern lau – so in einem Schaumbad« und »Was der Regierung fehlt, ist ein Kopf«. Sie sind als Original-Wehner-Zitate in die Standardwerke zur Geschichte der Bundesrepublik eingegangen. Beide Sprüche sind so nicht gefallen. Sie stehen vielmehr für die Art und Weise, wie einige Reporter und ihre Nachschreiber Aussagen Herbert Wehners entstellten und letztlich verfälschten[155].

Einer der Augen- und Ohrenzeugen, der ›Spiegel‹-Essayist Hermann Schreiber, hat 30 Jahre nach der Reise bestätigt, daß das, was Wehner in der Sowjetunion öffentlich sagte, dem entsprach, was er auch in Bonn schon gesagt hatte. Sein Tonfall war dabei »eher auf Depression als auf Explosion« gestimmt. Das, was die Person des Kanzlers betroffen habe, sei im Rückblick »vergröbert und vergrößert« worden. Dies gelte auch für den »berühmt gewordenen Spruch über den Herrn, der gern lau bade«. Herbert Wehner habe das erst auf dem Rückflug nach Bonn gesagt, »unter sechs Augen und eher mild gestimmt«[156].

Der andere angebliche Wehner-Ausspruch geht auf eine sinnentstellende Kürzung zurück. Nach eigener Auskunft hatte Wehner in Moskau gesagt, der Regierung fehle ein Kopf, »der kein Amt habe oder anstrebe, aber sowohl wirtschaftlichen Verstand als auch Verstand für die politischen Impulse habe, um herausfinden und ohne eigene Verwaltungsbefugnisse koordinieren zu können, was den Vertragspartnern in östlicher Richtung entsprechend unserer Kapazität am wichtigsten und nützlichsten sei unter dem vielen, was sie eigentlich alles haben möchten. Dazu hatte ich ausdrücklich hinzugefügt, weder der Bundeskanzler noch der Außenminister seien dazu in der Lage, aber beiden wäre solch ein Kopf eine wesentliche Hilfe, die auch nicht durch die Minister der Wirtschafts- und Finanz-Ressorts gegeben oder ersetzt werden könne«. Das waren typische Herbert-Wehner-Schachtelsätze, gewunden und langatmig, am Ende in ihrer Aussage aber eindeutig. Für die flotte Schreibe des ›Spiegel‹ waren sie jedoch nicht geeignet. So schnitten die Redakteure den gesamten Relativsatz ab und titelten: »Was der Regierung fehlt, ist ein Kopf.« Das war kurz, einprägsam und falsch. Denn so verstümmelt bedeutete der Satz einen direkten Angriff auf Willy Brandt. Das paßte besser ins Bild des ›Spiegel‹, der am 8. Oktober 1973 gleich eine Titelgeschichte ›Zerwürfnis mit Brandt‹ brachte, dabei aber auch den Kanzler nicht schonte. Brandt habe seinerseits Wehners Sturz angekündigt, schrieben die Reporter: »›Der Kerl‹ sei zu ›knipsen‹, Wehner als Vorsitzender der SPD-Mehrheitsfraktion abzulösen.«[157]

Brandt dementierte gegenüber der SPD-Führung und dem ›Spiegel‹ den Ausdruck »knipsen«. Herbert Wehner tat ein Gleiches bezogen auf das »Kopf«-Zitat. Schreiber bestätigte Wehner eine Woche später dessen Darstellung, und er bat, für den Fall, daß das ›Spiegel‹-

Bild eine Fehleinschätzung war, um Entschuldigung. Das hinderte sein Nachrichtenmagazin jedoch nicht daran, es bei passender Gelegenheit weiter zu verbreiten. So hieß es in einem Rückblick auf die sozial-liberale Koalition aus dem Jahr 1982: »Herbert Wehner war schon im Herbst 73, von Moskau aus, frontal gegen den Kanzler wegen dessen Zaudern und schlaffer Amtsführung (›Der Kanzler badet gern lau‹) losgegangen: ›Was der Regierung fehlt, ist ein Kopf.‹« Durch immer zugespitztere Wiederholung wurde die angebliche Attacke Wehners auf Brandt geschichtsmächtig, so sehr, daß sogar der Ex-Kanzler selbst, dem Wehner seinerzeit eine Kopie des Briefwechsels mit Schreiber gegeben hatte, in seinen Memoiren behauptete, Wehner habe gesagt, »es fehle ein Kopf. Ausfälligkeiten folgten«[158].

Reparaturen

Nachdem er nach Deutschland zurückgekehrt war, hatte Herbert Wehner schwere Vorwürfe des durch die Berichterstattung und durch sein Umfeld angestachelten Willy Brandt zu überstehen. Als Zurechtweisung empfand er eine erste Besprechung mit Brandt und Scheel am 2. Oktober. Allerdings habe er sich, so teilte er Lotte mit, nicht kleinkriegen lassen. In einer über fünfstündigen Fraktionssitzung habe Brandt seine Großmannswitze gemacht, Wehners Verhalten aber mit keinem Wort inhaltlich gewürdigt. Einige Fraktionsmitglieder hätten sich in platten Fragen geübt, und auch ein abendliches Einzelgespräch mit Brandt sei unerquicklich verlaufen. Bitter faßte er den Tag zusammen: »Kein gutes Wort«. Nach so eindrucksvollen Begegnungen und Gesprächen in Moskau, Kiew und Leningrad sei es ein elendes Leben[159].

Für Brandt und seine Umgebung war Herbert Wehner infolge seiner Mahnungen zum Buhmann geworden. In der Sache aber bekam er weitgehend recht. Dafür sorgte schon die Opposition im Bundestag, welche die Angelegenheit dazu nutzen wollte, einen Keil ins Regierungslager zu treiben. Damit erreichte sie jedoch das genaue Gegenteil. In der Debatte am 3. Oktober spendeten die CDU/CSU-Abgeordneten einer Erklärung des FDP-Außenministers Scheel wiederholt demonstrativ Beifall. Sie klatschten insbesondere dann, wenn der Vizekanzler härtere Positionen bezüglich der Stellung West-Berlins signalisierte als sie Wehner zugeschrieben wurden. Der Fraktionsvorsitzende der Oppositionsparteien, Karl Carstens, überhob sich jedoch, als er in seiner Antwort sowohl alte Expertisen von Bahr aus dem Jahr 1968 kritisierte als auch Wehner vorwarf, er sei der Bundesregierung in der Sowjetunion in den Rücken gefallen. Es war Willy Brandt selbst, der in seiner Antwort beide Angriffe parierte. Er wies die diffamierenden Äußerungen von Carstens über den Vorsitzenden der SPD-Fraktion zurück. Er streite nicht um jede Formulierung, sage aber: »So können Sie nicht mit einem Mann umgehen, den die Sorge um Deutschland umtreibt, der sich um Berlin und um die Menschen in diesem Deutschland verdient gemacht hat.«[160]

Herbert Wehner nahm seinerseits Egon Bahr in Schutz und sorgte für Heiterkeit, als er auf seinen Vorredner Strauß erwiderte: »Offen gestanden, der Schützenpanzer, in dem Sie heute Angriff gefahren sind, ist ein reichlich, sagen wir mal: verbrauchtes Gefährt gewesen.« Seine eigenen Aussagen in Moskau führte er auf ihren eigentlichen Kern zurück. Die Opposition könne nicht nur Verträge unterstützen wollen, die mit gleichgesinnten Partnern geschlossen würden. Daher müsse man darauf achten, daß »beide Seiten denselben Vertrag einhalten. Aus diesem Grunde warne ich vor der Belastung. Es gibt keinen Vertrag über den Vertrag; es gibt nichts, was über dem Vertrag steht.«[161]

Sich gegen Wehner zu stellen, hätte erstens bedeutet, das Regierungslager in der Ostpolitik durch die Opposition spalten zu lassen. Das schweißte zusammen, und so stellte Brandt sich im Parlament hinter Wehner. Zum zweiten war seine Position inhaltlich ohne Alternative, denn die Verträge weiter »belasten« hätte ostpolitischen Stillstand bedeutet. So sah es der Parteivorstand in seiner Sitzung am 5. Oktober 1973. Mit 12 zu 11 Stimmen (bei Herbert Wehners eigener Enthaltung) beschloß das Gremium gegen den Willen von Willy Brandt, eine Resolution zu verabschieden. Nachdem der Vorsitzende die Sitzung verlassen hatte, wurde deren Text einstimmig beschlossen. Darin erklärte die SPD, die Opposition sei mit ihrem Versuch gescheitert, »durch heuchlerische Umarmung« die Koalition zu entzweien und dabei in Wahrheit die Verträge »eintrocknen zu lassen«. Der Parteivorstand sei davon überzeugt, daß Buchstaben und Geist der Ostverträge und des Berlin-Abkommens »voll ausgeschöpft und mit Leben erfüllt werden«[162].

Brandt soll mit den Worten »Jetzt reicht's mir aber!« aus der Sitzung gekommen sein. Für das Verhältnis zu Wehner jedenfalls war diese Abstimmung ein weiteres belastendes Moment. Beide fühlten sich verletzt. »Ich will ja nicht ›Recht haben‹, sondern Rechtes (Richtiges) durchsetzen helfen«, schrieb Wehner an Lotte. Die Bonner Konferenzen und Debatten nach der Reise kamen ihm vor wie das Fegefeuer. Brandts Art, im Parteivorstand zu berichten, fand er herablassend. Was er selbst im Parlament leistete, erschien ihm unbefriedigend angesichts dessen, daß Brandts »Huld« ihm entzogen sei. Wehner versuchte gegenzusteuern. Dem Kanzler, dem Außenminister sowie einer ganzen Reihe von in die Sowjetunion Mitgereisten schickte er den eigenhändig getippten »Versuch einer Übersicht über Verlauf und Gespräche während einer Reise der Delegation des Deutschen Bundestages in der UdSSR vom 6.10.1973«. Das Papier war lang, 29 Seiten, und es referierte umfänglich, genau und detailliert, gestützt vor allem auf seine stenographischen Notizen, den Verlauf und den Inhalt der wichtigsten Gespräche im Rahmen des Reiseprogramms. In seinem handschriftlichen Begleitbrief an Brandt meinte Wehner, damit werde möglicherweise manches erkennbarer als vorher. Gleichwohl bat er den Kanzler um Verzeihung »für manche Bitterkeit, die Du im Zusammenhang mit dem Vorgang erlebt hast«. Damit wollte er Brandt »wenn schon nicht ›milder‹, so doch gerechter« stimmen[163].

Beurlauben lassen, wie seine Frau ihm vorgeschlagen hatte, wollte Wehner sich nicht, denn »das hieße, den Kaninchen den ganzen Rasen und alles, was noch bleibt, zu überlassen«. Darin pflichtete Lotte ihm schließlich bei. Für solche »Kaninchen« hielt er Egon Bahr und andere Ratgeber von Brandt, die darauf drängten, Wehner zu »knacken«. Wenn das gelänge, würde sich Bahr mit seiner »Abwehr gegen die von Honecker mit mir und auf meine Anregung vereinbarten konkreten Schritte zu humanitären Hilfen« durchsetzen, und das wollte Wehner verhindern. Möge das auch »bei Hofe nur Zahnprothesen-knirschend ›ertragen‹« werden, inhaltlich werde sich das Bild allmählich zugunsten der tatsächlichen Tatbestände ändern. Wehner meinte: »In der Sache bin ich nicht zu ignorieren.«[164]

Die Frau des Kanzlers, Rut Brandt, riet ihrem Mann in dieser Situation zum Gespräch mit dem Fraktionsvorsitzenden: »Ich habe gesagt, der Wehner muß kommen«, erinnert sie sich. Brandt schrieb ihm am

23. Oktober 1973, worauf Wehner unverzüglich antwortete und um die Gelegenheit zu einem Gespräch bat. Drei Tage später trafen sie sich nachmittags in der Villa des Kanzlers auf dem Venusberg. Sie leerten mehrere Flaschen Wein, es wurde Abend. Im Gespräch ging es um die Ostpolitik. Wehner verwies auf den falschen Eindruck, der durch die Berichterstattung der Presse entstanden sei. Am Ende fragte er Brandt: »Willst du es noch einmal mit mir versuchen?«[165]

Brandt hatte jedenfalls nicht Nein gesagt, und die folgenden Monate waren voller Zeichen des guten Willens auf Wehners Seite. Er lobte den Kanzler öffentlich. In einem Interview Anfang November bezeichnete er die Wirkung Brandts für die Versöhnung zwischen Ost und West als unvergleichbar mit jedem anderen Politiker: »Er ist ein Symbol dafür, daß es eben doch so etwas wie ein ›anderes Deutschland‹ gibt, ein anderes als das, was anderen so viel Leid angetan hat.« Zu einem Interview im Deutschlandfunk gratulierte er dem Bundeskanzler und dankte ihm für seine »rundherum hochklassige Betrachtung unserer politischen Lage«. Wehner zitierte Brandt ausgiebigst in seinem für die ›Neue Gesellschaft‹ bestimmten Ausblick zu Jahresbeginn 1974 mit dem Titel ›Ein aktives Jahr hat begonnen‹. Den Text schickte er ihm mit Empfehlung und »herzlichem Gruß«[166].

Im Spätherbst 1973 war es Herbert Wehner gelungen, Willy Brandt und dessen Umgebung zu einer tieferen Auseinandersetzung mit dem von ihm geschaffenen direkten Draht zu Honecker zu bewegen. Am 2. Dezember tippte er seine handschriftliche Notiz vom 17. September ab und setzte sie mit einer Stellungnahme seinerseits fort. Diese bestand aus sieben Thesen. Auf Grundlage der Verträge, insbesondere des Vier-Mächte-Abkommens über Berlin, gebe es für die beiden deutschen Staaten und ihre regierenden Parteien SPD und SED die Notwendigkeit, »zu einem geregelten Nebeneinander und – wo sowie wenn möglich – gedeihlichen Miteinander« auf staatlicher Ebene zu gelangen. Das beinhalte keine Aktionseinheit zwischen den Parteien. Vor einer Aushöhlung durch fremde Interessen müsse die SPD sich organisatorisch schützen. Politisch gehe es ihr vorrangig um den Interessenausgleich zwischen den Militärbündnissen von West und Ost.

Wehner bezog sich noch einmal ausdrücklich auf das Gespräch mit Honecker am 31. Mai. Er glaube, es werde noch viele Jahre und wahrscheinlich Jahrzehnte dauern, bis es zu »normaleren Behandlungsweisen« von humanitären Problemfällen komme. Beide Seiten, so Wehner, sollten sich darum bemühen, den Vertrag mit Leben zu erfüllen anstatt ihn zum Gegenstand eines ständigen Streites zu machen. Tote Strecken könnten nur dadurch vermieden werden, daß beidseitig miteinander gesprochen und Gedanken abgeklärt würden. Der Bundeskanzler und der SED-Chef müßten sich darüber verständigen, wie das praktiziert werden solle.

Honecker hatte gerade den Mindestumtausch von West- in Ostmark, den Besucher aus der Bundesrepublik und West-Berlin für jeden Tag ihres Aufenthalts in der DDR vorzunehmen hatten, verdoppelt. Solche Kraftakte hätten fatale Begleiterscheinungen, schrieb Wehner. Verhandeln sei besser als Handeln. Es sei ein Zeichen von Souveränität, zu verhandeln, solange noch nicht der ganze Spielraum ausgeschöpft sei. Schließlich warnte Wehner indirekt davor, diese seine Niederschrift weiterzuverbreiten. Damit könne sein politisches Schicksal besiegelt werden. Ihm selbst wäre es aber lieber, »dies wäre noch nicht mein ›Testament‹, sondern ich dürfte noch einige Zeit wirken für Einsichten, die manch anderer noch nicht oder nicht mehr hat«. Für seine Handlungen jedenfalls stehe er gerade, er werde sie sowohl erklären als auch verteidigen, gleichviel aus welcher Position heraus[167].

Wehners Dezemberthesen enthielten ebenso Appelle an Erich Honecker wie an Willy Brandt und auch an beide »führenden Persönlichkeiten«. Am 8. Dezember 1973 übergab er den gesamten Text Wolfgang Vogel. Dieser brachte Wehner bei der Gelegenheit schriftlich mit, was Honecker ihm aufgetragen hatte. Er könne gewiß sein, daß der Weg über ihn direkt zu Honecker führe. Wenn er es für zweckmäßig halte, könne er den Bundeskanzler vom Staatsratsvorsitzenden grüßen. Tags darauf fügte Wehner ein zweites Exemplar der Niederschrift einem Schreiben an Willy Brandt bei, in dem er dem Kanzler außerdem die Botschaft Vogels vom Vortag übermittelte. Er bat um ein ausführliches, erläuterndes Gespräch[168].

Dieses Gespräch fand am 16. Dezember 1973 statt. Der Kanzler meinte, so stenographierte der Fraktionsvorsitzende mit: »kann Gruß an E. H. bestellen«. Damit waren alle Beteiligten im Bilde, und die Verbindung zwischen Erich Honecker und Willy Brandt über Wolfgang Vogel und Herbert Wehner war bekräftigt. Brandt nutzte den Draht sofort. Mit Hilfe seiner Beamten schrieb der Kanzler einen ausführlichen Vermerk und einen Brief an Wehner. Darin erklärte Brandt seine grundsätzliche Übereinstimmung mit den Thesen Wehners vom 2. Dezember. Besonderes Gewicht hätten die Themen Ständige Vertretungen und Mindestumtausch[169].

Im dreiseitigen »Vermerk zum Brief« wurde zunächst betont, daß die Politik der Bundesregierung sich nicht geändert habe. Die Verträge müßten mit Leben erfüllt werden. In Bonn bestehe der Eindruck, daß die Haltung der DDR sich verhärtet habe, aber die Entwicklung des Nebeneinander der beiden Staaten könne nur dann erfolgreich sein, wenn beide Seiten ihren Teil dazu leisteten. Bei den humanitären Fragen warf Brandt der DDR vor, sie habe ihre Auffassung hierzu innerhalb eines Jahres zweimal geändert. Sachlich lenkte er jedoch ein. Es komme natürlich darauf an, daß im Rahmen des jeweils Möglichen humanitäre Lösungen gefunden würden. Auch bei den anderen Fragen sei das maßgebliche Interesse der Bundesrepublik, Schritt für Schritt den Dingen wieder eine positivere Wendung zu geben[170].

Erich Honecker ließ in seiner Botschaft vom 8. Dezember Herbert Wehner ansprechen, nicht Willy Brandt. Künftig wolle er Wehner bei unangenehmen Entscheidungen wie der Erhöhung des Mindestumtausches vorab informieren. Daß Wehners Antworten auf Honecker-Vorschläge zugleich auch die Antwort des Bundeskanzlers sein würden, begrüßte der SED-Chef, auch wenn er es nützlich fände, die urpersönlichste Auffassung von Wehner zu kennen. Hierauf bezog sich wohl die Befürchtung Brandts in seinem Schreiben vom 18. Dezember, die DDR-Führung könne über die »Kontaktebene« (Wehner und Vogel) Druck gegen die »Verhandlungsebene« (Bahr und Kohl bzw. später die Leiter der Ständigen Vertretungen, Gaus und Nier) ausüben. Wehner teilte diese Befürchtung Honecker mit, der es in seiner ausführlichen Antwort, die am 1. Februar in Bonn einging, als ungeschriebenen Grundsatz bezeichnete, daß es ausgeschlossen sei, die Kontaktebene gegen die Verhandlungsebene auszuspielen. Er warnte nun seinerseits vor Mißdeutungen, »die durch irgendwelche Nachrichtendienste dem Herrn Bundeskanzler zugespielt werden«. Die DDR brauche gegenüber der Sowjetunion nicht nachzuweisen, daß ihre Haltung gegenüber der Bundesrepublik konstruktiv bleibe. Deutsch-deutsche Verständigung auf Druck über Moskau – dies hatte Egon Bahr in den Vertragsverhandlungen noch erfolgreich praktiziert. Nach Abschluß der Verträge wollte Honecker die deutschen Dinge selbst, bilateral mit der Bundesrepublik klären. Das entsprach der Vorstellung von Herbert Wehner, die DDR zu einem möglichst starken und selbstbewußten Verhandlungspartner zu machen, der aus einer Position der Gelassenheit zu mehr Zugeständnissen in humanitären Fragen bereit war[171].

Das entsprach keineswegs der Linie von Egon Bahr, der den Schlüssel nach wie vor in Moskau sah bzw. sehen wollte. Und es entsprach nicht den Interessen der Sowjetunion, die mißtrauisch auf die Bemühungen ihres ostdeutschen Satelliten um Eigenständigkeit blickte. Bahrs »Kanal« in die Sowjetunion, so belegt ein Schreiben Bahrs aus dem Jahr 1975, ging dabei sogar so weit, die Bundesrepublik vor einem allzu weiten Entgegenkommen gegenüber der DDR beim Thema Transitpauschale zu warnen. Bahr trug Bundeskanzler Schmidt hier die Sichtweise seiner »Freunde in Moskau« vor. Wehner hatte Brandts früheren Chefunterhändler nie gemocht. Greta Wehner vermutet, das lag daran, daß Bahr für Beziehungen zu Geheimdienstleuten allzu offen war[172].

In dem halben Jahr zwischen seiner Rückkehr aus der Sowjetunion und dem Rücktritt von Willy Brandt jedenfalls gelang es Wehner nicht nur, den politischen Dialog zwischen Bundeskanzler und SED-Chef in Gang zu setzen, sondern gemeinsam mit Brandt eine Reihe von Verbesserungen im innerdeutschen Verhältnis vorzubereiten. Dazu gehörte die Einigung über die Einrichtung der Ständigen Vertretungen von Bundesrepublik und DDR im März 1974. Andere Früchte der »Kontaktebene« wurden nach dem Regierungsantritt von Helmut Schmidt geerntet. Dazu gehörte die Reduzierung des Mindestumtausches für Rentner. Diese Idee war im Gespräch zwischen Brandt und Wehner am 16. Dezember 1973 aufgekommen[173].

Keinesfalls betrieb Herbert Wehner den Honecker-Kontakt ohne das Wissen von Willy Brandt oder an ihm vorbei. Über sämtliche Gespräche und politische Botschaften Honeckers berichtete er dem Kanzler ausführlich, wenn es möglich war wortwörtlich. Mit Ausnahme von Gesprächen über konkrete Fälle von Häftlingsfreikäufen und Familienzusammenführung. Als Wehner merkte, daß mündliche Übermittlung nicht reichte, um eine gründliche Bearbeitung der Botschaften im Kanzleramt zu gewährleisten, stellte er auf die Schriftform um.

Dabei kamen ihm seine Stenographiekenntnisse zugute. So sind viele der mündlichen Mitteilungen Wolfgang Vogels nahezu wörtlich überliefert. Es handelt sich weniger um Notizen *über* als um Notizen *der* Mitteilungen selbst. Es war auch kein konspirativer Stil im Spiel. Wehner hat ganz einfach umstandslos das an den Kanzler weitergegeben, was er während der Gespräche mitgeschrieben hat. Dabei ist so ein stenographisches Protokoll, anders als handschriftliche Notizen, nicht stichpunktartig, sondern ein nahezu vollständiger, zusammenhängender Text. Spätere Leser, die diesen Entstehungszusammenhang nicht kannten, hat dies irritiert, bis hin zu der Annahme, Wehner habe hier Honecker etwas in den Mund legen wollen, oder bei einer Aufzeichnung von Honecker-Mitteilungen handele es sich um einen »Brief Wehners an Brandt«. Beim Mitstenographieren ganze Sinnzusammenhänge zu manipulieren – das wäre nicht nur über die geistige Kraft eines Herbert Wehner hinausgegangen[174].

Ost- und deutschlandpolitisch klappte die Zusammenarbeit zwischen Brandt und Wehner um die Jahreswende 1973/74 also wieder gut. Auch bezogen auf die gravierenden innenpolitischen Probleme, die sich in dieser Zeit ergaben, stärkte der Fraktionsvorsitzende dem Kanzler öffentlich und parteiintern den Rücken. Nachdem im Frühjahr 1973 die Weltwährungsordnung zusammengebrochen war, ging die Bundesbank zu einer restriktiven Geldpolitik über. Das bewirkte eine Schwächung der deutschen Wirtschaft. Im Herbst 1973 kam die Ölkrise hinzu. Der Lieferboykott der arabischen Länder sorgte für eine Preisexplosion. Die Arbeitslosenzahl stieg, im Jahr 1974 gab es ein Nullwachstum, eine strukturelle Wirtschaftskrise begann. Viele der Krisenerscheinungen, insbesondere eine Tariferhöhung von 11 Prozent im öffentlichen Dienst im Februar 1974, wurden Bundeskanzler Willy Brandt angelastet[175].

Herbert Wehner verteidigte die positive Bilanz der Regierung im Januar 1974 vor dem Deutschen Bundestag. Bei den Löhnen und Gehältern im öffentlichen Dienst hatte Wehner sich dafür ausgesprochen, statt einer linearen Anhebung nach gleichem Prozentsatz die niedrigen Einkommen stärker anzuheben als die höheren. So könne der mögliche, für die Haushalte von Bund, Ländern und Gemeinden verkraftbare Prozentsatz differenziert verteilt werden. Brandt hatte zu einer Erhöhung um einen Festbetrag geraten, welche ebenfalls vor allem den unteren Lohngruppen zugute gekommen wäre. Aber, so verteidigte Wehner den Kanzler, bei den Ländern und Gemeinden seien seine Vorschläge nicht auf Gegenliebe gestoßen. Im März 1974 sah Herbert Wehner die sozial-liberale Regierung auf festem Grund[176].

Um die gleiche Zeit stellten der Bundeskanzler und seine Umgebung umfassende Überlegungen zu personellen Umbesetzungen in Regierung, Kanzleramt und Fraktion an. Dazu gehörte für Brandt und mindestens auch seinen Redenschreiber Harpprecht die Ablösung Herbert Wehners als Fraktionsvorsitzender. Nachfolger würde dann Helmut Schmidt werden, der jedoch, so Brandt, nicht in einer Kampfabstimmung gegen Wehner antreten wolle. Das Thema solle ab Ende März sorgfältig diskutiert werden. Im Zuge von Bestrebungen zur Verjüngung der Fraktionsführung könne, so notierte Harpprecht, »vielleicht vorsichtig eine Situation herbeigeführt werden, die den Wechsel nahelege«[177].

Brandts Umfeld konnte wieder einmal nicht dichthalten. Am 8. März berichtete die ›Bild‹-Zeitung von einer Erkrankung Wehners und der Möglichkeit einer größeren Kabinettsumbildung nach der Wahl von Walter Scheel zum Bundespräsidenten, welche im Mai anstand. Drei Tage später war im ›Spiegel‹ zu lesen, daß Brandt die Umbildung dazu nutzen wolle, »sich seines Kritikers Herbert Wehner zu entledigen«. Der Fraktionschef erwarte, daß ein solcher Schritt ihm von Brandt selbst nahegelegt werde. Nachfolger Wehners würde dann Helmut Schmidt, wobei der Kanzler aber fürchte, daß ihm damit ein »Mitregent« erwachse, der als dynamischer Macher ein gefährliches Kontrastprogramm zum entscheidungsunfrohen Kanzler aufziehen könnte[178].

Helmut Schmidt wäre tatsächlich gerne wieder Fraktionsvorsitzender geworden. In einem Gespräch der vierköpfigen SPD-Führungsgruppe Brandt, Wehner, Schmidt und Kühn in Bad Münstereifel machte der Finanzminister seiner Unzufriedenheit Luft. Schon auf die Hardthöhe sei er seinerzeit vor allem aus Pflichtgefühl gegangen. Nach der Wahl 1972 habe Brandt ihn zum zweiten Mann im Kabinett erklärt, dann aber nur selten auf seinen Rat gehört. Nur für den Fall, daß Wehner von sich aus gehe, so Schmidt, sei der Fraktionsvorsitz sein »legitimer Anspruch«, aber er habe allen abgeraten, Wehner zum Rückzug zu drängen[179].

Zu diesem Zeitpunkt, Ende März 1974, ja schon drei Wochen zuvor, als ›Spiegel‹-Chef Rudolf Augstein in seinem »Wort an einen Freund« Herbert Wehner »billig auf den Knien«, aber öffentlich den Rücktritt als Fraktionsvorsitzender nahegelegt hatte, war der Zug für solche Überlegungen bereits abgefahren. Gleich auf die ersten Pressemeldungen über einen sowohl Bundesregierung als auch Fraktionsführung umfassenden Personenwechsel hin hatte Wehner dem Kanzler einen kurzen Brief geschrieben. Darin bat er um ein schnelles, aufrichtiges Gespräch, um von Brandt seine Situation erklärt zu bekommen. Am folgenden Nachmittag suchte Wehner Brandt auf dem Venusberg auf. Wie die ›Bild‹-Zeitung erfuhr, dauerte das Gespräch sechs Stunden. Der Fraktionsvorsitzende habe den Kanzler »bekniet«, entschlossener zu führen. Sie fanden zusammen in ihrer Kritik an Helmut Schmidt. Dieser hatte am 3. März in einer Fernsehsendung nach der für die SPD verlustreichen Bürgerschaftswahl in Hamburg »die laxe Führung der Partei durch den Vorsitzenden« kritisiert. Vom Sturz Herbert Wehners war jetzt keine Rede mehr. Das Vorhaben war zur Unzeit öffentlich geworden[180].

Da wurde, am 24. April 1974, der Referent im Persönlichen Büro des Bundeskanzlers, Günter Guillaume, als Agent des DDR-Ministeriums für Staatssicherheit verhaftet. Von dem Verdacht gegen den Mitarbeiter Brandts hatte der Präsident des Bundesamtes für Verfassungsschutz, Günther Nollau, Herbert Wehner am 4. Juni 1973, einige Tage später als Innenminister Genscher und den Kanzler, unterrichtet. Wehner kommentierte die Mitteilung nicht. Er war gerade von seinem Besuch bei Honecker zurückgekehrt, und die Affäre Steiner/Wienand beanspruchte seine Aufmerksamkeit. Der gebürtige Dresdner Nollau war öfter bei Wehners zu Gast. Wehner war beim Parteivorstand der SPD für Sicherheitsfragen zuständig[181].

Noch aus einem anderen Grunde hatte er mit dem Fall Guillaume zu tun. Im Frühjahr 1974 amtierte er gerade als Vorsitzender des »Parlamentarischen Vertrauensmännergremiums«. Diese informelle Einrichtung zur Kontrolle der Nachrichtendienste bestand aus den Vorsitzenden der drei Bundestagsfraktionen, dem Chef der CSU-Landesgruppe und jeweils drei weiteren Abgeordneten jeder Fraktion. Der Vorsitz wechselte vierteljährlich zwischen den Fraktionschefs. Gleich am Tag nach der Verhaftung Guillaumes tagte das Gremium. Einziger Tagesordnungspunkt war das Ermittlungsverfahren gegen den Spion.

Rainer Barzel (CDU) gratuliert Herbert Wehner zum 60. Geburtstag, 11. Juli 1966

Die »Troika« auf dem Dortmunder Parteitag, 1966 – v. l. n. r.: Herbert Wehner, Fritz Erler, Willy Brandt

Koalitionsverhandlungen von CDU und SPD,
25. November 1966 – v. l. n. r.: Willy Brandt, Kurt Georg Kiesinger,
Rainer Barzel, Franz Josef Strauß, Herbert Wehner

Die neue »Troika«, 1968 – v. l. n. r.: Helmut Schmidt,
Herbert Wehner, Willy Brandt, dazwischen Alfred Nau

Audienz bei Papst Paul VI. in Rom, 1969

»Willy Brandt muß Kanzler bleiben!« – Wahlparteitag der SPD, 1972

In schwieriger Mission 2: 31. Mai 1973, Forsthaus Wildfang – v. l. n. r.:
Herbert Wehner, Greta Burmester, Erich Honecker, Wolfgang Mischnick

In schwieriger Mission 3: Herbst 1973 in Moskau – v. l. n. r.:
Eugen Selbmann, Wolfgang Mischnick, Greta Burmester, Herbert Wehner

Herbert Wehner in seinem Bundestagsbüro,
September 1975

Fraktionssitzung, 1980

Rede auf einer SPD-Veranstaltung in Haltern, April 1980

Der erste und der letzte im Plenarsaal

Abschied von der Spitze, Dortmunder Parteitag 1983 – v. l. n. r.: Hans Koschnick, Johannes Rau, (verdeckt) Hans-Jochen Vogel, Helmut Schmidt, Willy Brandt, Herbert Wehner, Holger Börner, Hans-Jürgen Wischnewski

Herbert und Greta Wehner am Filzteich in Schneeberg, 1985

Mit Helga und Wolfgang Vogel in Dresden, 1986

Innenminister Genscher und Justizminister Jahn berichteten. Fragen von CDU/CSU-Abgeordneten, ob Guillaume Einsicht in regierungsinterne Dokumente gehabt habe, versuchte Kanzleramtschef Grabert herunterzuspielen[182].

Schon am 25. April zeichnete sich für die SPD-Fraktion ab, daß Teile der CDU/CSU den Fall zu einer Kampagne nutzen wollten. Wienand verschickte einen Argumentationsleitfaden an die Abgeordneten. Strauß regte in einer Diskussion der CSU-Spitzengremien an, »die Ostverträge als einen Verrat in Superdimension mit dem Fall Guillaume zu verbinden«, wobei er sich »privat« dann frage, wozu die andere Seite überhaupt einen Spion benötigt habe[183].

Wehner, die Fraktionsgeschäftsstelle und auch Bundesgeschäftsführer Holger Börner betrieben in den folgenden Tagen aktives Krisenmanagement, während man das vom Kanzleramt und von Willy Brandt nicht sagen konnte. »Es gibt Zeitabschnitte, da möchte man meinen, daß einem nichts erspart bleibe«, so begann der Bundeskanzler seine kurze Erklärung vor dem Deutschen Bundestag am 26. April 1974. Er meinte – und Wehner rief dazwischen: »Sehr wahr!« –, es sei keine Überraschung, daß die DDR einen besonders geschickten und durchtriebenen Agenten auf ihn angesetzt habe. Guillaume sei von ihm nicht mit Geheimakten befaßt worden. Nur wenig später kam heraus, daß der Agent, als er 1973 Brandt auf seinem Sommerurlaub begleitet hatte, doch mit einigen geheimen Dokumenten in Berührung gekommen war[184].

Noch mehr Nahrung bekam die jetzt von der Opposition und den Medien heftig betriebene Kampagne, als die Bundesanwaltschaft ihre Ermittlungen auf die Vermutungen der Leibwächter zu Guillaumes Kenntnissen über das Privatleben Willy Brandts ausdehnte. Das führte bis hin zu Zeitungsschlagzeilen wie »Machte Kanzler-Spion Porno-Fotos?« in der ›Bild‹-Zeitung vom 4. Mai 1974. Als Brandt am 30. April von dieser Ermittlungsrichtung erfuhr, kommentierte er die Gerüchte nur mit der Feststellung, das sei lächerlich. Er lasse sich deswegen keine grauen Haare wachsen. Weder tat er etwas, um diese Art der Vernehmung zu stoppen, noch befaßte er sich ernsthaft damit, die daraus entstehenden Vorwürfe und Gerüchte zu widerlegen[185].

Bereits in der Nacht zum 30. April, als Brandt mit Ehmke und Grabert zusammen über die Affäre nachdachte, kam die Frage auf, ob der

Kanzler nicht zurücktreten solle. Am 1. Mai wurde Brandt ein Vermerk von BKA-Präsident Herold über die Befragung seiner Leibwächter vorgetragen, in dem von Frauengeschichten die Rede war. Er nahm »diese Seite der Sache« weiterhin nicht besonders wichtig, hatte aber das Empfinden, sich nicht mehr »auf solidem Grund« zu befinden. »Düstere Gedanken« befielen ihn, er dachte ernsthaft über Selbstmord nach[186].

Herbert Wehner sah Willy Brandt in diesen Tagen häufig. Am 26. April im Bundestag, am 29. April im Kanzleramt, tags darauf trafen sie sich beim Koalitionsessen – ehe sie in verschiedener Richtung zu Maikundgebungen abfuhren, Wehner nach Marl und Oer-Erkenschwick, Brandt nach Hamburg und Helgoland. Der Fraktionsvorsitzende hatte mitbekommen, in welcher Stimmung der Bundeskanzler war: wenig entschlußfreudig, nicht dynamisch und zupackend in der Krise, sondern eher zögerlich, depressiv. Wehners Wahrnehmung, so erinnert sich Greta, war, Brandt befinde sich in einem ganz schlimmen Zustand. Die Selbstmordgedanken des Kanzlers waren ihm zu Ohren gekommen. Wehner offenbarte in dieser Situation nicht »politische Kaltblütigkeit«, sondern ihn erfüllte Verzweiflung[187].

Diese hatte auch eine politische Seite, und zwar sorgte Wehner sich angesichts des Spionagefalls um die deutsch-deutschen Beziehungen. Als am 3. Mai Wolfgang Vogel zu einem schon länger verabredeten Besuch nach Bonn kam, fragte er den Anwalt, wie denn jetzt Willy Brandt noch persönlich auf Honecker zugehen könne, nachdem dieser ihm einen Agenten ins Kanzleramt gesetzt habe. Im übrigen ging es in dem Gespräch wie üblich um Häftlingsfreikäufe und Familienzusammenführung, die Ständigen Vertretungen und den Mindestumtausch, den Autobahnbau und Grüße von Breschnew an Wehner. Der Fall Guillaume kam in Vogels Vortrag einer Honecker-Äußerung nur am Rande vor, als der Anwalt sagte, einige Überlegungen zu Häftlingsfreikäufen hingen nicht mit dem »Fall G.« zusammen. Das politisch Brisanteste an Honeckers Mitteilung war, daß der SED-Chef Wehner vertraulich und als erstem in der Bundesrepublik mitteilen ließ, die DDR werde die Präambel ihrer Verfassung ändern, um dort einige Angriffe auf die USA und andere Staaten zu tilgen sowie den Charakter des Staates zu »präzisieren«, den Bezug zur deutschen Nation zu streichen und sich »zum Beispiel ein sozialistischer Staat der

Arbeiter und Bauern« zu nennen. Den Namen SED werde seine Partei aber beibehalten, ließ Honecker scherzhaft hinzufügen: »Wir sind ja Deutsche und nicht Amerikaner«[188].

Spätnachmittags kam, unangekündigt, Nollau zu Wehner. Der Verfassungsschutzchef mußte warten, bis das Gespräch mit Vogel zu Ende war. Dann, im Zwiegespräch mit Wehner, berichtete Nollau dem Fraktionsvorsitzenden über die »pikanten Details« der Vernehmung von Brandts Sicherheitsleuten. Wehner nahm Nollaus Schlußfolgerung, der Kanzler solle besser zurücktreten, entgegen, beeindruckt und zustimmend, wie der Beamte in seinen Memoiren schreibt. »Ich sehe ›ihn‹ morgen in Münstereifel«, habe Wehner bemerkt[189].

Für den 4. und 5. Mai war in der Tagungsstätte der Friedrich-Ebert-Stiftung in Bad Münstereifel ein Treffen der SPD-Spitze mit führenden Gewerkschaftsvertretern geplant. Am Samstag, dem 4., nach dem Abendessen, sprachen Brandt und Wehner unter vier Augen. Der Fraktionsvorsitzende trug vor, was Nollau ihm über den Bericht zu »Damenbekanntschaften« mitgeteilt hatte. Damit, so der oberste Verfassungsschützer, sei nach einem späteren Austausch Guillaumes die Möglichkeit zur Erpressung gegeben. Nollau, so deutete Wehner an, empfehle den Rücktritt. Zu einer tiefer gehenden Erörterung der Frage ist es in diesem Gespräch – es war kein Dritter dabei, und Aussagen der beiden Beteiligten gibt es nur im Rückblick – anscheinend nicht gekommen. Wehner versicherte Brandt seine »uneingeschränkte Treue für jede denkbare Entwicklung«[190].

Vom Rücktritt hat er dem Kanzler in Münstereifel wohl weder abgeraten noch hat er ihm dazu geraten. Als Brandt seinen Entschluß am 6. Mai in einer Koalitionsrunde verkündete, sagte Herbert Wehner, es gebe keine Notwendigkeit dafür, daß der Kanzler wegen der Guillaume-Affäre zurücktrete. Vielmehr sah Wehner die Verantwortlichkeit für die Fahrlässigkeiten bei der Bearbeitung des Falles Guillaume bei Kanzleramtschef Grabert und Innenminister Genscher – wenn er auch später aus Koalitionsräson nur von einem Staatssekretär, Grabert also, sprach, der allenfalls Anlaß gehabt hätte, zurückzutreten. Greta Wehner faßte Wehners Haltung aus ihrer Sicht später so zusammen: »Man kann keinen lahmen Hasen oder lahmen Hund zum Jagen tragen, das kann man nicht, denn dies muß aus einem selber kommen, wenn man eine solche Verantwortung tragen will.«[191]

In der Nacht vom 6. auf den 7. Mai 1974 wurde der Rücktritt Brandts als Bundeskanzler bekannt. Am nächsten Vormittag war Fraktionssitzung. Herbert Wehner eröffnete sie. Er bekundete seinen Schmerz und seinen Respekt für die Entscheidung des Kanzlers. Als Brandt während seiner Ansprache hinzukam, richtete Wehner seine Worte an ihn: »Die Fraktion grüßt Willy Brandt! Sie grüßt in ihm den Vorsitzenden der Sozialdemokratischen Partei Deutschlands und steht hinter ihm, komme, was da will!«[192]

Darauf, daß Brandt Parteivorsitzender bleiben müsse, hatte Wehner bestanden, und mit ihm Helmut Schmidt. Daß dieser nun Bundeskanzler würde, damit hatte er selbst nicht gerechnet, denn nach eigenem Bekunden fürchtete er die Bürde des Amtes. Wer unbedingt Kanzler werden wolle, müsse größenwahnsinnig sein, so Schmidt im Spätsommer 2005. Herbert Wehner jedenfalls könne kaum geplant haben, Brandt zum Rücktritt zu bewegen: »Wenn Wehner entschlossen gewesen wäre, in Münstereifel den Rücktritt Brandts auszulösen, dann hätte er ja gleichzeitig entschlossen sein müssen, mich zum Kanzler zu machen. Das habe ich aber nicht gespürt.« Brandt stürzte, so ist sich die Forschung weitgehend einig, nicht über eine Intrige aus den eigenen Reihen, sondern über sich selbst[193].

Vom Tag des Rücktritts an wurde jahrzehntelang das Gegenteil behauptet, nämlich es sei Herbert Wehner gewesen, der Brandt hinterrücks zum Verzicht auf sein Amt getrieben habe. Den Anfang machte der bayerische CSU-Minister Franz Heubl, der gleich am Morgen des 7. Mai im Rundfunk kundtat, es habe sich um ein geplantes Zusammenwirken Wehners mit Ost-Berlin gehandelt. ›Stern‹ und ›Spiegel‹ zogen nach. Aus Parteikreisen hörte Wehner, daß Kanzleramtschef Grabert und Conrad Ahlers Urheber solcher Meldungen gewesen seien. Der ›Stern‹ jedenfalls berief sich auf Quellen aus Regierung, Verfassungsschutz und SPD. Das Blatt behauptete, Wehner habe mit den Worten »Das Geschwür muß ausgemerzt werden« den Kanzler zum Rücktritt getrieben und schon vorher monatelang den Verfassungsschutz ständig über Termine des Kanzlers und den Einsatz von Guillaume informiert. Wehner ließ zu diesen und anderen Vorwürfen eine Gegendarstellung abdrucken. Auch dem ›Spiegel‹ sandte er eine solche Gegendarstellung. Das Nachrichtenmagazin hatte behauptet, Wehner hätte »unnachsichtig darauf beharrt«, daß Brandt Koalition und Partei nur mit einem sauberen Rücktritt aus der Affäre bringen könne[194].

Die Gegendarstellungen hielten Journalisten, politische Gegner und tatsächliche oder vermeintliche Anhänger Willy Brandts nicht davon ab, die Legende, Wehner habe den Rücktritt des ersten sozialdemokratischen Bundeskanzlers herbeigeführt, weiter zu verbreiten. Es ist aber festzuhalten: In der Rücktrittskrise um Brandt betätigte Wehner sich als Krisenmanager, der versuchte, Schaden von der SPD und der Regierungskoalition abzuwenden. Es gab kein geplantes Handeln Wehners bezogen auf Brandt oder dessen Nachfolge durch Helmut Schmidt. Vielmehr war er verzweifelt aufgrund der Berichte und seiner Eindrücke vom Zustand des Kanzlers. Er fürchtete, die Entspannungspolitik und die humanitären Erleichterungen könnten infolge der Guillaume-Affäre gefährdet werden. Im Lauf der Krise kam Wehner zu der Überzeugung, es komme auf den Kanzler selbst an. Dieser müsse sich aufraffen, entschlossen führen und die Krise bewältigen. Er mag bezweifelt haben, daß Brandt dazu in der Lage war.

Mitte Mai 1974 müssen die nachfolgenden Zeilen entstanden sein. Brandt gab sie dem SPD-Bundesgeschäftsführer Holger Börner für Herbert Wehner:

»Die im ›Stern‹, im ›Spiegel‹ und in anderen Blättern aufgestellten Behauptungen über das Verhalten Herbert Wehners während der Tage vor meinem Rücktritt treffen nicht zu. Herbert Wehner hat mich niemals zum Rücktritt gedrängt.

gez. Willy Brandt«[195].

Alter Fuhrmann

Mit Helmut Schmidt

Reibungslos vollzog die sozialliberale Koalition im Mai 1974 den Übergang von der Regierung Brandt-Scheel zum Kabinett Schmidt-Genscher. Die deutsche Öffentlichkeit war erstaunt, wie schnell die neue Regierung Tritt faßte und wie elegant die Sozialdemokraten den Kanzlerwechsel vollzogen. Meinungsumfragen hatten für Willy Brandt im März nur ein Prozent Vorsprung in der Wählergunst gegenüber dem 1973 auf Barzel gefolgten CDU-Vorsitzenden Helmut Kohl ermittelt. Noch bevor er vom Bundestag am 16. Mai zum Kanzler gewählt wurde, führte Helmut Schmidt mit 56 zu 38 Prozent[1].

Herbert Wehner sah im Schock des Kanzlerwechsels für die SPD auch eine Chance, nämlich zur »Einheit in der Aktion« zurückzufinden. Im Rückblick meinte er, aus der Not, daß der erste sozialdemokratische Bundeskanzler zurückgetreten war, sei noch eine Tugend geworden. Mit Helmut Schmidt kam ein dynamischer Krisenmanager ins Amt. Der neue Kanzler verfügte über langjährige Verwaltungs- und Regierungserfahrung in verschiedenen Ressorts, ob als Hamburger Innensenator oder als Bundesverteidigungs-, -wirtschafts- und -finanzminister. Die Ökonomie lag ihm ebenso wie die internationale Politik. Wehner kannte Schmidt seit Ende der vierziger Jahre, und er hatte immer gut mit ihm zusammengearbeitet. Die Brillanz des Hamburgers war ihm manchmal zu aufdringlich erschienen. Doch es steckten tatsächliche Fähigkeiten dahinter, und am Ende war Wehner froh, daß der neue Kanzler entscheidungsfreudig war und mit der Wirtschaftskrise umzugehen wußte. Anders als sein Vorgänger traf Helmut Schmidt sich wöchentlich mit Wehner, um seine Politik, insbesondere die Ostpolitik, mit dem Fraktionsvorsitzenden abzustimmen[2].

Einmal schrieb Wehner an Schmidt zu dessen Geburtstag, er diene ihm bei der Bewältigung seiner großen, historischen Aufgabe mit allem, was er geben könne. Der Kanzler dankte: »Wir dienen denselben Menschen in Europa und im eigenen Lande und derselben Sache.« Er sei aber nicht ganz sicher, ob seine Fähigkeiten angesichts der Aufgabe ausreichten. Es bestehe ein großes Mißverhältnis zwischen dem tatsächlich kleinen Handlungsspielraum und den großen Erwartungen der Menschen, »insbesondere der Genossen«. Politisches Handeln als Pflichterfüllung, als »Dienen« – in dieser Auffassung von ihren Ämtern und Aufgaben stimmten beide überein. Im Nachhinein beschreibt Schmidt das Verhältnis so: »Ich habe immer das Gefühl gehabt, die Gewißheit gehabt, mich auf Wehner verlassen zu können. Gelegentliche Ausbrüche seines Temperaments habe ich nicht ernstgenommen.«[3]

Im Sommer 1974 blickte Wehner auf ein Vierteljahrhundert Zugehörigkeit zum Deutschen Bundestag zurück. Er hatte zu den Gründern der parlamentarischen Demokratie in der Bundesrepublik gehört und den Bonner Parlamentarismus von Anfang an mit geprägt. Mit der Unterbrechung durch die dreijährige Ministerzeit von 1966 bis 1969 und der wichtigen Ergänzung durch den stellvertretenden Parteivorsitz 1958 bis 1973 war sein politisches Standbein stets im Parlament. Er war Abgeordneter, SPD-Parlamentarier durch und durch. Das Amt des Vorsitzenden der SPD-Fraktion zu erhalten, war nie sein Ziel gewesen, aber das Amt paßte zu ihm – und er gab ihm seinen eigenen Charakter. 1974 hatte er es bereits fünf Jahre inne, und es sollten noch weitere acht Jahre hinzukommen.

Noch am 3. Mai, wenige Tage vor seinem Rücktritt, hatte Brandt mit Gaus und Bahr darüber gesprochen, wie im Zuge einer Kabinettsumbildung Herbert Wehner als Fraktionsvorsitzender abgelöst werden könne. Auch nach der Regierungsübernahme durch Helmut Schmidt gab es immer wieder Spekulationen über einen Rückzug oder Amtsverzicht von Wehner. Aber diese kamen nun nicht mehr aus dem Kanzleramt, sondern sie wurden in erster Linie von den Medien geschürt[4].

Wehner hatte schon bald nach dem Rücktritt Brandts erklärt, er, der alte Fuhrmann, werde den Karren der Fraktion ziehen, »solange der Karren es will«. Er glaubte nicht, daß durch die Verteilung der Spitzenämter auf mehrere Personen Spannungen und Reibungsverluste entstehen würden. Gemeinsam mit Helmut Schmidt, dem Bundeskanzler, und Willy Brandt, dem Parteivorsitzenden, werde er, Herbert Wehner, der Fraktionsvorsitzende, ein »Kräftedreieck« bilden, das »eine ganz entscheidende Wirkung positiver Art« erzielen werde[5].

In diesem Dreieck waren Brandt und Schmidt von ihrer Persönlichkeit her am weitesten voneinander entfernt. Während Brandt und seine Mitarbeiter einen klaren Blick für die großen Linien und ihre Erfordernisse hatten, die Details der Regierungsarbeit jedoch weniger beachteten, war Schmidt ein Pragmatiker, der effizient politische Führung und Krisenmanagement betrieb, von großangelegten Politikentwürfen und Visionen jedoch nichts hielt. Herbert Wehner dagegen verband den klaren Blick für die großen Linien und ihre Erfordernisse mit dem genauen Erkennen der Details und der ganz kleinen Nöte der einzelnen Menschen – eine, wie Jürgen Schmude meint, bei Menschen eher seltene Fähigkeit[6].

Wehner hätte also derjenige sein müssen, der zwischen den gegensätzlichen Persönlichkeiten Brandt und Schmidt vermitteln konnte. Doch dem war nicht so. Im Zweifelsfall schlug der alternde Fraktionsvorsitzende sich eher auf die Seite Schmidts, des Praktikers. Sein Verhältnis zu Brandt blieb belastet. Der Ex-Kanzler wurde das Mißtrauen gegenüber Wehner nicht mehr los, zumal es durch Unterstellungen der CDU/CSU-Opposition und Falschmeldungen in Medien wie ›Quick‹, ›Stern‹ und ›Spiegel‹ geschürt wurde. In immer neuen Variationen behaupteten sie, der Fraktionsvorsitzende habe den Sturz Brandts betrieben, heimlich mehrfach Honecker besucht und anderes mehr. Auf Wehners Seite blieb die Unzufriedenheit mit der eher präsidialen Art Brandts, die Partei zu führen beziehungsweise die Zügel schleifen zu lassen – ein Umstand, der schon 1972/73 zu seiner Entscheidung beigetragen hatte, das Amt des stellvertretenden Parteivorsitzenden aufzugeben. Auch danach mahnte Wehner von Zeit zu Zeit eine stärkere Unterstützung des sozialdemokratischen Bundeskanzlers durch die Partei und ihren Vorsitzenden an, was ebenfalls zu einer die Konflikte überspitzenden Berichterstattung in den Medien führte[7].

Nach wie vor war den Führenden klar, daß einige Medien versuchten, eine Konkurrenz unter ihnen herbeizureden und sie gegeneinander auszuspielen. Letztlich gelang dies nicht. Brandt selbst faßte das Verhältnis zu Wehner in einem Fernsehinterview im September 1974 folgendermaßen: »Wir sind Männer unterschiedlichen Temperaments. Wir sind gemeinsamen Zielsetzungen verpflichtet. Wir stehen in der gemeinsamen Pflicht.«[8]

Weiter kamen sie miteinander nicht mehr. SPD-Bundesgeschäftsführer Holger Börner arrangierte am 1. Oktober 1974 eine anderthalbstündige Unterredung zwischen Wehner und Brandt. Der Fraktionsvorsitzende berichtete seiner Frau, es sei nicht überraschend, aber trübselig, wie sehr der Parteivorsitzende von Ressentiments erfüllt sei. Er habe ihm zwar seine eigenen Erinnerungen dargelegt, aber die vorgefaßten Meinungen Brandts würden sich wohl nicht ändern. Wehners Eindruck von Brandt: »Unbeschreiblich, in welcher eingebildeten Starre der Mann für sich lebt.« Herzlich und wirklich freundschaftlich wurde das Verhältnis zwischen Herbert Wehner und Willy Brandt, von gelegentlichen Aufheiterungen abgesehen, nicht wieder[9].

Kernaufgabe Wehners als Fraktionsvorsitzender war es die gesamte Zeit über, seine Fraktion, die stärkste Regierungsfraktion, zusammenzuhalten, sie zu disziplinieren. Dabei wechselte von der Ära Brandt zur Ära Schmidt die Richtung, in die diszipliniert werden mußte. Zuerst, vor allem bis zur Bundestagswahl 1972, war es darum gegangen, angesichts der knappen Mehrheit das Zusammengehen von Rechtsabweichlern mit der CDU/CSU-Opposition zu verhindern. Der Kampf um das ost- und deutschlandpolitische Vertragswerk, der gemeinsam von Sozialdemokraten und Liberalen ausgefochten wurde, ließ zeitweise in den Hintergrund treten, was Wehner schon 1969 befürchtet hatte: die »heimliche kapitalistische Koalition« oder genauer: daß die FDP einen wirtschaftsliberalen Flügel hatte, der große politische Schnittmengen mit der Union aufwies. In der Ära Schmidt kam hinzu, daß die CDU/CSU-Landesregierungen die Mehrheit im Bundesrat hielten und Verteilungsspielräume durch die Rezession kleiner wurden. Es ließ sich keine lupenreine sozialdemokratische Reformpolitik durchsetzen. Ob Betriebsverfassungsgesetz, Mitbestimmung, § 218, Steuer- oder Rentenpolitik, es mußten Kompromisse gefunden werden. Und gegen viele solche aus Gründen der Notwendigkeit und der Koalitionsdisziplin eingegangenen Kompromisse gab es Widerstand in der Partei und in der Fraktion.

Es war objektiv schwieriger geworden, die SPD zu führen. Durch die Zwänge der Regierungsbeteiligung auf der einen und die Linkswende der Jusos auf der anderen Seite war die politische Spannweite der SPD größer geworden. Die Flügel bekämpften einander, stimmten sich untereinander ab, sie organisierten ihr Abstimmungsverhalten bei innerparteilichen Wahlen und auf Parteitagen. Bis hinunter in die Ortsvereine wurden Funktionen immer auch nach Zugehörigkeit zu den verschiedenen »Kreisen« vergeben.

Dies machte vor der Bundestagsfraktion nicht halt. Die »Linken« organisierten sich ab 1972 im »Leverkusener Kreis«, der sich später in »Parlamentarische Linke« umbenannte. Auf der anderen Seite gab es schon seit den sechziger Jahren die »Kanalarbeiter«, die sich als »Freunde sauberer Verhältnisse« betrachteten, von Wehner privat aber als die »Biertrinker der Fraktion« bezeichnet wurden. Erst mit der Bildung des »Seeheimer Kreises« entwickelten die »Rechten« ein politisches Profil[10].

Ein Teil der Fraktion, darunter ihr Vorsitzender Herbert Wehner, schloß sich keinem der Flügel an, blieb also »kreisfrei«. Aber mit dem Einfluß der Kreise war politisch zu rechnen. Wehner betrachtete die Flügelbildung mit Unbehagen, fand es jedoch sinnlos, darüber »zu nörgeln oder zu donnern«. Seine Aufgabe sah er darin, die Fraktion handlungsfähig zu erhalten und sie nicht zerfasern zu lassen[11].

Das betraf ebenso die Partei. Im Frühjahr 1973 ermahnte er Willy Brandt, daß bei Personalvorschlägen alle »eingespannt« werden müßten, ohne Rücksicht auf die Flügel, ob sie nun Hans Apel, Jochen Steffen, Harry Ristock oder Johannes Rau hießen. Von einer Vorstandssitzung, die im Mai 1973 das Präsidium zusammenstellte, berichtete Herbert Wehner recht angewidert an seine Frau. Die unterschiedlichen »Gruppen« hatten die Wahl emsig vorbereitet und waren mit abgekarteten Personalvorschlägen in die Sitzung gegangen. Es entstand ein taktisches Geplänkel, Kandidaturen wurden erwogen, zurückgezogen, wieder erwogen. Wehner selbst blieb bei der Bildung von »Grüppchen«, die in Sitzungspausen miteinander verhandelten, außen vor. Nach der Wahl kam es zu einer »länglichen Nach-Debatte« mit gegenseitigen Schuldzuweisungen: »Dabei haben die meisten die Unwahrheit gesagt über ihre angebliche Nichtbeteiligung an sogenannter Gruppen-Tätigkeit.«[12]

In der Praxis stand Wehner den »Rechten« näher, da sie, wie er, stets die Politik der sozialdemokratisch geführten Bundesregierung unterstützten. Aber die Flügelbildung, an der auch der 1972 von der Münchner Stadtspitze in Bundestag und Bundesregierung gewechselte Hans-Jochen Vogel mitwirkte, sah er kritisch. Vogel, so schrieb Wehner im Sommer 1973, versuche, tiefgehende Streitereien, die er in der Münchner SPD erlebt hatte, zu verallgemeinern. Dadurch werde die Überwindung dieser Zerklüftung nur komplizierter oder geradezu unmöglich. Als verantwortlich dafür sah Wehner aber die Parteiführung der Bundes-SPD an, die nicht persönlich und soviel wie möglich an Ort und Stelle in München selbst argumentiert und gewirkt habe[13].

Jedenfalls wollte Wehner in der SPD nicht als Flügelmann angesehen werden. Als Horst Ehmke ihm 1972 vorwarf, die Parteiführung habe zu den Koalitionsverhandlungen eine Verhandlungsdelegation gebildet, die nur aus rechten Sozialdemokraten bestehe, brüllte Wehner ihn an: »Ich bin kein Rechter.« Die Unterscheidung zwischen »rechts« und »links« innerhalb der Sozialdemokratie führte Wehner mit Kurt Schumacher darauf zurück, daß ein gewissermaßen »außerhalb des Weltgeschehens« liegender »prinzipieller« Standpunkt eingenommen werde. Das lehnte er ab[14].

Ebenso lehnte Wehner eine unversöhnliche Ausgrenzung »linker« Positionen in der SPD ab. Nach dem Hannoveraner Parteitag von 1973 nahm er Argumente von Karsten Voigt und Wolfgang Roth auf. Er gab ihnen in Teilen recht, bemühte sich aber, sie auf das grundlegende organisatorische Problem der SPD zurückzuführen, nämlich die Politik der sozialdemokratischen Bundesregierung zu erklären und sie »umzusetzen in Debatte, in Diskussion und in millionenfache Vertrauensbeweise bei Abstimmungen und Wahlen«. Die Grenze sah er im Fall des Juso-Bundesvorsitzenden Klaus-Uwe Benneter überschritten. Dieser wurde 1977 aus der SPD ausgeschlossen, weil er für eine organisatorische Zusammenarbeit mit den Kommunisten eintrat und meinte, die Mitgliedschaft in der SPD sei für ihn kein Dogma. Treibende Kraft hinter dem Ausschluß Benneters und anderer weit links stehender Jungsozialisten war im Präsidium der Parteivorsitzende Brandt. Wehner unterstützte die Maßnahme, begründete sie aber mit anderem Akzent. Für ihn war die Behandlung des politischen Gegners als Feind, wie er von Benneter als Inhalt und Mittel der Politik der SPD vorgesehen würde, nicht vereinbar mit dem Grundsatzprogramm der Partei. Wehner bekämpfte nicht »linke«, sondern leninistische Positionen[15].

Die Arbeit der Bundestagsfraktion organisierte Wehner nicht nach Gesichtspunkten der Flügelzugehörigkeit, sondern nach fachlichen Kriterien. In seiner Zeit als Fraktionsvorsitzender kam es zu einem Ausbau der Fraktionsorganisation. Neben den Arbeitskreisen mit ihren Vorsitzenden und Stellvertretern wurde für jeden Bundestagsausschuß ein Abgeordneter zum Obmann bestimmt; schließlich waren es 28 an der Zahl. Im Jahr 1980 beschäftigte die Fraktion insgesamt 170 hauptamtliche Mitarbeiterinnen und Mitarbeiter. Wehners Nachfolger Hans-Jochen Vogel fand die Strukturen der Fraktion später sehr unübersichtlich und straffte den Apparat[16].

Wichtige Unterstützung fand Wehner in den stellvertretenden Fraktionsvorsitzenden Günther Metzger, Adolf Schmidt, Bruno Friedrich, Olaf Sund und Karl Liedtke. Als Parlamentarische Geschäftsführer ragten nach dem Ausscheiden Karl Wienands 1974 Konrad Porzner, Manfred Schulte und vor allem Gerhard Jahn heraus. Unter den Referenten war die Zusammenarbeit besonders eng mit Eugen Selbmann, dem außenpolitischen Berater der Fraktion[17].

Trotz der großen Zahl von Mitarbeitern fühlte sich Wehner überlastet und manchmal im Stich gelassen. So schrieb er seiner Frau, er könne nichts an andere »delegieren«, weil in der Fraktion leider fast durchweg der »Esprit« fehle. Er fragte sich: »Ob es auch an mir liegt? An mir liegt schlimmstenfalls, daß ich es mit Arbeiten und Problemen zu tun habe, die in der Regel rasch bestimmte Entscheidungen erfordern und denen es nicht bekommt, wenn darüber salbadert oder Zuständigkeitsgehechel betrieben wird.« Er, Wehner, sei nicht erpicht darauf, in die Geschichte einzugehen, aber er wolle bewirken, daß nicht »Schlendrian, Wurstigkeit, Eitelkeit und entsprechende Allüren die im Grunde genommen historischen Chancen und Notwendigkeiten der Sozialdemokratie und der Arbeiterbewegung verderben oder verplempern«[18].

Der Führungsstil des Fraktionsvorsitzenden Herbert Wehner wird häufig als autoritär, sein Regiment als hart bezeichnet. Dies traf weniger auf die Strukturen der Fraktion zu, die den Abgeordneten viele Freiräume boten, ja sogar die Bildung organisierter Flügel zuließen. Aber Wehners Art, mit den Abgeordneten umzugehen, sie zusammenzuhalten, sie immer wieder dazu zu bringen, für die Vorlagen der Regierung zu stimmen, trugen ihm den Ruf des unnachgiebigen »Zuchtmeisters« ein. Sein »erratisches Temperament«, wie Helmut Schmidt es nennt, kam häufig zum Ausbruch. Oft schon bei Kleinigkeiten brüllte er Abgeordnete an, was auf deren Seite zu langfristiger Verstimmung führen konnte. Aber er ließ sich überzeugen, wenn ihm bestimmt und sachlich widersprochen wurde. Der Abgeordnete Erwin Stahl hatte einmal Wehner um Rat gefragt und war gleich barsch zurechtgewiesen worden. Stahl, der aus dem Bergbau kam, erinnert sich, ruhig, aber deutlich geantwortet zu haben: »Du bist nicht mein Betriebsführer, der in dieser Art mit mir umgehen kann.« Darauf sei Wehner zusammengezuckt, habe seine Hand auf die von Stahl gelegt und gesagt: »Das tut mir leid, so habe ich das auch nicht gemeint.« Damit war das Eis gebrochen, und fortan fand Stahl immer ein offenes Ohr bei seinem Fraktionsvorsitzenden[19].

Herbert Wehner neigte seit seiner Jugend zu Ungeduld, hinzu kamen der hohe politische Druck in seiner Aufgabe und die Verbitterung angesichts der zahlreichen Anfeindungen, denen er immer wieder ausgesetzt war. Unterzuckerungszustände, wie sie der Diabetes von Zeit zu Zeit mit sich bringt, mögen ebenfalls eine Rolle gespielt haben bei solchen Temperamentsausbrüchen. Seine innere Unruhe, so meinte er im August 1976, sei die Folge des Gefühls, »daß eigentlich Routine und damit Schwunglosigkeit bei ›uns‹ vorherrschen, während es darauf ankäme, fleißig und nachdrücklich sowie miteinander zu ackern«[20].

In der Parteiführung ging Wehner nach dem Hannoveraner Parteitag von der Gesamtverantwortung als stellvertretender Vorsitzender zur konkreten Verantwortung für einzelne Aufgaben und Projekte über. So setzte er punktuell die Arbeit auf den Gebieten fort, denen er sich seit Jahrzehnten schon in besonderer Weise gewidmet hatte: Organisationsfragen, Presse und Arbeitnehmerpolitik.

Der Außerordentliche Parteitag in Bad Godesberg hatte 1971 eine Kommission »Organisation und Parteireform« berufen, die dem Parteivorstand Vorschläge zur Verbesserung der Parteiarbeit vorlegen sollte. Wehner wurde zum Vorsitzenden dieser im Jahrbuch der SPD bald an erster Stelle stehenden Kommission berufen. Er blieb über zehn Jahre im Amt. Die Kommission machte Vorschläge für Statutenänderungen, Richtlinien für Arbeitsgemeinschaften und für das gesamte Organisationsleben der Partei[21].

Im Herbst 1973 übernahm Wehner auf Bitten von Brandt den Posten des Chefredakteurs der für die Friedrich-Ebert-Stiftung herausgegebenen Zeitschrift ›Die Neue Gesellschaft‹. Er selbst hatte sich um dieses Amt nicht gedrängt. Er wollte die Tradition seines Vorgängers als Chefredakteur, Leo Bauer, fortführen. Mit Bauer, ehemaliger Kommunist wie er, der 1955 zusammen mit den Kriegsgefangenen aus sowjetischer Lagerhaft freigekommen war, war er eng befreundet gewesen. Nach schwerer Krankheit war Bauer 1972 gestorben. Wehner hatte ihm und seiner Frau während der Leidenszeit zur Seite gestanden. Die Arbeit für die Redaktion stand von Anfang an unter dem Schatten seiner Überlastung als Fraktionsvorsitzender. Er hätte als Chefredakteur gern mehr geleistet, aber so vermochte er nur, wie er 1978 bilanzierte, »ein Abbröckeln dessen, was Leo mit der jungen Redaktion entwickelt hatte, zu verhüten«. Zu Beginn des Jahres 1982, noch vor seinem Ausscheiden aus dem Parteivorstand, gab Wehner das Amt ab. Die Redaktion würdigte die Unermüdlichkeit, mit der er »neben aller anderen Arbeitslast« das Vermächtnis Leo Bauers getragen hatte. Acht Jahre später, anläßlich des Todes von Herbert Wehner, erschienen in der Zeitschrift zwei distanzierte Nachrufe, die darauf hindeuten, daß in der Redaktion kaum persönliches Verständnis für ihren ehemaligen Chefredakteur übriggeblieben war[22].

Eine weitere Aufgabe, die Wehner 1977 übernahm, war die Leitung der Arbeitsgruppe Sozialpolitisches Programm des Parteivorstands. Er gehörte nicht zu den spezialisierten Sozialpolitikern in Partei und Fraktion, aber wahrscheinlich hatte er die Aufgabe gerade dieser Tatsache zu verdanken. Bundeskanzler Helmut Schmidt war nämlich der Auffassung, Sozialpolitiker dürfe man niemals alleine lassen, denn dann gäben sie Geld aus, das sie nicht hätten. Sie seien »Leute, die vor überfließenden sozialen Gerechtigkeitsmotivationen den ökonomischen Verstand beiseite schieben«. Ein wichtiges Teilergebnis der Arbeitsgruppe wurde auf dem Essener Wahlparteitag im Juni 1980 unter dem Titel »Programm zur zukunftsgerechten Weiterentwicklung der Alterssicherung« verabschiedet[23].

Greta meint, daß Herbert Wehner in der Arbeitsgruppe Sozialpolitisches Programm weniger durch eigene Beiträge und Initiativen glänzte, daß er ihr aber durch seinen Vorsitz ein hohes Gewicht verlieh. Das glich allerdings die von Helmut Schmidt gewünschte Beschränkung auf das Machbare weitgehend aus. Dessen Zuarbeiter im Kanzleramt warnten angesichts des Ergebnisses der Kommissionsarbeit im Frühjahr 1980 davor, das Lob für Wehner zu übertreiben. Das Programm enthalte erhebliche finanzielle Risiken. Es könne kein Vorbild für andere Politikbereiche sein. Schmidt dankte Wehner schließlich für die eindrucksvolle Arbeit. Einschränkend fügte er jedoch hinzu: »Wir werden nicht alle sozialdemokratischen Vorstellungen an einem Stichtag verwirklichen können, und wir sollten auch diesen Eindruck nicht erwecken, um uns allen Enttäuschungen zu ersparen. Für das, was möglich und erreichbar ist, will ich meine ganze Kraft einsetzen.«[24]

Wenn Herbert Wehner der Überzeugung war, der Staat müsse zum Sozialstaat ausgebaut werden, dann meinte er damit neben den sozialen Leistungen des Staates vor allem den »Ausbau der sozialen Demokratie«, das gleichberechtigte Mitwirken der Arbeitnehmerinnen und Arbeitnehmer in Staat und Gesellschaft. Die »Gleichheit der Chancen für jede Frau und jeden Mann« war in seiner Sicht eine in harten Kämpfen zu entscheidende Machtfrage. Die soziale Demokratie war für Wehner untrennbar mit der »Umgestaltung unserer Gesellschaft im Sinne ihrer konsequenten Durchlüftung und allmählichen Demokratisierung der Gesellschaftsordnung« verbunden[25].

Im Jahre 1973 trat auf Bundesebene die SPD-Arbeitsgemeinschaft für Arbeitnehmerfragen (AfA) ins Leben, welche die Betriebsgruppen und Gewerkschaftsangehörigen in der Partei auf wirksame Weise zusammenfassen sollte. Herbert Wehner unterstützte diese Gründung. Er sah in ihr weder einen neuen Parteiflügel, ein Gegengewicht zu den Jusos oder gar eine »Ersatzpartei« noch eine Ständevereinigung nach Art der CDU-Sozialausschüsse. Die AfA solle der Gesamtpartei helfen, sachgerecht zu argumentieren. Die Arbeitsgemeinschaften waren für ihn »Fühler« in die Gesellschaft. Sie sollten Kenntnisse und Anregungen vermitteln. Er warnte davor, daß ihre Angehörigen sich als »Abgeordnete der Arbeitsgemeinschaft« innerhalb der Partei oder ihrer Parlamentsfraktion verstünden. Dazu gehörte für Wehner aber, daß die SPD als Ganzes aus den Erfahrungen der Frauen und Männer lerne, die mit den Problemen der Arbeitnehmerschaft besonders vertraut waren. In den folgenden Jahren bis zu seinem Abschied aus der Politik nahm er regelmäßig an den überregionalen Tagungen der AfA teil und ergriff auf ihnen das Wort[26].

Ein besonders wichtiges Anliegen der Sozialdemokratie und der Gewerkschaften war die betriebliche Mitbestimmung. Auf diesem Gebiet herrschte seit der Verabschiedung des Betriebsverfassungsgesetzes von 1952 Stillstand. Die SPD-Bundestagsfraktion brachte 1968 einen Antrag ein, der im wesentlichen für Großbetriebe ab 2000 Beschäftigte die paritätische Besetzung der Aufsichtsräte mit Vertretern der Arbeitnehmer- und der Kapitalseite vorsah. Die Regierung einigte sich jedoch lediglich darauf, eine Mitbestimmungskommission unter dem Vorsitz des Bochumer Professors Kurt Biedenkopf (CDU) einzusetzen. Sie legte erst 1970 einen Bericht vor[27].

1972 verabschiedete der Bundestag eine überfällige Reform der Betriebsverfassung. Sie billigte den einzelnen Arbeitnehmern mehr Rechte zu und verbesserte die Stellung der Betriebsräte erheblich. Bezogen auf die Mitbestimmung galt weiterhin das alte Betriebsverfassungsgesetz von 1952. Danach hielt die Arbeitnehmerschaft in den Aufsichtsräten bundesdeutscher Unternehmen ein Drittel der Sitze, die Kapitalseite zwei Drittel. Gleichzeitig galt für die Montanindustrie seit 1951 die paritätische Mitbestimmung.

Die SPD und insbesondere die DGB-Gewerkschaften strebten danach, das Modell der paritätischen Mitbestimmung auf sämtliche Großunternehmen auszudehnen. Der Koalitionspartner FDP dagegen war einerseits – wie schon Biedenkopf – dafür, den Anteilseignern die Mehrheit einzuräumen. Andererseits traten die Liberalen dafür ein, die Gruppe der Arbeitnehmer aufzuteilen in die Arbeiter auf der einen, die (leitenden) Angestellten auf der anderen Seite. Insbesondere wirtschaftsliberale FDP-Politiker wie Martin Bangemann und Otto Graf Lambsdorff gaben hierzu markige öffentliche Stellungnahmen ab. Damit brachten sie wiederum die Gewerkschaftsseite in Harnisch, insbesondere den SPD-Arbeitsminister Walter Arendt, der zuvor Vorsitzender der IG Bergbau und Energie gewesen war. Wiederholt schwebte die Rücktrittsdrohung des Ministers im Raum[28].

Verhandlungen zwischen den Sozialpolitikern der SPD und den Wirtschaftspolitikern der FDP erschienen aussichtslos. In dieser Situation machte Herbert Wehner die Mitbestimmung zur Chefsache. In enger Abstimmung mit Bundeskanzler Schmidt überzeugte er Arendt und die Gewerkschafter in der SPD-Fraktion, ihm die Federführung der Gespräche zu übertragen. Abseits öffentlicher Verlautbarungen ging er mit seinem FDP-Kollegen Wolfgang Mischnick auf die Suche nach tragfähigen Kompromissen. Schließlich, nach über einem Jahr zäher Verhandlungen, konnte der Bundestag am 18. März 1976 das Mitbestimmungsgesetz verabschieden. Danach wurden die Aufsichtsräte in Großbetrieben paritätisch besetzt. Allerdings wurden die Vertreter der Arbeitnehmer in Gruppen eingeteilt: Gewerkschaftsvertreter, Arbeiter, Angestellte und leitende Angestellte. Der Vorsitzende, den die Kapitalseite stellte, konnte in Pattsituationen eine zusätzliche Stimme abgeben. Herbert Wehner war davon überzeugt, die Mitbestimmung werde sich »in der Praxis als Garantie für sozialen Frieden« erweisen. Das Gesetzeswerk habe »historische Dimension«[29].

Nach der Verabschiedung des Gesetzes dankte Arendt Wehner für die Ausdauer und Zähigkeit, mit der dieser die Voraussetzungen für »diesen wichtigen Schritt« geschaffen hatte. Helmut Schmidt dankte den SPD-Politikern und Gewerkschaftern Walter Arendt, Ernst Schellenberg, Hermann Rappe, Olaf Sund und Adolf Schmidt wegen ihres großen Anteils an der Arbeit. »An allererster Stelle aber«, so schrieb er dem Fraktionsvorsitzenden, »muß ich und möchte ich gerne Dir danken – laß Dir nachträglich die Hand drücken!«[30]

Wehner war es stets um beides gegangen: den Erhalt und den Erfolg der Koalition *und* die Ausweitung der Mitbestimmung. Da er beides glaubwürdig verkörperte, konnte er zwischen den in diesem Punkt gegensätzlichen Interessen innerhalb des sozial-liberalen Bündnisses erfolgreich vermitteln.

Attacken

Der CDU/CSU-Fraktionsvorsitzende Rainer Barzel hatte nach der deutlichen Wahlniederlage von 1972 eine konstruktivere Opposition betreiben wollen. Er wurde im Frühjahr 1973 gestürzt. Als Parteivorsitzender der CDU folgte ihm Helmut Kohl nach. Der blieb jedoch vorerst als Ministerpräsident in Rheinland-Pfalz. In der Unionsfraktion trat Karl Carstens an Barzels Stelle. Helmut Schmidt hielt den neuen Fraktionsvorsitzenden für einen deutschnationalen Dummkopf ohne Manieren. So weit ging Herbert Wehner nicht. Aber er bezweifelte die Eignung des ehemaligen langjährigen Staatssekretärs zum Fraktionsvorsitzenden. Für ihn war sein aus der Ministerialbürokratie kommender neuer Gegenspieler eine »Herren-Persönlichkeit«. Er habe das Parlament »immer nur von ›oben‹ gesehen und behandelt«. Im übrigen meinte Wehner, Teile der Union setzten auf Carstens nur als Übergangslösung, um dann selbst bald zum Zuge zu kommen[31].

Die CDU hatte mit Kohl zwar einen neuen Vorsitzenden und mit Kurt Biedenkopf einen intellektuellen Generalsekretär, der sich erfolgreich bemühte, die Organisation und das Erscheinungsbild der Partei zu modernisieren, aber die politische Strategie der Opposition im Bundestag bestimmte weiterhin maßgeblich der starke Mann aus Bayern, CSU-Chef Franz Josef Strauß. Dieser sorgte im Frühjahr 1975 für einen Skandal, als bekannt wurde, was er am 19. November 1974 auf einer Klausurtagung der CSU-Landesgruppe zur Politik von CDU und CSU vorgetragen hatte.

In Sonthofen, im Kurhotel Sonnenalp, eingerahmt von bayerischen Folkloreabenden, hatte Strauß den Beginn einer »großen Krise« heraufbeschworen, die zur »Zerrüttung der einheimischen Wirtschaft« führen werde. Strauß wollte der Regierung mit keinerlei konstruktiven Vorschlägen helfen. Die Opposition sollte vielmehr durch eigenes Nichtstun die Krise verschärfen, um schließlich den Rahm abzuschöpfen: »Es muß wesentlich tiefer sinken, bis wir Aussicht haben, politisch mit unseren Vorstellungen, Warnungen, Vorschlägen gehört zu werden.« Die Taktik sei: »nur anklagen und warnen, aber keine konkreten Rezepte etwa nennen«.

Kurz darauf erreichte der Terrorismus der »Roten Armee Fraktion« (RAF) einen ersten Höhepunkt. Der Terrorist Holger Meins starb infolge seines Hungerstreiks in der Haft, und im Februar 1975 wurde der Berliner CDU-Vorsitzende Peter Lorenz entführt und freigepreßt. Strauß hatte in Sonthofen gefordert, die Innere Sicherheit, den Terrorismus, zum Spitzenthema zu machen. Auch dabei suchte er die Konfrontation mit der Regierung. In der SPD- und FDP-Bundestagsfraktion sitze ein ganzer Haufen von »Sympathisanten der Baader-Meinhof-Verbrecher«: »Wir müssen sagen, die SPD und FDP überlassen diesen Staat kriminellen und politischen Gangstern.« Die sozial-liberale Koalition müsse immer damit identifiziert werden, daß sie den Sozialismus und die Unfreiheit repräsentiere und daß ihre Politik auf die sowjetische Vormacht in Westeuropa hinauslaufe. Vorrangiges Ziel sei die »Auflösung« der Bundesregierung. Dafür »können wir nicht genug an allgemeiner Konfrontierung schaffen.«[32]

Im März 1975 kam die Sonthofen-Rede durch eine Indiskretion oder, wie ihr Vorsitzender Richard Stücklen es nannte, »die größte Treulosigkeit, die er jemals in der CSU-Landesgruppe erlebt habe«, an die Öffentlichkeit. Am 10. März druckte der ›Spiegel‹ Auszüge ab. Willy Brandt regte Wehner an, sich zu überlegen, ob die Koalitionsfraktionen gegen den Sympathisanten-Vorwurf gerichtlich vorgehen sollten. Der Fraktionsvorsitzende leitete den Original-Text der Rede an die SPD-Abgeordneten weiter. In seinem Rundschreiben an die Fraktion wertete er Strauß' Ausführungen als Krisen-Strategie, die bei Aufbietung aller demagogischen Mittel zur effektiven Ausschaltung der Sozialdemokratie führen solle[33].

In einer hitzigen Bundestagsdebatte verteidigte Strauß sich am 13. März 1975 gegen Vorwürfe des SPD-Vorsitzenden Brandt. Dabei blieb er auf seiner Sonthofener Linie, also dem frontalen Angriff auf die SPD/FDP-Koalition. Insbesondere griff er Brandt und Wehner aufgrund ihrer Vergangenheit an. Sie sollten mit ihren Werturteilen vorsichtig sein, denn wer »in seinem Leben Etappen volksfrontartiger Einstellungen hatte«, der solle andere Politiker nicht »diffamieren, denunzieren und zum allgemeinen Haß freigeben«. Der Fraktionsvorsitzende Carstens sprang ihm bei. Er sprach von »Volksfrontbewegungen in der SPD und in der FDP«.

Als am späteren Abend Herbert Wehner ans Rednerpult trat, war die Atmosphäre schon vergiftet. Wehner setzte noch eins drauf. »Sie sind wirklich Reaktionäre«, rief er, an die Adresse der Union gerichtet, »alles andere ist bei Ihnen ›als ob‹.« Strauß betreibe »verleumderische Hetze«. Ihm und seinesgleichen komme es nicht darauf an, die Terroristen unschädlich zu machen, sondern möglichst viele als im Dunstkreis der Terroristen befindlich zu verdächtigen. Das sei alles, was ihn am Kampf gegen den Terrorismus interessiere, »denn Sie sind selber geistig Terrorist!« Die Unruhe in den Reihen von CDU und CSU steigerte sich. Sie antworteten mit Zwischenrufen wie »Das sagt Deutschlands Oberhetzer!«, »Dieser niederträchtige Kerl!«. Noch blieb die Opposition sitzen. Dann rief der CDU-Abgeordnete Pfeffermann dazwischen, Wehner bringe den »Marxismus« mit. Darauf kam es, zum dritten Mal nach 1957 und 1970, zum Eklat.

Wehner antwortete auf den Zwischenruf: »Wenn Sie das Wort ›Marxist‹ hören, geht es Ihnen so, wie Goebbels damit operiert hat, nichts anderes, nicht? Sie sind nämlich genauso dumm in dieser Frage, wie jener war. Nur war er ganz jesuitisch raffiniert.« Es folgten weitere Zurufe: »Dieser Verleumder!«, »Wie im Sächsischen Landtag!«, »Sie Kommunist! – Alter Bolschewist!« Mit Protestgeschrei verließ die CDU/CSU-Fraktion den Saal. Wehner wiederholte seinen Ausspruch von 1972: »Wer rausgeht, muß auch wieder reinkommen.« Er sage den Unionskollegen »Prost, weil Sie wahrscheinlich dahin gehen.«

Danach setzte er seine Rede vor den Abgeordneten der Regierungsfraktionen und vor leeren Oppositionsbänken fort. Er ging zur sachlichen Widerlegung der Vorwürfe von Franz Josef Strauß über. Er sei Kommunist gewesen, habe das nie geleugnet. Er sei damals steckbrieflich verfolgt und gejagt worden. Er wurde laut: »Wer einmal Kommunist war, den verfolgt Ihre gesittete Gesellschaft bis zum Lebensende, und wenn es geht, läßt sie ihn auch noch durch Terroristen umbringen. Das weiß ich, das ist so, und deswegen habe ich damals Kurt Schumacher gesagt: Die werden mir doch die Haut vom lebendigen Leibe abziehen. Da hat er mir gesagt: Und du bist einer, der das aushält, und du mußt hier sein.«

Nach einer halbstündigen Unterbrechung der Sitzung behauptete der Abgeordnete Stücklen im Namen der CDU/CSU-Fraktion: »Herr Wehner ist zu einer unerträglichen Belastung unserer Demokratie und dieses Parlaments geworden.« Ihm antwortete der stellvertretende SPD-Fraktionsvorsitzende Friedrich Schäfer. Er wies die Vorwürfe gegen Wehner als anmaßend und verleumderisch zurück. Kein CDU/CSU-Sprecher habe sich von den Äußerungen Strauß' in Sonthofen distanziert. Damit mache sich die CDU/CSU-Fraktion mitschuldig[34].

In der folgenden Woche eröffnete Bundestagspräsidentin Annemarie Renger die Sitzung mit der Bemerkung, daß im Zusammenhang mit Wehners Rede Zwischenrufe erfolgt seien, die, wenn sie sie gehört hätte, zu Ordnungsrufen hätten führen müssen. Sie ermahnte die Parlamentarier, auf unerträgliche Schärfen und persönliche Beleidigungen zu verzichten. Wehner selbst nahm in der Debatte zum Haushalt das Wort. Er griff die bewußte »Krisenprovokationsmentalität« von Strauß an. Er tat dies in sachlichem Tone, aber die Atmosphäre blieb giftig. Am Morgen war in einer Abstimmungsurne ein ungültiger Stimmzettel mit der Aufschrift »UdSSR-Agent Wehner« gefunden worden. Am 13. März war Wehner als einziger für den Vergleich der Intelligenz des NS-Propagandaministers Goebbels mit derjenigen des CDU-Abgeordneten Pfeffermann mit einem Ordnungsruf belegt worden. Er erlaubte sich nun, des längeren Kurt Schumacher zu zitieren, der ebenfalls die Methode, die Sozialdemokratie als kommunistisch hinstellen zu wollen, mit Hitler und Goebbels verglichen hatte. Dafür erbat er sich einen »Ordnungsruf à conto dieses Zitats von Schumacher«. Dieser blieb natürlich aus. Renger war die Lebensgefährtin des verstorbenen SPD-Vorsitzenden gewesen[35].

Wehner war in der Debatte vom 13. März mit seinem Goebbels-Vergleich übers Ziel hinausgeschossen. Aber seine Äußerung war spontan, sie war durch beleidigende Zwischenrufe provoziert worden. Er hatte einen Ordnungsruf erhalten, mit ihrem tumultartigen Auszug aus dem Plenum ging die CDU/CSU-Opposition jedoch zu weit. Strauß' Sonthofen-Rede war vielleicht eine »ganz normale Strauß-Rede«, aber sicher keine »ganz normale Oppositionsrede«[36]. Der CSU-Chef hatte die Gemeinsamkeit der Demokraten in den Grundfragen in Frage gestellt.

Bundeskanzler Schmidt hatte in der Debatte die Union aufgefordert, den Mann, der in Wahrheit ihr geistiger Führer sei, nämlich Strauß, zum Kanzlerkandidaten zu nominieren. Doch wie eine Umfrage des ›Spiegel‹ ergab, lehnte die überwältigende Mehrheit der Bevölkerung Strauß' Sonthofen-Rezepte ab. Seine Popularität sank, und der CDU-Vorsitzende Kohl nutzte die Gunst der Stunde. Am 12. Mai wurde er vom CDU-Vorstand zum Kanzlerkandidaten nominiert. Die Strategie von Sonthofen jedoch überdauerte in den Wahlkampfparolen von CDU und CSU – »Freiheit statt Sozialismus« beziehungsweise »Freiheit oder Sozialismus«[37].

Das betraf auch die Außenpolitik. War Barzel noch für ein ostpolitisches Zugehen auf die Regierung gewesen, so lehnte die Union nach seiner Ablösung sowohl 1974 den deutsch-tschechischen Vertrag ab als auch im Juli 1975 die Schlußakte der Konferenz für Sicherheit und Zusammenarbeit in Europa (KSZE) von Helsinki. Wehner bezeichnete die Behauptung der Opposition, die KSZE-Schlußakte diene einer weltweiten Täuschung über die wahre Sicherheitslage in der Welt, als Unverfrorenheit. Seit den fünfziger Jahren habe die Union jede sozialdemokratische Initiative zur Deutschlandpolitik kalt, hochmütig und höhnisch zurückgewiesen. Die Geschichte der Jahrzehnte seitdem sei auch eine Geschichte der Irrtümer von CDU und CSU, und diese hätten aus ihrer eigenen Vergangenheit nichts gelernt. Mit ihrer Ablehnung der KSZE-Schlußakte stand die bundesdeutsche Opposition in Europa recht einsam da. Nur das kommunistische Albanien war dem Abkommen nicht beigetreten, und die einzige Partei, die sonst noch dagegen gestimmt hatte, waren die italienischen Neofaschisten. Unter dem Druck von Strauß sollte es noch einige Jahre dauern, bis sich CDU und CSU wieder auf den außenpolitischen Boden der Tatsachen stellten[38].

Herbert Wehners Haltung zum Terrorismus war stets eindeutig: Er verabscheute ihn. So sagte er 1975 im Bundestag: »Terroristen und Extremisten waren stets Zutreiber und viele von ihnen auch Zuhälter der Reaktion und der dunkelsten Reaktionäre.« Er trat dafür ein, zur Abwehr der terroristischen Gefahr die vollen staatlichen Machtmittel einzusetzen. Polizeiliche und strafrechtliche Maßnahmen, welche zum Beispiel die Konspiration in Haft befindlicher Terroristen erschweren sollten, befürwortete er. Aber das allein reiche nicht. Nicht »Furcht und Hysterie, sondern demokratischer Bürgersinn bieten die beste Gewähr für die Bekämpfung der Terroristen und für eine erfolgreiche Arbeit der Polizei«. Unterdessen gingen die Anschläge weiter. Auf die Lorenz-Entführung folgte im Frühjahr 1975 die Besetzung eines Gebäudes der deutschen Botschaft in Stockholm. Im April 1977 wurden Generalbundesanwalt Siegfried Buback, sein Fahrer Wolfgang Göbel und der Leiter der Fahrbereitschaft der Bundesanwaltschaft, Georg Wurster, ermordet, am 30. Juli der Vorstandsvorsitzende der Dresdner Bank, Jürgen Ponto[39].

Nach dem Attentat auf Buback beraumte Kanzler Helmut Schmidt eine Besprechung im Kanzlerbungalow an. Er lud alle Partei- und Fraktionsvorsitzenden, eine Reihe von Staatsrechtlern, Ministern und Rechts- und Innenpolitiker aller Fraktionen ein. In diesem Gespräch am 26. April 1977 erklärte Bundesjustizminister Hans-Jochen Vogel, gesetzgeberische Maßnahmen wie Sicherungsverwahrung, ein höherer Strafrahmen und eine Verschärfung des Demonstrationsstrafrechtes seien zu prüfen. Er warnte jedoch davor, damit allzu hohe Erwartungen in der Bevölkerung zu schüren. Wenn trotzdem neue Morde geschähen – und damit sei zu rechnen – bestehe die Gefahr von Staatsverdrossenheit in der Bevölkerung. Die Diskussion um mögliche Gesetzesänderungen sei daher »im Geiste des Miteinander« zu führen. Vereint müsse es gelingen, »ein Klima der Verachtung gegenüber Terroristen zu schaffen«. Herbert Wehner pflichtete ihm bei und bat den anwesenden CSU-Politiker Hermann Höcherl, diese Auffassung seiner Fraktion zu übermitteln. Die führenden Politiker der Union hatten die Einladung zu dem Gespräch nämlich ausgeschlagen. Wehner bedauerte dies. Er hoffte auf die Gemeinsamkeit von Regierung und Opposition. In der ›Eßlinger Zeitung‹ schrieb er: »Niemand sollte sich so verhalten, als habe er ›das‹ Konzept.«[40]

Am 5. September 1977 entführte die RAF den Präsidenten der Bundesvereinigung der Deutschen Arbeitgeberverbände, Hanns-Martin Schleyer, und ermordete seine vier Begleiter. Die Terroristen forderten die Freilassung der führenden RAF-Häftlinge aus dem Gefängnis. Für die Bundesregierung ging es um mehrere Ziele: die Befreiung der Geisel, die Ergreifung der Entführer und die Handlungsfähigkeit des Staates. Dazu gehörte, der Erpressung, die Gefangenen freizulassen, nicht nachzugeben[41].

Unter dem Druck der Schleyer-Entführung fand sich nun die Führung der Opposition zur Zusammenarbeit bereit. Bundeskanzler Schmidt bildete einen Großen Krisenstab, dem alle Parteivorsitzenden, die Fraktionsspitzen, die zuständigen Minister sowie die Ministerpräsidenten derjenigen Länder angehörten, in denen gefangene Terroristen einsaßen. Dieser trat in den ersten Tagen nach der Entführung mehrfach, später regelmäßig ein- oder zweimal pro Woche zusammen[42].

Gleich nach der Entführung Schleyers erwartete Wehner Schwierigkeiten. Er sah das Endstadium des terroristischen Treibens bevorstehen. Es müsse versucht werden, »schlimmstes nicht unvermeidlich werden zu lassen dadurch, daß sich zu viele in Anklagen, Beschuldigungen und geradezu ohnmächtiger Wut ergehen«. Er fand es entsetzlich, daß Blutvergießen unvermeidlich schien. Er empfand die Zeit als körperlich und seelisch belastend. Wehner vertrat in den Gesprächen des Krisenstabs eine harte Linie gegenüber den Terroristen. Auf keinen Fall etwa wollte er ihrer Forderung nachgeben, einen der RAF-Häftlinge im Fernsehen auftreten zu lassen. Hans-Jochen Vogel erinnert sich, daß Wehner sich an den Diskussionen lebhaft beteiligte und die Ansicht stützte, der Staat dürfe sich auf keinen Fall erpressen lassen. Dabei sei er »fast noch härter« gewesen als er, Vogel, selbst. Das Verhältnis zwischen beiden änderte sich in dieser Zeit zum Guten. Wehner hatte Vertrauen gefaßt[43].

Kompliziert wurde die Lage im Bundestag und in der Fraktion. Im September ging es um das Kontaktsperregesetz, welches ermöglichte, die Kontakte einsitzender Terroristen untereinander und zur Außenwelt bis zu einer Höchstdauer von dreißig Tagen zu unterbinden. Gegen dieses Gesetz regte sich Widerspruch bei einer kleinen Minderheit in der SPD-Fraktion, aber auch bei einer kleinen Gruppe von Abgeordneten in der FDP. Helmut Kohl, der nach der knapp verlorenen Wahl von 1976 CDU/CSU-Fraktionsvorsitzender im Deutschen Bundestag geworden war, hatte am 15. September von der »Solidarität der Demokraten« gesprochen. CDU und CSU unterstützten das Kontaktsperregesetz. Zwei Wochen später warf Kohl den Regierungsfraktionen vor, sie brächten »nicht einmal die innere Kraft für einen einfachen notwendigen Schritt« auf. Daraufhin zitierte Wehner, was er den Abweichlern in seiner Bundestagsfraktion vorgehalten hatte, nämlich den folgenden für ihn typischen Bandwurmsatz: »Als Mitglied der Fraktion und ihr derzeitiger Vorsitzender sage ich, wenn die Durchsetzung und die Annahme eines Gesetzentwurfes, für den sich die Mehrheit der Mitglieder der Fraktion einsetzt, durch das Verhalten einer Minderheit der Fraktion unmöglich wird oder die Annahme des Gesetzentwurfes nur infolge der Zustimmung der Abgeordneten anderer Fraktionen möglich wird, dann muß die Minderheit der Fraktion sich die Frage stellen lassen, wie sie es verantworten will, die Mehrheit der Fraktion zur Wirkungslosigkeit zu nötigen oder ihr – weil die Mehrheit nicht den Bankrott sozialdemokratischer Parlaments- und Regierungsarbeit erklären will – vorzuwerfen, sie stimme zusammen mit Abgeordneten anderer Fraktionen anders als eine Minderheit der Fraktion.« Die große Mehrheit der Fraktion wisse, was sie der »Bundesrepublik Deutschland, unserem Gemeinwesen« schuldig sei. Wehners Ausführungen wurden mit anhaltendem, lebhaftem Beifall bei SPD und FDP sowie Bravorufen bei der SPD aufgenommen. Anschließend stimmte der Bundestag mit überwältigender Mehrheit gegen 4 Neinstimmen aus der SPD bei 17 Enthaltungen für das Gesetz[44].

Einige Tage später erreichte das Geiseldrama seinen Höhepunkt. Am 13. Oktober 1977 entführte ein mit der RAF verbündetes palästinensisches Kommando die mit deutschen Urlaubern besetzte Lufthansa-Maschine »Landshut«. Fünf Tage darauf, in der Nacht vom 17. auf den 18. Oktober, befreite ein Kommando der Bundesgrenzschutz-Spezialeinheit GSG 9 die 87 Geiseln an Bord des Flugzeugs auf dem Flughafen der somalischen Hauptstadt Mogadischu. Die Verhandlungen mit den Entführern und der somalischen Regierung hatte als Sonderbeauftragter des Bundeskanzlers Staatsminister Hans-Jürgen Wischnewski geführt. Am 18. Oktober empfing Wehner ihn in der Bundestagsfraktion, unter tosendem Beifall: »Die Fraktion grüßt Ben Wisch.« Was er geleistet habe, sei bewundernswert, und Wehner dankte ihm, »soweit dies mein Recht und meine Pflicht sein kann, dies hier mit meinen schwachen Worten zu rühmen«[45].

Auf die Nachricht von der Geiselbefreiung hin begingen die RAF-Häftlinge Baader, Ensslin und Raspe Selbstmord. Die Entführer, nun jeder Hoffnung auf Freilassung der Gefangenen beraubt, ermordeten Hanns-Martin Schleyer. Der Staat hatte sich nicht erpressen lassen. Wehner hatte in der Krise stets dafür plädiert, das Gemeinwesen Bundesrepublik mit allen Kräften zu verteidigen. Er lehnte es ab, in den Terroristen politische Gegner zu sehen. Für ihn waren sie Verbrecher, die politische Begriffe lediglich zur Tarnung mißbrauchten. Er lehnte es ab – und darin stimmte er mit Oppositionsführer Helmut Kohl überein – ihnen »Kombattantenstatus« zuzubilligen. Wer in dieser Situation von Krieg, Bürgerkrieg oder Partisanenkampf spreche, überlasse den Terroristen Boden für weitere Handlungen[46].

Wehner ging es gleichermaßen um Besonnenheit und Entschlossenheit. In der Zeit der unmittelbaren Gefahr, so meinte er, müsse alles aufgeboten werden, was ihr entgegenwirke und sie schließlich banne. Wenn dann die Zeit der Analyse der blutigen und schmerzhaften Ereignisse komme, bestehe die Chance zur kritischen und selbstkritischen Auseinandersetzung. Er warnte aber davor, die Krise parteipolitisch zu mißbrauchen: »Wer jetzt ›die Messer wetzt‹ und schon ausprobiert, der schwächt die Kräfte des Gemeinwesens und verhindert unter Umständen, daß der Terrorismus ausgelöscht werden kann.«[47]

Nicht nur die Auseinandersetzung mit dem Terrorismus zehrte an ihm, sondern auch die Angriffe des politischen Gegners. Die Schärfe der Beleidigungen, denen Herbert Wehner in den siebziger Jahren ausgesetzt war, bewirkte temperamentvolle, scharfe Erwiderungen auf seiner Seite. Umgekehrt verstärkten die Temperamentsausbrüche Wehners die Schmähungen und Beleidigungen. Die Ursache für das vergiftete Klima zwischen Wehner und der Union lag jedoch in der von Strauß verfolgten Strategie der totalen Konfrontation mit der sozial-liberalen Regierung. Der innenpolitische Gegner wurde zum Feind erklärt. Dafür bot Wehner sich an, aufgrund seiner Vergangenheit und aufgrund seines unbequemen Charakters. Damit hatte die Union wieder das Niveau erreicht, welches ihre Auseinandersetzung mit Wehner im Jahr 1957 gekennzeichnet hatte. Doch die Vorzeichen waren jetzt umgekehrt. Die Christdemokraten befanden sich in der Opposition, und Wehner hatte als Vorsitzender der stärksten Regierungsfraktion eine bedeutendere Position als damals. Beides trug zur Härte und zur Rücksichtslosigkeit der Angriffe bei.

Nach dem Rücktritt Brandts versuchte die Union, eine »Wienand-Wehner-Guillaume«-Affäre zu konstruieren. Die der politischen Rechten nahestehende Illustrierte ›Quick‹ titelte mit der Überschrift ›Watergate in Bonn‹. Der CDU-Abgeordnete Werner Marx, schon 1957 im Hintergrund der ›Dagens Nyheter‹-Affäre aufgetreten, hatte den Begriff von der »deutschen Watergate-Affäre« in die öffentliche Debatte eingeführt. Nach dem gleichen Muster wie seinerzeit der CDU-Fraktionsgeschäftsführer Rasner behauptete er scheinheilig, die Union habe kein Interesse am Schwelen einer solchen Affäre, »die das öffentliche Leben vergiftet und das Vertrauen in das Funktionieren und in die Selbstreinigungskraft unserer parlamentarischen Demokratie untergräbt«. Der Wehner-Verleumder Hans Frederik wurde in den siebziger Jahren gerichtlich von einem Münchner CSU-Anwalt vertreten. Die bayerische Partei legte ihr »Rotbuch« im Bundestagswahlkampf 1976 neu auf, diesmal unter dem Titel: ›Wer ist Willy Brandt/Wer ist Herbert Wehner/Wer ist Helmut Schmidt‹. Darin wurde behauptet, es sei nach wie vor nicht geklärt, wie weit Wehner im Zusammenspiel mit Nollau die rechtzeitige Entlarvung von Guillaume verhindert habe, so daß Brandt »wie ein ahnungsloses Kind« in die Falle gestolpert sei[48].

Politisch brachten diese Attacken zunächst nichts ein. Der beabsichtigte Sturz Wehners gelang nicht. Aber die stetigen Angriffe führten dazu, daß die Stereotype sich insbesondere in der konservativen und rechten Öffentlichkeit festsetzten. Ohne Ansehen der tatsächlichen Person beschrieb etwa die rechtsextreme ›Deutsche National-Zeitung‹ Wehner als Terrorist und Verbrecher. Strauß behauptete in Altötting, Wehner habe »gemeinsam mit den Nazis die erste deutsche Demokratie zerstört«. Die seriöse ›Frankfurter Allgemeine Zeitung‹ deutete in ihrem Leitartikel vom 29. März 1980 an, Wehner sei ein »Moskauer Einfluß-Agent«. Sooft Herbert Wehner auch an seinen Appell vom 30. Juni 1960 zur Gemeinsamkeit in den Lebensfragen des deutschen Volkes erinnerte, zur Ruhe kam er nicht. Selbst in der SPD-Fraktion rutschte einem Abgeordneten, der mit Wehners Verhalten bei einer Abstimmung nicht zufrieden war, in einer Sitzung das Schimpfwort »Stalinist« heraus. Daraufhin entschuldigte sich der Betreffende, brieflich, aber nicht wirklich zartfühlend: »Ich hätte dies weder aus Zorn noch aus sonst einem Grund tun dürfen, weil dieses Schimpfwort bei Dir in einer persönlichen Weise verstanden werden kann, wie ich es nicht gemeint habe.«[49]

Während die Angriffe von rechts unvermindert weitergingen, stellte die DDR ihre Anti-Wehner-Kampagnen in den siebziger Jahren ein. Das war ein Ergebnis des Wechsels von Ulbricht zu Honecker und der deutsch-deutschen Entspannung. 1971 konnten die ›Erinnerungen‹ von Karl Mewis noch mit einer ausführlichen Darstellung des »Verrats« von Herbert Wehner erscheinen. Fünf Jahre später, im Herbst 1976, wurden die Memoiren von Max Seydewitz aufgrund einer Entscheidung des Politbüromitglieds Kurt Hager um alle Stellen und Wertungen gekürzt, die mehr als ein Minimum von allgemein bekannten Aussagen über Brandt und Wehner enthielten[50].

Als die ›Spiegel‹-Autoren Alfred Freudenhammer und Karlheinz Vater in einer Artikelserie 1977 und einer Buchveröffentlichung 1978 anhand der schwedischen Prozeßakten die Verratsvorwürfe gegen Wehner eindeutig widerlegten, rollte das Ministerium für Staatssicherheit die Angelegenheit noch einmal auf. Die »Genossen Stolze und Schwabe« erhielten im Mai 1978 den Auftrag, einen »objektiven Bericht« für Minister Mielke anzufertigen. Sie werteten die zahlreichen dem MfS inzwischen vorliegenden Akten aus, die eigenen »Ermittlungen« der sechziger Jahre eingeschlossen. Zehn Tage später lag ihre Arbeit vor. Sie kam zu dem Schluß, Wehner habe seinerzeit unverantwortlich gehandelt, weil er zu seiner Verteidigung Angaben über Mittel und Methoden der konspirativen Arbeit gemacht habe. Aber aufgrund seiner Verhaltensweise und Aussagen seien keine »in Deutschland illegal tätig gewesenen Genossinnen und Genossen bzw. Gruppen verhaftet, verurteilt und hingerichtet« worden. Damit war der Verratsvorwurf vom Tisch. Mielke bedankte sich für die »kurze und sachliche Darstellung« und leitete das Papier an Honecker weiter[51].

Hilfe für Menschen

Wahrscheinlich am 11. Mai 1974, auf jeden Fall erst nach dem Rücktritt von Willy Brandt, übergab Wolfgang Vogel ein Schreiben Honeckers an Wehner. Dieser Brief vom 6. Mai stellte die Reaktion auf Wehners Vorhaltungen vom 3. Mai und auf die Affäre Guillaume dar. Der SED-Chef beklagte den »Störfaktor« und das »Unvermögen der zuständigen Stelle der DDR, den Mann rechtzeitig aus dem Verkehr zu ziehen«. Um Brandt und die SPD-geführte Regierung zu stützen, machte Honecker eine Reihe von Angeboten. Die DDR werde tun, was sie könne, um einen Wahlsieg der Opposition im Jahr 1976 verhindern zu helfen. Er schloß sein Schreiben mit einer Liste von zehn Punkten. Diese reichten von Zugeständnissen bei Häftlingsfreikäufen und Familienzusammenführungen über ein Entgegenkommen beim Mindestumtausch, Stromlieferungen nach West-Berlin, den Autobahnbau, die wirtschaftliche Zusammenarbeit, den innerdeutschen Reiseverkehr bis zu Besuchen von Parlamentsdelegationen[52].

Wolfgang Vogel fügte diesem Brief Mitte Mai noch eine 7-Punkte-Mitteilung Honeckers an Wehner hinzu, in der er sein Bedauern über den Rücktritt Brandts aussprach, die Bereitschaft signalisierte, sich gelegentlich mit dem neuen Bundeskanzler zu treffen, und die zehn Punkte vom 6. Mai bekräftigte. Honecker habe schon Anweisung gegeben, die Zusammenführung von Familien und Kindern schneller und großzügiger zu behandeln. Der Generalsekretär legte Wert darauf, seinen wichtigsten Ansprechpartner in der Bundesrepublik zu behalten. In einer weiteren, mündlichen Mitteilung durch Vogel am 24. Mai unterstrich Honecker sein Interesse, über den Wehner-Kontakt zu innerdeutschen Regelungen zu kommen, natürlich unter »Hinzuziehung des Bundeskanzlers«[53].

Wehner machte bei Schmidt gleich da weiter, wo er bei Brandt aufgehört hatte. Er schloß den neuen Kanzler sofort an den Honecker-Kontakt an und setzte ihn umfassend ins Bild. Zusammen mit einer knappen Darstellung des Zustandekommens seiner Kontakte schickte er ihm alle Niederschriften, die er seit Herbst 1973 zwischen Brandt und Honecker vermittelt hatte. Schmidt zeigte sich dankbar für die Information und machte sogleich von ihr Gebrauch. Herbert Wehner blieb bis Anfang der achtziger Jahre so etwas wie ein Sonderbote zwischen Bundeskanzler und SED-Generalsekretär[54].

Politisch diente der Wehner-Vogel-Kontakt vor allem der Vorklärung, der Ideenfindung, der Sondierung, welche innerdeutschen Abmachungen gangbar waren, bevor sich die diplomatischen Vertreter in offiziellen Gesprächen festfuhren. Viele Regelungen und Projekte wurden darüber in die Wege geleitet oder zumindest befördert, so die Reduzierung des Mindestumtauschs für Rentner, die Verlängerung des »Swing«, eines innerdeutschen Überziehungskredits für die DDR, Telefonleitungen zwischen Ost und West, der Bau der Autobahn Hamburg-Berlin oder die Transitpauschale. Besonders intensiv wurden über den Anwaltskontakt diejenigen Fragen behandelt, bei denen die heiklen Streitpunkte in den deutsch-deutschen Beziehungen berührt zu werden drohten, also grundsätzliche Auffassungsunterschiede wie Mauer und Grenzregime, die Frage der Staatsangehörigkeit und diplomatische Beziehungen[55].

Mindestens einmal pro Monat, meist jedoch öfter, kam es zu Begegnungen oder zumindest Telefonaten zwischen Wehner und Vogel. Wenn sie sich trafen, dann häufig bei Wehners auf dem Heiderhof in Bonn oder, in West-Berlin, bei Carl Gustaf Svingel. Vogel beschränkte sich bei diesen Unterredungen auf seine Aufgabe als Anwalt, ansonsten trug er Wehner meist mündlich vor, was Honecker ihm zuvor aufgetragen hatte. In selteneren Fällen übergab er Wehner die Mitteilungen Honeckers auch schriftlich. Herbert Wehner stenographierte alles mit, um es anschließend, je nach Gelegenheit, Helmut Schmidt in schriftlicher Form zu übergeben oder mündlich vorzutragen. Der Fraktionsvorsitzende seinerseits übergab gelegentlich Mitteilungen von Schmidt für Honecker, seltener eine eigene Ausarbeitung. Abgesehen davon, daß politische Botschaften übermittelt wurden, erinnert sich Vogel, drehten sich die tatsächlichen Gespräche zwischen ihm und Wehner ausschließlich um die einzelnen humanitären Fälle, die sie gemeinsam, Fall für Fall, durcharbeiteten[56].

Anders als sein Vorgänger schaltete Helmut Schmidt sich unmittelbar in den Kontakt ein. Einige Male traf er gemeinsam mit Wehner auf Vogel, so im Herbst 1974 in West-Berlin, im Sommer 1976 in Hamburg und im Frühjahr 1977 erneut in West-Berlin. In den Jahren 1980 und 1981 gab es weitere Treffen zwischen Schmidt und Vogel, diesmal jedoch ohne Wehner. Die Gespräche waren informell und inoffiziell. Sie fanden in Herbert Wehners bevorzugtem Berliner Hotel »Savigny« statt, bei Schmidt am Brahmsee oder, am 13. August 1976, dem 15. Jahrestag des Baus der Berliner Mauer, in Wehners kleiner Wohnung »Beim Schlump« in Hamburg[57].

Bei diesem Gespräch zwei Monate vor der Bundestagswahl 1976 ging es um eine Serie von Zwischenfällen an der innerdeutschen Grenze. Wiederholt hatten einzelne Westdeutsche, teilweise aus politischen Motiven, versucht, die Grenze zu überschreiten. Dabei war ein Bundesbürger von DDR-Grenzsoldaten niedergeschossen worden. Im Westen sorgten diese Ereignisse für Empörung. Schmidt verurteilte im Fernsehen die unangemessene Reaktion der DDR-Grenztruppen. Die Zwischenfälle, so Schmidt, belasteten das innerdeutsche Verhältnis. Bei offiziellen Erörterungen mit dem Ständigen Vertreter der Bundesrepublik in der DDR, Günter Gaus, gab sich Honecker unnachgiebig. Kurz nach dem Dreiertreffen vom 13. August jedoch teilte Vogel Wehner mit, Honecker habe unmittelbar reagiert. Er habe angewiesen, im Falle von Grenzverletzungen durch West-Bürger diese nur dann festzunehmen, wenn es sich um »sichtbar angelegte Provokationen« handele. In diesem Fall gelte das Prinzip, die Betreffenden ohne Gefahr für Leib und Leben der DDR-Grenzer unverletzt festzunehmen, also möglichst keinen Gebrauch von der Schußwaffe zu machen. Diese Entscheidung nehme Honecker »auf seine eigene Kappe«, also »ohne bestimmte Gremien heranzuziehen«. Sie solle als Beleg dafür gewertet werden, daß die Gespräche mit dem Bundeskanzler und mit Wehner »ohne den Apparat der Ministerialbürokratie hier wie da für beide Seiten nützlich und fruchtbar sind«. Daran wolle er festhalten, besonders, wenn schnelle und unbürokratische Entscheidungen notwendig seien[58].

Dem SED-Generalsekretär lag sehr daran, auf diesem Weg in direkten Austausch mit dem Bundeskanzler zu treten. Dann müsse man nicht »Vokabeln« wählen, die zuvor von Ministerialbeamten »gesetzt und durchleuchtet werden nach allen Regeln der Kunst«. Dabei ging es Honecker nach wie vor nicht nur um die Wortwahl. Wiederholt machte der SED-Chef deutlich, daß seine Zugeständnisse an die Bundesrepublik im Politbüro auf Kritik stießen. Häufig bat er Wehner darum, seine Zusagen für menschliche Erleichterungen »so diskret wie möglich« zu behandeln[59].

Kanzler Schmidt befürwortete und nutzte diesen Informationsweg, auch wenn er sich durchaus Alternativen vorstellen konnte. So machte er im Frühjahr 1977 einen vorsichtigen Versuch, der DDR-Seite den Staatsminister Wischnewski als zusätzlichen Kontaktmann anzubieten. Doch dagegen verwahrte Wehner sich energisch. Lautstark, so berichtete Vogel an Honecker, habe der gefragt, ob dies die langfristige Vorbereitung seiner Ablösung bedeute. Das verneinte der Bundeskanzler darauf »sehr beschwichtigend und beruhigend«. Zwei Jahre später, 1979, war es Honecker, der darauf drängte, vertrauliche Informationen nicht über den von Schmidt erneut vorgeschlagenen Wischnewski, sondern über »meinen alten Bekannten, die Jugenderinnerung«, auszutauschen. So hielt der politische Kontakt bis zum Ende der Kanzlerschaft Schmidts[60].

Er hatte auch 1980 seine Bedeutung, als sich nach dem sowjetischen Einmarsch in Afghanistan die Ost-West-Beziehungen dramatisch verschlechterten. Gerade als die Spannungen zwischen den USA und der Sowjetunion zunahmen, betonte Honecker die Bedeutung dieses Drahtes. Im März 1980 ließ er Vogel seine Einschätzungen zur weltpolitischen Lage an Wehner für Schmidt mitteilen. Darin hieß es: »Er könne auf anderem Wege über SU-Verbindung derzeit nicht so signalisieren, wegen der komplizierten Lage.« Schmidt teilte darauf über Wehner mit, die Bundesregierung wolle trotz allem den Rahmen der Ost-West-Beziehungen erhalten und die Verträge strikt einhalten. Sie wolle die Spannungen nicht durch verbale Eskalation oder vorschnelles Handeln verschärfen[61].

Wehner pflegte die Beziehung zu Honecker in erster Linie, um mehr Häftlingsfreikäufe und Familienzusammenführungen zu erreichen. Einmal ließ er Honecker mitteilen, er komme sich manchmal wie ein Bote in Sachen »DDR-Anliegen« vor. Aber es gehe ja per Saldo um eine gute Sache im beiderseitigen Sinne, so daß er dieses Los gern trage. Honecker seinerseits ließ Schmidt sagen, daß Familienzusammenführungen in begründeten Ausnahmefällen durch die DDR-Behörden genehmigt und dabei in erster Linie die Vorschläge Wehners berücksichtigt würden. Die Begegnung von Mai 1973 behalte er »in guter und bleibender Erinnerung«. Bis 1985, als der Fraktionsvorsitzende längst aus der Politik ausgeschieden war, blieb sie das letzte direkte Gespräch zwischen Wehner und Honecker[62].

Gleich nach Wehners Rückkehr von seinem DDR-Besuch 1973 gingen Schreiben von Hilfesuchenden bei ihm ein. Am 1. Juni schrieb ihm ein Ehepaar aus Rheinland-Pfalz. Sie hätten die Presseberichterstattung über sein Gespräch mit Honecker aufmerksam verfolgt, insbesondere die Betonung, die DDR sei bereit, den Vertrag »voll« zu erfüllen. Sie fragten Wehner, warum man in der Öffentlichkeit nichts über das Thema Familienzusammenführung höre, und dann schilderten sie den Fall ihres 17jährigen Sohnes, der im Kreis Bitterfeld lebte und den sie gerne bei sich im Westen haben wollten. Wehner trug diesen Fall Vogel vor. Der machte den Eltern schon Anfang Juli Hoffnung auf eine Lösung ihres Falles und bat den Sohn in seine Kanzlei[63].

In anderen Fällen wollten Verlobte zueinander, suchten Kinder aus der DDR um Besuchserlaubnis bei schwerkranken Elternteilen im Westen nach, baten alte Ehepaare darum, daß ihre Kinder aus dem Osten sie besuchen dürften, da sie nicht mehr reisefähig seien, und eine Frau aus Naumburg an der Saale wünschte nach dem tragischen Unfalltod ihres 18jährigen Sohnes mit ihrem Mann zu ihrer Schwester in die Bundesrepublik überzusiedeln. Oft hatten die Betroffenen schon seit Jahren erfolglos Anträge an die DDR-Behörden gestellt. Nicht immer, aber in den meisten der Fälle half es, wenn sie oder ihre Fürsprecher sich an Herbert Wehner wandten. Wie vielen Menschen auf diesem Weg tatsächlich geholfen werden konnte, läßt sich nicht genau feststellen. Allein der entsprechende Teilnachlaß von Herbert Wehner verzeichnet fast 5000 Personen, mit denen es Schriftverkehr gab. Die tatsächliche Zahl dürfte deutlich höher liegen. Mit den bei Wolfgang Vogel überlieferten Akten gibt es viele Überschneidungen, aber keine Übereinstimmung[64].

An dieser Stelle wird klar, daß diese Arbeit für den Politiker Herbert Wehner allein nicht zu leisten war. Viel Verantwortung für die praktische und menschliche Betreuung der Fälle lag bei Greta. Sie schrieb Briefe, stellte Fälle zusammen und trug Vermerke auf Karteikarten ein. Dies begann, wie sie sich erinnert, schon zu der Zeit, als Wehner noch Bundesminister war. Am Rande einer Veranstaltung in Rheinland-Pfalz sprach eine Frau Greta an, ob Herbert Wehner für ein kurzes Gespräch Zeit habe. Das gehe nicht, antwortete sie, die Frau müsse mit ihr vorliebnehmen. Und dann erzählte die Rheinland-Pfälzerin ihr von einem jungen Paar, das in Westdeutschland noch nicht ehemündig war, aber unbedingt heiraten wollte. Für Männer war dies nach wie vor erst ab 21 Jahren ohne Einwilligung der Eltern erlaubt, in der DDR aber schon ab 18. So waren sie, ohne Wissen ihrer Eltern, heimlich in die DDR gegangen und konnten, nachdem sie dort ein Jahr im Lager verbracht hatten, heiraten. Die Rückkehr in den Westen wurde ihnen jedoch verwehrt. Die jungen Eheleute waren, wenn auch nicht aus politischen Gründen, DDR-Bürger geworden. Es dauerte Jahre hartnäckiger Bemühungen, diesen Fall über den Anwaltskontakt zu lösen. Für Greta Burmester war er der Beginn von fast 20 Jahren Mitarbeit bei der humanitären Hilfe[65].

Später pendelte es sich so ein, daß bei Besuchen Vogels die Männer ihre Botschaften austauschten und die politisch komplizierten Fälle durchgingen, während die Frauen, Greta und Helga Vogel, in einem anderen Zimmer die große Masse der Fälle von Familienzusammenführungen bearbeiteten, Karteikarten ausfüllten und Listen zusammenstellten[66].

Dabei kam es häufig dazu, daß Greta Mitteilungen schrieb, welche Vogel dann direkt Erich Honecker vortrug.[67]

Gretas Arbeit beschränkte sich nicht nur auf das Zusammenstellen von Listen und das gelegentliche Schreiben von Mitteilungen. Sie führte den gesamten Schriftwechsel mit den Verwandten der Ausreisewilligen, in vielen Fällen ausführlich und über Jahre hinweg. Das lag daran, daß viele Familienprobleme mit einer einmaligen Besuchsreise keineswegs erledigt waren. Und Wehners waren hartnäckig[68].

Bei den humanitären Fällen Herbert Wehners handelte es sich entweder um solche Angelegenheiten, in denen die Betroffenen oder ihre Fürsprecher unmittelbar bei ihm angefragt hatten, oder um politisch kompliziertere Fälle, die das Bundesministerium für innerdeutsche Beziehungen ihm übergab. Denn das Gros wurde über das Ministerium erledigt, so allein im Jahr 1976 etwa 5500 Familienzusammenführungen und 1300 Häftlingsfreikäufe. Die komplizierteren »Konflikt- und Problemfälle« übergab man mit Sonderlisten an Vogel. Sie landeten ebenso auf Wehners Tisch wie Listen mit »Härtefällen«, also Personen, die in schwierigen, oft lebensbedrohlichen Situationen waren. Da hatten Ausreisewillige schon mehrere Anträge gestellt und ihre Arbeit verloren, waren selbstmordgefährdet oder schwerkrank. In solchen Fällen war Wehner zuweilen die letzte Hoffnung. Die »Fälle« Wehners, so meint Vogel, gingen im Unterschied zu denen, die später andere Politiker vortrugen – wenn auch oft mit Verzögerung – letztlich samt und sonders durch[69].

Zehntausenden von Menschen konnte auf diese Weise geholfen werden. Darunter waren politische Widerstandskämpfer ebenso wie Sportler, die bei Wettkämpfen im Westen geblieben waren und nun ihre Familien nachholen wollten. Fluchthelfer, auch professionelle, waren ebenso betroffen wie Menschen, die beim Fluchtversuch über die innerdeutsche Grenze erwischt und wegen »Republikflucht« verurteilt worden waren. Eltern wollten ihre Kinder zurückhaben, Kinder wollten ihre todkranken Eltern oder Großeltern im anderen Teil Deutschlands noch einmal besuchen. Umzüge, Krankenbesuche, Reisen, Anliegen, die im wiedervereinigten Deutschland selbstverständlich, ja selbst unter benachbarten Ländern in Europa kein großes Problem sind, waren damals nur auf verschlungenen diplomatischen Wegen und gegen teure Bezahlung durch die Bundesregierung zu ermöglichen. Schon die zeitgenössische Presse, insbesondere die Springer-Blätter, sprach von Zeit zu Zeit von »Menschenhandel«. Gegen entsprechende Vorwürfe setzte Wehner sich jedoch zur Wehr. So ermahnte er im Februar 1980 die ›Frankfurter Allgemeine‹ zur Zurückhaltung. Die öffentliche Behandlung gefährde »diese zum Nutzen vieler Menschen und Familien geübte Praxis« und könne sie zunichte machen. In einem Leserbrief sprang ihm Präses Kurt Scharf bei. »Menschenhandel« als Wort sei eine Diffamierung der DDR und der Bundesregierung. Er fügte hinzu: »Sich der Gefangenen anzunehmen ist ein Werk, das Jesus Christus den Seinen besonders dringend anbefohlen hat.« Solche und ähnliche Mahnungen führten bei den Medien im großen und ganzen zur gebotenen Zurückhaltung[70].

Wehner half nicht nur Deutschen. Auch Asylsuchende durften seiner Unterstützung sicher sein. Nachdem im September 1973 ein Militärputsch die demokratisch gewählte sozialistische Regierung Salvador Allendes in Chile gestürzt hatte, waren zahlreiche Menschen vor der Verfolgung durch den Diktator Pinochet ins Ausland geflohen. Einige landeten im Ostblockstaat Rumänien, wo sich aber diejenigen unter ihnen, die der sozialistischen Partei Allendes angehörten, von chilenischen und rumänischen Kommunisten bedrängt fühlten. Einige Familien flohen weiter, sie fuhren nach Ost-Berlin, mit dem Reiseziel Bundesrepublik. Der West-Berliner Grenzschutz wollte sie aber nicht einreisen lassen, da sie über kein Visum verfügten. Zurück wollten sie nicht, und so verharrten die Familien mit Kindern im naßkalten Winter draußen auf der Straße im Niemandsland zwischen den Kontrollstellen der Ost- und West-Berliner Polizei. Aus humanitären Gründen erlaubte der West-Berliner Polizeipräsident Klaus Hübner ihre Unterbringung in einem Heim der Evangelischen Akademie. Nach mehreren Monaten dort drohte im Oktober 1975 die Abschiebehaft. Dies teilte die Akademie Wehner mit. Er war sofort überzeugt, da müsse geholfen werden, und wandte sich an Jürgen Schmude, damals Staatssekretär im Bundesministerium des Innern. Der kannte die Schwierigkeiten, da Einreiseangelegenheiten Ländersache waren und die Länder keine zusätzlichen Flüchtlinge aufnehmen wollten. Er hielt das Unterfangen für aussichtslos. Wehner beharrte jedoch energisch auf seinem Anliegen. So setzte Schmude sich ans Telefon und rief reihum in den Ländern an. Die Innenminister hätten, so erinnert er sich, »gegrummelt«, aber schließlich bekam er Zusagen von vier sozialdemokratisch regierten Bundesländern, und die sieben Erwachsenen und neun Kinder aus Chile durften in die Bundesrepublik einreisen[71].

Nach wie vor lagen Wehner die deutsch-israelischen Beziehungen am Herzen. Als Israel im Oktober 1973 von seinen arabischen Nachbarn angegriffen wurde und der »Yom-Kippur-Krieg« anders als der »Sechstagekrieg« von 1967 nicht mit einem schnellen Sieg der Israelis endete, fühlte Wehner mit dem jüdischen Staat und Volk. Über eine Resolution zu dem Konflikt kam es in einer Sitzung der SPD-Spitzengremien zu einer längeren und kontroversen Diskussion. Wehner setzte sich – letztlich erfolgreich – vor allem für eine Passage ein, welche die Solidarität mit der israelischen Ministerpräsidentin herausstreichen sollte: »Die SPD grüßt in dieser Stunde Golda Meir, deren

Entschlossenheit, Frieden für Israel und die Völker im Nahen Osten herbeizuführen, außer Zweifel steht.«[72]

Im Jahr 1978 besuchte Wehner Israel nach 1960 und 1971 zum dritten Mal. Bei dieser Reise an der Spitze einer sozialdemokratischen Parlamentarierdelegation wurde ihm eine besondere Ehre zuteil. Die israelische Arbeitspartei stiftete in der Nähe von Modi'in den »Herbert-und-Lotte-Wehner-Wald«. Gemeinsam mit Schimon Peres, seit 1977 Vorsitzender der Arbeitspartei, pflanzte er am 25. Oktober 1978 symbolisch den ersten Baum. Bei dieser Gelegenheit sprach er sich als erster prominenter deutscher Politiker gegen die Verjährung von NS-Verbrechen aus, die zum 31. Dezember 1979 eintreten sollte. Mord sei ein Verbrechen, für dessen Ahndung es keine Befristung geben solle. Er rief daher dazu auf, die Verjährung grundsätzlich aufzuheben. Nach einiger Diskussion beschloß der Bundestag im Juni 1979 ein entsprechendes Gesetz[73].

Aus Israel kam die einzige Ehrendoktorwürde, die Herbert Wehner annahm. Am 8. Januar 1982 beschloß der Senat der Hebräischen Universität Jerusalem, ihn mit dem Titel eines Doktors der Philosophie honoris causa auszuzeichnen. Er erhielt diese Ehre als »herausragender Staatsmann, führender Gegner des Nazismus, Schlüsselfigur beim Wiederaufbau der Demokratie im Nachkriegsdeutschland, ein hingebungsvoller Freund des jüdischen Volkes und des Staates Israel«. In der Urkunde betonte die Universität, daß Wehner sich als Mann von »vollendetem Mut« heftig gegen die Verjährung deutscher Kriegsverbrechen ausgesprochen und so geholfen habe, ein »Zerrbild der Gerechtigkeit« zu verhindern[74].

Das zweite Land, dem Wehner sich in besonderer Weise verbunden fühlte, war Polen. Ein häufiger und bei Wehners zu Hause gerngesehener Gast war der langjährige polnische Botschafter in Bonn, Wacław Piatkowski. Auch hier ging es um humanitäre Fragen, etwa die Anliegen sogenannter »Spätaussiedler«, hunderttausender Deutschstämmiger, die nach 1945 in Polen geblieben waren und nun in die Bundesrepublik wollten. Gegenstand der Gespräche zwischen Wehner und Piatkowski waren ebenso die deutsch-polnischen Beziehungen in ihrer Gesamtheit. Dabei bemühte sich Wehner wiederholt, den Anliegen des Botschafters Gehör bei Bundeskanzler Schmidt zu verschaffen. Denn die Beamten des FDP-geführten Auswärtigen Amtes, so lassen sich die verschiedenen Eindrücke Wehners zusammenfassen, behinderten die deutsch-polnische Verständigung und Versöhnung immer wieder durch Zögerlichkeit und distanziertes Verhalten. Dies bezog sich zum Beispiel auf Fragen der Auslegung des deutsch-polnischen Vertrages, auf die industrielle Zusammenarbeit, die Schulbuchfrage und Kulturabkommen[75].

Nach zwei weiteren Besuchen 1976 und 1979 sorgte vor allem die Reise Wehners nach Polen vom 19. bis 22. Februar 1982 für Aufsehen. Angesichts einer schweren Wirtschaftskrise und dem Erstarken der oppositionellen Gewerkschaft »Solidarität« hatte General Wojciech Jaruzelski am 13. Dezember 1981 das Kriegsrecht verhängt. Streikbewegungen wurden niedergeschlagen, Oppositionelle verhaftet oder unter Hausarrest gestellt. Die USA, mittlerweile vom republikanischen Präsidenten Ronald Reagan regiert, verhängten Sanktionen. Die Regierung Schmidt beteiligte sich nicht an den Maßnahmen der USA. Wehner reiste zwar auf eigene Faust, ohne offiziellen Auftrag der Bundesregierung oder des Bundeskanzlers, aber Schmidt war informiert, und er riet dem Fraktionsvorsitzenden, außer den Offiziellen der Militärregierung auch »einen oder zwei andere Leute« zu treffen, so den Erzbischof Glemp oder »andere alte Bekannte, die nicht zur PVAP gehören«[76].

Tatsächlich traf er auf seiner Reise in Polen nicht nur den Parteivorsitzenden Kazimierz Barcikowski und General Jaruzelski, sondern auch eine Reihe führender Vertreter der katholischen Kirche. Alle seine Gesprächspartner stimmten mit Wehner in der Ansicht überein, daß die Sanktionspolitik der USA verfehlt sei. Die Kirchenmänner betonten, dies entspreche der Auffassung des aus Polen stammenden Papstes Johannes Paul II. Im Gespräch mit Wehner präsentierte sich Jaruzelski als entschlossener Reformer, der insbesondere den Dialog mit der Kirche suche und so bald wie möglich die Bürgerrechte wiederherstellen wolle. Wehner sagte, die SPD habe immer in Solidarität zu Polen gehandelt, er selbst auch aus persönlichen Gründen. Polen dürfe kein Spielball zwischen Ost und West werden[77].

Gleich am Tag nach seiner Rückkehr erstattete Herbert Wehner Bericht über seine Reiseeindrücke bei Bundeskanzler Helmut Schmidt und, wie der Terminkalender belegt, am Nachmittag desselben Tages bei Oppositionsführer Helmut Kohl. Erst danach äußerte er sich gegenüber der Presse. Er sei als Parlamentarier nach Warschau gereist, um so Kenntnisse aus eigener Hand zu erhalten und die Positionen der Bundesregierung dort unmittelbar und klar zu vertreten. Er sei Realpolitiker und frage, ob eine Nichtbeachtung der Militärregierung und der Lieferstopp von Rohstoffen dem polnischen Volk helfe. Schwere Vorwürfe kamen indes aus dem Lager der CDU/CSU-Opposition. Ihre Bundestagsfraktion behauptete, die Reise habe »von vornherein im Zwielicht« gestanden. Strauß warf Wehner vor, dem Militär-Regime in Polen und »den Drahtziehern im Kreml« den Rücken zu stärken. Der SPD-Fraktionsvorsitzende betreibe »sowjetische Westpolitik«[78].

Die Kritik an Wehners Reise wurde teilweise dadurch geschürt, daß die amtliche polnische Nachrichtenagentur PAP eine Reihe von gemeinsamen Einschätzungen Jaruzelskis und Wehners besonders hervorhob und kritische Äußerungen Wehners zur Lage in Polen unterschlug. Die deutsche Botschaft in Warschau berichtete von Zensurmaßnahmen der polnischen Behörden an einem Wehner-Interview mit der Zeitung ›Zycie Warszawy‹. So wurde der von Wehner gebrauchte Begriff »polnische Militärregierung« durch »polnische Behörden« ersetzt; statt »Freiheiten« hieß es »bürgerliche Freiheiten«, und Wehners Hinweis »so wenig wir mit den getroffenen Maßnahmen übereinstimmen können« wurde umformuliert zu »unabhängig von der Einschätzung der getroffenen Maßnahmen«. Es blieb wie ehedem: Mit Hilfe kommunistischer Fälschungen ließ sich leicht gegen Herbert Wehner polemisieren[79].

Die Reise zu Jaruzelski war ein Jahr vor seinem Abschied von der Politik erfolgt. Wehner hatte die Niederschlagung der Erhebung vom 17. Juni 1953, des Ungarn-Aufstands von 1956 und des Prager Frühlings 1968 erlebt. Den Osten vom Westen aus zu revolutionieren ergab für ihn keinen Sinn. Wer menschliche Erleichterungen wollte, mußte mit den Machthabern verhandeln. Möglich war es, in bescheidenem Maße die Eigenständigkeit und damit den Spielraum für mehr Menschlichkeit in den Satellitenstaaten zu fördern. Die Grundkonstanten des Ost-West-Konflikts waren weltpolitisch durch das Verhältnis zwischen den beiden Supermächten USA und Sowjetunion festgelegt. Daß das kommunistische Imperium in den achtziger Jahren immer brüchiger wurde und schließlich zusammenbrechen sollte, lag außerhalb des zeitlichen Horizonts eines Herbert Wehner.

Altern im Amt

Die Bundestagswahl von 1976 war von der Regierungskoalition gewonnen worden. Die CDU/CSU hatte mit ihrem neuen Spitzenkandidaten Helmut Kohl zwar 48,6 Prozent erzielt, lag aber knapp hinter SPD (42,6) und FDP (7,9 Prozent). In dieser Zeit, ab Mitte der siebziger Jahre, ließ die Kraft des Politikers Wehner nach. Er führte fort, was er begonnen hatte, hielt die Fraktion auf Kurs hinter der Regierung, stärkte dem Kanzler den Rücken und begleitete die Entwicklung der Partei, ohne sie so nachhaltig zu steuern, wie er dies in den fünfziger und sechziger Jahren tun konnte und getan hatte.

Herbert Wehner leistete nach wie vor viel, im Parlament, für ein vereintes Europa, er half Menschen in der Not, setzte sich ein für den Erhalt von Arbeitsplätzen in der Hamburger Industrie, für die Mitbestimmung, in der Sozialpolitik und für die Beziehungen zu Polen und Israel. Das waren – jede für sich so wie alle zusammen – große Leistungen. Das Zeitalter aber wurde bestimmt durch die anhaltende strukturelle Krise der Industrie, die »Tendenzwende« zu einer konservativeren Politik, die erneute Verschärfung des Ost-West-Konflikts und das Aufkommen neuer sozialer Bewegungen. Dies alles schlug sich in der SPD, in ihrer Mitgliedschaft und in ihrer Politik nieder. Die Partei begann zu schwanken zwischen pragmatischem Krisenmanagement à la Schmidt und der Öffnung zu den neuen Bewegungen, welche der Parteivorsitzende Willy Brandt verkörperte. Der »alte Fuhrmann«, Herbert Wehner, scheinbar unermüdlich, zog den Karren, aber er steuerte ihn nicht. Die Geschichte der Ära Helmut Schmidt anhand der Biographie Wehners zu erzählen bleibt notwendigerweise Stückwerk.

In einer Titelgeschichte aus Anlaß von Wehners 70. Geburtstag pflegte der ›Spiegel‹ sein Bild vom bärbeißigen, schimpfenden und polternden Wehner, der nicht mehr recht in die Zeit passe, weiter. Der Mohr habe seine Schuldigkeit getan, »und mehr als das. Aber der Mohr will nicht gehen«, schrieben die Autoren des sehr mehrdeutigen Artikels. Sie ernannten Wehner zum »Wählerschreck«, der bei Umfragen noch schlechtere Werte erziele als CSU-Chef Franz Josef Strauß. Der »gleichzeitig menschlichste und unmenschlichste aller Bonner Politiker« werde von niemandem übertroffen, was Instinkt und Trieb zur Machterhaltung angehe, heiße es in der eigenen Fraktion, sonst aber seien die Klagen vielfältig. Wehner führe nicht mit »Inspiration und Organisation, sondern mit dem Hintern, indem er allen Plenardebatten buchstäblich bis zum letzten Hauch von Roß und Mann« beisitze. Er sei, so der ›Spiegel‹, in seinem Leben vom überzeugten Anhänger der Erziehungsdiktatur von links zu einem Politiker geworden, der keine Überzeugung mehr gelten lasse, wenn es um Wählerstimmen ging. Journalistisch flott formuliert im immer überlegen und bestinformiert klingenden Spiegel-Deutsch leistete sich das Magazin so manche Fehldeutung und wurde nicht schlau aus dem Lebensweg von Herbert Wehner[80].

Dabei gab der Unverstandene zu dieser Art Un- oder Halbverständnis selbst mancherlei Anlaß. Er wirkte grimmig und kanzelte mißliebige Fragende oft barsch ab. Das führte dazu, daß die ausgewogene ›Zeit‹ schrieb, Partei und Fraktion ächzten unter ihm, »wenn er ihnen die Sporen gibt«. Manche innerparteilichen Gegner sähen in ihm einen »bloßen machtpolitischen Opportunisten ohne Programm, einen Tyrannen, ja einen unverbesserlichen Stalinisten«. Solche Berichte über innerparteiliche Gegnerschaft zu Wehner waren, wie Wahlergebnisse auf Parteitagen zeigen, meist übertrieben. Im Herbst 1977 wählten die Delegierten des Hamburger Parteitags Wehner mit über 90 Prozent und der höchsten Stimmenzahl aller Kandidaten wieder in den Vorstand. In seiner mit großem Beifall bedachten Parteitagsrede zur Arbeit der Fraktion hatte er die Presseberichterstattung über die Arbeit des Bundestages kritisiert. Sie beschränke sich auf Konfliktschilderungen. Auch die Unterstellungen von »auskunftheischenden Journalisten«, es gebe schwere Konflikte in der SPD-Fraktion, wies er zurück. Wo Differenzen seien, sollten sie ausgetragen, aber dann anschließend nicht breitgetreten werden. Daß genau dies in der Mediengesellschaft immer wieder geschah, konnte Herbert Wehner nicht verhindern[81].

Zahlreiche und in verschiedenen Varianten verbreitete Anekdoten schildern Wehner als autoritären Fraktionspatriarchen mit bärbeißigem, deftigem Humor. Ein Beispiel ist die oft mündlich erzählte Geschichte von dem Bundestagsabgeordneten, der in der alphabetisch geordneten Fraktion weit hinten sitzen mußte, weil sein Name mit W oder Z anfing. Als dieser bei Wehner anfragte, ob er weiter vorne sitzen könne, soll der geantwortet haben: »Dann mußt du dich Arschloch nennen, dann kannst du ganz vorne sitzen!« Hans-Jochen Vogel erinnert sich an drei mögliche Arten, von Wehner in der Fraktion angesprochen zu werden. Wenn die Stimmung freundlich war, sei der Betreffende einfach mit seinem Nachnamen genannt worden, wenn es langsam ungemütlich wurde, habe es, etwas lauter, geheißen: »Der Genosse …«, und wenn Wehner besonders wütend war, habe er geschrieen: »Der Herr …!« Eine andere, ebenfalls mehrfach überlieferte Anekdote besagt, Wehner habe in späteren Jahren meist darauf verzichtet, bei Abstimmungen in der Fraktion die Stimmenzahl der Minderheit genau nachzuzählen. »Angenommen – gegen 38 Stimmen!« habe er üblicherweise festgestellt[82].

In vieler Hinsicht wirkte Wehner als Parlamentarier vorbildlich. »So werden wir ihn vor allem im Gedächtnis behalten«, hieß es in einem Fernsehbericht aus Anlaß seines Ausscheidens aus dem Bundestag, »als immer unermüdlichen Parlamentarier in seiner Bank«, der morgens als erster kam und abends noch einsam vorne auf dem Platz des Fraktionsvorsitzenden verharrte, ehe er als letzter das Parlament verließ. Sein Essen nahm er nicht im Restaurant ein, sondern bescheiden und spartanisch in seinem Arbeitszimmer, nach strengem Diätplan zubereitet von Greta. Wehner betrachtete seinen Platz im Plenum als seinen Arbeitsplatz. Ausnahmen mußten, so erinnert sich Jürgen Schmude, von allergrößter Wichtigkeit sein, sonst pflegte er im Plenum zu sein. Er erledigte dort Schriftverkehr und machte sich Notizen. Wenn Brandt – das war häufig der Fall – nicht anwesend war, wechselten sich auf dem Platz an Wehners Seite diejenigen Fraktionskollegen ab, die etwas mit ihm zu besprechen hatten. Seine herausgehobene Stellung war unter anderem daran zu erkennen, daß nicht nur Abgeordnete, sondern auch die Minister dort in seiner Bank »antraten«[83].

Wenn Wehner zu einer Rede vors Mikrophon trat, konnte er der Aufmerksamkeit der Abgeordneten und der Pressevertreter gewiß sein. Trotz Kargheit an poetischen oder literarischen Bildern war seine Sprache immer aussagekräftig. Sie wirkte authentisch, in Übereinstimmung mit seinem Seelenzustand. Wehner konnte sich auch kurz fassen, aber besonders in Erinnerung blieben seine umständlichen, oft mehr als 150 Wörter langen Schachtelsätze. »Manche sagen, er hätte Sätze aufeinandergetürmt wie die alten Zyklopen Steinmauern. Aber seine Sätze sind immer aufgegangen am Schluß«, erinnert sich Hans-

Jochen Vogel. Wehner überzeugte nicht durch geschliffene, glatte Rhetorik, sondern durch inhaltliche Tiefe, Schärfe, aggressiven Witz und Schlagfertigkeit[84].

Bei Rednern der CDU/CSU besonders gefürchtet waren Wehners Zwischenrufe, die sie aus dem Konzept bringen sollten. Die anteilig meisten Ordnungsrufe, nämlich 13 an der Zahl, erhielt Wehner in der 8. Wahlperiode zwischen 1976 und 1980; auf die 13 Jahre der sozialliberalen Koalition entfallen 24 von seinen insgesamt 45 Ordnungsrufen. Die weitaus meisten Äußerungen und Zwischenrufe wurden jedoch nicht geahndet, und oft gab es keinen Anlaß dazu. Viele waren einfach gekonnt und witzig wie jener, von dem Björn Engholm berichtet. Wehner hatte Helmut Kohl aufs Korn genommen. Engholm: »Als dieser im Deutschen Bundestag mit tiefem Pathos sinngemäß sein ›dies ist der Tag …‹ (der Demokraten wahrscheinlich) hervorbrachte, stieß Wehner quer: ›Dies ist Donnerstag!‹ Das wiederholte sich, bis Kohl, erkennbar verwirrt, auf ›es ist an der Zeit‹ umstieg und Wehner mit ›Mittag ist es‹ konterte. Kohl gab auf.« Kohls Antrittsrede als Oppositionsführer garnierte Wehner mit einem gezielten Zwischenruf: »Morgenstunde hat Kohl im Munde.«[85]

Bekannt sind die zahlreichen Wortspiele, mit denen Wehner die Namen von politischen Gegnern verballhornte. Das begann schon früh. Die Kommunisten Walter Ulbricht und Max Seydewitz wurden zu »Wulbricht« und »Seichtewitz«. Aus dem Abgeordneten von und zu Guttenberg von der CDU/CSU wurde zuweilen »Kuttenzwerg«, aus Kurt Biedenkopf ein »Biedenknopf«. Geläufig sind Prägungen wie »Übelkrähe« und »Hodentöter« für die CDU-Parlamentarier Jürgen Wohlrabe und Jürgen Todenhöfer. Doch auch eigene Parteifreunde blieben nicht verschont. Gleich zwei Verballhornungen erfand er für den rheinland-pfälzischen SPD-Politiker Klaus von Dohnanyi. Beide, das Substantiv »Dochnieda« und das Verb »dohnanyieren«, waren wenig schmeichelhaft[86].

Ebenso wie solche Prägungen konnten Bemerkungen Wehners unter die Gürtellinie gehen, so der Vorwurf an Strauß vom 10. März 1975, sein Schreiben an die Bundestagspräsidentin sei »im Grunde genommen ein Erguß« gewesen. Die aus dem Parlament ausziehenden CDU/CSU-Abgeordneten begleitete er mit den Worten »machen Sie das draußen auch mit der Hosentasche weiter«. Es wird behauptet,

Wehner habe solche »verbale Detonationen« nie unkontrolliert, sondern stets mit Bedacht und taktischem Kalkül angewandt. Das ist jedoch wenig wahrscheinlich. Viele Schimpfworte Wehners wurden durch beleidigende und ehrabschneidende Äußerungen und Zwischenrufe des politischen Gegners provoziert[87].

Er konnte sein Temperament nur schwer zügeln. Wenn ihm eine Gelegenheit zum Wortwitz einfiel, widerstand er meist nicht, und so brachen die Schmähungen aus ihm hervor. Manchmal zielten sie auffällig auf die untere Körperhälfte. Die ›Welt‹ verzeichnete mit Recht im Jahr 1976, Wehner sei der einzige führende Politiker, dessen politisches Denken und Handeln noch in den zwanziger Jahren geprägt worden war. Das war aber eine Zeit gewesen, in der autoritär geprägte Politiker und Militärs den Sumpf, wahlweise den braunen oder den roten, trockenlegen wollten, in der politische Feinde ausgerottet werden sollten und mit Attributen als bedrohlich empfundener Sexualität bezeichnet wurden. Das Volk, die Gesellschaft, die Nation oder den Staat, auch die Klasse als politischen Körper zu sehen, der im Sumpf zu versinken drohte oder von Krankheitserregern befallen war, die es abzuwehren galt, gegen die Ordnung und Sauberkeit zu schaffen war, das war nicht nur ein Bild der Nationalsozialisten und ihrer Anhänger. Solche Körperbilder hinterließen ihre Spuren bei einem großen Teil der politischen Generation, der Wehner entstammte. Auch bei ihm selbst. Nicht von ungefähr nahm die Parole, unter der seine Zeitschrift ›Revolutionäre Tat‹ stand, im Widerspruch zu landläufigen Vorstellungen von der Anarchie, den Drang zum Ordnen auf: Nicht »Chaos«, sondern »Ordnung ohne Herrschaft« wollte Wehner schaffen[88].

Schon der achtzehnjährige Herbert Wehner ereiferte sich 1925 über den »furchtbaren Sumpf der kapitalistischen Weltordnung«. Er wünschte einer elenden Bande von Menschen, die stets nur über »das Bett und das Weib« sprächen, sie möchten sich »recht schnell zu Tode huren«. Auch in seiner »Selbstbesinnung und Selbstkritik« von 1942 sprach er immer wieder von den Krankheitserregern, von denen das deutsche Volk befallen sei. »Wieder gut machen« faßte Wehner als Heilungsprozeß auf. Er verband solche Aussagen zwar mit demokratischen Zielsetzungen, aber die Sprache verrät ihn als Kind seiner Zeit[89].

Viele Temperamentsausbrüche Wehners waren im wahrsten Sinne des Wortes überflüssig. Sie schreckten politische Freunde und Gegner ebenso ab wie die Öffentlichkeit. Sie sind auf dem Hintergrund der Biographie und der zahlreichen, nicht weniger unangemessenen Anfeindungen gegen Wehner verständlich, aber sie waren weder politisch klug noch gar verehrenswert. Wehner trug so selbst zu vielen Anfeindungen bei.

Darüber hinaus ergaben sich aus seinem Lebenslauf und den eher im verborgenen betriebenen humanitären Aktivitäten Wehners Fragen, die nicht so leicht zu beantworten waren. Wehner wirkte nach außen hin radikal, extrem. Denn er vertrat seine Ansichten und die Anliegen von Menschen radikal. Das, was er vertrat, war jedoch keineswegs extrem. Es blieb bei den Grundkonstanten Wehnerscher Politik, die sein Handeln seit den vierziger Jahren bestimmten: die Hilfe für die Opfer der Teilung und des Kalten Krieges, die Versöhnung der Arbeiterschaft mit dem Staat, die Regierungsfähigkeit der Sozialdemokratie, die Demokratisierung von Staat und Gesellschaft, gesamtdeutsche und europäische Friedens- und Entspannungspolitik, die Versöhnung mit den Völkern Osteuropas und die Überwindung der menschlichen Härten der deutschen Teilung. Neues, strategische oder taktische Schwenkungen größerer Art, kamen in den späten siebziger Jahren nicht mehr hinzu. Der Politiker Wehner hatte das Ende seiner Entwicklung und, wie sich bald zeigen sollte, auch seiner Entwicklungsfähigkeit erreicht.

Ein schwerer Schlag für Herbert Wehner war der Tod seiner Ehefrau Lotte am 26. Oktober 1979. Mit zunehmendem Alter hatte sich ihr ohnehin angegriffener Gesundheitszustand verschlimmert, zu ihrem Herzleiden waren spätestens ab 1978 Anzeichen einer Demenz hinzugekommen. Sie wurde nicht nur vergeßlicher, sondern sie phantasierte, bekam Angstzustände. Wie so häufig bei solchen Erkrankungen, wurden einschneidende Ereignisse ihres früheren Lebens wieder gegenwärtig. Lotte Wehner durchlebte in ihrer Verwirrung die Verfolgung durch die Nazis noch einmal. Zu Greta sagte sie einmal voller Angst: »Im Haus gegenüber ist ein Gestapokeller, dort wird gefoltert.« Als sie im Sterben lag, spielte Wehner ihr auf der Mundharmonika das Kirchenlied »So nimm denn meine Hände und führe mich, bis an mein selig Ende und ewiglich ...« vor. Dabei kam sie zur Ruhe und schlief ein. Wie Greta, die an ihrem Bett Wache hielt, sich erinnert, vermochte sie ihren Sterbeweg erst abzuschließen, als Wehner am frühen Morgen zurückkam: »Es war, als hätte sie nur auf ihn gewartet.«[90]

Die Beziehung zu Lotte hatte Wehner viel bedeutet. Die Begegnung mit ihr im Sommer 1944 stand nach Widerstand, Verfolgung und Haft am Anfang seines neuen Lebens. Sie gab ihm Geborgenheit, Rückhalt und viel mehr als das. Er hatte einen Menschen gefunden, eine Familie, auf die er sich voll und ganz verlassen konnte. Lotte war eine unentbehrliche Gesprächspartnerin, der er alle seine politischen Erlebnisse und Erfahrungen mitteilen konnte. Wenn jemand seine wichtigste Beraterin war, dann sie. Auf jeden Fall war sie seine wichtigste Zuhörerin – und Leserin, wenn sie aufgrund ihrer langen Öland-Aufenthalte auf die briefliche Verständigung angewiesen waren. Dabei ging es keineswegs einseitig um Politik. Natürlich teilte Wehner ihr, die ja zeitlebens politisch aktiv und interessiert gewesen war, intensiv seine Sicht der Vorgänge und Ereignisse mit. Seine Sichtweisen waren die ihren – wobei nicht auszumachen ist, wie sehr Lotte Wehner in Gesprächen oder einfach durch ihre Art, die Geschehnisse zu sehen, selbst die Sichtweise Wehners beeinflußte. Das enge Zusammenleben – was Greta natürlich einschloß – legt eindeutig die Schlußfolgerung nahe, daß politische Meinungsbildung bei Wehners nicht auf einer Einbahnstraße verlief. Jenseits des Politischen gab es eine große Übereinstimmung in der Lebenshaltung – einfach, aber kultiviert – und gemeinsame Interessen, an Musik, Literatur, insbesondere an Pflanzen und Natur. Dieses letztere Interesse – es gibt keine Anzeichen dafür, daß es vorher schon bei ihm vorhanden gewesen war – weckte die gelernte Gärtnerin Lotte bei Wehner. Ebenso großen Raum wie die politischen Ereignisse nehmen im Briefwechsel Naturbeobachtungen ein. Dabei konnte Wehner genaue Beschreibungen mit ironischen Zwischentönen verbinden. So berichtete er Anfang Mai 1973 über den Frühling in Bad Godesberg nach Schweden: »Objektiv betrachtet: Die Magnolien blühen. Die Mandelbäumchen auch. Die Kastanien sind noch nicht in der Blüte. Das Grün ist erwartungs-erweckend. Die Buchen sind lieblich, wenn auch zunächst in den unteren ›Etagen‹. Klematis beobachte ich gespannt; sie machen den Eindruck, bald in Blüte zu sein.«[91]

Wie sehr sie ihm fehlte, wird aus den Erinnerungen Gretas ersichtlich. Sie bedauert im nachhinein, daß Wehner sich nicht die Zeit nahm oder nehmen konnte, zu trauern. Man brauche ein »Trauerjahr« oder etwas Zeit darüber hinaus, um neuen Boden unter den Füßen, um Abstand zu bekommen. Herbert Wehner jedoch gab, nur drei Tage nach Lottes Tod und noch zwei Tage vor ihrem Begräbnis, in seiner Wohnung dem Fernsehjournalisten Jürgen Kellermeier ein fast zweistündiges Interview für die Reihe »Zeugen der Zeit«. Darin ließ er sein gesamtes politisches Leben nach 1945 Revue passieren. Ton und Mimik waren dabei oft grimmig, aber es entstand ein besonders aussagekräftiges, umfassendes Interview. So stürzte er sich also erneut in die Arbeit, pflichtbewußt, aber selbstvergessen. Sein gesundheitlicher Allgemeinzustand verschlechterte sich im Jahr 1980 sehr. Er magerte ab, mehr als ihm guttat. Greta ging mit ihm zum Internisten, zum Urologen, am Ende mußte er Insulin spritzen statt wie bisher Tabletten einzunehmen. Im Februar und März 1981 war er drei Wochen in stationärer Behandlung – direkt von der Klinik ging es am 13. März zu einer Fraktionsvorsitzendenkonferenz nach Wiesbaden. Im Juni 1981 folgte eine Prostata-Operation, 1982 erkrankte Wehner zweimal an Lungenentzündung. Die gesundheitlichen Probleme nahmen zu, seine Leistungsfähigkeit nahm ab, und für Erholung war wenig Zeit[92].

Rückblickend betrachtet wäre es für Wehner besser gewesen, sich aus der Fraktionsführung zurückzuziehen, zum Beispiel nach der Bundestagswahl von 1976. »Aber keiner«, so Gretas Erinnerung, »hat geholfen, daß er aufhören kann.« Im Gegenteil, immer wieder fanden sich Weggefährten, die darauf bestanden, daß er weitermache. Wehners SPD-Genossen in seinem Wahlkreis waren es, die ihn für 1980 zu einer erneuten Kandidatur für den Bundestag drängten. In der Parteispitze wurden Rücktrittsgedanken Wehners eher als Drohungen verstanden. Angesichts zunehmender Streitigkeiten mit dem Koalitionspartner und in den eigenen Reihen erschien er seinen Führungskollegen weiter als unverzichtbar. Als Wehner sich schließlich im November 1981 noch ein weiteres Mal als Fraktionsvorsitzender im Amt bestätigen ließ, war sein FDP-Kollege Mischnick froh, denn es sei notwendig, in der Krise gemeinsame Erfahrungen zu nutzen. Die zwölf Koalitionsjahre betrachte er als »Auftrag für die Zukunft«. Er sei überzeugt, »auch durch diese Krise werden wir hindurch kommen«. Bundeskanzler Schmidt gab Wehner bis zuletzt das Gefühl, daß sein Mitwirken als Fraktionsvorsitzender für den Bestand der SPD/FDP-

Regierung von großer Bedeutung war. »Wenn zum Beispiel ich Dich in den letzten beiden Jahren nicht gehabt hätte, so hätte ich im Winter 1980 auf 1981 und erneut im Herbst 1981 Schluß machen müssen«, schrieb Schmidt im November 1982[93].

Im übrigen fehlte der geborene Nachfolger für dieses damals für den Erhalt der Regierungsfähigkeit der SPD so wichtige Amt. In der Presse wurde zwar immer wieder darüber spekuliert, und dabei fielen Namen wie Hans Apel, Hans-Jürgen Wischnewski, Hans Matthöfer, Horst Ehmke und Hans-Jochen Vogel. Doch diese Kandidaten waren entweder für andere Ämter vorgesehen oder schienen nicht durchsetzungsfähig genug. Ehmke, der als Vertreter der Linken galt, sei, so hieß es, beim rechten Flügel nicht vermittelbar. Dabei wäre es um 1980/81, meint Jürgen Schmude, wohl auf Horst Ehmke hinausgelaufen. Doch gegen diesen Nachfolger habe Wehner selbst sich mit Händen und Füßen gewehrt. Nach wie vor mochte Wehner Ehmkes »Wendigkeit« nicht. Wehner selbst hat laut Aussage von Greta Wehner in seinem Stellvertreter im Fraktionsvorsitz, Olaf Sund, einen möglichen Nachfolger gesehen. Doch Sund wechselte im Mai 1977 als Senator für Arbeit und Soziales nach Berlin. An seiner Stelle wurde Ehmke zum stellvertretenden Fraktionsvorsitzenden gewählt. Ein ernsthafter Kandidat für die Nachfolge war Hans-Jochen Vogel, zu dem Wehner von 1977 an ein ausgesprochenes Vertrauensverhältnis entwickelte. Aber als Anfang 1981 in Berlin ein neuer Regierender Bürgermeister gebraucht wurde und Willy Brandt, den Wehner für dieses Amt vorgeschlagen hatte, nicht wollte, ließ Vogel sich in die Pflicht nehmen. Damit war auch diese Lösung – vorerst – versperrt. Wehner steckte Vogel um diese Zeit einen Zettel zu, mit der handschriftlichen Notiz: »Weiterarbeiten und nicht verzweifeln«[94].

Der gesundheitliche Verfall Herbert Wehners ging einher mit dem Niedergang der sozial liberalen Koalition. Infolge des Entschlusses der Union, den außerhalb Bayerns nicht vermittelbaren, für einen rechten Kurs stehenden CSU-Vorsitzenden und Ministerpräsidenten Franz Josef Strauß zum Kanzlerkandidaten zu machen, gelang der SPD/FDP-Koalition im Oktober 1980 noch einmal ein überzeugender Wahlsieg und die Erneuerung ihres Bündnisses. Doch die wirtschafts- und sozialpolitischen Gegensätze zwischen den Koalitionspartnern und die außerparlamentarische wie innerparteiliche Kritik an der

Verteidigungs- und Atomenergiepolitik des SPD-Kanzlers nahmen weiter zu.

Herbert Wehner war kein begeisterter Anhänger des NATO-Nachrüstungsbeschlusses, der auf Bundeskanzler Helmut Schmidt zurückging. Um ein sowjetisches Übergewicht bei den auf Mittel- und Westeuropa gerichteten atomaren Mittelstreckenraketen auszugleichen, wollte der Westen seinerseits solche Waffen stationieren, vor allem in der Bundesrepublik. Im Januar 1979 war diese Entscheidung bei einem Treffen Schmidts mit den Regierungschefs der USA, Frankreichs und Englands auf der Insel Guadeloupe vorbereitet worden. Wehner kritisierte dies indirekt, indem er in einem Artikel für die ›Neue Gesellschaft‹ gegen Äußerungen des CDU-Wehrexperten Manfred Wörner Stellung nahm. Dieser hatte gefordert, der Westen solle zuerst aufrüsten und danach erst über Rüstungsbegrenzung verhandeln. Wehner dazu: »Es entspricht nicht der realen Lage der Bundesrepublik, mit der vorgeblichen Notwendigkeit zusätzlicher Waffensysteme zu argumentieren und dabei die Gefahr heraufzubeschwören, daß die Bundesrepublik zum Träger solcher zusätzlicher Waffen gemacht würde, statt die Kräfte des Bündnisses in die Waagschale von Rüstungsbegrenzung und Rüstungsabbau zu bringen.«[95]

Getreu der Empfehlung des CDU-Generalsekretärs Kurt Biedenkopf, den Kanzler Helmut Schmidt nicht als Person anzugreifen, sondern ihn von der SPD zu isolieren, machte die Union daraufhin Herbert Wehner zum Angriffsziel. Sie wertete seine Stellungnahme gegen Wörner als Polemik gegen die Verteidigungspolitik des Bundeskanzlers und erklärte ihn zum »Sicherheitsrisiko«. Nun sah er sich genötigt, in der Fraktion und öffentlich zu erklären, daß er mit Schmidts Überlegungen übereinstimme. In seiner regelmäßigen Kolumne für die ›Harburger Anzeigen und Nachrichten‹ nahm er die Sache mit Humor. Nachts zwischen 4 und 5 Uhr schreibe er die üblichen 50 Zeilen, aber die Sicherheitsorgane hätten noch nicht zugegriffen, um ihn hinter Schloß und Riegel zu bringen. Vielleicht wollten sie ihn erst einmal nur observieren, um zu prüfen, wer nach seiner Ernennung zum »Sicherheitsrisiko« noch Kontakt zu ihm halte. Wehner schloß seine Ausführungen mit einem Verweis auf die Rede vom 30. Juni 1960, in der er seine und der SPD Bündnistreue zur NATO bekannt hatte, und mit einem Zitat aus Schmidts Regierungserklärung[96].

Aus dem Nachrüstungsbeschluß wurde im Herbst 1979 der NATO-Doppelbeschluß, welcher das Vorhaben, Mittelstreckenwaffen vom Typ Pershing II und Cruise Missile aufzustellen, mit dem Angebot zu umfassenden Abrüstungsverhandlungen verband. Dabei betonte die US-amerikanische Regierung eher die Absicht, Raketen zu stationieren, während die Bundesregierung stärkeren Wert auf die Verhandlungen legte. Gleichwohl bildete sich gegen die NATO-Nachrüstung erstmals nach fast einem Vierteljahrhundert wieder eine größere Friedensbewegung heraus. Diese wurde von christlichen, kommunistischen und basisdemokratischen Kräften unterstützt, bekam schnell eine Massenbasis und schließlich viel Zulauf auch aus der SPD. Die sozialdemokratische Führung stand vor einer Zerreißprobe. Willy Brandt, der Parteivorsitzende, ließ Sympathie für die Friedensbewegung erkennen. Helmut Schmidt sah seine Autorität als Regierungschef und die Stabilität der Koalition in Frage gestellt. Herbert Wehner unterstützte, wie immer, in dieser Situation den sozialdemokratischen Bundeskanzler.

Wehner versuchte, die Position des Kanzlers in die Mitte zu rücken. Einerseits begrüßte er, daß das Problem der Friedenssicherung die Menschen bewege, andererseits aber sei vieles in diesen Diskussionen nicht genügend durchdacht. Die Union plädiere nur noch einseitig für die Nachrüstung, spreche aber nur selten von Verhandlungen. Mit ihrer Politik der »Aufrüstung um jeden Preis« entfernten sich CDU und CSU immer mehr vom NATO-Doppelbeschluß. Er betonte dagegen, für die SPD/FDP-Regierung hätten beide Teile des Beschlusses Gültigkeit, also ebenso derjenige, in dem es um ernsthafte Verhandlungen mit dem Ziel einer Rüstungsbegrenzung gehe wie der Teil, »der von einer gegebenenfalls unvermeidlichen Nachrüstung der NATO spricht«[97].

Herbert Wehner hatte Schmidt schon Anfang 1977 zu einer stärkeren Betonung der Politik der Friedenssicherung und Entspannung durch die Bundesregierung ermahnt. Darin sah er die entscheidende Grundlage für das Regierungsbündnis mit den Liberalen. Eigene Verhandlungsinitiativen zum Rüstungsabbau würden, so Wehner, »in den Ländern des Warschauer Paktes uns als friedens- oder entspannungsfreundlichen Faktor (...) nicht ins Abseits geraten« lassen. Willy Brandt pflichtete Wehners Sichtweise bei. Beide stimmten ihre Stellungnahmen gegenüber Schmidt aufeinander ab. Wehner hatte gegenüber Schmidt jedoch auch gemeint: »Das Verhältnis USA/UdSSR wird für unsere Bewegungsmöglichkeiten von erstrangiger Bedeutung werden.« Nun verschlechterte sich dieses Verhältnis nach dem Einmarsch der Sowjets in Afghanistan und dem Antritt des republikanischen Präsidenten Reagan drastisch. Die Spannungen nahmen zu, die Aussichten auf einen Erfolg bei den Abrüstungsverhandlungen nahmen ab[98].

Die Demonstrationen der Friedensbewegung unter dem Motto »Frieden schaffen ohne Waffen« richteten sich gegen den Nachrüstungsteil des NATO-Doppelbeschlusses. Teile der SPD, in vorderster Front der Bundestagsabgeordnete und ehemalige Bundesentwicklungshilfeminister Erhard Eppler, unterstützten die Bewegung und nahmen an ihren Demonstrationen teil. Streit zwischen Brandt und Schmidt entzündete sich an der Frage, wie mit Sozialdemokraten umzugehen sei, die an der Großdemonstration auf der Bonner Hofgartenwiese am 10. Oktober 1981 teilnehmen wollten. Schmidt forderte Brandt auf, für einen Beschluß des Präsidiums zu sorgen, der allen Sozialdemokraten empfehle, nicht an der Kundgebung teilzunehmen. Dazu war Brandt nicht bereit. Wehner nahm im SPD-Präsidium eine mittlere Position ein. Er forderte, die Rede Epplers müsse so gehalten sein, daß sie nicht als Zeichen der Spaltung der SPD benutzt werden könne oder als demonstrative Stellungnahme gegen die Politik von Bundeskanzler und Bundesregierung[99].

Die engeren Berater der drei führenden Sozialdemokraten traten in Kontakt miteinander, um den Streit zu entschärfen: Peter Glotz für Willy Brandt, Manfred Lahnstein für Helmut Schmidt und Gerhard Jahn für Herbert Wehner. Dabei wurde Wehner die Rolle zugedacht, den Konflikt zu überbrücken. In dem Zusammenhang kam es zum einzigen »fremden« Redeentwurf für den aktiven Politiker Wehner, der überliefert ist. Der Abgeordnete Jürgen Linde und der Parlamentarische Geschäftsführer Gerhard Jahn schrieben den Text. Er nahm Bezug auf gemeinsame Überlegungen von Lahnstein und Glotz, die sowohl die Zustimmung des Kanzlers als auch des Parteivorsitzenden gefunden hatten. Da hieß es, die SPD stehe zur Friedenspolitik der Bundesregierung, welche der Bundeskanzler vertrete. Friedenspolitik mit Schmidt heiße, daß man diese nicht gegen die SPD machen könne. Demonstrationen seien jedoch nicht notwendig, um diese Bundesregierung zur Friedenspolitik anzuhalten. Die Mehrheit der Demonstranten sei ehrlichen Willens. »Wir müssen und wollen die Politik von Helmut Schmidt und Willy Brandt für den Frieden gemeinsam tragen und durchsetzen.«[100]

Diesen Redebeitrag sollte Wehner zur Einleitung einer Tagung des Parteivorstands am 2. und 3. Oktober halten. Dann würden sich, so Jahn, sowohl Brandt als auch Schmidt darauf beziehen. Wehner, der sich noch nie eine Rede hatte schreiben lassen, hielt sich jedoch mit keinem Wort an diesen Textvorschlag. »Ich weiß, daß manche es heute juckt, über dies und über jenes zu reden, z. B. auch über diese sogenannten Friedensdemonstrationen«, begann er. Dann formulierte er im Rahmen eines 149-Wörter-Satzes eine Position, die eine Brücke bilden sollte: »Sozialdemokraten müssen sich gemeinsam anstrengen, bei allen Unterschieden, die bestehen, über das, was man gerade jetzt und das, was man hätte schon machen müssen, immer daran zu erinnern, daß wir auf verantwortlichem Posten stehen in der Bundesrepublik Deutschland und dafür weiter bemüht sein müssen, daß erstens die beiden Weltsupermächte West und Ost oder Ost und West in Verhandlungen über das, was man Rüstungsbegrenzung, Rüstungsverminderung, Gleichgewicht usw. nennt und in Erinnerung gebracht bekommen, daß wir dazu auch unseren Beitrag schon geleistet haben und weiter mit Zähigkeit und mit dem, was der Rolle und der Würde dieser Sozialdemokratischen Partei, die die älteste in Deutschland ist, die es überhaupt unter den Parteien gibt, daß wir da denen Ehre machen, auf die wir uns berufen, wenn wir über Sozialdemokraten und ihre Bemühungen um Friedensentwicklung, um sozialen Ausgleich zu sprechen haben.«[101]

Hinter diesen komplizierten Formulierungen eine eigene inhaltliche Position Wehners zur Frage der Nachrüstung zu erkennen, fällt schwer. Der alte Wehner verkörperte eine Tradition, vor allem aber eine Haltung, nämlich die eigene Regierung zu unterstützen. Das betonte er noch einmal, indem er sich am 6. Oktober eine Erklärung Schmidts vor der Bundestagsfraktion zu eigen machte, in der es hieß, der Frieden sei nur durch Verhandlungen sicher zu machen, und es gehe darum, die Handlungsfähigkeit der Bundesregierung und des Bundeskanzlers zu erhalten. Ähnlich verhielt er sich zur aufkommenden Anti-Atomkraft-Bewegung. Im Februar 1981 erläuterte er auf einer Pressekonferenz in Berlin, er sei nicht dogmatisch für oder gegen die Nutzung der Kernenergie, wolle aber alles verhindern, was die Regierungsfähigkeit des Kanzlers erschüttern könne[102].

Ebenso war es im Bereich der Wirtschafts- und Sozialpolitik. Im »Sozialpolitischen Programm«, das unter seiner Federführung entstand, wurde Arbeit für alle gefordert, ein humanes Wachstum, die Arbeitszeitverkürzung auf 35 Stunden pro Woche, ein weiterer Ausbau des Arbeitsschutzes und mehr Mitbestimmung, insgesamt mehr Bürgernähe im Sozialstaat. In der Praxis unterstützte Wehner jedoch die Politik des Bundeskanzlers, der einerseits nichts von den seiner Ansicht nach ausufernden Sozialstaatsvorstellungen in Partei und Fraktion hielt, andererseits auf die schwierige wirtschaftliche Lage und einen liberalen Koalitionspartner Rücksicht nehmen mußte, der zunehmend in eine andere Richtung strebte. »Wir stehen vor einem ungeheuer schweren Abwehrkampf gegen Neokonservativismus«, meinte Wehner im Juni 1982 in einem Rundbrief an die Fraktion. Das traf zu, aber mit Kompromissen in der Mitte war der vor allem von Außenminister Genscher und Wirtschaftsminister Graf Lambsdorff betriebene Abmarsch der FDP, die »Wende« zur Union, nicht mehr aufzuhalten. Es gelang noch, mit Mühe, mit vereinten Kräften und mit Hilfe von Mischnick, die Regierung über den Sommer 1982 zu bringen, dann zerbrach die Koalition[103].

Wenn die SPD jetzt in die Opposition gerate, dann könne es fünfzehn Jahre dauern, bis sie wieder an die Regierung komme, prophezeite Wehner, zutreffend, am 18. September 1982 im Saarländischen Rundfunk. Eine Ära gehe zu Ende, meinte er, das sei schmerzhaft. Er habe sich als Fraktionsvorsitzender viel Mühe gegeben und verneige sich vor dem Bundeskanzler und seiner Leistung. Der eigenen Partei könne er für die Oppositionszeit lediglich seine Erfahrungen mit auf den Weg geben, »sonst nichts«[104].

Das traf zu. Der 76jährige Herbert Wehner war politisch-konzeptionell am Ende. Er hatte keine wegweisenden Konzepte zur Bewältigung der politischen und wirtschaftlichen Krise aufzuweisen. Er konnte keinen Weg mehr aufzeigen, die zunehmenden Konflikte zwischen Friedensbewegung und Regierung, zwischen den Sozialpolitikern in der SPD und den Wirtschaftspolitikern in der FDP zu überbrücken oder sie gar durch zukunftweisende Ideen zu überwinden. Was er in den späten siebziger und frühen achtziger Jahren noch konnte war: vermitteln, Kompromisse zustande zu bringen, sie schließlich nur noch zu verkörpern. So verzögerten Wehner und das, wofür er stand, den Bruch. Er konnte ihn aber nicht verhindern.

Inhaltlich hatte er schon seit einigen Jahren von seiner Substanz gezehrt. Neue Ideen entwickelte er nicht mehr. Seine Reden wurden schwächer. Als Alterspräsident des Deutschen Bundestages beschränkte er sich am 4. November 1980 darauf, Zitate seiner Vorgänger in diesem Amt aneinanderzureihen. Damit wolle er, so sagte er, daran erinnern, daß parteipolitische Gegensätze nicht allein die Maßstäbe für die gegenseitige Wertschätzung waren[105].

Sein Gedächtnis ließ nach. Im Frühjahr 1980 versandte er zweimal den kompletten Text seiner Rede vom 30. Juni 1960 als Argumentationshilfe an alle Mitglieder der SPD-Bundestagsfraktion. Zu Hause klagte er, daß ihm bei den Sitzungen die Namen der Fraktionsmitglieder öfters nicht einfielen. Greta sprach mit einem der Parlamentarischen Geschäftsführer und bat, Wehner zu helfen. »Das müßt ihr tun, wenn ihr wollt, daß er die Periode zu Ende macht.«[106]

Erstmals seit 34 Jahren konnte Herbert Wehner an einem Bundesparteitag der SPD nicht teilnehmen. Im April 1982 in München fehlte er aufgrund einer Lungenentzündung. An seiner Stelle leitete Hans-Jochen Vogel die wichtige Antragskommission des Parteitags. Schon im März hatte Wehner bekanntgegeben, nicht wieder für den Parteivorstand kandidieren zu wollen. Dreißig Jahre hatte er dem Gremium angehört. Der Abschied kündigte sich an[107].

Helmut Schmidt, mittlerweile Ex-Kanzler, versuchte im Herbst 1982 noch, Wehner zu überzeugen, sich wieder zur Wahl in den Bundestag zu stellen. Dann könnten sie gemeinsam, »nicht in der ersten Bank«, der Fraktion von Zeit zu Zeit mit Rat und Tat zur Seite stehen und ohne Zwang und »wie selbstverständlich« in Kontakt bleiben. Auf Bitte von Greta schrieb Wehners alter Freund aus Salzgitter, Michael Weber, an Helmut Schmidt. Er wisse um die schweren gesundheitlichen Probleme des Fraktionsvorsitzenden. Wenn er sich trotz der Ankündigung, nicht mehr zu kandidieren, doch noch einmal aufstellen ließe, stehe die »systematische Demontage des Ansehens von Herbert Wehner durch eigene Genossen« sowie durch den politischen Gegner bevor. Wehner, so schloß Weber, habe es verdient, noch einige Jahre zu leben, ohne in die Pflicht genommen zu sein[108].

Das Ende der sozial-liberalen Koalition fiel mit dem Ende der politischen Tätigkeit von Herbert Wehner zusammen. Seine letzte Rede im Deutschen Bundestag hielt er am 1. Oktober 1982, dem Tag, an dem Helmut Kohl zum neuen Bundeskanzler gewählt wurde. Es war eine vergleichsweise kurze, nicht sehr starke Rede. Zur vorgezogenen Neuwahl des Deutschen Bundestages am 6. März 1983 kandidierte er nicht wieder[109].

Nach einem Dritteljahrhundert endete die parlamentarische Laufbahn des Herbert Wehner. Er hatte Fraktion und Koalition zusammengehalten. Dabei hatte er seine Kraft verbraucht. Am Ende saß er vorn auf seinem Platz und verkörperte die Regierungsfähigkeit und den politischen Gestaltungswillen der deutschen Sozialdemokratie.

Krankheit und Sterben

Am Bundestagswahlkampf 1983 nahm Herbert Wehner nicht aktiv teil. Er mußte sich erholen und verzichtete auf sämtliche Wahlkampfauftritte. Am Dortmunder Wahlparteitag der SPD beteiligte er sich als Zuhörer.

Helmut Schmidt eröffnete diesen Parteitag am 21. Januar 1983. Er erklärte seinen Respekt vor der Entscheidung Wehners, nicht mehr für den Bundestag zu kandidieren. Kaum einer, so Schmidt, sei in ähnlicher Weise sein Leben lang mit der Arbeiterbewegung verklammert gewesen, kaum einer habe so sehr unter Verfolgung und Denunziation gelitten wie er. Wehner habe in stetiger Arbeit immer wieder dazu beigetragen, die Gesellschaft und den Staat menschlicher, den Frieden sicherer zu machen. Schmidt nahm die Gelegenheit wahr, ihm »einmal von Herzen öffentlich Dank zu sagen. Und es ist nicht nur Respekt und nicht nur Solidarität, was wir empfinden, sondern es ist auch Zuneigung, und – ja – Liebe ist es auch.« Das Protokoll vermerkt langanhaltenden, starken Beifall. Die Anwesenden erhoben sich. Holger Börner, Willy Brandt, Helmut Schmidt und Kanzlerkandidat Hans-Jochen Vogel reichten Herbert Wehner die Hand[1].

Dies sollten, so Schmidt, keine Abschiedsworte sein. Wehners Rat werde noch gebraucht. Einen einzigen Auftritt hatte Herbert Wehner der Hamburger SPD im Bundestagswahlkampf zugesagt. Am 2. März 1983 wollte er auf der Abschlußkundgebung der Partei sprechen. Wer es könne, so die Hamburger Partei in ihrem internen Mitteilungsblatt, solle sich diese Veranstaltung nicht entgehen lassen. Doch aus Wehners Rede wurde nichts. Er mußte wegen Krankheit auf die Teilnahme verzichten. Schmidt hielt dann in Hamburg doch eine Abschiedsrede auf ihn: »Der ›alte Fuhrmann‹ ist ein Zeugnis für unsere Gewißheit über unsere eigene Kontinuität. Auf solchen Schultern stehen wir. An solchem Baume treiben wir wieder und wieder neue Zweige.«[2]

Helmut Schmidt, der 1983 noch einmal als Abgeordneter in den Bundestag gewählt wurde, gab seine Position in der Führung der SPD ab. Er geriet mit seinen politischen Positionen, insbesondere zur Sicherheitspolitik, in eine Außenseiterrolle in der Partei. Von Zeit zu Zeit versuchte der Altkanzler, den ehemaligen Fraktionsvorsitzenden zu mehr Aktivität zu bewegen. Im Sommer 1983 schrieb er an Wehner auf Öland, der Godesberger Heiderhof liege nahe am Zentrum der deutschen Politik: »Vielleicht solltest Du dort im Winterhalbjahr ein unregelmäßig-regelmäßiges kleines Kränzchen um Dich versammeln.«[3]

Dazu war Wehner jedoch nicht mehr in der Lage. Die Jahre nach seinem Ausscheiden aus dem Bundestag sind im wesentlichen Krankengeschichte. Herbert Wehner litt wohl nicht an der Alzheimerschen Krankheit. Wie der Freiburger Psychiater Professor Joachim Bauer 1994 aus Berichten Gretas rekonstruierte, wurde Wehners Senilität durch Schäden an den Blutgefäßen verursacht, welche wiederum auf den langjährigen Diabetes zurückgingen. So kam es zur Minderversorgung verschiedener Organe und Zellen, insbesondere im Bereich des Gehirns. Schon kleine Schwankungen des Blutdrucks, des Blutzuckers oder der Bewässerung des Gesamtkörpers führten zu geistigen Störungen und Verwirrungszuständen. Die Alzheimersche Krankheit beginnt schleichend und verläuft allmählich, die Hirnleistung nimmt kontinuierlich ab. Bei einer Multi-Infarkt-Demenz aufgrund von Gefäßschädigung wie bei Wehner wechseln sich gute Tage mit Phasen völliger Verwirrung ab. Der Beginn der Krankheit kann plötzlich kommen, und sie verläuft abrupt und anfallsartig. Das Ergebnis ist das gleiche wie bei Alzheimer: Der Kranke verliert sein Gedächtnis, die Persönlichkeit verändert sich, er entwickelt sich zurück bis zur völligen Hilflosigkeit[4].

Erste Anzeichen für eine Multi-Infarkt-Demenz gab es, ohne daß sie als solche erkannt wurden, noch während der Abgeordnetenzeit. Während eines Krankenhaus-Aufenthaltes nach einer Prostata-Operation im Juni 1981 äußerte Herbert Wehner am Abend, nachdem er den ganzen Tag im Bett verbracht hatte: »Nun müssen wir nach Hause, damit ich endlich ins Bett gehen kann.« Dies erschien Greta merkwürdig, doch der Arzt meinte, das werde sich wieder geben, so etwas komme bei alten Männern vor[5].

Drastischer verlief im September 1982 ein Anfall am Rande einer

Fraktionsvorsitzendenkonferenz der SPD in Saarbrücken. Am Morgen im Hotelzimmer war Wehner völlig hilflos. Greta konnte ihn nur schwer dazu bringen, aufzustehen. Als sie ihm sagte, er müsse sich rasieren gehen, ging er nicht. Sie brachte ihn ins Badezimmer und machte ihm das Rasierzeug zurecht. Erneut tat er nichts, und erst als sie den Pinsel hochhielt und ihm die Hand führte, machte er wie automatisch die notwendigen Bewegungen. Sie sagte seine weitere Teilnahme an der Sitzung ab und fuhr mit ihm nach Bonn. Dort angekommen, hatte er sich aber wieder völlig erholt. Er weigerte sich, zum Arzt zu gehen: »Mit mir ist gar nichts, ich bin völlig in Ordnung«, sagte er[6].

Die Senilität entwickelte sich bei Wehner wie im Lehrbuch beschrieben in drei Phasen, von der Vergeßlichkeit über die »verwirrte Phase« zur Demenz. In die erste Phase fielen sonst unter »normaler« Altersvergeßlichkeit einzuordnende Schwierigkeiten des Vorsitzenden, sich die Namen seiner Fraktionskollegen zu merken, ebenso wie die Verwechslung der Freistaaten Sachsen und Bayern in einer Bundestagsrede im Juni 1981. Bei dieser Rede fällt ein weiteres Mal die Gegenstrategie des gedächtnisschwächer werdenden Redners Wehner auf: Er begab sich auf für ihn sicheres Terrain, indem er den größten Teil der Rede aus Zitaten zusammenstellte. Zunächst las er seitenlang aus Beschlüssen der SPD-Fraktion vor, und schließlich zitierte er ausgiebig seine eigene Rede vom 30. Juni 1960[7].

Vergeßlichkeit war möglicherweise eine Ursache für eine Verstimmung zwischen Wehner und Brandt im Herbst 1980. Wehner fühlte sich bei dem Vorschlag, Hans-Jürgen Wischnewski zum stellvertretenden Fraktionsvorsitzenden zu machen, übergangen. Darüber beklagte er sich schriftlich beim Parteivorsitzenden, der ihm jedoch geschrieben hatte: »Hans-Jürgen sagte mir, daß er auch mit Dir gesprochen habe.« Wortfindungsschwierigkeiten gehörten ebenso zur Phase der Vergeßlichkeit. So fiel Wehner im März 1983 offenkundig das Wort »Bundestag« nicht ein. In einem Schreiben an seinen langjährigen CDU-Kollegen Gradl teilte er mit, »daß mich das Scheiden vom Bundes-Parlament bewegt und bedrückt«. Bereits im Sommer 1983, im Urlaub auf Öland, zeigte Wehner eines Abends mit der Hand auf den Himmel und konnte nur »da« sagen, um Greta auf den Mond aufmerksam zu machen[8].

Etwa zur selben Zeit versuchte Wehner vergeblich, unter dem Titel

›Mein Elternhaus‹ einen Beitrag für einen Sammelband zu schreiben. Fragen zu beantworten gelang ihm im Frühjahr 1983 noch leidlich. Ein Interview für den von Rüdiger Reitz herausgegebenen Sammelband ›Christentum und Demokratischer Sozialismus‹ geriet ihm gut. Briefeschreiben fiel jedoch schon schwer. Am 18. Januar bat Willy Brandt Wehner schriftlich, ihn wissen zu lassen, »in welcher Weise die Partei künftig auf Deinen Rat zurückgreifen kann und welche Formen der weiteren Zusammenarbeit Dir genehm wären«. Wehners Wunsch, diesen Brief korrekt zu beantworten, kollidierte mit seiner mangelnden Fähigkeit, dafür die angemessenen Worte zu finden. Zunächst schob er die Beantwortung auf, schließlich blieb Brandts Schreiben unerledigt liegen. Bis zu Wehners Tod kam kein wirklicher Kontakt zwischen den beiden mehr zustande[9].

Ebenso wie Greta und den behandelnden Ärzten waren Herbert Wehner die Ursachen und das Ausmaß der Erkrankung nicht bewußt. Er reagierte mit Verdrängung und Depression. Im Sommer 1983 und danach äußerte er oft Sätze wie »alles war umsonst« und später »nichts kann ich mehr«. Nach außen hin wirkte er verschlossen. Bei manchen Beobachtern erweckte er den Eindruck, hier grolle jemand über die politische Entwicklung oder den Umgang mit ihm. Dabei war die Schweigsamkeit eher ein Schutzmechanismus. Auf sicherem Boden bewegte Wehner sich allein innen, zu Hause, im Verhältnis zu Greta[10].

Zwischen dem Regierungswechsel im Herbst 1982 und den Neuwahlen im März 1983, so erinnert Greta sich, hatten die Wehners noch einmal eine »erholsame, heitere Zeit« zusammen. Den Wahlkampf führten andere, die Belastung durch den 14-bis-18-Stunden-Arbeitstag war weggefallen. In dieser Zeit entschlossen sich Herbert und Greta Wehner, zu heiraten. Er hatte diese Idee schon ein Jahr zuvor geäußert. Greta hatte sich gefragt, ob die Ehe rechtlich überhaupt möglich war, weil er ja vorher mit ihrer Mutter verheiratet gewesen war. Sie sah im Gesetzestext nach, und es gab keinen Hinderungsgrund. Die Hochzeit fand im kleinsten Kreis am 16. Mai 1983 auf dem Standesamt in Bonn-Bad Godesberg statt. Im Zusammenleben zwischen den beiden Eheleuten gab es, wie Greta sich erinnert, so gut wie keine Änderung. Für sie war es die Bestätigung einer langen gemeinsamen Strecke, und sie fand es schön, diese Gemeinsamkeit nun auch nach außen hin sichtbar machen zu können[11].

Keinesfalls heirateten Herbert und Greta Wehner, damit sie im Alter versorgt sei, wie es insbesondere die rechte Presse behauptete. Eine eigene Altersversorgung hatte Greta ohnehin schon, weil sie während der gesamten Zeit ihrer Mitarbeit bei Wehner freiwillig ihre Sozialversicherungsbeiträge weiter gezahlt hatte. Außerdem hatte der Parteivorstand auf Drängen des SPD-Schatzmeisters Wilhelm Dröscher einen Versorgungsvertrag für sie abgeschlossen. Auf diesen verzichtete sie nach der Eheschließung[12].

Greta Burmester, »die Tochter«, wie Herbert Wehner zu sagen pflegte, war 1944, als er in die Familie kam, schon eine junge Erwachsene von fast 20 Jahren, die ihrerseits in Schweden in einer festen Beziehung mit dem jungen tschechisch-jüdischen Emigranten Arnošt Bass lebte. Sie hatten beabsichtigt zu heiraten, aber das Verhältnis ging, durch äußere Umstände bedingt, auseinander. Ihr Partner wurde im Herbst 1944 in die tschechoslowakische Exilarmee einberufen und ging nach England. Danach blieb Greta alleinstehend; sie ging in ihrer Ausbildung und später in ihrer Arbeit als Familienfürsorgerin auf. Von Verliebtsein spricht sie nicht. Doch auf jeden Fall sei von Anfang an eine große Zuneigung dagewesen. Greta hält es für gut möglich, daß sie, wenn sie allein gewesen wäre und die Bindung zwischen ihrer Mutter und Wehner nicht bestanden hätte, »einen vereinsamten Menschen wie Herbert nicht nur gemocht, sondern geliebt hätte«. Zu Eifersucht neigte sie jedoch nicht, und so nahm sie ihren arbeitenden, helfenden, ja dienenden Platz an seiner und ihrer Mutter Seite ein. Nach deren Tod ergab es sich dann, daß sie auch ohne Heirat »eben wie zwei erwachsene Menschen, die sich lieben, zusammengelebt haben«. Zur Vermählung kamen viele warme Gratulationsschreiben aus der Bevölkerung. Die politischen Kreise hielten sich eher zurück[13].

Ursprünglich hätte die Eheschließung nach Gretas Wunsch in Jerusalem stattfinden sollen. Sie wollten nämlich im Frühjahr 1983 an einer Delegationsreise der SPD-Bundestagsfraktion nach Israel teilnehmen. Bei der Gelegenheit sollte die feierliche Verleihung der Ehrendoktorwürde nachgeholt werden, die im Vorjahr einmal aus gesundheitlichen, ein anderes Mal aus politischen Gründen verschoben werden mußte. Diesmal mußten sie die Reise absagen, weil Greta erkrankt war. Danach ließ Wehners Gesundheitszustand keine Teilnahme an einer Feier in Jerusalem mehr zu[14].

Die feierliche Übergabe der Auszeichnung mußte nach Bonn verlegt werden. Sie fand am 22. Februar 1984 in der israelischen Botschaft in Bad Godesberg statt. Botschafter Jitzchak Ben-Ari lud ein und sorgte für ein würdiges musikalisches Begleitprogramm. Der Präsident der Hebräischen Universität, Avraham Harman, übergab die Urkunde und hielt eine Festansprache. Zahlreiche Politiker und Würdenträger waren anwesend. Das Lob der Israelis für den »großen Bürger und großen Architekten eines neuen Deutschland« war überschwenglich, der Ausgezeichnete selbst hielt nur eine kurze Dankadresse[15].

Das war die letzte Rede, für die Wehner selbst einen Entwurf schrieb. Die zwei kleinen Schreibmaschinenblätter beginnen mit der folgenden umständlichen Einleitung: »Erlauben Sie mir, bitte, Ihnen deutlich zu machen, daß ich mit Bedauern nicht imstande war, Ihnen in den Jahren 1982 und 1983 in Israel zu erläutern, wodurch ich gehindert war, Ihnen darzulegen, weshalb ich nicht imstande war, Ihnen in Israel zum Ausdruck zu bringen, daß ich am liebsten nach Israel gereist wäre.« Der Rest waren Zitate aus Gratulationsschreiben. Am Ende fügte Wehner noch handschriftlich hinzu: »Ich will Sie nicht durch Zitate belasten und möchte allen danken.« Wie Greta sich erinnert, schloß Wehner den Vortrag seiner Rede mit einem einzigen spontanen Satz ab, der allerdings für ihn typisch war: »Ich werde immer helfen.« Das wirkte rührend, unbeholfen[16].

Zu diesem Zeitpunkt, Anfang 1984, hatte Herbert Wehner offenkundig die zweite, die verwirrte Phase der Senilität erreicht. Weitschweifigkeit und häufige Wiederholungen kennzeichnen die Sprache in dieser Phase. Die Konzentrationsfähigkeit geht verloren, das Urteilsvermögen, die Fähigkeit, sich in Zeit und Raum zu orientieren, nimmt ab[17].

Bei den spärlicher werdenden öffentlichen Anlässen, an denen Herbert Wehner teilnahm, mußte auf seinen Zustand Rücksicht genommen werden. Als im September 1984 die Recklinghausener SPD-Geschäftsstelle in »Herbert-Wehner-Haus« benannt wurde, sagte er nur wenige Sätze, so zum Beispiel, daß er verspreche, das zu tun, »was notwendig ist und was ich imstande bin, daß ich denen recht gebe, was von mir und anderen in Jahrzehnten getan und gepflegt worden ist in Richtung auf Verbesserung der Situation des Menschen und der Arbeiterbewegung«. Die Fragen der Journalisten beantwortete in erster

Linie Greta. Die Presse berichtete von einem heiteren, gelassenen und lockeren alten Wehner, der das Geschehen hierzulande im kritischen Blick habe und über die politische Situation in der Bundesrepublik so umfassend informiert sei wie eh und je. So täuschte sich die Öffentlichkeit[18].

Viele Menschen, die nicht täglich mit ihm zu tun hatten, täuschten sich ebenfalls über seinen Zustand. Sie kannten ihn als aktiven, zupackenden und vitalen Politiker – Wehner als hilflos werdender verwirrter Greis, das lag außerhalb ihres Vorstellungsvermögens. So schickte ihm Ex-Kanzler Helmut Schmidt im Herbst 1986 ausführliche Berichte über vertrauliche Gespräche mit polnischen Politikern. Eugen Glombig, Sozialpolitiker in der SPD-Fraktion, erzählte noch 1988 nach einem Besuch, wie angeregt er sich mit Herbert Wehner unterhalten habe. Gefragt, wer ihm denn auf seine Fragen geantwortet habe, fiel ihm auf, daß die Antworten von Greta gekommen waren[19].

Im Jahr 1986 erschien, herausgegeben von Knut Terjung, dem ehemaligen Pressesprecher der SPD-Bundestagsfraktion, das Gesprächsbuch ›Der Onkel‹. Abgesehen von zahlreichen Zitaten und Redeausschnitten bildeten einige Gespräche, die Terjung Anfang 1985 auf Öland mit Wehner geführt hatte, den Kern des Werkes. Wer mit einiger Kenntnis des Krankheitsbildes dieses »Interview« liest, wird feststellen, daß es sich hier nicht um ernstzunehmende politische Äußerungen handelt, sondern um teilweise wenig zusammenhängende Aussagen eines Demenzkranken, die nicht zwischen zwei Buchdeckel gehört hätten. In einem Rundfunkinterview kritisch befragt, ob Wehner den Sinn des Interviews begriffen habe und ob Wehner sich noch an alles erinnern könne, antwortete Terjung, er selbst könne sich auch nicht zu jeder Zeit an alles erinnern. Empört meinte er: »Ja, hören Sie mal, Herbert Wehner ist doch nicht meschugge. Der weiß doch, was er sagt.«[20]

Wehners Äußerungen zum Ost-West-Verhältnis klangen pessimistisch. Abfällig äußerte er sich über die gegenwärtige SPD, Willy Brandt und die »Grünen«. Ein großer Teil der Öffentlichkeit nahm das Terjung-Gespräch für bare Münze. Rudolf Augstein nutzte es, um nicht das Buch, sondern das Leben Wehners im ›Spiegel‹ gehässig zu verreißen. Hier seien die Wehnersche Lebenslüge, die zahlreichen Irrtümer des »Onkel Bräsig« pyramidenartig zugespitzt. Das Werk trage »manche Altersmerkmale des Schiffbruchs und des Verfalls«, sei aber Originalton Wehner. Dieser treibe seinen »Lebens- und Selbstbetrug in diesem Schlußakkord auf die Spitze«[21].

Für einige Aufmerksamkeit sorgte es, daß Herbert Wehner im Dezember 1985 an einer Veranstaltung mit Johannes Rau in Ahlen teilnahm. Es war der erste öffentliche Auftritt des nordrhein-westfälischen Ministerpräsidenten nach seiner Nominierung zum Kanzlerkandidaten der SPD für die Bundestagswahl 1987 durch den Parteivorstand. Wehner sprach ein kurzes Grußwort. Den Text hatte Greta für ihn geschrieben. Er hatte lediglich Betonungszeichen gemacht und vor die Überschrift »Grußwort an die Konferenz in Ahlen« das Wort »Mein« gesetzt. Wehners Appell, Johannes Rau zur Seite zu stehen, und die anschließende Umarmung des Kanzlerkandidaten wurden von der Presse als Zeichen dafür gesehen, daß die SPD ernsthaft die Macht in Bonn zurückerobern wollte. Aufmerksam wurde registriert, daß die anwesenden Sozialdemokraten die Umarmung stürmisch beklatscht hatten – mit Ausnahme des Parteivorsitzenden Brandt, der sich »erkennbar« zurückhielt[22].

Seine letzte größere Rede hielt Wehner fünf Tage zuvor, als ihm in Dortmund für seine Verdienste um die Mitbestimmung und den Aufbau des demokratischen Staates der Hans-Böckler-Preis der gewerkschaftsnahen Hans-Böckler-Stiftung verliehen wurde. Diese Rede schrieb der Geschäftsführer der Stiftung, Frank von Auer. Die Kernaussagen leitete er aus älteren Reden, Aufsätzen und Interviews von Wehner ab. Greta überarbeitete den Entwurf und erstellte die endgültige Fassung. Den Text hatte sie ihm immer wieder vorgelesen, ganz langsam, »ihn immer anblickend, ob er positiv oder negativ darauf reagierte – einiges setzte ich dann noch hinzu«. Die große Veranstaltung wurde zum Erfolg. Einige Teilnehmer kamen nachher zu Greta Wehner und sagten: »Das ist ja wieder ganz der Alte, der redet ja wie immer.«[23]

Das war aber ganz und gar nicht so. Herbert Wehner fehlten zunehmend die Worte. Anfangs beantwortete er einige Briefe noch selbst. Ab dem Sommer 1984 verfaßte Greta Interviewabsagen, Urlaubs- und Festtagsgrüße; zuerst unterschrieb Herbert Wehner noch selbst, schließlich verwendete sie, wenn er zur Hand war, einen Unterschriftsstempel. Schnell war Wehner die Fähigkeit verloren gegangen, spontan zu formulieren, etwa Widmungen in Bücher zu schreiben. Etwas, das früher nebenbei gemacht wurde, war zur Schwerstarbeit geworden: Greta schrieb den Text vor und buchstabierte das jeweils zu schreibende Wort. Später, im Sommer 1988, konnte er manchmal noch seinen Vornamen schreiben, dazu mußte sie ihm den Namen auf einem Extra-Blatt vorschreiben und zusätzlich jeden einzelnen Buchstaben vorsagen. Es wurde eine der wichtigsten Aufgaben des Bundestagsbüros des Altparlamentariers Herbert Wehner, Anfragen abzuweisen: »Leider muß ich Ihnen bezüglich Ihres Wunsches nach Signierung des Grundsatzprogrammes mitteilen, daß Herbert Wehner seit Aufgabe von Amt und Mandat nicht mehr signiert«, schrieb Irmtraud Bojahr etwa im Herbst 1987[24].

Bei den wenigen öffentlichen Veranstaltungen, an denen Wehner noch teilnahm, wählte Greta Orte und Anlässe aus, die ihm aus früherer Zeit vertraut waren und mit denen er sich verbunden fühlte. Sprechen mußte – konnte – er bei diesen Gelegenheiten nicht mehr. So war es bei einem Besuch des Archivs der Arbeiterjugend in Oer-Erkenschwick im Mai 1985 oder zu seinem 80. Geburtstag 1986, als die Festveranstaltung am 11. Juli in Recklinghausen stattfand, im Herzen des Ruhrgebiets. An die tausend Gäste kamen ins Festspielhaus. Sein Nachfolger als Fraktionsvorsitzender, Hans-Jochen Vogel, der DGB-Vorsitzende Ernst Breit und Kanzlerkandidat Johannes Rau sprachen. Der israelische und der polnische Botschafter hielten Grußworte. Mit minutenlangem Beifall begrüßten die Anwesenden den Jubilar. Der nahm alle Gratulationen geduldig entgegen und schwieg. Autogrammwünsche lehnte Greta ab. Herbert Wehner habe am Grundriß der Demokratie in Deutschland mitgezeichnet, sagte Johannes Rau. »Wir lieben dich, Shalom Herbert«, rief Botschafter Ben-Ari. Aufmerksam vermerkten die Journalisten, daß Anwalt Wolfgang Vogel aus Ost-Berlin zur Feier gekommen war. Für die Berichterstattung zu dieser und weiteren Ehrungen wie der Mannheimer Medaille der IG Metall und der Ehrenbürgerschaft der Freien und Hansestadt Hamburg gilt: Das Ausmaß von Wehners Erkrankung erfaßte die Presse nach wie vor nicht[25].

Greta Wehner, die Begleiterin, Mitarbeiterin und Ehefrau, war längst zur Betreuerin und Pflegerin geworden. Den Alltag konnte Herbert Wehner nicht mehr selbst bewältigen, immer mehr Verantwortung mußte sie übernehmen, bis er schließlich gänzlich auf sie angewiesen war. Dabei mühte sie sich, unzumutbare Anforderungen von ihm abzuwenden und ihn sein Leben so selbstbestimmt führen zu lassen, wie es nur eben möglich war.

In den siebziger Jahren war Herbert Wehner in einem Interview gefragt worden: »Wieviel Beziehungen haben Sie noch zu Ihrer Geburtsstadt?« Seine Antwort lautete: »Wenn Sie mir das nicht übelnehmen: Nur noch mit dem Herzen. Denn: Ich bin das letzte Mal dort gewesen – steckbrieflich verfolgt und gesucht –, um meine Mutter und meinen Vater noch einmal zu sehen. Das war in der Mitte der dreißiger Jahre. Dann konnte ich nie mehr da hin und konnte sie auch nie mehr sehen.« Er vermutete, er werde »wohl auch nie wieder dahin kommen«. Dies lag nahe, sollte sich aber als unzutreffend erweisen[26].

Es war Erich Honecker, der in Verbindung mit seinen Weihnachtsgrüßen für 1984 über Wolfgang Vogel bei Wehners anfragen ließ, ob sie im Jahr 1985 nicht doch einen Besuch in Dresden planen wollten[27]. Um Herbert eine Freude zu machen, stimmte Greta Wehner der Reise schließlich zu. Demenzkranke erinnern sich oft besser an weit zurückliegende Ereignisse und Orte aus ihrer Kindheit und Jugend, und gewiß war dies bei Wehner auch so. Im Mai 1985 fuhren sie nach Hamburg, wo sie vom Ehepaar Helga und Wolfgang Vogel abgeholt wurden.

Auf der Hinfahrt nach Dresden machten sie einen Besuch bei Honecker, der sie in seinem Jagdschloß Hubertusstock empfing. Obwohl das Gespräch mit dem kranken Herbert Wehner politisch unergiebig war und meist Greta die Konversation bestreiten mußte, berichtete ›Neues Deutschland‹, wie schon 1973, mit einem Foto auf der Titelseite von der Begegnung. Diese sei »zu einem ausführlichen Meinungsaustausch über internationale Fragen und Probleme« genutzt worden, wobei »im Mittelpunkt Fragen der Friedenssicherung« standen, behauptete das SED-Zentralorgan. Die DDR konnte es sich nicht verkneifen, aus diesem Besuch politisches Kapital zu schlagen. Greta und Herbert Wehner kümmerte das nicht. Er überschaute die politische Lage ohnehin nicht mehr, und Greta hatte ebenfalls keine politischen Gründe für die Reise. Was geredet wurde, war ihr egal. Sie wollte Wehner das Erlebnis des Erinnerns schenken, das war für sie das Wichtigste, und zum Teil gelang dies auch[28].

Unangenehm berührt war Greta von einer Episode, die sich während ihres Besuchs bei Honecker in der Schorfheide zutrug. Bei einem Spaziergang war die Idee einer gemeinsamen Kutschfahrt aufgekommen. Doch der Kutscher war gerade nicht verfügbar, und so bestand der SED-Generalsekretär darauf, Wehners mit seinem Citroën durch das Jagdgebiet zu fahren. Das Ehepaar Vogel mußte im eigenen Auto folgen. Honecker raste nun mit hohem Tempo über die holprigen Waldwege. Es wurde ungemütlich. Greta beklagte sich, so gehe das weniger gut gefederte Auto von Helga Vogel kaputt, und sie würden dann nicht mehr nach Dresden kommen. Honecker erwiderte nur: »Dann kriegt sie ein neues.« Als Greta erneut protestierte, so fahre man nicht mit dem Wagen durch den Wald, antwortete der mächtige Staats- und Parteichef: »Ich fahre doch so gerne Auto, und auf der Landstraße darf ich nicht.«[29]

Greta Wehner erinnert sich, daß Herbert beim Sachsen-Besuch in lichten Momenten lebhaft bemerkte, wo er war, so zum Beispiel in der Spenerstraße in Dresden-Striesen. Als sie dort am Sportplatz einer Grundschule vorbeikamen, blitzte bei Wehner eine Erinnerung auf: »Hier habe ich Fußball gespielt«, sagte er unvermittelt. Striesen-West war bei den Angriffen des 13. Februar 1945 weitgehend zerstört worden. Keines der Striesener Häuser, in denen Wehner in seiner Kindheit gewohnt hatte, war stehen geblieben. Die Ruine der Erlöserkirche war 1961 abgerissen worden. Lediglich ein Mauerrest und eine verrostete Hausnummer erinnerten an die Spenerstraße 1b. Neue Wohnblöcke standen an Stelle der alten Würfelhäuser. Hier konnte Wehner sich nur schwer zurechtfinden, und doch kamen beim Anblick einiger Ruinen Kindheitserinnerungen auf[30].

Im Stadtzentrum war zwar von der Frauenkirche nur ein Überrest geblieben, aber einige aus seiner Kindheit vertraute Bauten gab es noch – oder wieder. So den alten Landtag, Schloß und Hofkirche, den Zwinger und die Semperoper. Der Blick über die Loschwitzer Elbbrücke, das »Blaue Wunder«, heiterte ihn auf. Die vorherrschende Stimmung war, so erinnert sich Wolfgang Vogel, eine Mischung aus Erinnerung, Wehmut und Abschied[31].

Hohepunkt der Reise in das Land seiner Kindheit und Jugend war für Herbert Wehner der Aufenthalt in Schneeberg im Erzgebirge. Wenn er auch das – stehen gebliebene – Wohnhaus der Familie nicht mehr fand, so konnte er doch seine erste Schule ausfindig machen. Besondere Freude bereitete ihm das Wiedersehen mit dem Filzteich. Er erzählte, wie die Kinder damals dort schwimmen gelernt hatten, und zeigte die Stelle, wo sie sich umgezogen hatten. Auf den Fotos, die Wolfgang Vogel damals gemacht hat, ist es zu sehen: An anderen Orten, auch in Dresden, wirkt Herbert Wehner oft abwesend, in sich gekehrt. Hier am Filzteich ist er aufmerksam, präsent, ein Lächeln huscht über seine Züge[32].

Anderthalb Jahre später, im November 1986, fuhren Greta und Herbert Wehner erneut nach Sachsen, diesmal im eigenen Auto. Wieder besuchten sie Honecker und die Stätten von Wehners Kindheit und Jugend. Diesmal verlief die Reise nicht so gut.

Der SED-Generalsekretär zeigte sich angesichts des Gesundheitszustands von Wehner betroffen und sorgte dafür, daß sie auf der weiteren Reise von einem Arzt begleitet wurden. Einem Fernsehteam des ZDF gab Wehner, in Dresden nach früheren politischen Entscheidungen befragt, immerhin noch eine floskelhafte Antwort: »Die sind so gekommen, wie ich es dachte. Mehr ist da nicht gewesen. So konnten wir uns nicht richtig entwickeln«, und dann schaute er orientierungslos weg und sah nach Flugzeugen am Himmel. Während des Besuches beim evangelischen Landesbischof Johannes Hempel war Wehner dann völlig hilflos. Greta erinnert sich, daß er nicht wußte, wo und bei wem er war. Nicht einmal eine Höflichkeitsformel brachte er zustande. »Es war ganz schrecklich. Die Reise als solche«, so ist sie überzeugt, »war eine Überforderung.«[33]

Eine besondere Art der Betreuung stellte die Begleitung der Wehner-Reisen in die DDR durch das Ministerium für Staatssicherheit dar. Aus dem Jahr 1986 sind hier einige Akten überliefert. Stasi-Chef Erich Mielke ließ sich fortlaufend über den Besuch informieren. Danach begleitete die Wehners neben dem Ehepaar Vogel und dem Arzt ein Kommando der Hauptabteilung Personenschutz, geführt von Stasi-Major Lupke, der als »ZK-Mitarbeiter« getarnt war. Die Sicherheitsleute sorgten dafür, daß sie unterwegs zahlreiche Umwege machten, so daß sie zu einigen Verabredungen zu spät kamen. In Dresden übernachteten sie auf dem Weißen Hirsch in der Residenz von SED-Bezirkschef Hans Modrow. Erster Anlaufpunkt zu einer Mittagspause im Erzgebirge war das MfS-Gästehaus Crottendorf, welches als Gästehaus der SED-Bezirksleitung Karl-Marx-Stadt ausgegeben wurde. Für eine Verwandte von Herbert Wehner, Erna Hoffmann, die in Radebeul wohnte, war etwas Besonderes vorgesehen: »Bei Reisefähigkeit reist die Cousine des W. mit in die BRD«, hieß es in den Planungen des Zentralen Operativstabs. Greta Wehner erinnert sich nicht an dieses seltsame Gastgeschenk. Mit Sicherheit aber ist Herbert Wehners Cousine nicht mit nach Bonn gefahren[34].

Die Krankheit war inzwischen weit fortgeschritten, sie erreichte die dritte Phase, die ausgeprägte Demenz. Im Sommer 1987 wollte Greta eigentlich nicht mehr wie sonst jedes Jahr mit Herbert in ihr Haus auf Öland fahren. Als aber ein Besucher fragte, wann sie denn nach Schweden reisten, und Wehner darauf sagte »Ja, wann denn?« dachte sie doch, sie müsse es wagen. Dort angekommen, ging es zwei Monate lang gut, obwohl er einen seiner Geburtstagsgäste nicht erkannte. Doch im August »brach alles zusammen«. Herbert Wehner hatte, wie seinerzeit Lotte, Wahnvorstellungen. Der Abend wurde zu einem gewaltlosen Ringen zwischen den Eheleuten, »ein Ringen darum, den Mann davon abzuhalten, in die Dunkelheit hinauszulaufen, weil er meinte: ›Die Leute warten auf mich. Sie brauchen Hilfe.‹« Widerspruch war sinnlos. Greta versuchte, ihn abzulenken, Zeit zu gewinnen. Es dauerte sieben Stunden, bis er ruhiger wurde und nachts um zwei bereit war, ins Bett zu gehen, und erschöpft einschlief. Greta bat ihren Bruder, sie auf der Rückreise zu begleiten, und so fuhren sie zurück nach Bonn[35].

Von Herbst 1987 an war Wehner in dauernder fachärztlicher Begleitung. Wahnvorstellungen wie in Schweden wiederholten sich. Er verlor die Orientierung in der Stadt, in seiner Umgebung, ja im eigenen Haus. Die einfachsten Dinge, Aufstehen, Waschen, der Gang zum WC, nichts ging mehr allein. Die letzten zwei Jahre waren ein einziger Kampf um die Bewältigung des Alltags, den er nur noch mit Greta zusammen schaffen konnte. Sie war rund um die Uhr für ihn da. Sie sorgte für die Einnahme der Medikamente, die Einhaltung des Diätplans, sie bettete ihn, wusch ihn, zog ihn an, brachte ihn zur Toilette und mehr. Freunde halfen, zeitweise hatte sie einen Zivildienstleistenden zu ihrer Unterstützung. Erst im letzten halben Jahr konnte sie für sechs Stunden am Tag auf eine ausgebildete Pflegerin zurückgreifen[36].

Greta Wehners eigenes Leben wurde nun völlig nebensächlich – sie selbst sammelte zwischendurch nur noch Kraft, um ihm helfen zu können. Als sie ihn einmal mühevoll gewaschen und angezogen hatte, saß er behaglich bei Tisch und schien freundlich und aufgeschlossen.

Sie nutzte die Gelegenheit und sagte ihm, daß sie ihm gerne »auch bei diesen Sachen helfe, früher hätte ich ihm bei seiner Arbeit geholfen, heute helfe ich ihm, weil ich ihn lieb habe, bei diesen persönlichen Dingen.« Wenn sie, wogegen er häufig protestierte, einen Waldspaziergang mache, dann nur, damit sie selbst gesund genug bliebe. »Bei dieser Gelegenheit verstand er das, doch leider verschwindet das Verstehen der Zusammenhänge schnell wieder.«[37]

Herbert Wehner wirkte in dieser Zeit manchmal aufgekratzt, oft jedoch apathisch, depressiv. In der Zeitung blätterte er nur noch. Pfeife rauchen, Mundharmonika spielen, das ging nicht mehr. Manchmal gelang es ihm noch bis in den Sommer 1988 hinein, beim Abtrocknen zu helfen oder den Müll herauszubringen. Bei einer solchen Gelegenheit, als es noch dazu in Strömen regnete, verschwand er. Es dauerte lange, bis Greta ihn wiederfand, weit entfernt vom eigenen Haus. Den Müllbeutel hielt er noch in der Hand. Aufheiternd wirkte zeitweise das Fernsehprogramm; gern sah er Kindersendungen an, vor allem ›Meister Eder und sein Pumuckl‹. Dann ging auch das nicht mehr. Eines Tages begann er, die Wirklichkeit mit dem Fernsehprogramm zu verwechseln. Aus der Zerstreuung war eine Belastung geworden[38].

Abweisendes und freundliches Verhalten wechselten sich bei dem Kranken ab. Anstrengende Erwachsene, Menschen, die Anforderungen an ihn zu stellen schienen, wehrte Wehner oft barsch ab. Andererseits konnte er sich, beim Friseurbesuch beispielsweise, an kleinen Kindern freuen, die ebenfalls im Salon warteten. Dann lächelte er und suchte Kontakt[39].

Besuche bei und von Politikern und Freunden verliefen sehr unterschiedlich, die Stimmung schlug manchmal rasch um, von Aufmerksamkeit zu Desinteresse, von Herzlichkeit zu Schroffheit und umgekehrt. Einige, auch engere Weggefährten wie Jürgen Schmude, Hans-Jochen Vogel oder Gerhard Jahn erkannte Wehner zeitweilig nicht. Zu Hause erkannte er ab 1988 die Familienmitglieder nicht mehr, wenn sie zu Besuch waren, bis zum Schluß jedoch Greta. Oft wies er in der Wohnung auf ein Bild seiner 1979 verstorbenen Frau Lotte und fragte, ohne ihren Namen zu nennen: »Wo ist …?« In solchen Fällen erklärte Greta behutsam, daß ihre Mutter tot sei, sie lebe aber »in unseren Herzen« weiter[40].

Am 23. Mai 1989 kamen Helmut und Loki Schmidt zu Besuch.

Schmidt setzte sich neben Wehner an den Eßtisch, er versuchte eine freundliche Plauderei, doch Herbert Wehner wurde, wie Greta notierte, während des Gesprächs immer starrer, abweisend, in sich gekehrt. Schmidt erinnert sich, daß Wehner ihn angebrüllt habe, während er gleichzeitig den Arm seiner Frau streichelte. Beim Abschied wollte Loki Schmidt Wehner die Hand geben, aber er sagte nur scharf: »Weg.« Dem ehemaligen Bundeskanzler gab er formal die Hand, schließlich winkte er aber wie ein Kleinkind mit beiden Händen hinter ihnen her. Die Schmidts waren anschließend betroffen, sie unterhielten sich auf dem Heimweg lange darüber. Sie waren traurig, zugleich aber voller Bewunderung für Gretas aufopfernde Pflege, und sie fragten sich, ob Wehner Schmidt überhaupt erkannt habe. Greta meint, daß es sich bei den abweisenden Gesten und Worten um ein Schutzverhalten gehandelt haben kann: »Herbert hatte jahrelang Helmut Schmidt zugearbeitet, als dieser Bundeskanzler war. Vielleicht gab es ein vages Erinnern daran und ein Spüren, daß er eine Zuarbeit nicht mehr leisten konnte.«[41]

Im September 1989 hatte Greta das Gefühl, daß es zu Ende gehe. Einmal war sein Puls nur noch schwach zu tasten, er schien ihr etwas mitteilen zu wollen, sonst wirkte er ruhig und entspannt, »wie wegsinkend«. Sie sagte ihm einige Worte über sein Leben und seine Leistungen und sprach, für ihn hörbar, ein »Vater unser«. Darauf erwiderte er: »Das hast du gut gemacht«, nahm ihre Hand an seinen Mund und streichelte ihren Kopf. Er erholte sich noch einmal. Greta nahm dieses Verhalten als wertvollen Hinweis darauf, was er in seinen letzten Lebensstunden brauchen würde[42].

Die politischen Ereignisse des Herbstes 1989, die friedliche Revolution im Ostblock und in der DDR, die Öffnung der Grenzen, der Fall der Mauer am 9. November, der schnelle Zerfall der SED-Herrschaft, die immer deutlicher werdende Entscheidung der DDR-Bevölkerung für die deutsche Einheit, das alles rauschte am todkranken Herbert Wehner vorbei. Greta notierte im Dezember den Eindruck, daß ihr Mann inzwischen wisse, in der DDR gingen große Veränderungen vor sich, »aber Zeitungen und Fernsehen beachtet er nicht«[43].

Als am 22. Dezember 1989 das Brandenburger Tor für Fußgänger geöffnet wurde, übertrug das Fernsehen dieses Ereignis. Greta fragte Herbert Wehner: »Willst du die Leute durch das Brandenburger Tor laufen sehen?« Er antwortete mit »ja«, stand gleich auf und setzte sich vor den Fernseher. Spürbare Reaktionen gab es jedoch nicht. Für einen Moment, so vermutete Greta, hatte Wehner die Ereignisse möglicherweise erfassen können, aber wirklich bewußt wurde ihm das Geschehen nicht. Der Neurologe Johannes Meyer-Lindenberg bestätigte ihr diese Vermutung als sehr wahrscheinlich[44].

Im Januar 1990 wirkte Herbert Wehner sehr geschwächt. Er war oft schläfrig und häufig unsicher auf den Beinen. Am 17. Januar war er zunächst wach und verhielt sich unauffällig. Er ließ sich im Rollstuhl von Greta zu Besorgungen auf die Post, zur Apotheke und zum Blumengeschäft mitnehmen. Am späten Abend klang sein Atem hörbar verschleimt, das Luftholen wurde quälend, er bekam Fieber. Greta rief gleich den Arzt. Wehner hatte eine Lungenentzündung. Am nächsten Tag war er nicht in der Lage, aufzustehen. Aber das Fieber ging zurück, und er schlief abends ruhig ein. Nachts hatte er erneut Atembeschwerden. Am Morgen des 19. Januar war er naßgeschwitzt und nicht bei Bewußtsein. Greta rieb ihn mit Franzbranntwein ab, dabei schrak Wehner auf. Es war seine letzte stimmliche Äußerung. Er blieb bewußtlos. Nachmittags setzte die Atmung öfters aus, wurde immer flacher[45].

Auf Greta machte er in diesen letzten Stunden den Eindruck, weit weg zu sein und nichts wahrzunehmen. Sie las ihm Texte aus der Bibel vor, vor allem den 23. Psalm, von dem er ihr gesagt hatte, es sei der Psalm seiner Mutter gewesen: »Der Herr ist mein Hirte, mir wird nichts mangeln. Er weidet mich auf einer grünen Aue …« Still lag er in seinem Bett. Sie sprach erneut das »Vater unser« und spielte ihm leise eines seiner liebsten Musikstücke vor, Schuberts Symphonie Nr. 9 in C-Dur, gespielt von der Staatskapelle Dresden[46].

Wie ein verlöschendes Licht, so erinnert sich Greta Wehner, flackerte sein Atem, immer unregelmäßiger werdend, auf und ab. Unter dem 19. Januar 1990 notierte sie für 17.50 Uhr: »der letzte Athemzug ist gewesen«. Herbert Wehner war gestorben.

Am 23. Januar wurde er in aller Stille auf dem Burgfriedhof in Bad Godesberg neben seiner Frau Lotte beerdigt. Die Traueransprache hielt Pfarrer Christian Werner. Auf Anordnung des Bundespräsidenten fand zwei Tage später in der Bonner Beethovenhalle ein Staatsakt für Herbert Wehner statt. Die Ansprachen hielten Richard von Weizsäcker, der SPD-Vorsitzende Hans-Jochen Vogel, Hamburgs Erster Bürgermeister Henning Voscherau und Bundestagspräsidentin Rita Süssmuth[47].

Herbert Wehner lebte über 83 Jahre. Davon war er fast ohne Unterbrechungen über 60 Jahre, von 1923 bis 1983, ein politisch Handelnder, meist in verantwortlicher Stellung. Er hatte seine Wurzeln im Osten, in Sachsen. Vor diesem Hintergrund und mit Bezug auf sein Herkommen wirkte er später im Westen. Er war ein gesamtdeutscher Jahrhundertpolitiker.

Politisch-historisch gesehen war das 20. Jahrhundert kurz. Es begann mit dem Ersten Weltkrieg, in dessen Verlauf es zur Oktoberrevolution und zum weltpolitischen Erstarken der – von Europa aus gesehen – Flügelmächte USA und Sowjetunion kam. In Deutschland standen in diesem Jahrhundert durchgängig zwei grundlegende Fragen auf der Tagesordnung: die Frage nach dem Verhältnis von Arbeiterbewegung, Demokratie und Staat sowie die Frage nach der Rolle der deutschen Nation in Europa. Auf beide Fragen gaben die friedliche Revolution 1989/90 und der Zusammenbruch des Staatssozialismus sowjetischen Typs eine Antwort.

Herbert Wehners Lebenszeitraum deckt sich im wesentlichen mit der Dauer dieses kurzen 20. Jahrhunderts. Als politisch Gestaltender setzte er sich zeitlebens in besonderem Maße mit den grundlegenden Fragen des Zeitalters auseinander. Einen entscheidenden Bruch sowohl im 20. Jahrhundert als auch im Leben Wehners markiert die Herrschaft des Nationalsozialismus mit dem katastrophalen Vernichtungskrieg, der zur Teilung Deutschlands führte. Wehner war sowohl vor als auch nach diesem Bruch politisch aktiv, jeweils im Lager derer, die eine deutsche Kriegs- und Vormachtpolitik bekämpften. Bezogen auf die Frage nach dem Verhältnis von Demokratie und Staat stand er jedoch vor dem Bruch in einem anderen politischen Lager als danach. Daß Wehner sich weder zurückzog noch blieb, was er war, sondern sowohl als Kommunist als auch nach 1945 als Sozialdemokrat in führenden Rollen tätig war, unterstreicht seine herausragende Bedeutung im Deutschland des 20. Jahrhunderts. Gleichzeitig war dies Anlaß dazu, daß er für viele Zeitgenossen und spätere Betrachter rätselhaft und unverständlich blieb.

Dabei ist Wehner gar nicht als besonders »rätselhaft« oder »zerrissen« anzusehen. Vielen, gar den meisten Deutschen rätselhaft war die politische Entwicklung des 20. Jahrhunderts in Europa. Zerrissen war Deutschland, war Europa selbst. Der Lebenslauf Wehners spiegelt

Kontinuitätslinien und Brüche dieses Jahrhunderts in besonders drastischer Weise. Herbert Wehner war eben – im Unterschied zu vielen Deutschen – ein *politischer* Mensch.

Seine großen Leistungen fallen in die zweite Hälfte des 20. Jahrhunderts. Er trug als gesamtdeutscher Politiker dazu bei, die deutsche Frage offenzuhalten. Gleichzeitig trat er für eine freiheitliche Entwicklung der Bundesrepublik Deutschland und ihre politische Verbundenheit mit dem Westen ein. Wehner betrieb, die Tradition Kurt Schumachers weiterführend, eine aktive und konstruktive Oppositionspolitik. Mit der Reform der Partei, mit seiner Rede vom 30. Juni 1960 trug er zur Überwindung der Feindschaft in der bundesdeutschen Politik bei, machte er die Westbindung zur Grundlage sozialdemokratischer Politik und führte er die SPD in die Regierungsverantwortung. In der Zeit der SPD/FDP-Koalition sorgte er, solange seine Kräfte reichten, für die Regierungsfähigkeit seiner Partei und den Zusammenhalt des Bündnisses. Ein Dritteljahrhundert lang prägte er den bundesrepublikanischen Parlamentarismus.

Wehner verband seine politische Arbeit unablässig mit der Hilfe für in Not geratene Menschen, von der Roten Hilfe in Sachsen über die Kriegsgefangenen in der Sowjetunion bis zu den Häftlingsfreikäufen und Familienzusammenführungen in den siebziger und frühen achtziger Jahren. Dabei stellte er das Helfen stets über Erwägungen politischer Zweckmäßigkeit.

Herbert Wehner erlag in seiner Jugend und als junger Erwachsener schweren politischen Irrtümern. Seine Zugehörigkeit und die aufgrund seiner Talente bald führende Tätigkeit in der Kommunistischen Partei Deutschlands bezahlte er mit seiner Verstrickung in die stalinistischen Säuberungen. Er erkannte seinen Irrtum und zog die Konsequenz, den Sozialismus nur mit demokratischen Mitteln und mit demokratischer Zielsetzung innerhalb des demokratischen Staates zu erstreben. Seine politischen Gegner nutzten seine Vergangenheit immer wieder zu teils gehässigen Angriffen.

Am Menschen Herbert Wehner fällt die große Bandbreite zwischen schroffen, manchmal brutal wirkenden Auftritten und herzlichen, mitmenschlichen, zartfühlenden Verhaltensweisen auf. Das hängt mit seinen charakterlichen Anlagen und mit den bitteren Erfahrungen seines politischen Lebenswegs zusammen. Er hatte Fehler, und er machte Fehler, auch in späteren Jahren. Insgesamt kann seine zweite Lebenshälfte als tätige Wiedergutmachung für die Irrtümer der ersten Lebenshälfte angesehen werden. In ihrem Ausmaß ist diese Wiedergutmachung beispiellos.

Drei Themen sind es, die sich wie Leitmotive durch Herbert Wehners politisches Wirken ziehen: erstens das Ringen um die demokratische Lösung der nationalen Frage des deutschen Volkes, zweitens der Einsatz für die gleichberechtigte Teilhabe und Mitwirkung der Arbeiterschaft in Staat und Gesellschaft und drittens der Einsatz politischer Macht, um bedrängten und in Not geratenen Menschen zu helfen. Auf allen diesen Gebieten erzielte Wehner bemerkenswerte Erfolge, ohne jedoch damit an ein Ende zu gelangen.

Die Öffnung der Mauer und die Wiederherstellung der staatlichen Einheit Deutschlands wären, hätte Wehner sie noch bewußt miterlebt, ihm sicher als Erfüllung einer von ihm selbst kaum für erfüllbar gehaltenen Hoffnung erschienen. Das Ende der Geschichte hätte er darin nicht gesehen. Für ihn, so hatte er es 1959 auf dem Godesberger Parteitag gesagt, kam es darauf an, »den Staat wirklich bis in die letztmöglichen Konsequenzen zu demokratisieren und für die politische Demokratie feste Fundamente durch die Verankerung der Demokratie im Wirtschaftlichen und Sozialen zu schaffen«.

Anhang

Zeittafel

11. Juli 1906	Herbert Wehner wird in Dresden-Striesen, Spenerstraße 13, geboren
Ostern 1913	Einschulung in Schneeberg (Erzgebirge)
1915/16 bis 1921	Besuch der Volksschule in der Haydnstraße in Dresden-Striesen
1921 bis 1924	Besuch einer Verwaltungsklasse an der Neustädter Realschule zu Dresden
1923	Eintritt in die Sozialistische Arbeiterjugend (SAJ), im Herbst Austritt und Gründung einer anarchistischen Jugendgruppe (»Anarchistische Tatgemeinschaft« bzw. »Anarchistische Jugend Dresden«)
1924 bis 1926	Lehre in der Maschinenfabrik Hille
1926	Herausgabe der ›Revolutionären Tat‹, Umzug nach Berlin, Assistent bei Erich Mühsam
Frühjahr 1927	Rückkehr nach Dresden, im Spätsommer kurzzeitige Anstellung bei Zeiss-Ikon
Juni 1927	Beitritt zur Kommunistischen Partei Deutschlands (KPD)
18. Juni 1927	Heirat mit Lotte Loebinger (Trennung nach nur wenigen Wochen; die Ehe besteht auf dem Papier weiter)
1928 bis 1929	Bezirkssekretär der Roten Hilfe Ostsachsens
1929 bis 1931	Gewerkschaftssekretär der KPD-Bezirksleitung Ostsachsen (ab Dezember 1929 für ganz Sachsen)
1929 bis 1941	Beziehung mit Charlotte (Lotte) Treuber (Lotte blieb 1941 in Moskau zurück und heiratete später Erich Wendt)
Juli 1930 bis Juni 1931	Mitglied des Sächsischen Landtags, stellvertretender Fraktionsvorsitzender

Sommer 1932	Technischer Sekretär des KPD-Politbüros in Berlin
Juni 1934 bis Februar 1935	Organisator des Abstimmungskampfes der KPD im Saarland
Februar 1935	Verhaftung in Prag, im April Abschiebung in die Sowjetunion
Oktober 1935	Mitglied des Zentralkomitees, Kandidat für das Politbüro der KPD
ab November 1935	Organisation der Einheits- und Volksfront, u. a. von Prag und Paris aus
ab Januar 1937	Aufenthalt in Moskau
Februar 1937	Auflösung des Politbüros der KPD, »Degradierung« Wehners
Februar 1937 bis Juni 1938	Untersuchung der Kaderabteilung der Kommunistischen Internationale gegen Wehner
21. April 1938	Aberkennung der deutschen Staatsbürgerschaft durch die Gestapo
28. November 1938	Leiter des Radio- und Kino-Sektors in der Abteilung Presse und Propaganda des Exekutiv-Komitees der Kommunistischen Internationale
ab April 1939	Mitglied der »Kleinen Kommission« für Kaderfragen der KPD
ab Januar 1941	Illegaler Aufenthalt in Stockholm (Schweden)
18. Februar 1942	Verhaftung, Anklage, Verurteilung wegen »Nachrichtentätigkeit für eine fremde Macht«
6. Juni 1942	Ausschluß aus der KPD wegen »Verrats an der Partei«
1942 bis 1944	Haft in verschiedenen schwedischen Gefängnissen, ab 1943 Internierungslager Smedsbo
Juli 1944	Begegnung mit Lotte Burmester, Entlassung aus dem Internierungslager, Arbeit in einer Textilfabrik in Borås
ab Juni 1945	Archivarbeiter im Rassebiologischen Institut in Uppsala
23. Mai bis 23. Juli 1946	Abfassung der ›Notizen‹
19. September 1946	Abreise nach Deutschland
8. Oktober 1946	Beitritt zur Sozialdemokratischen Partei Deutschlands (SPD) in Hamburg, Arbeit als Übersetzer und Lektor

ab 1. April 1947	Außenpolitischer Redakteur beim ›Hamburger Echo‹
14. August 1949	Wahl zum Abgeordneten des Deutschen Bundestages, Abgeordneter des Wahlkreises Harburg-Süderelbe-Wilhelmsburg (bis 1983)
6. September 1949	Mitglied des SPD-Fraktionsvorstands (bis 1983, mit Unterbrechung 1966–1969)
15. Oktober 1949	Vorsitzender des Bundestagesausschusses für gesamtdeutsche (ab 1953: und Berliner) Fragen (bis 1966)
Oktober und Dezember 1950	Inoffizieller Beobachter für die Bundesregierung bei den Vereinten Nationen in New York
September 1952	Wahl in den Parteivorstand der SPD (bis 1982)
ab 10. September 1952	Mitglied der Gemeinsamen Versammlung der Europäischen Gemeinschaft für Kohle und Stahl (»Montanparlament«)
6. November 1952	Scheidung von Lotte Loebinger
2. Februar 1953	Heirat mit Lotte Burmester in Hamburg
17. Juni 1953	Arbeiteraufstand in Ost-Berlin und der DDR – Wehner setzt den »Tag der deutschen Einheit« als Feiertag durch
Juli 1953	Teilnahme an der Konferenz der Sozialistischen Internationale in Stockholm; Lottes Tochter Greta Burmester wird fortan engste Mitarbeiterin von Herbert Wehner
Herbst 1955	Gründungsmitglied im Aktionskomitee für die Vereinigten Staaten von Europa
Mai 1956	Reise nach Schweden und Jugoslawien, dort Besuch bei Tito
15. September 1957	Bundestagswahl: Herbert Wehners Wahlkreis mit 54 Prozent stärkster SPD-Wahlkreis
Oktober 1957 bis Juni 1958	Stellvertretender Fraktionsvorsitzender
19. Mai 1958	Wahl zum stellvertretenden Parteivorsitzenden der SPD (bis 1973), ab Juni Mitglied des Parteipräsidiums (bis 1982)
30. Juni 1960	Rede in der außenpolitischen Debatte des Deutschen Bundestages

Dezember 1962	Erste (vergebliche) Koalitionsverhandlungen mit der CDU/CSU
März 1964 bis Dezember 1966	Stellvertretender Fraktionsvorsitzender
18. Oktober 1964	Vortrag »›Mit der Kirche leben« in der Hamburger Michaeliskirche
11. Juli 1966	Am 60. Geburtstag Überreichung des Großen Verdienstkreuzes mit Stern und Schulterband der Bundesrepublik Deutschland
September bis Dezember 1966	Amtierender Vorsitzender der SPD-Bundestagsfraktion
Dezember 1966 bis Oktober 1969	Bundesminister für gesamtdeutsche Fragen
Oktober 1969 bis März 1983	Vorsitzender der SPD-Bundestagsfraktion
Mai 1971	Delegationsreise nach Israel
30./31. Mai 1973	Besuch bei Erich Honecker in der DDR
24. September bis 2. Oktober 1973	Teilnahme an einer Delegation des Deutschen Bundestages in die Sowjetunion
Oktober 1978	Delegationsreise nach Israel (mit Einweihung des Herbert-und-Lotte-Wehner-Waldes)
26. Oktober 1979	Tod von Ehefrau Lotte
Oktober 1980	Alterspräsident des Deutschen Bundestages
8. Januar 1982	Ehrendoktorwürde der Hebräischen Universität Jerusalem (verliehen am 22. Februar 1984)
Februar 1982	Reise nach Polen
6. März 1983	Bundestagswahl: Ausscheiden Herbert Wehners aus dem Deutschen Bundestag
16. Mai 1983	Heirat mit Greta Burmester in Bonn
Mai 1985 und November 1986	Letzte Reisen in die DDR und nach Dresden
19. Januar 1990	Tod Herbert Wehners in Bonn-Bad Godesberg

Abkürzungsverzeichnis

ADGB	Allgemeiner Deutscher Gewerkschaftsbund
AfA	Arbeitsgemeinschaft für Arbeitnehmerfragen
AFL	American Federation of Labor – Amerikanischer Gewerkschaftsbund
APO	Außerparlamentarische Opposition
BBC	British Broadcasting Corporation – Britische Rundfunkgesellschaft
BKA	Bundeskriminalamt (in den Anmerkungen: Bundeskanzleramt)
BL	Bezirksleitung
BND	Bundesnachrichtendienst
CDU	Christlich-Demokratische Union
CSU	Christlich-Soziale Union
DDP	Deutsche Demokratische Partei
DGB	Deutscher Gewerkschaftsbund
DKP	Deutsche Kommunistische Partei
DNVP	Deutschnationale Volkspartei
DP	Deutsche Partei
EG	Europäische Gemeinschaft
EGKS	Europäische Gemeinschaft für Kohle und Stahl
EKD	Evangelische Kirche in Deutschland
EKKI	Exekutivkomitee der Kommunistischen Internationale
EVG	Europäische Verteidigungsgemeinschaft
FDJ	Freie Deutsche Jugend
FDP	Freie Demokratische Partei
GB/BHE	Gesamtdeutscher Block/Bund der Heimatvertriebenen und Entrechteten
ISK	Internationaler Sozialistischer Kampfbund
Jusos	Jungsozialisten in der SPD
KGB	Kommunistischer Geheimbund

KPD	Kommunistische Partei Deutschlands
KPdSU	Kommunistische Partei der Sowjetunion
KPO	Kommunistische Partei Deutschlands (Opposition)
KSZE	Konferenz für Sicherheit und Zusammenarbeit in Europa
LDPD	Liberaldemokratische Partei Deutschlands
MfS	Ministerium für Staatssicherheit
MSPD	Mehrheitssozialdemokratische Partei Deutschlands
NATO	North Atlantic Treaty Organization – Nordatlantische Vertragsorganisation
NKWD	Narodnyi Kommissariat Wnutrennych Del – Volkskommissariat für Innere Angelegenheiten
NPD	Nationaldemokratische Partei Deutschlands
NRW	Nordrhein-Westfalen
NSDAP	Nationalsozialistische Deutsche Arbeiterpartei
PVAP	Polnische Vereinigte Arbeiterpartei
RAF	Rote Armee Fraktion
RGO	Revolutionäre Gewerkschaftsopposition
RIAS	Rundfunk im amerikanischen Sektor
SAJ	Sozialistische Arbeiterjugend
SAP	Sozialistische Arbeiterpartei
SBZ	Sowjetische Besatzungszone
SDS	Sozialistischer Deutscher Studentenbund
SED	Sozialistische Einheitspartei Deutschlands
SHB	Sozialdemokratischer (ab 1972: Sozialistischer) Hochschulbund
SPD	Sozialdemokratische Partei Deutschlands
StGB	Strafgesetzbuch
SU	Sowjetunion
TASS	Telegrafnoje Agenstwo Sowjetskogo Sojusa – staatliche sowjetische Nachrichtenagentur
UdSSR	Union der Sozialistischen Sowjetrepubliken
UNO	United Nations Organization – Organisation der Vereinten Nationen
USPD	Unabhängige Sozialdemokratische Partei Deutschlands
VVN	Vereinigung der Verfolgten des Naziregimes
WEU	Westeuropäische Union
ZK	Zentralkomitee

Quellenverzeichnis

Gesammelte Quellen

ACDP – Archiv für Christlich-Demokratische Politik, St. Augustin: Nachlässe: 01–022 Bruno Heck, 01–028 Heinrich Krone, 01–226 Kurt Georg Kiesinger, 01–294 Johann Baptist Gradl; 07–001 CDU-Bundesvorstand

ACSP – Archiv für Christlich-Soziale Politik, München: CSU-Landesgruppe im Deutschen Bundestag; Nachlaß Franz Josef Strauß

ADL – Archiv des Deutschen Liberalismus, Gummersbach: A 12 FDP-Bundeshauptausschuß; Nachlässe: A 24 Wolfgang Mischnick, A 26 und A 31 Erich Mende, N 1 Thomas Dehler, N 77 Wolfgang Döring, N 82 Walter Scheel

AdsD – Archiv der sozialen Demokratie, Bonn: Nachlässe und Deposita: Peter Blachstein, Willi Eichler, Fritz Heine, Gerhard Jahn, Heinrich Ritzel, Fritz Sänger, Carlo Schmid, Jürgen Schmude, Arno Scholz, Wilhelm Wolfgang Schütz, Eugen Selbmann; SPD-BTF (Bundestagsfraktion); SPD-LO HH (Landesorganisation Hamburg); SPD-PV (Parteivorstand): Erich Ollenhauer, Kurt Schumacher, Protokolle Parteivorstand, Protokolle Präsidium, Sekretariat Herbert Wehner

AHS – Archiv Helmut Schmidt, Hamburg

BA – Bundesarchiv Koblenz: B 136 BKA – Bundeskanzleramt; B 137 BMG – Bundesministerium für gesamtdeutsche Fragen; B 254 KUD – Kuratorium Unteilbares Deutschland; Nachlässe und Deposita: N 1018 Jakob Kaiser, N 1174 Franz Thedieck, N 1249 Jürgen Tern, N 1371 Rainer Barzel, N 1337 Karl Carstens, N 1379 Karl Theodor Freiherr zu Guttenberg, N 1515 Ewert Freiherr von Dellingshausen

BStU – Die Bundesbeauftragte für die Unterlagen des Staatssicherheitsdienstes der ehemaligen DDR: HA IX – Hauptabteilung IX, Untersuchungsorgan; ZA, SdM – Zentralarchiv, Sekretariat des Ministers; ZOS – Zentraler Operativstab

DGB-AdsD – DGB-Archiv im Archiv der sozialen Demokratie, Bonn: 24.1 DGB-Bundesvorstand

HGWS – Herbert-und-Greta-Wehner-Stiftung, Dresden: DU (Diverse Unterlagen), EA (Eigene Aufzeichnungen), HF (Humanitäre Fragen), PB (Persönlicher Briefwechsel), PN (Pflegenotizen), TK (Terminkalender); Sammlungen: WV (Kopien von Akten Wolfgang Vogels), Bucheinlagen, Tonaufnahmen

HSA – Helmut-Schmidt-Archiv im Archiv der sozialen Demokratie, Bonn

HStaDD – Sächsisches Hauptstaatsarchiv Dresden: Ministerium des Innern; Ministerium des Kultus und öffentlichen Unterrichts; Sächsischer Landtag 1919–1933

HWA – Herbert-Wehner-Archiv im Archiv der sozialen Demokratie, Bonn: Durchnumerierte Signaturen ab Nr. 1/HWAA000001 (vierstellig wiedergegeben als HWA-0001 usw.); APK – Allgemeine und persönliche Korrespondenz; Allgemeine Korrespondenz – DDR; un- bzw. grobverzeichnete Materialien

PA – Parlamentsarchiv des Deutschen Bundestages, Berlin: AfguBF – Ausschuß für gesamtdeutsche und Berliner Fragen; AfV – Ausschuß für Verkehrswesen

PolA-AA – Politisches Archiv des Auswärtigen Amtes, Berlin: B 2 – Büro Staatssekretär; B 4 – Parlaments- und Kabinettsreferat 1958–72; B 10 – Politische Abteilung 1950–58; B 12 – Abteilung 7

RA – Riksarkivet Stockholm: Justitierevisionsexpeditionen; PUK – Parlamentariska undersökningskommissionen angående flyktingärenden och säkerhetstjänst (1945); SUK – Statens utlänningskommission

SAPMO – Stiftung Archiv der Parteien und Massenorganisationen der DDR im Bundesarchiv, Berlin: DY 30, SED-Zentralkomitee; Nachlässe: NY 4036 Wilhelm Pieck, NY 4066 Gustav Gundelach, NY 4182 Walter Ulbricht, NY 4214 Charlotte und Erich Wendt; RY 1 KPD – Kommunistische Partei Deutschlands; RY 5 Kommunistische Internationale, Exekutivkomitee – Vertretung der KPD

Stadtarchiv Dresden: Oberrealschule Dresden-Neustadt

StBKAH – Stiftung Bundeskanzler-Adenauer-Haus, Rhöndorf

WBA – Willy-Brandt-Archiv im Archiv der sozialen Demokratie, Bonn

Zeitzeugengespräche: Erich Bock, Bonn, 22.2.2005; Helmut Schmidt, Hamburg, 13.9.2005; Dr. Jürgen Schmude, Moers, 20.3.2005; Dr. Hans-Jochen Vogel, München, 19.4.2005; Dr. Kurt Wagner, Bonn, 16.2.2005; Greta Wehner, Dresden, 3.6.2003 und 12.6.2003; Martin Rupps mit Greta Wehner, Dresden, 11.6.2003 (korrigierte und autorisierte Fassung)

Veröffentlichte Quellen

Adenauer: »... um den Frieden zu gewinnen«. Die Protokolle des CDU-Bundesvorstands 1957–1961, bearb. von Günter Buchstab, Düsseldorf 1994 (Forschungen und Quellen zur Zeitgeschichte, Bd. 24)

Adreßbücher der Stadt Dresden, Jahrgänge 1907 ff.

Akten zur auswärtigen Politik der Bundesrepublik Deutschland, hrsg. im Auftrag des Auswärtigen Amts vom Institut für Zeitgeschichte. 1949/50. September 1949 bis Dezember 1950, München 1997

Angeboten: eine neue Deutschland-Politik, Broschüre, hrsg. vom Bundesministerium für gesamtdeutsche Fragen – Bonn und Berlin, Köln o. J. (1968)

Bedürftig, Friedemann: Die Leiden des jungen Wehner. Dokumentiert in einer Brieffreundschaft in bewegter Zeit 1924–1926, Berlin 2005

Berlin. Chronik der Jahre 1951–1954; Chronik der Jahre 1957–1958, hrsg. im Auftrage des Senats von Berlin, Berlin 1968 und 1974 (Schriftenreihe zur Berliner Zeitgeschichte, Bd. 5 und 8)

Bestandsaufnahme '66. Eine Broschüre, hrsg. vom Vorstand der SPD, Bonn 1966

Blick in die Gesetzesschmiede, hrsg. von der SPD-Fraktion im Deutschen Bundestag, Bonn-Bad Godesberg o. J. (1971)

Der Auswärtige Ausschuß des Deutschen Bundestages. Sitzungsprotokolle 1949–1961, 3 Bde., Düsseldorf 1998 ff. (Quellen zur Geschichte des Parlamentarismus und der politischen Parteien, 4. Reihe, Bd. 13/I–III)

Der Gesamtdeutsche Ausschuß. Sitzungsprotokolle des Ausschusses für gesamtdeutsche Fragen des Deutschen Bundestages, bearb. von Andreas Biefang, Düsseldorf 1998 (Quellen zur Geschichte des Parlamentarismus und der politischen Parteien, 4. Reihe, Bd. 12)

Deutscher Bundestag, Stenographische Berichte, 1.–9. Wahlperiode, Bonn 1949 ff.

Die CDU/CSU-Fraktion im Deutschen Bundestag. Sitzungsprotokolle 1949–1966, 4 Bde., Düsseldorf 2003 f. (Quellen zur Geschichte des Parlamentarismus und der politischen Parteien, 4. Reihe, Bd. 11/I–IV)

Die Fraktion der SPD im Deutschen Bundestag 1949–1981. Eine Chronik, überreicht ihrem Vorsitzenden Herbert Wehner zum 75. Geburtstag von der Sozialdemokratischen Bundestagsfraktion, hrsg. von der Fraktion der SPD im Deutschen Bundestag, Bonn 1981

Die Kabinettsprotokolle der Bundesregierung, hrsg. für das Bundesarchiv von Hans Booms u. a., mehrere Bde., Boppard am Rhein bzw. München 1982 ff.

Die SPD-Fraktion im Deutschen Bundestag. Sitzungsprotokolle 1949–1966, 3 Bände, Düsseldorf 1993 (Quellen zur Geschichte des Parlamentarismus und der politischen Parteien, 4. Reihe, Bd. 8/I–8/III)

Die SPD unter Kurt Schumacher und Erich Ollenhauer 1946 bis 1963. Sitzungsprotokolle der Spitzengremien, hrsg. und bearb. von Willy Albrecht. Bd. 2, 1948 bis 1950, Bonn 2003

Dokumentation zur Deutschlandfrage. Hauptband I und II, Bonn 1956 und 1961.

Dokumente zur Deutschlandpolitik, hrsg. vom Bundesministerium für innerdeutsche Beziehungen. IV. Reihe, Bd. 1 (1958/59), Frankfurt am Main und Berlin 1971 ff.

Dokumente zur Deutschlandpolitik, hrsg. vom Bundesministerium des Innern und Bundesarchiv. VI. Reihe, Bd. 3: 1. Januar 1973 bis 31. Dezember 1974, München 2005

Dokumente zur parteipolitischen Entwicklung in Deutschland seit 1945, bearb. und hrsg. v. Ossip K. Flechtheim. 7. Innerparteiliche Auseinandersetzungen, 2. Teil, Berlin 1969

Erlander, Tage: Dagböcker 1952, hrsg. von Sven Erlander, Hedemora 2002

Gemeinsame Versammlung (der Montanunion), Stenographische Berichte, Straßburg 1952 ff.

Harpprecht, Klaus: Im Kanzleramt. Tagebuch der Jahre mit Willy Brandt, o. O. 2000

Herbert Wehner (1906–1990) und die deutsche Sozialdemokratie. Referat und Podiumsdiskussion eines Kolloquiums des Gesprächskreises Geschichte der Friedrich-Ebert-Stiftung in Bonn am 23. September 1996, Bonn 1996 (Gesprächskreis Geschichte, Heft 15)

Herbert Wehner erzählt aus seinem Leben (CD), Berlin 2004

Im Zentrum der Macht. Das Tagebuch von Staatssekretär Lenz 1951–1953, im Auftrag der Konrad-Adenauer-Stiftung hrsg. von Klaus Gotto u. a., Düsseldorf 1989 (Forschungen und Quellen zur Zeitgeschichte, Bd. 11)

In den Fängen des NKWD. Deutsche Opfer des stalinistischen Terrors in der UdSSR, hrsg. vom Institut für Geschichte der Arbeiterbewegung, Berlin 1991

Jahrbücher der Sozialdemokratischen Partei Deutschlands, hrsg. vom Vorstand der SPD, Bonn u. a. 1954 u. ö.

Kaiser, Jakob: Gewerkschafter und Patriot. Eine Werkauswahl, hrsg. und eingel. von Tilman Mayer, Köln 1988

Kiesinger, Kurt Georg: Die Große Koalition 1966–1969. Reden und Erklärungen des Bundeskanzlers, hrsg. von Dieter Oberndörfer, Stuttgart 1979

Krone, Heinrich: Tagebücher, 2 Bände, bearb. von Hans-Otto Kleinmann, hrsg. von Günter Buchstab u. a., Düsseldorf 1995 und 2003 (Forschungen und Quellen zur Zeitgeschichte, Bd. 28 und 44)

Offensive Auseinandersetzung, hrsg. von der Pressestelle des Vorstandes der SPD, Bonn o. J. (1966)

Pro und Kontra zum Ministerpräsidentenbeschluß. Eine PDA-Dokumentation (Schriftenreihe des »Pressedienst Demokratische Aktion« 14), München o. J. (1973)

Protokolle der Verhandlungen der Parteitage und Konferenzen der Sozialdemokratischen Partei Deutschlands, hrsg. vom Parteivorstand der SPD, Hamburg u. a. 1948 u. ö.

Protokoll. Sveriges Socialdemokratiska Arbetarepartis 21:a kongress, Folkets hus, Stockholm den 6–10 juni 1960, Stockholm 1961

Protokoll. Sveriges Socialdemokratiska Arbetarepartis 24:e kongress, Folkets hus, 28 september – 4 oktober 1969, Stockholm 1970

Reimann, Günter; Wehner, Herbert: Zwischen zwei Epochen. Briefe 1946, hrsg. von Claus Baumgart und Manfred Neuhaus, Leipzig 1998

Schumacher, Kurt: Reden – Schriften – Korrespondenzen 1945–1952, hrsg. von Willy Albrecht, Berlin-Bonn 1985 (Internationale Bibliothek, Bd. 107)

SPD-Landesorganisation Hamburg: Jahresbericht 1949, o. O., o. J. (Hamburg 1950)

Synopse zur Deutschlandpolitik 1941 bis 1973, bearb. von Werner Weber und Werner Jahn, Göttingen 1973 (Schriften des Königsteiner Kreises)

»Unglaublich, Herr Präsident!« Ordnungsrufe/Herbert Wehner, hrsg. von Ralf Floehr und Klaus Schmidt, 3., erw. Aufl., Krefeld 1983

Vor 100 Jahren: Dresdner Parteitag der deutschen Sozialdemokratie, Broschüre des Arbeitskreises zur Traditionsforschung im SPD-Unterbezirk Dresden-Elbe-Röder, Vorsitzender Hans-Hermann Schmieder, Dresden o. J. (2003)

Wehner, Herbert: Bundestagsreden (und Zeitdokumente), 2 Bände, Bonn 1970 und 1978

Ders.: Frühe Reden. Eine Dokumentation seines Wirkens im Sächsischen Landtag, hrsg. von Ralf Floehr, Krefeld 1984

Ders.: Gedanken zur Regierungserklärung. Reden und Interviews vom 3. De-

zember 1966 bis 30. Januar 1967, hrsg. vom Bundesministerium für gesamtdeutsche Fragen, Bonn und Berlin 1967
Ders.: Politik für Arbeitnehmer. Reden und Beiträge 1973–1979, hrsg. vom SPD-Parteivorstand, Arbeitsgemeinschaft für Arbeitnehmerfragen, Bonn o. J.
Ders.: Selbstbesinnung und Selbstkritik. Erfahrungen und Gedanken eines Deutschen. Aufgeschrieben im Winter 1942/43 in der Haft in Schweden, hrsg. von August Hermann Leugers-Scherzberg, Köln 1994
Ders.: Wandel und Bewährung. Ausgewählte Reden und Schriften 1930–1980, hrsg. von Gerhard Jahn. Mit einer Einleitung von Günter Gaus, 5., erw. Aufl., Frankfurt am Main/Berlin 1981
Ders.: Zeugnis. Persönliche Notizen 1929–1942, hrsg. von Gerhard Jahn, Köln 1982, 2. Aufl., Bergisch Gladbach 1985, Lizenzausgabe für die DDR: Halle-Leipzig 1990
Willy Brandt. Berliner Ausgabe, hrsg. von Helga Grebing u. a. im Auftrag der Bundeskanzler-Willy-Brandt-Stiftung, 10 Bde., Bonn 2000 ff.
Zur Geschichte der Kommunistischen Partei Deutschlands. Eine Auswahl von Materialien und Dokumenten aus den Jahren 1914–1946, hrsg. vom Marx-Engels-Lenin-Stalin-Institut beim ZK der SED, Berlin (Ost) 1954

Auf ein Verzeichnis der Literatur wurde aus Platzgründen verzichtet. Die vollständigen bibliographischen Angaben finden sich im Anmerkungsapparat jeweils bei der ersten Nennung eines Titels.

Das Literaturverzeichnis kann im Internet abgerufen werden unter www.wehnerwerk.de/herbertwehner.

Anmerkungen

Hoffnung, Enttäuschung, Engagement

1 HGWS. Kopie der Geburtsurkunde v. 17. 7. 06.

2 Vgl. Wehner, Greta: Herbert Wehner und das Bauen von Brücken, in: http://www.wehnerwerk.de; mdl. Auskunft von Matthias Stresow, Dresden; BStU-ZA-SdM-1856, Bll. 59–64. Ms. Lebenslauf von Kurt Funk (= Herbert Wehner) v. 24. 3. 37, Bl. 59.

3 Vgl. Richter, Otto: Geschichte der Stadt Dresden in den Jahren 1871 bis 1902. Werden und Wachsen einer deutschen Großstadt, Dresden 1903 (zur Deutschen Städteausstellung hrsg. vom Rate der Königlichen Haupt- und Residenzstadt Dresden), S. 220; Zit.: Kästner, Erich: Als ich ein kleiner Junge war, Zürich 1957, S. 50 f. sowie BStU-ZA-SdM-1856, Lebenslauf Wehner 24. 3. 37, Bl. 59.

4 Vgl. Richter-Nickel, Sieglinde: Aufstieg zur Residenzstadt von europäischem Rang (1648 bis 1763), in: Dresden. Die Geschichte der Stadt. Von den Anfängen bis zur Gegenwart, hrsg. vom Dresdner Geschichtsverein e. V., Dresden 2002, S. 57–100, S. 81; Zit.: Richter: Geschichte, S. 1; vgl. Hahn, Wilfried: Auf dem Weg zur Großstadt (1830 bis 1871), in: Dresden. Geschichte, S. 133–166, S. 134.

5 Richter: Geschichte; vgl. Ruge, Sophus: Dresden und die Sächsische Schweiz, 3. Aufl., bearb. von Walther Ruge, Bielefeld und Leipzig 1924 (Monographien zur Erdkunde 16), S. 58; Kolditz, Gerald: In der Zeit des Kaiserreiches (1871 bis 1918), in: Dresden. Geschichte, S. 167–198, S. 190; Kübler, Thomas. Die Stadt in der Weimarer Republik und in der NS-Zeit (1918 bis 1945), ebd., S. 199–234, S. 203.

6 Richter: Geschichte, S. 221 f.

7 Vgl. ebd., S. 219 f.; Ruge: Dresden und die Sächsische Schweiz, S. 60; Kolditz: Zeit des Kaiserreiches, S. 176; Gross, Reiner: Geschichte Sachsens, Berlin 2001, S. 245.

8 Vgl. Kolditz: Zeit des Kaiserreiches, S. 190; Dubbers, Annette: Striesen. Aus der Geschichte eines Dresdner Stadtteils, hrsg. von der Interessengemeinschaft Striesen und dem Umweltzentrum Dresden, Dresden 1998, S. 25.

9 Vgl. Kolditz: Zeit des Kaiserreiches, S. 192 ff.

10 Vgl. Thoma, Dieter: Herbert Wehner im »Kölner Treff« (Gesendet im Westdeutschen Fernsehen, III. Programm, am 20. 2. 77), in: Wehner, Herbert: Zeugnis. Persönliche Notizen 1929–1942, hrsg. von Gerhard Jahn, Köln 1982, Lizenzausgabe für die DDR: Halle-Leipzig 1990, S. 368–375, S. 374 f.; Appel, Reinhard: gefragt: Herbert Wehner, Bonn 1969, S. 9 f.; Soell, Hartmut: Der junge Wehner. Zwischen revolutionärem Mythos und praktischer Vernunft, Stuttgart 1991, S. 195; Zit. Hay, Julius: Geboren 1900. Erinnerungen, Reinbek bei Hamburg 1971, S. 116.

11 Vgl. Dubbers: Striesen, S. 31.

12 Vgl. Dorn, Anne: Spener Straße 1/erster Teil, in: Signum – Blätter für Literatur und

Kritik, 3. Jahrgang, Heft 2, Sommer 2002, S. 77–86, S. 83, 77; Adreßbücher der Stadt Dresden, Jgg. 1907 ff.

13 Zum DSV vgl. Förster, Rudolf u. a.: Dresden. Geschichte der Stadt in Wort und Bild, Berlin (Ost) 1986, S. 149 f.; Zit. Herbert Wehner erzählt aus seinem Leben (CD), Berlin 2004; vgl. auch BStU-ZA-SdM-1856, Lebenslauf Wehner 24. 3. 37, Bl. 59; HGWS-PB 22. Kurzer Lebenslauf Herbert Richard Wehner (o. D., 7. 10. 46).

14 Vgl. Wehler, Hans-Ulrich: Deutsche Gesellschaftsgeschichte. Dritter Band. Von der »Deutschen Doppelrevolution« bis zum Beginn des Ersten Weltkriegs 1849–1914, München 1995, S. 144 f.; Soell: Der junge Wehner, S. 86.

15 Zu den Umzugsdaten vgl. den Eintrag ins Melderegister der Stadt Schneeberg v. 2. Juni 1913 – die Kopie der Urkunde verdanke ich Herrn Helmut Riedel, Schneeberg; Unger, Werner; Wilisch, Klaus: Bergstadt Schneeberg. Stadtentwicklung im 19. Jahrhundert, Horb am Neckar 1991, S. 7; Zit. Zur Person: Herbert Wehner (Tatsachen – Argumente Nr. 87/65), unveränd. Nachdr., hrsg. von der SPD-Fraktion im Deutschen Bundestag, Bonn 1978, S. 3 f.; Riedel, Helmut: Schneeberger Lebensbilder, Teil 2: Herbert Wehner – Kinderjahre eines Politikers in Schneeberg, in: Schneeberger Stadtanzeiger Nr. 37 v. 11. 9. 2001, S. 10.

16 Wehner, Herbert: Selbstbesinnung und Selbstkritik, in: Wehner, Herbert: Selbstbesinnung und Selbstkritik. Erfahrungen und Gedanken eines Deutschen. Aufgeschrieben im Winter 1942/43 in der Haft in Schweden, hrsg. von August Hermann Leugers-Scherzberg, Köln 1994, S. 31–220, hier S. 162–165, Zit. S. 164, S. 165 f.

17 Vgl. Zur Person: Herbert Wehner, S. 4.

18 Vgl. HGWS-PB 18. Feldpostbrief Richard Wehner an Frau und Söhne v. 31. 7. 15.

19 Ebd. Schreiben von Herbert, Rudolf und Antonie Wehner an Richard Wehner von August 1915.

20 Ebd. Feldpostbrief Richard Wehner an Frau und Söhne v. 31. 7. 15.

21 HGWS-PB 21. »Brief« von Herbert Wehner »Meinem Vater, zum 30. April« [1943]; vgl. Zur Person: Herbert Wehner, S. 2.

22 Vgl. Zur Person: Herbert Wehner, S. 4; BStU-ZA-SdM-1856, Bll. 54–57. Hs. Lebenslauf von Herbert Wehner v. 26. 10. 35, Kopie, Bl. 54; Evangelisch-Lutherischer Kirchgemeindeverband Dresden, Kirchenbuchamt, Auszug aus dem Konfirmandenbuch der Ev.-Luth. Kirche: Erlöserkirche Dresden (Striesen), Jahrgang: 1921, Nummer: 24 v. 12. 12. 2001 – die Kopie verdanke ich Herrn Matthias Stresow, Dresden.

23 Vgl. Wehner, Greta: Erfahrungen. Aus einem Leben mitten in der Politik, hrsg. von Christoph Meyer für die Herbert-und-Greta-Wehner-Stiftung, Dresden 2004, S. 51; Zur Person: Herbert Wehner, S. 2 f., Zit. S. 2 sowie: Zur Person – Etappen im Lebensweg von Herbert Wehner (Gespräch mit den Redakteuren des Deutschlandfunks Bernhard Wördehoff und Karl Donat am 9. 7. 76), in: Wehner, Herbert: Bundestagsreden und Zeitdokumente [2], hrsg. von Eugen Selbmann, Bonn 1978, S. 252–265, S. 254.

24 Vgl. Ritter, Gerhard A.: Wahlen und Wahlpolitik im Königreich Sachsen 1867–1914, in: Sachsen im Kaiserreich. Politik, Wirtschaft und Gesellschaft im Umbruch, hrsg. von Simone Lässig und Karl Heinrich Pohl, Dresden 1997, S. 29–86, S. 35, 69, 75, 82; Starke, Holger: Dresden um 1900: eine moderne Großstadt? Die Reform des Dresdner Kommunalwahlrechts im Jahre 1905 aus demokratiegeschichtlicher Perspektive, in: Sachsen. Beiträge zur Landesgeschichte, hrsg. von Renate Wißuwa u. a., Dresden 2002, S. 327–339, S. 335.

25 Vgl. Rudolph, Karsten: Das »rote Königreich«. Die sächsische Sozialdemokratie im

Wilhelminischen Deutschland, in: Sachsen im Kaiserreich, S. 87–99, S. 90; Kolditz: Zeit des Kaiserreiches, S. 186.

26 Vor 100 Jahren: Dresdner Parteitag der deutschen Sozialdemokratie, Broschüre des Arbeitskreises zur Traditionsforschung im SPD-Unterbezirk Dresden-Elbe-Röder, Vorsitzender Hans-Hermann Schmieder, Dresden o. J. (2003), o. S.

27 Vgl. Bouvier, Beatrix W.: Die Märzfeiern der sozialdemokratischen Arbeiter: Gedenktage des Proletariats – Gedenktage der Revolution. Zur Geschichte des 18. März, in: Öffentliche Festkultur. Politische Feste in Deutschland von der Aufklärung bis zum Ersten Weltkrieg, hrsg. von Dieter Düding u. a., Reinbek bei Hamburg 1988, S. 334–351; Lerch, Edith: Die Maifeiern der Arbeiter im Kaiserreich, ebd., S. 352–372.

28 Vgl. Fischer, Fritz: Griff nach der Weltmacht. Die Kriegszielpolitik des kaiserlichen Deutschland 1914/18, Nachdr. d. Sonderausg. 1967, 2. Aufl. der Taschenbuchausg., Düsseldorf 1979; Groh, Dieter; Brandt, Peter: »Vaterlandslose Gesellen«. Sozialdemokratie und Nation 1860–1990, München 1992.

29 Vgl. Kolditz: Zeit des Kaiserreiches, S. 198.

30 Vgl. Schildt, Axel: Die Republik von Weimar. Deutschland zwischen Kaiserreich und »Drittem Reich« (1918–1933), Goldbach 1997, S. 14 f.; Grevelhörster, Ludger: Kleine Geschichte der Weimarer Republik 1918–1933. Ein problemgeschichtlicher Überblick, Münster 2000, S. 24.

31 Vgl. Szejnmann, Claus-Christian W.: Vom Traum zum Alptraum. Sachsen in der Weimarer Republik, Dresden 2000, S. 16 ff.

32 Vgl. ebd., S. 32; Rudolph, Karsten: Die sächsische Sozialdemokratie vom Kaiserreich zur Republik (1871–1923), Weimar u. a. 1995 (Demokratische Bewegungen in Mitteldeutschland, Bd. 1), S. 253.

33 Vgl. Szejnmann: Vom Traum, S. 35.

34 Vgl. Rudolph: Die sächsische Sozialdemokratie, S. 270, 300, 302 ff., 309 ff., 319 ff.; Fabian, Walter: Klassenkampf um Sachsen. Ein Stück Geschichte 1918–1930, Löbau 1930 (Nachdruck Berlin 1972), S. 101 ff.

35 Vgl. BStU-ZA-SdM-1856, Lebenslauf Wehner 24. 3. 37, Bl. 59; Zit. Zur Person: Herbert Wehner, S. 3; HStaDD, Ministerium des Kultus und öffentlichen Unterrichts, Nr. 11864/107. Rat zu Dresden: Drucksache. Die Begründung einer Verwaltungsrealschule im Anschluß an eine städtische Realschule, Dresden, am 15. Dezember 1920; ebd. Bericht des Rates zu Dresden über die Errichtung einer Verwaltungs-Realschule an das Ministerium des Kultus und öffentlichen Unterrichts zu Dresden v. 21. 1. 21 (As.); sowie die ebd. vorhandenen Akten; ebd. Neustädter Realschule, Dresden, Oberstudiendirektor Dr. Hahn an das Ministerium des Kultus und öffentlichen Unterrichts v. 4. 1. 23; Stadtarchiv Dresden. Nr. 9. 3. 6: Oberrealschule Dresden-Neustadt, Nr. 16: Niederschriften zu den Beratungen der Lehrerschaft 1923 (15. 9.) – 1934 (19. 3.), Bl. 6: Beratung der in der Verwaltungsrealschule beschäftigten Lehrkräfte am 5. 12. 23; HGWS-PB 57. Auszug aus Herbert Wehners Bewerbungsunterlagen beim Rasbiologiska Institutet Uppsala (o. D., 1945, Kopie).

36 Vgl. BStU-ZA-SdM-1856, Lebenslauf Wehner 24. 3. 37, Bl. 59; Appel: gefragt: Herbert Wehner, S. 11.

37 Zur Person: Herbert Wehner, S. 2; vgl. BStU-ZA-SdM-1856, Lebenslauf Wehner 24. 3. 37, Bl. 59.

38 Zur Person: Herbert Wehner, S. 3.

1 Vgl. Wehler, Hans-Ulrich: Deutsche Gesellschaftsgeschichte. Vierter Band. Vom Beginn des Ersten Weltkriegs bis zur Gründung der beiden deutschen Staaten 1914–1949, München 2003, S. 405 f.; Grevelhörster: Kleine Geschichte der Weimarer Republik, S. 83.

2 Vgl. ebd., S. 92 ff.

3 Vgl. Soell: Der junge Wehner, S. 128 f.

4 Vgl. Szejnmann: Vom Traum, S. 39 f., 42; Krusch, Hans-Joachim: Linksregierungen im Visier. Reichsexekutive 1923, Schkeuditz 1998, S. 40 f.

5 Vgl. Frackowiak, Johannes: Soziale Demokratie als Ideal. Die Verfassungsdiskussionen in Sachsen nach 1918 und 1945, Köln 2005, S. 151.

6 Vgl. BStU-ZA-SdM-1856, Lebenslauf Wehner 24.3.37, Bl. 60; Appel: gefragt: Herbert Wehner, S. 10.; Soell: Der junge Wehner, S. 110 f.; G. Wehner: Erfahrungen, S. 54 f.

7 Vgl. Kübler, Thomas: Die Stadt in der Weimarer Republik und in der NS-Zeit (1918 bis 1945), in: Dresden. Geschichte, S. 199–234, S. 207; BStU-ZA-SdM-1856, Lebenslauf Wehner 24.3.37, Bl. 60.

8 Vgl. Schlüter, Annelies; Wächtler, Eberhard: Der Freiberger Blutsonnabend am 27. Oktober 1923, hrsg. von der SED-Kreisleitung Freiberg, 2. Aufl., Freiberg o. J. (1963); Zit.: Fabian: Klassenkampf um Sachsen, S. 171; Appel: gefragt: Herbert Wehner, S. 10 f.; Zur Person: Herbert Wehner, S. 4.

9 Appel: gefragt: Herbert Wehner, S. 13.

10 Vgl. Festschrift zur Feier des fünfundzwanzigjährigen Bestehens der Neustädter Realschule zu Dresden (Oberrealschule i. E.), hrsg. von Oberstudiendirektor Prof. Dr. Gustav Hahn, Dresden 1926, S. 52; HStaDD, Ministerium des Kultus und öffentlichen Unterrichts, Nr. 11864/108. Neustädter Realschule, Dresden. Reifeprüfung 1924. Übersicht über die erteilten Haupt- und Fachzensuren, 24.3.24.

11 HGWS-PB 09. Wehner an Attaché Henry Heinemann, American Legation Stockholm, v. 1.9.45; BStU-ZA-SdM-1856, Lebenslauf Wehner 24.3.37, Bl. 60; Wehner an Max Baumann v. 11.2.25, in: Bedürftig, Friedemann: Die Leiden des jungen Wehner. Dokumentiert in einer Brieffreundschaft in bewegter Zeit 1924–1926, Berlin 2005, S. 90–93, S. 90 f.; dass. v. 22.8.24, ebd., S. 74–81, 76 f.; vgl. dass. v. 27.5.25, ebd., S. 94–97, S. 94 f.

12 Vgl. Mühlhausen, Walter: Die Republik in Trauer. Der Tod des ersten Reichspräsidenten Friedrich Ebert, Heidelberg 2005 (Kleine Schriften der Stiftung Reichspräsident-Friedrich-Ebert-Gedenkstätte, Nr. 28), insbes. S. 29 ff.

13 Vgl. Schmeitzner, Mike; Thieme, André: Ausschnitte aus dem parlamentarischen Bild der sächsischen Linken am Vorabend und während der Weltwirtschaftskrise, in: Dresdner Hefte, 12. Jahrgang, Heft 39 (1994), S. 17–27, S. 19; Rudolph, Karsten: Erich Zeigner und die Reichsexekution gegen Sachsen 1923, in: Erich Zeigner – Bildungsbürger und Sozialdemokrat, hrsg. von Michael Rudloff, Leipzig o. J. (1999), S. 37–52, S. 51.

14 Thoma: Wehner im »Kölner Treff«, S. 370.

15 Zur Lektüre vgl. Zur Person: Herbert Wehner, S. 5; Revolutionäre Tat Nr. 1, Mai 1926, S. 4.; Grundig, Hans: Zwischen Karneval und Aschermittwoch. Erinnerungen eines Malers, Berlin (Ost) 1957, S. 126, Zit. ebd.; den Treffpunkt bestätigt BStU, MfS-HA IX/11, AS 95/65, Nr. 4, Bll. 761–765. Hs. Verm. von Hauptmann »Blu«, v. 9.3.67 (Befragung von Willi Arlt in Dresden), Bl. 762.

16 Vgl. Grundig: Zwischen Karneval und Aschermittwoch, S. 140; Griebel selbst erinnerte sich an die Begegnung mit Wehner – vgl. Griebel, Otto: Ich war ein Mann der Straße. Lebenserinnerungen eines Dresdner Malers, aus dem Nachlaß hrsg. von Matthias Griebel und Hans-Peter Lühr, Halle-Leipzig 1986, S. 285; Appel: gefragt: Herbert Wehner, S. 23.

17 Ebd., S. 11; vgl. auch Bundeskonferenz der SPD 1967. Prot. 13. bis 15. November 1967, Bad Godesberg, Stadthalle, Bonn 1967, S. B114; BStU-ZA-SdM-1856, Lebenslauf Wehner 24.3.37, Bl. 61.; Herbert Wehner erzählt.

18 Vgl. Bundeskonferenz der SPD 1967, S. B114; mdl. Mitt. G. Wehners, 29.5.2004; Appel: gefragt: Herbert Wehner.

19 Vgl. das Verzeichnis der Schriften und der schriftlich dokumentierten Reden Herbert Wehners (1925–1944) in: Soell: Der junge Wehner, S. 589–601, hier S. 589 f.

20 Wehner, Herbert: Was ist zu tun?, in: Revolutionäre Tat Nr. 1, Mai 1926; ders.: Bakunin führt zum Sieg!, in: dass. Nr. 2, Juli 1926; ders.: Vorbereitung der sozialen Revolution, ebd.

21 (Ohne Überschrift), in: Revolutionäre Tat Nr. 1, Mai 1926; Wehner: Was ist zu tun?; ders.: Vorbereitung der sozialen Revolution; vgl. Erster Polizei-Rapport v. 4. April 1942 für die Verhandlung vor dem Stockholmer Amtsgericht, in: Freudenhammer, Alfred; Vater, Karlheinz: Herbert Wehner. Ein Leben mit der deutschen Frage, München 1978, S. 276–321, S. 280.

22 Wehner: Vorbereitung der sozialen Revolution; ders.: Der Zusammenbruch des Kapitalismus, in: Revolutionäre Tat, Jahrgang 1926, Nr. 3.

23 Vgl. BStU-ZA-SdM-1856, Lebenslauf Wehner 24.3.37, Bl. 60.

24 Vgl. Herbert Wehner erzählt.

25 Wehner an Baumann v. 20.1.25, in: Bedürftig: Die Leiden, S. 86–89, S. 86 f.; HWA-APK 91. Postkarte Margarete Hänsel an Greta Burmester v. 6.7.69; HWA-APK 86. Margarete Hänsel an Wehner v. 27.3.68.

26 Wehner an Baumann v. 27.5.26, in: Bedürftig: Die Leiden, S. 122–131, S. 122 f.; dass. (o. D., August 1925), ebd., S. 98 f.; vgl. Absenderangabe an Büchersendung Wehners an Baumann zu Weihnachten 1925, ebd., S. 120 f.; Adreßbuch Dresden, Jg. 1925/26; BStU-ZA-SdM-1856, Lebenslauf Wehner 24.3.37, Bl. 60.

27 Vgl. Mitt. G. Wehners, Juni 2004.

28 Vgl. BStU-ZA-SdM-1856, Lebenslauf Wehner 24.3.37, Bl. 61; Sporkhorst, Karin: Arbeitertheater als Instrument politischer Propaganda und als proletarischer Kulturausdruck der KPD während der Weimarer Republik, Diss., Bochum 1976, S. 200 ff.; Soell: Der junge Wehner, S. 199 f.; Appel: gefragt: Herbert Wehner, S. 23 u. 27.

29 Herbert Wehner erzählt.

30 HGWS-PB 18. Antonie Wehner an Lotte Loebinger v. 10.4.27; vgl. Wehner. Die unerzählte Geschichte. Teil 2. Hotel Lux – ARD-Film von Heinrich Breloer, gesendet 1993; Freudenhammer/Vater: Wehner, S. 34.

31 BStU-ZA-SdM-1856, Lebenslauf Wehner 26.10.35, Bl. 55; vgl. auch Soell: Der junge Wehner, S. 533 f.

32 Vgl. BStU-ZA-SdM-1856, Lebenslauf Wehner 24.3.37, Bl. 61; Breloer: Wehner 2; Zur Person – Etappen, S. 255.

33 Zur Person: Herbert Wehner, S. 5.

34 Herbert Wehner erzählt; HGWS. Kopie hs. Notiz G. Wehners (o. D., 1990er Jahre).

35 Zur Person: Herbert Wehner, S. 6; vgl. BStU-ZA-SdM-1856, Lebenslauf Wehner 26.10.35, Bl. 55; Arbeiterstimme v. 26.9.29; Wehner in: Arbeiterstimme v. 5.7.28, 27.8.28; HGWS. Postkarte Wehner an Fritz Hensel v. 6.5.28 (Kop.).

36 Wehner in: Arbeiterstimme v. 3.12.28; vgl. Soell: Der junge Wehner, S. 218–222.

37 Vgl. BStU-ZA-SdM-1856, Lebenslauf Wehner 24.3.37, Bl. 62; Soell: Der junge Wehner, S. 229 f.; Institut für Marxismus-Leninismus beim ZK der SED: Geschichte der deutschen Arbeiterbewegung. Bd. 4. Von 1924 bis Januar 1933, Berlin (Ost) 1966, S. 235.

38 Beier, Gerhard: Herbert Wehner (1906–1990). Einige wichtige Lebensdaten, in: Kronberger Bogendruck Nr. 1/1993, S. 7–15, S. 8, Zit. z. B. BStU-ZA-SdM-1856, Lebenslauf Wehner 24.3.37, Bl. 62.

39 Vgl. Schaller, Karlheinz: Die Bezirksparteiorganisation Sachsen der KPD von ihrer Gründung im Dezember 1929 bis zum 2. Bezirksparteitag im März 1932, Diss. phil., Karl-Marx-Stadt 1983, S. 119 f.; eine Sammlung sächsischer KPD-Betriebszeitungen 1928–1933 in HStaDD, Ministerium des Innern, Nr. 19091; Weber, Hermann; Herbst, Andreas: Deutsche Kommunisten. Biographisches Handbuch 1918 bis 1945, Berlin 2004, S. 14 f.; Wehner: Notizen, in: ders.: Zeugnis, S. 27–273, S. 37; Titelseite der »Roten Fahne« v. 12.9.30, abgedruckt in: Zur Geschichte der Kommunistischen Partei Deutschlands. Eine Auswahl von Materialien und Dokumenten aus den Jahren 1914–1946, hrsg. vom Marx-Engels-Lenin-Stalin-Institut beim Zentralkomitee der SED, Berlin (Ost) 1954, S. 284.

40 Zur Person – Etappen, S. 256; Arbeiterstimme v. 21.8.29, 6.9.29.

41 Vgl. Schaller: Bezirksparteiorganisation, S. 9 f., 119; BStU-ZA-SdM-1856, Lebenslauf Wehner 24.3.37, Bl. 62; Arbeiterstimme v. 23.12.29.

42 Vgl. Schaller: Bezirksparteiorganisation, S. 47 f.; Arbeiterstimme v. 6.5.30, 7.5.30.

43 Jüngste Abgeordnete war die 21jährige Grete Groh, vgl. Schaller: Bezirksparteiorganisation, S. 65 f.; AdsD-Ritzel-104. Prot. d. 23. Sitzung des Ausschusses für Geschäftsordnung und Immunität am 17.3.50; die Reden in: Wehner, Herbert: Frühe Reden. Eine Dokumentation seines Wirkens im Sächsischen Landtag, hrsg. von Ralf Floehr, Krefeld 1984.

44 Rede in der 25. Sitzung des 5. Sächsischen Landtags v. 27. Januar 1931, ebd., S. 126; Rede in der 19. Sitzung v. 16. Dezember 1930, ebd., S. 122; Rede in der 6. Sitzung v. 30. September 1930, ebd., S. 64.

45 Vgl. Wehner: Notizen, S. 60, Zit. ebd.

46 Ebd., S. 32–37.

Kommunist im Widerstand

1 SAPMO-RY1 KPD, Nr. I 3/8-10/150. KPD Bezirk Sachsen/Rudolf Renner an das ZK der KPD v. 14.7.30; vgl. ebd. Renner an ZK v. 11.4.30.

2 Vgl. Wehner: Notizen, S. 33 f.; SAPMO-RY1-I 3/8-10/150. ZK-Sekretariat an Bezirksleitung Sachsen v. 9.10.30, v. 13.10.30, v. 14.10.30, v. 17.10.30, v. 20.12.30; Soell: Der junge Wehner, S. 271.

3 Vgl. Weber/Herbst: Kommunisten, S. 339; Wehner: Notizen, S. 35; Arbeiterstimme v. 29.9.30.

4 Vgl. HStaDD, Sächsischer Landtag 1919–1933, Nr. 2593. Landtagspräsident Weckel an den Herrn Ministerpräsidenten v. 1.7.31; SAPMO-RY1-I 3/8-10/158. KPD-Bezirk Sachsen, Bericht über Kursus »Orgfragen« (o. D., Februar 1931); Soell: Der junge Wehner, S. 272 f.; Zur Person: Herbert Wehner, S. 7.

5 Vgl. BStU-ZA-SdM-1856, Lebenslauf Wehner 24.3.37, Bl. 62; Wehner: Notizen, S. 40.

6 Flechtheim, Ossip K.: Die Kommunistische Partei Deutschlands in der Weimarer Republik, Offenbach am Main 1948, S. 153; Weber/Herbst: Kommunisten, S. 607; Wehner: Notizen, S. 49.

7 Vgl. Weber/Herbst: Kommunisten; BStU-ZA-SdM-1856, Lebenslauf Wehner 24.3.37, Bl. 62; ebd., dass. 26.10.35, Bl. 56.

8 Wehner: Notizen, S. 55; Zur Person – Etappen, S. 257.

9 Vgl. Flechtheim: Die KPD, S. 171 f., 182 f.; Duhnke, Horst: Die KPD von 1933 bis 1945, Köln 1972, S. 63.
10 Wehner: Notizen, S. 66, 70 und 69; letztes Zit. Duhnke: Die KPD, S. 66.
11 Vgl. Wehner: Notizen, S. 84; Herbert Wehner erzählt.
12 Vgl. Wehner: Notizen, S. 69; Duhnke: Die KPD, S. 66; SAPMO-NY4036-503. Material zur Kaderfrage, o. D. (1936); Zur Person: Herbert Wehner, S. 7.
13 Zu den Umständen vgl. Sassning, Ronald: Die Verhaftung Ernst Thälmanns und der »Fall Kattner«. Hintergründe, Verlauf, Folgen, Teil 1, Berlin 1998 (Pankower Vorträge, Heft 11/1), S. 7 ff.; Wehner: Notizen, S. 70.
14 Vgl. Weber/Herbst: Kommunisten, S. 804 f.
15 Vgl. Appel: gefragt: Herbert Wehner, S. 21 f.; Zur Person – Etappen, S. 256 f.; Wehner: Notizen, S. 74; AdsD-SPD-BTF, 2. WP, Nr. 9. Wehner an Marion Gräfin Dönhoff, Die Zeit, v. 15. 7. 57 (Ds.); Wehner: Der Techniker verliehener Macht, in: Die Zeit v. 18. 7. 57.
16 Duhnke: Die KPD, S. 66; vgl. Wehner: Notizen, S. 87; Breloer: Wehner 2.
17 Vgl. BStU, MfS – HA IX/11, AS 95/65-3, Bll. 160 f. Vernehmungsprotokoll des Polizeipräsidenten von Breslau v. 16. 6. 33 (Abschr. aus den Akten 17 J 303/33); ebd. Gestapo-Schlußbericht v. 5. 2. 34 (Kop.); Abschr. des Schreibens der Geheimen Staatspolizei – Staatspolizeileitstelle Berlin – an das Geheime Staatspolizeiamt Berlin SW 11 v. 21. 4. 38 betr. Aberkennung der deutschen Staatsangehörigkeit des Emigraten Herbert Wehner, abgedruckt in: Lehmann, Hans Georg: In Acht und Bann. Politische Emigration, NS-Ausbürgerung und Wiedergutmachung am Beispiel Willy Brandts, München 1976, S. 111–113.
18 Vgl. SAPMO-NY4066-3. Lebenserinnerungen 1888–1945, S. 108; Wehner: Erklärung v. 11. 3. 57 zu einer Veröffentlichung der Zeitung ›Dagens Nyheter‹, in: Wehner: Zeugnis, S. 285–298, S. 286 f.; zu Albert Funk vgl. Weber/Herbst: Kommunisten, S. 228 f.; Wehner: Notizen, S. 86 und 93.
19 Vgl. ebd., S. 83 f.; Zur Person: Herbert Wehner, S. 7.
20 Vgl. Wehner: Notizen, S. 86, S. 103 f.; SAPMO-RY1-I 2/3/17, Notizen [Pieck] über die P. B.-Sitzungen v. 19. und 20. April [1934].
21 Weber, Hermann: Die Kommunistische Internationale. Eine Dokumentation, Hannover 1966, S. 270; vgl. Seton-Watson, Hugh: Von Lenin bis Malenkow. Bolschewistische Strategie, München 1955, S. 159 ff.
22 Vgl. Wehner: Notizen, S. 107 f.; SAPMO-RY1-I 2/3/80. Fragebogen Herbert Wehners für VVN Hamburg (o. D., ca. 1947).
23 Vgl. Zur Mühlen, Patrik von: »Schlagt Hitler an der Saar!«. Abstimmungskampf, Emigration und Widerstand im Saargebiet 1933–1935, Bonn 1979 (Reihe Politik und Gesellschaftsgeschichte, Bd. 7), S. 32; Soell: Der junge Wehner, S. 329.
24 Vgl. Paul, Gerhard: Max Braun. Eine politische Biographie, St. Ingbert 1987, S. 63 ff.; Soell: Der junge Wehner; Zur Mühlen: »Schlagt Hitler …«, S. 196 ff., 202 f.
25 Vgl. Wehner: Notizen, S. 111; SAPMO-RY1-I 2/3/260. Kurt an Jean (= Franz Dahlem) v. 7. 7. 34; Zur Mühlen: »Schlagt Hitler …«, S. 113 ff.; SAPMO-RY1-I 2/3/251. Kurt an Rolf (= Wilhelm Florin, Paris) v. 12. 7. 34.
26 Vgl. Wehner: Notizen; SAPMO-RY1-I 2/3/251. Kurt an Rolf (Florin) v. 9. 7. 34, dass. v. 12. 7. 34; Zur Mühlen: »Schlagt Hitler …«, S. 214 f.
27 Vgl. SAPMO-RY1-I 2/3/251. Kurt an Max (= Hermann Schubert) v. 19. 11. 34; Wehner: Notizen, S. 114 f.
28 SAPMO-RY1-I 1/1/34, Bl. 585–615. Rede von Kurt Funk auf der 4. Parteikonferenz der

KPD am 7. 10. 35 (Mitschrift nach Tonband), Bl. 596; Wehner: Notizen, S. 113; Wehner: Selbstbesinnung, S. 178 ff.

29 Vgl. Wehner: Notizen; Zur Mühlen: »Schlagt Hitler ...«, S. 243.

30 Vgl. SAPMO-RY1-I 2/3/250. Telegramm fuer Max und PB v. 22. 1. 35; ebd.-I 3/24/21. Kurt an Liebe Freunde (= Politbüro KPD) v. 30. 1. 35; Wehner: Notizen, S. 122.

31 Vgl. Wehner: Notizen, S. 122.

32 Vgl. ebd., S. 124 f.; Weber/Herbst: Kommunisten, S. 477, 605, 755.

33 Vgl. Wehner: Notizen, S. 125 f.; BStU, MfS-HA IX/11, AS 95/65-4, Bll. 719–722. Aktenverm. HA IX/Hauptm. Herzog, v. 10. 3. 67 (über Befragung von Bruno Goldhammer in Dresden), Bl. 720 f.

34 Vgl. SAPMO-RY1-I 2/3/283. Eiche (Politbüro in Moskau) an Ulbricht und Dahlem (?) v. 17. 4. 35; Wehner: Notizen; Michailow, Nikolai; Pokschischewskij, Wadim: Reise über die Karte der Sowjetunion, Berlin 1947, S. 183.

35 Wehner: Notizen, S. 136, 132 f.; Herlemann, Beatrix: Der deutschsprachige Bereich an den Kaderschulen der Kommunistischen Internationale, in: IWK 18 (1982), S. 205–229, S. 221.

36 Vgl. Wehner: Notizen, S. 136 ff.

37 Vgl. Redebeitrag Wehners auf dem VII. Weltkongreß der Kommunistischen Internationale, in: Müller, Reinhard: Die Akte Wehner. Moskau 1937 bis 1941, Berlin 1993, S. 185–195, Zit. S. 195; Wehner: Notizen, S. 139 f.

38 Ebd., S. 141.

39 Vgl. IML: Geschichte der deutschen Arbeiterbewegung 5, S. 113; SAPMO-RY1-I 1/1/34, Bl. 585–615. Rede Funk 7. 10. 35, Bl. 586, 588–591, 608, 615.

40 Vgl. Wehner: Notizen, S. 150–172, SAPMO-RY1-I 2/3/284. Bericht von Kurt an Pieck v. 11. 12. 35 (Abschr. v. 20. 2. 36).

41 Vgl. Wehner: Notizen, S. 158 f.

42 Vgl. SAPMO-RY1-I 2/3/284. Bericht v. 11. 12. 35 (Abschr.); ebd.-I 2/3/419. H[erbert Wehner] an »Lieber Freund!« v. 3. 12. 35; Wehner: Notizen, S. 160.

43 Vgl. Müller: Herbert Wehner – Moskau 1937, Hamburg 2004, S. 58; SAPMO-RY1-I 2/3/419. Münzenberg an Politbüro (Prag) v. 19. 2. 36.

44 Wehner: Notizen, S. 175; SAPMO-RY1-I 2/3/419. Wehner an Politbüro v. 8. 7. 36, v. 20. 7. 36, v. 31. 7. 36, v. 2. 10. 36.

45 Wehner: Notizen, S. 176; Duhnke: Die KPD, S. 243 f., 248–252.

46 Vgl. Wehner: Notizen, S. 176 ff.; mdl. Mitt. J. Schmudes v. 12. Juli 2001.

47 Wehner: Notizen, S. 179; SAPMO-RY1-I 2/3/419. Wilhelm [Pieck] an Kurt [Funk] v. 8. 10. 36; Erster Polizei-Rapport v. 4. April 1942 für die Verhandlung vor dem Stockholmer Amtsgericht, in: Freudenhammer/Vater: Wehner, S. 276–321, S. 283 f.; HWA-1458. Rede Herbert Wehners anläßlich der Gedenkstunde für Leo Bauer am 27. September 1972 (Anlage zu Schreiben Herbert an Lotte Wehner v. 27. 9. 72); HWA-1060. Leo Bauer: Eidesstattliche Erklärung v. 3. 6. 66; HWA-APK 48. Leo Bauer an Wehner v. 1. 2. 56.

48 SAPMO-RY1-I 1/1/34, Bl. 585–615. Rede Funk 7. 10. 35, Bl. 609.

49 Vgl. ebd., I 2/3/419. Wilhelm [Pieck] an Kurt [Funk] v. 8. 10. 36.

51 Prozent des Totalitarismus

1 Vgl. Weber, Hermann: Einleitung. Bemerkungen zu den kommunistischen Säuberungen, in: Terror. Stalinistische Parteisäuberungen 1936–1953, hrsg. von Hermann Weber und Ulrich Mählert, Paderborn u. a. 1998, S. 1–31, S. 12.

2 Basilewitsch, K. W. u. a.: Geschichte der UdSSR. Unter Redaktion von Prof. A. M. Pankratowa, Teil III, Moskau 1950, S. 387.

3 Vgl. Prozeßbericht über die Strafsache des sowjetfeindlichen trotzkistischen Zentrums. Verhandelt vor dem Militärkollegium des Obersten Gerichtshofes der UdSSR v. 23.-30. Januar 1937, hrsg. vom Volkskommissariat für Justizwesen der UdSSR, Moskau 1937.

4 Vgl. Weber: Einleitung, S. 15 f.; Beyrau, Dietrich: Petrograd, 25. Oktober 1917. Die russische Revolution und der Aufstieg des Kommunismus, München 2001 (20 Tage im 20. Jahrhundert, hrsg. von Norbert Frei und Klaus-Dietmar Henke), S. 176; Werth, Nicolas: Ein Staat gegen sein Volk. Gewalt, Unterdrückung und Terror in der Sowjetunion, in: Courtois, Stéphane u. a.: Das Schwarzbuch des Kommunismus. Unterdrükkung, Verbrechen und Terror, München Zürich 1998, S. 51–295, S. 213.

5 Vgl. Müller: H. Wehner, S. 167; der Befehl Jeschows ist ebd. abgedruckt, S. 362–368; ders.: »Wir kommen alle dran«. Säuberungen unter den deutschen Politemigranten in der Sowjetunion (1934–1938), in: Terror, S. 121–166, S. 154–157.

6 Vgl. SAPMO-NY4036-787. Hs. Notiz (o. D., Mai 1937); Wehner: Notizen, S. 180–184, Zit. S. 183, 184.

7 SAPMO-RY1-I 2/3/419. W[ilhelm Pieck] an Kurt [Funk] v. 7. 9. 36; ebd. Wehner an Politbüro v. 14. 9. 36.

8 Vgl. z. B. ebd. Wehner an Politbüro v. 2. 10. 36.

9 Vgl. Müller: H. Wehner, S. 178 f.; zu den EKKI-Beratungen vgl. auch ders.: Menschenfalle Moskau. Exil und stalinistische Verfolgung, Hamburg 2001, S. 278.

10 Ebd.; vgl. Wehner: Notizen, S. 187 f.

11 Vgl. Müller: Akte, S. 114 f.; Schreiben von Wilhelm Florin an Alichanow v. 11. 1. 37, ebd., S. 205 f.; Erstes Dossier der Kaderabteilung zu Herbert Wehner v. 13. 1. 37, ebd., S. 207 ff.; Angaben von Hausladen an die Kaderabteilung v. 17. 2. 37, ebd., S. 210 f.; Dossier der Kaderabteilung zu Wehner, ebd., S. 212–216; Fragenkatalog der Kaderabteilung v. 28. 8. 37, ebd., S. 248–252.

12 Abgedruckt ebd., S. 253–301; Kopien in deutschen Archiven: SAPMO-RY 5 Kommunistische Internationale, Exekutivkomitee – Vertretung der KPD, Nr. I 6/3/258. Kaderakten zu Wehner (Kopien), Bll. 63–84; russ. Übersetzung BStU-ZA-SdM-1856, Bll. 6–46, auf deutsch Bll. 81–102, Zit. Müller, S. 298.

13 Zu Kox vgl. Wehner: Notizen, S. 170 ff.; zu Roth (»Viktor«) vgl. ebd., S. 153 ff.; vgl. Weber/Herbst: Kommunisten, S. 403, 630.

14 Vgl. BStU-ZA-SdM-1858, Bl. 284. Wehner an NKWD v. 13. 12. 37; Wehner: Notizen, S. 204–208.

15 Dieses Dokument wurde nach einer Kopie in den MfS-Akten (teilweise fehlerhaft) erstmals veröffentlicht in: Völklein, Ulrich: »Ich bin ein Gebrannter«. Denunziation in Moskau. Verrat in Schweden. Kontakte mit der Stasi. Die Lebenskrisen des Herbert Wehner, Hamburg 2000, S. 90–103; Kop. der Orig.dokumente in: BStU-ZA-SdM-1858, Bll. 284–301; vgl. Müller: H. Wehner, S. 244.

16 SAPMO-RY1-I 2/3/419. Wehner an Politbüro v. 7. 8. 36; BStU-ZA-SdM-1858, Bl. 300.

17 Vgl. Müller: H. Wehner, S. 179; die »Orientierung über die Tätigkeit ausländischer Organisationen der deutschen Trotzkisten« ebd., S. 369–397; Wehner: Notizen, S. 187; Protokollauszug zum Untersuchungsverfahren gegen Wehner v. 21. 6. 37, in: Müller: Akte, S. 302.

18 Vgl. Wehner: Notizen, S. 197 f.

19 Ebd., S. 189; vgl. Fischer, Ernst: Erinnerungen und Reflexionen, Frankfurt am Main

1994, S. 394; Buber-Neumann, Margarete: Als Gefangene bei Stalin und Hitler, München 1949, S. 21, 14; Wehner: Notizen, S. 197 f.

20 Mayenburg, Ruth von: Hotel Lux, München 1978, S. 43 f.

21 Fischer: Erinnerungen und Reflexionen, S. 403.

22 Vgl. Wehner: Notizen, S. 185, 190 ff.; Hay: Geboren 1900, S. 220.

23 Prozeßbericht, S. 598; Wehner: Notizen, S. 186.

24 Vgl. Weber/Herbst: Kommunisten, S. 98 und 209; Wehner: Notizen, S. 128 ff.; Kopie eines Schreibens von Wehner an Klement Gottwald v. 23.11.37, in: Müller: Akte, S. 304–309; Brief von Damjanow an das NKWD v. 25.12.37, ebd., S. 318 f.; Sassning: Die Verhaftung Teil 1, S. 35; dass. Teil 2, Berlin 1998 (Pankower Vorträge, Heft 11/2), S. 111.

25 Vgl. Wehner: Notizen, S. 208; Kopie der Orig.dokumente in: BStU-ZA-SdM-1858, Bll. 302–318.

26 Vgl. ebd., Bll. 304–312.

27 Vgl. ebd., Bl. 314; Wehner: Notizen, S. 207.

28 Müller: Menschenfalle Moskau, S. 241 ff., 256 ff.; vgl. Wehner: Notizen, S. 206; BStU-ZA-SdM-1858, Bl. 315; vgl. auch die zahlreichen kurzbiographischen Fußnoten zu den betreffenden Personen bei Müller: H. Wehner.

29 Vgl. Andrew, Christopher; Mitrochin, Wassili: Das Schwarzbuch des KGB. Moskaus Kampf gegen den Westen, Berlin 1999, S. 557 f.

30 Aktennotiz von Brückmann v. 13.6.38, in: Müller: Akte, S. 323; vgl. Wehner: Notizen, S. 208; Zur Person – Etappen, S. 259; Fischer: Erinnerungen; Herbert Wehner erzählt.

31 Vgl. Dossier der Kaderabteilung für Dimitroff v. 14.1.38 (Auszug), in: Müller: Akte, S. 320 f., S. 321; Wehner: Notizen, S. 187 f., 227; Auszug aus dem Prot. Nr. 356 der Sitzung des Sekretariats des EKKI, zusammengestellt am 29.11.38, in: Müller: Akte, S. 326.

32 Vgl. die Übersicht in Soell: Der junge Wehner, S. 594–598; Zit. ebd., S. 430.

33 SAPMO-NY 4182 NL Ulbricht, Nr. 818. Funk, Kurt: Materialien zu der durch den Krieg in Deutschland geschaffenen Lage, Typ., o. D.

34 So die Kapitelüberschrift von Soell: Der junge Wehner, S. 408.

35 Vgl. Wehner: Notizen, S. 188; Soell: Der junge Wehner, S. 413, 419 f.

36 Vgl. Wehner: Notizen, S. 224 f.

37 SAPMO-RY1-I 2/3/83. Prot. Sitzung der Kleinen Kommission: Stellungnahme zu Kaderfragen, am 8.7.39, 29.4.39, 20.8.39, 11.10.39, 21.10.39, 4.12.39, 9.1.40, 22.3.40, 17.4.40, 25.7.40, 14.11.40.

38 Vgl. Wehner: Notizen, S. 223 ff., Zit. S. 225. Die Angaben von Wehner finden sich bestätigt in: In den Fängen des NKWD. Deutsche Opfer des stalinistischen Terrors in der UdSSR, hrsg. vom Institut für Geschichte der Arbeiterbewegung, Berlin 1991, S. 122. Daraus geht auch hervor, daß der Mann von Frau König 1942 in einem Lager in der Sowjetunion starb. Margarete König überlebte den Terror und konnte 1955 in die DDR zurückkehren.

39 Vgl. Rauch, Georg von: Geschichte des bolschewistischen Rußland, Wiesbaden 1955, S. 378–384; Paczkowski, Andrzej: Polen, der »Erbfeind«, in: Courtois u.a.: Das Schwarzbuch des Kommunismus, S. 397–429, S. 405 ff.

40 SAPMO-NY4036-496. Erklärung des Zentralkomitees der Kommunistischen Partei Deutschl. zum Abschluss des Nichtangriffspaktes zwischen der Sowjetunion und Deutschland (Bericht v. 1.9.39, handschriftlich datiert auf 23.8.39); vgl. Wehner: Notizen, S. 233–236, Zit. S. 236.

41 SAPMO-NY4036-496. Hs. Notizen von Wilhelm Pieck: Sitzung der deutschen Ge-

nossen am 2.9.39; vgl. ebd. Funk, Kurt: Grundlage zur Diskussion für die Vorbereitung einer Plattform des Kampfes GEGEN DEN imperialistischen Krieg und über die Perspektiven, 8.9.39.

42 Vgl. ebd. Kurt Funk an Pieck v. 2.10.39, abgedruckt in: Müller: Akte, S. 376–381.

43 SAPMO-NY4036-496. Hs. Notizen: Deutsche Genossen – 2.11.39; Wehner: Notizen, S. 241.

44 Vgl. ebd., S. 241 f.; BStU-ZA-SdM-1856, Bl. 194: Sucharew an Gen. Kornijenko v. 2.1.41 (Übersetzung aus dem Russischen); BStU, MfS-HA IX/11, AS 95/65-44, Bl. 56: Gestapo-Leitstelle Hamburg: Die KPD-Abschnittsleitung Nord (Schlußbericht, geheim) v. 10.9.42; Müller: Akte, S. 178. Im Schreiben Sucharews heißt es, die Reise habe ein Jahr zuvor »Im Zusammenhang mit den Ereignissen« nicht verwirklicht werden können; Wehner selbst brachte 1957 die Überprüfungen gegen ihn als Ursache für die Verzögerung der Reise ins Spiel (vgl. Wehner: Erklärung zu einer Veröffentlichung der Zeitung »Dagens Nyheter« v. 11.3.57, in: Wehner: Zeugnis, S. 285–298, S. 291).

45 Wehner: Notizen, S. 234.

46 Vgl. Weber/Herbst: Kommunisten, S. 888 f.; Wehner: Notizen, S. 188 f., 236; Appel: gefragt: Herbert Wehner, S. 26; Herbert Wehner erzählt.

47 Wehner: Notizen, S. 208; Herbert Wehner erzählt; BStU-ZA-SdM-1856, Bl. 194: Sucharew an Kornijenko v. 2.1.41.

48 Vgl. Weber: Einleitung, S. 1; Zit. Wehner: Probleme der Einheit der sozialistischen Bewegung, in: ders.: Selbstbesinnung und Selbstkritik, S. 221–263, S. 252.

Am Ende der Irrfahrt

1 Wehner an Reimann, 22. März 1946, in: Reimann, Günter; Wehner, Herbert: Zwischen zwei Epochen. Briefe 1946, hrsg. von Claus Baumgart und Manfred Neuhaus, Leipzig 1998, S. 26–34, S. 30.

2 SAPMO-RY1-I 2/3/294. Vorschlag zu Direktiven des ZK der KPD an die Auslandsverbindungsstelle der KPD, Entwurf, 6.1.41; Wehner: Notizen, S. 244.

3 Ebd., S. 240, 243 f.; BStU, MfS-HA IX/11, AS 95/65-39. Bl. 217-228. Richard Stahlmann: Der Fall Wehner (Kurt Funk) in Schweden, 14.12.46, Bl. 217; HWA-1077. Transkription Wehner: »Aufnahme Rias 1951«, Band VI, S. 2.

4 Wehner: Notizen, S. 244.

5 Vgl. ebd., S. 244 f.; BStU-ZA-SdM-1856, Bl. 200: Sucharew an Kornijenko v. 9.1.41; ebd., Bl. 204: Dass. v. 20.1.41; SAPMO-NY4036-516. Hs. Notiz v. 24.3.41; BStU, MfS-HA IX/11, AS 95/65-2, Bll. 86 f. Bericht von Funk (Wehner) aus Schweden v. 10.3.41 (As.), Bl. 87; RA-Justitierevisionsexpeditionen, 43 Jan. 27 Wehner. Utdrag av protokollet hos Stockholms Rådhusrätts femte avdelning den 15 april 1942.

6 Vgl. Hadenius, Stig: Modern svensk politisk historia. Konflikt och samförstånd, 6. Aufl., Stockholm 2003, S. 60 ff.; Boëthius, Maria-Pia: Heder och samvete. Sverige och andra världskriget, Stockholm 2001.

7 Vgl. SAPMO-RY1-I 2/3/80. Mineur an »Bästa kamrat« (DDR) v. 28.5.64; Scholz, Michael F.: Herbert Wehner in Schweden 1941–1946, Berlin 1997, S. 43 f.

8 Vgl. ebd., S. 51, 53 ff.; Zit. SAPMO-RY1-I 2/3/294. Hertel (=Wehner): Bemerkungen zum Bericht, 26.4.41; BStU, MfS-HA IX/11, AS 95/65-2, Bl. 88. Brief Ulbricht v. 14.5.41 nach Schweden (nach mündlicher Übermittlung); Wehner: Notizen, S. 247 f.

9 Ebd., S. 249–252; vgl. auch BStU-ZA-SdM-1857, Bll. 178 ff. Auszüge aus den Mitteilungen der Genossin Charlotte Bischoff v. 22.3.61 zu Wehner.

10 Vgl. Wehner: Notizen, S. 253, 256 f.

11 Die Publikationsliste vgl. Soell: Der junge Wehner, S. 598–601; ebd., S. 462–465; Die Wahrheit dem deutschen Volk! (Aufklärungsschriften der K. P. D.), o. O., o. J. (kleinformatige Broschüre auf Dünndruckpapier); siehe auch RA-Justitierevisionsexpeditionen, 43 Jan. 27. Wehner: Kurze Inhaltsangabe über die Berichte aus Westdeutschland (Stockholm, 3. 3. 42).

12 Vgl. Wehner: Notizen, S. 257 ff., Zit. S. 258.

13 Vgl. ebd., S. 262; RA-SUK, kanslibyrån Nr. F1AC:21476 centraldossier Wagner, Frieda. Stockholms polis: Rapport v. 26. 6. 40; Schriftwechsel in HWA-4011, besonders Frieda Wagner an Wehner v. 9. 7. 46.

14 Vgl. Wehner: Notizen, S. 256 f.

15 Ebd., S. 273; Wiechert, Ernst: Das einfache Leben. Roman, München 1939, S. 141.

16 Vgl. HGWS-PB 04. Wehner an Parlamentariska undersökningskommissionen v. 8. 10. 45; RA-PUK, F2:8 Nr. 984. Utdrag ur PM angående Herbert Wehner (31. 1. 47); Wehner: Notizen, S. 262 ff.; Erster Polizeireport, S. 288 ff.

17 Vgl. Wehner: Notizen, S. 262 ff.; Scholz: Wehner in Schweden, S. 80.

18 Vgl. ebd., S. 83, 91 f.

19 Vgl. ebd., S. 92; Stellungnahme Herbert Wehners v. 21. September 1942 zur erweiterten Anklage vor der zweiten Instanz, Svea Hovrätten (handschriftlich), in: Freudenhammer/Vater: Wehner, S. 356–363, S. 363.

20 Vgl. Scholz: Wehner in Schweden, S. 96–104; Mewis' Aussage: Untersuchungsbericht v. 22. September 1942 über die Aussagen von Karl Mewis vor der schwedischen Polizei, in: Freudenhammer/Vater: Wehner, S. 364–394; siehe auch Wehners eigene Darstellung in den Notizen, S. 272.

21 Vgl. Weber: Die Kommunistische Internationale, S. 24; HGWS-PB 21. Aufz. »Wenn auch der Verstand …« v. 25. 5. 43.

22 Vgl. Scholz: Wehner in Schweden, S. 85 ff.; BStU, MfS-HA IX/11, AS 95/65-2, Bl. 92 f. Mitteilung von Dimi[troff] an Ulbricht v. 21. 4. 42 (Abschr. Hs. Not. v. Pieck); BStU-ZA-SdM-1856, Bl. 215. Beschluß des ZK der KPD v. 6. 6. 42 (Übers. aus dem Russischen, streng geheim, Kopie).

23 SAPMO-NY 4036-497. Hs. Notizen: Besprechung deutscher ZK-Genossen am 4. 6. 42; ebd. Hs. Notizen: Selbstkritik, 1942; ebd. Hs. Notizen: Bericht im Inform.-Abend der deutschen Genossen in Komintern, 18. 10. 42; SAPMO-NY 4214-11. Lotte Treuber, Ufa, an Dimitroff v. 9. 6. 42 (Ds.).

24 BStU-ZA-SdM-1857, Bll. 83–92. Geheime Staatspolizei, Staatspolizeileitstelle Hamburg: Die KPD-Abschnittsleitung Nord (Schlußbericht v. 10. 9. 42, Auszüge, Kopie), Bl. 89.

25 Vgl. Wehner: Notizen, S. 272; HWA-4008. Wehner an Endres v. 29. 2. 44 (Ds.).

26 Wiechert: Das einfache Leben, S. 131.

27 HWA-»Selbstbesinnung und Selbstkritik«. Hs. Konzept »Zwanzig Jahre durch Niederlagen«, 27. 7. [1942]; HWA-4010. Wehner an Wagner v. 20. 9. 44; Wehner: Selbstbesinnung, in: Ders.: Dass., S. 31–220.

28 Ebd., S. 34, 43, 45.

29 Ebd., S. 99.

30 Vgl. ebd., S. 111–149, 151–187, Zit. S. 187; S. 189–220, Zit. S. 219 f.

31 HWA-4016. Gliederungsentwurf »Selbstbesinnung und Selbstkritik« (o. D.), S. 5; ebd. Gliederungsentwurf I. bis IV. (fragm., o. D.); ebd. Notiz »Von liberalen Spießern …«, 20. 12. 42; Wehner: Selbstbesinnung, S. 60; Ausarbeitungen »Einmal muß ich es nie-

derschreiben, ...« v. 5. 2. 43 und »Wenn auch der Verstand ...« v. 25. 5. 43, in: HGWS-PB 21; HWA-4016. Notiz »E. B. hat nicht gesehen ...« (o. D.).

32 Wehner: Selbstbesinnung, S. 50.

33 HGWS-PB 21. Von losen Blättern, aufgeschrieben am 28. 11. 43.

34 Vgl. RA-SUK hemliga arkivet, Nr. F2A:223, kontrolldossier för Wehner, Herbert. Länsstyrelsen i Älvsborgs län/Landskansliet: Prot. v. 21. 7. 43; RA-Justitiedepartmentet, Hemliga arkivet, Konseljakter Nr. 694. Justitiedepartementet/C. G. Bruno an länsstyrelsen i Älvsborgs län v. 27. 8. 43; Scholz: Wehner in Schweden, S. 106 f.

35 Vgl. HWA-4008. Wehner an Endres v. 29. 2. 44 (Ds.); RA-SUK hemliga arkivet, Nr. F2A:223, kontrolldossier för Wehner, Herbert. Smedsbo Förläggning för Utlänningar/Manny Friberg an Kungl. Socialstyrelsen, Utlänningsbyrån v. 25. 5. 44; HWA-1156. Wehner, Smedsbo, an Petukat, Säters, Utlänningsförläggning, v. 19. 12. 43; ebd., Mappe »Selbstbesinnung und Selbstkritik«. Notizen »Vad betyder ›prusseri‹?« (o. D.); Dahlberg, Gunnar: Arv och ras, 2. Aufl., Stockholm 1940; nach dem Krieg erschien das Buch auf deutsch, als Übersetzer wurde Josef Wagner genannt (Vererbung und Rasse, Hamburg 1947); RA-SUK, Andra världskrigets lägerarkiv Smedsbo vol. B:1. Wehner an Vaupotic v. 20. 2. 44 (As.); HWA-4010. Wagner an Wehner v. 2. 11. 43, 20. 11. 43, 8. 12. 43, 24. 4. 44; HWA-4008. Endres an Wehner v. 19. 4. 44, 26. 4. 44, 7. 5. 44, 26. 6. 44; HGWS-PB 02. Eingabe »Till Konungen« von April 1944; ebd. Endres, Gustav: [Bericht über Herbert Wehner, o. D.] »Herbert Wehner är en politisk flykting, efterlyst av Gestapo ...«.

36 HWA-4015. Wehner: Festschrift zu Weihnachten 1943 in Smedsbo.

37 Ebd. Wehner an Vasen v. 24. 2. 44 (Ds.); dass. v. 26. 3. 44 (Ds.); SAPMO-RY1-I 2/3/80. Wehner an Mineur v. 7. 11. 43 (Kop.).

38 Vgl. HWA-4015. Wehner an Vasen v. 24. 2. 44 (Ds.); HWA-4013. Wehner an Wilhelm Bick v. 27. 2. 44 (Ds.); Boëthius: Heder och samvete, S. 130.

39 Vgl. HWA-1082. Paul Nevermann an Greta Burmester v. 16. 8. 49; HGWS-PB 22. Kurzer Lebenslauf Charlotte Nicoline Johanne Wehner-Burmester, geb. Clausen (o. D., 7. 10. 46).

40 Vgl. HGWS-PB 13. Lotte Burmester an Wehner v. 12. 4. 44, 18. 4. 44, 6. 6. 44 u. ö.; HGWS-PB 11. Wehner an Lotte v. 16. 4. 44, 18. 5. 44, 30. 6. 44, 4. 7. 44, 7. 7. 44 u. ö.

41 HGWS-PB 11. Block »Den första gång jag såg Dig – det var en Sommardag ...«

42 Vgl. Zzggspr. G. Wehner 3. 6. 2003; HGWS-PB 11. Wehner an Lotte v. 12. 7. 44.

43 Vgl. RA-SUK, Andra världskrigets lägerarkiv Smedsbo vol. B:1. Manny Friberg an Statens Utlänningskommission, Sociala byrån v. 5. 7. 44; Scholz: Wehner in Schweden, S. 123; SAPMO-RY1-I 2/3/80. Wehner an Knut und Elsbeth Mineur v. 20. 12. 44 (Kop.).

44 Vgl. Zzggspr. G. Wehner 3. 6. 2003; Herbert Wehner erzählt.

45 Vgl. HWA-4015. Wehner, Borås, an Lippold v. 19. 3. 45 (Ds.); Scholz: Wehner in Schweden, S. 140; HWA-4015. Wehner an »Lieber Genosse!« v. 15. 1. 46 (Ds.); Zzggspr. G. Wehner 3. 6. 2003.

46 HWA-4015. Wehner an Lippold v. 10. 7. 45; Zzggspr. G. Wehner 3. 6. 2003.

47 HGWS-PB 13. Lotte an Wehner v. 6. 6. 44; vgl. Zzggspr. G. Wehner 3. 6. 2003; HWA-4015. Överstyrelsen för Svenska Röda Korset, Stockholm, an Wehner v. 22. 5. 45.

48 Ebd. Helene an Wehner v. 20. 5. 46.

49 HWA-4011. Frieda Wagner an Wehner v. 9. 7. 46.

50 HWA-4015. Rudolf an Wehner v. 28. 7. 46.

51 HWA-1077. Transkription Wehner, Herbert: »Aufnahme Rias 1951«, Bd. VI, S. 4; Aus Wehners Bericht an die Komintern von 1944, in: Scholz: Wehner in Schweden, S. 258–262, S. 258.

52 Vgl. Scholz: Wehner in Schweden, S. 121 ff., 128–138; BStU, MfS-HA IX/11, AS 95/65-39. Bll. 51 f. Kunze: Bericht über Wehner, Hamburg, 12. 12. 46, Bl. 51.

53 Vgl. Wehner an Reimann, 22. März 1946, in: Reimann/Wehner: Zwischen zwei Epochen, S. 26–34, S. 32.

54 SAPMO-RY1-I 2/3/80. Wehner an Mineur v. 7. 11. 43; HWA-4015. Wehner an Vasen v. 24. 2. 44 (Ds.); ebd. Wehner an Vasen v. 23. 5. 44 (Ds.); HGWS-PB 11. Wehner an Lotte v. 6. 11. 44; HWA-4015. Wehner an Lippold v. 10. 7. 45 (Ds.).

55 HGWS-PB 11. Wehner an Lotte v. 19. 8. 45; vgl. Zzggspr. G. Wehner 3. 6. 2003; HGWS-PB 21. »Skrivblock« Wehners (ca. 1942–1946). Eintrag »24. 1. 1946«; Scholz: Wehner in Schweden, S. 178; BStU, MfS-HA IX/11, AS 95/65-28. Bll. 268 f. Hs. Not. auf Kalenderblatt von Martha Schramm, 28. 8. 46.

56 Mdl. Mitt. G. Wehners v. 18. 1. 2005; die Bibel befindet sich noch heute in ihrem Besitz; vgl. BStU-ZA-SdM-1856, Lebenslauf Wehner 24. 3. 37, Bl. 64; Zit. Vogel, Hans-Jochen: Demokratie lebt auch von Widerspruch, Zürich 2001, S. 114; vgl. das gleichnamige Buch mit dem Titel ›Ein Gott der keiner war‹ von Arthur Koestler (Zürich 1950) – für diesen Hinweis danke ich Prof. Dr. Helga Grebing; vgl. Wehner, Herbert: Christentum und Demokratischer Sozialismus. Beiträge zu einer unbequemen Partnerschaft, hrsg. von Rüdiger Reitz, Freiburg i. Br. 1985, S. 12; Mit der Kirche leben, ebd., S. 112–116, S. 113.

57 Vgl. Scholz: Wehner in Schweden, S. 150; Zzggspr. G. Wehner 3. 6. 2003.

58 HWA-1141. Wehner an Reimann v. 27. 12. 47 (Ds.); vgl. Weber, Hermann: Vorwort, in der Teilpublikation des Briefwechsels: Reimann/Wehner: Zwischen zwei Epochen, S. 7–22, S. 12; [Reimann an Wehner: Resümee der Diskussion], ebd., S. 38–57; Wehner an Reimann, 3. August 1946, ebd., S. 92–97, S. 97; Reimann an Wehner, 17. Oktober 1946, ebd., S. 118–121, S. 121; Wehner an Reimann, 15. September 1946, ebd., S. 106–115, S. 111–115; der Briefwechsel in: HWA-1085, -1100, -1141, -1155, -4013.

59 Vgl. G. Wehner: Erfahrungen, S. 73; Hs. Notiz von Greta Wehner am 16. 10. 2004; Wehner: Notizen, S. 273.

60 Vgl. Scholz: Wehner in Schweden, S. 175 f.; HWA-B. 157-A615. Wehner an Kurt Schumacher v. 25. 11. 49 (Ds.).

61 Zit. Albrecht, Willy: Kurt Schumacher. Ein Leben für den demokratischen Sozialismus, Bonn 1985 (Reihe Praktische Demokratie), S. 38.

62 HWA-4016. Hs. Konzept »Zwanzig Jahre durch Niederlagen«, 27. 7. [1942].

63 Vgl. HWA-1081. Telegramm Kungl. Telegrafverket an Charlotte Wehner-Burmester v. 14. 9. 46 (As.).

Neubeginn, elbabwärts

1 Vgl. HGWS-PB 05. Wehner an Herbert Schütt v. 29. 6. 46.

2 Vgl. Müssener, Helmut: Die deutschsprachige Emigration in Schweden nach 1933. Ihre Geschichte und kulturelle Leistung, ms. Lizenziatenarbeit, Uppsala 1971, S. 188 ff.

3 Vgl. HWA-4011. Josef Wagner an Wehner v. 12. 5. 46; HWA-4007. Anna Peters und Frieda Schütt an Lotte Burmester v. 18. 3. 46; HWA-4009. Wehner an »Lieber Genosse Kurt!« v. 1. 6. 46 (Ds.). Beim Empfänger handelt es sich möglicherweise um Kurt Burmeister (vgl. HGWS-PB 05. Frieda Schütt an Lotte Wehner v. 31. 5. 46); Zzggspr. G. Wehner 3. 6. 2003; HGWS-PB 05. Lotte an Familie Schütt, Hannover, v. 6. 5. 46. Die Rückreiseproblematik brachte Brandt gegenüber Kurt Schumacher in allgemeiner Form zur Sprache, vgl. Brandt an Schumacher v. 13. 1. 46, in: Brandt, Willy: Zwei Vaterländer. Deutsch-Norweger im schwedischen Exil – Rückkehr nach Deutschland

1940–1947, bearb. von Einhart Lorenz, Bonn 2000 (Berliner Ausgabe, Bd. 2), S. 261–265, insbes. S. 261 f.; die Bemühungen um Brandt vgl. HWA-4009. Wehner an »Lieber Genosse Kurt!« v. 1. 6. 46 (Ds.); vielleicht auch HWA-4015. Wehner an »Lieber Genosse!« v. 15. 1. 46 (Ds.) – vgl. Leugers-Scherzberg, August H.: Die Wandlungen des Herbert Wehner. Von der Volksfront zur Großen Koalition, Berlin-München 2002, Anm. 44, S. 353 f.; HGWS-PB 05. Frieda Schütt an Lotte Wehner v. 6. 7. 46.

4 Vgl. Scholz: Wehner in Schweden, S. 150; Tormin, Walter: Die Geschichte der SPD in Hamburg 1945 bis 1950, Hamburg 1994 (Forum Zeitgeschichte, Bd. 4), S. 58–61; HWA-4006. Wehner an Strzelewicz v. 27. 4. 46; HWA-4011. Frieda und Josef Wagner an Herbert und Lotte Wehner v. 18. 2. 46; ebd. Josef Wagner an Wehner v. 10. 6. 46; dass. v. 29. 7. 46; ebd. Wehner an Frieda und Josef Wagner v. 5. 3. 46 (Ds.); HWA-4015. Wehner an Vasen v. 1. 5. 46 (Ds.); HGWS-PB 05. Frieda Schütt an Lotte Wehner v. 8. 8. 46.

5 Vgl. RA-SUK, kanslibyrån, Nr. F 1 AC:21867 centraldossier Charlotte Wehner. Wehner an Byråchef Wiman, Statens utlänningskommission, v. 2. 4. 46; HGWS-PB 05. Lotte an Johanne Hansen v. 14. 4. 46; HWA-4006. Wehner an Strzelewicz v. 27. 4. 46; HGWS-PB 05. Lotte an Familie Schütt, Hannover, v. 6. 5. 46; ebd. Wehner an Herbert Schütt v. 29. 6. 46; Segerstedt Wiberg, Ingrid: Den sega livsviljan. Flyktingöden under förvirringens och förintelsens tid, Stockholm 1979, S. 202 ff.; HWA-4011. Wehner an Familie Josef Wagner v. 7. 9. 46; Kalbitzer, Hellmut: Widerstehen oder Mitmachen. Eigen-sinnige Ansichten und sehr persönliche Erinnerungen, Hamburg 1987, S. 113; Zzggspr. G. Wehner 12. 6. 2003; G. Wehner: Erfahrungen, S. 57; G. Wehner an d. Verf. v. 20. 7. 2005.

6 Vgl. Friedrich, Jörg: Der Brand. Deutschland im Bombenkrieg 1940–1945, Berlin 2004, S. 193 f.; Büttner, Ursula: »Gomorrha«: Hamburg im Bombenkrieg. Die Wirkung der Luftangriffe auf Bevölkerung und Wirtschaft, in: Hamburg und Dresden im Dritten Reich: Bombenkrieg und Kriegsende. Sieben Beiträge, Hamburg 2000 (Hamburg in der Mitte des 20. Jahrhunderts; Z-Sammelbd. VII), S. 45–92, S. 69, 88 f.; memo – Museum für Hamburgische Geschichte – Illustrierte Zeitgeschichte Nr. 1, Oktober 1993, S. 148 ff.; HWA-4015. Vasen an Wehner v. 7. 5. 46.

7 Vgl. Tormin: Die Geschichte, S. 24–29, 42–47.

8 Vgl. Lüth, Erich: Max Brauer. Glasbläser – Bürgermeister – Staatsmann, Hamburg 1972 (Veröffentlichung der Lichtwark Stiftung, Bd. 15), S. 9.

9 Vgl. HGWS-PB 22. Mitgliedskarte Herbert Wehners; Kalbitzer: Widerstehen oder Mitmachen, S. 113; ders.: Wer war Wehner? Zwiespältige Erinnerungen eines Weggefährten, in: Die Neue Gesellschaft/Frankfurter Hefte 48 (2001), S. 180–188, S. 180; HWA-1086. Siegmund (Siggi) Neumann, Hannover, an Wehner v. 4. 10. 46.

10 Vgl. HWA-1142. Wehner an Dahlberg v. 23. 11. 46 (Ds.); HGWS-PB 31. Bericht des Wohnungsamts Hamburg v. 10. 5. 47; HWA-1086. Wehner an Siggi Neumann v. 10. 10. 46; HGWS-PB 05. Lotte an Familie Schütt v. 28. 10. 46.

11 Vgl. HWA-1142. Wehner an Dahlberg v. 23. 11. 46 (Ds.); ebd., Mappe »?« Wehner an Andersson v. 31. 3. 47 (Ds.); Zzggspr. G. Wehner 3. 6. 2003; G. Wehner an d. Verf. v. 20. 7. 2005; HGWS-PB 05. Lotte an Familie Schütt v. 28. 10. 46.

12 Vgl. HWA-»?«. Wehner an Andersson v. 31. 3. 47 (Ds.); G. Wehner an d. Verf. v. 10. 12. 2004.

13 Vgl. HWA-»?«. Wehner an Andersson v. 31. 3. 47 (Ds.); Asendorf, Manfred: 1945. Hamburg besiegt und befreit, Hamburg 1995, S. 53–57.

14 Vgl. HGWS-PB 05. Lotte an Familie Schütt v. 8. 11. 46; ebd. Lotte an Frieda Schütt v. 13. 11. 46; HWA-»?«. Wehner an Andersson v. 31. 3. 47 (Ds.); HWA-1142. Wehner an Dahlberg v. 31. 3. 47 (Ds.); HWA-1141. Wehner an Reimann v. 27. 12. 47 (Ds.).

15 Vgl. HGWS-PB 13. Lotte an Wehner v. 2./3.3.47; HWA-»?«. Wehner an George Willoughby v. 31.3.47; HWA-1142. Wehner an Dahlberg v. 31.3.47 (Ds.); Herbert Wehner erzählt; HWA-1139. Wehner an Dr. Edith Otterström, Malmö, v. 10.8.47 (Ds.).

16 Vgl. HGWS-PB 08. Greta Burmester an Familie Wehner, Hamburg, v. 18.5.47; HWA-1141. Reimann an Wehner v. 22.3.47; ebd. Wehner an Reimann v. 27.12.47 (Ds.).; HWA-1142. Wehner an Dahlberg v. 31.3.47 (Ds.); ebd. Dahlberg an Wehner v. 6.4.47.

17 Vgl. HGWS-PB 05. Wehner an Familie Schütt v. 12.8.46; HWA-»?«. Wehner an Willoughby v. 31.3.47.

18 HWA-1142. Wehner an Dahlberg v. 23.11.46 (Ds.).

19 HWA-4009. Wehner an »Lieber Genosse Kurt!« v. 1.6.46 (Ds.); HGWS-PB 06. Johann ...mann, Kiel, an Lotte Wehner v. 24.11.46; G. Wehner: Erfahrungen, S. 210.

20 AdsD-SPD-LO HH-584. Sozialistische Arbeitsgemeinschaft. Prot. v. 25. Oktober 1946. Wehner: Probleme der Einheit der sozialistischen Bewegung; veröffentlicht in Wehner: Selbstbesinnung, S. 221–263, insbes. S. 228, 233, 238; HGWS-PB 08. Wehner an Familie Burmester, Uppsala, v. 17.11.46; Soell, Hartmut: Helmut Schmidt. 1918–1969. Vernunft und Leidenschaft, München 2003, S. 187.

21 Zit. HGWS-PB 08. Wehner an Familie Burmester, Uppsala, v. 17.11.46; BStU, MfS-HA IX/11, AS 95/65-6, Bll. 27 ff. Bericht von F.A. Fischer »über das erste öffentliche Auftreten von Herbert Wehner, alias Kurt Funk, in Hamburg (7.11.46)«; vgl. HGWS-PB 14. Hs. Vortragsdisposition »Probleme der Einigung in d. sozialist. Bewegg.« (o.D., zum 6./7.11.46); Masaryk, Thomas G.: Die Weltrevolution. Erinnerungen und Betrachtungen 1914–1918, Berlin 1925, S. 186, 484 (Exemplar mit Anstreichungen im Besitz von G. Wehner); Vgl. Politische Bildung in Deutschland. Entwicklung – Stand – Perspektiven, hrsg. von Hans-Werner Kuhn u.a., 2. überarb. u. erw. Aufl. Opladen 1993, S. 112.

22 Vgl. AdsD-SPD-LO HH-1040. Vorlage der LO HH an den PV v. 8.1.47; HWA-1141. Wehner an Reimann v. 27.12.47 (Ds.).

23 Vgl. ebd., dass. v. 1.1.48 (Ds.); HWA-1142. Wehner an Dahlberg v. 1.11.47 (Ds.); AdsD, NL Blachstein-21. SPD-LO Hamburg, Kulturpolitische Abteilung: Rundschreiben Nr. 7/48 v. 10.9.48 an die Kreis- und Distriktskulturleiter; HWA-0987. Wehner: Vortragsmanuskript »Politik 1949«.

24 AdsD, NL Blachstein-22. Anlage zum Rundschreiben Blachsteins an die Distrikts- und Bezirksvorstände der SPD-LO HH, Kreis XIV v. 31.12.48; HWA-0987. Kreis XIV. Arbeitsgemeinschaft Wehner. »Wie diskutieren wir?« Prot. d. 1. Zusammenkunft am 25.1.49; vgl. auch HWA-Blaue Mappe unbeschr. Prot. (Wt/Su) v. 8.2.49; Weinbrenner, Peter: Selbstgesteuertes Lernen: Moderation, Zukunftswerkstatt, Szenario-Technik, in: Handbuch politische Bildung, hrsg. von Wolfgang Sander, 2. Aufl., Schwalbach/Ts. 1999 (Reihe Politik und Bildung, Bd. 11), S. 485–498, S. 487 ff.

25 Vgl. SPD-LO HH: Jahresbericht 1949, o.O., o.J. (Hamburg 1950), S. 26 ff.; Wir haben ein gutes Fundament geschaffen. 50 Jahre SPD-Betriebsorganisation Hamburg, hrsg. von Erich Rumpel, Hamburg 1997, S. 254; HWA-1146. SPD-PV, Betriebsorganisation/Siggi Neumann an Wehner v. 8.12.48; Zit. Prot. d. Verhandlungen des Parteitages der SPD v. 11. bis 14. September 1948 in Düsseldorf, Hamburg o.J., S. 222 und 109.

26 Ebd., S. 75; Artikel des Vertreters des SPD-PV in Berlin, Brandt, für ›Das sozialistische Jahrhundert‹, 30.9.48, in: Brandt, Willy: Auf dem Weg nach vorn. Willy Brandt und die SPD 1947–1972, bearb. von Daniela Münkel, Bonn 2000 (Berliner Ausgabe, Bd. 4), S. 92–98, S. 98.

27 Vgl. Prot. Düsseldorf 1948, S. 109 f., Zit. S. 110; AdsD-Schumacher-94. Wehner an

Heine v. 27.2.47; SAPMO-RY1-I 2/3/80. Fragebogen Wehners für VVN Hamburg (o.D., ca. 1947).

28 Vgl. ebd. Schreiben ZK der SED an KPD Hamburg v. 14.10.46; BStU, MfS-HA IX/11, AS 95/65-6, Bericht von F. A. Fischer.

29 Vgl. HWA-1085. Wehner an Reimann v. 12.11.48 (Ds.); Freudenhammer/Vater: Wehner, S. 149 f.; Zzggspr. G. Wehner 12.6.2003; Fax G. Wehner an d. Verf., 10.12.2004.

30 Vgl. HWA-1142. Wehner an Dahlberg v. 14.10.46 (Ds.).

31 HWA-4011. Wagner an Wehner v. 29.7.46; vgl. HWA-»Buchbesprechungen H.W.«. Wehner an Phönix-Verlag Christen & Co. v. 24.5.47 (Ds.); Kalbitzer, Hellmut: Widerstehen und Mitgestalten. Ein Querdenker erinnert sich, hrsg. von Christiane Rix unter Mitarb. von Thomas Jahn, Hamburg 1997, S. 126; HWA-1141. Wehner an Reimann v. 27.12.47 (Ds.); HWA-1116. Wehner an Kalbitzer v. 19.5.47 (Ds.).

32 Vgl. Böse, Ernst: Materialistische Geschichtsauffassung. Eine kritische Einführung, Hamburg 1947; HWA-»Buchbesprechungen H.W.«. Wehner an Phönix-Verlag Christen & Co. v. 30.9.46, 24.1.47, 8.3.47, 24.5.47 (Ds.).

33 Vgl. HWA-4011. Wehner an Frieda und Josef Wagner v. 5.3.46 (Ds.); HWA-Blaue Mappe unbeschr. Wehner: Über Bücher Arthur Koestlers (o.D., Ds.); HWA-1142. Wehner an Dahlberg v. 14.10.46 (Ds.); HWA-»?«. Stany und George Willoughby, London, an Wehner v. 5.12.46; HGWS-PB 08. Peter Burmester an Familie Wehner-Burmester, Hamburg, v. 24.11.[46]; Koestler, Arthur: Sowjet-Mythos und Wirklichkeit/aus ›Der Yogi und der Kommissar‹, Hamburg 1947. Die deutsche Gesamtübersetzung von Friedrich Klumpp erschien erst 1950.

34 Vgl. Leugers-Scherzberg: Wandlungen; Wehner: Vorwort, in: Kautsky, Karl: Die Sozialdemokratie und die katholische Kirche, Hamburg 1947, S. 3 f.; Dahlberg, Gunnar: Mathematische Erblichkeitsanalyse von Populationen, Hamburg 1947; Wehner: Vorwort, in: Dahlberg, Gunnar: Die zukünftige Gesellschaft. Eine kurzgefaßte Prinzipiendiskussion, Hamburg 1947, S. 5–8, S. 7; Dahlberg, Gunnar: Vererbung und Rasse, Hamburg 1947; Wehner: Aus dem Leben Léon Blums, in: Blum, Léon: Dein Weg zum Sozialismus, Hamburg 1947, S. 5 ff.

35 Vgl. Freudenhammer/Vater: Wehner, S. 141; HWA-4006. Wehner an Strzelewicz v. 2.4.46; HWA-1130. Phönix-Verlag Christen & Co. Hamburg/Max Christen an Wehner v. 6.11.46.

36 Wehner, Herbert: Vorwort, in: Strzelewicz, Willy: Der Kampf um die Menschenrechte, Hamburg 1947, S. 5 ff., Zit. S. 6 u. 7.

37 Vgl. HWA-1142. Wehner an Dahlberg v. 31.3.47 (Ds.), v. 1.11.47 (Ds.); HWA-1133. Wehner an Kurt Burmeister v. 5.1.48 (Ds.); HWA-1132. Wehner an Strzelewicz v. 18.7.48 (Ds.); Strzelewicz, Willy: Der Kampf um die Menschenrechte, Hamburg 1948; HWA-1110. Verlag Christen & Co./Max Christen an Strzelewicz v. 19.1.49 (Ds.); Glaser, Hermann: Deutsche Kultur. Ein historischer Überblick von 1945 bis zur Gegenwart, Bonn 1997, S. 186 f.

38 Vgl. HWA-1130. Phönix-Verlag Christen & Co. Hamburg/Max Christen an Wehner v. 14.12.46; HWA-1142. Wehner an Dahlberg v. 31.3.47 (Ds.); Wehner: Rosen und Disteln, Hamburg 1948, S. 196, Zit. S. 5.

39 Vgl. HWA-1141. Wehner an Reimann v. 27.12.47 (Ds.); HWA-4011. Wagner an Wehner v. 28.4.46; Kalbitzer: Widerstehen oder Mitmachen.

40 Vgl. Benirschke, Matthias: Das »Hamburger Echo« 1946–1948. Eine sozialdemokratische Lizenzzeitung. Tradition, Konzept, Aufbau, Gestaltung, Magisterarbeit, Hamburg 1990, S. 32, 9, 34 f.

41 Vgl. Braune, Heinrich: Verantwortlich für die Außenpolitik: Herbert Wehner, in: Herbert Wehner. Beiträge zu einer Biographie, hrsg. von Gerhard Jahn unter Mitwirkung von Reinhard Appel u. a., Köln 1976, S. 62–71, S. 64 ff., 68; HWA-1141. Wehner an Reimann v. 27.12.47 (Ds.); Walter Wolf an d. Verf. v. 18.9.2005.

42 HWA-1141. Wehner an Reimann v. 27.12.47 (Ds.); vgl. Braune: Verantwortlich für die Außenpolitik, S. 70; HWA-»Selbstbesinnung und Selbstkritik«. St. (Steinbrecher): Des Erlkönigs »Echo« (o. D.).

43 Vgl. Echo v. 30.1.48, v. 8.9.49; AdsD-Ollenhauer-190. Hamburger Echo/Wehner an Ollenhauer v. 24.7.51.

44 Vgl. Kommentar »Erst selber Hilfe!«, in: Echo v. 7.11.47; Kommentar »Selbstmord in der Politik«, in: Echo v. 12.3.48; Kommentar »Nicht beirren lassen!«, in: Echo v. 2.4.48.

45 Kommentar »Wir suchen ein Gespräch«, in: Echo v. 24.12.48; vgl. Echo v. 8.3.49, 12.3.49; HWA-1085. Wehner an Reimann v. 18.4.49 (Ds.).

46 Loth, Wilfried: Die Teilung der Welt 1941–1955, 8. Aufl., München 1990, S. 241 f.

47 HGWS-PB 01. Wehner an Lotte v. 27., 28. u. 30.5.49.

48 HWA-»Publikationen HW«. Wehner: Bibelworte beim Brückenbau zu Paris, 13.6.49; vgl. Echo v. 14.6.49; HGWS-PB 01. Wehner an Lotte v. 17.6.49; Echo v. 16.6.49; Kommentar »Alles bleibt in Fluß«, in: Echo v. 21.6.49.

49 Kommentar »Am Vorabend«, in: Echo v. 21.5.49; Echo v. 23.6.49.

50 Kommentar »Pakt-Nervosität«, in: Echo v. 17.2.49.

51 Vgl. HWA-1127. Wehner an Hamburger Echo/Johann Richter v. 10.3.47 (Ds.); Braune: Verantwortlich für die Außenpolitik, S. 64; Benirschke: Das »Hamburger Echo«, S. 150.

52 Vgl. HWA-1120. Wehner an ›Die Zeit‹ v. 13.11.47; HWA-1141. Wehner an Reimann v. 27.12.47 (Ds.).

53 HWA (unverzeichnet). Europäische Verlagsanstalt/Hellmut Kalbitzer: Lizenzantrag für eine Wochenzeitung v. 5.1.48 (Ds.); HWA-1116. Wehner, Herbert: Das redaktionelle Programm der Neuen Wochenzeitung, 5.1.48.

54 HWA (unverzeichnet). Lizenzantrag v. 5.1.48 (Ds.); HGWS-EA 02. Hamburger Kurier Nr. 1 v. 6.3.48 (Probenummer).

55 Kalbitzer: Widerstehen oder Mitmachen, S. 114.

56 Vgl. Renger, Annemarie: Ein politisches Leben. Erinnerungen, Stuttgart 1993, S. 286 (Zit. ebd.); Leugers-Scherzberg: Wandlungen, S. 90–94; die erste Reise Wehners von Hamburg über Hannover nach Kassel fand zu Weihnachten 1946 statt (vgl. HGWS-PB 08. Wehner an Familie Burmester, Uppsala, v. 21.12.46); zur Erkrankung Schumachers vgl. Albrecht: Kurt Schumacher, S. 60; HWA-1103. SPD-PV/Erwin Wilke an Wehner v. 25.2.49; Buschfort, Wolfgang: Das Ostbüro der SPD. Von der Gründung bis zur Berlin-Krise, München 1991 (Schriftenreihe der VZG, Bd. 63); zur Bewertung vgl. i. Ggs. zu Merseburger, Peter: Der schwierige Deutsche. Kurt Schumacher. Eine Biographie, 2. Aufl., Stuttgart 1995, S. 349f.; Leugers-Scherzberg: Wandlungen, S. 90 f.

57 Vgl. Tormin: Die Geschichte, S. 160 und 203; Leugers-Scherzberg: Wandlungen, S. 91; AdsD-Schumacher-2/KSAA000397. Wehner an Schumacher (o. D., Eingang am 23.5.49).

58 Vgl. AdsD-SPD-LO HH-1040. Prot. d. PV-Sitzung am 17.5.49; Echo v. 14.6.49; Tormin: Die Geschichte, S. 261 f.

59 Vgl. Sonder-Ausgabe Echo v. 9.5.49; Zur Person: Herbert Wehner, S. 11.

60 Vgl. Prinz, Willi in: Hamburger Volkszeitung v. 21.7.49; Echo v. 30.7.49.

61 Vgl. AdsD-SPD-LO HH-112. Wortprotokoll Wahlkundgebung mit Schumacher am 30.7.1949 in »Planten un Blomen«.

62 Vgl. ebd.-110. Referentenlisten zum Bundestagswahlkampf 1949; ebd.-1040. Prot. d. PV-Sitzung am 4.8.49; Wehner: [Kandidatenaufruf], in: Echo v. 13.8.49.

63 Vgl. Tormin: Die Geschichte, S. 265.

Opposition

1 Vgl. HWA-B. 157-A615. Erich Schuster, Wiesbaden: Betr.: Arbeitstagung Ost der SPD in Hannover am 16.9.49, datiert 19.9.49; Schwarz, Hans-Peter: Die Ära Adenauer 1949–1957, Stuttgart/Wiesbaden 1981 (Geschichte der Bundesrepublik Deutschland, Bd. 2), S. 37.

2 Vgl. Köhler, Henning: Adenauer. Eine politische Biographie, Frankfurt am Main und Berlin 1994, S. 471; Schwarz, Hans-Peter: Anmerkungen zu Adenauer, München 2004, S. 17, 23 ff.; Aufbau und Leistung deutscher Städte. Profile deutscher Oberbürgermeister, Bonn 1966, S. 58.

3 Vgl. Vogt, Helmut: Wächter der Bonner Republik. Die Alliierten Hohen Kommissare 1949–1955, Paderborn u.a. 2004, S. 255 ff.

4 Vgl. HGWS-PB 01. Wehner an Lotte v. 20.9.49; HGWS-PB 12. Wehner an Lotte v. 13.10.49; Mitt. G. Wehners an d. Verf. v. 1.7.2005; Zzggspr. Bock 22.2.2005.

5 Vgl. Bundestag Report Jubiläumsausgabe v. 7.9.89, S. 40 ff.; Zzggspr. Bock 22.2.2005.

6 Schulz, Albert: Erinnerungen eines Sozialdemokraten, Oldenburg 2000 (Schriftenreihe des Fritz-Küster-Archivs), S. 147; Die Fraktion der SPD im Deutschen Bundestag 1949–1981. Eine Chronik, überreicht ihrem Vorsitzenden Herbert Wehner zum 75. Geburtstag von der Sozialdemokratischen Bundestagsfraktion, hrsg. von der Fraktion der SPD im Deutschen Bundestag, Bonn 1981, S. 9.

7 Vgl. Zzggspr. Bock 22.2.2005; HGWS-PB 12. Wehner an Lotte v. 13.10.49.

8 Vgl. PA, AfguBF-1. Prot. d. gemeinsamen Sitzung des Ausschusses für das Besatzungsstatut und auswärtige Angelegenheiten und des Ausschusses für gesamtdeutsche Fragen am 27.3.52; Prot. d. 1. Sitzung am 14.10.49, in: Der Gesamtdeutsche Ausschuß. Sitzungsprotokolle des Ausschusses für gesamtdeutsche Fragen des Deutschen Bundestages, bearb. von Andreas Biefang, Düsseldorf 1998 (Quellen zur Gesch. d. Parlamentarismus u. d. politischen Parteien – QGeschParl, hrsg. v. Karl-Dietrich Bracher u.a., 4. Reihe, Bd. 12), S. 3 ff., S. 3.; Wehner: Politik für Deutschland, in: Tat und Wollen. Kommunales Mitteilungsblatt Ihres Bürgerschaftsabgeordneten und der SPD für das Gebiet Hamburg-Süderelbe, Nr. 9, August 1953, S. 1 ff.; Schindler, Peter: Datenhandbuch zur Geschichte des Deutschen Bundestages 1949 bis 1999, hrsg. von der Verwaltung des Deutschen Bundestages, Bd. I, Bonn 1983, S. 996.

9 Vgl. Zzggspr. Bock 22.2.2005.

10 Vgl. HWA-APK 1. Wehner an Karl Schiller v. 31.10.49 (Ds.).; AdsD-SPD-BTF-1-51. Telex Echo v. 13.12.49 an Wehner; ebd. Wehner an die Genossinnen und Genossen Dr. Baade, Dr. Bärsch, Blachstein u.a. v. 16.12.49; Deutscher Bundestag (BT), Sten. Berichte (Sten. Ber.), 1. Wahlperiode (WP), 77. Sitzung, 19.7.50, S. 2756 f.; Soell: Schmidt, S. 218 ff.; Schriftwechsel u.a. in HWA-2746 und HWA-2733; AHS-EA, März/April 1983. Rededisposition »Abschied von Herbert Wehner, CCH Hamburg, am Mittwoch, dem 2. März 1983«; PA, AfV-1. Beschlußprotokoll der 1. Sitzung am 13.10.49 und die weiteren Protokolle ebd. BT, Sten. Ber., 1. WP, 77. Sitzung, 19.7.50, S. 2756 f.

11 BT, Sten. Ber., 1. WP, 6. Sitzung, 21.9.49, S. 32.

12 Gaus, Günter: Staatserhaltende Opposition oder Hat die SPD kapituliert? Gespräche mit Herbert Wehner, Reinbek bei Hamburg 1966, S. 30; vgl. Schumacher, Kurt: Reden – Schriften – Korrespondenzen 1945–1952, hrsg. von Willy Albrecht, Berlin-Bonn 1985 (Internationale Bibliothek, Bd. 107), S. 732 f.; HWA-B. 157-A615. Wehner an Schumacher v. 25. 11. 49 (Ds.).

13 Gemeinsame Sitzung des PV, des Parteiausschusses, der Kontrollkommission, der Bundestagsfraktion und der Ministerpräsidenten am 6. September 1949 in Köln, in: Die SPD unter Kurt Schumacher und Erich Ollenhauer 1946 bis 1963. Sitzungsprotokolle der Spitzengremien, hrsg. und bearb. von Willy Albrecht. Bd. 2, 1948 bis 1950, Bonn 2003, S. 269–274, S. 272; vgl. Heuß oder Schumacher, in: Echo v. 12. 9. 49; Gaus: Staatserhaltende Opposition, S. 25.

14 HGWS-EA 02. Wehner: Rundfunkansprache »Regierung und Opposition« (o. D., 1953).

15 Merseburger: Der schwierige Deutsche, S. 496; vgl. Frei, Norbert: Vergangenheitspolitik. Die Anfänge der Bundesrepublik und die NS-Vergangenheit, 2. Aufl., München 1997, S. 309 ff.; AdsD-SPD-BTF-1-22. Erklärung Ollenhauers v. 16. 2. 50; 10. 3. 50: Fraktionssitzung, in: Die SPD-Fraktion im Deutschen Bundestag. Sitzungsprotokolle 1949–1957, bearb. von Petra Weber, Erster Halbband, Düsseldorf 1993 (QGeschParl, 4-8/1), S. 108; AdsD-Ritzel-104. Prot. d. 23. Sitzung des Ausschusses für Geschäftsordnung und Immunität am 17. 3. 50; AdsD-SPD-BTF-1-54. Pressemitteilung der SPD-Fraktion des Bundestages Nr. 41 v. 10. 3. 50.

16 Vgl. Frei: Vergangenheitspolitik, S. 318; AdsD-Ritzel-104. Prot. d. 23. Sitzung am 17. 3. 50; AdsD-SPD-BTF-1-22. Deutscher Bundestag. 1. Wahlperiode 1949, Drs. Nr. 757: Wehner an den Herrn Präsidenten des Deutschen Bundestages betr. Einspruch gegen Ausschluß v. 22. 3. 50.

17 Vgl. AdsD-SPD-BTF-1-22. Prot. d. Vernehmung von Egon Bahr vor dem Landgericht Bonn, 3. Zivilkammer, am 4. 12. 52; ebd. Landgericht Bonn: Teilurteil im Rechtsstreit des Bundestagsabgeordneten Wolfgang Hedler, Rendsburg, gegen die Bundestagsabgeordneten Herbert Wehner und Rudolf Heiland v. 10. 4. 53 (As.).

18 Vgl. AdsD-SPD-BTF-1-22. Arndt an Heiland u. Wehner v. 16. 9. 53; AdsD-SPD-BTF-2-41. Arndt an RA Herbert Wintzer, Köln, v. 18. 1. 54 (Ds.) und der weitere Schriftwechsel ebd.

19 Vgl. u. a. BStU, MfS-HA IX/11, AS 95/65-28, darin: Hausmitteilung Dahlems v. 26. 8. 47, Warnke an Mewis v. 19. 8. 47, Helmuth (Neffe von Warnke) an Warnke v. 18. 5. 47, SED-Abteilung Personalpolitik Br/Rei an Pieck, Ulbricht, Ackermann und Dahlem v. 22. 1. 47; Zusammenstellung v. 13. 3. 67 in BStU, MfS-HA IX/11, AS 95/65-48; Telegraf v. 17. 12. 49.

20 Vgl. Echo v. 23. 12. 50; Henkels, Walter in: Düsseldorfer Nachrichten v. 13. 4. 57; HWA-APK 7. Flugblatt »Steckbrief/In nächster Umgebung von Dr. Kurt Schumacher …«; entsprechend auch: Vorwärts (Ost-Berlin) v. 30. 4. 51; HWA-1060. Flugblatt »Steckbrief« (anonym, »Aufgabepostamt in Frankfurt/Main am 2. 10. 51 1–3 Uhr, Absenderangabe fehlt.«).

21 Telegraf v. 17. 12. 49; Schroeder, Klaus: Der SED-Staat. Geschichte und Strukturen der DDR, München 1998, S. 433 f.; Wer war wer in der DDR? Ein biographisches Lexikon, hrsg. von Helmut Müller-Enbergs u. a., Berlin 2000, S. 812 f.; Zzggspr. Bock 22. 2. 2005.

22 HWA-B. 157-A615. Erich Schuster, Wiesbaden: Betr.: Arbeitstagung Ost der SPD in Hannover am 16. 9. 49, datiert 19. 9. 49; AdsD-Schumacher-2/KSAA000397. Wehner an Schumacher (o. D., Eingang am 23. 5. 49).

23 Vgl. z. B. Klotzbach, Kurt: Der Weg zur Staatspartei. Programmatik, praktische Politik und Organisation der deutschen Sozialdemokratie 1945 bis 1965, unveränderter Nachdruck der Ausgabe von 1982, Bonn 1996 (Die deutsche Sozialdemokratie nach 1945, Bd. 1), S. 53; Weber, Petra: Carlo Schmid 1896–1979. Eine Biographie, München 1996, S. 9 ff.; Zahlreiche Ausarbeitungen Wehners finden sich im Herbert-Wehner-Archiv, besonders konzentriert auch in HGWS-EA 01 ff.

24 BT, Sten.Ber., 1. WP, 13. Sitzung, 21. 10. 49, S. 308.

25 Alle Zit. ebd., S. 314–319.

26 Klotzbach: Weg, S. 201 f.

27 Prot. d. Verhandlungen des Parteitages der SPD v. 21. bis 25. Mai 1950 in Hamburg, Frankfurt am Main o. J., S. 129, 166 f.

28 Vgl. Sozialdemokraten als Opfer im Kampf gegen die rote Diktatur, hrsg. von Dieter Rieke, Bonn 1994 (Arbeitsmaterialien zur politischen Bildung), S. 37; Prot. PT Hamburg 1950, S. 125–128, Zit. S. 128 f.

29 Vgl. Zzggspr. Bock 22. 2. 2005; Herbert Wehner erzählt.

30 Vgl. Böhme, Kurt W.: Gesucht wird ... Die dramatische Geschichte des Suchdienstes, München 1970, S. 151; HWA-2019. Pressemitteilung: Erklärung des Herrn Bundeskanzlers vor dem Bundestag am Freitag, den 5. Mai 1950, 12.30 Uhr.

31 Vgl. PolA-AA, B 10-1978. Blankenhorn: Notiz für Adenauer v. 4. 10. 50.

32 Zzggspr. Bock 22. 2. 2005; G. Wehner: Erfahrungen, S. 60.

33 HGWS-PB 07. Wehner an Lotte v. 14. 10. [1950]; Herbert Wehner erzählt; dazu auch G. Wehner: Erfahrungen, S. 60 f.; Zzggspr. Bock 22. 2. 2005; Wehner: Der »Enthüllung« bin ich treu geblieben, in: WamS v. 8. 6. 80 – Gerstenmaier und seine Ehefrau bestritten die Wehner'sche Darstellung (vgl. Eugen Gerstenmaier widerspricht Wehner, in: Welt am Sonntag v. 15. 6. 80), aber die Quellenlage in ihrer Gesamtheit läßt dies wenig plausibel erscheinen; PolA-AA, B 10-1979. Telegramm des Deutschen Generalkonsulats New York an das Bundeskanzleramt, Dienststelle für Auswärtige Angelegenheiten, v. 16. 10. 50 (As.).

34 HGWS-PB 07. Wehner an Lotte Wehner v. 16. 10. 50.

35 Vgl. Wehner: Der »Enthüllung« ...; HGWS-PB 07. Wehner an Lotte v. 21. 10. 50.

36 PolA-AA, B 10-1979. Gerstenmaier an Blankenhorn v. 20. 10. 50; HGWS-PB 07. Wehner an Lotte v. 21. 10. 50, v. 28. 10. 50; PolA-AA, B 10-1979. Telegramm Gerstenmaiers an Blankenhorn v. 25. 10. 50 (As.).

37 Ebd. Telegramm Hergt an Trützschler o. D. (26. 10. 50), 9.30 Uhr; ebd. Hergt an Trützschler v. 25. 10. 50 (As.); ebd., Telegramm Blankenhorns an Gerstenmaier u. Wehner v. 30. 10. 50; siehe dazu auch ebd., Gerstenmaier u. Wehner an Blankenhorn v. 26. 10. 50 sowie hs. Verm. Dittmanns v. 27. 10. 50 an Blankenhorn.

38 Gerstenmaier, Eugen: Streit und Friede hat seine Zeit. Ein Lebensbericht, Frankfurt am Main u. a. 1981, S. 335.

39 Vgl. PolA-AA, B 10-1979, Gerstenmaier an Blankenhorn v. 20. 10. 50; vgl. auch Gniss, Daniela: Der Politiker Eugen Gerstenmaier. 1906–1986. Eine Biographie, Düsseldorf 2005 (Beiträge zur Geschichte des Parlamentarismus und der politischen Parteien, Bd. 144), S. 256; Abgeordneter Gerstenmaier, z. Z. New York, an Bundeskanzler Adenauer v. 16. 12. 50, in: Akten zur auswärtigen Politik der Bundesrepublik Deutschland, hrsg. im Auftrag des Auswärtigen Amts vom Institut für Zeitgeschichte. 1949/50. September 1949 bis Dezember 1950, München 1997, S. 490–495, S. 491.

40 Vgl. PolA-AA, B 10-1979, Hergt an Trützschler v. 25. 10. 50 (As.).

41 Zur Biographie vgl. Gordon, Kathleen E.: Edith S. Sampson: First African American

Delegate to the United Nations, First Black Woman Elected Judge in the U. S., in: American Women's Legal History May 13, 1997; Wehner: Eine Frau ermuntert zur Zuversicht, in: Echo v. 13.11.50.

42 Vgl. PolA-AA, B 10-2073. Aufz. von Trützschler v. 8.11.50; ebd.-1979. Trützschler an Hergt v. 10.11.50; Referat des Abgeordneten Herbert Wehner – Anlage zum Prot. d. 32. Sitzung am 15.11.50, in: Der Auswärtige Ausschuß des Deutschen Bundestages. Sitzungsprotokolle 1949–1953, bearb. von Wolfgang Hölscher. 1. Halbbd., Düsseldorf 1998 (QGeschParl, 4-13/I), S. 159–164, S. 161; Gespräch Wehners mit der Redaktion des Hamburger Echos: Menschenrechte auch für Deutsche, in: Echo v. 13.11.50; Prot. d. 32. Sitzung am 15.11.50, in: Der Auswärtige Ausschuß 13/I-1, S. 157ff., S. 158.

43 PolA-AA, B 10-1933. Aufz. Trützschler v. 29.11.50; HGWS-PB 03. Wehner an Lotte v. 3.12.50; PolA-AA, B 10–1979. Telegramm Trützschlers an Deutsches Generalkonsulat New York v. 3.12.50.

44 Vgl. ebd. United States Mission To The United Nations: Pressemitteilung v. 5.12.50.

45 Vgl. HGWS-PB 03. Wehner an Lotte v. 6.12.50, v. 9.12.50; Wehner: »Njet« und »No« den Kriegsgefangenen, in: Echo v. 14.12.50.

46 Vgl. Echo v. 15.12.50.

47 Wehner: Begegnung mit Amerika, in: Echo v. 23.12.50.

48 HGWS-EA 02. Prot. »Pressekonferenz in Berlin, Bundeshaus am Montag, den 5.2.51, 15 Uhr«; BT, Sten. Ber., 1. WP, 119. Sitzung, 21.2.51, S. 4549; HWA-2019 DRK-Suchdienst Hamburg/Direktion/Dr. Wagner: Rundschreiben betr. Gesamtaufstellung über im Ausland festgehaltene und verurteilte Zivilpersonen v. 16.3.51; HWA-2002. Bundesvertriebenenministerium/Bergner an Wehner v. 28.9.51.

49 PolA-AA, B 10-2074. Aufz. betr. Sitzung des Unterausschusses für Kriegsgefangene v. 17.9.51 (datiert 20.9.51); HWA-0964. Redemanuskript »Vor 1 Jahr fiel ein düsterer Schatten …«, o. D. (Frühjahr 1951); HGWS-EA 02. Erklärung des Abgeordneten Wehner für die Fraktion der SPD zur Abstimmung über den Antrag Drucksache 3078 (o. D., November 1951).

50 Wehner: Hoffnung auf Menschlichkeit, in: Diplomatischer Kurier v. 7.1.52, S. 7ff., S. 9; Frei: Vergangenheitspolitik, S. 240; HGWS-EA 09. Leitsätze der Rede Wehners am 31.8.50 vor dem Parteiausschuß im Gewerkschaftshaus.

51 Vgl. PolA-AA, B 10-2074. Aufz. von Trützschler v. 9.1.52; ebd. Prot. über ein Informationsgespräch am Donnerstag, den 17. Januar 1952, 11.00 Uhr.

52 Vgl. ebd.-2075. Wehner an Trützschler v. 6.2.52; Borchard, Michael: Die deutschen Kriegsgefangenen in der Sowjetunion. Zur politischen Bedeutung der Kriegsgefangenenfrage 1949–1955, Düsseldorf 2000 (Forschungen und Quellen zur Zeitgeschichte, Bd. 35), S. 137.

53 Vgl. PolA-AA, B 10–2075. Aufz. Trützschler v. 14.8.52; HWA-APK 16. Elly Borochowicz an Wehner v. 29.11.53.

54 HGWS-EA 02. Wehner: Typ. »Ruf nach Menschlichkeit« (Weihnachten 1953).

55 Wagner, Kurt: Herbert Wehner zum 80. Geburtstag, in: Die Rotkreuz-Zeitung Nr. 6–7, 1986; Zzggspr. Wagner 16.2.2005.

56 Prot. d. 36. Sitzung am 27.9.51, in: Der Gesamtdeutsche Ausschuß, S. 226ff.; PA, AfguBF-2, Sten. Prot. d. 8. Sitzung am 3.4.54.

57 Vgl. AdsD, NL Schmid-1256. Vertrauliches Rundschreiben Wehners an die Mitglieder des AfguBF v. 13.4.54; PA, AfguBF-2, Sten. Prot. d. 8. Sitzung am 3.4.54; HWA-APK 48. Leo Bauer an Wehner v. 27.2.56.

58 Vgl. Borchard: Die deutschen Kriegsgefangenen, S. 222ff.; Zzggspr. Bock 22.2.2005; PolA-AA, B 12-497. Aufz. betr. Delegation für eventuelle Reise des Herrn Bundeskanzlers nach Moskau v. 27.7.55; Passagierliste v. 1.9.55; HWA-APK 47. AA/Hergt an Wehner v. 31.1.56.

59 Wehner: Vis à vis Konrad Adenauer, in: Der Monat Nr. 225, Juni 1967, S. 12–15, S. 14.

60 Vgl. HWA-2025. Hs. Notiz Wehners v. 12.10.[55]; Schriftwechsel mit Hergt in HWA-APK 47; Wehner und die politischen Gefangenen. Leserbrief von H. K. im Westfalen-Blatt v. 16.4.57; BA-N1174-141. KUD/Bernhard Becker an Jakob Kaiser v. 25.2.56; HGWS-EA 05. Sozialdemokratische Bundestagsfraktion – Pressestelle: Mitteilung für die Presse v. 15.2.56 betr. Äußerungen des Bundesvertriebenenministers in Berlin.

61 Vgl. Weber/Herbst: Kommunisten, S. 518f.; AdsD-SPD-BTF-3-590. Ministerium für Vertriebene, Flüchtlinge und Kriegsgeschädigte Baden-Württemberg an Regierungspräsidium Südbaden, Freiburg/Brsg. v. 7.3.57 (Ds.); HWA-APK 39. Wehner an Heta Fischer v. 15.10.55; PA, AfguBF-2, Prot. d. 44. Sitzung am 18.10.55; BA-N1174-141. Kaiser an Wehner v. 2.3.56 (Ds.); HWA-APK 47. Wehner an Augstein v. 20.12.56 (Ds.); HWA-APK 66. Wehner an Dr. Schuster, SZ, v. 18.4.57 (Ds.); BA-N1174-141. Kaiser: Notiz betr. Kurt Müller v. 25.5.56; ebd. Wehner an Kaiser v. 20.12.56.

62 Kaiser auf der CDU-Vorstandssitzung am 13.2.46, Christlicher Sozialismus und Einheit, in: Kaiser, Jakob: Gewerkschafter und Patriot. Eine Werkauswahl, hrsg. und eingel. von Tilman Mayer, Köln 1988, S. 212–230, S. 218; vgl. Meyer, Christoph: Die deutschlandpolitische Doppelstrategie. Wilhelm Wolfgang Schütz und das Kuratorium Unteilbares Deutschland (1954–1972), Landsberg am Lech 1997, S. 20.

63 Vgl. HWA-B. 157-A615. Erich Schuster, Wiesbaden: Betr.: Arbeitstagung Ost der SPD in Hannover am 16.9.49, datiert 19.9.49; Sitzung des PV am 5. und 6. Januar 1950 in Berlin, in: Die SPD unter Kurt Schumacher und Erich Ollenhauer, S. 308–323, S. 310f.

64 Vgl. Biefang, Andreas: Einleitung, in: Der Gesamtdeutsche Ausschuß, S. IX–LXIII, S. LXIff.; Prot. d. 30. Sitzung am 14. Juni 1951, ebd., S. 193–196.

65 HGWS-EA 07. SPD-Flugblatt »Gegen Terror, Fälschung und Lüge« (auch in HWA-1060; = Text der Erklärung Wehners im Bundestag, BT, Sten. Ber., 1. WP, 85. Sitzung, 14.9.50, S. 3187f.).

66 PA, AfguBF-1. Anlage zum Prot. d. 13. Sitzung am 10.10.50: Presseerklärung Wehners; vgl. Schroeder: Der SED-Staat, S. 103f.

67 Vgl. Meyer: Doppelstrategie, S. 41; Klotzbach: Weg, S. 229f.; Albrecht: Kurt Schumacher, S. 85f.

68 Vgl. Prot. d. 51. Sitzung am 8.3.51, in: Der Auswärtige Ausschuß, S. 316f.; Dokumentation zur Deutschlandfrage (DzDf). Von der Atlantik-Charta 1941 bis zur Genfer Außenministerkonferenz 1959, zusammengestellt v. Dr. Heinrich von Siegler, Hauptbd. 1: Chronik der Ereignisse, Bonn o. J. (1959), S. 110f.; Biefang: Einleitung, S. LIII; Prot. der 34. und 35. Sitzung, in: Der Gesamtdeutsche Ausschuß, S. 214–226; BT, Sten. Ber., 1. WP, 165. Sitzung, 27.9.51, S. 6700f.

69 Vgl. DzDf 1, S. 116f.; BT, Sten. Ber., 1. WP, 169. Sitzung, 17.10.51, S. 6980f.

70 HGWS-EA 09. Grundsätze der Rede Wehners am 31.8.1950; HWA-2701. Die Sowjetpolitik in der Ostzone (Vortrag des Genossen Wehner am 1.9.51 im Kupferhof).

71 Vgl. z. B. PolA-AA, B 2, Nr. 59. Prot. über einen Empfang französischer Journalisten bei dem Herrn Bundeskanzler am 28. Juni 1951.

72 Vgl. Morsey, Rudolf: Die Bundesrepublik Deutschland. Entstehung und Entwicklung bis 1969, 3., überarb. und erw. Aufl., München 1995 (Oldenbourg – Grundriß der Geschichte, Bd. 19), S. 30–33.

73 Wehner: Generalvertrag gegen deutsche Einheit, in: Neuer Vorwärts v. 9.5.52.
74 Vgl. Köhler: Adenauer, S. 690 ff.
75 Vgl. J. McCloy, Bonn, an D.Acheson, 11.3.52, in: Steininger, Rolf: Eine vertane Chance? Die Stalin-Note von 10. März 1952 und die Wiedervereinigung, 2. Aufl., Bonn 1986 (Archiv für Sozialgeschichte, Beiheft 12), S. 118 f.; 11.3.52: Fraktionssitzung, in: Die SPD-Fraktion im Deutschen Bundestag (1949–1957, 1. Halbbd.), S. 346; Prot. d. 77. Sitzung am 27.3.52, in: Der Auswärtige Ausschuß 1949–1953, S. 632–661, S. 638; HGWS-Tonaufnahme: Rundgespräch über Sowjetnote (RIAS), 15.3.52; Thompson, Wayne C.: The Political Odyssey of Herbert Wehner, Boulder u.a. 1993, S. 121; BT, Sten. Ber., 1. WP, 204. Sitzung, 3.4.52, S. 8757, S. 8798 f.; DzDf 1, S. 142.
76 Vgl. McCloy an Acheson, 30.4.52, in: Steininger: Eine vertane Chance?, S. 234 f.
77 HGWS-EA 08. Referat des Genossen Wehner in der Fraktionssitzung v. 27. Mai 1952.
78 BT, Sten. Ber., 1. WP, 222. Sitzung, 10.7.52, S. 9875, 9911; Zeugen der Zeit. Herbert Wehner im Gespräch mit Jürgen Kellermeier. TV-Interview (NDR), 1980.
79 Vgl. Meyer: Doppelstrategie, S. 26–29; vgl. z.B. AdsD-Schmid-1256. Streng vertr. Verm. Wehners an Schumacher, Ollenhauer, Schmid, Schoettle u. Mellies v. 1.2.52.
80 Vgl. HGWS-TK 1951 und 1952; Albrecht: Kurt Schumacher, S. 86; BA-N1018-225. Schütz: Aufz. »Gespräch mit Herbert Wehner« v. 23.6.52; Kosthorst: Kaiser, S. 242 f.
81 AdsD-SPD-BTF-1-4. Schumacher an Ollenhauer v. 27.7.51.
82 Vgl. HWA-B. 186-A753. Schumacher an Konrad Adenauer v. 13.2.51 (Ds.); dgl. v. 31.1.51, 12.11.51, 9.11.51, 4.3.52, 22.4.52; hier auch Adenauer an Schumacher v. 14.2.51 (As.) mit Antwortentwurf von Wehner; Albrecht: Kurt Schumacher, S. 86; HGWS-TK 1951 und 1952; HWA-APK 5. Wehner an Willi Georg v. 27.12.51 (Ds.) sowie HWA-APK 6. Wehner an Max Kukil, SPD-Bezirk Kiel v. 27.12.51 (Ds.) und weitere Schreiben ebd.
83 Mdl. Mitt. G. Wehners 19.5.2005.
84 HGWS-EA 02. Typ. »Für Kurt Schumacher bedeutete deutsche Politik …« (o.D., 1952).
85 Vgl. hierzu Bölling, Klaus: Die zweite Republik. 15 Jahre Politik in Deutschland, Köln-Berlin 1963, S. 165 ff., insbes. S. 167.
86 Vgl. Prot. d. Verhandlungen des Parteitages der SPD v. 24. bis 28. September 1952 in Dortmund, Bonn o.J. (1952), S. 243.
87 Vgl. HGWS-TK 1952; Klotzbach: Weg, S. 279; Erlander, Tage: Dagböcker 1952, hrsg. von Sven Erlander, Hedemora 2002, S. 146; Nilsson, Torsten: Lag eller näve, Kristianstad 1980, S. 145 f.
88 Aktionsprogramm, in: Jb. SPD 1952/53, hrsg. vom Vorstand der SPD, Bielefeld o.J. (1954), S. 261–281, S. 268 f.; Zit. S. 263.
89 Prot. PT Dortmund 1952, S. 84 f.
90 Welt v. 26.9.52; vgl. Prot. d. 250. Kabinettssitzung am 26.9.52, in: Die Kabinettsprotokolle der Bundesregierung, hrsg. für das Bundesarchiv von Hans Booms, Bd. 5: 1952, Boppard am Rhein 1989, S. 601; HWA-1060. Adenauer an Wehner v. 26.9.52, Wehner an Adenauer v. 27. u. 30.9.52 (Ds.); vgl. Zeugen der Zeit.
91 Gaus: Staatserhaltende Opposition, S. 40; Zeugen der Zeit.
92 Vgl. PolA-AA, B 2, Nr. 59. Wehner: Über die Gefahr einer Besiegelung der Teilung Deutschlands (Typ., o.D., Oktober 1952).
93 HWA-B. 186-A753. Entwurf für Ollenhauer an Adenauer v. 8.9.52.
94 Vgl. HGWS-EA 01. Hs. »Eigenartigkeit d. Situation« (»Anfang 1953 vor Dulles-Besuch«).
95 HGWS-EA 02. Hektogr. Typ. »I. Voraussetzungen für einen Friedensvertrag« (o.D.);

ebd.: Ausarb. »Vorbemerkung: Diese Darstellung enthält ...« (o.D., Januar 1953); Ausarb. »G. Luetkens« v. 3.1.53; Typ. Wehner: Bemerkungen zu den Richtlinien für die außenpolitische Aktivität der SPD, 17.1.53; vgl. auch Leugers-Scherzberg: Wandlungen, S. 131–138; Schmid, Carlo: Erinnerungen, Bern u.a. 1979, S. 539 f.; Synopse zur Deutschlandpolitik 1941 bis 1973, bearb. v. Werner Weber und Werner Jahn, Göttingen 1973 (Schriften des Königsteiner Kreises), S. 162.

96 BT, Sten. Ber., 1. WP, 183. Sitzung, 10.1.52, S. 7765; HGWS-EA 02. Typ. Wehner: Bemerkungen zu den Richtlinien, 17.1.53; AdsD-SPD-PV. Sitzung des PV am 7./8.3.57 in Berlin.

97 Vgl. ebd. SPD-Pressedienst (SPD-PD) Nr. P/VII/216 v. 18.9.52: Wehner: Der Anfang der Montan-Versammlung; Gemeinsame Versammlung, Sten. Ber., Eröffnungs-Tagung, 6. Sitzung, 12.9.52, S. 54 f.

98 Dass., Juni-Tagung 1953, 2. Sitzung, 16.6.53, S. 74; Mai-Tagung 1954, 14.5.54, S. 160 u. 162; Juni-Tagung 1955, 24.6.55, S. 620; vgl. auch HGWS-EA 07. dpa-Meldung v. 11.11.52; AdsD-SPD-BTF-1-3. Wehner an Ollenhauer v. 13.5.53 (Ds.), mit ähnlicher Stoßrichtung AdsD-Ollenhauer-199. Wehner an Ollenhauer v. 21.6.53; vgl. auch HGWS-EA 02. Wehner: Typ. »Die Beziehungen der Montanunion zu England und Dritten Ländern« (2.6.53); HGWS-EA 09. ppp v. 24.6.55.

99 Monnet, Jean: Erinnerungen eines Europäers, München und Wien 1978, S. 521 f.; vgl. auch die Korrespondenz in HWA-APK 54, z.B. Monnet an Wehner v. 21.7.55.

100 HGWS-EA 05. ppp v. 30.1.57; HGWS-EA 11. Hs. Dispositionen Wehners v. 24.6.57; 24.6.57: Fraktionsvorstands- und Fraktionssitzung, in: Die SPD-Fraktion im Deutschen Bundestag (1949–1957, 2. Halbbd.), a.a.O, S. 427; AdsD-Ollenhauer-462. Wehner an Ollenhauer v. 24.6.57; vgl. auch Leugers-Scherzberg: Wandlungen, S. 190 f.

101 Vgl. Meyer: Doppelstrategie, S. 44 f.

102 Vgl. z.B. Der 17. Juni im Urteil der DDR-Historiographie, in: Kleßmann, Christoph: Die doppelte Staatsgründung. Deutsche Geschichte 1945–1955, 5., überarb. u. erw. Aufl., Bonn 1991 (Schriftenreihe der Bundeszentrale für politische Bildung, Bd. 298), S. 524 f.; HWA-3488. »Zement« an »Genosse W« v. 8.6.53; HWA-0237. Wehner: »Gesichtspunkte zur Deutschlandpolitik und zur Verhinderung der Sowjetisierung Mitteldeutschlands«, 3.6.53.

103 Die Neue Zeitung v. 9.4.53.

104 Vgl. Gemeinsame Versammlung, Sten. Ber., Juni-Tagung 1953, 2. Sitzung, 16.6.53, S. 92; Beier, Gerhard: Wir wollen freie Menschen sein. Der 17. Juni 1953: Bauleute gingen voran, hrsg. von Bruno Köbele, Frankfurt am Main und Wien 1993, S. 348, 350; Wehner: Die Unterdrückten siegen, in: Berliner Stimme Nr. 25 v. 20.6.53.

105 Vgl. Loth: Teilung, S. 313; Köhler: Adenauer, S. 807–813; HGWS-EA 01. Hs. »Der Streit um die Verträge ...« (»Dez. 1952«).

106 Vgl. Berlin. Chronik der Jahre 1951–1954, hrsg. im Auftrage des Senats von Berlin, Berlin 1968 (Schriftenreihe zur Berliner Zeitgeschichte, Bd. 5), S. 732; Meyer: Doppelstrategie, S. 47 ff.; Welt v. 25.6.53; BT, Sten. Ber., 1. WP, Anlagen, Drucksache Nr. 4624.

107 BT, Sten. Ber., 1. WP, 278. Sitzung, 1.7.53, S. 13882 f., 13877–80.

108 Prot. d. 89. Sitzung am 2.7.53, in: Der Gesamtdeutsche Ausschuß, S. 738–741, S. 739; vgl. ausführlicher Meyer: Doppelstrategie, S. 51 f.

109 Vgl. ebd., S. 54; Schwarz, Hans-Peter: Adenauer. Der Staatsmann: 1952–1967, Stuttgart 1991, S. 85; Köhler: Adenauer, S. 815.

110 Vgl. HGWS-PB 07. Ulrich Thiede, Rechtsanwalt, Hamburg, an Wehner v. 9.5.52; G. Wehner an d. Verf. v. 19.5.2005 u. 1.7.2005; Zzggspr. Bock 22.2.2005.

111 Vgl. G. Wehner: Erfahrungen, S. 47 f.; HGWS-TK 1953; Zzggspr. G. Wehner 24. 6. 2003.
112 HWA-1343. Wehner an Lotte v. 4. 8. 69.
113 HGWS-PB 19. Lotte an Greta Burmester v. 25. 8. 74; vgl. Polenz, Sabine: Meine Jahre mit Herbert. Greta Wehner erzählt, TV-Dokumentation (NDR), 1994; »Scrabble«-Spiel mit beiliegenden Notierungen im Privatbesitz G. Wehner.
114 HGWS-EA 01. Hs. »SPD vorbereiten auf außergewöhnl. Kraftprobe ...« (o. D., Mitte 1953).
115 HGWS-EA 02. Typ. »1953 – das Jahr der Entscheidung« (August 1953), Zit. S. 64, 28, 22 f., 66 f., 70.
116 Vgl. HGWS-TK 1953; HGWS-PB 03. Wehner an Lotte v. 14. 8. 53.
117 Vgl. Körner, Klaus: Von der antibolschewistischen zur antisowjetischen Propaganda: Dr. Eberhard Taubert, in: Der Kalte Krieg – Vorspiel zum Frieden?, hrsg. von Arnold Sywottek, Münster 1994 (Jahrbuch für Historische Friedensforschung 2, 1993), S. 54–69, S. 58, 64.
118 HGWS-PB 03. Wehner an Lotte v. 28. 8. 53; HWA-1060. Pressenotiz Herbert Wehners v. 30. 8. 53; Im Zentrum der Macht. Das Tagebuch von Staatssekretär Lenz 1951–1953, im Auftrag der Konrad-Adenauer-Stiftung hrsg. von Klaus Gotto u. a., Düsseldorf 1989 (Forschungen und Quellen zur Zeitgeschichte, Bd. 11), S. 689 und 694; Wehner an Adenauer v. 10. 10. 53, in: Wehner: Zeugnis, S. 276–280, S. 280.
119 Vgl. Kleßmann: Staatsgründung, S. 237; BA-B254-23. Neumann, Erich Peter: Die Entwicklung der Deutschen Frage in der öffentlichen Meinung 1949–1963, Vortrag auf der Jahrestagung des Kuratoriums Unteilbares Deutschland in Berlin am 29. 11. 63.
120 HGWS-EA 02. Herbert Wehner: Fragen zur Parteidiskussion in einem Hamburger Distrikt, Typ., Bonn, 4. 1. 54; AHS-EA, März/April 1983. Rededisposition »Abschied von Herbert Wehner, CCH Hamburg, am Mittwoch, dem 2. März 1983«.
121 Vgl. HGWS-TK 1953; HGWS-PB 03. Wehner an Lotte v. 15. 10. 53, dass. v. 22. 10. 53.
122 HGWS-EA 02. Wehner: Typ. »Zur Aussenpolitik« (23. 10. 53).
123 Vgl. BT, Sten. Ber., 2. WP, 4. Sitzung, 28. 10. 53, S. 47–50; HGWS-PB 03. Wehner an Lotte v. 28. 10. 53.
124 Westfälische Rundschau v. 12. 11. 53; Ressortbesprechung, 14. 12. 53, in: Akten zur auswärtigen Politik. 1953. Band I: 1. Januar bis 30. Juni 1953, München 2001, S. 1088–1094; Prot. d. 13. Kabinettssitzung am 18. 12. 53, in: Kabinettsprotokolle-6-1953, Boppard am Rhein 1989, S. 569–583, S. 581.
125 Vgl. Loth: Teilung, S. 315.
126 Vgl. HWA-1065. UP-Meldung v. 1. 2. 54; PA, AfguBF-2, Sten. Prot. d. 5. Sitzung am 6. 2. 54; HWA-3143. Erklärung der Fraktionen der Regierungskoalition (CDU/CSU, FDP, GB/BHE, DP) v. 5. 2. 54, Erklärung Wehners v. 6. 2. 54.
127 Vgl. Prot. d. 18. Kabinettssitzung am 17. 2. 54, in: Kabinettsprotokolle-7–1954, hrsg. für das Bundesarchiv von Friedrich P. Kahlenberg, Boppard am Rhein 1993, S. 61–70, S. 61 ff.; Klotzbach: Weg, S. 328; BT, Sten.Ber., 2. WP, 16. Sitzung, 25. 2. 54, S. 518–550, Zit. S. 546.
128 Vgl. HGWS-TK 1954; Meyer: Doppelstrategie, S. 58; zur Entstehungsgeschichte des Kuratoriums vgl. ebd., hier insbes. S. 56 ff.
129 Vgl. HWA-0978. Hs. Notizen Wehners in der Vereinsgründungssitzung der gesamtdeutschen Aktion am 29. 3. 54; ebd. Ollenhauer an Jakob Kaiser v. 25. 3. 54 (Ds.); AdsD-SPD-BTF-2-11. Wehner an Mellies v. 1. 3. 55 (Ds.); vgl. Meyer: Doppelstrategie, S. 87 f.; HWA-Agr. KUD. Wehner: Zur Entwicklung und Arbeit des Kuratorium »Unteilbares

Deutschland« und zur weiteren Mitarbeit der Sozialdemokraten an dieser Einrichtung (15.3.55).

130 AdsD-Schütz-»Kuratorium Unteilbares Deutschland«. Prot. über die Sitzung des pol. Ausschusses am 6.2.58; Vgl. Schütz, Wilhelm Wolfgang: Das Gesetz des Handelns. Zerrissenheit und Einheit unserer Welt, Frankfurt am Main 1958; Meyer: Doppelstrategie, S. 103 ff.

131 StBKAH-III-23. Adenauer an Kaiser v. 3.11.52, vgl. ebd., Kaiser an Adenauer v. 1.11.52; HGWS-EA 02. Wehner: Typ. »Zuständigkeitssorgen« (Dez. 1953); PA, AfguBF-2, Prot. d. 22. Sitzung am 7.12.54, Prot. d. 24. Sitzung am 19.1.55; BA-B136-2130. Aufz. betr. Erklärung Wehners am 23.1.55 in Kiel.

132 Vgl. PA, AfguBF-2, Prot. d. 27. Sitzung am 26.1.55; Mitt. G. Wehners an d. Verf. v. 1.7.2005.

133 Vgl. Morsey: Bundesrepublik, S. 38 ff.

134 HWA-0905. Notiz »Die französ. Änderungs-Vorschläge, 16.8.54«; Ahlers, Conrad in: Welt v. 1.10.54; Schwarz: Adenauer. Der Staatsmann, S. 153.

135 Einheit, Freiheit, Frieden! Gegen Kommunismus und Nationalismus! Broschüre, o. O., o. J. (1955), Text des Manifest siehe Jb. SPD 1954/55, hrsg. vom Vorstand der SPD, Hannover-Bonn o. J., S. 354.

136 Hannoversche Presse v. 31.1.55; BA-B136-2130. Aufz. betr. Erklärung Wehners am 23.1.55 in Kiel; HWA-0906. Manuskript »Paulskirche 29. Jan.« [1955]; HGWS-EA 11. Manuskript »Berlin, 6.2.55«.

137 HGWS-DU 24. Typ. »Was kann getan werden, um Viermächteverhandlungen über die Wiedervereinigung zu erzwingen?«, 21.2.55; vgl. Leugers-Scherzberg: Wandlungen, S. 158 f.

138 Vgl. Klotzbach: Weg, S. 345; AdsD-SPD-PV. Sitzung PV u. Fraktionsvorstand am 21.1.55 in Bonn.

139 BT, Sten. Ber., 2. WP, 69. Sitzung, 24.2.55, S. 3538.

140 Zit. Köhler: Adenauer, S. 852.

141 Prot. d. Verhandlungen des Parteitages der SPD v. 20. bis 24. Juli 1954 in Berlin, Berlin o. J., S. 86 f.; Soell, Hartmut: Fritz Erler – Eine politische Biographie, 2 Bde., Berlin-Bonn 1976 (Internationale Bibliothek, Bd. 100 f.), S. 208; vgl. ebd., S. 299; HWA-2096. Hs. Notiz »Wehrfragen« zur PV-Sitzung am 10.2.56; AdsD-SPD-PV. Sitzung des PV und Fraktionsvorstandes am 10. und 11.2.56 in Bonn.

142 SZ v. 29.2.56; AdsD-SPD-PV/Ollenhauer. Wehner an Ollenhauer v. 25.4.57; Kopie der sten. Aufz. und der Reinschrift auch in HGWS-EA 04; BT, Sten. Ber., 2. WP, 159. Sitzung, 7.7.56, S. 8868; Schwarz: Ära Adenauer, S. 297.

143 Vgl. Klotzbach: Weg, S. 348; HGWS-TK 1956, inliegend Presseausweis; Lindemann, Mechthild: Die Deutschlandfrage auf der Gipfelkonferenz und der Außenministerkonferenz in Genf 1955, in: Die Deutschlandfrage v. 17. Juni 1953 bis zu den Genfer Viermächtekonferenzen von 1955, Berlin 1990 (Studien zur Deutschlandfrage, Bd. 10), S. 177–205, S. 199–204.

144 Wehner: Voraussetzungen der Wiedervereinigung Deutschlands. Sonderdruck aus ›Die Neue Gesellschaft‹ (Januar 1956), S. 6 ff., 18; ders.: Drei Regeln sind zu befolgen, in: Welt v. 24.3.56.

145 Wehner: Moskau ringt um Existenz und Ko-Existenz, in: Vorwärts v. 2.3.56; vgl. Schroeder: Der SED-Staat, S. 133 f.; HWA-1062. Wehner: SED verschanzt sich hinter Selbstrechtfertigung (Typ.), »März 1956«.

146 HGWS-EA 09. Bericht über die Tagung des RPJ v. 7.-9.9.56 in Goslar.

147 Vgl. HGWS-EA 03. Undatierte Redenotiz »Veränderte Sowjetpolitik? …« (1956); Wehner: Zu Besuch bei der Politik in Schweden und Jugoslawien, in: Der Sozialdemokrat, Juni 1956, S. 5 f., S. 5.

148 Vgl. Loth: Teilung, S. 195 ff.

149 HWA-APK 47. Ambassadeur de la République Populaire Fédérative de Yougoslavie, Mladen Iveković an Wehner v. 10.4.56; Wehner an Iveković v. 21.4.56; Schult, Hans Erich in: Neue Ruhr Zeitung v. 27.6.56; Wehner: Zu Besuch bei der Politik in Schweden und Jugoslawien, in: Der Sozialdemokrat, Juni 1956, S. 5 f., S. 6; HGWS-EA 03. Undatierte Redenotiz »Veränderte Sowjetpolitik? …« (1956).

150 Vgl. ebd.; Bonner Hefte für Politik, Wirtschaft und Kultur Nr. 15 v. 1.8.56.

151 Wehner: Die neue Perspektive der SED, in: Vorwärts v. 10.8.56.

152 Vgl. Wolf, Markus: Spionagechef im geheimen Krieg. Erinnerungen, München 1998, S. 126, 196 ff.; Leugers-Scherzberg: Wandlungen, S. 171 ff.; Weber/Herbst: Kommunisten, S. 489; Girnus an Ulbricht v. 20.11.56, in: Scholz: Wehner in Schweden, S. 276–280, 213 ff.

153 Mitteilung G. Wehners an d. Verf. v. 1.7.2005.

154 Vgl. ACDP-01-028-015/7. Ms. Notiz für Herrn Dr. Krone (nur zur persönlichen Information), hs. datiert 8.6.56; Kabinettsprotokolle-9–1956, München 1998, S. 452 f.

155 DGB-AdsD-24.1-1856. Prot. über die 1. Sitzung der Kommission ›Wiedervereinigung‹ am 9.1.57 in Düsseldorf; ebd. »Vorschläge des DGB zur Wiedervereinigung Deutschlands«, unterzeichnet von Wehner, 19.1.57; Meyer: Doppelstrategie, S. 97; AdsD-Scholz-»Gewerkschaftsmappe II 1953 bis 30.6.58«. DGB-Broschüre »Wiedervereinigung ohne Gewalt – doch bald« zum 1. Mai 1957.

156 FAZ v. 9.4.57; Vijssers, Jan van de: Wehner und die deutsche Zukunft. Eine Warnung in letzter Stunde, Broschüre, Mönchengladbach o. J. (1957), S. 5.

157 Vgl. AdsD-SPD-BTF-2-12. Ollenhauer an Lohmar v. 27.6.56 (Ds.); AdsD-Heine-1/FHAB000267. Rundschr. Heines an die Büromitglieder v. 27.6.56.

158 Prot. d. Verhandlungen des Parteitages der SPD v. 10. bis 14. Juli 1956 in München, München o. J. (1956), S. 122, 338; HGWS-DU 21. Ms. Ausarbeitung Wehners »Zum Telegramm der KPdSU an den Vorsitzenden der SPD« (dat. München, 13.7.56); Jb. SPD 1956/57, hrsg. vom Vorstand der SPD, Hannover-Bonn o. J. (1958), S. 320 f.

159 HGWS-EA 05. ppp v. 29.10.56; Wehner: Der Vulkanausbruch in Ungarn, in: Vorwärts v. 2.11.56; Echo v. 12.11.56.

160 Echo v. 26.11.56; Stuttgarter Nachrichten v. 27.11.56; vgl. Kabinettsprotokolle, Bd. 9, S. 746.

161 Vgl. BA-B137-15112. Rundfunkaufnahme: Herbert Wehner im Süddeutschen Rundfunk am 8.10.68; HGWS-Tonaufnahme: Wehner: Rundfunkrede zum KPD-Verbot, 24.11.51; PA, AfguBF-2, Prot. d. 65. Sitzung am 11.10.56.

162 Vgl. HGWS-EA 05. ppp v. 20.12.56; HWA-3396. Redemanuskript »16.+17.6.56. Lübeck + Flensbg.«.

163 158. Kabinettssitzung am 24. Oktober 1956 TOP 4 (»Kabinettsprotokolle der Bundesregierung« online); PA, AfguBF-2, Prot. d. 66. Sitzung am 7.11.56.

164 BT, Sten. Ber., 2. WP, 201. Sitzung, 4.4.57, S. 11432 f., 11457.

165 Ebd., S. 11461; Abendpost (Frankfurt) v. 5.4.57.

166 Henrich, Hans in: FR v. 6.4.57; Die CDU/CSU-Fraktion im Deutschen Bundestag. Sitzungsprotokolle 1953–1957, bearb. von Helge Heidemeyer, Zweiter Halbband 1956–1957, Düsseldorf 2003 (QGeschParl, 4-11/II), S. 1463; HGWS-DU 05. Verm. (Koch) für den Vorsitzenden des Ausschusses für Geschäftsordnung, Ritzel, v. 9.4.57 (As.); PA,

AfguBF-2, Kurzprotokoll der 75. Sitzung am 3.4.57 – dies ist das letzte Prot. in dieser Wahlperiode.

167 Westfälische Rundschau v. 5.4.57; HWA-0978. Verm. »Et/26.1.55«; Die Freiheit v. 22.2.57.

168 HGWS-DU 01. Abschr. einer Pressemitt. des schwedischen Außenministeriums v. 7.3.57; »Sjökomandohuset« var rysk spionbas. Avslöjad under kriget, in: Dagens Nyheter v. 9.3.57; BA-B136-4534. Fernschreiben von »Siegfried« aus Stockholm an das Auswärtige Amt v. 9.3.57; Abendpost (Frankfurt) v. 13.3.57; Deutschland-Union-Dienst (DUD) v. 13.3.57; SPD-PD v. 13.3.57: »Schuss aus dem Hinterhalt«.

169 Wehner: Erklärung zu einer Veröffentlichung der Zeitung »Dagens Nyheter«, Bonn, am 11. März 1957, in: Wehner: Zeugnis, S. 285–298, S. 286; Orig. in HGWS-DU 16; SPD-PD v. 13.3.57: Erklärung des PV; Der Tagesspiegel v. 14.3.57; Dagens Nyheter v. 15.3.57; Kölnische Rundschau v. 16.3.57; Voigdt, Klaus in: Freie Presse (Herford) v. 26.3.57; BA-B136-4534. Kurzprotokoll der 33. Sitzung des Ausschusses für Geschäftsordnung am 18.3.57; DUD-133 v. 21.3.57.

170 Vgl. AdsD-SPD-BTF-2-10. Kalbitzer an Wehner v. 15.3.57; AdsD-SPD-BTF-2-9. Wehner an Willi Eichler v. 22.3.57; Wehner: Zeugnis, S. 27–298.

171 Westfälische Rundschau v. 1.4.57.

172 Vgl. Vorwärts (Berlin-Ost) v. 18.3.57; div. Schreiben in HGWS-DU 03; HGWS-DU 17. Karte von Schmidt an Wehner v. 8.4.57; HGWS-DU 12, Telegramm der SPD Köln-Süd an Wehner v. 5.4.57; Freiheit v. 1.4.57.

173 Vgl. HGWS-EA 36. Albert Schulz an Wehner, Juli 1963; Prot. PT München 1956, S. 45, 120f. Zur Zahl der Ordnungsrufe vgl. Kempa, Dirk: 50 Jahre politische Rhetorik im Deutschen Bundestag in Bonn, unveröff. Magisterarbeit, Tübingen 2002; die Zahl von 78 Ordnungsrufen laut »Unglaublich, Herr Präsident!« Ordnungsrufe/Herbert Wehner, hrsg. von Ralf Floehr und Klaus Schmidt, 3., erw. Aufl., Krefeld 1983, ist demnach nicht korrekt.

174 Vgl. BA-B136-4534. Institut für Demoskopie, Allensbach: Die Stimmung im Bundesgebiet/Herbert Wehner (9.5.57); Stuttgarter Zeitung v. 13.5.57.

175 Vgl. HWA-1062. Wehner: Erklärung v. 25.4.57 zu den in der ›Memminger Zeitung‹ v. 20.4.57 veröffentlichten Behauptungen; HGWS-DU 22. SPD-PV/Heine an den Oberstaatsanwalt bei dem Landgericht in Ulm v. 30.8.57; Wenger, Paul Wilhelm in: Rheinischer Merkur v. 17.5.57.

176 AdsD-SPD-BTF-2-13. Wehner an ›Der Spiegel‹ v. 21.8.57 (hs.); Henkels, Walter in: Düsseldorfer Nachrichten v. 13.4.57; Dönhoff, Marion Gräfin in: Die Zeit v. 25.4.57; Gerold, Karl in: FR v. 23.3.57.

177 Vgl. Kosthorst: Kaiser, S. 354; Köhler: Adenauer, S. 596; BA-B136-4534. Thedieck an Adenauer v. 22.11.57; Vijssers: Wehner und die deutsche Zukunft.

178 Vgl. Krone, Heinrich: Tagebücher. Erster Band: 1945–1961, bearb. von Hans-Otto Kleinmann, hrsg. von Günter Buchstab u.a., Düsseldorf 1995 (Forschungen und Quellen zur Zeitgeschichte, Bd. 28), S. 271, 275; BA-B136-4534. Wehner an Schröder v. 7.11.57 (»Persönlich«, Abschr.); Schwarz: Adenauer. Der Staatsmann, S. 391.

179 Vgl. HGWS-TK 1957; Süd-West-Rundschau v. 22.6.57; Echo v. 26.8.57.

180 Vgl. z.B. AdsD-SPD-LO HH-126. Undatierte Notiz v. Wehner (Kop.); Echo v. 16.9.57.

181 Wahlkampf ohne Wahrheit. Verleumdungen als Wahlhelfer der CDU/CSU. Eine Zusammenstellung von Wahlkampfverleumdungen, hrsg. vom Vorstand der SPD-Bonn, Frankfurt am Main 1957, S. 5; Klotzbach: Weg, S. 393ff.; HWA-1016. Illus – Sonderausgabe D.

182 Vgl. die Vortragsnotizen in: HWA-1078, zum Beispiel: Herbert Wehner: Hs. Vortragsnotiz »Viele Mitgl. unserer Partei ...«, o. D. (November 1957); HGWS-DU 24. Greta, Lotte und Wehner an Willi Reimers v. 18.3.58 (Ds.); Wehner: Sozialdemokratische Politik im geteilten Deutschland. Druck: Auerdruck GmbH, Hamburg o. J. (1958). – Die folgenden Zitate sind dieser Druckschrift entnommen.

183 Vgl. auch HWA-0866. Prot. d. Kursus »Mensch und Betrieb« v. 25.-29. November 1957 an der Heimvolkshochschule der Friedrich-Ebert-Stiftung in Bergneustadt.

184 Vgl. Klotzbach: Weg, S. 403 ff.; Soell: Erler, S. 300 ff.; Schmid: Erinnerungen, S. 661.

185 AdsD-SPD-BTF-3-591. Wehner an Schulz v. 12.5.58 (Ds.); Klotzbach: Weg, S. 426; ebd. 3-590. Ollenhauer an Wehner v. 12.5.58; AdsD-SPD-PV. Sitzung des PV am 16.5.58 in Stuttgart.

186 Vgl. AdsD-Heine-1/FHAB000006. Niederschrift Fritz Heines »1958. Abwahl aus dem PV« (o. D.).

187 HWA-0985. Hs. und sten. Notiz Wehners »Wahlen/Partei. 17. V. 58«; vgl. Klotzbach: Weg, S. 427; AdsD-SPD-PV. Sitzung des PV, Parteiausschusses und der Kontrollkommission am 17. und 18. Juni (fehldat., richtig: Mai) 1958 in Stuttgart.

188 HWA-0985. Redemanuskr. Wehners »Verlauf von Disk. + Abstimmg ...«, o. D. (Stuttgarter Parteitag).

189 Vgl. AdsD-SPD-PV. Sitzung des PV am 19.5.1958; Klotzbach: Weg, S. 427; Mündliche Information v. G. Wehner.

190 Prot. d. Verhandlungen des Parteitages der SPD v. 18. bis 23. Mai 1958 in Stuttgart, Hannover-Bonn o. J. (1958), S. 435.

In der Spitze

1 Rheinische Post v. 28.5.58; Die Glocke (Oelde) v. 29.5.58; SPD-PD-P/XIII/145 v. 2.7.58, S. 6 f.; Schröder, Georg in: Welt v. 30.6.58; Besser, Joachim in: Welt v. 9.8.58.

2 Prot. PT Stuttgart 1958, S. 176, 409.

3 Besser in: Welt v. 9.8.58; »Es hätte auch schlimmer kommen können ...« Spiegel-Gespräch mit dem stellvertretenden SPD-Vorsitzenden Herbert Wehner, in: Spiegel Nr. 39 v. 25.9.63, S. 38–50, S. 40.

4 Welt v. 13.10.58; ACSP-Strauß-Kartei, RA 59 (2) 0803. Rede von Strauß vor dem Landestag der Jungen Union in Lörrach am 8.3.59; Strauß, Franz Josef: Die Erinnerungen, Berlin 1989, S. 447.

5 Prot. PT Stuttgart 1958, S. 341.

6 Gaus: Staatstragende Opposition, S. 36; vgl. HWA-0476. Knoeringen an Ollenhauer v. 1.11.61; Fränkischer Volksfreund v. 28.5.58; Mehringer, Hartmut: Waldemar von Knoeringen. Eine politische Biographie. Der Weg vom revolutionären Sozialismus zur sozialen Demokratie, München u. a. 1989 (Schriftenreihe der Georg-von-Vollmar-Akademie, Bd. 2), S. 383 f.

7 Vgl. Klotzbach: Weg, S. 413; Prot. PT Stuttgart 1958, S. 500, 504.

8 Vgl. ebd., S. 341 ff.; Appelius, Stefan: Heine. Die SPD und der lange Weg zur Macht, Essen 1999, S. 306.

9 Vgl. AdsD-Heine-1/FHAB000267. Undatierter Verm. »H. Wehner«; HWA-0987. Heine an Wehner v. 6.9.51; AdsD-SPD-BTF-2-10. Heine an Wehner v. 23.12.55 und Antw. v. 2.1.56 (Ds.); Buschfort: Ostbüro, S. 122 f.

10 Vgl. Klotzbach: Weg, S. 429 f.

11 Vgl. AdsD-SPD-PV/Sekr.-Wehner-01138D. Bericht der Kommission zur Prüfung

der allgemeinen Organisationsprobleme an den PV (o. D., Mitte 1958), ebd.-01556A. Wehner an Max Kunze, Bassum, v. 22.10.58 (Ds.).

12 Ebd. Knäpper an Wehner v. 13.11.58; ebd. Rundschreiben an alle Bezirke und Unterbezirke (o. D., Ende 1958); HWA-0844. Verm. Willi Frankes v. 7.1.59.

13 HWA-0844. Typ. Wehner: »Unsere Arbeit ...« (o. D., Januar 1959).

14 HGWS-EA 12. Vortragsmanuskript »Osterrode 9.11.58«.

15 HGWS-EA 19. Notizzettel »Bergneustadt/Sekretär-Kursus 12.-15. Januar 1959«; vgl. HWA-0844. Franke, Willi; Nippgen, Hermann: Schlußbetrachtungen über den Sekretärkursus v. 12.-16. Januar 1959 in Bergneustadt; ebd. Verm. Nippgen an Wehner v. 5.8.59 betr. Sekretärkurse.

16 Vgl. Selzer, Rolf: Stiernackige Profilierte Dickschädel, unveröff. Typ., Kiel 2004.

17 Vgl. Potthoff, Heinrich; Miller, Susanne: Kleine Geschichte der SPD. 1848–2002, 8., aktual. u. erw. Aufl., Bonn 2002, S. 208f.; vgl. HWA-B. 198-A798. Ergebnis-Prot. d. Sitzung der Programm-Kommission am 26.3.55; HWA-1033. Eichler an die Genossen Abendroth, Agartz, Albertz u. a. v. 15.3.55.

18 HWA-1033. Prot. d. Programmkommission/Sitzung des Unterausschusses »Grundsatzfragen« am 4.6.55; Soell: Erler, S. 323f.

19 HWA-B. 198-A797. Wehner an die Mitglieder der Programmkommission v. 8.2.58 (Ds.) – Anlage: Entwurf; ebd. »Grundsatzprogramm (Teil 3) Weltpolitik«, unten dat. Bonn, März 1958.

20 Ebd. Wehner an Eichler v. 14.4.58 (Ds.).

21 Prot. PT Stuttgart, S. 372, voriges Zit. S. 383.

22 HWA-0805. Sozialdemokratische Partei Deutschlands: Entwurf zu einem Grundsatzprogramm, Bonn, April 1958; Klotzbach: Weg, S. 437; Prot. d. Verhandlungen des ao. Parteitages der SPD v. 13.-15. November 1959 in Bad Godesberg, Bonn o. J., S. 355; Entwurf für ein Grundsatzprogramm. Vom Vorstand der SPD dem Ao. Parteitag der SPD in Bad Godesberg v. 13.-15. November 1959 vorgelegt, in: Vorwärts v. 11.9.59.

23 Vgl. Wehner: Schwerpunkte sozialdemokratischer Politik im geteilten Deutschland. Sonderdruck aus der Zeitschrift »Die Neue Gesellschaft« Nr. 3, Mai/Juni 1958, S. 5.

24 7.4.59: Fraktionssitzung, in: Die SPD-Fraktion im Deutschen Bundestag. Sitzungsprotokolle 1957–1961, bearb. von Wolfgang Hölscher, Düsseldorf 1993 (QGeschParl, 4-8/2), S. 244; Klotzbach: Weg, S. 443; Soell: Erler, S. 324; AdsD-Sänger-53. Hs. Notizen Sängers v. 6. und 9.6.59; AdsD-Sänger-55. »1. Entwurf Braune 20.7.59«.

25 Braune, Heinrich: Herbert Wehner, in: Hamburger Kurs Nr. 1 vom Januar 1983; AdsD-Sänger-53. Notiz v. 11.8.59.

26 Prot. Ao. Parteitag Bad Godesberg 1959, S. 18, 14, 16.

27 Vgl. Herbert Wehner (1906–1990) und die deutsche Sozialdemokratie. Referat und Podiumsdiskussion eines Kolloquiums des Gesprächskreises Geschichte der Friedrich-Ebert-Stiftung in Bonn am 23. September 1996, Bonn 1996 (Gesprächskreis Geschichte, Heft 15), S. 41; vgl. auch Miller, Susanne: Die Aktualität von Godesberg. Erinnerungen an die radikalste Programmreform der SPD, in: Neue Gesellschaft/Frankfurter Hefte Nr. 5/2003, S. 9–12; Wehner: SPD keine marxistische Partei, in: SZ v. 15.7.58; SPD-Pressemitteilungen und Informationen (SPD-PMI) Nr. 203/59 v. 4.9.59; AdsD-SPD-PV. Sitzung des PV am 3.9.59; HGWS-EA 06. Aufnahme RIAS II 10.9.59: Interview mit Wehner über »Das neue Grundsatzprogramm der SPD«; SPD-PMI-213/59 v. 16.9.59.

28 Vgl. z. B. Merseburger, Peter: Willy Brandt. 1913–1992. Visionär und Realist, Stuttgart-München 2002, S. 382.

29 Prot. Ao. Parteitag Bad Godesberg 1959, S. 99 ff.
30 Ebd., S. 29.
31 Wehner: Die Arbeiterfrage im Grundsatzprogramm der SPD, Bonn o. J. (1959), S. 5 ff., 14 f.
32 HWA-0681. Hs. Notiz »Richtlinien für Betriebsgruppenarbeit«; desgleichen Typ. sowie SPD-PV/Wehner an Parteirat, Bezirke, Unterbezirke, Mitglieder des Betriebs- und Gewerkschaftspolitischen Ausschusses, Betriebsgruppenleiter v. 22. 5. 59 (Anlage: Richtlinien); Exemplar der Richtlinien auch in HGWS-EA 20.
33 Vgl. HWA-0844. SPD-PV/Hermann Nippgen an Friedrich-Ebert-Stiftung/Günter Grunwald (ms.) v. 5. 8. 59 (Ds.); HGWS-Kl.Sammlg./Michael Weber. Liste der Teilnehmer an der Arbeitswoche »Mensch und Betrieb« v. 23.-28. November 1959 in Bergneustadt. Weber an d. Verf. v. 25. 4. 2005; HGWS-Kl.Sammlg./Michael Weber. AfA-Rundbrief »Was uns betrifft: Politik und Betrieb« Nr. 6/94, November 1994, Weber, Michael: Erfahrungen, S. 1; HWA-0889. Fernschreiben Wehners an Fritz Zschiesche, Salzgitter (o. D., Frühjahr 1959); HGWS-Kl.Sammlg./Michael Weber. Weber an Schmidt v. 1. 12. 82 (Ds.); Weber an den Verf. v. 10. 8. 2005; Weber: Erfahrungen, S. 10.
34 Vgl. HWA-0335. Referat auf der AfA-Klausurtagung in Bergneustadt am 28. 3. 81 (Band-Abschr.).
35 Wehner: Außenpolitik darf nicht zum Instrument ideologischer Kämpfe werden, in: ders.: Sozialdemokratische Politik im geteilten Deutschland, S. 9 f.
36 HGWS-DU 25. Redemanuskript »Kampf dem Atomtod!« (o. D.); Düding, Dieter: Zwischen Tradition und Innovation. Die sozialdemokratische Landtagsfraktion in Nordrhein-Westfalen 1946–1966, Bonn 1995 (Politik- und Gesellschaftsgeschichte, Bd. 37), S. 161 f.
37 Vgl. AdsD-Ollenhauer-424. Besprechung auf Einladung von Minister LEMMER am 10. September 1958, 16 Uhr; Das Gebot der Menschlichkeit. Brosch., hrsg. vom BMG, Berlin 1958.
38 Bild v. 3. 10. 58; BA-B254-213. »Notizen« (vertraulich) v. 16. 10. 58: Gespräch zwischen Bundesminister Lemmer und Dr. Schütz; Adenauers Argumentation in Kabinettsprotokolle-11–1958, München 2002, S. 360.
39 Vgl. Kleßmann, Christoph: Zwei Staaten, eine Nation. Deutsche Geschichte 1955–1970, 2., überarb. u. erw. Aufl., Bonn 1997 (Schriftenreihe der Bundeszentrale für politische Bildung; Bd. 343), S. 88.
40 Vgl. HWA-0926. Redenotiz (o. D.) »Entwurf eines Aufrufs ›Macht das Tor auf!‹« [Oktober 1958].
41 Vgl. Merseburger: Brandt, S. 356 f.; Schöllgen, Gregor: Willy Brandt. Die Biographie, Berlin-München 2001, S. 108.
42 Vgl. 15. 12. 58: Fraktionssitzung, in: Die SPD-Fraktion 1957–1961, S. 154–160; AdsD-SPD-BTF-3-3. Kurzprot. der Fraktionssitzung v. 4. 12. 58; HGWS-EA 13. Typ.: Referat des Genossen Herbert Wehner, gehalten am 17. Januar 1959 in Bielefeld; Ein Spiegel-Gespräch: Herbert Wehner zum Deutschlandplan, hrsg. vom Vorstand der SPD, Bonn, o. J. (1959); Deutschlandplan der SPD v. 18. 3. 59, in: Dokumente zur Deutschlandpolitik (DzD). IV. Reihe, Band 1 (1958/59), bearb. von Ernst Deuerlein und Hannelore Nathan, hrsg. vom Bundesministerium für innerdeutsche Beziehungen, Frankfurt am Main und Berlin 1971 ff., S. 1207–1222.
43 HWA-0951. SPD-PV/Wehner an die Mitglieder des PV v. 16. 3. 59.
44 17. 3. 59: Fraktionssitzung, in: Die CDU/CSU-Fraktion im Deutschen Bundestag. Sitzungsprotokolle 1957–1961, bearb. von Reinhard Schiffers, Erster Halbband 1957–1959,

Düsseldorf 2004 (QGeschParl, 4-11/III), S. 350 ff.; Krone: Tagebücher 1, S. 345; HSA-1/HSAA005 019. Anzeige in Braunschweiger Zeitung (Frühjahr 1959).

45 Vgl. Klotzbach: Weg, S. 487; AdsD-SPD-PV. Sitzung des Partei- und Fraktionsvorstandes am 18. März 1959; 9. 4. 59: Fraktionssitzung, in: Die SPD-Fraktion 1957–1961, S. 257, 264.

46 Aus dem Prot. d. Sitzung des PV der SPD, 24. 4. 59, in: Brandt: Auf dem Weg, S. 199 f.

47 Vgl. z. B. BA-B136-6542. BMG/Thedieck an das Bundeskabinett v. 2. 4. 59.

48 HWA-2090. Notizen »A.Kr. 8. 10. 59«; ebd. Notizen »A.Kr. 21. 10. 59«.

49 HWA-1988. Hs. und sten. Disp. Wehners zur Sitzung des Ausschusses für Fragen der Wiedervereinigung und der Sowjetzonenpolitik beim PV am 9. 3. 60.

50 Vgl. Leugers-Scherzberg: Wandlungen, S. 236; SPD-PD v. 24. 3. 60. Wehner: Schwerer Abschied.

51 SPD-PMI-147 v. 24. 5. 60.

52 HGWS-EA 25. Sten. Notizen »Präs., 20. 6. 60«; ebd. Hs. Rededisp. »AKr. 20. 6. 60«; ebd. Undat. Rededisp.; vgl. 28. 6. 60: Fraktionssitzung, in: Die SPD-Fraktion 1957–1961, S. 454 ff.

53 ACDP-01-226-A073. Wehner an Kiesinger v. 1. 6. 60 (hs.); Wehner: Das Gemeinsame und das Trennende in der deutschen Politik, Brosch., hrsg. vom Vorstand der SPD, Mannheim 1960, S. 1–8.

54 Köhler: Adenauer, S. 1088; HGWS-EA 25. Streng vertraulicher Verm. (Dr. Eckert, 21. 6. 60) für Ollenhauer, Wehner und Erler.

55 HGWS-EA 24. Mitschnitt Rundfunksender Beromünster v. 23. 6. 60.

56 Flensburger Tageblatt v. 25. 6. 60; DUD-119 v. 28. 6. 60, S. 5.

57 Schmid: Erinnerungen, S. 690; BT, Sten. Ber., 3. WP, 122. Sitzung, 30. 6. 60, S. 7052.

58 Ebd., S. 7056 f., 7061; Redemanuskript in HGWS-EA 26.

59 Mende, Erich: Die neue Freiheit (1945–1961), München/Berlin 1984, S. 449; Rheinische Post v. 1. 7. 60; KStA v. 1. 7. 60; Bild v. 1. 7. 60; Gerold, Karl in: FR v. 2. 7. 60.

60 Zit. nach Schwarz: Adenauer, S. 598.

61 HGWS-EA 26. Hs. und sten. Notiz »PV. 1. 7. 60«, vgl. auch Klotzbach: Weg, S. 501 f. sowie AdsD-SPD-PV. Sitzung des PV am 1. 7. 60 in Bonn.

62 HGWS-PB 12. Wehner an Lotte v. 17. 7. 60.

63 Zur Person. Herbert Wehner; Gaus, Günter: Herbert Wehner und der Bonner Parlamentarismus, in: Herbert Wehner. Beiträge zu einer Biographie, S. 146–155, S. 148 f.

64 Krone: Tagebücher 1, S. 430.

65 Vgl. BT, Sten. Ber., 3. WP, 122. Sitzung, 30. 6. 60, S. 7055 f.; HWA-APK 70, Telegramm Brandts an Wehner v. 30. 6. 60.

66 Vgl. Prot. d. Verhandlungen und Anträge vom Parteitag der SPD in Köln, 26. bis 30. Mai 1962, hrsg. vom Vorstand der SPD, Köln 1962, S. 433 f.; HGWS-EA 26. Sten. Notiz »WKL., 4. 7. 60«

67 HWA-0451. Sten. Mitschrift »Präs. + 7-K. 11. 7. 60«; vgl. auch Klotzbach: Weg, S. 509.

68 Gross, Johannes: Wehners Brandt, in: Deutsche Zeitung mit Wirtschaftszeitung v. 16./17. 7. 60; AHS-Innenpolitik A-Z, Bd. 1 1960–1969. Hs. Notizen »PV/19/7/60«; Wehner: Das Gemeinsame und das Trennende, Brosch., hrsg. vom Vorstand der SPD-LO HH, o. J. (1960), S. 17 f.

69 Kristall Nr. 24 (Herbst 1960), S. 52.

70 HWA-APK 70. Brandt an Wehner (hs.) v. 13. 12. 60, Wehner an Brandt (hs.) v. 26. 12. 60 (Ds.)

71 Prot. d. Verhandlungen und Anträge vom Parteitag der SPD in Hannover, 21. bis 25. November 1960, hrsg. v. Vorstand der SPD, Hannover o. J., S. 25, 657.

72 Jb. SPD 1960/61, Hannover-Bonn o. J. (1962), S. 8, 294 f., 303.

73 Vgl. HWA-0857. Rundschreiben von Herbert Wehner und Karl Mommer an die SPD-Bundestagsfraktion v. 16. 1. 61 (hektogr.); HWA-0857. Hs. Notizen »Süd/19. 1. 61«.

74 HGWS-EA 14. Typ.: Rede des Genossen Wehner v. 4. 3. 61 in Regensburg.

75 StBKAH-I-12.24. Dossier »Zum Grundsatzprogramm der SPD« (o. D., Herbst 1960); vgl. auch die weiteren Dossiers ebd. sowie in Nr. I-12.23 und I-12.25.

76 Vgl. HWA-1071. Schrörs, Hans: Was will Herbert Wehner?, Brosch., Essen o. J. (1961), anliegend Strafantrag; HGWS-PB 12. Wehner an Lotte v. 22. 8. 61.

77 Vgl. auch ebd. Lotte an Wehner v. 12. 8. 61; StBKAH-I-12.25. Aufzeichnung »Herbert Wehner im Wahlkampf« (o. D., 16. 8. 61).

78 HWA-1071. CSU in Bayern: Sonderinformationsdienst »Wer ist Willy Brandt?/Wer ist Herbert Wehner?«, Herbst 1960 (Kop.).

79 Vgl. Merseburger: Brandt, S. 408.

80 Mdl. Mitt. G. Wehners; HWA-Agr. KUD. Redemanuskr. zum 17. 6. 61.

81 PA-AfguBF-3. Prot. d. 38. Sitzung am 21. 6. 61.

82 Vgl. Adenauer: »… um den Frieden zu gewinnen«. Die Protokolle des CDU-Bundesvorstands 1957–1961, bearb. von Günter Buchstab, Düsseldorf 1994 (Forschungen und Quellen zur Zeitgeschichte, Bd. 24), S. 953 f., 949; vgl. auch HGWS-EA 29. Hs. und sten. Notiz »Ges.A. 21. 6. 61«.

83 BA-B254-168. Entwurf des Protokolls über die Sitzung des Politischen Ausschusses am Mittwoch, dem 28. 6. 61; ebd. Nr. 120. KUD-Pressemitteilung v. 29. 6. 61: Bekundung des deutschen Friedenswillens; HGWS-EA 29. Hs. Notiz »Präs. + Mannsch. 23. 6. 61«; AdsD-SPD-Parteipräsidium. Sitzung des Präsidiums und der Mannschaft am 23. 6. 61.

84 Vgl. HGWS-EA 14. Referat Wehners in der Arbeitswoche »Mensch und Betrieb« v. 20.–25. 11. 61 »Soziologische Analyse und wahlpolitische Auswertung der Situation der Arbeitnehmerschaft nach der Bundestagswahl 1961« (Typ. nach Bandaufnahme), S. 7; HGWS-PB 12. Lotte an Wehner v. 15. 8. 61.

85 AdsD-SPD-Parteipräsidium. Sitzung des Präsidiums am 15. 8. 61.

86 Vgl. HWA-0445. Telex SPD-Büro Berlin/Hammer: »aktennotiz fuer die gen. herbert wehner/klaus schuetz« v. 14. 8. 61; HGWS-EA 14. Ref. Wehner 20.-25. 11. 61, S. 9 f.; AdsD-SPD-Parteipräsidium. Sitzung d. Präsidiums am 15. 8. 61.

87 AdsD-SPD-BTF-3-10. Prot. d. Fraktionssitzung am 18. 8. 61; Jb. SPD 1960/61, S. 293.

88 70. Sitzung, 16. 8. 61, in: Der Auswärtige Ausschuß des Deutschen Bundestages. Sitzungsprotokolle 1957–1961, bearb. von Joachim Wintzer u. a. 2. Halbbd., Düsseldorf 2003 (QGeschParl, 4-13/III), S. 1280–1337, S. 1298 f., 1326; HGWS-EA 14. Ref. Wehner 20.-25. 11. 61.

89 Klotzbach: Weg, S. 515.

90 Vgl. Bouvier: Godesberg, S. 98.

91 Vgl. Mende: Freiheit, S. 451 ff.; WBA-A6-71. Hs. Notiz Brandts: »Besprechung bei BK Adenauer am 25. 9. 61 (10.00 bis 11.40)«.

92 Vgl. Borowsky, Peter: Deutschland 1945–1969, Hannover 1993.

93 ADL-A12-38. Sten. Niederschrift über die Sitzung des Bundeshauptausschusses der FDP am 21. 10. 61; zum Gerstenmaier-Kontakt vgl. auch Krone: Tagebücher 1, S. 534; HGWS-EA 14. Typ. (Band-Abschr.) »Rede Herbert Wehner vor Sekretären in Bergneustadt im Dezember 1962«.

94 Vgl. Meyer: Doppelstrategie, S. 226 f.

95 Vgl. ADL-N1-1657. Wehner an Dehler (hs.) v. 25.1.58; siehe auch ebd.-3335. dass. v. 24.12.55 sowie ebd. Dehler an Wehner v. 17.12.56 (Ds.).

96 ADL-N77-42. Döring an Rubin v. 28.9.56 (Ds.); BA-B254-168. Tagebuch (Schütz): Sitzung des Engeren Politischen Ausschusses am 29. Juni 1962; siehe auch SPD-PMI-340/62 v. 12.12.62; vgl. auch HWA-0986. Mende an Wehner v. 10.12.62 sowie ebd. Ds. der Antw. v. 11.12.62). Der Terminkalender für 1958 enthält nur einen einzigen Termin mit mehr als einem FDP-Politiker. Demzufolge traf Wehner sich am 6. November 1958 mit Wolfgang Döring und Willy Weyer; SZ v. 10.12.62.

97 HGWS-EA 14. Wehner: Die politische Situation Deutschlands nach den Wahlen (Rede-Typ., wahrscheinlich Anfang November 1961); BA-B136-4545. Wehner an Adenauer v. 8.4.62 nebst Anlage Typ. »Aufeinander angewiesen«; Antw. v. 13.4.62 (Ds.).

98 Wirz, Ulrich: »Er ist mir ein Rätsel geworden«. Karl Theodor von und zu Guttenberg und Herbert Wehner. Stationen einer ungewöhnlichen Freundschaft, in: Region – Nation – Vision. Festschrift für Karl Möckl zum 65. Geburtstag, Bamberg 2004, S. 399–422, S. 401 ff.; ders.: Karl Theodor von und zu Guttenberg und das Zustandekommen der Großen Koalition, Grub am Forst 1997 (Oberfränkische Köpfe, Bd. 4), S. 147 f.

99 Zit. nach Scholz, Günther: Herbert Wehner, Rastatt 1988, S. 118.

100 Vgl. Wirz: Guttenberg/Koalition, S. 177 ff.

101 Vgl. hierzu auch Soell: Erler, S. 730 und 748.

102 Vgl. Kleßmann: Zwei Staaten, S. 162 ff.

103 Vgl. Soell: Erler, S. 736 ff., Zit. S. 737.

104 HGWS-EA 14. Band-Abschr. Rede Herbert Wehner vor Sekretären in Bergneustadt im Dezember 1962, Zit. S. 3 und 30; mdl. Inf. v. G. Wehner; vgl. Hausmitteilung, in: Spiegel Nr. 28 v. 5.7.76, S. 3.

105 HGWS-EA 14. Rede Bergneustadt Dez. 1962, S. 3, 16 ff., 20–24.

106 Vgl. Klotzbach: Weg, S. 524; Es ging nicht um Finessen, in: Wehner: Wandel, S. 254–261, S. 255; AdsD-SPD-PV. Sitzung des PV am 30.11. und 1.12.62 in Berlin.

107 Vgl. AdsD-SPD-PV. Sitzung des Partei- und Fraktionsvorstandes am 4.12.62; HGWS-EA 14. Rede Bergneustadt Dez. 1962; 5.12.62: Fraktionssitzung, in: Die SPD-Fraktion im Deutschen Bundestag. Sitzungsprotokolle 1961–1966, bearb. v. Heinrich Potthoff, Düsseldorf 1993 (QGeschParl 4-8/III-1), S. 178–190.

108 Vgl. ebd., S. 191; StBKAH-I-12.28. Adenauer an Ollenhauer v. 5.12.62 (As.); HWA-0986. Ollenhauer an Adenauer v. 5.12.62 (Ds.).

109 Vgl. z. B. Görtemaker, Manfred: Geschichte der Bundesrepublik Deutschland. Von der Gründung bis zur Gegenwart, Frankfurt am Main 2004, S. 384 f.; Wirz: Guttenberg/Koalition, a. a.O, S. 235 ff.

110 HGWS-EA 14. Rede Bergneustadt Dez. 1962, S. 17, 21.

111 Klotzbach: Weg, S. 529; HGWS-EA 14. Rede Bergneustadt Dez. 1962, S. 19

112 Vgl. Bouvier: Godesberg, S. 197; Im Grundbuch der Nation, in: Vorwärts v. 12.12.62; Es ging nicht um Finessen, S. 260 f.

113 ACDP-01-028-015/7. Ms. vertraulicher Akten-Verm. v. 18.2.59; StBKAH-I-12.24. Verm. betr. Sitzung des Präsidiums am 7.5. und der Fraktion am 8.5.62.

114 Behrisch, Arno in: Frankenpost v. 2.7.60; HGWS-EA 26. Wehner an Behrisch v. 4.7.60 (Ds.).

115 Vgl. Albrecht, Willy: Der Sozialistische Deutsche Studentenbund (SDS). Vom parteikonformen Studentenverband zum Repräsentanten der Neuen Linken, Bonn 1994 (Politik- und Gesellschaftsgeschichte, Bd. 35), S. 318–321.

116 Vgl. auch Prot. PT Köln 1962, S. 439 ff.; Marburger Blätter Nr. 63, Juni 1960, S. 9 f.
117 HWA-0723. Typ. »Abschr. – Vertraulich! – internes Arbeitsmaterial des SDS – in keiner Form zur Veröffentlichung, Besprechung und dergleichen bestimmt!«; vgl. Albrecht: SDS, S. 417–421; HWA-0721. Wehner an Heinemann (ms.) v. 17.1.62 (Ds.).
118 Ebd.; ebd. Typ. Wehner »Der Sachverhalt« (»Die Zeit 21.1.62«).
119 ADL-A26–439. Flechtheim an Mende v. 21.6.63, 24.7.63, Mende an Flechtheim v. 12.7.63.
120 Vgl. Soell: Erler, S. 705 ff.; AdsD-SPD-PV. Sitzung des PV am 30.11. und 1.12.62 in Berlin.
121 Vgl. Klotzbach: Weg, S. 573 f.; Brandt: Auf dem Weg, S. 560.
122 Vgl. HWA-B. 64-A269. Brandt an Ollenhauer, Wehner und Nau v. 4.6.62; abgedruckt auch in: Brandt: Auf dem Weg, S. 273–276.
123 Prot. d. Verhandlungen des Ao. Parteitages der SPD in Bad Godesberg, 15. bis 16. Februar 1964, hrsg. vom Vorstand der SPD, Bonn o. J., S. 11.
124 Wehner an Brandt v. 23.12.63, zit. Brandt: Auf dem Weg, S. 48 f., 535.
125 Vgl. 3.3.64: Fraktionssitzung, in: Die SPD-Fraktion 1961–1966, 2. Halbbd., S. 416–423, S. 422; Parteitag der SPD v. 23. bis 27. November 1964 in Karlsruhe. Prot. d. Verhandlungen/Anträge, hrsg. vom Vorstand der SPD, Hannover/Bonn o. J., S. 896 f.
126 Vgl. Krone: Tagebücher 1, S. 389; HWA-0668. Typ. Herbert Wehner: Der Notstandsstreit (hs. G. Wehner: »Gewerkschaftspost Okt. 1960 IG Chemie); Welt der Arbeit v. 20.11.64.
127 Vgl. Brehm, Thomas: SPD und Katholizismus – 1957 bis 1966, Frankfurt am Main u. a. 1989 (Erlanger Historische Studien, Bd. 14), S. 124, 189 ff.; Wirz: Guttenberg/Koalition, S. 214; HGWS-EA 14. Rede Bergneustadt Dez. 1962; Wehner: Christentum, S. 210–214, S. 212; Gauly, Thomas: Katholiken. Machtanspruch und Machtverlust, Bonn-Berlin 1992, S. 160.
128 Bild v. 3.10.64; HWA-0108. Wehner an Hildegard Börner v. 12.11.64 (Ds.); Wehner: Christentum, S. 112–116, S. 116.
129 Vgl. die Briefe in HWA-0108; ebd. Wehner an Dr. Timmermann, Hamburg, v. 13.10.64 (Ds. mit Anlage »Thesen für Mit der Kirche leben«); ebd. Evang.-luth. Kirche im Hamburgischen Staate/Bischof Hans-Otto Wölber an Wehner v. 14.10.64.
130 Vgl. Morsey, Rudolf: Heinrich Lübke. Eine politische Biographie, Paderborn u. a. 1996, S. 396, 398 f.; Leugers-Scherzberg: Wandlungen, S. 308; Soell: Erler, S. 778 ff.; ADL-A12-48. Sitzung des Bundeshauptausschusses der FDP in Karlsruhe am 11.4.64 (Sten. Prot.).
131 Vgl. 3.6.64. Fraktionssitzung, in: Die SPD-Fraktion 1961–1966, 2. Halbbd., S. 458–467, S. 463 f.; HGWS-PB 51. Greta an Lotte Wehner v. 30.6.64 (Kop.); vgl. auch Brandt, Willy: Begegnungen und Einsichten. Die Jahre 1960–1975, Hamburg 1976, S. 167.
132 HWA-0975. Hs. Rededisp. »30.6.64«; HGWS-EA 15. Redemanuskr. »Hitzacker 1964 Herbst«.
133 Reitmeier, Günter in: Abendecho v. 17.9.65.
134 Vgl. Prot. PT Karlsruhe 1964, S. 868; Reitmeier in: Abendecho v. 17.9.65.
135 Bild v. 18.8.65; G. Wehner: Erfahrungen, S. 80 f.; AHS-Korr. 1962–65, Bd. 3. Wehner an Schmidt (hs.) v. 25.2.62; Reitmeier in: Abendecho v. 17.9.65; AHS-Korr. 1962–65, Bd. 3. Wehner an Bundesminister Werner Schwarz v. 6.3.62 (Ds.); BT, Sten. Ber., 4. WP, 24. Sitzung, 6.4.62, S. 915.
136 HWA-1361. Wehner an Lotte v. 5.9.65.
137 Vgl. Mierzejewski, Alfred C.: Ludwig Erhard. Der Wegbereiter der Sozialen Marktwirt-

schaft. Biografie, München 2005, S. 283; Köhler: Adenauer, S. 1206 ff.; HGWS-EA 14. Interview Kurt Wessel (Münchner Merkur) mit Herbert Wehner am 14.5.63 (unkorr. Manuskr.), S. 23; Bild v. 21.10.63.

138 HWA-1399. Wehner an Lotte v. 30.7.65; Mierzejewski: Erhard, S. 304 ff., Zit. S. 306.

139 Vgl. ebd., S. 280–285.

140 Vgl. Brandt: Begegnungen, S. 169; AdsD-SPD-PV. Sitzung des PV am 22.9.65; Binder, David: The Other German. Willy Brandt's Life & Times, Washington, D.C. 1975, S. 209; HGWS-PB 12. Lotte an Herbert und Greta Wehner v. 25.8.65.

141 Vgl. Morsey: Bundesrepublik, S. 83 ff.

142 Welt v. 31.8.63; Leugers-Scherzberg: Wandlungen, S. 287 ff.; HGWS-EA 14. Entweder vereinigen oder verfallen. Rede Wehners auf der Bundesfrauenkonferenz der SPD am 3.11.63 in Frankfurt/Main, S. 8.

143 Vgl. Bender, Peter: Die »Neue Ostpolitik« und ihre Folgen. Vom Mauerbau bis zur Vereinigung, 3. überarb. u. erw. Neuausgabe, München 1995, S. 131.

144 Vgl. Morsey: Bundesrepublik, S. 42.

145 »Es hätte auch schlimmer kommen können ...«. Spiegel-Gespräch mit Herbert Wehner, in: Spiegel Nr. 39 v. 25.9.63, S. 38–50, S. 45 f.

146 Vgl. Bender: Ostpolitik, S. 131 f.; Vogtmeier, Andreas: Egon Bahr und die deutsche Frage. Zur Entwicklung der sozialdemokratischen Ost- und Deutschlandpolitik vom Kriegsende bis zur Vereinigung, Bonn 1996 (Politik- und Gesellschaftsgeschichte, Bd. 44), S. 71.

147 HGWS-EA 32. PLB (Anhang) v. 15.7.63: Wandel durch Annäherung. Ein Diskussionsbeitrag in Tutzing.

148 Brandt, Willy: Erinnerungen, Frankfurt am Main/Zürich 1989, S. 73; Koch, Peter: Willy Brandt. Eine politische Biographie, Berlin/Frankfurt am Main 1988, S. 255; Welt v. 31.8.63; SPD-PMI-51/64 v. 13.2.64; Mannheimer Morgen v. 20.11.64.

149 SPD-PMI-226/63 v. 17.7.63; DUD-133 v. 17.7.63.

150 Vgl. AdsD-Scholz-»Schriftw. K.U.D. 1962«. Scholz an Schütz v. 7.2.62; BA-B254-169. Vertraulicher Aktenverm. (BMG) betr. Gesamtdeutscher Rat (Abschr., o.D., wohl August 1962); Meyer: Doppelstrategie, S. 380; AdsD-Schütz-»Kuratorium Unteilbares Deutschland«. SPD-PV/Wehner an Schütz v. 21.4.64; Borowsky: Deutschland 1945–1969, S. 253; Wehner: Eine Denkschrift, die zu denken gibt, in: Vorwärts v. 10.11.65.

151 HWA-0256. SED-Zentralkomitee/Walter Ulbricht: Offener Brief an die Delegierten des Dortmunder Parteitages der SPD und an alle Mitglieder und Freunde der Sozialdemokratie in Westdeutschland v. 7.2.66; Offener Brief der SED an die SPD, in: Offensive Auseinandersetzung, hrsg. von der Pressestelle des Vorstandes der SPD, Bonn o.J. (1966), S. 151–162.

152 Vgl. Potthoff, Heinrich: Im Schatten der Mauer. Deutschlandpolitik 1961 bis 1990, Berlin 1999, S. 48 f.

153 HWA-0256. Hs. Notiz »Präs. 11.2. (Tag der Veröfftl. im N.D.)« (1966); AdsD-SPD-Parteipräsidium. Sitzung des Präsidiums am 11.2.66 in Bonn.

154 SPD-PMI-77/66 v. 12.2.66.

155 HWA-APK 77. Brandt an Wehner (hs.) v. 11.3.66; WBA-A11.16-1. Fernschreiben Wehner an Brandt v. 10.3.66; siehe auch HWA-0256. Wehner an Brandt v. 10.3.66 (Ds.), jeweils mit Anlagen; Offene Antwort der SPD, in: Offensive Auseinandersetzung, S. 163–171, S. 170.

156 Vgl. »Offener Brief« der SED v. 25. März 1966, in: Offensive Auseinandersetzung, S. 172–186; HWA-0256. »Feststellungen der SPD zur Antwort des Zentralkomitees

der SED« (dat. 12. o. 13. 4. 66); SPD-PMI-201/66 v. 14. 4. 66 (fehldat. 14. 3. 66); Zweite offene Antwort der SPD, in: Offensive Auseinandersetzung, S. 187–195.

157 Vgl. Potthoff: Schatten, S. 49 f.

158 HWA-0256. Prot. (Illig): 3. Besprechung am 26. Mai 1966 in Ostberlin; AdsD-Jahn-1/GJAA001376. Wehner an Jahn (hs., o. D.) und zahlreiche Notizen und Zettel ebd.

159 Vgl. Synopse zur Deutschlandpolitik, S. 667; 26. 4. 66: Fraktionssitzung in Berlin, in: Die CDU/CSU-Fraktion im Deutschen Bundestag. Sitzungsprotokolle 1961–1966, bearb. von Corinna Franz, Düsseldorf 2004 (QGeschParl, 4-11/IV), S. 1780–1789.

160 WBA-A11.16-1. Erhard an Brandt v. 19. 4. 66; Welt v. 5. 5. 66.

161 Synopse zur Deutschlandpolitik, S. 690, 692; Potthoff: Schatten, S. 50.

162 Vgl. SPD-PMI-201/66 v. 14. 4. 66; Synopse zur Deutschlandpolitik, S. 670; Potthoff: Schatten, S. 51.

163 Brandt an die Mitglieder der SPD, in: Offensive Auseinandersetzung, S. 5 f.

164 Mdl. Mitt. G. Wehners; HGWS-EA 17. Manuskript »Das hätte ich gern gesagt« (für ›Sonntagsblatt‹, Sperrfrist: 6. 7. 66); Recht ist stärker als Gewalt, in: Wehner: Wandel, S. 370 ff.

165 Frederik, Hans: Die Kandidaten, München-Inning o. J. (1961), S. 89, 27, 285, 91, 96–99, 238 ff.

166 Vgl. Scholz: Wehner in Schweden, S. 228–233; Vgl. SAPMO-DY30-IV A 2/2028/24. Institut für Marxismus-Leninismus/Dr. R. Bauer (Direktor) an Albert Norden v. 31. 7. 63.

167 Vgl. hs. Verm. auf BStU, MfS-HA IX/11, AS 95/65-1, Bl. 293; Scholz: Wehner in Schweden, S. 229 f.; BStU, MfS-HA IX/11, AS 95/65-4. Bl. 18. Aus früheren Berichten Gen. Stahlmanns im Gegensatz zur jetzigen Aussage (o. D., Ende 1966).

168 Ebd., Bll. 500–527. Befragungsprotokoll des Bürgers Prof. Seydewitz, Max, v. 11. 5. 67; Verm. (Kowalewski) v. 13. 5. 67; Befragungskonzeption »Seydewitz, Max«.

169 BStU, MfS, HA IX/10. Informationsbericht über die bisherige Arbeit am Komplex Wehner v. 12. 08. 1966; BStU, MfS, HA IX/11, AS 95/65-48, Bll. 50–68. Verm. der Hauptabteilung IX/11 v. 13. 3. 67.

170 Vgl. Staadt, Jochen: Die geheime Westpolitik der SED 1960–1970. Von der gesamtdeutschen Orientierung zur sozialistischen Nation, Berlin 1993 (Studien des Forschungsverbundes SED-Staat an der Freien Universität Berlin), S. 101 f.; HGWS-HF 03. Auswertung der Enthüllung über Wehner v. 24. 1. 64 sowie »Zur weiteren Auswertung der Enthüllung über Wehner« (Kopie aus SAPMO-Akten); »Notwendige Richtigstellung …«: Exemplar in: HWA-1060; ebd. dpa-Meldung v. 24. 1. 64.

171 ACSP-Strauß-Familie-1313. Hs. Notizen v. Strauß (o. D., nach Herbst 1961); ADL-A26-436. Verm. Mendes v. 11. 2. 63; ADL-A31-59. Dürr an Mende v. 21. 6. 63.

172 BA-N1379-52. Wehner an Guttenberg v. 31. 12. 65.

173 Vgl. HGWS-DU 25. Nollau an Wehner v. 16. 1. 69.

174 Frederik, Hans: Gezeichnet vom Zwielicht seiner Zeit, 2. Aufl., München 1970, S. 455.

175 ACSP-Strauß-Familie-1313. Dossier »Besondere Fälle in der SPD«.

176 Vgl. HWA-1060. Nollau an Wehner (ms.) v. 19. 3. 64; AdsD-Jahn-Abgabeliste 6. 7. 87-1333. Sveriges Socialdemokratiska Arbetareparti/Partistyrelsen/Sven Aspling an Wehner v. 30. 4. 64; ebd. Urteil des OLG München v. 28. 5. 71; HWA-»Ältestenrat Abg. Jahn«. Jahn an Rechtsanwalt Josef Fischer (sic), Stockholm, v. 2. 9. 64 (Ds.); ebd. Jahn an Nau v. 6. 4. 65 (Ds.).

177 »Mitunter denke ich – Feierabend«, in: Wehner: Wandel, S. 360–366, S. 361.

178 Die Zeit v. 25. 2. 66; FAZ v. 1. 3. 66.
179 Vgl. Lohmar, Ulrich sowie Nasse, Arno in: Die Zeit v. 4. 3. 66, S. 3; Blank, Ulrich in: SZ v. 8. 3. 66.
180 Dokumente zur parteipolitischen Entwicklung in Deutschland seit 1945, bearb. und hrsg. v. Ossip K. Flechtheim. 7. Innerparteiliche Auseinandersetzungen, 2. Teil, Berlin 1969, S. 224, 233.
181 Bild v. 1. 3. 66.
182 Wiemers war allerdings schon 1966 unter Verdacht geraten; vgl. HWA-0246. Jesco von Puttkamer an Walter Petersen v. 26. 5. 66; SAPMO-DY30-3551. Information Nr. 7/64 der Westkommission beim Politbüro über politische Einsätze in Westdeutschland v. 21. 10. 64; Welt v. 16. 2. 94; Leugers-Scherzberg: Wandlungen, S. 316–321.
183 Vgl. Dokumente zur parteipolitischen Entwicklung 7, S. 232; HWA-APK 77. Brandt an Wehner (hs.) v. 11. 3. 66; SPD-PMI-136/66 v. 15. 3. 66.
184 BA-N1379-52. Wehner an Guttenberg v. 31. 12. 65; »Mitunter denke ich – Feierabend«, S. 362 und 366.
185 Parteitag der SPD v. 1. bis 5. Juni 1966 in Dortmund. Prot. d. Verhandlungen/Anträge, hrsg. vom Vorstand der SPD, Hannover/Bonn 1966, S. 218 ff.
186 Vgl. HGWS-PB 12. Wehner an Lotte v. 22. 9. 63; ACDP-01-294-067/1. Wehner an den Präsidenten des Deutschen Bundestages v. 5. 2. 65 (Ds.); G. Wehner an d. Verf. v. 23. 7. 2005.
187 Vgl. AdsD-SPD-BTF-4-892. Greta Burmester an Leo Bauer v. 24. 10. 61 (Ds.); G. Wehner an d. Verf. v. 23. 7. 2005; G. Wehner: Erfahrungen, S. 42 ff.
188 Vgl. HGWS-PB 12. Wehner an Lotte v. 24. 9. 63; G. Wehner: Erfahrungen, S. 45; Holzschuh, Anneliese: Herbert Wehners schwedische Passion (Rundfunksendung, RIAS 1, 2. 7. 87); Prot. Sveriges Socialdemokratiska Arbetarepartis 21:a kongress, Folkets hus, Stockholm den 6–10 juni 1960, Stockholm 1961, S. 544 (Übers. d. Verf.).
189 Gaus, Günter: Widersprüche. Erinnerungen eines linken Konservativen, Berlin 2004, S. 265, 261 f., 269 f.
190 Vgl. Binder: Other German, S. 207; HWA-0974. Wehner an Brandt (hs.) v. 14. 8. 66 (Ds.).
191 Welt v. 12. 7. 66; Neumaier, Eduard in: Rheinische Post v. 12. 7. 66; mdl. Mitt. G. Wehners.
192 HGWS-EA 17. upi v. 11. 7. 66; Hamburger Abendblatt v. 12. 7. 66.
193 Brandt, Willy: Gesundheit und Kraft!, in: Vorwärts v. 6. 7. 66.
194 Schröder, Georg in: Welt v. 8. 7. 66; FAZ v. 11. 7. 66; Bonner Rundschau v. 11. 7. 66.
195 Vgl. Prot. PT Dortmund 1966, S. 86.
196 Herbert Wehner erzählt; Bonner Rundschau v. 11. 7. 66.

Regierung

1 Vgl. Thompson: Odyssey, S. 270; BT, Sten. Ber., 5. WP, 34. Sitzung, 25. 3. 66, S. 1607–1610; Negative Antwort Polens, siehe Synopse zur Deutschlandpolitik, S. 676 f.
2 Gaus: Staatserhaltende Opposition, S. 70, 68.
3 Info SPD-Frakt.-412/66 v. 12. 10. 66; vgl. HSA-1/HSAA007636. Rundschreiben der Pressestelle an alle Fraktionsmitglieder v. 13. 10. 66; Rottmann, Eberhard in: Weser-Kurier v. 14. 10. 66; BA-N1371-148. Barzel an Erhard v. 13. 10. 66 (Ds.).
4 Leugers-Scherzberg: Wandlungen, S. 327; SPD-PMI-511/66 v. 14. 10. 66; Meyer: Doppelstrategie, S. 392; Neue Rhein-Zeitung v. 13. 10. 66; Ruhr-Nachrichten v. 19. 10. 66;

Münchner Merkur v. 17.10.66; HGWS-EA 18. Abschr. Kommentar von Karl Donat – Studio Bonn – v. 12.10.66.

5 BT, Sten. Ber., 5. WP, 10. Sitzung, 2.12.65, S. 366 f., 370, 373, 377 f.

6 Vgl. Bouvier: Godesberg, S. 276; BT, Sten. Ber., 5. WP, 10. Sitzung, 2.12.65, S. 382, 389.

7 Soell: Erler, S. 954; 20.9.66: Fraktionssitzung, in: Die SPD-Fraktion 1961–1966, 2. Halbbd., S. 942–950, S. 942; Rupps, Martin: Troika wider Willen. Wie Brandt, Wehner und Schmidt die Republik regierten, Berlin 2004, S. 129; AHS, Priv. Wehner 1958–1977. Typ. Interview Klaus Bölling mit Helmut Schmidt v. 24.2.76.

8 Vgl. z. B. Wirz: Guttenberg/Koalition, S. 435–447; Schmoeckel, Reinhard; Kaiser, Bruno: Die vergessene Regierung. Die große Koalition 1966 bis 1969 und ihre langfristigen Wirkungen, Bonn 1991 (Bouvier Forum, Bd. 6), S. 22 ff.; Zit. BA-N1379-52. Guttenberg an Wehner v. 30.8.66.

9 Vgl. Schneider, Dieter Marc: Johannes Schauff (1902–1990). Migration und »Stabilitas« im Zeitalter der Totalitarismen, München 2001 (Studien zur Zeitgeschichte, Bd. 61), S. 39, S. 147 ff.

10 Vgl. Hildebrand, Klaus: Von Erhard zur Großen Koalition 1963–1969, Stuttgart/Wiesbaden 1984 (Geschichte der Bundesrepublik Deutschland, Bd. 4), S. 202 ff., 210; Düding: Tradition, S. 245, 247 f.; Borowsky: Deutschland 1945–1969, S. 291 f.

11 Ebd., S. 287; Hildebrand: Erhard, S. 206.

12 BT, Sten. Ber., 5. WP, 60. Sitzung, 5.10.66, S. 2969 f.; Mende, Erich: Von Wende zu Wende 1962–1982, München/Berlin 1986, S. 240; HGWS-EA 17. BPA: Rundfunkaufnahme »Journalisten fragen« (ZDF/27.10.66).

13 27.10.66: Fraktionssitzung, in: Die SPD-Fraktion 1961–1966, 2. Halbbd., S. 992–995, S. 993 f.; HGWS-EA 17. BPA: »Journalisten fragen« (ZDF/27.10.66).

14 Vgl. HGWS-TK 1966; HWA-3052. Wehner an Brandt v. 31.10.66 (Ds.).

15 Vgl. Merseburger: Brandt, S. 487 f.; Die SPD-Fraktion 1961–1966, 2. Halbbd., S. 994, 1001 f.

16 Mdl. Mitt. G. Wehners; Ruhr-Nachrichten v. 10.12.66.

17 Vgl. Soell: Schmidt, S. 554 f.; HWA-0788. Typ. »Im gegenwärtigen Durcheinander der bisherigen Koalitionsparteien ...« (2.11.66) (ms. Orig. mit hs. Korrekturen Wehners); zur Urheberschaft vgl. AHS, Priv. Wehner 1958–1977. Typ. Interview Bölling-Schmidt v. 24.2.76; BT, Sten. Ber., 5. WP, 70. Sitzung, 8.11.66, S. 3299, 3303; HGWS-EA 43. Notizbuch Wehners (1966/67); 8.11.66: Fraktionssitzung, in: Die SPD-Fraktion 1961–1966, 2. Halbbd., S. 995–998, S. 996.

18 Vgl. Die SPD-Fraktion 1961–1966, 2. Halbbd., S. 999 ff.; HGWS-EA 43. Notizbuch Wehners (1966/67).

19 Vgl. HWA-0788. Sten. Mitschrift »PV + Fr. V. 11.11.66«.

20 HWA-3052. Wehner an Brandt v. 12.11.66 (Ds.).

21 ACDP-01-226-A303. Aktenverm. über die Besprechung mit der SPD am 15.11.66, 10.00 Uhr im CDU/CSU-Vorstandszimmer; vgl. Schönhoven, Klaus: Wendejahre. Die Sozialdemokratie in der Zeit der Großen Koalition 1966–1969, Bonn 2004 (Die deutsche Sozialdemokratie nach 1945, Bd. 2), S. 59.

22 Vgl. Wehner an Mende, 6.12.66, in: Bestandsaufnahme '66. Eine Broschüre, hrsg. vom Vorstand der SPD, Bonn 1966, S. 97–101.

23 Vgl. BT, Sten. Ber., 5. WP, 73. Sitzung, 23.11.66, S. 3442 ff., S. 3443; Leugers-Scherzberg: Wandlungen, S. 334; 23.11.66: Fraktionssitzung, in: Die SPD-Fraktion 1961–1966, 2. Halbbd., 1021–1029, S. 1028 f.

24 Vgl. AdsD-SPD-PV. Sitzung des Partei- und Fraktionsvorstandes am 25.11.66.

25 Vgl. u. Zit. Binder: Other German, S. 220 f.; Brandt, Willy: Über den Tag hinaus. Eine Zwischenbilanz, Hamburg 1974, S. 33; Brandt, Rut: Alltid kom jeg hjem, Oslo 1991, S. 116; Brandt: Begegnungen, S. 175; Krone: Tagebücher 2, S. 522 f.; Gerstenmaier: Streit und Friede, S. 538 f.

26 Vgl. Schneider, Andrea H.: Die Kunst des Kompromisses: Helmut Schmidt und die Große Koalition 1966–1969, Paderborn u. a. 1999, S. 39; HGWS-EA 43. Notizbuch Wehners (1966/67); Gerstenmaier: Streit und Friede, S. 539.

27 HGWS-EA 43. Notizbuch Wehners (1966/67); Soell: Schmidt, S. 574 f.; 26./27.11.66: Fraktionssitzung, in: Die SPD-Fraktion 1961–1966, 2. Halbbd., S. 1029–1070, Zit. S. 1067.

28 ACDP-01-028-015/7. Krone an Wehner (hs.) v. 1.12.66 (Kop.).

29 Vgl. ACDP-01-226-A028. Kiesinger an Ollenhauer v. 28.2.58 (Ds.); Gassert, Philipp: Im Schatten Adenauers: Kurt Georg Kiesinger als parlamentarischer Außenpolitiker in den 1950er Jahren, in: Kurt Georg Kiesinger 1904–1988. Von Ebingen ins Kanzleramt, hrsg. im Auftrag der Konrad-Adenauer-Stiftung e. V. von Günter Buchstab u. a., Freiburg i.Br. 2005, S. 269–302, insbes. S. 284–292; BT, Sten. Ber., 5. WP, 60. Sitzung, 5.10.66, S. 2950.

30 ACDP-01-226-A008. Informationsgespräch Bundeskanzler Kiesinger mit Alfred Wolfmann am 8.12.66 (Unkorrigiertes stenogr. Prot.); HWA-3052. Wehner an Brandt v. 12.11.66 (Ds.); HWA-APK 40. Wehner an Harpprecht v. 26.8.55 (Ds.); Brandt: Begegnungen, S. 176.

31 HGWS-Bucheinlagen. Einlage in: Kurt Georg Kiesinger: Die Große Koalition 1966–1969. Reden und Erklärungen des Bundeskanzlers, hrsg. v. Dieter Oberndörfer, Stuttgart 1979: Kiesinger an Wehner (hs.) v. 1.8.81.

32 HWA-2564. Hs. Notizen zur Regierungserklärung, Anfang Dezember 1966; Kiesinger: Die Große Koalition, S. 25.

33 Vgl. Rupps: Troika, S. 143; ACDP-01-226-A286. Wehner an Kiesinger (hs.) v. 18.12.66.

34 G. Wehner an d. Verf. v. 27./29.8.2005.

35 Wehner: Gedanken zur Regierungserklärung. Reden und Interviews v. 3. Dezember 1966 bis 30. Januar 1967, hrsg. vom BMG, Bonn und Berlin 1967, S. 52, 58, 46, 36.

36 Vogtmeier: Bahr, S. 99.

37 SPD-PD-P/XXI/245 v. 27.12.66: Hindurch! Gedanken an der Schwelle des Jahres 1967. Von Herbert Wehner, Stellvertretender Vorsitzender der SPD; Morsey: Bundesrepublik, S. 104 f.

38 Vgl. HWA-3728. Infas-Umfrageergebnisse v. 17.9.68.

39 Vgl. BA N1515-2. Im Bogen der Zeit. Erinnerungen des Dr. Ewert Freiherr von Dellingshausen. Teil II. Aufgaben im BMG (unveröff. Typ.), Bonn 1984/85, S. 340; Rüß, Gisela: Anatomie einer politischen Verwaltung. Das Bundesministerium für gesamtdeutsche Fragen – Innerdeutsche Beziehungen 1949–70, München 1973 (Münchener Studien zur Politik; Bd. 23), S. 63; mdl. Mitt. G. Wehners.

40 HGWS-Bucheinlagen. Grußkarte Wehners in: Graefe, Heinz A.: Dresden. Vision und Erinnerung, Frankfurt am Main 1965 (Sonderausgabe für das BMG); HGWS-EA 43. Undatierte hs. und sten. Notizzettel »Mir liegt daran, …«.

41 Vgl. Rüß: Anatomie; HGWS-TK 1967, eingelegter undat. Zettel.

42 Vgl. Rüß: Anatomie, S. 5, S. 62 f.

43 HWA-3841. Vertraulicher Verm. betr. BMG (28.11.66) – mit Randnotizen Wehners; ebd. Weichert an Wehner (ms.) v. 5.12.66.

44 Vgl. Rüß: Anatomie, S. 59 f.; HWA-3837. Verm. Herrn Minister v. 10. 1. 67; ebd. BMF/Strauß an BMG/Wehner v. 16. 1. 67.

45 Vgl. Rüß: Anatomie, S. 110 f.; Richtlinien für die Schreibweise von Namen, die Bezeichnung von Gebieten und Grenzen und die Darstellung der deutschen Grenzen in Karten und Texten – ›Kartenrichtlinien‹ v. 1. 2. 61 (Sonderdruck aus GMBl. Nr. 6 v. 14. 2. 61); BA-B137-2773. M1-1062: Verm. betr. Bezeichnung Mitteldeutschlands – hier: Bezeichnungsrichtlinien – v. 12. 1. 67.

46 Vgl. Rüß: Anatomie, Schaubild auf S. 198 f.; ebd., S. 125.

47 HWA-3843. Verm. II 2 (4451)-24073/66 v. 22. 12. 66; Rüß: Anatomie, S. 148 ff.; HWA-3843. Verm. II 1 (I2-4451)-3648/66/Schierbaum v. 23. 12. 66.

48 Vgl. Frank, Mario: Walter Ulbricht. Eine deutsche Biografie, Berlin 2001, S. 383; Schönhoven: Wendejahre, S. 122 f., Ulbricht zit. ebd., S. 123.

49 HWA-B. 133-A524. Typ. »für Rias, 17. 12. 66«.

50 SPD-PMI-592/66 v. 14. 12. 66; Schönhoven: Wendejahre, S. 117; Hopen, Peter in: Die Rheinpfalz v. 4. 2. 67.

51 HGWS-EA 37. Rede Herbert Wehners vor dem PV, dem Parteirat und der Kontrollkommission der SPD am Samstag, 18. März 1967 in Bonn (Typ. des Wortlauts), S. 3, 6 f., 10.

52 Vgl. Schönhoven: Wendejahre, S. 97; dageg. HGWS-EA 17. SPD-PMI-592/66 v. 14. 12. 66; Telegraf v. 17. 12. 67; KStA v. 18. 6. 66; HWA-3832. Bahr an Brandt v. 17. 3. 67, Anlage: Aufz. Arbeitsgruppe zur Deutschlanddiskussion v. 17. 3. 67.

53 HWA-0111. Wehner an Brandt v. 26. 3. 67 (Ds.).

54 Vgl. ADL-A24-115. Wehner an Mischnick v. 29. 3. 67; HWA-0111. Fernschreiben Strauß an Wehner v. 31. 3. 67; ACDP-07-001-1401. Prot. d. 28. Sitzung des Präsidiums der CDU am 7. 4. 67; HGWS-EA 44. SPD-PV/Brandt: Offener Brief an die Delegierten des VII. Parteitages der SED v. 12. 4. 67; Schönhoven: Wendejahre, S. 123 f.; HWA-0111. dpa-Meldung v. 12. 4. 67.

55 Vgl. Synopse zur Deutschlandpolitik, S. 729; ACDP-01-226-A286. Wehner an Kiesinger (ms.) v. 11. 5. 67.

56 Vgl. Synopse zur Deutschlandpolitik, S. 730; Schönhoven: Wendejahre, S. 126 ff.; Kroegel, Dirk: Einen Anfang finden! Kurt Georg Kiesinger in der Außen- und Deutschlandpolitik der Großen Koalition, München 1997 (Studien zur Zeitgeschichte, Bd. 52), S. 167; zur wochenlangen Disk. vgl. HWA-3783.

57 Vgl. Schönhoven: Wendejahre, S. 127; ACDP-01-226-A286. Wehner an Kiesinger (hs.) v. 7. 6. 67; Kroegel: Anfang, S. 157 ff. ist bedenkenswert, überzeugt aber nicht bezüglich der Schärfe von Wehners Schreiben; Brief an Willi Stoph, in: Kiesinger: Die Große Koalition, S. 66 f.

58 Synopse zur Deutschlandpolitik, S. 733 f.

59 Ebd., S. 742, 744 f.; Rösch, Wilhelm in: Donau-Zeitung v. 19. 9. 67; WBA-A8-75. Wehner an Brandt v. 27. 9. [1967]; HGWS-EA 46. Sten. Mitschrift »26. 9. 67«; Neue Bildpost v. 15. 10. 67.

60 BT, Sten. Ber., 5. WP, 126. Sitzung, 13. 10. 67, S. 6360, S. 6382–6387.

61 Vgl. Kiesinger: Die Große Koalition, S. 225; HGWS-EA 41. Interview Peter Johnson – Herbert Wehner (Typ., Dez. 1968).

62 Vgl. HSA-1/HSAA005085. Prot. d. Sitzung des Arbeitskreises I der SPD-Fraktion am 28. 3. 69 in Anwesenheit von Bundesminister Herbert Wehner; ACDP-01-226-A008. Informationsgespräch Bundeskanzler Kiesinger mit 7 deutschen Journalisten am 17. 4. 69 (Unkorrigiertes Manuskript).

63 HSA-1/HSAA005085. Prot. AK I 28.3.69.

64 Vgl. Meyer: Doppelstrategie, S. 397–403, Zit. S. 403.

65 Vgl. ebd., S. 403–408, siehe auch Schütz, Wilhelm Wolfgang: Deutschland-Memorandum. Eine Denkschrift und ihre Folgen, Frankfurt am Main 1968.

66 ACSP-Strauß-Familie-1014. Hans Buchheim an Strauß v. 16.4.69 (Kop.); Angeboten: eine neue Deutschland-Politik, Broschüre, hrsg. vom BMG – Bonn und Berlin, Köln o. J. (1968); BA-B136–6449. Barzel an Kiesinger v. 12.9.68; ebd. Verm. Referat II/2/Dr. Schnekenburger an den Parlamentarischen Staatssekretär v. 20.9.68.

67 BA-B137-15113. Interview Wehners mit dem Dänischen Fernsehen am 3.9.69; ebd. Beitrag von Wehner für das Deutschland-Archiv (10.9.69); ebd. Aufz. BBC-Sendung Zur Deutschland-Politik am 4.10.69.

68 HGWS-EA 41. Johnson-Wehner (Dez. 1968).

69 Vgl. Wedel, Reymar von: Als Kirchenanwalt durch die Mauer. Erinnerungen eines Zeitzeugen, Berlin 1994, S. 39ff.; telef. Mitt. W. Vogels v. 19.9.2005; HGWS-HF 16. Verm. (Weichert) v. 15.3.67 betr. Besondere Bemühungen um menschliche Erleichterungen im Jahre 1967.

70 Vgl. Pötzl, Norbert F.: Basar der Spione. Die geheimen Missionen des DDR-Unterhändlers Wolfgang Vogel, 3. Aufl., Hamburg 1997, hier insbes. S. 50ff.; vgl. auch ACDP-01-294-067/1. Vogel an Stange v. 3.2.64 (Ds.); BA-B137-16604. Vogel an Stange v. 17.1.67 (Kop.).

71 Vgl. Pötzl: Basar, S. 164f.

72 BA-B137-16604. Verm. III 2-6509-557/69 VS-NfD/Rehlinger v. 1.4.69.

73 Vgl. G. Wehner an d. Verf. v. 27./29.8.2005; AdsD-SPD-BTF-5-1938. Wehner an Mende v. 7.1.66 (Ds.); ebd. Wehner an H. M. v. 26.1.66.

74 Vgl. G. Wehner an d. Verf. v. 27./29.8.2005; Pötzl: Basar, S. 191.

75 HGWS-HF 16. Verm. (Rehlinger) v. 6.1.67 betr. Besondere Bemühungen um menschliche Erleichterungen im Jahr 1967; HWA-3843. Typ. »Aktuelle Themen des BMG für das Jahr 1967« (o.D., nach 22.12.66); HGWS-TK 1967. Einliegende hs. u. sten. Mitschrift »Improvisiert ...«, 2.2.67.

76 BA-B137-16604. Wolfgang Vogel an Jürgen Stange v. 17.1.67 (Kop.); vgl. HGWS-HF 16. Rehlinger an Wehner v. 19.1.67 betr. Besondere Bemühungen um menschliche Erleichterungen im Jahre 1967.

77 Ebd. Vogel an Stange v. 17.1.67 (As.); BA-B137-16604. Verm. Rehlinger v. 1.4.69; HGWS-HF 50. BMG-Fernschreiben mit hs. Ergänzungen: Ergebnisse seit Beginn der besonderen Bemühungen 1964–1969 v. 2.10.69.

78 Vgl. Pötzl: Basar, S. 182, 196, 204ff.; ACDP-01-226-A286. Wehner an Kiesinger (hs.) v. 12.2.69.

79 HGWS-HF 77. Der Generalstaatsanwalt der Deutschen Demokratischen Republik/Josef Streit: Vollmacht für Herrn Rechtsanwalt Wolfgang Vogel v. 1.8.69 (Kop.), vgl. Pötzl: Basar, S. 217.

80 HGWS-TK 1967. Einliegende hs. u. sten. Mitschrift »Improvisiert ...«, 2.2.67; ACDP-01-294-091/4. Hs. Aufz. Gradls (o.D.).

81 ACDP-01-226-A286. Wehner an Kiesinger (hs.) v. 27.2.69, Anlage: Wehner an Vogel v. 27.2.69; HGWS-HF 53. Vogel an Wehner v. 7.3.69.

82 Vgl. die Protokolle in BStU-MfS-HA IX/11, AS 95/65-4; Schneider, Horst: Wehner contra Wehner. Vom unaufhaltsamen Abstieg eines Renegaten, in: »wir« Nr. 21 v. 23.5.69.

83 AdsD-Eichler-All/Kor 1966–71 V-Z. Wehner an Eichler (o.D., Postst. 19.6.68).

84 Verheiratet mit Herbert Wehner, in: Jasmin v. 19. 8. 68 (in: HGWS-EA 41); G. Wehner an d. Verf. v. 27./29. 8. 2005.

85 Vgl. ebd; G. Wehner: Erfahrungen, S. 66 f.; Brandt: Erinnerungen, S. 240 ff.; BA-B136-4545. Verm. »Gruppe I/1«/Dr. Bose an den Bundeskanzler v. 7. 2. 68; ACDP-01-028-015/7. Wehner an Krone (hs.) v. 11. 2. 68.

86 AdsD-Jahn-Abgabeliste 6. 7. 87-1345. Hs. Aufz. »2. 6. 69 – Kreßbronner Kreis«; vgl. HWA-3850. Sten. Notiz »Koal. 2.VI.69«; Hildebrand: Erhard, S. 330; BA-B137-15113. Interview im NDR (Echo des Tages) am 31. 5. 69; Morsey: Bundesrepublik, S. 100.

87 Vgl. Merseburger: Brandt, S. 549; Binder: Other German, S. 238; Ehmke, Horst: Mittendrin. Von der Großen Koalition zur Deutschen Einheit, Berlin 1994, S. 74; HWA-1294. Wehner an Lotte v. 3. 6. 69.

88 Ruhr-Nachrichten v. 10. 12. 66.

89 SPD-PMI-57/67 v. 20. 2. 67.

90 SPD-PMI-116/67 v. 31. 3. 67, Nr. 248/67 v. 12. 6. 67, Nr. 276/67 v. 24. 6. 67.

91 Parteitag der SPD v. 17. bis 21. März 1968 in Nürnberg. Prot. d. Verhandlungen/Angenommene und überwiesene Anträge, hrsg. vom Vorstand der SPD, Hannover/Bonn 1968, S. 996; Sieben Worte im Gedächtnis der polnischen Nation, in: Wehner: Wandel, S. 397–403, S. 397, 403; HGWS-Tonaufnahme. Wehner auf einer Vertriebenenkonferenz der SPD in Bonn, 28. 6. 69.

92 Stern Nr. 1, Januar 1967.

93 BA-B137-15111. Aufz. der ZDF-Sendung »Journalisten fragen – Politiker antworten« am 14. 12. 67; Telegraf v. 17. 12. 67.

94 BA-B137-2772. 112-3081: Verm. betr. Verbot der NPD v. 3. 6. 68; BA-B137-15113. Interview Wehners 3. 9. 69; HWA-1822. Sten. Mitschr. »BR, 9. 10. 68«.

95 Nation und Nationalismus, in: Wehner: Wandel, S. 384–390, S. 387 f.; AdsD-SPD-BTF-5-1899. SPD-Bundestagsfraktion/Weichert an Die Abendzeitung (Redaktion) v. 14. 12. 66 (Ds.); BA-B137-15112. DLF-Pressestelle: »Interview der Woche« mit Herbert Wehner, 29. 12. 68.

96 Wehner, Herbert: Entscheidungen, in: Jahre der Wende. Festgabe für Alex Möller zum 65. Geburtstag, hrsg. von Robert Schwebler und Walter Föhrenbach, Karlsruhe 1968, S. 27–33, S. 33; Gaus, Günter: Zu Protokoll: Herbert Wehner, TV-Interview (SWF), 1968.

97 Vgl. Morsey: Bundesrepublik, S. 107.

98 Vgl. auch ebd., S. 110 f.

99 Vgl. Krone: Tagebücher 1, S. 389; Harburger Anzeigen und Nachrichten v. 22. 5. 68.

100 Welt v. 8. 4. 68; Rhein-Neckar-Zeitung v. 9. 4. 68.

101 HGWS-EA 40. Hs. und sten. Mitschrift »6. 4. 68 Heidelberg« (fehldat.).

102 ACDP-01-226-A008. Pressegespräch am Donnerstag, 18. 4. 68, 18.00–20.20 Uhr, Bundeskanzleramt.

103 Zit. nach Vinke, Hermann: Gustav Heinemann, Hamburg 1979, S. 149 f.

104 Harburger Anzeigen und Nachrichten v. 18. 4. 68; SPD-PMI-184/68 v. 19. 4. 68; vgl. auch ebd. Sten. Mitschrift »mit VDS, 19. IV. 68«.

105 Vgl. Welt v. 2. 5. 68; Hamburger Abendblatt v. 2. 5. 68; Bild-Zeitung v. 2. 5. 68.

106 HGWS-EA 40. Mitschrift »6. 4. 68 Heidelberg«; Vgl. SPD und Gewerkschaften. Band 1: Zur Geschichte eines Bündnisses. Darstellung und Dokumentation von Michael Schneider, hrsg. von Jochem Langkau u. a., Bonn 1994 (Politik im Taschenbuch, Bd. 10), S. 62.

107 Vgl. HWA-APK 82. Wehner an Kiesinger v. 22. 1. 67 (Ds.); ebd. Wehner an Krause

v. 22.1.67 (Ds.); WBA-A7-10. Wehner an Brandt (hs.) v. 22.1.67; HWA-0120. Wehner: Verm. über aktuelle organisatorische Notwendigkeiten v. 28.3.67.

108 Vgl. Weber: Schmid, S. 711; HWA-1050. Entwurf »Thesen zur Schulpolitik«, Bonn, am 24. Juni 1968 sowie die weiteren Entwürfe ebd.; HWA-2550. Thesen zur Schulpolitik v. 3.10.68.

109 HWA-1050. Wehner und Tenhumberg an Kühn v. 26.1.68.

110 Bundeskonferenz der SPD 1967, S. B26.

111 Wehner, Herbert: 1933–45. Untergrundnotizen von KP zur SPD. Das ungekürzte Tagebuch aus dem Exil. Bisher nie veröffentlicht, o. O., o. J. (APO-Raubdruck 1969), Exemplar in SAPMO-RY1-I 2/3/80.

112 Vgl. HGWS-DU 25. Nollau an Wehner v. 16.1.69; Spion gegen Deutschland. Herbert Wehners Vergangenheit nach geheimen Gerichtsakten, in: Deutsche National-Zeitung v. 11.7.69; BStU, MfS-HA IX/11, AS 95/65-1. Verm. »Besprechung beim Gen. Minister« (o. D.); vgl. die Dokumentation von Artikeln in BStU, MfS-HA IX/11, AS 95/65-35; Unterlagen in HGWS-DU 30; Pötzl: Basar, S. 216.

113 AdsD-SPD-BTF-5-1900. Ehmke an Brandt v. 31.10.66 (Ds. für Wehner).

114 Vgl. SPD-PD-P/XXI/226 v. 28.11.66: »Vorentscheidung«; Hamburger Abendblatt v. 27.12.66.

115 HWA-0150. Verm. »Aus einer Zusammenkunft führender Funktionäre aus verschiedenen Landesleitungen der illegalen KPD« (hs. dat. 3.12.66); BA-B136-4545. Verm. (von Hase) an den Bundeskanzler v. 20.12.66 ACDP-01-226-A286. Wehner an Kurt Georg Kiesinger (hs.) v. 18.12.66; Konferenz der SPD. Prot. 17. und 18. Dezember 1966, Stadthalle Bad Godesberg, Bonn 1966.

116 Vgl. HWA-0150. Undatierter Verm. »KT« (Anfang Dezember 1966); Schönhoven: Wendejahre, S. 191, 83.

117 Vgl. HGWS-TK 1967–1969.

118 Vgl. Schönhoven: Wendejahre, S. 202 ff.; Jb. SPD 1966/67, hrsg. vom Vorstand der SPD, Bad Godesberg o. J. (1968) S. 169 f.

119 Bundeskonferenz der SPD 1967, S. 5 ff.

120 Ebd., S. B25, B21, B47 ff., B115, B122, B18, B125, B135.

121 Prot. PT Nürnberg 1968, S. 127, 254, 841 ff.

122 Vgl. Jb. SPD 1968/69, hrsg. vom Vorstand der SPD, Bad Godesberg o. J. (1970) S. 237; Polenz: Jahre; Prot. PT Nürnberg 1968, S. 684 f.

123 Schreiber, Hermann: Ein Anflug von Denkmalspflege, in: Spiegel v. 25.3.68, S. 30.

124 Vgl. HWA-0120. Hs. Verm. »1.) Die Partei braucht ...« (o. D.); Tiesenhausen, Wolter von in: Mannheimer Morgen v. 21.3.67; HWA-0120. Wehner an Brandt und Nau v. 19.3.67 (Ds.).

125 Vgl. HGWS-EA 47. Hs. u. sten. Notiz »18.1.68 (W.Br.+A.N.)«; Interview Brandt für Der Spiegel, 25.3.68, in: Brandt: Auf dem Weg, S. 403–407, S. 405; Schönhoven: Wendejahre, S. 315, 317 f.; AdsD-SPD-PV. Sitzung des PV am 31.5.68.

126 Schönhoven, ebd., S. 199.

127 HGWS-EA 40. Aufz. Fernsehsendung »Zu Prot.« 19.5.68.

128 Vgl. ACDP-07-001-1401. Prot. d. 19. Sitzung des Präsidiums der CDU am 22.11.66; HWA-3104. Sten. Mitschrift »C 24.11.66«; vgl. auch HSA-1/HSAA005077. Typ. (Herbert Wehner): Aus den Notizen von den Diskussionen der Verhandlungskommission der SPD mit den Verhandlungskommissionen der CDU/CSU und FDP (o. D.), S. 64–71, 73 ff.; HWA-3104. Sten. Mitschrift »C, 26.11.66«; Kiesinger: Die Große Koalition, S. 7.

129 Vgl. HGWS-EA 47. Rundfunkaufnahme Leo Wagner, Parlamentarischer Geschäftsführer der CDU/CSU-Bundestagsfraktion im NDR, 2.12.67; ebd. Sten. Mitschrift »BR, 5.12.67«; HWA-0656. Typ. »Herbert Wehner begann auf der Sitzung des Parteirates der SPD am 22. Juni 1968 ...«; HGWS-EA 47. Sten. Notiz »PV, 5.1.68«; AdsD-SPD-PV. Sitzung des PV am 5.1.68.

130 Prot. PT Nürnberg 1968, S. 929; Herbert Wehner schrieb an Paul Lücke, in: Welt v. 30.3.68.

131 HGWS-PB 12. Wehner an Lotte (hs.) v. 1.9.68.

132 ACDP-01-028-015/7. Rundbrief Wehners (Druck von hs.) v. 4.3.68; Liste der Angeschriebenen in HWA-1050.

133 Vgl. Baring, Arnulf: Machtwechsel. Die Ära Brandt-Scheel. In Zusammenarbeit mit Manfred Görtemaker, Stuttgart 1982, S. 94; vgl. auch Schönhoven: Wendejahre, S. 436ff.; Strauß: Die Erinnerungen, S. 450; HWA-3727. Brandt an Wehner (ms.) v. 7.10.68, mit Anlage: Brandt an Leber (Ds.) v. 7.10.68.

134 Zeugen der Zeit; vgl. Synopse zur Deutschlandpolitik, S. 799f.

135 Vgl. Jb. SPD 1968/69, S. 22.

136 AdsD-Jahn-Abgabeliste 6.7.87-1345. Hs. Aufz. »2.6.69 – Kreßbronner Kreis«; BA-B137-15113. Interview im Südwestfunk (1. Programm) am 20.6.69; ebd. Interview Wehners mit Dän. Fernsehen am 3.9.69; ebd. Der Bundesminister für gesamtdeutsche Fragen, Herbert Wehner, beantwortet im Wahlmagazin der Europawelle Saar des Saarländischen Rundfunks Fragen von Journalisten und Hörern (12.9.69).

137 Vgl. Merseburger: Brandt, S. 572f.; Schönhoven: Wendejahre, S. 676.

138 HWA-0120. Wehner an Brandt v. 26.2.67 (Ds.); SPD-PD v. 18.2.69: Herbert Wehner: Willy Brandt – Seit fünf Jahren Vorsitzender der SPD; WBA-A11.3-11. Brandt an Wehner v. 27.12.68 (Ds.).

139 Vgl. z.B. HGWS-PB 36. Brandt an Wehner (hs.) v. 9.7.69; HWA-APK 95. Wehner an Brandt v. 17.12.69 (Ds.).

140 HWA-1338. Wehner an Lotte (o.D., Ende September 1969).

141 Vgl. Wehner an Brandt, 24.9.69, in: Brandt: Auf dem Weg, S. 441ff.

142 ACDP-01-226-A314. Hs. Notiz 28.9.69, 20.50 Uhr betr. SPD; Müller, Peter Christian in: Handelsblatt v. 30.9.69.

143 Vgl. Bermbach, Udo: Stationen der Regierungsbildung 1969, in: ZfParl 1 (1969–1970), S. 5–23, S. 5–8.

144 HWA-1340. Greta an Lotte Wehner v. 29.9.69.

145 HWA-0633. Hs. Rededisposition »Das Wahlergebnis 28.9. ...« (o.D.).

146 SPD-PMI-450/69 v. 8.10.69.

147 Vgl. Schwäbische Zeitung v. 31.12.66; ACDP-01-028-015/7. Krone an Wehner (hs.) v. 1.12.66 (Kop.).

Auf dem Höhengrat

1 Baring, Arnulf; Herrendoerfer, Christian: Abschied von Onkel Herbert, TV-Dokumentation (NDR), 1983.

2 Wehner an Brandt, 24.9.69, S. 443; Zeugen der Zeit; BA-B137-15113. ZDF-Sendung »Bonner Perspektiven« am 5.10.69.

3 SPD-PMI-436/69 v. 29.9.69; HWA-0485. Undat. Not. Wehners (Herbst 1969).

4 Ebd. Hs. und sten. Notizen zu den Koalitionsverhandlungsrunden am 1. und 2.10.69;

Prot. Sveriges Socialdemokratiska Arbetarepartis 24:e kongress, Folkets hus, 28 september – 4 oktober 1969, Stockholm 1970, S. 601.

5 Bild v. 22.10.69; Binder: Other German, S. 259.

6 Wehner an Brandt, 24.9.69.

7 HWA-2498. Schmidt an Wehner (hs.) v. 2. und 10.1.70; Herbert Wehner – Politik für Deutschland. Podiumsgespräch des Freundeskreises Herbert-Wehner-Bildungswerk mit Helmut Schmidt und Hans-Jochen Vogel am 3.10.97 in Dresden, TV-Aufz. (Phoenix); vgl. auch Schmidt, Helmut: Menschen und Mächte, Berlin 1987, S. 30; HWA-0633. Schmidt an Brandt (ms.) v. 8.10.69 (Ds.).

8 Vgl. Osterroth, Franz; Schuster, Dieter: Chronik der deutschen Sozialdemokratie. Band III: Nach dem Zweiten Weltkrieg, 2., neu bearb. u. erw. Aufl., Berlin-Bonn 1978 (Internationale Bibliothek, Bd. 85), S. 461; Appel, Reinhard in: Stuttgarter Zeitung v. 18.10.69.

9 WBA-A11.3-18. Wehner: Meine Rede in der Klausur der Bundestagsfraktion der SPD am 4. Mai 1970.

10 HGWS-Tonaufnahme. Wehner im Bundestag, 29.10.69.

11 Vgl. Binder: Other German, S. 262.

12 Tern, Jürgen in: FAZ v. 23.10.69; Paeschke, Carl-Ludwig: »Wer einmal Kommunist war ...« Herbert Wehner zum 10. Todestag, TV-Dokumentation (ZDF), 2000; Zzggspr. Schmude, 20.3.2005; Herbert Wehner – Politik für Deutschland.

13 Gründler, Gerhard E. in: Stern 1/2 (1970).

14 Schmidt: Menschen und Mächte, S. 30.

15 HWA-3055. Bahr an Wehner v. 2.1.69 (sic, tatsächlich 1970); vgl. auch Vogtmeier: Bahr, S. 108–117.

16 Ebd. Vertrag über die Gleichberechtigte Zusammenarbeit zwischen der Bundesrepublik Deutschland und der Deutschen Demokratischen Republik (Ds.); ebd. Wehner an Bahr (hs.) v. 3.1.70 (Ds.).

17 SPD-PMI-15 v. 19.1.70.

18 Vgl. Frank: Walter Ulbricht, S. 405–408.

19 Vgl. Rödder, Andreas: Die Bundesrepublik Deutschland 1969–1990, München 2004 (Oldenbourg Grundriß der Geschichte, Bd. 19A), S. 38f., 42; Bender: Ostpolitik, S. 302ff.; Hacke, Christian: Weltmacht wider Willen. Die Außenpolitik der Bundesrepublik Deutschland, Stuttgart 1988, S. 186ff.; Borowsky, Peter: Deutschland 1969–1982, Hannover 1987, S. 18.

20 Vgl. HGWS-HF 46. Ehmke an Wehner v. 5.5.71; WBA-A11.3-21. Hs. Schriftwechsel Brandt-Wehner (datiert 14.5.71); HWA-2309. Wehner an Brandt v. 26.8.71 (Ds.).

21 SPD-PMI-450/69 v. 8.10.69; FAZ v. 30.7.70.

22 Schreiben an Brandt v. 24.9.69, S. 445; HGWS-EA 58. dpa v. 6.6.69.

23 ACSP-Strauß-Kartei mit Zitatensammlung zu Herbert Wehner; HWA-2302. Rotbuch: Wer ist Willy Brandt/Wer ist Herbert Wehner, München im Oktober 1972 (Kop.).

24 ACDP-01-022-015/1. Kommentar Südwestfunk, 27.7.69; ebd., dass., 19.7.70; Heck, Bruno in: Welt der Arbeit v. 15.1.71.

25 BT, Sten. Ber., 6. WP, 145. Sitzung, 21.10.71, S. 8333; 135. Sitzung, 23.9.71, S. 7926f.

26 Vgl. Binder: Other German, S. 286; Dreher, Klaus: Rainer Barzel. Zur Opposition verdammt, München 1972, S. 8; Wehner: »Unglaublich, Herr Präsident!«, S. 48f.; BT, Sten. Ber., 6. WP, 106. Sitzung, 10.3.71, S. 6211.

27 HWA-APK 101. Barzel an Wehner (hs.) v. 28.6.71; BA-N1371-259. Wehner an Barzel (hs.) v. 18.9.71.

28 ACDP-01-226-A606. Telegramm Wehner an Kiesinger v. 5.4.74.
29 Vgl. Wirz: Rätsel, S. 399 ff., 415–421; HGWS-Bucheinlagen. Einlage in Guttenberg, Karl Theodor Freiherr zu: Fußnoten, Stuttgart 1971: Helmut Thielicke an Schmidt v. 20.10.72 (Kop.).
30 Vgl. HGWS-TK 1970 ff.; HGWS-EA 59. Schauff an Greta v. 2.3.70 – Anlage: Verm. »Die Stimmung der westeuropäischen Christlich-Demokratischen Parteien zur Ostpolitik der Regierung Brandt«; SPD-PMI-485/69 v. 20.11.69; Appel, Reinhard in: Stuttgarter Zeitung v. 22.11.69; Westfälische Rundschau v. 20.11.69.
31 Vgl. Wehner: Sieben Worte, S. 401; Ehmke: Mittendrin, S. 130 f.; HWA-APK 101. Wehner an Brandt und Brandt an Wehner (hs.) (o. D., 1970).
32 WBA-A11.3-18. Wehner an Brandt (hs. Karte) v. 2.12.70 sowie HWA-APK 95. Brandt an Wehner (hs.) v. 2.12.70; SPD-PMI-469 v. 7.12.70.
33 SPD-PMI-62/71 v. 20.2.71; Stuttgarter Nachrichten v. 4.2.72; SPD-PMI-36/72 v. 11.2.72; siehe auch Informationen der Sozialdemokratischen Fraktion im Deutschen Bundestag (Info SPD-Frakt.) v. 8.10.72; HWA-1458. Wehner an Lotte v. 22.9.72.
34 HWA-0449. Wehner: Bericht über die Reise der Delegation des PV nach Jugoslawien (31.8.-6.9.70).
35 Vgl. Hauer, Erich in: Westfälische Rundschau v. 3.5.71; The Jerusalem Post v. 4.5.71; Wischnewski, Hans-Jürgen: Mit Leidenschaft und Augenmaß. In Mogadischu und anderswo. Politische Memoiren, München 1989, S. 164 ff.; SPD-PMI-213/71 v. 17.5.71; SPD-PD-P/XXVI/85 v. 5.5.71; PolA-AA-B4-70. Verm. (Loewe) v. 19.5.71; AdsD-SPD-PV. Sitzung des PV am 17.5.71.
36 »Es gibt kein Scheitern«, in: Spiegel Nr. 5 v. 26.1.70; Leistung und Gegenleistung (25.2.70, 6. WP, 33. Sitzung), in: Barzel, Rainer: Bundestagsreden, hrsg. von Will Rasner, Bonn 1971, S. 218–233, S. 221 f.; Info SPD-Frakt.-68 v. 6.2.70; HGWS-Tonaufnahme. Wehner im Deutschen Bundestag, 20.3.70; vgl. auch Grau, Andreas: Gegen den Strom. Die Reaktion der CDU/CSU-Opposition auf die Ost- und Deutschlandpolitik der sozialliberalen Koalition 1969–1973, Düsseldorf 2005 (Forschungen und Quellen zur Zeitgeschichte, Bd. 47), S. 56.
37 Vgl. HWA-2309. Wehner an Brandt v. 26.8.71 (Ds.); BA-N1371-259. Wehner an Barzel (hs.) v. 4.5.72; Becker, Kurt in: Die Zeit v. 24.4.70.
38 HGWS-EA 61. Rundschreiben Pressestelle an SPD-Fraktion v. 4.5.70 (Anlage: Text einer Sendung im Bayerischen Rundfunk v. 28.4.70).
39 Binder: Other German, S. 269; SPD-PMI-154 v. 2.6.70.
40 BT, Sten. Ber., 6. WP, 56. Sitzung, 4.6.70, S. 3016.
41 Heilmann, Sigmar in: Mannheimer Morgen v. 30.9.69; Allgemeine Zeitung, Mainz, v. 30.9.69; Baring: Machtwechsel, S. 301.
42 ADL-N82-8. Wehner an Walter Scheel (hs.) v. 5.7.71.
43 Jäger, Wolfgang: Die Innenpolitik der sozial-liberalen Koalition 1969–1974, in: Bracher, Karl Dietrich u. a.: Republik im Wandel 1969–1974, Stuttgart/Wiesbaden 1986 (Geschichte der Bundesrepublik Deutschland, Bd. 5), S. 15–160, S. 44 f.; FR v. 9.1.74; vgl. FR-Artikel in HWA-0185.
44 Vgl. Blick in die Gesetzesschmiede, hrsg. von der SPD-Fraktion im Deutschen Bundestag, Bonn-Bad Godesberg o. J. (1971).
45 SPD-PMI-463/69 v. 21.10.69.
46 HWA-2853. Wehner an Brandt v. 1.2.70 (Ds. nebst Anlagen).
47 WBA-A8-21. Verm. (persönlich) Wehner an Brandt (hs.) v. 2.12.72; vgl. auch HGWS-PB 17. Aktennotiz über gemeinsame Hauskonferenz der Mitarbeiter des General-

sekretariats des ZdK und des Katholischen Büros am 5.12.72; HGWS-EA 51. Sten. Mitschrift »K.Bü., 18.3.74«.

48 Info SPD-Frakt.-237 v. 13.3.74; Wehner: Vorwort, in: Das Argument Nr. 1: § 218. Argumente zur Reform, hrsg. vom Vorstand der SPD, Bonn 1974, S. 5.

49 HWA-3755. Herbert Wehner: Hs. und sten. Notizen »29.III.73«; HGWS-EA 52. Typ. »Informationen aus der ZdK-Hauskonferenz v. 25. April 1974«; Aussage des Pfarrers von Bühren (Niedersachsen) im Kommunionsunterricht des Verfassers, Frühjahr 1973.

50 Butterwegge, Christoph: Jungsozialisten und SPD, Hamburg 1975, S. 67; See, Hans: Volkspartei im Klassenstaat oder Das Dilemma der innerparteilichen Demokratie, Reinbek bei Hamburg 1972, S. 134.

51 Parteitag der SPD v. 11. bis 14. Mai in Saarbrücken. Prot. d. Verhandlungen. Angenommene und überwiesene Anträge, hrsg. vom Vorstand der SPD, Saarbrücken o. J. (1970), S. 494 ff.; 508–511; Brandt auf dem Bundeskongress der Jungsozialisten in Bremen, 11.12.70, in: Brandt: Auf dem Weg, S. 448–461.

52 Auf dem Weg zur sozialen Demokratie! Gespräch mit Herbert Wehner, in: Die Neue Gesellschaft 18 (1971), S. 4–14, S. 10; SPD-PMI-18 v. 23.1.71.

53 HWA-2885. Verm. (Kühne) v. 7.7.70 »Anruf Günter König, PV«.

54 Vgl. z. B. HGWS-HF 08. Arbeitsplan für das 2. Halbjahr 1971 der Westabteilung beim Politbüro der SED v. 30.6.71 (Kopie aus BA-SAPMO); HWA-0954. Verm. des BfV v. 7.4.70 betr. Verhältnis der DKP zur SPD.

55 HWA-B. 149-A582. Wehner an Brandt (ms.) v. 30.8.70 (Ds); HGWS-EA 62. SPD-Fraktion/Pressestelle an alle Fraktionsmitglieder v. 13.10.70: Rede Wehners auf der Arbeitnehmerkonferenz in Schweinfurt.

56 Vgl. Rupps, Martin: Helmut Schmidt. Eine politische Biographie, Stuttgart-Leipzig 2002, S. 196; Butterwegge: Jungsozialisten, S. 68.

57 HGWS-EA 62. Typ.: Referat Wehners auf dem Bundeskongreß der Jungsozialisten v. 11. bis 13. Dezember 1970 in der Stadthalle Bochum.

58 Schmidt an Brandt (hs.) v. 30.12.70/4.1.71, in: Brandt: Auf dem Weg, S. 463–466, S. 464 f. AHS-Innenpolitik A-Z, Bd. 2 1970, Brandt an Schmidt (hs.) v. 22.12.70.

59 Vgl. Info SPD-Frakt.-822 v. 15.12.70; HGWS-EA 62. Parteiratssitzung am 13./14. November 1970 in München/Wehner: Gesamtpolitische Beurteilung und Außenpolitik.

60 Vgl. Jb. SPD 1970–1972, hrsg. vom Vorstand der SPD, Bonn-Bad Godesberg o. J. (1973), S. 555, 557–564; HWA-B. 149-A582. Wehner an Brandt (ms.) v. 30.8.70 (Ds.).

61 Oberpriller, Martin: Jungsozialisten. Parteijugend zwischen Anpassung und Opposition, Bonn 2004, S. 173; Wehner: Geleitwort, in: Schumacher, Kurt: Der Kampf um den Staatsgedanken in der deutschen Sozialdemokratie, hrsg. von Friedrich Holtmeier, Stuttgart u. a. 1973, S. 7–13, S. 11 ff.; HWA-1478. Wehner an Lotte v. 13.5.73.

62 Vgl. Jäger: Innenpolitik, S. 80; HGWS-PB 16. Fotokopie von Fernschreiben des BKA Wiesbaden v. 3.11.72, »betr: lagebericht – innere sicherheit«; Vogel, Hans-Jochen (im Gespräch mit Heribert Prantl): Politik und Anstand. Warum wir ohne Werte nicht leben können, Freiburg u. a. 2005, S. 37; Fax G. Wehners an d. Verf. v. 26.4.2005; mdl. Mitt. G. Wehners.

63 Jäger: Innenpolitik, S. 83; Info SPD-Frakt.-240 v. 13.4.72.

64 Info SPD-Frakt.-31 v. 20.1.72; vgl. auch Ehmke: Mittendrin, S. 177 f.

65 Vgl. Jäger: Innenpolitik, S. 83 ff.; Info SPD-Frakt.-74 v. 1.2.72; Ehmke: Mittendrin, S. 179; HWA-3750. Nollau an Wehner v. 14.2.73; Pro und Kontra zum Ministerpräsidentenbeschluß. Eine PDA-Dokumentation (Schriftenreihe des »Pressedienst Demokratische Aktion« 14), München o. J. (1973).

66 Vgl. Koszyk, Kurt; Eisfeld, Gerhard: Die Presse der deutschen Sozialdemokratie. Eine Bibliographie, 2., überarb. u. erw. Aufl., Bonn 1980, S. 57 f.

67 Vgl. Müller, Hans Dieter: Der Springer-Konzern. Eine kritische Studie, München 1968, S. 206 ff.; Binder: Other German, S. 239.

68 AdsD-SPD-BTF-3-591. Springer an Wehner v. 18. 8. 58; Bild v. 18. 8. 65.

69 Vgl. HWA-APK 100. Springer an Wehner v. 2. 1. 70; ebd. Wehner an Springer v. 25. 1. 70.

70 »Es gibt kein Scheitern«, in: Spiegel Nr. 5 v. 26. 1. 70, S. 24–27, S. 24; vgl. auch Bahr, Egon: Zu meiner Zeit. München 1996, S. 280 f.; HWA-3055. Wehner an Bahr (hs.) v. 3. 1. 70 (Ds.).

71 Vgl. WamS v. 12. 7. 70; Bild v. 27. 6. 72; Buber-Neumann, Margarete in: Welt v. 26. 9. 73.

72 Vgl. Binder: Other German, S. 303.

73 Gaus: Widersprüche, S. 277 ff.; vgl. auch HWA-2309. Gaus an Wehner v. 21. 7. 72; HWA-1455. Wehner an Lotte v. 8. 9. 72; HWA-APK 106. Brandt an Wehner (hs.) v. 20. 3. 72.

74 Ziesel, Kurt: Die Meinungsmacher. Spiegel, Zeit, Stern & Co., 2. Aufl., München 1988, S. 60; Augstein, Rudolf: Wort an einen Freund, in: Spiegel v. 11. 3. 74; HWA-APK 89. Augstein an Wehner v. 23. 12. 69.

75 HWA-2498. Schmidt an Wehner (hs.) v. 2. und 10. 1. 70; HWA-APK 101. Brandt an Wehner (hs.) v. 16. 5. 71.

76 Gaus: Widersprüche, S. 282; HWA-1447. Wehner an Lotte v. 11. 6. 72; Kanzler Schmidt: Hoffen auf den Macher, in: Spiegel Nr. 20 v. 13. 5. 74, S. 19–34, S. 21; Vgl. Zzggspr. Schmidt, 13. 9. 2005; AHS, Priv. Wehner 1958–1977. Typ. Interview Klaus Bölling mit Helmut Schmidt v. 24. 2. 76.

77 Vgl. HWA-APK 95. Wehner an Brandt v. 17. 12. 69 (Ds.); ebd. Brandt an Wehner (hs.) v. 25. 6. 70; Ehmke: Mittendrin, S. 112; HGWS-TK 1969–72; Zzggspr. Schmidt, 13. 9. 2005.

78 HGWS-PB 12. Wehner an Lotte v. 20. 10. 71; Info SPD-Frakt. v. 20. 10. 71; HWA-1605. Auszug aus dem Prot. d. 13. Sitzung des Untersuchungsausschusses zum Fall Steiner (o. D., 20. 7. 73); HWA-APK 101. Brandt an Wehner (hs.) v. 8. 12. 71.

79 Vgl. Ehmke: Mittendrin, S. 156.

80 Vgl. Jäger: Innenpolitik, S. 67 ff.

81 Vgl. Zeugen der Zeit.

82 Vgl. Baring: Machtwechsel, S. 416–421; vgl. auch den Hinweis in der Lizenzausgabe für die Historische Büchergemeinschaft, Gütersloh, S. 421.

83 SPD-PMI-159/72 v. 25. 4. 72; Baring: Machtwechsel, S. 408 ff.

84 Vgl. Zeugen der Zeit.

85 Historische Debatten: 27. 4. 72 (TV-Dokumentation, Phoenix).

86 Vgl. AdsD-SPD-BTF-6. Kurzprot. der Fraktionssitzung v. 25. 4. 72; Schmude, Jürgen: Stationen eines Anfangs, in: Hoffen, zweifeln, abstimmen. Seit 1969 im Bundestag. 14 SPD-Abgeordnete berichten, hrsg. von Hugo Brandt, Reinbek bei Hamburg 1980, S. 55–66, S. 61.

87 HWA-1605. Auszug aus dem Prot. d. 13. Sitzung des Untersuchungsausschusses zum Fall Steiner (o. D., 20. 7. 73).

88 Jäger: Innenpolitik, S. 72 f.; BT, Sten. Ber., 6. WP, 189. Sitzung, 8. 6. 72, S. 11089.

89 Vgl. Binder: Other German, S. 292; Zzggspr. Schmidt, 13. 9. 2005; G. Wehner an d. Verf. v. 23./29. 10. 2005.

90 Vgl. Binder: Other German; Breloer, Heinrich: Wehner – Die unerzählte Geschichte. Teil 1: Die Nacht von Münstereifel, TV-Film, WDR, 1993; Zzggspr. Stahl, 17. 9. 2005; mdl. Mitt. G. Wehners.

91 Vgl. Binder: Other German; Jäger: Innenpolitik, S. 112; Merseburger: Brandt, S. 690 ff.; Wolf: Spionagechef, S. 185 ff., 261.

92 Bild v. 14. 6. 73; HGWS-PB 45. Wehner an Lotte v. 8. 6. 73 (Kop.); HWA-B. 42-A160. Erklärung Wehners zur Klausurtagung der Fraktion am 12. 6. 73; HGWS-PB 45. Wehner an Lotte v. 12. 6. 73 (Kop.).

93 Vgl. ebd. Rundfunkaufnahme ZDF-Magazin v. 6. 6. 73 (Kop.); HWA-1605. Ausz. Prot. 13. Sitzung UA Steiner (o. D., 20. 7. 73); Info SPD-Frakt. v. 24. 7. 73.

94 Vgl. Zzggspr. Schmidt, 13. 9. 2005.

95 Vgl. HGWS-EA 50. Undat. Manuskr. »Was geht in Bonn vor? ...«, Mai 1972.

96 Vgl. ebd. Strauß an Ehmke sowie Marx an Ehmke v. 12. 5. 72 (Kop.); Link, Werner: Außen- und Deutschlandpolitik in der Ära Brandt 1969–1974, in: Bracher u. a.: Republik im Wandel, S. 163–282, S. 210 ff.

97 Vgl. SPD-PMI-174/72 v. 4. 5. 72, 224/72 v. 10. 6. 72.

98 HWA-1447. Wehner an Lotte v. 11. 6. 72; HWA-1449. Dass. v. 21. 6. 72, v. 24. 6. 72; HWA-1458. Dass. v. 20. 9. 72, v. 22. 9. 72.

99 Zzggspr. Schmude, 20. 3. 2005.

100 Vgl. Wein, Martin: Willy Brandt. Das Werden eines Staatsmannes, Berlin 2003; Merseburger: Brandt, S. 9; »Er hatte einen Kompaß für das Beachtliche«, in: Wehner: Wandel, S. 445–451, S. 450.

101 HWA-APK 101. Brandt an Wehner (hs.) v. 16. 5. 71; WBA-A11.3-21. Brandt an Wehner (hs.) v. 9. 7. 71 (Kop.); Ehmke: Mittendrin, S. 200; G. Wehner an d. Verf. v. 23./29. 10. 2005.

102 Vgl. Baring: Machtwechsel, S. 606; Merseburger: Brandt, S. 8; Zeitzeugenaussagen von Eugen Selbmann und Rut Brandt in: Breloer: Unerzählte Geschichte 1; Ehmke: Mittendrin, S. 202 f.; Zzggspr. Schmidt, 13. 9. 2005.

103 HGWS-PB 12. Greta an Lotte Wehner v. 21. 10. 71; Merseburger: Brandt, S. 648.

104 HWA-1445. Wehner an Lotte v. 30. 5. 72; Baring: Machtwechsel, S. 660; Jäger: Innenpolitik, S. 51 ff.

105 HWA-1445. Wehner an Lotte v. 30. 5. 72, 1. 6. 72, 2. 6. 72; vgl. Ehmke: Mittendrin, S. 212; HWA-1455. Wehner an Lotte v. 2. 9. 72; HWA-1458. Dass. v. 20. 9. 72, 25. 9. 72, 28. 9. 72, 8. 10. 72, 9. 10. 72.

106 HWA-1446. Dass. v. 4. 6. 72, 6. 6. 72; HWA-1447. Dass. v. 11. 6. 72; HWA-1449. Dass. v. 27. 6. 72.

107 HWA-1445. Dass. v. 29. 5. 72; vgl. z. B. HWA-1458. Dass. v. 9. 10. 72.

108 HWA-2309. Brandt an Wehner v. 14. 11. 72; HWA-1458. Wehner an Lotte v. 29. 9. 72; G. Wehner an d. Verf. v. 23./29. 10. 2005.

109 Vgl. SPD-PMI-613/72 v. 25. 11. 72.

110 Vgl. Zzggspr. Vogel, 19. 4. 2005; SPD-PMI-621/72 v. 9. 12. 72.

111 Vgl. AHS-privat Koalitionsverhandlungen/Regierungsbildung 1972. Brandt an Wehner und Helmut Schmidt (hs.) v. 27. 11. 72 (Kop.); ebd. Schmidt an Brandt (hs.) v. 4./5. 12. 72 (Kop.); siehe auch ebd. Schmidt an Vetter v. 7. 12. 72 (Kop.).

112 Brandt: Erinnerungen, S. 305; AHS-privat Koalitionsverhandlungen/Regierungsbildung 1972. Schmidt an Brandt (hs.) v. 4./5. 12. 72 (Kop.).

113 Brandt: Erinnerungen; Merseburger: Brandt, S. 659 f.; Schöllgen: Brandt, S. 189; Ehmke: Mittendrin, S. 223; die hs. Fassung: Verm. des Bundeskanzlers, Brandt, zur Regierungsbildung 28. November 1972, in: Brandt, Willy: Mehr Demokratie wagen. Innen- und Gesellschaftspolitik 1966–1974, bearb. von Wolther von Kieseritzky, Bonn 2001 (Berliner Ausgabe, Bd. 7), S. 387–396; AHS-privat Koalitionsverhandlungen/Regie-

rungsbildung 1972. Verm.: Streng vertraulich/Überlegungen zur Regierungsbildung, datiert 28.11.72.

114 Zu Harpprecht vgl. Baring: Machtwechsel, S. 595–599; Jäger: Innenpolitik, S. 93 ff., Zit. S. 95; Dreher, Klaus: Warum es mit dem Kanzleramt nicht funktioniert, in: SZ v. 16.10.73.

115 Aus der Regierungserklärung Brandts v. 18. Januar 1973, in: Brandt: Mehr Demokratie, S. 404–409.

116 Vgl. Harpprecht, Klaus: Im Kanzleramt. Tagebuch der Jahre mit Willy Brandt, o. O. 2000, S. 22; AHS, Priv. Wehner 1958–1977. Wehner an Schmidt (ms.) v. 15.4.76 (Kop.); Parteitag der Sozialdemokratischen Partei Deutschland (sic) v. 10. bis 14. April 1973. Stadthalle Hannover. Band I: Prot. d. Verhandlungen. Anlagen, hrsg. vom Vorstand der SPD, Hannover o. J. (1973), S. 107.

117 HWA-1478. Wehner an Lotte v. 5.5.73.

118 SPD-PMI-96/73 v. 17.3.73; HGWS-EA 65. Wehner, Herbert: Interview mit den Herren Staub und Krämer vom Schweizer Fernsehen am 1. April 1973; Prot. SPD-Parteitag Hannover 1973, S. 74, 385, 692.

119 Vgl. HWA-1446. Wehner an Lotte v. 4.6.72; Zzggspr. Schmude, 20.3.2005; Düding, Dieter: Heinz Kühn 1912–1992. Eine politische Biographie, Essen 2002 (Düsseldorfer Schriften zur Neueren Landesgeschichte und zur Geschichte Nordrhein-Westfalens, Bd. 61), S. 283.

120 HGWS-PB 45. Wehner: Berlin-Abkommen und Grundlagenvertrag – die besondere Verantwortung der Vier Mächte (Typ., 23.6.73, Kopie).

121 Vgl. z. B. HGWS-HF 51. Verm. Vogels v. 23.6.70; ebd. v. Wedel an Wehner v. 19.2.71.

122 Vgl. HGWS-HF 53. Kreutzer an Wehner (o. D., Juni 1970); HGWS-HF 50. Hoesch an Franke v. 15.1.70 (Kop.).

123 HGWS-HF 51. Verm. Vogels v. 24.6.70; vgl. auch ebd. v. Wedel an Wehner v. 19.2.71; HWA-APK 101. Wehner an Brandt/Brandt an Wehner (hs.) (o. D., Oktober 1970).

124 Vgl. Potthoff, Heinrich: Bonn und Ost-Berlin 1969–1982. Dialog auf höchster Ebene und vertrauliche Kanäle. Darstellung und Dokumente, Bonn 1997 (Archiv für Sozialgeschichte, Beiheft 18), S. 98 f.; HGWS-HF 53. Vogel an Wehner und Brandt (hs.) v. 12.11.72.

125 Vgl. Vogtmeier: Bahr, S. 181 f.; Ast, Jürgen: Die gekaufte Freiheit. Häftlingsfreikauf im geteilten Deutschland, TV-Dokumentation (RBB), Teil 2, 2004.

126 Vgl. HGWS. Kopien aus Akten Hans-Jochen Vogels: Listen mit Kofferfällen (1972/73); HGWS-TK 1973; HWA-1478. Greta Burmester und Herbert an Lotte Wehner v. 6.5.73; telef. Mitt. W. Vogels am 7.10.2005.

127 Honecker, Erich: Aus meinem Leben, Frankfurt u. a. 1980, S. 80 f.; SAPMO-RY1-I 2/3/251. Kurt an »Lieber Freund« (Paris) v. 17.9.34.

128 Zzggspr. Rupps/G. Wehner, 11.6.2003; vgl. HGWS-HF 06. Kopie aus BStU-MfS-Akten: MfS-Verm. v. 20.7.71; zur Identität der »Quelle« vgl. HGWS-TK 1968 ff.; telef. Mitt. W. Vogels am 7.10.2005.

129 WBA-A8-20. Wehner an Brandt v. 26.8.71; HWA-2309. Brandt an Wehner (hs.) v. 28.4.73 (Kop.); HWA-1478. Wehner an Lotte v. 5.5.73; Kulick, Holger: Herbert Wehners (un)heimliche Ostpolitik, in: TV-Sendung »Schlaglicht« (SFB), 2.2.94; Wiegrefe, Klaus; Tessmer, Carsten: Deutschlandpolitik in der Krise. Herbert Wehners Besuch in der DDR 1973, in: Deutschland-Archiv 27 (1994), S. 600–627, S. 606; Polenz: Jahre.

130 Vgl. HWA-1480. Wehner an Lotte v. 29.5.73 (m. Notiz Gretas), v. 30.5.73.

131 HWA-1406. Greta an Lotte Wehner v. 30.5.73, 1.6.73; G. Wehner an d. Verf. v. 23./29.10.2005; Polenz: Jahre; HWA-1406.

132 Zzggspr. Rupps/G. Wehner, 11.6.2003.

133 Gespräch Wehner/Mischnick – Honecker am 31. Mai 1973 (Schorfheide), in: Potthoff: Bonn und Ost-Berlin, S. 280–291; AdsD-SPD-PV. Kurzprot. über die Sitzung des PV am 1. Juni 1973 in Bonn; HGWS-HF 82. Wehner: Bericht über die Gespräche am 30. und 31. Mai 1973 in der DDR v. 1.6.73.

134 Vgl. Pötzl: Basar, S. 230, 232 f.; telef. Mitt. W. Vogels am 7.10.2005.

135 Niederschrift Wehners, Bad Godesberg, am 2. Dezember 1973, in: G. Wehner: Erfahrungen, S. 220–235, S. 224.

136 ACSP-Strauß-Familie-1211. »Der rote Brief« Nr. 23–24 v. 7.6.73; ACSP-CSU-Landesgruppe, Prot. über die Sitzung der CSU-Landesgruppe am 5.6.73.

137 Vgl. WBA-A8-75. Wehner an Brandt (hs.) v. 24.6.73.

138 Vgl. HGWS-TK 1973; HGWS-HF 45. Sten. und hs. Aufz. Wehners v. 17.9.73; Niederschrift Wehners, Bad Godesberg, am 2. Dezember 1973, hier: S. 220–226.

139 HGWS-PB 45. Wehner an Lotte v. 18.9.[1973] (Kop.); WBA-A8-176. Hs. Aufz. »HW, 18.9.73«; HGWS-HF 39. Brandt an Wehner (hs.) v. 19.9.73.

140 Vgl. HGWS-TK 1973; HGWS-PB 45. Wehner an Lotte v. 23.9.[1973] (Kop.).

141 Vgl. ebd. Dass. v. 22.7.73, 14.9.73 (Kop.); SPD-PMI-294/73 v. 14.9.73; Potthoff: Bonn und Ost-Berlin, S. 41.

142 HGWS-PB 45. Wehner an Lotte v. 18.9.[1973] (Kop.).

143 HWA-1211. Lotte Wehner (Spjutterum) an Wehner und Greta Burmester v. 17.9.73; ebd. Lotte an Wehner v. 19.9.73; SPD-PMI-305/73 v. 22.9.73; HGWS-PB 45. Wehner an Lotte v. 21.9.73 (Kop.).

144 HGWS-PB 45. Wehner an Lotte v. 20.9.73 (Kop.); ebd. Greta an Lotte Wehner v. 24.9.73 (Kop.); vgl. Baring/Herrendörfer: Abschied; HWA-1211. Lotte an Wehner und Greta Burmester v. 29.9.73; HWA-1423. Greta an Lotte Wehner v. 7.10.73; vgl. sten. Notizen in HWA-0787.

145 HGWS-HF 81. Herbert Wehner: Versuch einer Übersicht über Verlauf und Gespräche während einer Reise der Delegation des Deutschen Bundestages in der UdSSR v. 6.10.73; siehe auch HWA-0787. Sten. u. hs. Notiz »25.9.73. Kusnetzow«.

146 Vgl. HGWS-HF 81. Wehner: Versuch einer Übersicht v. 6.10.73.

147 HGWS-HF 43. Aufz. des Gesprächs Herbert Wehner mit Herrn Poljanow v. 30.9.73; vgl. auch Information der sowjetischen Führung über ein Gespräch des Vorsitzenden der SPD-Bundestagsfraktion Wehner mit dem Sekretär des Zentralkomitees der KPdSU Ponomarjow, 7. Oktober 1973, in: Dokumente zur Deutschlandpolitik (DzD), hrsg. vom Bundesministerium des Innern und Bundesarchiv, VI-3: 1. Januar 1973 bis 31. Dezember 1974, München 2005, S. 315 ff.

148 Vgl. HGWS-HF 43. Aufz. des Gesprächs Wehner mit Ponomarjow v. 1.10.73.

149 HGWS-PB 45 Wehner an Lotte v. 20.9.73 (Kop.).

150 Tagesschau v. 24.9.73, 20.00 Uhr (ARD).

151 HWA-1525. BPA an Wehner in Moskau v. 29.9.73 sowie v. 30.9.73.

152 Vgl. HGWS-PB 45. Binder an Wehner (hs.) v. 1.10.73 (Kop.); HWA-1525. BPA an Wehner v. 30.9.73; Merseburger: Brandt, S. 702.

153 Vgl. ebd.; Grabert, Horst: Wehe, wenn du anders bis. Ein politischer Lebensweg für Deutschland, Dößel 2003, S. 155; Paeschke: »Wer einmal Kommunist war …«; Ehmke: Mittendrin, S. 229 f.; Harpprecht: Kanzleramt, S. 347 f.; Brandt: Erinnerungen, S. 309.

154 Bahr: Zu meiner Zeit, S. 440; vgl. Leugers-Scherzberg, August H.: Herbert Wehner und der Rücktritt Willy Brandts am 7. Mai 1974, in: VZG 50 (2002), S. 303–322, S. 314 ff.

155 Vgl. Rödder: Bundesrepublik, S. 53; Link: Außen- und Deutschlandpolitik, S. 231; Görtemaker: Geschichte, S. 574; etwas zurückhaltender auch Borowsky: Deutschland 1969–1982, S. 50.

156 Schreiber, Hermann: Kanzlersturz. Warum Willy Brandt zurücktrat, München 2003, S. 96 f.

157 HGWS-PB 45. Wehner an Lotte (hs.) v. 11.10.73 (Kop.); »Was der Regierung fehlt, ist ein Kopf«, in: Spiegel Nr. 41 v. 8.10.73, S. 25, 27–34.

158 HGWS-PB 45. Wehner an Schreiber v. 9.10.73 (Kop.); WBA-A8-75. Schreiber an Wehner v. 15.10.73 (Kop.); Bickerich, Wolfram: Dreizehn Jahre geliehene Macht, in: Spiegel Nr. 39 v. 17.9.82, S. 40–56, S. 40; Brandt: Erinnerungen, S. 309.

159 HGWS-PB 45. Wehner an Lotte v. 2.10.[1973] (Kop.); vgl. auch AdsD-SPD-BTF-7-2/BTFG000027. Prot. über die Fraktionssitzung am Dienstag, den 2. Oktober 1973.

160 Vgl. BT, Sten. Ber., 7. WP, 53. Sitzung, 3.10.73, S. 2984 f., 2987 ff., 2994.

161 Ebd., S. 3008, 3010.

162 Vgl. HWA-0787. Sten. u. hs. Notiz »PV, 5.10.73«; HGWS-PB 45. Auszug »Sitzung des PV am 5. Oktober 1973« (mit hs. Verm. »beschlossen«, Kop.).

163 Breloer: Wehner 1; HGWS-PB 45. Wehner an Lotte (hs.) v. 14.10.73, 3.10.73, 5.10.73, 6.10.73 (Kop.); HGWS-HF 81. Wehner: Versuch einer Übersicht v. 6.10.73; WBA-A8-75. Wehner an Brandt (hs.) v. 7.10.73.

164 HWA-1211. Lotte an Wehner v. 6.10.73, 12.10.73; HGWS-PB 45. Wehner an Lotte (hs.) v. 8.10.73, 9.10.73 (Kop.).

165 Breloer: Unerzählte Geschichte 1; vgl. auch R. Brandt: Alltid, S. 177; WBA-A8-75. Wehner an Brandt (hs.) v. 24.10.73; ebd. Hs. Notiz Brandts zu Gespräch »HW: 26.10.73«.

166 HGWS-EA 66. Wehner, Herbert: Interview mit Herrn Dr. S. v. Kortzfleisch, Lutherische Monatshefte (Nov. 1973); WBA-A8-21. Telegramm Wehners an Brandt v. 11.11.73; ebd. Wehner: Ein aktives Jahr hat begonnen (Januar 1974), dat. 20.1.74.

167 Niederschrift Wehners, Bad Godesberg, am 2. Dezember 1973, hier S. 226–234.

168 Vgl. HGWS-HF 41. Typ. (Wolfgang Vogel) »1. Genosse Erich Honecker bat mich …« (hs. dat. 8.12.73); WBA-A8-75. Wehner an Brandt v. 9.12.73.

169 Vgl. ebd. Brandt an Wehner v. 18.12.73 (Ds.) – Verm. dazu HGWS-HF 41. Brandt an Wehner (ms.) v. 18.12.73.

170 Ebd. Verm. (Brandt) zum Brief an H. W. v. 18.12.73.

171 Ebd. Typ. (Wolfgang Vogel) »1. Genosse Erich Honecker bat mich …« (hs. von Wehner datiert auf 8.12.73); ebd. Brandt an Wehner (ms.) v. 18.12.73; ebd. Typ. Erich Honeckers »Ich möchte Ihre Notizen v. 7. September …« v. 30.1.74.

172 Vgl. Vogtmeier: Bahr, S. 199; AHS-DDR 1974–1978, Bd. 2. Bahr an Schmidt (ms.) v. 12.12.75; mdl. Mitt. G. Wehners; Bahr: Zu meiner Zeit, S. 248–267.

173 Vgl. Potthoff: Bonn und Ost-Berlin, S. 49; HGWS-HF 41. Brandt an Wehner (ms.) v. 18.12.73.

174 »Notizen über«: Potthoff: Bonn und Ost-Berlin, S. 42; ›Im konspirativen Stil‹ ist der von der Redaktion des Nachrichtenmagazins getextete Titel eines Aufsatzes von Potthoff im Spiegel Nr. 42 v. 14.10.96; Wehner habe Honecker etwas in den Mund legen wollen, insinuiert Bahr: Zu meiner Zeit, S. 441; ähnlich Vogtmeier: Bahr, S. 198 f.; »Brief Wehners an Brandt«: Wiegrefe/Tesmer: Deutschlandpolitik in der Krise, S. 603.

175 Vgl. Rödder: Bundesrepublik, S. 48 f.

176 Vgl. BT, Sten. Ber., 7. WP, 76. Sitzung, 24. 1. 74, S. 4785 ff.; HGWS-EA 67. Wehner: Rede auf der Arbeitnehmerkonferenz in Köln-Mülheim, am 29. Januar 1974; ebd. Wehner: Rede auf dem Landesparteitag in Bremen 17. 3. 1974.

177 Harpprecht: Kanzleramt, S. 494.

178 Vgl. ebd., S. 505; »Hamburg war eine Entladung«, in: Spiegel Nr. 11 v. 11. 3. 74, S. 19–24, S. 22.

179 AHS-Tagesgeschäft, Bd. 1 1973–1975. Gesprächsnotiz Schmidts in Bad Münstereifel, 30./31. 3. 74.

180 WBA-A8-21. Wehner an Brandt (hs.) v. 8. 3. 74; Bild v. 11. 3. 74; vgl. auch HGWS-TK 1974; Merseburger: Brandt, S. 715 ff.; vgl. Rupps: Troika, S. 211 ff.

181 Vgl. Nollau, Günther: Das Amt. 50 Jahre Zeuge der Geschichte, München 1978, S. 259 f.

182 Vgl. HWA-2319. Prot. über die 6. Sitzung des »Parlamentarischen Vertrauensmännergremiums für die Nachrichtendienste« am Donnerstag, dem 25. April 1974, 11.30 Uhr, im Bundeshaus.

183 ACSP-CSU-Landesgruppe, Prot. über die Sitzung der CSU-Landesgruppe am 25. 4. 74; HGWS-EA 68. Wienand an alle Fraktionsmitglieder v. 25. 4. 74; HWA-B. 71-A308. Vertr. Bericht (30. 4. 74): »Gemeinsame Sitzung des CSU-Landesvorstandes, des Vorstandes der CSU-Landtagsfraktion und des Vorstandes der CSU-Landesgruppe Bonn«.

184 Vgl. HGWS-EA 68. Börner, Holger: Informationen zum Fall G. v. 3. 5. 74; Info SPD-Frakt.-460 v. 2. 5. 74 u. weiteres ebd.; BT, Sten. Ber., 7. WP, 96. Sitzung, 26. 4. 74, S. 6469; Aufzeichnungen über den Fall Guillaume, 24. April – 6. Mai 1974, in: Brandt: Mehr Demokratie, S. 508–537, S. 519.

185 Vgl. ebd., S. 520 ff.

186 Vgl. ebd., S. 518, 521 ff.; Schreiber: Kanzlersturz, S. 189 ff.

187 Vgl. Aufzeichnungen über den Fall Guillaume, S. 518–523; HGWS-TK 1974; »Kaltblütigkeit«: Leugers-Scherzberg: Herbert Wehner und der Rücktritt, S. 322; vgl. Zzggspr. Rupps/G. Wehner, 11. 6. 2003.

188 Vgl. telef. Mitt. W. Vogels am 28. 10. 2003; HGWS-HF 28. »Anteckningar« – Sten. Notizbuch Wehners, 3. 5. 74.

189 Nollau: Das Amt, S. 269.

190 Aufzeichnungen über den Fall Guillaume, S. 525 ff.; HWA-B. 71-A308. Wehner an die Redaktion des ›Stern‹ v. 15. 5. 74; Info SPD-Frakt.-492 v. 13. 5. 74.

191 Vgl. Zeugen der Zeit; mdl. Mitt. G. Wehners; Zzggspr. Rupps/G. Wehner, 11. 6. 2003.

192 Info SPD-Frakt. v. 7. 5. 74 betr.: Fraktionssitzung.

193 Zzggspr. Schmidt, 13. 9. 2005; vgl. Rupps, Martin: Wider die Legendenbildung. Der Kanzlersturz im Kraftfeld der Troika, in: Neue Gesellschaft/Frankfurter Hefte Nr. 5/2004, S. 41–47, S. 45.

194 Vgl. HWA-B. 71-A308. Bruno Friedrich an Franz Heubl v. 7. 5. 74 (Kop.); ebd. Hs. Gesprächsnotizen von Greta Burmester (o. D.); ebd. ddp-Meldung v. 12. 5. 74; Info SPD-Frakt.-497 v. 13. 5. 74; Wehners Randbemerkungen zur Agenturmeldung: HWA-B. 71-A308. Agenturmeldung zur Stern-Veröffentlichung: »spd-fraktions-chef herbert wehner hat willy brandt …« (o. D.); Info SPD-Frakt.-498 v. 13. 5. 74.

195 HWA-B. 71-A308. Börner an Wehner (o. D., Mai 1974).

Alter Fuhrmann

1 Kanzler Schmidt: Hoffen auf den Macher, in: Spiegel Nr. 20 v. 13.5.74, S. 19–34, S. 24; HWA-0185. Infas-Blitzumfrage v. 9.-11.5.74.

2 Info SPD-Frakt. v. 10.5.74; vgl. HWA-1455. Wehner an Lotte v. 5.9.72; HWA-1458. Wehner an Lotte v. 29.9.72; Zeugen der Zeit; Schmidt: Menschen und Mächte, S. 30.

3 AHS, Priv. Wehner 1958–1977. Wehner an Schmidt (hs.) v. 22.12.76 (Kop.); HGWS-HF 54. Schmidt an Lotte, Greta und Herbert Wehner v. 5.1.77; Zzggspr. Schmidt, 13.9.2005.

4 Vgl. Schreiber: Kanzlersturz, S. 203 f.

5 Palmer, Hartmut in: KStA v. 4.7.74; Info SPD-Frakt. v. 10.5.74.

6 Zzggspr. Schmude, 20.3.2005.

7 Vgl. Figuren der Vergangenheit, in: Spiegel Nr. 36 v. 2.9.74, S. 17 ff.; Quick v. 5.9.74; HGWS-EA 69. Wehner: Rede auf der Konferenz der Arbeitsgemeinschaft für Arbeitnehmerfragen in Hausen bei Offenbach am 14.9.74 (Typ.), insbes. S. 17 ff.; HGWS-HF 31. Uwe Engelbrecht an Knut Terjung v. 5.9.74; SZ v. 20.6.77.

8 WBA-A8-1. Hs. Aufz. Brandts zur Präsidiumssitzung am 10.9.74; vgl. AdsD-SPD-Parteipräsidium. Sitzung des Präsidiums am 10.9.74; ebd. Aufz. des Bundespresseamts v. 9.9.74: Interview Brandts mit Peter Merseburger für »Panorama«.

9 HGWS-PB 47. Wehner an Lotte v. 2.10.74 (Kop.).

10 Vgl. Konrad, Klaus: Dafür! – Gedanken und Erfahrungen eines Umweltschützers aus zehn Bonner Jahren, in: Hoffen, zweifeln, abstimmen, S. 93–112, S. 105 f.; HGWS-PB 47. Wehner an Lotte v. 17.6.74 (Kop.); Vogel, Hans-Jochen: Nachsichten. Meine Bonner und Berliner Jahre, München 1997, S. 56–59.

11 Vgl. Zzggspr. Schmude, 20.3.2005; HGWS-EA 82. Herbert Wehner: Interview »Die Zeit« Nr. 28, 4.7.75.

12 HWA-1013. Wehner an Brandt (hs.) v. 23.4.73; HGWS-PB 45. Wehner an Lotte v. 7.5.73 (Kop.); AdsD-SPD-PV. Sitzung des PV am 7. Mai 1973, 9.00 Uhr, in Bonn.

13 HGWS-PB 45. Wehner an Lotte v. 27.7.[1973] abends (Kop.).

14 Ehmke: Mittendrin, S. 222; Wehner: Zum Geleit, S. 12.

15 Wehner, Herbert: Ein Stück voran – aber kein Ruhekissen!, in: Die Neue Gesellschaft 20 (1973), S. 307–312, S. 310; vgl. Potthoff/Miller: Kleine Geschichte der SPD, S. 254; Rudolph, Karsten: Einleitung, in: Brandt, Willy: Die Partei der Freiheit. Willy Brandt und die SPD 1972–1992, bearb. von Karsten Rudolph, Bonn 2002 (Berliner Ausgabe, Bd. 5), S. 15–72, S. 25; AdsD-SPD-Parteipräsidium. Prot. über die Sitzung des Präsidiums am 3. Mai 1977; HWA-0211. Hs. Notiz Wehners (o. D., von PV-Sitzung 16.5.77); ebd. Wehner an Heinz Schnelle, Vorsitzender des Kreises 7, Hamburg-Harburg, v. 30.5.77.

16 Vgl. Die Fraktion der SPD, S. 63–66, 68; Zzggspr. Vogel, 19.4.2005.

17 Vgl. Zzggspr. Schmude, 20.3.2005; Vogel, 19.4.2005; Schmidt, 13.9.2005; Stahl, 17.9.2005.

18 HGWS-PB 49. Wehner an Lotte v. 20.6.76 (Kop.); HWA-1503. Wehner an Lotte v. 15.6.75.

19 Vgl. Ehmke: Mittendrin, S. 248; Zzggspr. Schmidt, 13.9.2005; Stahl, 17.9.2005; Schmude, 20.3.2005.

20 HGWS-PB 49. Wehner an Lotte v. 10.8.76 (Kop.).

21 Vgl. Jb. SPD 1970–1972, S. 504; Jb. SPD 1975–1977, S. 392; HWA-0426. Diverse Unterlagen.

22 Vgl. HWA-0358. Wehner an Bahr (hs. Kopie) v. 9.2.78; Wehner: »Er hatte einen Kompaß für das Beachtliche«, in: Wehner: Wandel, S. 445–451; HWA-0011. Wehner an

die Redaktion ›Die Neue Gesellschaft‹ v. 23.9.73 (Ds.); HWA-1813. Hans Schumacher an Wehner v. 19.10.77; Zum Inhalt, in: Die Neue Gesellschaft 29 (1982), S. 2; Glotz, Peter: Herbert Wehner ist tot, in: Neue Gesellschaft/Frankfurter Hefte 37 (1990), S. 101; Mayer, Hans: Herbert Wehner: Spiegelungen, ebd., S. 203 ff.

23 Zzggspr. Schmidt, 13.9.2005; vgl. Wahlparteitag der SPD am 9./10. Juni 1980. Grugahalle Essen. Prot. d. Verhandlungen/Anlagen, Bonn o. J., Rede Wehners S. 153–158; das Programm S. 389–402.

24 Mdl. Mitt. G. Wehners am 29.10.2005; HSA-1/HSAA009410. Hs. Verm. Manfred Schüler v. 11.2.80 (Kop.); ebd. Schmidt an Wehner v. 19.2.80 (Kop.).

25 Wehner, Herbert: Ausbau der sozialen Demokratie – die Chance der 70er Jahre, in: Politik für Arbeitnehmer. Bundesarbeitnehmerkonferenz der SPD am 10./11. Oktober 1970 in Schweinfurt, hrsg. vom Vorstand der SPD, Bonn 1970 (Reihe Gesellschaftspolitik, Heft 1), S. 21–40, S. 21; Wehner: Geleitwort, S. 8.

26 Vgl. Referat Wehners, in: Soziale Demokratie verwirklichen. Bundeskonferenz der Arbeitsgemeinschaft für Arbeitnehmerfragen 19.-21. Oktober 1973, Duisburg, Dokumentation, hrsg. vom Vorstand der SPD, Bonn 1974, S. 41–51, S. 50 f.; HWA-0335. Referat Wehners auf der AfA-Klausurtagung in Bergneustadt am 28.3.81 (Band-Abschr.); Wehner, Herbert: Politik für Arbeitnehmer. Reden und Beiträge 1973–1979, hrsg. vom SPD-PV, Arbeitsgemeinschaft für Arbeitnehmerfragen, Bonn o. J.

27 Vgl. Fitting, Karl: Die Entwicklung der Mitbestimmung, in: Sozialpolitik nach 1945. Geschichte und Analysen, hrsg. von Reinhart Bartholomäi u. a., Bonn-Bad Godesberg 1977, S. 371–389, S. 385; vgl. hierzu und zum folgenden ebd. sowie Schneider, Michael: Kleine Geschichte der Gewerkschaften. Ihre Entwicklung in Deutschland von den Anfängen bis heute, Bonn 2000, S. 344–349.

28 Vgl. HWA-0186. Biedenkopf an Wehner v. 12.12.73; Die Zeit v. 17.1.75; Bild v. 8.11.75.

29 Vgl. z. B. HSA-1/HSAA010043. Wehner an Schmidt (hs.) v. 14.1.75; HWA-2541. Notiz »20.4.75«; ebd. Notiz »Gespr. zu Dritt, 25.4.« [1975]; HSA-1/HSAA010044. Hs. Notiz Wehners für Schmidt v. 16.5.75; ebd. Wehner an Schmidt v. 22.6.75; insbes. aber ebd. Wehner an Schmidt (hs.) v. 26.7.75; HWA-0510. Wehner an Arendt (ms.) v. 4.9.75 (Kop.) sowie weitere Schreiben und Unterlagen ebd.; AHS, Priv. Wehner 1958–1977. Helmut Schmidt: Typ. »1. Rückblick auf 1974 ...«, 4.1.76; Info SPD-Frakt. v. 19.3.76.

30 HWA-2547. Arendt an Wehner v. 19.3.76; ebd. Schmidt an Wehner v. 23.3.76.

31 Vgl. Barzel, Rainer: Ein gewagtes Leben. Erinnerungen, Stuttgart/Leipzig 2001, S. 305 ff.; AHS, Priv. Wehner 1958–1977. Schmidt: Typ. »1. Rückblick auf 1974 ...«, 4.1.76; BA-N1337-5. Wehner an Engelbert van de Loo (ms.) v. 1.6.73; HGWS-PB 45. Wehner an Lotte v. 16.5.73 (Kop.).

32 ACSP-CSU-Landesgruppe, Prot. über die Herbsttagung der CSU-Landesgruppe am 18./19.11.74 in Sonthofen; Anlage 7: Referat des Landesvorsitzenden Dr. h.c. Franz Josef Strauß auf der Tagung der CSU-Landesgruppe in Sonthofen am 18. und 19. November 1974; Wehners Exemplar in HWA-1662 (mit Anstreichungen und Notizen).

33 ACSP-CSU-Landesgruppe, Prot. über die 60. Sitzung der CSU-Landesgruppe am 10.3.75; ebd. HWA-1662. Notiz »Frage W.Br (telef. 10.3., 9.35)«; HGWS-EA 82. Wehner an die Mitglieder der Fraktion der SPD im Deutschen Bundestag v. 11.3.75.

34 BT, Sten. Ber., 7. WP, 155. Sitzung, 13.3.75, S. 10823, 10834, 10838 f., 10842, 10846; TV-Dokumentation der Bundesdebatte (Phoenix) – Zitate Wehners hier nach der Fernsehaufz.

35 BT, Sten. Ber., 7. WP, 158. Sitzung, 19.3.75, S. 10961, 11040, 11042.

36 So sieht es dagegen Finger, Stefan: Franz Josef Strauß. Ein politisches Leben, München 2005, S. 380.

37 BT, Sten. Ber., 7. WP, 155. Sitzung, 13. 3. 75, S. 10829; vgl. Krieger, Wolfgang: Franz Josef Strauß. Der barocke Demokrat aus Bayern, Göttingen – Zürich 1995 (Persönlichkeit und Geschichte, Bd. 150), S. 71.

38 BT, Sten. Ber., 7. WP, 183. Sitzung, 25. 7. 75, S. 12859 f.; Genscher: Erinnerungen, S. 303.

39 BT, Sten. Ber., 7. WP, 155. Sitzung, 13. 3. 75, S. 10840; Info SPD-Frakt.-487 v. 11. 6. 75; vgl. auch AdsD-Jahn-1/GJAA001376. Wehner an Gerhard Jahn (hs.) v. 16. 5. 75; Rödder: Bundesrepublik, S. 57.

40 HWA-2340. Schmidt an Wehner v. 19. 4. 77; AHS-Innenpolitik A-N, Bd. 10 1977–1978. Aufz. über das Gespräch zur inneren Sicherheit am 26. 4. 77 im Bundeskanzleramt; Info SPD-Frakt.-343 v. 28. 4. 77.

41 Vgl. Rödder: Bundesrepublik, S. 57.

42 Vgl. AHS-H.S. privat Schleyer/LH Landshut Bd. IV. Liste »Teilnehmer für Große Lage« (o. D., Herbst 1977).

43 HGWS-PB 50. Wehner an Lotte v. 9. 9. 77 (Kop.); vgl. »Die Deutschen sind irrsinig geworden«, in: Spiegel Nr. 36 v. 31. 8. 87, S. 106–111, S. 110; Vogel: Politik und Anstand, S. 122; Zzggspr. Vogel, 19. 4. 2005.

44 Vgl. Borowsky: Deutschland 1969–1982, S. 127; BT, Sten. Ber., 8. WP, 42. Sitzung, 15. 9. 77, S. 3167; ebd., 44. Sitzung, 29. 9. 77, S. 3381, 3383; entspr. HWA-1802. Hs. Notiz Wehners in der Fraktionssitzung am 29. 9. 77.

45 Wischnewski: Mit Leidenschaft, S. 235; Info SPD-Frakt.-925 v. 18. 10. 77.

46 Wehner, Herbert: Terror gegen die Politik, in: Die Neue Gesellschaft 24 (1977), S. 796 ff., S. 797; zu Kohl vgl. »Die Deutschen sind irrsinig geworden«, in: Spiegel Nr. 36 v. 31. 8. 87, S. 106–111, S. 110.

47 Wehner: Terror gegen die Politik, S. 798.

48 Vgl. Quick v. 5. 9. 74; Quick-Extra v. 29. 10. 74; HWA-1857. BPA: Nachrichtenspiegel/Inland I Nr. 225 v. 26. 8. 74; HGWS-HF 28. Nollau an Wehner v. 30. 10. 74; Rotbuch. Wer ist Willy Brandt/Wer ist Herbert Wehner/Wer ist Helmut Schmidt, hrsg. von der CSU-Landesleitung, 4., veränderte u. erw. Aufl., München o. J. (1976), S. 62.

49 Deutsche National-Zeitung v. 21. 3. 75; ACSP-Strauß-Kartei, RA 75 (9) 0306. Mitschrift einer Rede von Strauß in Altötting am 3. 6. 75; HWA-1774. Hansmartin Simpfendörfer an Wehner v. 5. 10. 77.

50 Vgl. Mewis, Karl: Im Auftrag der Partei. Erlebnisse im Kampf gegen die faschistische Diktatur, Berlin 1971, S. 313–320; HGWS-HF 06. Diehl an Kurt v. 21. 7. 76; Hager an Diehl v. 13. 10. und Diehl an Hager v. 24. 1. 77 (Kop. aus BStU-Akten).

51 Vgl. Freudenhammer/Vater: Wehner, S. 96–147; BStU, MfS-HA IX/11, AS 95/65-2, Bl. 279. Aktenverm. (Stolze) v. 8. 5. 78, ebd., Bll. 282–290. Bericht über die wesentlichen Ergebnisse der Untersuchungen zur Handlungsweise und zum möglichen Verrat Wehners in Schweden v. 18. 5. 78, Bl. 290, ebd. Bl. 291. Aktenverm. (Stolze) v. 19. 5. 78.

52 Vgl. HGWS-TK 1974; HGWS-HF 42. Honecker [an Wehner] v. 6. 5. 74; Abdruck auch in DzD VI-3, S. 591–594.

53 Ebd. Aufz. »1. Grüße und beste Wünsche …« (o. D.); Abdruck auch in DzD VI-3, S. 590 f.; HGWS-HF 28. »Anteckningar« – Sten. Notizbuch Herbert Wehners, 24. 5. 74; vgl. dazu auch die Notiz Helmut Schmidts in AHS-DDR 1966–1974, Bd. 1.

54 Vgl. Schreiben Wehners an Schmidt v. 15. Juni 1974, in: G. Wehner: Erfahrungen, S. 236–239; Abdruck auch in DzD VI-3, S. 618–621; Orig. in AHS-DDR 1966–1974,

Bd. 1; Durchschrift mit Paraphe Wehners in HGWS-HF 42; ebd. Schmidt an Wehner v. 18.6.74.

55 Vgl. z. B. HGWS-HF 79. Wehner an Schmidt v. 11.9.74; AHS-DDR 1966–1974, Bd. 1. Wehner an Schmidt (hs.) v. 17.10.74; AHS-DDR 1974–1978, Bd. 2. Verm. AL II v. 21.4.75 über ein Gespräch des Bundeskanzlers mit H.W. und V. am 2. April 1975 in Hamburg; HSA-1/HSAA010044. Wehner an Schmidt (hs.) v. 26.7.75; HGWS-HF 55. Gesprächsnotiz Vogels für Wehner (o. D.).

56 Vgl. telef. Mitt. W. Vogels am 7.11.2005.

57 Vgl. die Dokumente in: Potthoff: Bonn und Ost-Berlin; zum 13.8.76 vgl. HGWS-HF 55. Gesprächsnot. Vogels f. Wehner (o. D.); HGWS-TK 1974 und 1976.

58 Vgl. Potthoff: Bonn und Ost-Berlin, S. 358; HGWS-HF 55. Notiz Vogels f. Wehner (o. D.).

59 HGWS-HF 68. Sten. Notizbuch Wehners 14.11.74–18.5.76, 18.5.76; AHS-DDR 1974–1978, Bd. 2. Hs. Notiz Greta Burmesters »6. November 1974 Anruf 18 Uhr«; vgl. auch DzD VI-3, S. 834; HGWS-HF 63. »Anteckningar« – Sten. Notizbuch Wehners, 25.8.76.

60 Gespräche H. Schmidt/Wehner – Wolfgang Vogel am 16. Mai 1977 in Berlin (West), in: Potthoff: Bonn und Ost-Berlin, S. 368–384, S. 379; Telefon H. Schmidt – Honecker am 28. November 1979, ebd., S. 469–481, S. 479; HWA-2893. W. Vogel an Wehner v. 14.6.82.

61 Vgl. AHS-DDR 1978–1981, Bd. 3. Verm. »Gespräch mit H.We«, 27.8.78; Verm. Wehners (dat. v. Schmidt auf 3.3.80); ebd. Schmidt an Wehner v. 14.3.80; Verm. »BK am 14/3/80 über HWe ⇨ RA Vogel ⇨ E. Hon.«.

62 Unterredung einer Kontaktperson der DDR mit dem Vorsitzenden der SPD-Bundestagsfraktion Wehner, 21. Oktober 1974, in: DzD VI-3, S. 782–785, S. 784; Gespräche H. Schmidt/Wehner – Wolfgang Vogel am 16. Mai 1977 in Berlin (West), S. 374 f.

63 HGWS-WV 01. Eheleute S. an Wehner v. 1.6.73; Vogel an Eheleute S. v. 3.7.1973; Vogel an H. S. v. 3.7.73.

64 Vgl. die Fälle z. B. in HGWS-WV 01 sowie das Personenverzeichnis im Findbuch des AdsD, Bd. 4, S. 1821–1922.

65 Vgl. G. Wehner: Erfahrungen, S. 67 f.

66 Vgl. mdl. Mitt. G. Wehners v. 16.11.2005.

67 Vgl. den umfassenden Schriftwechsel in HGWS-WV 02; Liste Besuchsreisen HW-1980 in HGWS-WV 05.

68 Vgl. z. B. den Fall R., in: HWA-Allgemeine Korrespondenz – DDR, Nr. 42 u. a.

69 Vgl. HGWS-HF 55. Edgar Hirt an Wehner (hs.) v. 5.10.76, 7.12.[1975]; HGWS-WV 01. Liste »Härtefälle«, ebd. Notiz (Greta Wehner) v. 31.5.75; telef. Mitt. W. Vogels am 17.11.2005.

70 HWA-1936. Wehner an die Redaktion der FAZ v. 19.2.80 (Ds.); Leserbrief von Dr. Kurt Scharf, in: FAZ v. 15.3.80.

71 Vgl. AdsD, Dep. Schmude, Nr. 1/JSAJ000206. Wehner an Schmude (hs.) v. 6.10.75 mit Anlage: Verm. G. Wehners v. 5.10.75 sowie dpa v. 20.2.75; AdsD-SPD-BTF-7-2/BTFG000316. Gesprächsverm. G. Wehners v. 5.10.75 (Ds. mit hs. Not. Wehners); ebd. hs. Verm. Jürgen Schmudes v. 8.10.75: Telefonverm. m. Bielefeld, Nordmann, Mach u. a. aus Ländern; Zzggspr. Schmude, 20.3.2005.

72 HGWS-PB 45. Wehner an Lotte (hs.) v. 11.10.73 (Kop.); ebd. Wehner an Werner David Melchior v. 14.10.73 (Kop.); vgl. AdsD-SPD-PV. Sitzung des Parteirates am 13. Oktober 1973 in Hamburg (unkorr. Band-Abschr.).

73 Vgl. HWA-2871. Besuchsprogramm für die Delegation der SPD-Bundestagsfraktion in Israel v. 22.-26. Oktober 1978; Info SPD-Frakt.-1137 v. 31. 10. 78.

74 HGWS. Urkunde der Hebräischen Universität (Faksimile).

75 Vgl. z. B. HGWS-HF 28. »Anteckningar« – Sten. Notizbuch Wehners, Eintrag »Piat.« v. 6. 6. 74; HGWS-HF 69. Wehner an Schmidt (ms.) v. 19. 5. 76 (Ds.); ebd. Verm. Bruno Friedrich für Wehner v. 18. 5. 76; AHS-Innenpolitik O-Z, Bd. 11 1977–1978. Wehner an Schmidt (hs.) v. 21. 12. 77.

76 HWA-1699. Hs. Notiz Schmidts an Wehner (o. D., 17. 2. 82).

77 AdsD-Jahn-Abgabeliste 6. 7. 87-1345. Selbmann, Eugen; Wehner, Herbert: Aufz. über den Besuch von Wehner v. 19. bis 22. Februar 1982 in Warschau (datiert 25. 2. 82); ebd. Selbmann: Aufz. über Gespräch Wehners mit Ministerpräsidenten Armeegeneral Wojciech Jaruzelski am 22. Februar 1982.

78 HGWS-TK 1982; Info SPD-Frakt.-214 v. 25. 2. 84; HGWS-DU 33. Pressedienst der CDU/CSU-Fraktion im Deutschen Bundestag v. 19. 2. 82; BamS v. 21. 2. 82; Abendzeitung v. 22. 2. 82; vgl. auch die Kritik von Ernst Albrecht, HWA-4153. dpa v. 28. 2. 82.

79 Vgl. Neue Osnabrücker Zeitung v. 23. 2. 82; HGWS-DU 33. Telex aus Warschau an AA Bonn v. 22. 2. 82.

80 Herbert Wehner 70: Ein nicht-einfaches Leben, in: Spiegel Nr. 28 v. 5. 7. 76, S. 40–57.

81 Becker, Kurt in: Die Zeit v. 9. 7. 76, S. 9 f.; Parteitag der SPD v. 15. bis 19. November 1977, Congress-Centrum Hamburg. Prot. d. Verhandlungen, Anlagen, hrsg. vom Vorstand der SPD, Lübeck o. J., S. 536 ff., 202, 217 f.

82 Zzggspr. Vogel, 19. 4. 2005; Norbert Gansel in einer Diskussion, vgl. »Wir sind die SPD der 80er Jahre«. Zwanzig Jahre Linkswende der Jusos, hrsg. von Martin Gorholt u. a., Marburg 1990, S. 45; Ehmke: Mittendrin, S. 192.

83 Baring/Herrendoerfer: Abschied; Zzggspr. Schmude, 20. 3. 2005; vgl. auch Thompson: Odyssey, S. 358 f.

84 Vgl. ebd., S. 362 f.; Kempa: 50 Jahre, S. 35; Herbert Wehner – Politik für Deutschland.

85 Vgl. Kempa: 50 Jahre, S. 32; Zit. Engholm, Björn: Der Unbequeme, in: Herbert Wehner. Beiträge, S. 114–121, S. 119 f.; BT, Sten. Ber., 8. WP, 6. Sitzung am 17. 12. 76, S. 56.

86 HWA-4009. Wehner an Kurt Adam v. 18. 12. 45 (Ds.); Herbert Wehner 70, in: Spiegel Nr. 28 v. 5. 7. 76, S. 40–57, S. 46; HWA-0335. Referat Wehners Bergneustadt 28. 3. 81.

87 BT, Sten. Ber., 7. WP, 155. Sitzung, 13. 3. 75, S. 10839 f.; Becker in: Die Zeit v. 9. 7. 76, S. 9 f.

88 Vgl. Schröder, Georg in: Welt v. 10. 7. 76; Theweleit, Klaus: Männerphantasien, 2 Bde., Reinbek bei Hamburg 1980.

89 Wehner an Max Baumann v. 11. 2. 25, in: Bedürftig: Die Leiden, S. 90–93, S. 93; dass. v. 6. 10. 25, ebd., S. 102–111, S. 102.

90 G. Wehner: Erfahrungen, S. 183, 192.

91 HGWS-PB 45. Wehner an Lotte v. 1. 5. 73 (Kop.).

92 Zzggspr. Rupps/G. Wehner, 11. 6. 2003; Zeugen der Zeit; HGWS-PB 17. G. Wehner: Notizen zu Krankheiten in Herberts letzten Arbeitsjahren 1981–1982 (datiert 21. 2. 2002).

93 Zzggspr. Rupps/G. Wehner, 11. 6. 2003; HWA-2738. SPD-LO HH, Kreis 7 Harburg/Heinz Schulte an Wehner v. 1. 6. 79; SZ v. 20. 6. 77; Bericht zur Lage der Partei v. 7. September 1981, in: Wischnewski: Mit Leidenschaft und Augenmaß, S. 414; HWA-2521. Mischnick an Wehner (hs.) v. 12. 11. 81; HWA-2939. Schmidt an Greta und Herbert Wehner v. 30. 4. 82; AHS, Priv. Wehner 1978–1995. Schmidt an Wehner (ms.) v. 21. 11. 82 (Kop.).

94 Vgl. Der Tagesspiegel v. 9. 9. 80; Volksblatt Berlin v. 4. 9. 81; Zzggspr. Schmude,

20.3.2005; AdsD-SPD-BTF-8-2/BTFH000019. Vorlage für die Fraktionssitzung am 24. Mai 1977; Zzggspr. Vogel, 19.4.2005.

95 Vgl. Fischer, Frank: »Im deutschen Interesse«. Die Ostpolitik der SPD von 1969 bis 1989, Husum 2001, S. 74 f.; Merseburger: Brandt, S. 779; Wehner: Deutsche Politik auf dem Prüfstand, in: Die Neue Gesellschaft 26 (1979), S. 92 ff., S. 93.

96 Vgl. Info SPD-Frakt.-94 v. 1.2.79, Nr. 98 v. 3.2.79, Nr. 109 v. 6.2.79; Wehner: Spaß muß sein, in: Harburger Anzeigen und Nachrichten v. 7.2.79.

97 Info SPD-Frakt.-654 v. 19.6.81, Nr. 585 v. 28.5.81.

98 HWA-0379. Wehner an Schmidt v. 13.2.77 (Ds.); ebd. Brandt an Wehner v. 28.2.77, mit Anlage: Brandt an Schmidt v. 28.2.77 (Kop.), ebd. Wehner an Schmidt v. 13.2.77 (Ds.).

99 Vgl. Rupps: Troika, S. 280 f.; HWA-2570. Hs. Notiz Wehners (Rededisposition) zur Präsidiumssitzung am 28.9.81; vgl. auch AdsD-SPD-Parteipräsidium. Prot. über die Sitzung des Präsidiums am Montag, dem 28. September 1981.

100 Hierzu und zum folgenden: HWA-2570. Jahn an Wehner v. 1.10.81 mit Anlage »Vorschlag«.

101 Ebd. Organisationspolitische Tagung der SPD am 2./3. Oktober 1981 in Bonn-Bad Godesberg: Begrüßungsrede Wehner am 2.10.81.

102 Vgl. Info SPD-Frakt.-994 v. 6.10.81; HWA-1665. Aufz. »Pressekonferenz in Berlin am 11. Februar 1981«.

103 HWA-0338. Wehner an Brandt v. 4.3.80 (Kop.), Anlage: Entwurf des Sozialpolitischen Programms; Zzggspr. Schmidt, 13.9.2005; HWA-1921. Rundbrief Wehners v. 7.6.82 (Kop.).

104 HWA-2409. Bericht BPA v. 18.9.82, Saarländischer Rundfunk.

105 Vgl. BT, Sten. Ber., 9. WP, 1. Sitzung, 4.11.80, S. 1.

106 Vgl. HSA-1/HSAA009857. Wehner an die Fraktion v. 3.2.80; HSA-1/HSAA010606. Dass. v. 27.5.80; G. Wehner: Erfahrungen, S. 166.

107 Vgl. AHS, Priv. Wehner 1978–1995. Schmidt an Wehner (ms.) v. 16.3.82 (Kop.).

108 Ebd. Schmidt an Wehner (ms.) v. 21.11.82 (Kop.); HGWS-Kl.Sammlg./Michael Weber. Weber an Schmidt v. 1.12.82 (Ds.).

109 Vgl. BT, Sten. Ber., 9. WP, 118. Sitzung, 1.10.82, S. 7173 ff.

Krankheit und Sterben

1 Wahlparteitag der Sozialdemokratischen Partei Deutschlands. 21. Januar 1983. Dortmund, Westfalenhalle. Prot. d. Verhandlungen, Anlagen, hrsg. vom Vorstand der SPD, Bonn o. J. (1983), S. 16 f.; telef. Mitt. H.-J. Vogels v. 5.1.2006.

2 Hamburger Kurs Nr. 2, Februar 1983, S. 13; AHS-EA, März/April 1983. Rededisp. Abschied von Herbert Wehner, CCH Hamburg, am 2. März 1983.

3 AHS, Priv. Wehner 1978–1995. Schmidt an Wehner (hs.) v. 30.7.83 (Kop.).

4 Vgl. HGWS-PB 17. Joachim Bauer an G. Wehner v. 28.3.94; Reisberg, Barry: Hirnleistungsstörungen: Alzheimersche Krankheit und Demenz, 2. korr. Aufl., Weinheim und Basel 1987, S. 90–95; Furtmayr-Schuh, Annelies: Die Alzheimer Krankheit. Das große Vergessen. Wissen, vorbeugen, behandeln, mit der Krankheit leben, überarb. und erw. Neuaufl., Zürich 2000, S. 29 f.

5 G. Wehner: Erfahrungen, S. 166; G. Wehner an d. Verf. vom 6.1.2006.

6 Zzggspr. Rupps/G. Wehner, 11.6.2003; vgl. auch HGWS-PB 17. Wehner, G.: Notizen zu Krankheiten 1981–1982, 21.2.2002.

7 Vgl. BT, Sten. Ber., 9. WP, 41. Sitzung, 3.6.81, S. 2244–2248.

8 WBA-A11.3-45. Brandt an Wehner v. 10.10.80; vgl. auch ebd. Wehner an Brandt (hs.) v. 18.10.80; ACDP-01-294-083/3. Karte Wehners an Gradl v. 13.3.83; G. Wehner: Erfahrungen, S. 190.

9 Vgl. ebd., S. 166; Wehner: Christentum, S. 11–27; HGWS-PB 17. Brandt an Wehner (hs.) v. 18.1.83 sowie hs. Notiz G. Wehners dazu v. 7.4.90.

10 HGWS-PB 80. G. Wehner an Meyer-Lindenberg (hs.) v. 19.9.90.

11 G. Wehner: Erfahrungen, S. 178; Polenz: Jahre; G. Wehner an d. Verf. v. 20.12.2005.

12 Vgl. National-Zeitung v. 27.5.83; G. Wehner: Erfahrungen, S. 29 f.

13 G. Wehner an d. Verf. v. 20.12.2005; Zzggspr. G. Wehner 3.6.2003; Polenz: Jahre; vgl. die Schreiben in HGWS-PB 66.

14 Vgl. G. Wehner: Erfahrungen, S. 169.

15 Vgl. Ben Ari, Jitzchak (Beitrag von Pnina Ben Ari): Wie beim Tango – zwei voran, eins zurück, in: Israel und Deutschland. Dorniger Weg zur Partnerschaft. Die Botschafter berichten über vier Jahrzehnte diplomatische Beziehungen (1965–2005), hrsg. von Asher Ben Natan und Niels Hansen, Köln u.a. 2005, S. 138–152, S. 146 f.; Neumaier, Eduard in: Stuttgarter Zeitung von 23.2.84.

16 HGWS-EA 97. Wehner: Rede-Typ. »Meine Damen und Herren!«, o.D. (Februar 1984); G. Wehner: Erfahrungen, S. 169.

17 Vgl. Reisberg: Hirnleistungsstörungen, S. 121 ff.

18 Philipps, Peter in: Welt v. 17.9.84; Stüting, Manfred in: Neue Ruhr Zeitung v. 15.9.84.

19 HGWS-PB 81. Schmidt an Wehner v. 18.11.86; G. Wehner: Erfahrungen, S. 180.

20 Vgl. Der Onkel. Herbert Wehner in Gesprächen und Interviews, hrsg. von Knut Terjung, Hamburg 1986; HGWS. Typ. Interview Terjung mit Herrn Schwan im DLF, 24.2.86, 6.15 Uhr.

21 Augstein, Rudolf: Das perfekte Rätsel oder Onkels Nachtgesang, in: Spiegel Nr. 11/1986, S. 47–50.

22 HGWS-EA97. Hs. »Mein Grußwort an die Konferenz in Ahlen«, 16.12.85; Weg zur Mitte, in: Express v. 17.12.85; Kohrs, Ekkehard in: General-Anzeiger v. 17.12.85; Bonner Rundschau v. 17.12.85.

23 Vgl. HGWS-EA 97. Hans-Böckler-Stiftung/Frank von Auer an Greta und Herbert Wehner v. 3.12.85; ebd. Rede-Typ.; G. Wehner: Erfahrungen, S. 170.

24 Vgl. z.B. HWA-2355. Liebe an Wehner v. 4.9.84 mit hs. Verm. G. Wehners; AdsD-Jahn-1/GJAA001376. Greta und Herbert Wehner an Gerhard Jahn zum 10.9.85; G. Wehner: Erfahrungen, S. 170; HGWS-PN 9. 5.9.88; HWA-2235. Bojahr an Thomas Weltin, Köln, v. 22.7.87.

25 Vgl. Hess, Hartmut in: General-Anzeiger v. 12.7.86; Hüwel, Detlev in: Rheinische Post v. 12.7.86; Schütz, Hans Peter in: Stuttgarter Nachrichten v. 11.7.86.

26 Thoma: Wehner im Kölner Treff, in: Wehner: Zeugnis, S. 369.

27 Vgl. HGWS-HF 67. Weihnachtskarte der Vogels an Wehners (o.D., 1984).

28 Treffen Erich Honeckers mit Herbert Wehner, in: ND v. 7.6.85.

29 G. Wehner an d. Verf. v. 20.12.2005.

30 Vgl. Dubbers: Striesen, S. 19; G. Wehner an d. Verf. v. 20.12.2005.

31 Vgl. telef. Mitt. W. Vogels v. 6.10.2003.

32 Vgl. ebd.; G. Wehner an d. Verf. v. 20.12.2005; G. Wehner: Erfahrungen, S. 171.

33 Vgl. telef. Mitt. W. Vogels v. 6.10.2003; Sager, Dirk: Privatbesuch. Bericht in ZDF-Sendung »Kennzeichen D« v. 17.12.86; G. Wehner: Erfahrungen, S. 171.

34 BStU, MfS, ZOS, Nr. 1798, Verm. des Leiters des ZOS v. 7.11.86, 12.11.86; ebd. Nachmeldung zum Berichtszeitraum 3.-9.11.86; G. Wehner an d. Verf. v. 20.12.2005.

35 Vgl. G. Wehner: Erfahrungen, S. 171 f.
36 Vgl. Mace, Nancy L.; Rabins, Peter V.: Der 36-Stunden-Tag. Die Pflege des verwirrten älteren Menschen, speziell des Alzheimer-Kranken, Bern u. a. 1986; vgl. G. Wehner: Erfahrungen.
37 Vgl. HGWS-PN 12. Einliegende undat. Notiz G. Wehners, Oktober 1988; HGWS-PN 10. 14. 9. 88.
38 Vgl. HGWS-PN 8. 29. 7. 88; HGWS-PN 1. 12. 3. 88; Zzggspr. Rupps / G. Wehner, 11. 6. 2003.
39 Vgl. z. B. HGWS-PN 22. 18. 5. 89.
40 Vgl. z. B. HGWS-PN 5. 30. 5. 88.
41 Vgl. Zzggspr. Schmidt, 13. 9. 2005; HGWS-PN 22. 23. 5. 89; HGWS-PB 81. Loki Schmidt an G. Wehner v. 24. 5. 89; G. Wehner: Erfahrungen, S. 181.
42 HGWS-PN 25. 12. 9. 89; G. Wehner: Erfahrungen, S. 202.
43 HGWS-PN 28. 19. 12. 89.
44 Ebd. 22. 12. 89; G. Wehner an d. Verf. v. 20. 12. 2005.
45 Vgl. HGWS-PB 17. Notiz G. Wehners zur Diagnose von Dr. Johannes Meyer-Lindenberg v. 30. 1. 90; HGWS-PN 28. 17. bis 19. 1. 90; G. Wehner an d. Verf. v. 20. 12. 2005.
46 G. Wehner: Erfahrungen, S. 202 f.
47 Vgl. HGWS-DU 34. Traueransprache bei der Beerdigung von Herbert Wehner am Dienstag, den 23. Januar 1990 um 11.30 Uhr auf dem Burgfriedhof in Bad Godesberg; Abschied von Herbert Wehner, in: Bulletin des Presse- und Informationsamts der Bundesregierung Nr. 15 v. 26. 1. 90, S. 117–124.

Bildnachweis

Abb. 1–6, 11, 12, 20, 24, 26, 29, 30: Greta Wehner/Herbert-und-Greta-Wehner-Stiftung, Dresden; Abb. 7: aus: Freudenhammer, Alfred; Vater, Karlheinz: Herbert Wehner. Ein Leben mit der deutschen Frage, München 1978, S. 241; Abb. 8: aus: Scholz, Günther: Herbert Wehner. Rastatt 1988/ap; Abb. 14: ebd./Keystone; Abb. 9: Dagens Bild; Abb. 10, 17, 18, 19, 25: dpa; Abb. 16: Wolfgang Prange; Abb. 21: Bachert; Abb. 23: Stern; Abb. 28: Richard Schulze-Vorberg.

Leider ist es nicht in allen Fällen gelungen, die Rechteinhaber zu ermitteln. Berechtigte Ansprüche werden selbstverständlich im Rahmen der üblichen Vereinbarungen abgegolten.

Danksagung

Ohne Hilfe hätte ich diese Arbeit weder beginnen noch sie vollenden können. Ich habe vielen Menschen zu danken.

Greta Wehner hat das Entstehen dieses Buches in allen seinen Phasen begleitet und mich stets vorbehaltlos unterstützt. Sie ist die erste Leserin. Durch niemanden habe ich in meiner Arbeit in Sachsen seit 1998 so sehr Wurzeln gefaßt wie durch sie.

Prof. Dr. Klaus-Dietmar Henke, Rainer Schröer, Dr. Jürgen Schmude und Dr. Hans-Jochen Vogel haben mich ermutigt und in der Startphase des Projekts wichtige Anschubhilfe geleistet.

Die Friedrich-Ebert-Stiftung hat das Buch durch ein Herbert-Wehner-Stipendium gefördert. Erwin Stahl hat mitgeholfen. Die Mitarbeiterinnen des Herbert-Wehner-Bildungswerks haben mich über zwei Jahre weitgehend von meinen sonstigen Aufgaben entlastet. Sie haben nicht nur die Kontinuität sichergestellt, sondern in dieser Zeit hervorragende Arbeit auf dem Gebiet der politischen Bildung geleistet. Zahlreiche Mitarbeiterinnen und Mitarbeiter vieler Archive, die ich in den letzten Jahren besucht habe, waren stets freundlich, aufgeschlossen und kompetent. Mir wurden viele Wege eröffnet.

Zu eindrucksvollen Zeitzeugengesprächen stellten sich Erich Bock, Helmut Schmidt, Dr. Jürgen Schmude, Erwin Stahl, Dr. Hans-Jochen Vogel, Dr. Kurt Wagner und Greta Wehner zur Verfügung. Matthias Stresow, Prof. Dr. Wolfgang Vogel, Walter Wolf und Michael Weber gaben wertvolle Hinweise zu einzelnen Passagen.

Besonders hervorzuheben sind diejenigen, die wohlverdiente Freizeit geopfert haben, um zwischendurch die Kapitel des Buches gegenzulesen. Es sind sehr unterschiedliche Persönlichkeiten. Sie haben mich vor Fehlern bewahrt und zum Weiterdenken ermuntert. Für mich ist es eine Freude und eine Ehre zugleich, daß auf diese Weise geholfen haben: Margarete Füßer, Frank Geißler, Prof. Dr. Helga Grebing, Karin Rohde, Dr. Jürgen Schmude, Dr. Hans-Jochen Vogel, Ines Vogel, Greta Wehner und Annette Winkelmann, Dirk Engelmann sowie Jenny Wernecke.

Schließlich danke ich meiner Familie, Margarete und David, daß wir gemeinsam gut und gesund durch diese Zeit gekommen sind.

Personenverzeichnis

C

D

E

F

G

H

I

J

K

T